Handbuch der Erziehungsberatung
Band 2

Handbuch der Erziehungsberatung

Band 2
Praxis der Erziehungsberatung

herausgegeben von
Wilhelm Körner und Georg Hörmann

Hogrefe · Verlag für Psychologie
Göttingen · Bern · Toronto · Seattle

Dr. Wilhelm Körner, Dipl.-Psych., seit 1977 Mitarbeit in und Leitung von Erziehungsberatungsstellen. Arbeitsschwerpunkte: Gewalt und sexueller Mißbrauch, bes. in Familien; Lern- und Leistungsschwierigkeiten.

Prof. Dr. phil. Dr. med. Georg Hörmann, Dipl.-Psych., Arzt, seit 1990 Professor für Allgemeine Pädagogik und Gesundheitspädagogik an der Universität Bamberg. Mitherausgeber der Zeitschrift "Musik-, Tanz- und Kunsttherapie - Zeitschrift für künstlerische Therapien im Bildungs-, Sozial- und Gesundheitswesen". Arbeitsschwerpunkte: Gesundheitspädagogik, psychosoziale Beratung, Pädagogik und Therapie.

Die Deutsche Bibliothek - CIP-Einheitsaufnahme

Handbuch der Erziehungsberatung / hrsg. von Wilhelm Körner und Georg Hörmann. - Göttingen ; Bern ; Toronto ; Seattle : Hogrefe, Verl. für Psychologie
Bd. 2. Praxis der Erziehungsberatung. - 2000
  ISBN 3-8017-0928-0

© by Hogrefe-Verlag, Göttingen · Bern · Toronto · Seattle 2000
Rohnsweg 25, D-37085 Göttingen

Das Werk einschließlich aller seiner Teile ist urheberrechtlich geschützt. Jede Verwertung außerhalb der engen Grenzen des Urheberrechtsgesetzes ist ohne Zustimmung des Verlages unzulässig und strafbar. Das gilt insbesondere für Vervielfältigungen, Übersetzungen, Mikroverfilmungen und die Einspeicherung und Verarbeitung in elektronischen Systemen.

Umschlaggraphik: Theo Köppen, Göttingen
Gesamtherstellung: Hubert & Co., Göttingen
Printed in Germany
Auf säurefreiem Papier gedruckt

ISBN 3-8017-0928-0

Inhalt

Einleitung

Wilhelm Körner & Georg Hörmann 7

Erziehungsberatung

Werner Laschkowski
Lern-, Leistungs-, Teilleistungsstörungen 9

Friedrich Kassebrock
Unruhige Kinder, Jugendliche, ihre Eltern
und Bezugspersonen in der Erziehungsberatung..43

Renate Lezius-Paulus
Psychosomatische Störungen..59

Friedrich Kassebrock
Behinderte Kinder, Jugendliche und junge Erwachsene
in der Erziehungsberatung 77

Albert Lenz
Praxis der netzwerkorientierten Trennungs- und Scheidungsberatung 91

Karl-Peter Hubbertz & Thomas Merz
Die Beratung von Stieffamilien 125

Berrin Özlem Otyakmaz
Ressourcenorientierung im interkulturellen Beratungskontext................155

Andreas Abel
Jugendgewalt - Möglichkeiten und Grenzen von
gewaltpräventiven Angeboten in der Erziehungsberatung 171

Franziska Sitzler & Wilhelm Körner
„Eltern in Not" -
Ein Gruppenangebot zur Verringerung von Gewalt in der Erziehung 191

Heidrun Graf & Wilhelm Körner
Sexueller Mißbrauch: Die personzentrierte Klärung in der Praxis 213

Angelika Nehlsen & Helga Rühling
Müttergruppen in einer Erziehungs-Beratungsstelle 267

Hans Dusolt, Angelika Lutz & Barbara Alt
Familienmediation in der Ehe-, Familien- und Lebensberatung 301

Kollegium des Berufskollegs Dortmunder Fachschule für Motopädie (FSM)
Motopädie - ein Behandlungsansatz in der Erziehungsberatung 309

Hildegard Liermann & Ulrich Zingeler
Lehrerberatung - aus einer Schulentwicklungsperspektive..................................329

Albert Lenz
Praxis der Qualitätssicherung: Kinder in der Erziehungs- und
Familienberatung. Eine qualitative Evaluationsstudie 343

Sabine Meyle
Erziehungsberatung auf dem „Prüfstand" -
Die Effektivität der Beratungsarbeit aus der Perspektive der Klienten 389

Wolfgang Schrödter
Beratungspraxis und ihre empirische Erforschung 401

Die Autoren 413

Einleitung

Wilhelm Körner & Georg Hörmann

Die Erziehungsberatungsstelle (EB) ist eine etablierte Institution, die nicht nur durch eine gesetzliche Grundlage gesichert ist, sondern außerdem breite Akzeptanz in der Bevölkerung hat.

Dennoch gilt die Praxis der EB immer noch nicht allen potentiellen Klienten, unterschiedlichen Geldgebern und kooperierenden Einrichtungen als ausreichend transparent. Diesem Umstand wurde von EB-Seite bisher nur mit Praxis-Veröffentlichungen zu einzelnen Schwerpunktthemen begegnet. Während im Band I des Handbuchs traditionelle und aktuelle Anwendungsbereiche und Methoden der EB vorgestellt wurden, werden diese Bereiche im Band II durch ausführliche Fallbeispiele illustriert und vertieft. Hiermit ergibt sich ein Überblick über die Bandbreite von Aktivitäten, die sich hinter dem relativ unscheinbaren Etikett „Erziehungsberatung" verbergen.

Erfreulicherweise konnten wir die meisten Autorinnen und Autoren des ersten Bandes dazu gewinnen, die mühselige Arbeit der Darstellung ihrer praktischen Arbeit auf sich zu nehmen, wofür wir ihnen herzlich danken. Die Anwendungsbereiche werden in der gleichen Reihenfolge vorgestellt wie im ersten Band. Neu hinzugekommen als Themen sind die Arbeit mit Müttergruppen, Mediation und Motopädie. Den Schluß dieses Bandes bilden vier unterschiedliche Darstellungen der Praxis der Qualitätssicherung in Beratungsstellen, die angeführt werden von einer sehr alten Methode, nämlich der Supervision. Danach folgen Beiträge, die moderne Formen der Qualitätssicherung in der Praxis vorstellen und sowohl erwachsene als auch kindliche Klienten einbeziehen.

Die Herausgeber verzichteten auf Vorgaben für die Praxisdarstellung, um den Autoren die Möglichkeit einzuräumen, die Mannigfaltigkeit ihrer Praxis darzustellen und den Lesern die Chance zu geben, die Vielfältigkeit der EB-Praxis kennenzulernen. Wenn im vorliegenden Buch ansonsten der Kürze und Vereinfachung wegen umständliche Schreibweisen und Verdoppelungen vermieden und statt dessen entweder nur die männliche oder nur die weibliche Form benutzt wird, sind selbstverständlich immer Menschen beiderlei Geschlechts gemeint, außer wenn die Autorinnen oder Autoren ausdrücklich etwas anderes vermerkt haben.

Für wertvolle Anregungen und anderweitige Unterstützung danken wir Susanne Grothmann, Inessa Körner, Britta Nikoleizig, Anja Rosenkranz, Else Rügamer-Momotow, den Lektoren des Hogrefe Verlags, Dr. Michael Vogtmeier und Dipl.-Psychologin Susanne Weidinger für die Geduld und Ermunterung, und insbesondere Roswitha Braun vom Lehrstuhl Pädagogik an der Universität Bamberg, welche das gesamte Projekt neben der mühseligen und aufwendigen Manuskriptgestaltung mit unermüdlichem Engagement von Anfang an begleitet hat.

Lern-, Leistungs-, Teilleistungsstörungen

Werner Laschkowski

1 Einführung

Der folgende Artikel soll konkrete Interventionen wie *Beratung*, *Diagnostik* oder *Förderung* bei Lernproblemen aufzeigen. Aufgrund des Umfangs dieses Themas müssen Schwerpunkte gesetzt werden.

Nach einigen einführenden Anmerkungen werden *grundlagenschaffende Teilleistungen* aufgeführt (Kap. 2). Es wird versucht, die Bedeutung dieser Fähigkeiten zu zeigen bzw. die Auswirkungen auf das gesamte Lernen bei verzögerter Entwicklung dieser Teilbereiche. Aus dem Feld der Lernstörungen werden exemplarisch zwei Bereiche ausgewählt: *Lese- und Rechtschreibschwäche* (Kap. 3) und *Rechenschwäche* (Kap. 4).

Lese- und Rechtschreibschwäche wurde aus zwei Gründen ausgewählt: Einerseits stellt es das am weitesten verbreitete schulische Lernproblem dar. Zum anderen wurden in den letzten Jahren neue Ansätze zur Erklärung und zur Intervention entwickelt, die mit dem klassischen Legastheniekonzept nicht mehr übereinstimmen. Der Bereich Rechenschwäche wurde ausgewählt, weil er zumindest im deutschen Sprachraum ein recht neues schulisches Lernproblem darstellt, das aber eine nicht zu unterschätzende Verbreitung hat.

1.1 Begriffe

An dieser Stelle sollen nicht verschiedene Definitionen angeführt und verglichen werden, die eine „Definitionsproblematik" (s. Band 1, Leitner, 129 ff.) belegen. Für diesen Beitrag sollen die Begriffe Lern-, Leistungs- und Teilleistungsstörungen schwerpunktmäßig auf Schulkinder bzw. Jugendliche bezogen sein. Die Phänomene „Probleme im Bereich des Lernens" sind natürlicherweise in allen Altersgruppen anzutreffen. Bei Vorschulkindern sind für diese Probleme Frühfördereinrichtungen zuständig. Lernstörungen im mittleren und späteren Erwachsenenalter benötigen eine spezielle Beratung und haben einen hohen medizinischen Anteil (neurologisch, psychiatrisch) und sollen hier ebenfalls nicht berücksichtigt werden.

Nach Tiedemann sind Schulleistungsschwierigkeiten ein Sammelbegriff, der die Diskrepanz zwischen einem gegebenen individuellen Leistungsniveau und einer erwarteten Leistungsnorm umschreibt (zitiert in Fachinger 1980, 9). Der Begriff *Lernstö-*

rung betont stärker die individuellen Lernprobleme beim Schüler, der Begriff *Leistungsstörung* betont mehr den Vergleichsaspekt des Lernergebnisses. Das Konzept *Teilleistungsschwäche* betont den neuro-psychologischen Anteil beim Lernen, also Aufnahme, Analyse und Speicherung (Graichen 1977, 51). Vor allem das in Anlehnung an Luria erstellte Modell von Deegener u.a. 1993 soll hier exemplarisch vorgestellt werden.

1.2 Ursachen

Bevor Interventionen bei Lern-, Leistungs- und Teilleistungsstörungen begonnen werden, muss eine Untersuchung möglicher Ursachen unternommen werden. Je nach vermuteten Verursachungsbedingungen ist ein anderer Förderschwerpunkt zu bestimmen. Aber im Sinne einer ganzheitlichen Sichtweise muss von der Illusion Abschied genommen werden, immer eine klare, linear wirkende Ursache zu finden. Aus eigener Praxis wurde beobachtet, dass bei lerngestörten Kindern deutliche Auffälligkeiten festgestellt werden konnten, diese dann gezielt gefördert wurden - und im Bereich des Lernens kaum Fortschritte festgestellt wurden. Andererseits gibt es Kinder ohne diagnostisch relevante Ausfälle in den Grundlagen oder im Lernumfeld, aber mit erheblichen Lernstörungen. Der Förderansatz ist hier weit schwieriger. Neuere Untersuchungen warnen vor einer „naiven Verwendung des Teilleistungskonzepts" (Breitenbach 1997, 173). „Die Erkenntnis ist für manchen vielleicht schmerzlich, aber es gibt leider im Zusammenhang mit unserer eigenen menschlichen Komplexität und dem überaus komplexen Geschehen Unterricht keine einfachen Lösungen und Hilfen." (a.a.O., 178). Im Sinne von Betz & Breuninger ist die Dynamik der Entstehung von Lernstörungen bedeutsam. „... Lernstörungen sind dadurch gekennzeichnet, daß wegen der Vernetzung der Wirkungsgrößen unsere gängigen Vorstellungen von Verursachung nicht mehr gelten. Vielmehr treten Lawineneffekte ein, die die einmal aufgetretene Störung aufrechterhalten und dabei zunehmend verschlimmern..." (1987, 4).

Zur Erarbeitung eines Förderplanes ist es bei der Analyse der Lernstörung günstig, fördernde und hemmende Lernbedingungen (Jeske 1995, 13) zu identifizieren und zu versuchen, diese zu beeinflussen.

Als Grundlage dient ein Modell der Schulleistungen, das drei Hauptdeterminanten unterscheidet: *Schülerpersönlichkeit*, *Familie* und *Schule*. Diese drei Faktoren bestimmen das Ausmaß der Schulleistungen, bzw. auch das Versagen in den Schulleistungen. Die Wirkmechanismen sind zwar mehr und mehr erforscht durch immer raffiniertere methodische Versuchsanordnungen, wie Abkehr vom statischen Komponentenmodell zu Prozessmodellen (Beispiele aus neuester Zeit: Weinert & Helmke 1997), aber im Einzelfall kann trotzdem keine sichere Prognose gegeben werden.

Das folgende Modell der Bedingungsfaktoren für Schulleistungen (Abb. 1) hat eine Erweiterung erfahren durch die Trennung in vorausgehenden Faktoren und aktualisierten Faktoren.

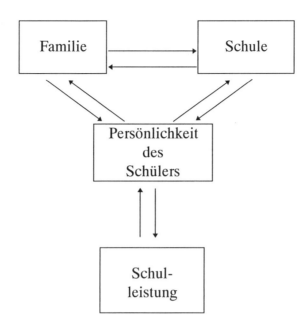

Abbildung 1: Bedingungsfaktoren für Schulleistungen (nach Krapp 1973)

Diese drei Hauptkomponenten erlauben eine Suche nach möglichen Ursachen - wobei wie schon erwähnt eher vorsichtig an die Ursachenermittlung herangegangen werden sollte - und nach Möglichkeiten der Intervention. An drei Stellen kann eine Intervention erfolgen:

- *Das klassische individuumorientierte Vorgehen am Problemschüler:* Arbeit am Lernstoff, Arbeit am Arbeitsverhalten, Arbeit an den basalen Grundlagen, Steigerung von Selbstwert, Motivation, Abbau von Angst etc.
- *Arbeit mit der Familie:* Hilfen bei Hausaufgaben, Beratung über Erziehungsfragen, Einbeziehung des Vaters und der Geschwister, Klärung von Beziehungen etc. Einschaltung außerschulischer Institutionen (z.B. Erziehungsberatungsstelle, Jugendamt, Nachhilfestudio).
- *Ansatzpunkt Schule:* Beratung der Lehrkraft hinsichtlich Lernstörungen und Unterricht, Einbeziehung der Mitschüler (z.B. Helfersystem).

2 Grundlagenschaffende Teilleistungen

2.1. Bedeutung von Teilleistungen

Die Aussage, eine harmonische Entwicklung hängt von einer intakten Hirnfunktion ab, ist trivial. Ebenso unbestritten ist, dass Bewegung und Wahrnehmung die Grundlage für jedes Lernen, vor allem schulisches Lernen darstellen (Milz 1996, 55 ff.).

Neuere Hirnforschung, die Abkehr von den wenig hilfreichen medizinischen Diagnosen wie MCD und die neuropsychologische Umsetzung dieser neueren Ergebnisse in ein komplexes System der Entwicklung, machten diesen Ansatz für die Pädagogik interessant. Das Entwicklungsmodell nach J. Ayres ist schlüssig und für die Praxis sinnvoll, weil es einen Überblick über die für höhere Leistungen notwendigen Teilleistungen gibt. Über viele Jahre war das Konzept der Teilleistungsstörungen der theoretische Hintergrund der Einführung Sonderpädagogischer Diagnose- und Förderklassen (Institut für Schulpädagogik 1991).

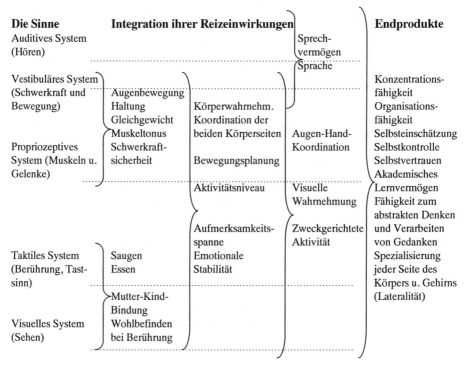

Abbildung 2: Neuropsychologisches Entwicklungsmodell (nach Ayres 1979)

Ayres hat in diesem neuropsychologischen Entwicklungsmodell beschrieben, welche Voraussetzungen notwendig sind, komplexe Endprodukte wie z.B. Schulleistungen zu ermöglichen. In der Schule wird häufig nur auf die Endprodukte geachtet und nicht geprüft, ob die grundlegenden Voraussetzungen vorhanden sind (Laschkowski 1998a, 5, am Beispiel von Motorik).

Es muss aber deutlich gemacht werden, dass dieses Entwicklungsmodell nur ein Modell darstellt und „in ihrer Schlichtheit kaum der Komplexität menschlicher Lern- und Entwicklungsprozesse" Rechnung tragen kann (Breitenbach 1996, 418). Der hierarchische Aufbau der Entwicklung ist ebenso umstritten.

In Anlehnung an Luria und Graichen sollen Teilleistungen als Leistungen einzelner Faktoren oder Glieder innerhalb eines funktionellen Systems definiert werden, die zur Bewältigung einer komplexen physiologischen oder psychologisch-pädagogischen Aufgabenstellung (z.B. Wahrnehmung, Sprechen, Rechnen, Schreiben, Lesen) erforderlich sind (Deegener u.a. 1992, 8). Das bedeutet, dass schulische Leistungen wie Lesen oder Rechnen keine Teilleistungen darstellen, sondern bereits hochkomplexe Anforderungen benötigen.

Das Modell der Verarbeitungstheorie von Luria mit drei funktionalen Haupteinheiten (neuerdings erweitert auf 4 Einheiten) scheint derzeit favorisiert zu sein. Es ersetzt die älteren Modelle und erklärt besser die Dynamik der Entwicklung und auch die Möglichkeiten der Beeinflussung. Dieses Modell kehrt sich auch ab von den Lokalisationstheorien, die jedem Gehirnbereich feste Aufgaben zuweisen.

Dieses Modell kann erklären, dass die reine Leistungsfeststellung in einem Teilbereich noch nichts über Erfolg oder Misserfolg aussagen kann. Die Umsetzung der Leistung hat durch Steuerungs- und Kontrollprozesse zu erfolgen, Gedächtnisprozesse sind notwendig, Konzentration ebenso. Nur im Zusammenwirken von allen Komponenten entstehen Leistungen, aber beim Ausfall von Teilbereichen können Leistungsstörungen auftreten. Andererseits sind auch Kompensationseffekte möglich, die trotz eines Ausfalls in einem Bereich (z.B. Motorik) eine unauffällige Leistung in einem komplexen Bereich erzielen lassen (z.B. Mathematik). Dies soll besonders für den nächsten Abschnitt, der Diagnostik und Förderung, berücksichtigt werden.

Teilleistungsstörungen können sich nicht nur auf das allgemeine Lernen auswirken, sondern Ursache von emotionalen Störungen sein; und das in zweifacher Weise: Einerseits reagieren teilleistungsgestörte Kinder auf Reize anders als erwartet, haben aber gleichzeitig einen hohen Anspruch an Liebe und Zuwendung; andererseits haben Kinder mit Teilleistungsstörungen bereits sehr früh häufige Misserfolge, sie fühlen sich ausgeschlossen und resignieren schließlich, sind nicht mehr motiviert und im Sinne der dynamischen Entwicklung in einem Teufelskreis misserfolgsorientiert (siehe Kap. 3.2: Das Modell von Betz & Breuninger).

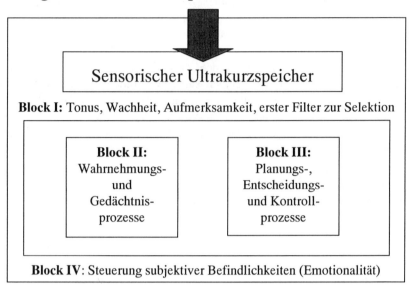

Abbildung 3: Neuropsychologisches Modell der Verarbeitung
(vereinfachte Darstellung nach Deegener u.a. 1992)

2.2 Diagnostik und Förderung

Im Sinne eines förderdiagnostischen Vorgehens werden Diagnostik und Förderung nicht getrennt, sondern bilden eine Einheit. In der zeitlichen Abfolge muss bei Beginn einer Intervention die Feststellung des allgemeinen Leistungsstandes erfolgen. Diese stellt die erste Phase der Diagnostik dar. Nun erfolgt die Intervention. Dabei ist nicht zu erwarten, dass ausschließlich aus diagnostischen Feststellungen Förderansätze abgeleitet werden können. Diagnostik und Förderung stellen keine 1:1-Entsprechung dar! Diagnostik erschöpft sich auch nicht in der Feststellung von Teilleistungen (Matthes 1998, 96). Nur in diesem Kapitel werden ausschließlich Teilleistungen angesprochen.

Teilleistungsdiagnostik erfordert sehr viel Erfahrung. Es ist auch kein zufriedenstellendes standardisiertes Verfahren vorhanden, das universell eingesetzt werden kann. Die TÜKI (Tübinger Luria-Christensen Neuropsychologische Untersuchungsreihe für Kinder 1993), ebenso wie der ältere SCSIT (Southern California Sensory Integration Test 1972) sind aus der Sicht von Praktikern zu umfangreich und somit nur in Teilen einsetzbar. Von anderen Tests lassen sich nur Untertests verwenden (z.B. K-ABC). Aus diesem Grunde wird vorgeschlagen, die Diagnostik von Teilleistungen mit informellen Verfahren durchzuführen. „Teilleistungsdiagnostik versteht sich als qualitative Diagnostik" (ISB 1992, 14).

Teilleistungsdiagnostik soll nicht routinemäßig durchgeführt werden bei Vorliegen von allgemeinen Lernstörungen, sondern hypothesengeleitet erfolgen. Durch Beobachtungen liegen bereits Hinweise auf mögliche Ausfälle vor. Nun hat die genauere Untersuchung zu erfolgen. Dabei können, wie bereits erwähnt, Untertests von Intelligenz-, Wahrnehmungs- oder Motoriktests verwendet, sowie gezielte Beobachtungen durchgeführt werden (teilnehmend oder nicht-teilnehmend) oder informelle Verfahren. Zur ersten Orientierung sind auch Checklisten hilfreich (Milz 1989, 175 ff.; ISB-Handreichungen 1992).

Folgende Teilleistungen können unterschieden werden:

Diese Einteilung stellt eine sehr reduzierte Auswahl dar, umfangreichere Einteilungs- und Differenzierungsmöglichkeiten können ebenso verwendet werden. Z.B. sind in diesem Schema explizit nicht aufgeführt extraokulare Augenkontrolle, Mundmotorik, Gleichgewicht, Tonus, Lateralität, Überkreuzen der Körpermitte, Bewegungsplanung.

1. Wahrnehmung
- propriozeptive Wahrnehmung
- taktil-kinästhetische Wahrnehmung
- visuelle Wahrnehmung (Figur-Grund, Wahrnehmungskonstanz, Raum-Lage, visuomotorische Koordination, Erfassen räumlicher Beziehungen)
- auditive Wahrnehmung (hier gilt eine der visuellen Wahrnehmung ähnliche Unterteilung, siehe Basale Förderkartei 1995)

2. Motorik
- Grobmotorik
- Feinmotorik
- Körperschema

3. Gedächtnisprozesse

Die Einteilung zeigt bereits die Problematik von Teilleistungen und ist aus diesem Grunde unzureichend:
- Die Leistungen sind zum Teil überlagert: z.B. hat das Körperschema auch Wahrnehmungsanteile, Feinmotorik und visuelle Wahrnehmung sind eng verknüpft.
- Alle Gedächtnisprozesse sind an Wahrnehmung gebunden. Es kann große Unterschiede ergeben, ob die Vorgabe visuell oder durch Sprache erfolgt.
- Alle Wahrnehmungs- und Verarbeitungsleistungen können simultan oder sequentiell erfolgen.

- Alle Wahrnehmungsleistungen müssen auf die Fähigkeit der intermodalen Verarbeitung überprüft werden (z.B. Vorgabe visuell - Antwort auditiv oder Vorgabe auditiv und die Ausgabe handelnd).

Ein Überblick über Teilleistungsdiagnostik und -förderung würde den Rahmen dieses Artikels sprengen. Ein knappes Screeningverfahren umfasst mehrere Seiten, ein umfangreiches informelles Verfahren (verschiedene Beispiele in ISB-Handreichung zur Diagnostik 1992) hat den Umfang eines dünnen Buches, mit Erläuterungen wird es ein dickes Buch (Beispiel Handbuch zur TÜKI). Aus diesem Grunde werden exemplarisch zwei Beispiele gegeben, die einen Eindruck über die Komplexität dieses Bereichs geben.

- In den „*Handreichungen zum Lernbegleiter*" (Klaus, Laschkowski, Pischel, Ullmann & Wieland 1996) wurde zum weiten Feld der Lern- und Leistungsvoraussetzungen eine Sammlung von Beobachtungs- und Testitems vorgenommen. Aus diesen Handreichungen exemplarisch das Beispiel der Teilleistung „Koordination". Es ist ersichtlich, dass es - wie zu allen Teilleistungen - keinen speziellen Test gibt, sondern Items aus verschiedenen Tests (Tests zur Erfassung von Teilleistungen, Motoriktests, Intelligenztests), informelle Verfahren und Beobachtungshinweise möglich sind. An dieser Stelle soll nicht auf die in diesem Beispiel erwähnten Tests eingegangen werden. Es ist aber ersichtlich, dass Teilleistungsdiagnostik eine hohe Kompetenz und viel Erfahrung voraussetzt.

- *Beispiel aus der Beratung*:

Problemfall: Ein fünfjähriger körperlich großer Junge wird gemeldet wegen schwerwiegender Verhaltensprobleme in der Schulvorbereitenden Einrichtung (SVE). Dies ist wegen der baldigen Einschulung im nächsten Schuljahr um so bedeutsamer.

Erste Beobachtung: Der Junge kann nicht mit anderen Kindern spielen, schlägt und kratzt, zerstört Spiele der anderen Kinder und hört nicht auf die Erzieherin. Hörprobleme und Verständnisschwierigkeiten wurden ausgeschlossen.

Genauere Diagnostik: Bei der Überprüfung der visuellen Wahrnehmung wurden keine Auffälligkeiten beobachtet. Mit dem Untertest „Dreiecke" aus der K-ABC (Kaufman Assessment Battery for Children) konnte eine mindestens durchschnittliche Leistung im Bereich der Denkfähigkeit festgestellt werden. Wortschatz und Sprachverständnis waren überdurchschnittlich. Die auditive Wahrnehmung war auch unauffällig. Doch im Bereich der Grob- und Feinmotorik erreichte der Junge keine altersgemäßen Leistungen. Er kann noch kaum mit Stiften umgehen. Vor allem auffällig waren Defizite im taktil-kinästhetischen Bereich und in der Kraftdosierung.

Vorläufige Feststellungen: Der Junge hat sehr viel Kraft, kann diese aber nicht richtig einsetzen. Durch geringes Tastempfinden macht er alles grob; Dinge zerstört er leicht, zu Mitschülern ist er ungewollt ungeschickt. Es liegen also eine Reihe von Teilleistungsstörungen vor, die trotz mindestens guter allgemeiner Begabung zu Lern- und Verhaltensproblemen führen.

Tests zur Erfassung von Teilleistungen	Motoriktests	Items aus Intelligenztests	Informelle Verfahren	Beobachtungen
SCSIT: 13. **CBM** Crossing Midline of Body: Mit der re/li Hand re/li Ohr bzw. Auge berühren. 14. **BMC** Bilateral Motor Coordination: vorgeklatschte Rhythmen mit beiden Händen nachklatschen.	**LOS KF 18:** 2. Rhythmisches Klopfen mit Fingern und Füßen. 4. Über ein Seil springen (40 cm). 7. Ball fangen mit einer Hand, Tennisball, Entfernung 3 m. 9. Hochspringen und Fersen berühren. 11. Beidhändig Pfennige und Streichhölzer einsammeln. 15. Öffnen und Schließen der Hände mit Drehen. 16. Klopfen mit den Füßen und mit den Zeigefingern Kreise beschreiben. 18. Hochsprung mit dreimaligem Händeklatschen.	**HAWIK-R:** Es kommt bei diesen Untertests nicht auf die erreichte Rohwertsumme an, sondern auf den Umgang mit dem Material. **RD** (Rechnerisches Denken): Zählen der langen Baumreihe, Zählschema. **FL** (Figurenlegen): Umgang mit Puzzleteilen. **BO** (Bilderordnen): Umgang mit Kärtchenreihe. **MT** (Mosaiktest): Umgang mit Würfeln. **Kramer:** **V. Altersreihe** 1. Begriff 4: Geben von Perlen. 7. Figuren legen: Puzzle aus zwei Teilen. **VI. Altersreihe** 1. Begriff fünf: Geben von 5 Perlen.	**Pfiffigunde:** 2. Ausziehen und Ritterrüstung anlegen. 3. Goldstücke auflesen (Überkreuzen der Körpermitte). 10. Brustschwimmen (Bilateralintegration). 17. Auf jedem Bein mehrmals hüpfen. 18. Vom Berg springen im Schlusssprung (Bil.). 25. Auf die blinde Hexe zukrabbeln (Bil.). 28. Einschläfern der Wächter (spiegelbildliche Kreise nachmachen) (Bil.). 29. Die Ritter geben vor zu schlafen (auf dem Bauch; das gebeugte Bein liegt auf derselben Seite wie das Gesicht).	**Bilateralität:** • Purzelbaum schlagen • Hampelmannsprung • Seilspringen • Radfahren • Schwimmen • Beidbeinig hüpfen • Zusammenwirken von Schreib- und Haltehand • Beidhändiges Malen, z.B. nach Musik, an der Tafel

Abbildung 4: Beispiel zur Teilleistungsdiagnostik aus den „Handreichungen zum Lernbegleiter"; Tests siehe Literaturangaben.

Interventionen: Der Junge wurde zuerst bei einer Ergotherapeutin angemeldet. Dort erhält er vor allem Förderung im feinmotorisch-taktilen Bereich (z.B. Kneten, Formen, Matschen). In der SVE erhält er täglich eine eigene Spielzeit, bei der er von anderen nicht gestört werden darf (abgetrennter Bereich). Im Freien darf er vor allem sich grobmotorisch betätigen (z.b. im Sandkasten Schaufeln mit großen Werkzeugen). Bewegungs- und Wahrnehmungsspiele werden in der Gruppe verstärkt durchgeführt (z.B. jemanden blind führen, Antupfen, Zublinzeln). Dadurch wird die soziale Wahrnehmung gefördert und der Körperkontakt.

Erste Veränderungen: Es trat insgesamt nach kurzer Zeit eine Besserung des Verhaltens ein. Der Junge kann sich körperlich täglich ausagieren. Dabei hat er intensiven Kontakt zur Erzieherin und verbessert seine Beziehung. Er hat auch eine spezielle Spielzeit für sich. Mit anderen kommt er noch nicht im freien Spiel zurecht. Ansätze der Verbesserung der sozialen und taktilen Wahrnehmung sind festzustellen. Wichtig war, dass für die Eltern und die Erzieherin festgestellt wurde, dass Teilleistungsschwächen vorliegen und nicht Ungehorsam. Nachdem die Probleme erkannt wurden, konnte in vielen Situationen hilfreich reagiert werden und Probleme bereits präventiv vermieden werden.

Eine wichtige Anmerkung zum Schluss: Teilleistungsdiagnostik und -förderung bedarf unbedingt eines interdisziplinären Vorgehens. Eine Person oder eine Stelle kann diesen Bereich nicht allein abdecken. Bei Verdacht auf Teilleistungsstörungen ist eine medizinische Abklärung einschließlich der Prüfung von Hören und Sehen notwendig. Psychologen, Sonderpädagogen, Sprachtherapeuten und Ergotherapeuten haben ebenso einen Anteil.

3 Lese- und Rechtschreibschwäche

"Legasthenie ist keine Teilleistungsschwäche, kann aber durch eine Teilleistungsschwäche verursacht sein." (Sindelar 1994, 23)

3.1 Epidemiologie

Einige Zahlen zur Einführung, die die Schwere dieses Lernproblems zeigen:
- 10 - 15 % der Grundschulkinder: Rückstand 1 - 2 Jahre (Warnke 1997)
- 5 - 10 % Rückstand 2 und mehr Jahre (Klicpera 1995, 22. Wiener Längsschnittuntersuchung, N = 1000).
- 4 % schwere umschriebene Beeinträchtigung nach psychiatrischer Definition (Klasen 1997, 20)

- 8 % aller Patienten im Schulalter, die eine Beratungsstelle aufsuchen oder in ärztlicher Behandlung sind wegen psychischer Probleme, haben LRS als Primärsymptom (a.a.O.).
- 1 % verlassen die Schule als Analphabeten (a.a.O).
- Ca. 2 % der Erwachsenen sind bei alltäglichen Lese- und Schreibaufgaben überfordert (Klicpera 1995, 222).

Es ist also klar ersichtlich, dass das Erlernen des Lesens und Schreibens für viele Schüler ein großes Problem darstellt. An dieser Stelle soll nicht auf die leidige Diskussion über Begriffe (Legasthenie oder Lese-Rechtschreibschwäche) oder Definitionen eingegangen werden. Analog der Umschreibung von Rechenschwäche (siehe Kapitel 4) verstehe ich unter Lese-Rechtschreibschwäche so große Defizite beim Erlernen von Lesen und/oder Rechtschreiben, dass sie nicht mehr mit dem herkömmlichen Unterricht abgebaut werden können. Diese Kinder benötigen also eine besondere Hilfe - Beratung, Förderung, Therapie.

3.2 Leitgedanken zum Förderansatz

Das Thema Lese-Rechtschreibschwäche scheint ausgereizt. Nach einem Boom an Veröffentlichungen in den 70er Jahren mit der praktischen Folge von sogenannten Legasthenieerlassen, also besondere schulische Begünstigungen bei amtlich festgestellter Legasthenie, war es ruhig zu diesem Thema. In den vergangenen Jahren entstand, ausgelöst durch neue Forschungen, ein anderes Bild von Lese-Rechtschreibschwäche. Die Diskrepanztheorie, die als Kriterium stets einen mindestens durchschnittlichen Intelligenzquotienten benötigte, ist überholt, obwohl sie in den amtlichen Klassifikationen psychischer Störungen noch verwendet wird (DSM III-R 76 f, ICD 10, 274 ff.). Neben statistischen Bedenken (Bleidick 1976, 13) war auch entscheidend, dass von einer möglichen Förderung ein großer Teil der Kinder ausgeschlossen bleibt. 16 % einer Stichprobe liegen in jedem Intelligenztest unter dem Durchschnitt. Geht man davon aus, dass ca. 4 % der Kinder Förderschulen besuchen, also eine besondere Förderung erhalten, so gehen mindestens 12 % Kinder mit unterdurchschnittlichem IQ in die Regelschule. Diese wären nach der Diskrepanztheorie grundsätzlich von allen zusätzlichen Förderungen oder Begünstigungen ausgeschlossen.

Jahrzehntelang anerkannte Konzepte wie Legasthenie als Wahrnehmungsschwäche (Grundlage der Diagnostischen Rechtschreibtests von Müller DRT 1 - 5), als Gliederungsschwäche (Schenk-Danzinger 1968), als Speicherschwäche (Schubenz 1964) oder als Raumlage-Labilität (Schenk-Danzinger) haben sich als nicht zutreffend erwiesen. Valtin konnte bereits 1969 diese Konzepte widerlegen („Therapie ohne Grundlage"). Alle monokausalen Konzepte werden heute abgelehnt: „Unstritig ist, daß es nicht die Ursache gibt, sondern mehrere Faktoren zusammenkommen" (Bründel 1996, 277). Grissemann nennt alle diese vereinfachten Ansätze „Verwirrungsangebote" (1995, 26). Andererseits ist eine intensive organische Abklärung notwendig. Häufig sind neurologische Faktoren beobachtbar („soft neurological signs" Scheerer-Neumann 1995, 25), Störungen der Sinnesorgane, sekundäre Begleiterscheinungen (z.B. Angstsymptome 49,7 %, hyperaktive Symptomatik 47,7 %, psychosomatische Störungen 39,1 %; Warnke 1995, 293) und in neuester Zeit Hinweise auf genetische Faktoren (Warnke 1997, 29 ff..).

Ein Faktor erwies sich jedoch durchgängig als bedeutsam, nämlich phonetisch-sprachliche Leistungen. Ausgehend von amerikanischen und englischen Untersuchungen hat Walter 1988 den Faktor phonologisches Wissen operationalisiert und als bedeutsam für die Leistungen in Lesen und Schreiben ermittelt. Auch für die Frühdiagnostik, also bereits in der Vorschulzeit hatte dieser Faktor hohen Prädiktorwert (zusammenfassend bei Laschkowski 1997a). Der Aufbau der Sprache in Phonemen und die Korrespondenz zwischen Phonem und Graphem stellen grundlegende sprachliche Verarbeitungsprozesse dar. Sind diese Fähigkeiten nicht oder nur unzureichend vorhanden, so ist das Erlernen von Lesen und Schreiben erschwert. Beispiele: Das Kind kann keine Reime erkennen, es kann ein Wort nicht in Silben zerlegen und dazu klatschen, es kann bei einem Wort nicht das Anfangsphonem weglassen, es kann gehörte Phoneme nicht synthetisieren. Dies sind alles Anforderungen, die noch nichts mit schulischen Inhalten zu tun haben, also noch im Vorschulalter liegen. Zur Einschulung werden sie als vorhanden vorausgesetzt. Defizite werden häufig nicht erkannt, Förderung erfolgt nicht. Doch Walter (1988; 1996) konnte zeigen, dass das phonologische Wissen gezielt gefördert werden kann und ein hoher Transfer auf die Leistungen in Lesen und Schreiben besteht.

Stufenmodell des Schriftspracherwerbs

Nachdem die Versuche gescheitert waren, isolierte Ausfälle zu identifizieren, ging man daran, den Lernprozess des Lesens und Schreibens genauer zu untersuchen. Es entstanden Stufenmodelle (Überblick bei Brügelmann & Richter 1994) des Erwerbs der Schriftsprache und des Lesens.

Beim Lesen erfolgt der Entwicklungsgang in Stufen, vom Benennen von Buchstaben bis zum automatisierten sinnerfassenden Lesen. Die für das Rechtschreiben (ab Stufe 4, die vorausgehenden Stufen liegen größtenteils im Vorschulalter) bedeutsame Stufe ist die phonetische Stufe: In dieser Stufe wird gelernt, nach dem gehörten Eindruck zu schreiben. Gelingt dies in der Anfangsphase, so ist dies schon eine große Leistung. Viele Wörter können durch genaues Hören richtig geschrieben werden. Leider wird in der Grundschule meist viel zu schnell vorwärtsgegangen und die nächste Stufe erwartet, die orthographische Stufe. Hier kommt es auf das Anwenden von Regeln oder auf das Erlernen von Ausnahmen an. Die höchste Stufe (bei May heißt sie morphematische Stufe) stellt eine sehr effektive Strategie dar. Um das Gedächtnis zu entlasten, also nicht jedes Wort zu erlernen, ist es hilfreich, Wörter in Wortstämme zu zergliedern und von gelernten Wortstämmen neue Wörter abzuleiten. Beispiel: Verkäuferin - Wortstamm kaufen.

Fähigkeiten und Einsichten	Lesen	Schreiben
1. Nachahmung äußerer Verhaltensweisen	„Als-ob"-Vorlesen	Kritzeln
2. Kenntnis einzelner Buchstaben an Hand figurativer Merkmale	Erraten von Wörtern auf Grund visueller Merkmale (Firmennamen)	Malen von Buchstabenreihen
3. Beginnende Einsicht in den Buchstaben-Laut-Bezug	Benennen von Lautelementen Häufig orientiert am Anfangsbuchstaben	Schreiben von Lautelementen (prägnante Laute, Skelettschreibweise)
4. *Einsicht in die Buchstaben-Laut-Beziehung*	*Buchstabenweises Erlesen*	*Phonetisches Schreiben (Prinzip: Schreibe so wie du sprichst)*
5. *Verwendung orthographischer Elemente*	*Fortgeschrittenes Lesen: Verwendung größerer Einheiten (Silben, Endungen)*	*Verwendung orthographischer Muster: Regeln, Ausnahmen*
6. *Automatisierung von Teilprozessen*	*Automatisiertes Worterkennen und Hypothesenbildung aus dem Kontext*	*Entfaltete orthographische Kenntnisse, Erschließen durch Morpheme*

(*kursiv* = Schwerpunkt des schulischen Lernens)

Abbildung 5: Beispiel eines Stufenmodells (nach Naegele 1991)

Ganzheitlicher Förderansatz nach Modell Betz & Breuninger (s. Abb. 6)

Lese-Rechtschreibschwäche, bzw. jede Art von Lernstörung, versteht sich nicht als ein isoliertes Defizit in Lesen und/oder Rechtschreiben. Am Anfang kommt es zu Defiziten im Erlernen des Lesens oder Rechtschreibens. Wird nicht eingegriffen, so werden die Lücken immer größer. Der Schüler erkennt dies natürlich und will durch vermehrte Anstrengung dies wettmachen. Doch bei weiteren Misserfolgen sinkt das Selbstvertrauen und die Anstrengungsbereitschaft. Alle Personen im Umfeld reagieren auf die Misserfolge ebenfalls. Die Lehrkräfte sind häufig hilflos, versuchen es mit verstärktem Druck. Die Probleme nehmen aber zu. Als Erklärung bleiben häufig nur Dummheit oder Faulheit beim Schüler. Für den Schüler sind beide fatal. Die Eltern reagieren auch, anfangs mit Sorge, später mit Druck und schließlich mit Enttäuschung. Ebenso lehnen die Mitschüler in der Folge den lese- und rechtschreibschwachen Schüler ab. Das Lernproblem schaukelt sich also auf zu einem Teufelskreis. Emotionale und soziale

Anteile sind bei der Entstehung der Lernprobleme mindestens genauso wichtig wie Defizite in den Grundlagen. In neuerer Zeit hat Goleman überzeugend gezeigt, dass die emotionalen Anteile wahrscheinlich mindestens so bedeutsam sind wie die kognitiven.

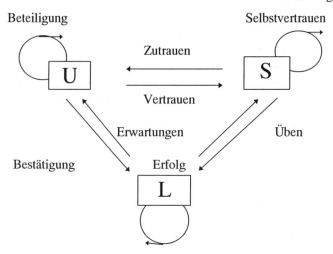

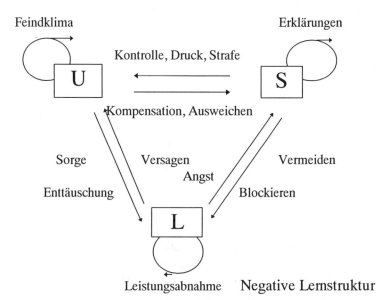

Abbildung 6: Ganzheitlicher Förderansatz (nach Betz & Breuninger 1987)
(U = Unterricht, S = Schüler, L = Lehrer)

Beratung von Eltern und Lehrkraft

Den Eltern kommt bei der Förderung lese- und rechtschreibschwacher Schüler eine besondere Bedeutung zu. In der Beratung sind die Eltern zu sinnvoller Mithilfe zu gewinnen. In der Regel müssen die Eltern gedrängt werden, möglichst wenig mit ihrem Kind zu üben, aber möglichst effektiv. Bewährt haben sich komplette Kursprogramme für Eltern (Mann 1979). Im Verlauf der Entwicklung der Lese-Rechtschreibschwäche wurde bei den meisten Schülern zu Hause mit großem Druck ekzessiv geübt. Dies war aber erfolglos. Eltern müssen akzeptieren, sich möglichst aus der direkten Förderung von Lesen und Schreiben herauszuhalten und eher indirekt zu helfen, z.B. durch Freizeitangebote (spielerische Angebote von Lesen und sinnvolle Schreibanlässe) oder durch intensive emotionale Annahme des Kindes.

Bei Lehrkräften ist hilfreich in der Beratung auf das Vorliegen einer schwerwiegenden Lese- und Rechtschreibschwäche hinzuweisen. Für viele Lehrkräfte ist die „amtliche" Feststellung eine große Erleichterung. Die Lehrkräfte hatten das Problem schon lange beobachtet, aber keine Erklärung oder Bestätigung darüber erhalten. Häufig wurde gedacht, das Kind muss mehr üben und damit wurde der Teufelskreis der Verschärfung der Entwicklung weiter vorangetrieben.

Konkrete Interventionen

Es wird ein Förderkonzept in mehreren Schritten vorgeschlagen: Im Sinne des förderdiagnostischen Vorgehens ist das Modell nicht als Stufenmodell zu sehen, das die einzelnen Abfolgen der Reihe nach abarbeitet, sondern Diagnostik und Förderung verstehen sich als Einheit, als Prozess in aufsteigenden Spiralen, bei dem jede diagnostische Feststellung sofort in Förderung umgesetzt wird oder sie hat keine Relevanz und wird nicht weiter beachtet. Die Trennung von Diagnostik und Intervention, gar noch in verschiedenen Personen, hat sich als nicht erfolgreich erwiesen (siehe dazu das Standardwerk von Kornmann u.a. 1983).

1 Diagnostik der Voraussetzungen von Lesen und Schreiben
z.B. visuelle und auditive Leistungen, Merkfähigkeit

In dieser Phase werden die für das Lesen und Schreiben notwendigen Teilleistungen überprüft (siehe Schenk 1997, 144). Dazu gibt es keine brauchbaren Tests, sondern dies geschieht durch informelle Diagnostik. An das bereits erwähnte phonologische Wissen ist hierbei besonders zu denken. Aber auch Hör- und Sehvermögen müssen abgeklärt werden. (Eine gute Übersicht über die Voraussetzungen zum Erlernen des Lesens und Schreibens bei Kunze 1996).

2 Diagnostik in Lesen und Schreiben
konkreter Leistungsstand

Brauchbar in Rechtschreiben erweist sich einzig die Hamburger Schreibprobe HSP (siehe Akademie für Lehrerfortbildung 1999). Sie ist nach dem neuen Konzept des Stufenaufbaus des Schriftspracherwerbs entwickelt. Gleichzeitig können aus den Ergebnissen direkt Fördermöglichkeiten abgeleitet werden. Die Durchführung dauert nur ca. 10 - 15 Minuten und der Einsatzbereich erstreckt sich von der 1. bis zur 9. Klasse. In Lesen ist der Hamburger Lesetest für 3. und 4. Klassen empfehlenswert (HAMLET 3-4). Grundlage hierfür ist ebenfalls ein Stufenmodell. Als Kombinationstest wird der Salzburger Lese- und Rechtschreibtest (SLRT 1997) vorgeschlagen.

3 Förderziele festlegen
Arbeit an drei Bereichen:
Grundlagen, Lesen und Rechtschreiben, Arbeit am Lernumfeld

Der allgemeine Grundsatz, „das Kind abholen wo es steht", ist für die Förderung besonders bedeutsam. Förderung darf nicht misslingen. Deshalb ist es notwendig, aufgrund intensiver Diagnostik „eine möglichst optimale Passung zwischen der Aneignungsstufe und dem Lerngegenstand" herzustellen (Valtin 1996, 379).

4 Förderunterricht
konkret durchgeführte Maßnahmen

Der Förderunterricht hat nicht nur den fachlichen Bereich, also Lesen und Schreiben, abzudecken, sondern wie schon bei der Förderplanung auch den Persönlichkeitsbereich und das Lernumfeld zu berücksichtigen.

Es hat sich ein Vorgehen in drei Schritten bewährt:

1. Einstieg: Spiel, Bewegung oder Entspannung. Dabei können vor allem die Grundlagen gefördert werden.
2. Hauptteil: Arbeit am Lesen oder Schreiben. Achten auf sinnvolle Übungen, kurze Phasen und hohe Motivation. Kleine Schritte.
3. Ausklang: Spielphase

Förderziele für Julia ----------   Zeitraum von Januar bis April 1998

Förderziele	Methoden
1. Arbeit an den Grundlagen	
genaues, kritisches, bewusstes L E S E N	- Bilder - Wörter - Silben - kurze Sätze vergleichen, ordnen, Unterschiede/fehlende Details kennzeichnen/einsetzen Passendes zusammensetzen
genau, kritisch, bewusst SPRECHSCHREIBEN	erste Regeln des Rechtschreibens lautgetreu Schreiben können - Diktieren - Sprechschreiben - Vergleich
2. Arbeit in Lesen / Rechtschreiben	
L E S E N - Laut-Buchstaben-Kenntnis sichern	besondere Laute - z.B. ng st Ich spreche und höre anders als ich sehe !
Lesen & Rechtschreiben - Wortkenntnisse erweitern - Wortverwandtschaften erleben	Erweiterung des Wortschatzes durch Lese - und Schreibübungen an zunehmendem Wortmaterial > von lautgetreuen Wörtern zu Besonderheiten z.B. ng st sp ch sch ck Dopplungen
R E C H T S C H R E I B E N - Hör - Sprech - Schreiben üben - Besonderheiten durch Verwandtschaft erschließen	phonetische Übungen - hören/nachlautieren hören/schreiben hören/ordnen/aufschreiben Besonderheiten, die nicht gesprochen oder gehört werden, kennzeichnen
3. Arbeit am Lernumfeld	
Verhältnis der Familie zu Leistung und Person	Bedenken der Eltern beachten Ziel: familiäres Zusammenleben/Alltag von Leistungserwartungen trennen realistische Leistungserwartungen ermitteln Aussprachen zur Situation in 3 Wochen Abstand
Umgang bei und mit Hausaufgaben Leistungsforderungen	Aussprachen mit Julia zu HA und Erfolgen zu Hause u. in Schule

Abbildung 7: Beispiel einer Förderplanung (erstellt von Magenheim R., erscheint voraussichtlich 1999 als Akademiebericht der Lehrerakademie Dillingen)

5 Vorläufige Schlussfeststellungen
Was hat sich verändert an den Grundlagen, am Lesen und Rechtschreiben, am Lernumfeld und beim Schüler im emotionalen und sozialen Bereich

Regelmäßige Überprüfung der Ziele, evtl. Änderung der Zielvorgaben, z.B. neue Schwerpunkte setzen. Als Grundprinzip muss gelten: Förderung darf nicht misslingen!

Dieses Förderkonzept versucht, die hohe Komplexität der pädagogischen Kategorie „Fördern" in einzelne Schritte aufzulösen und somit operationalisierbar zu machen. Es zeigt sich, dass nicht isoliert mit dem Problemschüler gearbeitet werden soll, im Sinne von Nachhilfe, sondern ganzheitlich und mit allen Beteiligten. Lese- und Rechtschreibprobleme sind keine Krankheit, sondern eine Lernstörung mit bestimmten Dispositionen, auslösenden Faktoren, hemmenden und fördernden Bedingungen und schließlich einem hohen emotionalen Anteil.

3.3 Beispiel eines Beratungsfalles

Problemfall: Der 10-jährige Peter, 4. Klasse Grundschule, wird gemeldet wegen totalem Versagen bei Diktaten und freiem Schreiben. Bei Nachschriften (Schreiben von vorher geübten Texten) fällt die Schwierigkeit nicht auf.

Erste Beobachtungen: Peter schreibt sehr unregelmäßig und groß. Er bessert viel aus, streicht durch. Das Arbeitstempo ist sehr langsam.

Genauere Diagnostik: In der Hamburger Schreibprobe (HSP) hat sich das Ausmaß der Rechtschreibschwierigkeiten bestätigt (vgl. Abb. 8). Das phonetische Schreiben („schreibe so wie du es hörst") ist noch nicht gesichert. Diese Phase soll in den ersten beiden Jahren abgeschlossen sein. Ein Totalausfall in der morphematischen Stufe wurde festgestellt. Peter kann Wörter nicht in Silben zerlegen, es fehlt auch an den rhythmischen Fähigkeiten. Ähnlich klingende Wörter kann er kaum unterscheiden, Dehnung und Schärfung erkennt er nicht. Das auditive Kurzzeitgedächtnis ist nicht altersgemäß. Zur Abklärung hinsichtlich der allgemeinen Begabung wurde der CFT 20 (sprachfreie Intelligenz) durchgeführt. Peter erreichte den sehr hohen Wert von 127. Er kann also logisch denken, Analogien erkennen und topologische Probleme lösen – aber alle Aufgaben auf der visuellen-sprachfreien Ebene.

Vorläufige Feststellungen: Es liegen schwerwiegende Probleme beim Erlernen des Rechtschreibens vor. Der Begriff „Legasthenie" wird im schulischen Feld nicht mehr verwendet. Die Ursachen liegen im auditiv-verbalen Bereich.

Interventionen: Peter erhält wöchentlich eine Förderstunde in Rechtschreiben. Der Schwerpunkt der Förderung liegt in der Verbesserung der auditiven Leistungen (kurze – lange Laute unterscheiden), im Zerlegen von Wörtern (mündlich und schriftlich) und in der Sicherung der Graphem-Morphem-Korrespondenz.

Name: Peter ------   Datum: 5.12. ------

richtige Wörter	Grapheme	phonetisch	orthographisch	morphematisch	
98,6					72
98,2					71
97,7					70
97,1					69
96,4					68
95,4					67
94,5					66
93,3					65
91,9					64
90,3					63
88,5					62
86,4					61
81,6					59
78,8					58
75,8					57
72,6					56
69,1					55
65,5					54
61,8					53
57,9					52
54,0					51
46,0					49
42,1					48
38,2					47
34,5					46
30,9					45
27,4					44
24,2					43
21,2					42
18,4					41
15,9					40
13,6					39
11,5					38
9,7					37
8,1					36
6,7					35
5,5					34
4,5					33
3,6					32
2,9					31
2,3					30
1,8					29
1,4					28
1,1					27

Abbildung 8: Profilauswertung der Hamburger Schreibprobe

Der Abstand zum Stoff der 4. Klasse ist so groß, dass Peter aus den Anforderungen der Klasse herausgenommen wird. Dazu berechtigt in Bayern ein Kultusministeriums-Erlass (KMBEK vom 31.8.1990). Die Förderung ist auf das ganze Schuljahr angelegt und hat in erster Zeit zum Ziel, die Freude am Schreiben zu wecken, Erfolgserlebnisse zu vermitteln und somit die Persönlichkeit zu stabilisieren.

4 Rechenschwäche

4.1 Einführung

An dieser Stelle soll nicht auf die Begriffs- und Definitionsproblematik eingegangen werden. Es existieren für das Phänomen - Probleme beim Erlernen mathematischer Inhalte - verschiedene Begriffe, teilweise grenzen sie sich ab, teilweise bedeuten sie das gleiche. Bei Lorenz & Radatz (17) werden 40 Begriffe aus dem deutschsprachigen Raum aufgelistet, ohne Vollständigkeit zu erreichen. Hier soll die Umschreibung von Lorenz & Radatz (1993, 16) gelten, die Rechenstörungen dann für alle Schüler gegeben sehen, wenn sie „einer Förderung jenseits Standardunterrichts bedürfen". Diese Umschreibung lehnt Ursachenzuschreibungen und auch die leidige Vorstellung der Diskrepanztheorie ab. Rechenstörung sehe ich als schwerwiegendes schulisches Problem, das weit darüber hinausgeht, dass z.B. eine Einmaleins-Reihe nicht gekonnt wird oder der Schüler einmal eine schlechte Note in Mathematik erhielt. Rechenstörung ist eine „Lernstörung, die sich nicht einfach so gibt." (Lorenz & Radatz 1986, 42)

4.2 Epidemiologie

Einige Zahlen:
- 6 % eines Jahrganges sind behandlungsbedürftig (Lorenz & Radatz 1993)
- 15 % sind vorübergehend förderbedürftig

Es ist also davon auszugehen, dass in jeder Klasse mindestens ein Schüler sitzt, bei dem erhebliche Probleme beim Erlernen mathematischer Inhalte bestehen. Dies entspricht auch verschiedenen eigenen Umfragen bei Lehrkräften zur Verbreitung von Rechenschwäche. Das Problem ist also schwerwiegend.

„Ohne gezielte Hilfen wird sich eine Rechenschwäche im Laufe der folgenden Schuljahre kaum 'geben', vielmehr werden die Lücken und der Abstand zum Klassenniveau immer größer" (Lorenz & Radatz 1986, 42).

4.3 Erklärungsansätze von Rechenstörungen

In Psychologie und Pädagogik (die Medizin soll hier ausgeschlossen sein) bestehen verschiedene Ansätze der Erklärung des Phänomens Rechenschwäche. Ansätze verstehen sich hier sowohl als theoretischer Hintergrund, als Ursachenerklärung und auch als Ableitung von Fördermaßnahmen (nach Ganser, Akademie für Lehrerfortbildung 1995, 7 - 15).

- *Entwicklungspsychologischer Ansatz:* In Anlehnung an Piaget entwickelte Aebli ein Stufenmodell der Aneignung von Zahlen und mathematischen Operationen. Von der Phase der Arbeit mit konkretem Material über die Phasen der Arbeit mit bildhaftem und symbolischem Material führt die Entwicklung zur Phase der Automatisierung. Dieser Ansatz hat den großen Vorteil der direkten Intervention am Unterricht, erklärt aber die Entstehung von Rechenschwäche nur teilweise.

- *Neuropsychologischer Ansatz:* Dieses Konzept geht von den Voraussetzungen des Erlernens mathematischer Operationen aus. Es ist stark am Teilleistungskonzept orientiert. Es untersucht die basalen Leistungen wie Motorik, visuelle Wahrnehmung, auditive Wahrnehmung und Gedächtnis. Im nächsten Kapitel wird darauf intensiver eingegangen.

- *Fehlerorientierter Ansatz:* Dieser Ansatz versucht nicht nur vom Produkt (falsches Ergebnis in Mathematik) sondern vor allem vom Prozess der Entstehung auszugehen. Durch „handlungsbegleitendes Sprechen" (hs nach ISB-Handreichung 1992) sollen die subjektiven Lösungsstrategien des Schülers sichtbar gemacht werden. Dadurch ergeben sich auch Ansatzpunkte zur Förderung. Schülerfehler sind meist nicht zufällig, sondern haben häufig ein Muster. Kinder rechnen trotz schulischer Unterweisung nach eigenen Strategien (Selter & Spiegel 1997).

- *Affektiver Ansatz:* Dieser Erklärungsansatz geht davon aus, dass zum hohen Anteil Persönlichkeitsprobleme Rechenstörungen bedingen. Ob dahinter eine neurotische Persönlichkeitsentwicklung oder hohe Angstsymptomatik und Vermeidungsverhalten stehen, soll hier nicht vertieft werden. Entscheidend bei diesem Ansatz ist der hohe affektive Anteil der Leistungen in Mathematik, bzw. der Misserfolge. Dies entspricht ganz dem ganzheitlichen dynamischen Modell nach Betz & Breuninger.

Aus der Sicht der Praxis haben sich einseitige Erklärungsansätze nicht bewährt. Deshalb wird ein ganzheitliches Konzept vorgeschlagen, mit Anteilen aus allen Ansätzen. Dieser *systemisch-ganzheitliche Ansatz* (Ganser in: Akademie für Lehrerfortbildung 1995, 12 ff.) führt viele mögliche Faktoren auf, die alle miteinander in Wechselwirkung stehen. Sowohl für die Ursachenforschung als auch für die Förderung bietet dieses Modell viele Ansatzpunkte. Vor allem bei der Förderung ist zu bedenken, dass manche Ansatzpunkte im Einzelfall nicht möglich sind (z.B. Lehrkraft, die nicht kooperativ ist; Eltern mit geringer Einsicht von der Notwendigkeit der Entlastung des Problemschülers).

"Aufgrund von Forschungsergebnissen läßt sich heute feststellen, daß das Ursachengefüge für Rechenschwäche zumindest so komplex ist wie für die Lese- Rechtschreibschwäche, so daß die einzelne Grundschullehrerin überfordert ist im Hinblick auf eine verläßliche Diagnose und darauf abgestimmte Hilfsmaßnahmen" (Lorenz & Radatz 1986, 42).

Aus diesen Gründen wird ein Modell der Entstehung von Rechenstörung (vgl. Abb. 9) vorgeschlagen, das nicht monokausal aufgebaut ist. Verschiedene Faktoren können eine Disposition zur Entstehung von Rechenstörung schaffen. Erst durch die individuelle Bewältigung im Sinne eines Coping oder einer misslungenen Bewältigung bricht Rechenstörung aus.

Abbildung 9: Entstehung von Rechenstörungen (Laschkowski 1996)

4.4 Voraussetzungen für Mathematik

„ Wichtig ist die Früherkennung von Lernschwierigkeiten in Rechnen, möglichst im ersten bzw. Anfang des zweiten Schuljahres" (Lorenz & Radatz 1986, 42).

Die folgenden Seiten (Abb. 10) geben einen Überblick über grundlegende Leistungen (Teilleistungen), die für ein erfolgreiches Erlernen mathematischer Inhalte notwendig sind. Speziell für Mathematik sind visuelle, auditive, motorisch-handelnde und sprachliche Anforderungen notwendig (Lorenz 1996, 356 ff.). Neben Beobachtungsmöglichkeiten zur Feststellung von Auffälligkeiten (es wurde bewusst auf Tests verzichtet; Überblick über Tests: Akademie für Lehrerfortbildung 1995, 77 ff.) sind auch Fördermöglichkeiten aufgeführt. (Zusammengestellt von R. Fleischmann und B. Lambert, überarbeitet von W. Laschkowski)

Lern-, Leistungs-, Teilleistungsstörungen 31

Informelle Diagnostik		Basale Voraussetzungen	
Bereich	Auffälligkeit	Mögliche Auswirkungen auf Mathematik	Fördermöglichkeiten
Gleichgewichts-Wahrnehmung Überwindung der Schwerkraft (vestibuläre Wahrnehmung)	• Schaukeln mit dem Stuhl • Nicht frei stehen können • Balancieren, vorw.-rückw., mit geschlossenen Augen • Einbeinstand • Treppe steigen mit Nachstellschritt • Hüpfen: Achten auf Landung • Umfallen mit dem Stuhl • „Lümmeln" beim Sitzen • Schlaffe Körperhaltung • Rasche Ermüdung • Konzentration nachlassend	• Basis für jedes Lernen • Grundlegend für die motorische Entwicklung • Grundlegend für die Raumwahrnehmung	• Schaukeln (Hängematte) • Balancieren • Therapieball • Pedalo • Krabbeln • Rutschen • Alle Bodenspiele • Außerschulische Therapie (z.B. Ergotherapie)
Berührungs-wahrnehmung (taktile Wahrnehmung)	• Berührungsreize nicht erkannt • Taktile Abwehr • Probleme beim Umgang mit Material (z.B. Ton, Sand) • Kein Malen mit Fingerfarben	• Ein ungenaues Bild vom Körper entsteht • Keine differenzierte Wahrnehmung mit allen Sinnen • Größe, Form, Oberfläche von Gegenständen sind ungenau • Die Verinnerlichung mathematischer Operationen vollzieht sich über das Handeln, über das Handhaben von Gegenständen	• Schminken • Eincremen • Fühlsäckchen • Igelbälle • Rückenschreiben • Fühlmengen • Fühlzahlen • Massage • Barfußspiele • „Blinde" Spiele
Eigenwahrnehmung des Körpers Tiefensensibilität (Taktil-kinästhetische Wahrnehmung)	• Kraftdosierung: Kind zerbricht oft etwas • Kind stößt sich und andere häufig • Tolpatschige Bewegungen • Fällt oft hin • Ungeschickt (z.B. beim Anziehen)	• Voraussetzung für die Entwicklung des Körperschemas • Für die Körperkoordination • Für die Orientierung im Raum • Beziehungen im Raum sind unzureichend • Angst vor Veränderungen in der Umwelt	• Trampolin • Tauziehen • Übungen mit Seilen • Zug und Druck auf den Körper • Körperteile beschweren z. B. mit Sandsäckchen • Sitzball

Bereich	Auffälligkeit	Mögliche Auswirkungen auf Mathematik	Fördermöglichkeiten
Auditive Wahrnehmung Figur-Grund-Unterscheidung, auditive Merkfähigkeit	▪ Problem, das wesentliche Geräusch herauszuhören ▪ Arbeitsanweisungen unvollständig erfasst ▪ Unterscheidung ähnlicher Wörter	▪ Verstehen von Zahlen (z.B. 16 – 60, 2 – 3) ▪ Mündliche Aufgaben	▪ Geräusche unterscheiden ▪ Richtungshören ▪ Lautunterscheidung ▪ Reagieren auf akust. Signale ▪ Musikalisch-rhythm. Förderung
Motorik Grobmotorik Feinmotorik Auge-Hand-Koordination Augenfolgebewegungen Zusammenspiel beider Körperhälften Bilateralintegration Handlungsplanung Dyspraxie Räumlich-zeitliche Abfolge	▪ Kind fällt oft hin ▪ Stolpert oft ▪ Meidet Kreuzen der Mittellinie ▪ Dominanz nicht ausgeprägt ▪ Schrift unregelmäßig ▪ Stifthaltung auffällig ▪ Abschreiben fällt schwer ▪ Probleme mit den Augen bewegten Objekten zu folgen ▪ Bewegungsabläufe schlecht erlernt (z.B. Arbeitsplatz organisieren) ▪ Klatschrhythmen erlernen gelingt kaum ▪ Seriation von Handlungen ▪ Verlangsamte, ungelenke, wenig zielgerichtete Bewegungen ▪ Neue motorische Abfolgen werden nur schwer gelernt	▪ Konstruktionsspiele, Bauen gelingt kaum ▪ 1:1 Zuordnung erschwert ▪ Rückwärtszählen gelingt schwer ▪ Lesen der Uhr ▪ Schwierigkeiten beim Erfassen der dekadischen Gliederung der Zahlen ▪ Problem beim Umsetzen von Rechenhandlungen in Zahlengleichungen und umgekehrt ▪ Schwierigkeiten mit Einmaleinsreihen	▪ Sportförderunterricht ▪ Auge-Hand-Koordination (Auffädeln, Angelspiel) ▪ Koordination beider Körperhälften (z. B. beidhändiges Malen) ▪ Überkreuzbewegungen ▪ Handlungsbegleitendes Sprechen ▪ Bildergeschichten versprachlichen ▪ Reihen fortsetzen (optisch, akustisch, handelnd) ▪ Muster auf Steckbrett legen ▪ Rhythmische Schulung, Klatschen ▪ Sing- und Sprechspiele ▪ Trampolinspringen ▪ Hüpfspiele mit Sprechen ▪ Abzählreime
Rhythmuswahrnehmung	▪ Unharmonisches Laufen, Hüpfen ▪ Eckige Bewegungen ▪ Unsicherheiten bei rhythmischen Abläufen	▪ Zählrhythmus ▪ Probleme bei der Zahlenfolge vorwärts – rückwärts	▪ Rhythmusübungen ▪ Klatschen ▪ Schaukeln

Körperschema Lateralität Inneres Bewusstsein von zwei Körperhälften	• Kennt und findet Körperteile nicht • Kann Körperstellungen nicht nachmachen • Probleme mit einer Körperseite	• Basis für räumliche Orientierung • Dimensionen oben – unten, vorne – hinten, eine Seite – andere Seite	• Spiegelübungen • Finger-Arm-Fußspiele • Ummalen der Körperkonturen • Körperstellungen abtasten, beschreiben, nachmachen
Räumliche Orientierung Raum-Lage-Wahrnehmung Beziehungen im Raum Räumlich-zeitliche Abfolge (s. Bewegungsplanung)	• Kind findet sich in bekannter Umgebung schwer zurecht • Einteilung des Arbeitsblattes • Gebrauch von Präpositionen unsicher • Problem mit der Arbeitsrichtung	• Voraussetzungen für mathematisches Denken • Transformation auf zweidimensionalen Raum fällt schwer (Tafel => Heft) • Orientierung am Zahlenstrahl • Arbeitsrichtung beim Rechnen • Schreiben und Sprechen von Zahlen • Drehen und Kippen von Ziffern	• Orientierungshilfen (z.B. helle – dunkle Seite) • Strukturiertes Material • Frostigprogramm • Sprachliche Unterstützung
Visuelle Wahrnehmung Auge-Hand-Koordination, Figur-Grund-Wahrnehmung, Formkonstanz, visuelle Merkfähigkeit	• Unterscheidung wesentlicher – unwesentlicher Merkmale • Abschreiben • Ausmalen • Konzentrationsprobleme	• Simultane Mengenerfassung • Strukturierung von Mengen gelingt nicht • Gliederungsschwäche (Gruppierungen) • 1:1 Zuordnung	• Suchspiele • Sortierspiele • Unterstützung des visuellen Gedächtnisses durch Sprache oder kinästhet. Hilfen • Schriftgröße • Farbliche Unterstützung • Strukturierung von Tafel und Arbeitsblatt • Sitzordnung (Sehfeld) • Memory • Kim-Spiele

Abbildung 10: Basale Voraussetzungen für mathematische Leistungen

4.5 Intervention

Vorneweg eine realistisch-pessimistische Anmerkung nach Lorenz & Radatz (1986, 42): „Die Hilfsmaßnahmen müssen immer auf den Einzelfall und seine individuelle Symptomatik zugeschnitten werden." „... daß sich allgemeingültige Regeln oder gar Rezepte zur Begegnung einer Rechenschwäche leider nicht angeben lassen." Um aber die Komplexität einer Förderung zu reduzieren, wird ein Prozessmodell (siehe Laschkowski 1996, 93 ff.) vorgeschlagen, das verschiedene Schritte vorschlägt, ohne aber einen strengen linearen Ablauf vorzugeben. Im Gegenteil, dieses Fördermodell versteht sich als rekursives Modell, das an jeder Stelle verweilen, Schritte überspringen oder auf vorhergehende Stufen zurückgehen kann.

1 Eingangsdiagnostik

Neben Defiziten in den basalen Grundlagen und im pränumerischen Bereich ist der exakte Leistungsstand in Mathematik festzustellen. In einer eigenen Untersuchung an 32 rechenschwachen Schülern wurde festgestellt, dass der schulische Rückstand im Durchschnitt mehr als ein Jahr betrug (Akademie für Lehrerfortbildung 1995, 329). Zur Feststellung der Leistungsfähigkeit sind Aufgabensätze möglich (z.b. Akademie für Lehrerfortbildung 1995, 61-76). Schulleistungstests sind meist nicht geeignet, da mit Ausnahme der überarbeiteten Allgemeinen Schulleistungstest 2, 3, 4 (AST) vorhandene Tests veraltet sind. Zur Erfassung basaler und pränumerischer Leistungen sind ausschließlich informelle Verfahren sinnvoll.

2 Förderansatz festlegen
Organisation klären. Beratung der Beteiligten.

An dieser Stelle ist mit allen Beteiligten das weitere Vorgehen kooperativ zu klären. Die Rolle der Eltern spielt dabei eine große Bedeutung. Die Hoffnung auf schnellen Erfolg ist abzubauen. Ebenso ist die Klassenlehrkraft in die Beratung mit einzubeziehen.

3 Förderziele festlegen

Die Ziele sind möglichst mit allen Beteiligten im Sinne eines kooperativen Vorgehens festzulegen, mit dem rechenschwachen Schüler am besten in schriftlicher Form. Dadurch entsteht eine Selbstverpflichtung und eine Selbstverantwortung. Es ist weniger an eine Verbesserung der Mathematiknote zu denken, sondern mehr an der Umsetzung von kriterialen Zielen, z.B. Aufbau des Hunderter-Raumes oder Sicherheit in den Normalverfahren.

4 Beziehungsaufbau

Dieser Aspekt hat eine hohe Bedeutung und deshalb wird er eigens aufgeführt. In Therapiestudien war diese Variable am bedeutendsten für den Erfolg (Schmidtchen 1980, Zimmer 1983). Das gleiche gilt für die Förderung. Dabei darf dieser Punkt nicht als isolierte Phase angesehen werden, sondern als durchgängiges Prinzip. Reinecker schlug schon 1987 statt des linearen Modells ein Spiralenmodell vor, also in unserem Falle eine ständige Arbeit an der Beziehung Förderlehrkraft - rechenschwaches Kind.

5 Aufbau von Selbstwert und Motivation

Wie schon Frank 1972 für das Feld der Therapie festgestellt hat, kommt es vor der inhaltlichen Arbeit darauf an, die „Hoffnungslosigkeit" und „Demoralisierung" zu beenden und „self-efficacy" aufzubauen. Wie schon im Falle der Lese- und Rechtschreibschwäche gezeigt, wirken Lernstörungen auf die gesamte Person. Emotionale und soziale Faktoren haben dabei einen hohen Anteil. Besonders bei Rechenstörungen wurde eine hohe Beziehung zu Angst gefunden (Bryan 1983). Diese gilt es in der Förderung gezielt abzubauen durch Aufbau von Selbstvertrauen. Rechenstörungen entstehen eben nicht, weil bestimmte fachliche Inhalte nicht gekonnt werden, sondern im Zusammenwirken mit der Dynamik der Person (Krüll 1992).

6 Entlastung für den Schüler schaffen

Da eine dem „Legasthenieerlass" vergleichbare amtliche Grundlage für Rechenschwäche fehlt, ist in der Beratung die Lehrkraft behutsam zur Mitarbeit zu bewegen. Gerade in der Anfangsphase braucht das rechenschwache Kind Entlastung und Verständnis von der Lehrkraft. Dies gilt für Noten und Hausaufgaben. Im günstigsten Falle sollte ein individueller Maßstab der Bewertung gültig sein. Der rechenschwache Schüler vergleicht seine Ergebnisse nur mit seinen vorausgehenden Leistungen (Coble 1982).

7 Anbahnen von Metakognition
und strategischem Denken

Häufig haben schwache Rechner keine Vorstellung von den geforderten Operationen. Weniger der rein „technische Ablauf" des Rechnens ist das Problem, sondern das Verständnis. Hier hat also Förderung anzusetzen. Zu diesem Bereich gibt es schon Anleitungen und Trainingsprogramme (z.B. Lauth 1993). Konkret hat sich lautes Denken beim Lösen von Aufgaben bewährt oder die Verwendung von Signalkarten.

Konkretes Beispiel einer Förderung: (H = Hunderter, Z = Zehner, E = Einer)

Entscheidend bei einer Förderung ist die Verwendung von konkretem Material, Rhythmisierung der Darbietung und spielerische Umsetzung.

Addition/Subtraktion von HZE-Zahlen (mit Übergang)

Phasen	Ablauf
1. Anfangsphase ☺ Basales Training	Fühlen und Benennen von Zahlen (Holzzahlen, Fühlsack oder Tuch)

2. Zielfindung ∼ Addition/Subtraktion von HZE-Zahlen (mit Übergang)	**Anknüpfung:** Fördermaterial wie am Vortag (Stellenwertbrett, Markenspiel oder Rechengeld) „Ulf vom Planeten Mulmak und seine Dullars" „Wir rechnen wie Ulf!"

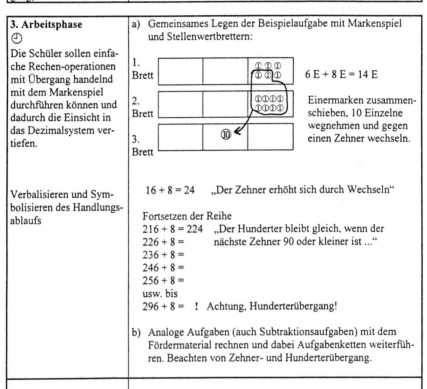

3. Arbeitsphase ☺ Die Schüler sollen einfache Rechen-operationen mit Übergang handelnd mit dem Markenspiel durchführen können und dadurch die Einsicht in das Dezimalsystem vertiefen. Verbalisieren und Symbolisieren des Handlungsablaufs	a) Gemeinsames Legen der Beispielaufgabe mit Markenspiel und Stellenwertbrettern: 1. Brett 2. Brett 3. Brett 6 E + 8 E = 14 E Einermarken zusammenschieben, 10 Einzelne wegnehmen und gegen einen Zehner wechseln. 16 + 8 = 24 „Der Zehner erhöht sich durch Wechseln" Fortsetzen der Reihe 216 + 8 = 224 „Der Hunderter bleibt gleich, wenn der 226 + 8 = nächste Zehner 90 oder kleiner ist ..." 236 + 8 = 246 + 8 = 256 + 8 = usw. bis 296 + 8 = ! Achtung, Hunderterübergang! b) Analoge Aufgaben (auch Subtraktionsaufgaben) mit dem Fördermaterial rechnen und dabei Aufgabenketten weiterführen. Beachten von Zehner- und Hunderterübergang.

4. Ausklang ☺ "Bewegtes Rechnen"	„Keglerkönig"

5. Nacharbeit ✎	Additions-/Subtraktionsaufgaben als Reihen weiterführen

Abbildung 11: Addition/Subtraktion von HZE-Zahlen (mit Übungen) (Akademie für Lehrerfortbildung 1998)

Zum Erfolg von Fördermaßnahmen

Anhand zwei eigener Untersuchungen an rechenschwachen Kindern (1994/95 an 32 Kindern in Akademie für Lehrerfortbildung 1995, 327 - 335 und 1996/97 29 Kinder in Akademie für Lehrerfortbildung 1998, 146 - 152, zusammenfassend bei Laschkowski 1997b) konnte insgesamt festgestellt werden, dass sich Förderung lohnt, also etwas bewirkt. Doch Förderung muss ganzheitlich und umfassend sein. Nachhilfe in Mathematik reicht in der Regel nicht aus.

„*Rechenstörungen sind also nicht isolierte Probleme in Mathematik*" (Akademie für Lehrerfortbildung 1998, 149).

„*Förderung bei Rechenschwäche ist keine Nachhilfe. Förderunterricht hat das Recht und sogar die Pflicht, Arbeitsverhalten, Sozialverhalten und Persönlichkeitsbereiche mit einzubeziehen. Ebenso ist auch notwendig, weit zurückliegende basale und pränumerische Bereiche zu fördern. Dies geschieht am besten durch Spiel, Bewegung oder Entspannung*" (Laschkowski 1998b, 32).

4.6 Beispiel aus der Beratung

Problemfall: Der 7-jährige T. fällt in der ersten Klasse auf wegen völligem Versagen bei allen mathematischen Anforderungen. Er kann Muggelsteine nicht ordnen, Mengen bilden und abzählen.

Erste Beobachtungen: T. ist beim Hantieren sehr ungeschickt. Er kann die grundlegenden Begriffe „mehr" oder „weniger" nicht anwenden, Raumbegriffe wie oben, unten, vorne, hinten etc. fehlen.

Genauere Diagnostik: Im K-ABC (Kaufman-Assessment Battery for Children – allgemeiner Intelligenztest) erreichte er ein knapp durchschnittliches Ergebnis, (SIF = IQ: 91) aber mit sehr unterschiedlichen Ergebnissen in den Untertests. Schwächen waren im Untertest Handbewegungen (Merkfähigkeit von motorischen Leistungen) und Räumliches Gedächtnis festzustellen. Im sprachlichen Bereich waren keine Ausfälle festzustellen.

Vorläufige Feststellungen: Es liegen Defizite in der einzelheitlichen Informationsverarbeitung vor (Erkennen und Wiedergeben von Reihenfolgen), motorische Defizite und Fehlen von grundlegenden Materialerfahrungen.

Interventionen: T. erhielt große Rechensteine aus Holz, mit denen er gut hantieren konnte. Es wurden nur zwei Farben verwendet. Daneben wurde mit ihm eigens mit natürlichen Materialien gearbeitet (z.B. Kastanien). Es wurden grundlegende Erfahrungen mit Mengen gemacht. Dazu erfolgte handlungsbegleitendes Sprechen nach Anleitung. Zusätzlich wurden Übungen zum Körperschema gemacht. Dadurch soll sich die Orientierung im Raum bessern.

Erste Veränderungen: T. konnte nach kurzer Zeit mit Mengen umgehen, Mengen abzählen und nach Anweisung ordnen. Er hat weiterhin noch Probleme in der Feinmotorik, die sich auf das Schreibenlernen auswirken.

K-ABC   AUSWERTUNGSPROGRAMM

Identifikation: tyfo1090   Hilfsfeld:
BIOGRAPHISCHE DATEN
Name: Geschlecht: männlich
Vorname:
Name und Adresse der Eltern:

Tel-Nr.:
Kindergarten: Klasse:
Schule: Einschulung
Versuchsleiter:
Weitere Informationen, Bemerkungen und Diagnosen:

ALTER	Jahr	Monat	Tag
Testdatum	1998	5	20
Geburtsdatum	1990	10	16
Alter am Testtag	7	7	4
Normen für	7 ;	7	

Untertests der Skala intellektueller Fähigkeiten

	SED	SGD	Sprach-frei	Stärken/Schwächen	Andere Skal. (PR)
1. Zauberfenster					
2. Wiedererk. von Ges.	6	6			8.85
3. Handbewegungen					
4. Gestaltschließen		11			63.68
5. Zahlennachsprechen	8				25.78
6. Dreiecke		10	10		50.00
7. Wortreihe	8				25.78
8. Bildhaftes Ergänzen		10	10		50.00
9. Räumliches Gedächtnis		6	6		8.85
10. Fotoserie		10	10		50.00
	22	47	42		

Individueller Mittelwert der Skala intellektueller Fähigkeiten = 9

K-ABC, Kaufman-Assessment Battery for Children.
Deutschsprachige Fassung von P.Melchers und U.Preuß.
Auswertungsprogramm von René Spalt und Peter Melchers,
Copyright Swets & Zeitlinger B.V., Lisse, Niederlande

Untertests der Fertigkeitenskala

	Standardwert	95%K.denz-intervall	Stärken/Schwächen Skal.	Andere Skal. (PR)
11. Wortschatz		±		
12. Gesichter und Orte	86	± 14		17.11
13. Rechnen	78	± 10		7.35
14. Rätsel	94	± 12		34.46
16. Lesen/Verstehen	79	± 7		8.08
	337			

Individueller Mittelwert der Fertigkeitenskala = 84

Fakultativer Untertest der Fertigkeitenskala

	Prozentrang	Bemerkungen
15. Lesen/Buchstabieren	8.30	

GESAMTSKALEN	Summe der Untertestskalen- u. standardwerte	Standardwerte	Konfidenzintervall (95%)	Andere Skalierung (PR)
SED Skala einzelheitl. Denkens	22	83	± 9	12.51
SGD Skala ganzheitlichen Denkens	47	96	± 8	40.13
SIF Skala intellektueller Fähigkeiten	69	91	± 7	27.43
FS Fertigkeitenskala	337	80	± 5	8.85
NV Sprachfreie Skala	42	89	± 8	22.66

Vergleich der Gesamtskalen

SED < SGD   .05
SED ≈ FS   N.S.
SGD > FS   .01
SIF > FS   .01

Abbildung 12: K-ABC Auswertungprotokoll

Literatur

Akademie für Lehrerfortbildung und Personalführung: Rechenstörungen. Diagnose - Förderung - Materialien. Donauwörth 1995

Akademie für Lehrerfortbildung und Personalführung: Rechenschwäche. Unterrichtspraktische Förderung. Dillingen 1998 (Akademiebericht 309)

Akademie für Lehrerfortbildung und Personalführung: Lese- und Rechtschreibschwäche. Erscheint 1999

Ayres, J.: Southern California Sensory Integration Test. Western Psychological Services 1972

Ayres, J.: Lernstörungen. Berlin 1979

Betz, D. & Breuninger, H.: Teufelskreis Lernstörungen Weinheim 1987 (2. überarbeitete Auflage)

Bleidick, U.: Lesen und Lesenlernen unter erschwerten Bedingungen. Essen 1967

Breitenbach, E.: Auf neuen Pfaden zu alten (sonder-)pädagogischen Prinzipien. Zeitschrift für Heilpädagogik 47 (1996), 408-419

Breitenbach, E.: Diagnose- und Förderklassen - Eine pädagogische Idee und die ernüchternden Erfahrungen bei der Umsetzung in die Praxis. Behindertenpädagogik in Bayern 40 (1997), 165-181

Brügelmann, H. & Richter, S. (Hrsg.): Wie wir recht schreiben lernen. Langwil 1994

Bründel, H. & Hurrelmann, K.: Einführung in die Kindheitsforschung. Weinheim 1996

Bryan, J.H. u.a.: The Relationship between Fear of Failure and Learning Disabilities. Learning Disability Quarterly 3 (1983) 217-222

Coble, A.: Improving Math Fact Recall: Beating Your Own Score. Academic Therapy 17 (1982) 547-553

Deegener, G., Dietel, B., Kassel, H., Matthai, R. & Nödl, H.: Neuropsychologische Diagnostik bei Kindern und Jugendlichen. Weinheim 1992

Diagnostische Kriterien und Differentialdiagnosen des Diagnostischen und statistischen Manuals psychischer Störungen DSM-III-R. Weinheim 1989

Dilling, H. u.a.: Internationale Klassifikation psychischer Störungen ICD 10. Göttingen 1993

Fachinger, B.: Zum Problem des Sitzenbleibens unter besonderer Berücksichtigung psychologischer und therapeutischer Aspekte. In: Schmitz-Scherzer, R. (Hrsg.): Schulschwierigkeiten bei Kindern. München 1980, 2-55

Frank, J.D.: Die Heiler. Wirkungsweisen psychotherapeutischer Beeinflussung. Stuttgart 1972

Giehl, L., Hermann, W., Laschkowski, W., Penselin, A. & Spiess D.: Basale Förderkartei. Horneberg 1995

Goleman, D.: Emotionale Intelligenz. München 1996

Graichen, J.: Zum Begriff der Teilleistungsstörungen. In: Lempp, R. (Hrsg.): Teilleistungsstörungen im Kindesalter. Bern 1979

Grissemann, H.: Von der Legasthenie zum gestörten Schriftspracherwerb. Göttingen 1996

ISB-Handreichung: Erstrechnen, Teil 1. Würzburg 1992

Jeske, W.: Lernstörungen und Leistungshemmungen. Neuwied 1995^2

Kanter, G.: Pädagogik der Lernhilfe / Lernförderung unter systemisch-konstruktiven Aspekten. In: Opp, G. & Peterander, F. (Hrsg.): Focus Heilpädagogik. München 1996, 280 - 293

Klasen, E.: Legasthenie - umschriebene Lese- Rechtschreib-Störung. Weinheim 1997

Klaus, L., Laschkowski, W., Pischel, E., Ullmann, E. & Wieland M.: Handreichungen zum Lernbegleiter. Ansbach 1996

Klicpera, C. & Gasteiger-Klicpera, B.: Psychologie der Lese- und Schreibschwierigkeiten. Weinheim 1995
Kornmann, R., Meister, H. & Schlee, J. (Hrsg.): Förderungs-Diagnostik. Heidelberg 1983
Krapp, A.: Bedingungen des Schulerfolgs. Empirische Untersuchungen in der Grundschule. München 1973
Krüll, E.K.: Metakognition in der Dyskalulietherapie. Psychologie in Erziehung und Unterricht 39 (1992) H. 3, 204-213
Kunze, H.: Diagnose und individuelle Förderung von Kindern mit Lernproblemen beim Schriftspracherwerb. Bayreuth 1996
Laschkowski, W.: Förderunterricht - Vorüberlegungen und Organisation. Behindertenpädagogik in Bayern 35 (1992) H. 2, 15-24
Laschkowski, W.: Wenn Üben nicht mehr hilft - Beratungs- und Interventionsansätze bei Rechenstörungen. In: Eberle, G. & Kornmann (Hrsg.): Lernschwierigkeiten und Vermittlungsprobleme im Mathematikunterricht. Weinheim 1996, 85-102
Laschkowski, W.: Phonologisches Wissen als Voraussetzung zum Lesenlernen. In: Sonderpädagogische Tage in Erlangen. Regierung von Mittelfranken (Hrsg.).: Ansbach (1997a) 39-43
Laschkowski, W.: Erfolg von Fördermaßnahmen bei Rechenschwäche. unterrichten / erziehen 16 (1997b) H. 6, 56-61
Laschkowski, W.: Mathematik und Bewegung. In: Akademie für Lehrerfortbildung und Personalführung: Rechenschwäche. Unterrichtspraktische Förderung. Dillingen 1998a (Akademiebericht 309), 5-10
Laschkowski, W.: Förderung beugt vor. Lernchancen 1 (1998b) H. 33, 27-32
Lauth, W.: Konzeption und Evaluation eines Trainings metakognitiver Kompetenzen bei kognitiver Retardierung. In: Klauer, K. (Hrsg.): Kognitives Training. Göttingen 1993, 67-94
Leitner, W.: Lern-, Leistungs-, Teilleistungsstörungen. In: Körner, W. & Hörmann, G. (Hrsg.): Handbuch der Erziehungsberatung. Band 1. Göttingen 1998, 129-148
Lorenz, J.H. & Radatz, H.: Rechenschwäche. Grundschule 4 (1986), 40-42
Lorenz, J.H. & Radatz, H.: Handbuch des Förderns im Mathematikunterricht. Hannover 1993
Lorenz, J.H.: Vermeidung von Lern-Behinderungen durch veränderte didaktisch-methodische Konzepte im Mathematikunterricht. In: Eberwein, H. (Hrsg.): Handbuch Lernen und Lern-Behinderungen. Weinheim 1996, 353-368
Mann, I.: Lernprobleme. München 1979
Matthes, G.: Für eine differenzierte Diskussion der Anforderungen an die Diagnostik. Sonderpädagogik 28 (1998), 94-97
May, P.: Hamburger Schreib-Probe. Hamburg 1995
Milz,I.: Teilleistungsstörungen in ihren allgemeinen Auswirkungen auf schulisches Lernen. In: Milz I. & Steil, H. (Hrsg.): Teilleistungsschwächen bei Kindern und Jugendlichen. Frankfurt (1989), 1-25
Milz, I.: Neuropsychologie für Pädagogen. Dortmund 1996
Naegele, I.: Schulversagen in Lesen und Rechtschreiben. Weinheim 1991
Reinecker, H.: Grundlagen der Verhaltenstherapie. Weinheim 1987
Scheerer-Neumann, G.: Lesenlernen: Entwicklungsprozesse und Probleme. Potsdam 1995
Schenk, C.: Lesen und Schreiben lernen und lehren. Hohengehren 1997
Schenk-Danzinger, L.: Handbuch der Legasthenie im Kindesalter. Weinheim 1968
Schmidtchen, S.: Kinderpsychotherapie. In: Baumann, U. (Hrsg.): Klinische Psychologie, Trends in Forschung und Praxis 3. Bern (1980), 251-289

Schubenz, S. & Buchwald, R.: Untersuchungen zur Legasthenie. Zeitschrift für experimentelle und angewandte Psychologie 11 (1964), 155-165
Selter, C. & Siegel, H.: Wie Kinder rechnen. Stuttgart 1997
Sindelar, B.: Teilleistungsschwächen. Eigenverlag, Wien 1994
Staatsinstitut für Schulpädagogik und Bildungsforschung: Handreichungen zur Diagnostik für Sonderpädagogische Diagnose und Förderklassen. München 1991
Tücke, M.: Psychologie in der Schule - Psychologie für die Schule. Osnabrück 1998
Valtin, R.: Therapie ohne Grundlagen. betrifft: erziehung 10 (1969) H. 6, 24-27
Valtin, R.: Zur Entstehung von Lern-Behinderungen durch falsche Lern-Lehrkonzepte beim Schriftspracherwerb. In: Eberwein, H. (Hrsg.): Handbuch Lernen und Lern-Behinderungen. Weinheim 1996, 369-387
Walter, J.: Leseforschung und Unterricht. Meerbusch 1988
Walter, J.: Förderung bei Lese- und Rechtschreibschwäche. Göttingen 1996
Warnke, A.: Umschriebene Lese-Rechtschreibstörung. In: Petermann, F. (Hrsg.): Lehrbuch der Klinischen Kinderpsychologie. Göttingen 1995, 287-323
Warnke, A.: Umschriebene Lese- und Rechtschreibstörung aus kinder- und jugendpsychiatrischer Sicht. In: Behrndt, S. & Steffen, M. (Hrsg.): Lese- und Rechtschreibschwäche im Schulalltag. Frankfurt 1997, 21-44
Weinert, F.E. & Helmke, A. (Hrsg.): Entwicklung im Grundschulalter. Weinheim 1997
Zielinski, W.: Lernschwierigkeiten. Stuttgart 1998^3
Zimmer, D. (Hrsg.): Die therapeutische Beziehung. Weinheim 1983

Überblick über Tests, die im Artikel erwähnt wurden:

Alle Tests sind für Berechtigte erhältlich bei der Testzentrale Göttingen, Robert-Bosch-Breite 25, 37079 Göttingen.

AST 2 Allgemeiner Schulleistungstest 2. Klasse. 1991
CFT 20 Grundintelligenztest Skala 2 (sprachfreier Intelligenztest). 1987 (3. Auflage)
Cardenas, B. Diagnostik mit **Pfiffigunde**. Dortmund, 1995 (Informelle Diagnostik)
HAMLET Hamburger Lesetest für 3. und 4. Klassen. 1997
HAWIK-R Hamburg-Wechsler-Intelligenz-Test für Kinder, Revision 1983
HSP Hamburger Schreibprobe (Rechtschreibtest). 1996
K-ABC Kaufman Assessment Battery for Children (Allgemeine Intelligenz). 1992
Kramer-Intelligenz-Test (Allgemeine Intelligenz). 1972 (3. Auflage)
LOS KF 18 Lincoln-Oseretzky-Skala Kurzform Motoriktest). 1974 (2. Auflage)
SCSIT Southern Calfornia Sensory Integration Test (neuropsychologische Testbatterie). 1972
SLRT Salzburger Lese- und Rechtschreibtest. 1997
TÜKI Tübinger Luria Christensen Neuropsycholgische Untersuchungsreihe für Kinder. 1993

Überblick über wichtige Veröffentlichungen

Aus dem riesigen Gebiet der Lernstörungen wurden exemplarisch drei Themen herausgegriffen und genauer betrachtet. Zur schnellen Orientierung wurden zu jedem Thema fünf neue und wichtige Veröffentlichungen ausgewählt.

- **Teilleistungsstörungen**

Eggert, D.: Von den Stärken ausgehen. Individuelle Entwicklungspläne (IEP) in der Lernförderungsdiagnostik. Dortmund 1997
Barth, K.: Lernschwächen früh erkennen. München Basel 1997
Heuer, G.U.: Beurteilen Beraten Fördern. Dortmund 1997
Ledl, V.: Kinder beobachten und fördern. Wien 1994
Milz, I.: Neuropsychologie für Pädagogen. Dortmund 1996

- **Lese- und Rechtschreibschwäche**

Grissemann, H.: Von der Legasthenie zum gestörten Schriftspracherwerb. Bern 1996
Klicpera, C. & Gasteiger-Klicpera, B.: Psychologie der Lese- und Schreibschwierigkeiten. Weinheim 1995
Naegele, I.: Lese-Rechtschreibschwierigkeiten. Weinheim 1995
Ramacher-Faasen, N.: Lese-Rechtschreib-Schwierigkeiten. Heinsberg 1997
Walter, J.: Förderung bei Lese- und Rechtschreibschwäche. Göttingen 1996

- **Rechenstörung**

Akademie für Lehrerfortbildung und Personalführung: Rechenstörungen. Diagnose - Förderung - Materialien. Donauwörth 1995
Akademie für Lehrerfortbildung und Personalführung: Rechenschwäche. Unterrichtspraktische Förderung. Dillingen 1998 (Akademiebericht 309)
Lorenz, J.H. & Radatz, H. Handbuch des Förderns im Mathematikunterricht. Hannover 1993
Milz, I.: Rechenschwäche erkennen und behandeln. Dortmund 1996
Jost, D., Emil, J. & Schmassmann, M.: Mit Fehlern muss gerechnet werden. Zürich 1996

Unruhige Kinder, Jugendliche, ihre Eltern und Bezugspersonen in der Erziehungsberatung

Friedrich Kassebrock

1 Einleitung

In Band 1 dieses Handbuches (s. dazu den Beitrag von Kassebrock „Toleranz gegenüber unruhigen Kindern", 149 ff.) wurde dargelegt, daß kein überzeugendes Erklärungsmodell der Entstehungszusammenhänge kindlicher Unruhe existiert. Auch die additive Verknüpfung kinderneurologischer, systemischer, psychotherapeutischer und lebensweltorientierter pädagogischer Konzepte kann letztlich nur Anhaltspunkte für ein besseres Verstehen unruhiger Kinder bieten. Von einer echten Integration der verschiedenen Erklärungsmodelle und Therapieansätze kann jedenfalls nicht die Rede sein. Sicher ist nur, daß keinem der aufgeführten Erklärungs- und Therapiekonzepte vorrangige Bedeutung zukommt und daß demgegenüber die zielorientierte Frage nach den für eine positive Entwicklung im Kindes- und Jugendalter relevanten pädagogischen Bedingungen im Vordergrund stehen muß.

Eltern wenden sich häufig erst nach einer langen Odyssee durch Kliniken, Arztpraxen und Therapeutenpraxen an eine Erziehungsberatungsstelle. Diese Stellen haben den gesetzlichen Auftrag, Eltern bei der Erziehung in der Familie zu unterstützen und mit den beteiligten Fachleuten aus Kindergarten, Schule, Medizin, Ausbildung sowie Kinder- und Jugendhilfe zusammenzuarbeiten. Anders ausgedrückt: Erziehungsberatungsstellen haben nicht die Aufgabe, die richtige Erklärung für kindliche Unruhe zu liefern, und es ist auch nicht der Anspruch von Erziehungsberatung, dem unruhigen Kind endlich die hochwirksame Supertherapie zukommen zu lassen. Vielmehr sind Erziehungsberatungsstellen aufgefordert, gemeinsam mit dem betroffenen Kind, seinen Angehörigen, Erziehern, Lehrern und Kinderärzten daran zu arbeiten, daß der junge Mensch mit seinen Auffälligkeiten seinen Platz in seiner jeweiligen Lebenssituation findet und von seiner Umwelt die Akzeptanz erfährt, die er für seinen nächsten Entwicklungsschritt so dringend benötigt.

Falldarstellungen, die pädagogisch-therapeutische Interventionsstrategien einer Erziehungsberatungsstelle in der Arbeit mit unruhigen Kindern und Jugendlichen schildern, können von daher keine glatten Erfolgsgeschichten sein. Das Ausmaß der Toleranz, mit dem Kindergärten, Schulen und Ausbildungsinstitutionen unruhigen jungen Menschen begegnen, ist nun einmal sehr begrenzt. Hierin liegt auch letztlich die Ursache dafür, daß Eltern und Kinderärzte in vielen Fällen keine Alternative zu einer medikamentösen Behandlung unruhiger Kinder sehen. Auch diesen Eltern und den beteiligten Kinderärzten müssen Erziehungsberatungsstellen in einer Haltung kritischer Solidarität und Akzeptanz gegenübertreten. Im Beratungsalltag sollte es dann allerdings schon darum gehen, die Not unruhiger Kinder, ihrer Eltern und ihrer Lehrer nicht durch fragwürdige diagnostische Etiketten und Medikamente zuzudecken. Ziel sollte es vielmehr sein, ein Bild über den jeweiligen Entwicklungsstand des unruhigen Kindes in seiner Lebenswelt zu erarbeiten und eine Einschätzung zu versuchen, welche Entwicklungschancen das Kind in seiner Familie, in seiner Schule und seiner weiteren sozialen Umwelt hat (zur Diagnostik und Informationssammlung in der Erziehungsberatung s. den Beitrag von Nehlsen & Rühling in Band I dieses Handbuches, 335 ff.).

Dementsprechend finden sich im folgenden sechs skizzenartige Falldarstellungen, die Notlagen unruhiger Kinder in den unterschiedlichsten Entwicklungsphasen beschreiben sowie die Möglichkeiten einer Erziehungsberatungsstelle zu pädagogisch-therapeutischer Intervention benennen.

Die theoretischen Grundlagen und die Methoden der Informationssammlung und Diagnostik, die diesem Beratungskonzept zugrundeliegen, sind in Band 1 dieses Handbuches beschrieben worden und werden im folgenden nicht im einzelnen dargestellt. Die Schilderung der Beratungsverläufe verfolgt vielmehr in erster Linie das Interesse, die Geschichte der an ihrer Umwelt leidenden jungen Menschen in Umrissen darzustellen und zu verdeutlichen, wie wichtig und wie bescheiden zugleich letztlich die Interventionsmöglichkeiten der helfenden Berufe in der Arbeit mit diesen jungen Menschen und ihren Familien sind.

2 Yannick G. (4) - schon für die Kindertagesstätte zu aktiv !

Yannick G. kam im Alter von vier Jahren zum ersten Mal mit seinen Eltern in die Erziehungsberatungsstelle. Die Erzieherinnen in der Kindertagesstätte kämen mit seinem überschießenden Temperament nicht mehr zurecht. Immer wieder sei Yannick in Wortgefechte mit anderen Kindern („Du bist doof und deine Mutter geht auf den Strich !") und heftigste Raufereien verwickelt. Die Leiterin der Kindertagesstätte habe vermutet, entweder funktioniere irgend etwas in Yannicks Kopf nicht richtig oder aber die Beziehung der Eltern sei schwer gestört. Auf die Dauer sei Yannicks Verhalten jedenfalls in der Kindertagesstätte so nicht hinnehmbar. Den letzten Anstoß zum Aufsuchen einer Erziehungsberatungsstelle erhielten Yannicks Eltern durch eine Prügelei zwischen Yannick und dem gleichaltrigen Sohn der Nachbarsfamilie. Yannick sei daraufhin das Betreten des Nachbargrundstückes verboten worden. Auch der vorher freundschaftliche Kontakt zu den Eltern sei inzwischen auf das Allernotwendigste reduziert worden.

Yannicks Eltern - beide Ende 20 - hatten sich seinerzeit als Angestellte einer Klinik kennengelernt. Die Mutter arbeitete damals als medizinisch-technische Assistentin, der Vater als Ergotherapeut. Frau G. wurde relativ bald nach Beginn der Beziehung ungewollt schwanger. Die Eltern zogen zunächst auf Probe in eine gemeinsame Wohnung und heirateten ein halbes Jahr nach der Geburt von Yannick. Ein zweites Kind, ein

Mädchen, wurde drei Jahre nach Yannick geboren. Mit dieser zweiten - gewollten - Schwangerschaft hatte vor allem die Mutter die Hoffnung verbunden, daß die Familie stärker zusammenwachsen könnte und der Vater seine Präsenz in der Familie verstärken würde.

Der Vater beschrieb sich selbst als „ewigen Jugendlichen oder ewigen Junggesellen". Im Grunde genommen traure er seiner verlorenen Freiheit nach. Er habe sich aus finanziellen Gründen von seinen Reitpferden trennen müssen. Zu sportlichen Aktivitäten fehle ihm die Zeit und auch seine diversen Männerfreundschaften habe er stark vernachlässigt. Von seiner Veranlagung her sei er ohnehin selbst sehr nervös und könne nur wenig Toleranz für die Unruhe und teilweise hektische Aktivität seines Sohnes aufbringen.

Die Mutter äußerte sich sehr unzufrieden mit der familiären Situation. Ihr Mann gehe ihr aus dem Weg, wo er nur könne und lasse sie zu viel mit beiden Kindern allein. Sie habe seit der Geburt des zweiten Kindes viel weniger Zeit als vorher für Yannick und erwarte von ihrem Mann, daß er das etwas ausgleiche. Teilweise plage sie sich mit Schuldgefühlen, weil es so viel einfacher sei, die kleine, völlig problemlose Tochter zu lieben als sich mit Yannick auseinanderzusetzen. Sie habe sich vermehrt dabei ertappt, daß Yannick ihr zeitweise einfach zu schwierig, zu launisch und dann letztlich nur lästig sei.

Im Gespräch über die Entwicklungsgeschichte von Yannick wurde deutlich, daß das Kind nach problemloser Schwangerschaft und Geburt eine völlig unauffällige Entwicklung durchlaufen hatte. Die Familie ernährte sich äußerst gesundheitsbewußt. Yannick bekam nur wenig Süßigkeiten. Der Umgang mit Videorecorder und Fernsehen erschien kindgerecht. Hinweise auf schwerwiegende Entwicklungsauffälligkeiten wurden nicht gefunden. Yannick war nie schwer erkrankt und hatte auch keinen Unfall mit gravierenden Verletzungen erlitten.

Bei der Verhaltensbeobachtung in der Kindertagesstätte und in der Erziehungsberatungsstelle zeigte sich der Junge im Spiel als äußerst phantasievoll und kreativ und konnte im Umgang mit seiner kleinen Schwester nur als liebevoll und zärtlich bezeichnet werden.

Die kinderneurologische Untersuchung ergab keinerlei Auffälligkeiten in der Feinmotorik, der Grobmotorik, der sensorischen Integration und im Gleichgewichtssinn. Die Sprachentwicklung war normal. Hören und Sehen waren ohne auffälligen Befund fachärztlich überprüft worden.

Im Auswertungsgespräch wurde mit den Eltern eine Serie von insgesamt fünf Beratungsgesprächen im monatlichen Abstand vereinbart. Ziel dieser Gespräche sollte es sein, in dieser jungen, erst allmählich zusammenwachsenden Familie ein größeres Maß an Zusammenhalt zu erreichen und die Verantwortlichkeiten und Lasten des Alltags ausgewogener zu verteilen. Damit verband sich die Hoffnung, Yannick bessere Orientierungsmöglichkeiten zu geben, was sich möglicherweise auch günstig auf seine emotionale Stabilität auswirken könnte.

Die Eltern ließen sich mit vielen Ängsten, die zunächst nur schwer verständlich waren, auf den vorgeschlagenen Beratungskontrakt ein. Im Verlauf dieser Gespräche kam es zur Sprache, daß es zwischen Yannicks Vater und einer der in der Kindertagesstätte mit Yannick arbeitenden Erzieherinnen eine kurze Affäre gegeben hatte. Diese Affäre war noch nicht explizit beendet und abgeschlossen worden. Frau und Herr G. hatten nur kurz über diese Geschichte gesprochen und nutzten die Beratungsgespräche jetzt dafür, bis dahin unausgesprochene Wünsche an die Beziehung und für sich selbst zu formulieren. So konnte Frau G. erst jetzt klar zum Ausdruck bringen, daß sie ihre Berufstätigkeit sehr vermisse. Herr G. wiederum faßte den Mut, seiner Partnerin bis dahin zurückgehaltene Gefühle von Ärger und Gekränktheit mitzuteilen. Vor allem wolle er mit seinen eigenen Vorstellungen über die Gestaltung der gemeinsam mit den Kindern verbrachten Zeit toleriert und akzeptiert werden.

Schließlich wurde in einem Gespräch des Vaters mit der erwähnten Erzieherin erreicht, daß diese von sich aus ihre Versetzung in eine andere Tagesgruppe in die Wege leitete.

Inwieweit sich alle diese Maßnahmen positiv auf Yannicks Verhalten auswirkten, ist nur schwer zu belegen. Auch bei Abschluß der Beratung fiel Yannick immer wieder durch lange Phasen verdrießlicher Stimmung und eine Neigung zu unvermittelten Temperamentsausbrüchen auf. In den veränderten Rahmenbedingungen erhielt dieses unruhige Verhalten jetzt allerdings eine andere Bewertung und andere Reaktionen. Yannicks Vater zeigte sich als sehr erfinderisch darin, dem Bewegungsdrang seines Sohnes durch gemeinsame Aktivitäten Platz zu geben. Die Mutter konnte auf dieser Basis die Schuldgefühle ihrem Sohn gegenüber überwinden und plante bei Abschluß der Beratung ihren beruflichen Wiedereinstieg. Die Erzieherinnen in der Kindertagesstätte bemühten sich um möglichst neutrale und beschwichtigende Reaktionen auf Yannicks Ausbrüche.

Die Eltern G. und die beteiligten Berater freuten sich bei Abschluß der Beratung gemeinsam darüber, daß man der Versuchung widerstanden hatte, bei Yannick eine psychische Störung oder einen neurologischen Defekt zu unterstellen und eine dementsprechende Therapie einzuleiten. Die veränderten Rahmenbedingungen in Kindertagesstätte und Familie erhöhten zumindest mittelfristig die Toleranz dieser beiden für Yannick zentralen Lebensbereiche und ermöglichten eine Entschärfung der geschilderten Krisensituation. Die Bereitschaft von Eltern und Kindertagesstätte, Veränderungsmöglichkeiten zu erarbeiten und umzusetzen, machte eine Pathologisierung von Yannicks Verhaltensauffälligkeiten überflüssig. Die Beziehung der Familie zu der erwähnten Nachbarsfamilie blieb gespannt und distanziert. Dies wurde von den Eltern jedoch nicht eigentlich als ein Verlust erlebt. Sie hätten Yannick recht häufig ohne klare Absprachen zu den Nachbarn geschickt und diese letztlich als „Aufseher" mißbraucht. Yannick sei jedenfalls für die jetzt enger gesteckten Grenzen eher dankbar und reagiere entspannt auf die veränderte Situation.

3 Jonathan Sch. - im 1. Schuljahr „völlig hibbelig und total ablenkbar, eigentlich ein Fall für die Sonderschule für Erziehungshilfe"

Jonathan Sch. kam im Alter von sieben Jahren erstmals mit seinen Eltern, seiner Schwester (12) und seinem Bruder (15) in die Beratungsstelle. Die Lehrerin der Grundschule (erstes Schuljahr) hatte darauf bestanden, daß „die Eltern endlich etwas unternehmen". Jonathan sei mit seiner Hibbeligkeit und Unkonzentriertheit eigentlich ein Kind für die Sonderschule für Erziehungshilfe. Es seien auch noch einige andere schwierige Kinder in der Klasse und sie könne ihm als Lehrerin nicht immer eine Sonderbehandlung zukommen lassen.

Die beiden älteren Geschwister besuchten mit gutem Erfolg das Gymnasium. Der Vater arbeitete als Bürokaufmann, die Mutter als Sekretärin in einer Halbtagsstelle. Jonathan kam nach ungewollter Schwangerschaft, in deren Verlauf die Mutter zahlreiche gesundheitliche Probleme hatte, nach problemloser Geburt zur Welt und war zunächst ein pflegeleichtes Baby, das viel schlief und sich in den ersten Lebensmonaten unauffällig entwickelte. Laufen lernte Jonathan mit 20 Monaten, ebenso war auch die Sprachentwicklung leicht verzögert. Im Alter von drei Jahren trat erstmals ein allergischer Schnupfen auf. Jonathan litt in der Folge immer wieder unter Infektionen der oberen Luftwege und hatte auch zweimal schwere Mittelohrentzündungen. Diese Beschwerden waren nach Entfernung der Polypen und dem Einlegen von Paukenröhrchen nur noch in sehr abgeschwächter Form wieder aufgetreten.

Im Kindergarten zeigte Jonathan wenig Interesse an Bastelarbeiten und wirkte auch in der Grobmotorik und seinem Balancierungsvermögen unsicher. Fahrrad fahren ohne Stützräder konnte das Kind erstmals im Alter von sechs Jahren. Der Augenarzt hatte wegen eines leichten Astigmatismus und ausgeprägter Kurzsichtigkeit eine Brille verordnet. Auch jetzt, im Alter von sieben Jahren, konnte Jonathan noch nicht alleine die Schleife binden.

In seiner Familie galt Jonathan von Anfang an als verwöhntes Nesthäkchen. Sowohl die Eltern als auch die Geschwister anerkannten jedoch im Erstgespräch, daß der Junge in vielen Dingen einfach ungeschickt und tolpatschig sei. Dies könne nicht nur daran liegen, daß er als jüngstes Kind zu sehr verwöhnt worden wäre.

Die mit den Eltern vereinbarte Entwicklungsdiagnostik hatte folgende Ergebnisse: Bei der kinderneurologischen Untersuchung wurden deutliche Funktionsstörungen der Grobmotorik, der Feinmotorik, Probleme mit dem Gleichgewicht und eine verringerte Hautsensibilität festgestellt. Bei der Intelligenzdiagnostik zeigten sich bei insgesamt gut durchschnittlichem Leistungsvermögen Probleme in der visuellen Wahrnehmung, der visuomotorischen Koordination und im Verständnis für zwischenmenschliche Interaktionsbezüge. In spielerisch gestalteten Gesprächssituationen schilderte sich Jonathan als durchaus ehrgeizig und leistungsbereit, war jedoch gleichzeitig deutlich verzweifelt über seine schulischen Probleme. Bei der Verhaltensbeobachtung im Unterricht und in einigen Pausensituationen wurde die randständige Position des Jungen in seiner Klasse unübersehbar. Kaum ein Kind sprach ihn an und im Unterricht wollte auch niemand neben ihm sitzen.

Die Lehrerin konnte einerseits die Lern- und Verhaltensprobleme des Jungen differenziert und durchaus wohlwollend beschreiben, äußerte sich jedoch gleichzeitig extrem verärgert über die aus ihrer Sicht „unkooperativen" Eltern, denen sie pädagogisches Versagen vorwarf. Aus dieser Sichtweise heraus hatte die Lehrerin eine sonderpädagogische Überprüfung von Jonathan durch einen Lehrer der Sonderschule für Erziehungshilfe zur Feststellung eines etwaigen sonderpädagogischen Förderbedarfs veranlaßt.

Bei einer Helferkonferenz aller beteiligten Fachleute unter Einbeziehung der Eltern gelang es, die verschiedenen Aktivitäten zu koordinieren und zu konkreten Absprachen zu kommen. Der hinzugezogene Sonderschullehrer verneinte ausdrücklich die Notwendigkeit einer Sonderschulaufnahme, gab der Lehrerin von Jonathan jedoch verschiedene konkrete Empfehlungen, um den Jungen mit seinen Schwierigkeiten im Unterricht adäquat fördern zu können. So sollte Jonathan einen Einzeltisch in unmittelbarer Nähe zur Lehrerin erhalten. Dies sollte der Klasse gegenüber jedoch ausdrücklich als Hilfs- und nicht als Strafmaßnahme dargestellt werden. Zur Entschärfung der Pausenproblematik sollte ein Viertklässler als „Pate" gewonnen werden. Dieser sollte die Aufgabe erhalten, Jonathan vor der unnötigen Verwicklung in Konfliktsituationen zu schützen. Des weiteren sollte dem verstärkten Bewegungsdrang von Jonathan, besonders in den letzten Unterrichtsstunden, durch gezielte Aufgaben Rechnung getragen werden (z.B. etwas vom Hausmeister oder aus dem Schulsekretariat holen).

Seitens der Beratungsstelle wurde eine psychomotorische Übungsbehandlung in der Gruppe empfohlen, um Jonathan sowohl bei der Überwindung der geschilderten sensumotorischen Entwicklungsauffälligkeiten als auch im Erwerb sozialer Kompetenzen zu unterstützen. Lehrerin und Eltern vereinbarten regelmäßige wöchentliche Telefonate, um auf diese Weise neu auftauchenden Problemen rechtzeitig begegnen zu können.

Darüber hinaus wurden weitere Helferkonferenzen in halbjährlichem Abstand vereinbart, um die Effektivität der getroffenen Verabredungen überprüfen zu können. Allen Beteiligten war zu diesem Zeitpunkt klar, daß die geschilderten Probleme von Jonathan ihn wohl mindestens durch die gesamte Grundschulzeit begleiten würden. Auf der Grundlage der beschriebenen Entwicklungsdiagnostik und aufgrund der Bereitschaft zur Kooperation konnte jedoch zumindest die Chance erarbeitet werden, Jonathan mit seinen Schwierigkeiten in die Regelschule zu integrieren, ohne das Risiko sich verschärfender sozialer Ausgrenzungsprozesse oder eine chronische Überforderung aller beteiligten Akteure einzugehen.

4 Robert S. (10) - hyperaktiv, rechtschreibschwach, ein Außenseiter in Familie und Schule

Robert S. wurde im Alter von 10 Jahren wegen gravierender Leistungsprobleme im dritten Grundschuljahr in der Beratungsstelle vorgestellt. Er war das zweite von drei Kindern einer gut situierten und angesehenen Familie einer Kleinstadt. Der ältere (13) und der jüngere Bruder (7) kamen in der Schule sehr gut zurecht. Robert wirkte nach Auskunft der Mutter eher wie ein „untergeschobenes Kind". Er bevorzugte grobe Schimpfwörter und versuchte in erster Linie, Konflikte mit Mitschülern und Geschwistern durch körperliche Gewalt zu lösen. Leistungsmäßig rangierte er auch jetzt, bei der Wiederholung der dritten Grundschulklasse, in allen Fächern im Grenzbereich zwischen Regelschule und Sonderschule für lernbehinderte Kinder, so die Auskunft der Lehrerin.

Auch vom Aussehen her fiel Robert in seiner auf Harmonie und ein perfektes Erscheinungsbild bedachten Familie aus dem Rahmen. Er neigte zu Übergewicht und erschien in seinen Bewegungen plump und etwas ungeschickt. Von seiner Sprechweise her wirkte Robert immer „wie auf dem Sprung" und jederzeit zu aggressiven Ausbrüchen bereit.

Die Mutter machte aus der emotionalen Ablehnung ihres zweiten Kindes nach jahrelangen vergeblichen und verzweifelten Anstrengungen keinen Hehl mehr und hatte kürzlich ein Hochschulstudium begonnen. Sie hatte ihren Mann, von Beruf Oberstudienrat, gedrängt, seine wöchentliche Arbeitszeit zu reduzieren und sich in der frei gewordenen Zeit verstärkt um Robert zu kümmern. Trotz dieser Veränderungen lernte Robert in der Grundschule kaum noch etwas hinzu. Im Grunde genommen hatten alle Beteiligten die Hoffnung auf Fortschritte aufgegeben.

Aus der Entwicklungsgeschichte von Robert ist hervorzuheben, daß es bei der Geburt große Probleme gegeben hatte und das Baby wegen lebensbedrohlichem Sauerstoffmangel während der Geburt seine ersten Lebenswochen auf der Intensivstation einer Kinderklinik verbringen mußte. In den ersten drei Lebensjahren durchlief das Kind eine insgesamt unauffällige Entwicklung. Im Kindergarten galt Robert als reizoffenes, „hibbeliges" und impulsives Kind, das häufig in Rangeleien und lautstarke Auseinandersetzungen verwickelt war. Dies habe sich auch in den ersten Grundschuljahren kaum verändert.

Die in der Beratungsstelle durchgeführte Entwicklungsdiagnostik hatte folgende Ergebnisse: Robert hatte deutliche Schwierigkeiten in der Grob- und Feinmotorik sowie erhebliche Probleme mit dem Gleichgewicht. In der Intelligenzdiagnostik zeigte er gut durchschnittliche Fähigkeiten ohne signifikante Teilleistungsstörungen oder gar Ausfälle. Sein Selbstbild war von Selbstzweifeln und negativen Äußerungen über sich selbst gekennzeichnet. Auch verbalisierte er den Wunsch, nie geboren zu sein und überlegte, ob er nicht vor einen Lastwagen laufen sollte. Er wünschte sich sehnlichst einen Freund, hatte diesbezügliche Hoffnungen allerdings fast aufgegeben. Lieber wolle er erst einmal einen Hund oder einen Wellensittich haben.

Diese Ergebnisse wurden ausführlich mit der Schule und den Eltern besprochen. Alle Beteiligten waren sich einig darüber, daß die Umschulung auf eine Sonderschule nicht zur Debatte stand. Statt dessen wurde gemeinsam mit der Lehrerin überlegt, wie die Störreize für Robert in der Schulsituation reduziert werden könnten. Die Eltern engagierten einen Pädagogikstudenten für die Durchführung eines Nachhilfeunterrichts, um die Beziehung Roberts zu seinen Eltern von den Konflikten bezüglich der Hausaufgaben zu entlasten. Parallel dazu wurde Robert die Teilnahme an einer Reitgruppe ermöglicht (heilpädagogisches Voltigieren). Dieses Angebot wurde gewählt, um Robert sowohl bezüglich der geschilderten motorischen Probleme als auch hinsichtlich des Erwerbs sozialer Kompetenzen fördern zu können. Robert war von diesem Therapieangebot begeistert und ging für zwei Jahre zuverlässig in diese Gruppe. In der von einem erfahrenen Heilpädagogen geleiteten Fördergruppe konnte Robert sich vor allem ein günstigeres Konfliktlösungsverhalten aneignen. Zusätzlich gewann er durch zunehmendes Geschick bei den Übungen auf dem Pferd deutlich an Selbstbewußtsein.

In der parallel laufenden Elternberatung konnten die Eltern ihre primär defizitorientierte Sichtweise schrittweise aufgeben. Der Vater meinte schließlich: „In einer anderen Familie wäre unser Robert wahrscheinlich ein völlig unauffälliges Kind".

Robert blieb ein schwacher Grundschüler und hatte auch in der anschließend besuchten Gesamtschule große Startprobleme. Durch eine Helferkonferenz mit seinen neuen Lehrern, den Eltern und einem Vertreter der Beratungsstelle gelang es jedoch auch dort, ein Rahmenkonzept zu erarbeiten, das eine schulische Integration des Jungen mit seinen Lern- und Verhaltensauffälligkeiten ermöglichte.

In einer zugespitzten Krisensituation suchte die Familie noch einmal die Beratungsstelle mit dem Anliegen auf, nun endlich eine Behandlung des Jungen mit sedierenden Psychopharmaka einzuleiten. Robert hatte seinem kleineren Bruder bei einer Balgerei den Arm gebrochen. Der hinzugezogene Kinder- und Jugendpsychiater lehnte eine pharmakologische Behandlung mit dem Hinweis ab, bis jetzt sei es doch immer gelungen, Roberts Krisen durch pädagogische Maßnahmen zu entschärfen. Er könne eine medikamentöse Behandlung des Jungen nicht verantworten.

In einer weiteren Serie von vier Familienberatungsgesprächen gelang es, in erster Linie den innerfamiliären Umgang mit aggressiven Gefühlen zum Thema zu machen. Dabei wurde deutlich, daß Robert allen anderen Familienmitgliedern gegenüber hilflos war, wenn diese ihn verbal provozierten und aggressive Gefühle nur verdeckt und indirekt ausdrückten. Andererseits mußten alle anerkennen, daß Robert als einziges Familienmitglied seine Gefühle direkt und unverstellt ausdrückte. Diese veränderte Sichtweise stellte keine Rechtfertigung für seine Gewalttätigkeit dar, ermöglichte jedoch in weiteren Krisensituationen einen stärkeren familiären Zusammenhalt, was sich besonders für den schwierigen Entwicklungsweg von Robert als sehr wertvoll erwies.

Durch die Beratung der Familie Sch. konnte auf der Grundlage einer zu verschiedenen Zeitpunkten wiederholten Entwicklungsdiagnostik und durch konsequente Einbeziehung aller wichtigen Kooperationspartner die immer wieder drohende Ausstoßung des Jungen aus Familie und Schule vermieden werden. Sowohl die Familie als auch die beteiligten Schulen erwiesen sich als hinreichend flexibel und belastbar, um die Rahmenbedingungen für eine weitgehende Integration des unruhigen Kindes bzw. Jugendlichen zu erarbeiten. Eine Pathologisierung und Medizinisierung seiner Verhaltensweisen wurde durch kompetente fachärztliche Stellungnahmen vermieden.

5 Albert S. (13) - süchtig nach Süßigkeiten, „völlig unbeherrscht, will auf keinen Fall wieder zur Behindertenschule, keiner kümmert sich richtig um ihn"

Albert S. kam im Alter von 13 Jahren mit seinem Stiefvater, seiner Mutter und zwei Halbgeschwistern in die Beratungsstelle. Die vier Grundschuljahre hatte Albert wegen seiner Reizoffenheit, Ablenkbarkeit und Nervosität in einer Sonderschule für Erziehungshilfe absolviert. Eine medikamentöse Behandlung seiner Unruhe war nach mehreren erfolglosen Versuchen aufgegeben worden. In der Grundschulzeit galt Albert als überdurchschnittlich intelligentes Kind, das nach Meinung seiner Lehrer bei günstigeren familiären Bedingungen eine glücklichere Entwicklung hätte nehmen können. Albert profitierte von der Lehrer-Schüler-Relation in der Sonderschule und hatte besonders zu seinem Klassenlehrer eine stabile emotionale Beziehung aufgebaut. Auch erwies es sich für seine Entwicklung als positiv, daß die Schule als Ganztagsschule geführt wurde.

Die Familie war 1989 aus der ehemaligen Sowjetunion nach Deutschland übergesiedelt. Die Eltern arbeiteten beide im Einzelhandel und hatten für ihre Familie eine solide finanzielle Basis erarbeitet. Probleme ergaben sich immer wieder aus der Tatsache, daß Albert im Gegensatz zu seinen beiden Halbschwestern (sieben und neun Jahre alt) nicht ohne Aufsicht allein zu Hause gelassen werden konnte. So hatte Albert einmal die Wohnung in Brand gesetzt, ein anderes Mal hatte er große Teile des Haushaltsgeldes in Süßigkeiten und Computerspiele umgesetzt.

Wegen des Besuchs der Sonderschule für Erziehungshilfe war Albert von Nachbarskindern häufiger als „Verbrecher" oder „Behinderter" tituliert worden. Er hatte sich dann konsequent geweigert, im Anschluß an die Grundschulzeit auf eine als Sonderschule für Erziehungshilfe geführte Hauptschule zu wechseln. Die Eltern hatten ihn darin unterstützt und seine Aufnahme auf der zuständigen Hauptschule durchgesetzt.

Dort waren die ersten Monate durchaus positiv verlaufen. Albert hatte einen engagierten und aufgeschlossenen Klassenlehrer, dem die schwierigen Schüler besonders am Herzen lagen. Leistungsmäßig kam der Junge gut mit.

Dies war erstaunlich, da er nach wie vor kaum in der Lage war, Ordnung in seiner Schultasche mit den vielen Arbeitsheften und Arbeitsblättern zu halten. Auch verlor er immer wieder Kleidungsstücke, Stifte und Schulbücher. In Konfliktsituationen mit seinen Mitschülern wechselte er unvermittelt zwischen kleinkindhaftem Jammern und Weinen und rücksichtslosem, brutalem „Draufhauen". Zur Rede gestellt, zog sich Albert stets auf die Beteuerung seiner Unschuld zurück und war zu einer klärenden Auseinandersetzung nicht in der Lage. Seitens der Schule wurden die Eltern beschuldigt, den Jungen zu vernachlässigen. Die Eltern zeigten sich ratlos, was denn nun noch zu tun sei.

Im Gespräch über Alberts bisherige Entwicklung wurde schnell deutlich, daß der Junge praktisch von Geburt an ein schwieriges und unruhiges Kind gewesen war und daß die Mutter damals mit äußerst belastenden Lebensumständen zurechtkommen mußte. Zwischen dem leiblichen Vater und Albert bestand niemals Kontakt. Albert wurde zunächst von den Eltern der Mutter erzogen und war in der von der Mutter dann neu gegründeten Familie von Anfang an ein Fremdkörper. Der Stiefvater war zwar durchaus gutwillig und hatte sich intensiv um eine positive emotionale Beziehung zu Albert bemüht. Auch er hatte inzwischen jedoch resigniert und deutete an, vermutlich habe Albert all seine Probleme von seinem kriminellen leiblichen Vater geerbt.

Die Mutter schilderte ihre schwierige Position in der neuen Familie. Sie habe das Gefühl, Albert nicht die nötige emotionale Zuwendung geben zu können, ohne dafür die Eifersucht ihrer beiden anderen Kinder und mißbilligenden Blicke ihres Mannes in Kauf nehmen zu müssen. Albert sei ein Kind, das in seinen frühen Jahren viel entbehrt habe. Eigentlich müsse sie das alles wieder gutmachen. Dazu habe sie jedoch keine Chance. Zum Ausgleich sehe sie großzügig darüber hinweg, wenn sich Albert am Familienportemonnaie bediene und das Geld in Schleckereien und anderen unsinnigen Kram umsetze.

Manchmal denke sie daran, eine Heimaufnahme von Albert sei der einzige Ausweg. Dagegen protestierten jedoch sowohl ihr Mann als auch ihre Töchter. Die jüngste Tochter habe geradeheraus erklärt: „Das tut man einfach nicht, sein Kind so weggeben!"

Bei der Nachfrage nach Alberts Ernährungsgewohnheiten stellte sich heraus, daß er sich tatsächlich in der Hauptsache von Süßigkeiten sowie Milch und Milchprodukten ernährte. Bis dahin hatte niemand seine Neurodermitis und den periodisch auftretenden allergischen Schnupfen damit in Verbindung gebracht. Niemand hatte auch je versucht, ihn zu einer ausgewogeneren Ernährung zu veranlassen. Albert und seine Familie wurden daraufhin darüber aufgeklärt, daß seine Unruhe und emotionale Labilität durchaus auch durch diese einseitige Ernährung verursacht sein könnte. Mit Hilfe eines auch als Heilpraktiker arbeitenden Apothekers wurde ein Speiseplan für die gesamte Familie erarbeitet. Albert wurde verpflichtet, auf Süßigkeiten weitgehend zu verzichten und zu versuchen, sich wie die anderen Familienmitglieder auch zu ernähren. Des weiteren sollte er beobachten, wie sich dies auf seine Stimmung und Nervosität auswirkte.

Erstaunlicherweise zeigte sich Albert in diesem Punkt als durchaus zugänglich und versuchte, die aufgestellten Regeln einzuhalten. Von sich aus suchte er den Kontakt zu Lehrern oder Eltern, wenn er besonderen Heißhunger auf Süßigkeiten verspürte und überlegte gemeinsam, wie er sich ablenken könne.

Aus diesen Interaktionen entwickelten sich verschiedene Anregungen für Alberts Freizeitgestaltung. Er wurde Mitglied in einem Judoverein und besuchte regelmäßig die von der Kirchengemeinde angebotene Jugendgruppe. Durch großen Einsatz aller beteiligten Bezugspersonen gelang es, dieses Konzept über einen Zeitraum von zwei

Jahren aufrecht zu erhalten. Die Eltern nutzten die in großen Abständen durchgeführten Beratungsgespräche, um darüber nachzudenken, wie sie in sinnvoller Weise reagieren könnten, wenn Albert in alte Gewohnheiten zurück verfiel. Bei Abschluß der Beratung war Albert nach wie vor ein auffälliger Jugendlicher. Seine Position in der Hauptschule und seiner Familie war jedoch konsolidiert und wurde nicht mehr in Frage gestellt. Albert beschwerte sich lediglich beim Berater darüber, daß er nun ja fast gar keine Süßigkeiten mehr essen dürfe. Das sei doch bestimmt übertrieben. Er wurde diesbezüglich auf seine Eigenverantwortlichkeit verwiesen.

Die in diesem Fall gewählte Intervention im Sinne einer quasi diätetischen Maßnahme führte zu einer emotionalen Entlastung für Albert, seine Familie und seine Lehrer. Einerseits wurde Albert verdeutlicht, daß er letztlich nur selbst etwas für eine Verbesserung seiner Situation tun konnte. Andererseits wurde es der Stieffamilie erspart, zum wiederholten Male die festgefahrenen Reaktionsmuster zu thematisieren. Dies erschien zu Beginn der Beratung ohnehin als aussichtslos. Die Forderung nach einer ausgewogenen Ernährung mobilisierte Alberts Selbsthilfepotential und er erhielt zusätzlich eine seinem Alter angemessene Unterstützung bei einer adäquaten Gestaltung seiner Freizeit und seiner Beziehung zu Gleichaltrigen. Die im Hintergrund drohende Gefahr einer Ausstoßung aus Familie und Schule wurde auf diese Art und Weise gebannt. Kaum zu bezweifeln ist, daß auch die Umstellung auf eine gesundheitsbewußtere Ernährung zu einer Entschärfung der Gesamtsituation beitrug.

6 Konrad B. (16) - stimmungslabil, reizbar, vielleicht hochbegabt? Brutal, unser schwarzes Schaf!

Konrad B. kam mit seiner Familie erstmals im Alter von 14 Jahren in die Beratungsstelle. Mitten in den Sommerferien war es zu folgender Konfliktsituation gekommen: Konrad hatte seinen vier Jahre jüngeren Bruder mit dem Kopf an die Wand geschubst, was eine Gehirnerschütterung zur Folge hatte. Als die entsetzte Mutter ihn daraufhin nach draußen geschickt hatte, trat Konrad voller Wucht die Wohnungstür ein, um dann kurz darauf hilflos weinend im Hausflur zusammenzubrechen. Zu der Familie gehörte noch ein fünfjähriger Junge, ein Nachkömmling, und nach Auskunft des Vaters der verwöhnte Mittelpunkt der Familie.

Der Vater (55) war von Beruf Diplomkaufmann und hatte vor kurzem wegen Rationalisierungsmaßnahmen seine Anstellung verloren. Er bezog jetzt Arbeitslosengeld und absolvierte eine Umschulungsmaßnahme des Arbeitsamtes.

Eine Urlaubsreise konnte sich die Familie aufgrund des geschmälerten Familienbudgets nicht leisten. Alle waren deswegen deutlich frustriert und enttäuscht. Die Mutter schilderte, daß Konrad schon als Kleinkind nur schwer zu lenken war und sowohl seine Spielsachen als auch die Wohnungseinrichtung immer wieder zerstört hatte. Auch sei seine Kleidung wegen seiner Ungeschicklichkeit immer schnell beschmutzt und beschädigt worden. Von seinem äußeren Erscheinungsbild her sei er immer ein echter „Lotterfranz" gewesen. Im Grunde genommen hätte sie keine weiteren Kinder bekommen dürfen, da Konrad sie eigentlich immer voll in Anspruch genommen habe. Aus diesem Grund sei die Mutter bis vor kurzem allein mit ihm in Urlaub gefahren. Geholfen habe dies aber auch nicht. Weder im Kindergarten noch in der Schule habe Konrad jemals Freunde gehabt.

Seine Schulleistungen hätten immer im mittleren Drittel gelegen. Aufgrund persönlicher Beziehungen habe man die Aufnahme des Kindes auf der Realschule erreicht. Ein Schulpsychologe habe nach einem Intelligenztest behauptet, Konrad sei hochbegabt. Sie als Eltern könnten dafür keine Anzeichen entdecken. Allenfalls auffällig sei, daß Konrad gut Schach spielen könne und wohl auch mit dem Computer recht geschickt sei. Von seiner sozialen Kompetenz her sei er jedoch „eine Null" (Zitat) und auch in verbalen Auseinandersetzungen dem kleineren Bruder gegenüber unterlegen.

Ein Facharzt für Neurologie und Psychiatrie habe die Eltern beschuldigt, durch ihre emotionale Ablehnung des Jungen letztlich selbst für seine psychische Störung verantwortlich zu sein. Ein Kinderarzt habe einen Behandlungsversuch mit Ritalin unternommen. Alles habe nichts genützt. In ihrer Hilflosigkeit hätten sie als Eltern Konrad auch schon mit der Heimaufnahme gedroht. Dies sei sicherlich falsch und nutzlos. Manchmal wüßten sie eben überhaupt nicht mehr weiter.

Die geschilderte Krisensituation zu Beginn der Beratung konnte durch einige gezielte Interventionen entschärft werden. Konrad unternahm eine Ferienreise mit einer Jugendgruppe und die Eltern nutzten die Zeit, sich in einigen Beratungsgesprächen über die familiäre Situation klar zu werden, die durch die Arbeitslosigkeit des Vaters und die aggressiven Ausbrüche von Konrad entstanden war. Nach den Sommerferien wurde Konrad in eine pädagogisch-therapeutische Jugendgruppe aufgenommen und nahm zuverlässig und regelmäßig daran teil. Auch dort zeigte er nach einer störungsarmen Anfangszeit die geschilderten Auffälligkeiten. Eine Scheibe ging zu Bruch, ein Spiel und eine Stereoanlage wurden mutwillig zerstört, bei einer Exkursion durch ein Waldgebiet versuchte Konrad, eine Wildente mit ihren Kleinen durch einen gezielten Steinwurf zu töten. Zur Rede gestellt, meinte er nur, es mache ihm Spaß, etwas zu zerstören. Erst nach längerem Gespräch zeigte er sich betroffen und versicherte dann treuherzig, ab jetzt wolle er ganz bestimmt „lieb sein".

Nach einem Klassenlehrerwechsel in der 9. Klasse der Realschule kam es zu einer rapiden schulischen Leistungsverschlechterung. Immer häufiger wurde Konrad auch bei sinnlosen Zerstörungsakten ertappt und dann nach mehreren gravierenden Vorfällen dieser Art von der Schule gewiesen. Der Versuch einer Heimaufnahme in einem kleinen, familienähnlich geführten Haus weit ab vom Wohnort der Eltern scheiterte, da Konrad von dort immer wieder weglief und von der Polizei nach Hause gebracht werden mußte.

Eine gewisse Beruhigung konnte erst dadurch erreicht werden, daß Konrad auf eine Sonderschule für Erziehungshilfe mit angegliedertem Tagesheim wechselte. Er war mit dieser Lösung nicht unglücklich, konnte er doch unter diesen Umständen weiter bei seiner Familie wohnen. In dem veränderten schulischen Rahmen gelang es ihm auch erstmals, eine freundschaftliche Bindung zu einem gleichaltrigen Jugendlichen aufzubauen. Von Seiten der Schule wurde bei Abschluß der Beratung vorgeschlagen, einen Ausbildungsversuch in einem Berufsbildungswerk für psychisch behinderte junge Menschen zu unternehmen.

Die Familie B. kam mit Konrad erst in einer zugespitzten Entwicklungskrise des Jugendalters in die Beratungsstelle und hatte bis dahin in erster Linie die schulische Entwicklung des Jungen im Auge gehabt. Es war trotz häufiger Empfehlungen durch Schule und Kinderarzt versäumt worden, auf die damals feststellbaren motorischen und visuomotorischen Entwicklungsrückstände mit einem entsprechenden Förderangebot zu reagieren. Die Eltern hatten in bester Absicht vor allem auf schulisches Lernen gesetzt, seine soziale Entwicklung dabei jedoch außer acht gelassen. Nicht zuletzt aus diesem Grunde zeigte Konrad im Alter von 16 Jahren ein recht bizarres Entwicklungsbild. Die kognitive Entwicklung war altersgerecht, von seiner sozial-emotionalen Kompetenz her bewegte sich Konrad auf dem Niveau eines Kindergartenkindes. Leider war es nicht gelungen, etwa durch eine Zusammenarbeit von Schule, Kinderarzt und Beratungsstelle, früher zu intervenieren.

Erst als Konrad in die Nicht-Seßhaften-Szene abzurutschen drohte, konnte durch eine Verringerung der schulischen Leistungsansprüche und ein zeitintensives Programm zur Förderung der sozial-emotionalen Entwicklung des Jungen eine Entschärfung der schweren Entwicklungskrise erreicht werden. Die Unruhe des Jugendlichen Konrad B. stand dabei immer weniger im Mittelpunkt der Betrachtung. Entscheidender war die am Ende von allen Beteiligten wiederholt aufgeworfene Frage, unter welchen Rahmenbedingungen Konrad B. vor allem sozial und emotional nachreifen könnte.

7 Zoran B. (18) - immer schon hyperaktiv, emotional labil, ohne positives männliches Vorbild, drogen- und alkoholabhängig, suizidgefährdet

Zoran B. wurde zum ersten Mal im Alter von neun Jahren in der Beratungsstelle vorgestellt. Anlaß waren die extremen Konzentrationsstörungen des Jungen, erhebliche Lese- und Rechtschreibprobleme und seine Neigung zu unvermittelten und unkontrollierten aggressiven Ausbrüchen. Jetzt im dritten Grundschuljahr war Zoran nach wie vor nicht zu einer sicheren Unterscheidung der verschiedenen Buchstaben in der Lage, fiel aber andererseits durch ein gutes Gedächtnis und gute Beiträge im mündlichen Unterricht auf.

Bei der Entwicklungsdiagnostik wurde ein erheblicher Entwicklungsrückstand in den Bereichen der Grobmotorik, Feinmotorik und visuomotorischen Koordination festgestellt. In der psychologischen Leistungsdiagnostik zeigten sich bei insgesamt überdurchschnittlichen Leistungen gravierende Probleme in den Bereichen der visuellen Wahrnehmung, der visuellen Speicherung und visuomotorischen Koordiantion. Zoran erhielt daraufhin eine psychomotorische Übungsbehandlung und konnte durch eine parallel erfolgende Lese-Rechtschreib-Förderung in der Grundschule seine diesbezüglichen Probleme weitgehend überwinden. Seine Leistungen lagen zum Ende der Grundschulzeit in allen Bereichen im guten Durchschnitt. Den Eltern wurde als weiterführende Schule eine Gesamtschule empfohlen.

Inzwischen hatten sich die Eltern getrennt. Die Mutter erhielt das Sorgerecht für Zoran und die drei Jahre jüngere Tochter. Zoran wehrte sich heftig gegen jegliche Besuche seines Vaters und wollte mit ihm nichts mehr zu tun haben. Im Verlauf des Sorgerechtsverfahrens warf er zur Begründung seinem Vater vor, ihn im Kindergartenalter wiederholt sexuell mißbraucht zu haben. Er widerrief diese Beschuldigung dann allerdings kurz darauf. Unbestritten war, daß der Vater wenig dafür hatte tun können, seinem Sohn Selbstbewußtsein und ein stabiles Selbstwertgefühl zu vermitteln. So hatte der Vater Zoran schon in jungen Jahren mit anspruchsvollen Bastelarbeiten überfordert, ohne auf die unübersehbaren feinmotorischen Probleme des Kindes Rücksicht zu nehmen. Vater und Sohn konnten wirklich nur wenig Positives übereinander berichten.

Seit dem Auszug des Vaters aus der gemeinsamen Wohnung versuchte Zoran immer wieder, durch lautstarke Aggressionen und massive Einschüchterung seiner Schwester und seiner Mutter die Rolle des Herrn im Hause zu übernehmen. Parallel dazu begann er im Alter von 13 Jahren zu rauchen und Alkohol zu konsumieren. Er machte damals auch seine ersten Erfahrungen mit dem Konsum von Haschisch. Auf die dabei zum Teil ausgelösten Gefühlszustände reagierte der Junge mit einer Mischung aus panischem Entsetzen und Faszination. Im Alter von 15 Jahren unternahm er einen Suizidversuch und konnte nur durch das beherzte Eingreifen von Passanten zum Verlassen einer viel befahrenen Bundesstraße gebracht werden.

Seitens der Lehrer in der Gesamtschule wurde sehr viel unternommen, um die bizarren Verhaltensweisen des Jungen in pädagogisch angemessener Weise zu korrigieren. Nur durch das persönliche Eingreifen seiner Klassenlehrerin konnte ein mehrfach drohender Verweis von der Schule vermieden werden. In dieser Zeit erhielt Zoran über einen Zeitraum von zwei Jahren eine Einzelpsychotherapie. Die Mutter durchlief parallel dazu eine Gruppentherapie, um ihre im Zusammenhang mit der Scheidung ausgelöste Identitätskrise zu bearbeiten.

Zoran verließ die Gesamtschule schließlich nach dem 10. Schuljahr mit dem Hauptschulabschluß. Eine Ausbildung zum Bürokaufmann scheiterte daran, daß er die Berufsschule versäumte und auch nur sporadisch an seinem Ausbildungsplatz erschien. Zur Rede gestellt, meinte er, er wolle vor allem „saufen und rauchen". Alles andere interessiere ihn nicht. Auch die Aufnahme des Jungen in einem Haus der Kinder- und Jugendhilfe scheiterte daran, daß Zoran dort tagelang nicht mehr auftauchte und auch nicht bereit war, über seinen zwischenzeitlichen Verbleib zu berichten.

Auf Drängen der Mutter wurde Zoran schließlich in einer kinder- und jugendpsychiatrischen Klinik aufgenommen. Dort wurde eine beginnende Psychose diagnostiziert und die Aufnahme in einem Berufsbildungswerk für psychisch behinderte junge Menschen empfohlen. Informationen über die Entwicklung, die Zoran dort nahm, lagen bei Abschluß der Beratung nicht vor.

Die Geschichte von Zoran B. zeigt, wie entscheidend die Belastbarkeit und Einsatzbereitschaft des Elternhauses für die Entwicklung unruhiger junger Menschen sein können. Sie verdeutlicht gleichzeitig, daß die Interventionsmöglichkeiten der Helfer aus den verschiedensten Fachdisziplinen äußerst begrenzt und bescheiden sein können. Gleichzeitig sollte hervorgehoben werden, daß die begleitenden und stützenden Hilfsangebote einer Erziehungsberatungsstelle gerade bei hoffnungslos erscheinenden Entwicklungsverläufen wichtig, hilfreich und wertvoll sind. So konnten im geschilderten Fall zahlreiche Krisen der Familie B. in positiver Weise aufgefangen werden, allerdings ohne das vorläufige Scheitern des jungen Erwachsenen Zoran B. in der Berufsschule, seiner Ausbildung und bei seiner Ablösung von seiner Herkunftsfamilie verhindern zu können.

8 Zusammenfassung

Das Erscheinungsbild kindlicher und jugendlicher Unruhe, Ablenkbarkeit und sogenannter Hyperaktivität ist vielfältig. Die Diagnostizierung gesteigerter Erregbarkeit und Irritierbarkeit rechtfertigt in keinem Fall allein eine Indikation bestimmter therapeutischer Maßnahmen, sondern muß durch ein möglichst umfassendes Bild von der Lebenssituation des betroffenen Kindes und seines Entwicklungsstandes relativiert werden. Entscheidend für die Wirksamkeit pädagogisch-therapeutischer Hilfen in der Arbeit mit jungen Menschen ist in sehr vielen Fällen die Einbeziehung aller wichtigen Bezugspersonen als potentielle Kooperationspartner und die Bereitschaft, sich auf eine verstehende Beziehung zu den auffällig gewordenen jungen Menschen in ihrer ganz persönlichen Einzigartigkeit einzulassen. Erfolgskriterium für die pädagogisch-therapeutische Arbeit mit unruhigen jungen Menschen kann in sehr vielen Fällen gerade nicht sein, inwieweit es gelingt, die Auffälligkeit des unruhigen jungen Menschen quasi zu beheben. In vielen Fällen muß es eher als Erfolg angesehen werden, wenn es gelingt, die betroffenen Familien durch die exemplarisch geschilderten schulischen und sozialen Abstiegsprozesse zu begleiten und durch stützende Maßnahmen unnötiges zusätzliches Unglück und Leid zu verhindern.

Unruhige junge Menschen scheitern häufig an den hohen Ansprüchen, die unsere Gesellschaft an die Fähigkeit zur Selbstkontrolle und Autonomie gerade auch junger Menschen stellt. Wenn Erziehungsberatung dazu beitragen kann, die Verantwortung für die Entwicklung unruhiger junger Menschen nicht ihnen allein zu überlassen, ist schon sehr viel gewonnen.

Psychosomatische Störungen

Renate Lezius-Paulus

Im ersten Buch des „Handbuchs der Erziehungsberatung" habe ich den personzentrierten Ansatz von Carl Rogers, dessen Anwendung und seine Bedeutung für den Alltag der Erziehungsberatung dargestellt.

Warum ich gerade psychosomatische Störungen für meine Falldarstellungen ausgewählt habe? Die Zahl der psychosomatischen Erkrankungen im Kindes- und Jugendalter hat in den letzten Jahren dramatisch zugenommen (vgl. Kolip, Nordlohne & Hurrelmann 1995), und sie werden auch in der Erziehungsberatungsstelle immer häufiger neben anderen Problemen angeführt. Dies ist besorgniserregend, zumal psychosomatische Erkrankungen als schwer therapierbar (medizinisch wie psychotherapeutisch), als langwierig und häufig mit chronifizierten Verläufen in der Fachliteratur beschrieben werden. Ganz abgesehen von den Kosten, die Langzeitbehandlungen verursachen, muß diese Entwicklung sehr ernst genommen werden.

Seit etwa drei Jahrzehnten scheint es eine brauchbare Erklärung für die schlechte Ansprechbarkeit psychosomatisch gestörter Patienten auf die Behandlungsangebote zu geben:

Das Alexithymie-Konzept, d.h. psychosomatische Patienten sind nicht fähig, ihre Gefühle wahrzunehmen und zu beschreiben. Gefühle wie Wut, Angst oder Scham können nicht differenziert wahrgenommen werden (vgl. Reisch 1994). Durch ihre langjährigen Psychotherapieerfahrungen mit psychosomatisch erkrankten erwachsenen Patienten kam Elisabeth Reisch (1994) zu anderen Erkenntnissen: Nicht eine angenommene Alexithymie der Patienten verhinderte ihre Besserung, sondern das für die Patienten nicht annehmbare Beziehungsangebot von Ärzten und Psychotherapeuten. Eindrucksvoll kann der Leser in ihrem Buch nachvollziehen, wie das personzentrierte Beziehungsangebot wirksam wird, indem sie den Klienten in seinem gesamten Lebenskontext zu verstehen versucht und auf diesem Hintergrund überdenkt, welche Bedeutung, welchen Sinn das körperliche Symptom darin hat.

„Hat ein Kind die Befürchtung, die Mutter würde beispielsweise auf eine klar geäußerte Wut in einer restriktiven, verletzenden oder angstauslösenden Weise reagieren, so ist es, bezogen auf diesen Kontext sinnvoll und unter Umständen sogar überlebensnotwendig, zu schweigen oder gar zu lächeln. Die reale oder befürchtete Erfahrung des Verlassenwerdens bedeutet für ein Kleinkind in der eigenen Hilflosigkeit eine Katastrophe, die es in jedem Fall zu verhindern gilt. Die Lernerfahrung, sich alexithym zu zeigen und sich damit das Wohlwollen des Interaktionspartners zu sichern, ist als erfolgreiche Strategie zum Überleben sinnvoll." (Reisch 1994, 45)

Kinder und Jugendliche brauchen mehr als eine Strategie zum nackten Überleben, um zu wachsen, sich weiterzuentwickeln und um die an ihr jeweiliges Lebensalter gestellten Anforderungen im Alltag zu bewältigen. So mögen sie innerlich verstummen und verzweifelt nach Möglichkeiten suchen, während ihr Körper sich in einer ganz eigenen Symbolsprache über Symptome ausdrücken mag.

An dieser Stelle wiederhole ich ein Zitat aus dem letzten Teil meines Artikels im Band I: „Wenn man das In-der-Möglichkeit-Herumirren vergleichen wollte mit dem Vokallalen eines Kindes, dann ist das Fehlen der Möglichkeit wie ein Stummsein. Das Notwendige ist wie lauter Konsonanten, aber es gehört Möglichkeit dazu, sie auszusprechen. Wenn diese fehlt, wenn eine menschliche Existenz dahin gebracht ist, daß ihr die Möglichkeit fehlt, so ist sie verzweifelt und ist dies in jedem Augenblick, wo ihr Möglichkeit fehlt." (Kierkegaard 1984, 36)

In den Familien und im sozialen Umfeld fehlen zunehmend Möglichkeiten, über sich zu sprechen, sich wahrzunehmen und zu lernen in Gegenwart eines Menschen, der bereit ist, liebevoll zuzuhören, ohne gleich Bedingungen daran zu knüpfen. Sich das Wahrgenommene auch bewußt zu machen mit entsprechenden, oft nicht gerade angenehmen Gefühlen, ist wahrscheinlicher, wenn ein anderer Mensch wohlwollend, nicht abwertend oder gar strafend darauf reagiert.

Durch Bücher (Romane, Geschichten) oder in Tagträumen können phantasievolle Kinder sich selbst eine solche Atmosphäre schaffen und sich damit auch etwas beruhigen, es fehlt jedoch das erlebte und gehörte Echo in der Stimme, das Sehen des eigenen Spiegelbildes in den Augen eines anderen Menschen! Es fehlt die Grenze zum Anderen, das Erlebnis von „Ich und Du" - die reale Reaktion des anderen auch im Sinne einer möglichen Korrektur in der Wahrnehmung. Die positive Auswirkung von erzählten oder vorgelesenen Geschichten, weil gleichzeitig das Erlebnis einer Begegnung möglich ist, muß wohl nicht erst wissenschaftlich nachgewiesen werden - oder doch?

Wenige Möglichkeiten bietet das Fernsehen. Die Bilder und dargestellten Gefühle verlangen kaum noch Phantasie - sie produzieren vielleicht Gefühle, denen die kindlichen Zuschauer dann ausgeliefert sind - sie können über diese Gefühle nicht einmal selbst bestimmen. Es werden Scheinwirklichkeiten produziert, die wenig Korrektur erfahren, wenn ein Kind allein vor dem Fernseher sitzt. Auf Möglichkeiten des Kinder- und Jugendtheaters kann ich hier nur hinweisen. Ich selbst weiß z.Z. noch zu wenig darüber.

Das personzentrierte Angebot ist bei psychosomatisch gestörten Kindern und Jugendlichen sehr wirksam. Ich habe für meine Falldarstellungen drei junge Mädchen im Alter von 12 (Marie), 14 ½ (Claire) und 16 (Lisa) Jahren ausgewählt mit unterschiedlichen Symptomen bei der Anmeldung und unterschiedlicher Behandlungsdauer. (Die Namen und andere familiäre Daten habe ich verändert.) Es ist kein Zufall, daß ich Mädchen vorstelle. Behandlungen von psychosomatisch gestörten Jungen, die älter als 10 Jahre sind, werden von meinen männlichen Kollegen durchgeführt.

Marie, 12 Jahre

Die Anmeldung war nicht ungewöhnlich: Nach einem Schulwechsel von der Orientierungsstufe (Niedersachsen) in die Realschule habe Marie sich wegen einer bevorstehenden Klassenfahrt ängstlich geäußert. Sie neige zum Heimweh, außerdem sei sie gegenüber allem Neuen sehr ängstlich. Sie komme jeden Tag tränenüberströmt nach Hause.

Bei der Anmeldung wurde die Wartezeit mitgeteilt: ca. 4 Wochen. Nach 3 Tagen kam ein Notruf: Marie gehe nicht mehr zur Schule. Die Mitteilung der Mutter, Marie komme „tränenüberströmt" von der Schule, war bei uns in ihrer Brisanz und Bedeutung unterschätzt und nicht so wörtlich genommen worden.

Mutter und Tochter kamen in die Offene Sprechstunde. Beide wirkten blaß und angespannt. Marie hielt den Kopf gesenkt - hinter ihrer Brille waren die rotgeränderten Augen nicht zu übersehen. Die Mutter berichtete, wie aus einem aufgeschlossenen, fröhlichen Kind innerhalb von einigen Wochen ein wandelndes Häufchen Unglück geworden sei. Alles habe mit dem Wechsel zur Realschule angefangen. Beim Stichwort Schule fangen Tränen an, über Maries Gesicht zu rinnen. Nach kurzer Zeit quillt es geradezu aus ihren Augen. Sie weint still, selbst das Naseputzen zwischendurch passiert geräuschlos. Das einzige, was zur Zeit keine Tränen verursache, sei der freie Nachmittag, wenn sie spielen könne - meistens spiele sie mit kleineren Kindern. Früher habe sie sich mit ihren Freundinnen getroffen. Wenn sie nur an Schule denke, z. B. abends, oder jemand das Wort Schule erwähne, weine sie wieder. Am Wochenende das gleiche. Sie klage auch über Bauchschmerzen, und ihr sei oft übel. Warum das so sei, könne sie nicht sagen - sie zucke immer nur mit den Schultern und sehe ihre Eltern hilflos an. Sie habe in den letzten Tagen schon Äußerungen gemacht, nicht mehr leben zu wollen. Besser fühle sie sich, wenn ihre Mutter oder ihr Vater bei ihr sei. Seit 1½ Monaten gehe dies täglich so, und nun wolle sie überhaupt nicht mehr zur Schule. Die Kinder hätten anfangs versucht ihr zu helfen und sich um sie gekümmert - auch die Lehrer. Da alle Bemühungen um Marie den unaufhörlichen Tränenstrom nicht zum Versiegen gebracht hätten, lasse man sie jetzt in Ruhe - aber nun sei sie allein, fühle sich noch elender und schäme sich furchtbar. Während die Mutter erzählt, wirft Marie ihr schnelle Blicke zu, bittende, hilfesuchende Blicke. Ihre Mutter reagiert darauf wie mit mühsam unterdrückter Ungeduld - oder Ärger? Alles sei versucht worden, Marie zu helfen und sie zu verstehen. Kinderarzt, Lehrer und Eltern seien mit ihrem Latein am Ende. Marie sei in eine andere Klasse als ihre Freundin gekommen, aber sie sehe sie ja in der Pause - das könne nicht der Grund sein.

Es wird deutlich, daß Maries Mutter nicht nur besorgt, sondern auch sehr genervt und ärgerlich ist und glaubt, Marie stelle sich an, sei bockig. Marie antwortet mit einem Aufschluchzen, ihr ganzer Körper bebt. Sie wolle nicht weinen, sie wisse doch nicht, warum sie immerzu weinen müsse, sie könne es in der Schule nicht mehr aushalten, weil sie ja niemandem erklären könne, warum es so sei. Da gehe sie nicht mehr hin, lieber laufe sie weg oder springe vor ein Auto oder einen Zug.

So, wie sie es sagt, hat sie mich von ihrer Entschlossenheit überzeugt. Ich bin in einem Dilemma. Mutter und Tochter scheinen etwas diametral anderes von mir zu wollen - was, weiß ich zu diesem Zeitpunkt nicht. Ich muß mich entscheiden und entscheide mich, Marie zunächst allein näher kennenzulernen. Sie nimmt es an, möchte, daß ihre Mutter sie bringe und abhole. Ihre Mutter willigt ein. Wir sprechen noch durch, unter welchen Bedingungen sie zur Zeit zur Schule gehen kann. Sie wolle versuchen, solange am Unterricht teilzunehmen, bis sie es mit dem Weinen (selbst) nicht mehr aushalte - es gäbe da Steigerungen. Im Fach Deutsch sei es nicht ganz so schlimm, und ihre Mutter oder Vater sollten sie hinbringen, obwohl ihr das vor den anderen auch peinlich sei. Lieber doch nicht.

Die Herbstferien fangen in ein paar Tagen an - wir wollen die Zeit gemeinsam nutzen. Wir vereinbaren kurze Telefonate nach ihren Schulbesuchen und weitere Einzeltermine sowie ein Gespräch mit den Eltern. Da Marie zusätzlich bei einem Kinderpsychiater angemeldet war, empfehle ich ihrer Mutter, den Termin wahrzunehmen.

In den nächsten Wochen wird die Suche nach den möglichen Ursachen für den nicht versiegen wollenden Tränenfluß zu einem Alptraum für alle Beteiligten. Lösungsvorschläge, die sich aus Hinweisen ableiten lassen wie „Überforderung im Unterricht", weil Marie berichtet, sie habe manchmal nichts verstanden, sie sei langsam, die Realschule sei zu schwierig, werden im nächsten Gespräch als nicht durchführbar abgelehnt. Auf einen Punkt gebracht ist Maries Aussage: NEIN. Sie bemüht sich selbst, nach Gründen, Erklärungen zu suchen, und scheitert immer wieder an ihrem eigenen unerbittlichen Nein. Verzweiflung breitet sich aus. Der Kinderpsychiater erwägt eine stationäre Psychotherapie, wenn Marie ihre Anwesenheit in der Schule nicht kontinuierlich steigern kann und - in ihrer Verzweiflung keine Gründe für ihre Tränen zu finden - unfallgefährdet oder bzw. suizidgefährdet ist. Sie werde das vor Heimweh nicht überleben, sagt Marie - eine Trennung von der Familie? Niemals!

In der Zwischenzeit (2 Monate) hatte ich keine besonderen Erkenntnisse gewonnen und aufgehört, nach Lösungen oder Ursachen zu suchen. Marie wünschte von sich aus, wöchentlich einmal zu mir zu kommen - eine Alternative sah niemand. Ihren 4 Jahre jüngeren Bruder und ihren Vater hatte ich ebenfalls kennengelernt. Ich erfuhr, daß Marie sehr an ihrem Vater hänge, ähnliche Begabungen habe, z.B. technisches Verständnis. Ihr Vater arbeite außerhalb, käme häufig spät nach Hause. An den Wochenenden renoviere die Familie ein älteres Reihenhaus, das sie gekauft hätten, und Marie sei eine große Hilfe. Sie klettere auf dem Dach herum und sei sehr geschickt.

Überhaupt wird immer sichtbarer, was Marie alles kann und wie absolut zuverlässig sie ihren Bruder „versorgt", wenn ihre Mutter ihre berufliche Tätigkeit ausübt (Teilzeit). Maries Eltern kamen nach der Wende in den Westen. Marie war, wie in der früheren DDR üblich, als Baby in die Krippe gekommen und ging als 3 1/2jährige schon allein in den Ganztagskindergarten. In der Schule hatte sie nie Probleme. Sie galt als hilfsbereit und freundlich, wenn auch manchmal stur, wenn sie sich etwas in den Kopf gesetzt hatte. „Ganz der Vater" - „nein, ganz die Mutter", meinten die Eltern und lächelten sich an. Marie taute zunehmend auf. Und als ich sie und ihre Eltern fragte, ob wir ihre Photoalben vom Babyalter an anschauen könnten, damit mir Marie erzählen könne, wie sie diese Jahre erlebt habe, war das Eis gebrochen. Sie erzählte von ihrer großen Verwandtschaft, wie sehr sie Familienfeste liebte, von ihren Freundinnen und Hobbies: Sie entwarf Wohnungen, baute kleine Modelle und interessierte sich für alles Handwerkliche und Technische.

Ihr Gesicht wirkte lebhaft und nicht mehr so bedrückt und traurig. Wir sprachen über Freundschaft, und wie es ist, wenn man in einer 3er-Clique ist. Ich erfuhr, wie schön die Zeit in der Orientierungsstufe mit ihren beiden Freundinnen war und wie sie den 1. Schultag in der Realschule erlebt hatte. Sie sei davon ausgegangen, zumindest mit einer ihrer Freundinnen in dieselbe Klasse zu kommen. Alle Kinder hätten auf dem Schulhof gestanden, und die Namen seien aufgerufen worden. Sie sei als letzte aufgerufen worden - stand ganz allein da, die anderen standen schon in Gruppen zusammen, und da habe sie immer noch gedacht, „jetzt komme ich in die Klasse einer meiner Freundinnen". Wie im Traum habe sie gehört, daß sie in eine Klasse käme, wo sie nur zwei Jungen kannte, die sie nicht besonders mochte.

Sie habe es ihren Eltern erzählt. Die hätten versucht, die Schulleitung zu überzeugen, daß sie in eine andere Klasse müsse. Erfolglos. Seitdem seien die Tränen ganz ohne Vorwarnung einfach geflossen, immer häufiger. Ihre Freundinnen habe sie in der Pause gesehen, auf dem Schulweg und nachmittags. Warum sie bloß immer weinen müßte? Ob das jemals aufhören würde? So könne sie nicht leben.

Marie sprach später häufiger von kleinen Streitigkeiten mit ihrer Mutter, die ihrem Bruder immer alles durchgehen ließe. Egal, was ihr Bruder tue, sage, anstelle: ihre Mutter gehe auf alles ein, interessiere sich, gebe ihm ihre volle Aufmerksamkeit. Ihr Bruder werde sogar gelobt, wenn er mal helfe - was eigentlich nie vorkomme - und über das, was sie alles tue, verliere die Mutter kein Wort. Sie habe nur Zeit für Marie, wenn sie für die Schule üben müsse. Irgendwie sei ihrer Mutter das aber lästig - zuviel. Sie würde gerne mal mit ihrer Mutter in die Stadt gehen und vielleicht eine Kleinigkeit essen, z.B. Pizza. Marie ist sehr bescheiden und weiß, daß die Familie sparen muß. Beiläufig erwähnt sie, daß ihre Mutter nach der Geburt ihres Bruders nicht mehr gearbeitet habe. Der sei ganz schön verwöhnt worden. Die ersten beiden Schuljahre sei er täglich von der Mutter zur Schule gebracht und abgeholt worden - er sei so scheu und ängstlich gewesen - heute habe er die größte Klappe!

Langsam begannen Marie und ich zu verstehen, wie es zu dem großen Tränenmeer in der tiefsten Tiefe ihres Inneren gekommen war. Eine Art Erdbeben - eine Erschütterung - mußte kommen, um den Millionen Tränen einen Weg nach oben zu bahnen - und dann hörte es nicht auf zu fließen. Marie begriff, daß sie selber etwas dafür tun konnte, damit das Tränenmeer nicht zu groß wurde, z.B. auch Staudämme bauen, wobei sie bestimmte, wieviel Wasser gestaut wurde und wieviel abfließen mußte oder durfte.

Marie ging regelmäßig zur Schule, weinte selten und wenn, aus ganz verschiedenen Gründen. Nach 6 Monaten, in denen sie wöchentlich eine Therapiestunde hatte, wußte sie, daß sie es geschafft hatte und die Stunden nicht mehr brauchte. Zum Abschied schenkte ich ihr ein T-Shirt zum Bemalen. Sie malte sich eine große farbige Erdkugel und setzte ihren Namen darunter.

Maries Eltern waren erleichtert, daß sie wieder regelmäßig die Schule besuchte, gute Leistungen erbrachte und sich nachmittags wieder mit Gleichaltrigen verabredete. Ihre Eltern gingen stärker auf Maries Bedürfnisse ein, die Marie klarer formulieren konnte. Sie protestierte offen, wenn sie sich gegenüber ihrem Bruder benachteiligt fühlte. Ihre Mutter bestätigte, sie habe von Marie ganz selbstverständlich sehr viel an Eigenständigkeit verlangt, da sie es selbst als Kind nicht anders gekannt habe.

Sie hat einfach akzeptiert, daß Marie mehr ein Papa-Kind ist, auch wegen der ähnlichen Begabungen. Wie sehr Marie sich in ihrer eckigen Art nach Zärtlichkeit und Beachtung von ihr sehnt, kann ihre Mutter erst jetzt spüren.

Eine gründliche und umfassende Anamnese hätte den zeitlichen Aufwand überflüssig gemacht? Carl Rogers beobachtete, daß Klienten in der Lage sind, die wichtigen Daten und Fakten im therapeutischen Prozeß selbst zu explorieren und ihre Bedeutung selbst zu erkennen.

„Verzweiflung kann also zu höchst konstruktivem Handeln führen. Sie kann wie das Reinigen des Augiasstalles sein. Verzweiflung kann ein 'Aufgeben' und ein 'Loslassen' neurotischer Probleme sein, die sich seit dem frühen Kindesalter verdichtet haben. In diesem Sinne spielt Verzweiflung die konstruktive Rolle, die in jeder Psychotherapie für sie vorgesehen ist." (May 1985, 269)

Lisa, 16 Jahre

Schon nach den ersten Informationen über telefonische Kontakte mit Lisas Eltern vermutete ich, daß es sich nicht um eine alltägliche Erziehungsberatung handeln werde. Lisas Vater meldete seine Tochter an. Sie sei sehr introvertiert, habe Schwierigkeiten im Umgang mit allen Menschen ihrer unmittelbaren oder näheren Umgebung. Sie zeige wenig Lebensfreude. Nach 14 Tagen rief ihre Mutter an, es dauere ihr zu lange, bis ihre Tochter einen Termin bekomme, ob wir nicht andere Psychologen in freier Praxis nennen könnten? An diese wolle sie sich zunächst wenden. Die Anmeldung solle aber weiterlaufen. 4 ½ Monate vergehen, und der Vater kommt nach Voranmeldung zu mir in die Offene Sprechstunde. Ich hatte Lisas Anmeldung ohnehin übernommen, jedoch auf Hinweise von ihren Eltern gewartet, ob noch ein Termin bei uns erwünscht sei. Beide Eltern sind Akademiker und berufstätig. Es ist für uns nicht ungewöhnlich, daß sich solche Eltern besonders umfassend über die psychosoziale Versorgung vor Ort informieren, bevor sie uns aufsuchen.

Der Vater will seine Tochter eigentlich mitbringen, kommt jedoch allein, weil seine Tochter alle Hilfsangebote mit den Worten „Laß mich" abwehre. Er kommt mit der Frage: „Ich weiß manchmal nicht: Habe ich das Problem oder meine Tochter? Übertreibe ich die Probleme meiner Tochter?" Seine Fragen formuliert er suchend, fragend, sehr emotional beteiligt. Er ist mir auf Anhieb sympathisch. Ich vermute, so wird es vielen Menschen gehen, die mit ihm in Kontakt kommen. Die Familie empfinde es nicht mehr als normal, wie sehr Lisa sich abkapsele. Sie nehme immer seltener an Fei-

Psychosomatische Störungen 65

ern teil. Sie habe nach Gesprächen mit ihm den Versuch gemacht, etwas aus sich herauszukommen - habe dann aber völlig hilflos und schüchtern am Rande des Geschehens gesessen und einen unglücklichen Eindruck gemacht.

Er habe noch eine ältere Tochter und einen jüngeren Sohn. Beide seien ganz anders. Lisa sei im Grunde genommen schon immer durch stilles, zurückgezogenes Verhalten aufgefallen - das ganze Gegenteil ihrer Schwester. Schon im Kindergarten habe sie sich in der großen Gruppe nicht wohl gefühlt - sie sei lieber für sich allein geblieben - habe sich allein beschäftigt. Manchmal, wenn er sie abgeholt habe, habe sie still in einer Ecke gesessen und ihn mit ihren dunklen Augen in einer Weise angeschaut, daß ihm das Herz schmerzte. Er wirkt auf mich sehr bewegt - die Erinnerungen rühren ihn sichtbar an. Dennoch, damals habe er sich keine Sorgen gemacht. Sie habe irgendwie in sich „geruht", sei spontaner im Verhalten gewesen. Auch jetzt wirke sie manchmal nicht unzufrieden, wenn sie sich in ihr Zimmer zurückziehe. Sie lese sehr viel, male (sei sehr begabt), schreibe wohl auch, sie wolle später ins Ausland, vielleicht Lektorin werden.

Die ganze Entwicklung beunruhige ihn sehr. Sie lebe zunehmend in einer eigenen Welt - einer Scheinwelt? - aus der sie vielleicht eines Tages aus eigener Kraft nicht mehr herauskomme? Eine Scheinwelt - ohne menschliche Kontakte? Sie sei vielleicht sehr einsam? Man komme nicht an sie heran, nicht so richtig. Sie habe auch schon Schlaftabletten gehortet. Er habe sie gefragt, ob sie Selbstmordabsichten habe. Sie habe gesagt, sie brauche wohl Hilfe, sei im Sommer bereit gewesen, zu uns zu kommen. Seiner Frau sei unsere 4wöchige Wartezeit zu lang gewesen, und sie habe nach anderen Möglichkeiten gesucht. Jedenfalls wolle Lisa jetzt nicht mehr zu uns kommen. Gespräche mit Lisa seien überhaupt sehr schwierig. Man könne mit ihr nicht richtig diskutieren. Sie sage weder ja noch nein - weiche aus. In Gegenwart seiner Frau spreche Lisa überhaupt nicht. Sie verlasse den Raum oder schweige.

Mir wird deutlich, wie schwierig das Zusammenleben mit Lisa in dieser Familie sein muß und daß Lisa „irgendwie gegen den Strom schwimmt", wobei sich bedrohliche Strudel bilden. Für alle? - Offenbar sorgt sich die Familie nur um Lisa, die in Abgründe gezogen, d.h. schwer psychisch krank werden oder suizidgefährdet sein könnte?

Die typische Frage von Psychologen, wann sich denn diese Entwicklung als problematisch erwiesen habe, kann der Vater ausführlich beantworten, weil er sich selbst schon viele Gedanken dazu gemacht hat: Vor zwei Jahren habe er sich auf eine beruflich attraktive Stelle beworben und sie eigentlich entgegen seiner Erwartung auch bekommen. Die Familie habe ein halbes Jahr Zeit gehabt, sich auf einen Umzug in eine deutsche Region einzustellen, die ihnen landschaftlich und vom menschlichen Klima eher fremd war.

Am meisten habe Lisa unter dieser veränderten Lebenssituation gelitten. Sie sei die einzige, die bis heute brieflichen Kontakt zu ihrer Heimat unterhalte (Freundin, Verwandte). In der Schule sei sie in ihren Leistungen stark abgefallen, sie sei noch stiller als sonst. Fast zur gleichen Zeit habe sie eine sehr schlimme Akne bekommen, durch die sie sich entstellt fühlte. Sie habe sich zeitweilig nicht aus dem Haus getraut. Ihre Neigung, sich sogar im Haus zurückzuziehen, sei noch stärker geworden. Vor kurzem habe sie sich die Pille verschreiben lassen. Ihre Haut sei dadurch etwas besser geworden, aber sie befürchte, wenn sie die Pille absetze, fange alles von vorne an. Seit sie Akne habe, habe sie sich extrem verändert. Sie halte kompromißlos - entgegen allen Familienregeln - eine vegetarische, fettarme Diät ein. Ich werde hellhörig.

Seine Frau empfinde Lisa als sehr egoistisch, schimpfe oft mit ihr, z.B. weil Lisa konsequent Nahrungsmittel für sich allein einkaufe. Sie gebe nicht nach, wenn sie etwas nicht wolle. Er sei eher kompromißbereit - daher komme er wohl noch etwas an Lisa heran - dennoch - er wisse nicht, was sie fühle und denke. Sie wirke manchmal auf andere Menschen wenig einfühlsam - halte sich nicht an normale Konventionen, z.B. könne es passieren, daß sie ihre Freundin nicht zur Haustür begleite, sondern in ihrem Zimmer verschwunden sei, bevor die Freundin gegangen sei.

Lisas Vater empfindet ihren Rückzug beunruhigend und fürchtet um ihre Zukunft. Vordergründig könne man vielleicht den Eindruck gewinnen, sie sei egoistisch und unsensibel in sozialen Situationen - wie es vor allem seine Frau wahrnehme. Er glaube vielmehr, daß sie sehr sensibel sei, jedoch nicht aus sich herauskomme, sich nicht mehr verständlich machen könne (innerlich „stumm" geworden?). Ob ich glaube, daß seine Tochter Hilfe brauche. Ich sage eindeutig „ja". Er werde sich bemühen, seine Tochter zu einem Gespräch bei uns zu überreden. Ihr Vater schafft es.

Fast 4 Wochen später habe ich das erste Gespräch mit Lisa. Erster Eindruck: ein „überschlankes", hochgewachsenes junges Mädchen, Ton in Ton grau/schwarz gekleidet, legere „oversized", bleicher Teint, große dunkle glanzlose Augen, langes glattes, über die Schultern fallendes dunkles volles Haar, Mittelscheitel. Ich fühlte mich an meine Studentenzeit erinnert. Joan Baez - nur daß Lisa eine viel zartere, anmutigere, fast damenhafte Eleganz in ihren Bewegungen vermittelte. Auch meinen Kollegen fiel auf, wie außergewöhnlich sie sich bewegte (übrigens auch heute noch): Sie schien aufrecht zu schweben - ich dachte auch später häufig „so etwas kann man nicht lernen". Lisa wirkte auf mich wie ein junges Mädchen, das überhaupt nicht weiß, was sie auslöst bei anderen Menschen, die von Reaktionen auf sich irritiert und verunsichert ist.

Scheu, stockend und mit langen Pausen - vielen „ehms" berichtet sie von ihrer Suche nach Ursachen für ihre Unzufriedenheit. Sie wirke wohl oft mürrisch, muffig - merke es jedoch selbst nicht. In Gesprächen - zu Hause und in der Schule - könne sie nicht so spontan sein wie andere. Allerdings empfinde sie es oft auch belanglos, langweilig und oberflächlich, was so geredet werde. Sie habe sich, seit sie zurückdenken könne, kaum anders gefühlt - ziehe sich immer mehr in sich zurück. Zwar habe sie einige Anläufe gemacht, eine Situation anders zu gestalten, es habe jedoch nicht geklappt. Resigniert und pessimistisch ziehe sie den Rückzug vor. Als ihre Familie vor 3 Jahren hierher gezogen sei, habe sie gehofft, so etwas wie einen Neubeginn zu erleben. Die Schule war ein Schock! Die Anforderungen seien viel höher gewesen, vor allem im Mündlichen. Zu allem Übel sei sie auch noch schlecht in der Schule geworden. Nun in der 11. Klasse gehe es etwas besser. Inzwischen sei sie sicher, daß der Umzug nicht Auslöser oder Grund für ihre Schwierigkeiten mit sich und ihren Mitmenschen sei. Stundenlang lese sie in ihrem Zimmer Romane. An Gefühle von Fröhlichkeit oder Lustigsein könne sie sich nicht erinnern. Ihr komme alles nebulös vor - alle Ereignisse in ihrem Leben hingen irgendwie zusammen, aber wie? Ihre dunklen Augen drücken tiefes Leid (?) aus. Diese tiefe Traurigkeit (?) klagt nicht und klagt nicht an - sie ist „still". Ich ahne, was ihr Vater im Kindergarten empfunden haben mag (vgl. Bericht des Vaters).

Schon beim 2. Kontakt fragt sie mich mit ängstlichem Unterton in ihrer Stimme, was für einen Eindruck ich von ihren Problemen habe? Ich frage, ob sie wissen möchte, wie ernst ich ihre Probleme einschätze - ob es berechtigt sei, meine Hilfe zu beanspruchen? Lisa atmet auf - „Ja." Ich antworte, sie brauche wirklich Hilfe. Sie reagiert sehr erleichtert. Ihre Mutter sage ihr ständig, sie „übertreibe - sie solle sich nicht so wichtig nehmen."

„Übertreiben" und „zu wichtig nehmen", sind zentrale Begriffe im gesamten Verlauf der Therapie, die sie immer wieder in Verzweiflung, Selbstzweifel stürzen und zu selbstabwertenden Gedanken führen mit sich anschließenden depressiven Phasen. In den folgenden Stunden tastet sie sich vorsichtig an das Thema Beziehung zur Mutter heran.

Vom Kleinkindalter an habe sie den Eindruck, ihre Mutter möge sie nicht. Sie habe Lisa nie in den Arm nehmen können. Immer wenn sie über ihre Mutter spricht, sind ihre Augen noch dunkler, trauriger und verzweifelter als sonst und stellen die Frage „Warum kann sie mich nicht lieben?" Zwar sage ihre Mutter stets, sie habe alle Kinder gleich lieb, aber die Beziehung zu Lisa sei halt immer schwierig gewesen, weil sie an Lisa nicht herankomme. Lisa selbst wolle jetzt keine Nähe mehr von ihrer Mutter. Wenn sie mit ihrer Mutter allein sei, gehe sie in ihr Zimmer. Ihre Mutter merke es. Eine gewisse Kühle bzw. Aggressivität und Spannung sei zwischen ihnen beiden.

Lisa habe mit ca. 15 eine schlimme Akne bekommen. Sie habe sich so verunstaltet gefühlt, daß sie sich nicht in die Schule traute. Auf dem Gesicht habe eine richtige Fettschicht gelegen, die sie bis zu 8mal am Tag habe abwaschen müssen. Weil sie sich deswegen so schämte, mochte sie im Unterricht nicht vorne sitzen. Ein besonders peinliches Erlebnis habe sie mit ihrem Lieblingslehrer gehabt. Er sei während des Kunstunterrichts an ihren Platz gekommen, um ein Schwätzchen zu halten. Sie sei aufgestanden und habe sich wortlos nach hinten gesetzt. Die Vorstellung, ihm so nah ihr Gesicht zeigen zu müssen, sei unerträglich gewesen. Seitdem sei sie bei ihm in einer bestimmten „Schublade" und komme da nicht mehr heraus. Dabei sei er so „total nett" - Lisa überlegt - „vielleicht sollte ich doch einmal mit ihm darüber sprechen?"

Ihre Mutter habe ihr nie erlaubt, wegen der Akne einmal zu Hause zu bleiben. Sie habe es sich sehr gewünscht, mal einen Tag Pause zu haben - dieser Qual einen Tag lang zu entgehen, um sich zu erholen. Lisa schildert ihre Mutter nicht als streng. Im Gegenteil, ihr Vater könne sich besser durchsetzen, sei in der Erziehung konsequenter. Von ihrer Mutter vermittelt sie das Bild einer eher leisen, langsam reagierenden Frau, die sie erschrecken kann, wenn sie plötzlich - ohne erkennbare Vorwarnung - explodiert!

Ihre Mutter habe klare Vorstellungen davon, was richtig sei, z.B. wegen der Akne zu Hause zu bleiben, sei „bequem", „es sich leicht machen". Sie habe hohe Erwartungen an sich und andere Menschen. Lisa empfindet es als „schlechte Eigenschaft", solche Bedürfnisse zu haben wie „zu Hause bleiben zu wollen". „So etwas darf ich nicht. Ich mache es mir zu leicht. Ich muß es alleine schaffen." In dieser Zeit habe sie ihre Kleidung geändert. Sie trage seitdem nur noch dunkle Farben. Damals habe sie ein Gefühl von Einsamkeit überkommen - keiner tröstete sie. Sie habe mit Gott und der Welt gehadert. Seitdem sie die Pille nehme, sei ihre Haut etwas besser geworden. Ihre Ernährung habe sie schon vorher vollkommen umgestellt: extrem fettarm. Lisa weiß, daß ihre Ernährung in der Familie nur mühsam toleriert wird und häufig zu Ärger führt - vor allem bei ihrer Mutter.

Ich vermutete schon im Gespräch mit Lisas Vater eine verdeckte Magersucht (Anorexia nervosa), was sich später auch bestätigte. Auf ihr Gewicht angesprochen und die Gefahr von Untergewicht - mit entsprechenden Folgen, errötet Lisa. Sie wisse, daß sie bei ihrer Größe unter dem Idealgewicht liege, so an der Untergrenze. Aber sie habe Angst, ihre Akne zu verschlimmern, wenn sie gehaltvollere Nahrung zu sich nehme. Über ihre Probleme spreche sie nicht mit ihrer Familie - die könnten ihre Probleme nicht einschätzen. Das Unverstandensein habe einfach zu lange gedauert.

Ihr Rückzug - eine Art Migration nach innen - hat dazu geführt, daß Lisa ihre Außenwelt nur noch ausschnittsweise wie mit eingeschränktem Gesichtsfeld oder wie durch Milchglas verschwommen wahrnahm. Mir war, als hörte sie auch nicht mehr richtig. So fing sie an, was außen geschah, zu interpretieren und zu deuten - hinterfragte nicht mehr, war nicht im Kontakt, verstand die anderen immer weniger. Sie konnte oft nicht mehr unterscheiden, wer oder was eigentlich gemeint war. Vor allem negative Äußerungen und „flapsige" Bemerkungen bezog sie auf sich und bemühte sich um so mehr, möglichst nicht aufzufallen oder etwas zu sagen.

Dabei wirkte Lisa auf mich nicht unsicher, sondern sehr vorsichtig, eher wie jemand, dessen Seh- und Hörfähigkeit eingeschränkt ist. Das teilte ich ihr mit. Sie war erstaunt, widersprach nicht und überlegte lange. Eigentlich sei sie wütend, wenn sie sich in der Familie zurückziehe.

Faszinierend einfühlsam und genau hat der international anerkannte Kinderpsychologe und Babyforscher Daniel N. Stern beschrieben, was Babies von der 6. Woche an bis zum 4. Lebensjahr bereits wahrnehmen und wie sich ihre innere Welt entwickelt. Seine wissenschaftlichen Forschungen untermauern anschaulich Carl Rogers' Theorien über die Entwicklung des Selbstkonzepts. Als Beispiel nun eine der vielen Textstellen aus dem Buch „Tagebuch eines Babys", die im nachhinein mein Verständnis für Lisa vertieften - nicht nur für Lisa. Sie handelt von Joey, der sich einen „Phantasie"-Löwen erschuf und sich über Geschichten mitteilte:

„Weil er (der Löwe) Joey in der erzählten Wirklichkeit repräsentiert, durchdringen ihn nicht nur dessen Wünsche nach Macht und Stärke, sondern auch Joeys Befürchtungen, er könnte allzu bedrohlich und gewalttätig sein. Der Löwe begeht die Tat, die Joey bedrückt: Er kämpft. Und er wird wie dieser bestraft: So wie Joey in sein Zimmer verbannt wird, muß der Löwe in seinem Käfig bleiben. Dort im Käfig fühlt sich der Löwe genauso wie Joey einsam und wütet wie 'der große Sturm'. Auch weiß Joey, daß seine Aggressivität von seinen Eltern nicht gutgeheißen wird, daß er sie hinter Gittern unter Verschluß halten muß. Er hat bereits gelernt, daß man manche Erfahrungen besser nicht mit anderen teilt - zumindest nicht mit seinen Eltern. (Stern 1994, 156)

Aus den Beobachtungen des Vaters im Kindergarten geht klar hervor, wie früh Lisa keine Möglichkeit mehr sah, sich verständlich zu machen. Sie habe später viel geschrieben, meinte ihr Vater. (Ich frage mich, hat es jemand gelesen mit ihrer Erlaubnis oder ihrem Wunsch?) In der Familie glaube man, sie wolle etwas Besonderes sein oder mißachte die anderen. So sei es nicht, sie werde falsch verstanden. Ob sie vermeide, Wut oder Enttäuschung zu zeigen oder andere „negative Gefühle?" Ja, sie sei oft enttäuscht - habe Erwartungen, z.B. daß ihre Schwester sie frage, ob sie mitkommen oder mit ihr reden wolle, oder daß jemand in ihr Zimmer komme. Ihr Vater mache es - selten. Sie warte abends in ihrem Zimmer, höre den Vater kommen und hoffe, er werde sie etwas fragen, in ihr Zimmer kommen - Interesse zeigen an dem, was sie gerade tue oder lese. Zu ihrem Vater habe sie mehr Vertrauen. Sie habe erlebt, daß ihre Eltern sich ihretwegen gestritten hätten, weil sie ihr Verhalten unterschiedlich bewerteten. Er habe Lisa oftmals in Schutz genommen. Als sie 10 Jahre alt war, hätte es häufig Streit zwischen den Eltern gegeben. Verlegen deutet sie an, wie sehr sie befürchtet habe, ihre Eltern könnten sich scheiden lassen. Ein Erlebnis treibt ihr die Schamröte ins Gesicht: Nach einem Streit zwischen Eltern und Kindern sei ihre Mutter nach oben gegangen. Ihre Schwester und sie hätten mit dem Vater noch alleine im Wohnzimmer gesessen. „Geschieht ihr ganz recht!" habe sie schadenfroh gedacht.

Es ist das einzige Mal, daß sie überhaupt etwas über die Ehe ihrer Eltern sagt. Sie möchte nicht, daß ihre Eltern ihretwegen Streit haben, daher ist es schwierig, ihrem Vater ihre Wünsche mitzuteilen. Wenn ihre Mutter dagegen ist, gibt es Streit, und ihre Mutter schimpft zusätzlich noch mit ihr. Lisa geht in ihren selbst gewählten „Käfig", zeigt ihre Gefühle nicht bzw. erwartet, man soll sie erraten. Das passiert jedoch nicht, und sie läßt sich lediglich auf unvermeidliche Begegnungen ein (z. B. Mahlzeiten).

Das „Erröten" (als Symptom von ihr geschildert) tritt bei mir selten auf. Im Zusammenhang mit ihrem oben geschilderten Erlebnis sprechen wir über die verschiedenen Gefühle, die sie beim Erröten hat. Ihr ist bewußt, daß sie ganz „verschiedene" Gefühle hat und hatte. Sie ist über eine fehlende Vorhersehbarkeit verunsichert. Die Gefühle und die Situationen sind ganz „verschieden", und sie hat keine verläßliche innere Zuordnung, welches Gefühl zu welcher Situation gehört.

Wir finden heraus, daß alle etwas mit Scham zu tun haben, z.B. sie sich schämt, weil sie Schadenfreude entwickelt hat oder über die Ehe ihrer Eltern gesprochen hat, was ein Tabu für sie ist, das sie nicht brechen darf bzw. will. Scham und Ärger sind Gefühle, die sie im Kontakt mit anderen Menschen etwas deutlicher im Verlauf der Gespräche differenzieren kann. Sie nimmt wahr, daß sie sich zwingen muß, anderen zuzuhören. Oft interessieren sie die Themen nicht. „Ich bin genauso wie die anderen - nicht besser: Ich will sie von meiner Meinung überzeugen und nicht zuhören." Sie ist enttäuscht über sich: noch eine schlechte Eigenschaft!

Nach etwa 1 Jahr sind Lisas Eltern zwar mit den bisherigen Ergebnissen in der Beratungsstelle nicht unzufrieden, aber da es Lisa subjektiv nicht besser geht, im Gegenteil, sie äußert häufiger, wie schlecht es ihr geht, suchen sie auf Anraten von Bekannten nach psychoanalytischen Behandlungsmöglichkeiten, u.a. einer stationären Psychotherapie.

Im Familiengespräch nehme ich die Sorgen ernst, spüre deutlich die unterschwelligen Zweifel, ob das Angebot der Beratungsstelle ausreicht. Zwar wird Lisas Untergewicht wahrgenommen, jedoch mit ihrem ständigen Diäthalten in Verbindung gebracht - nicht als mögliche Anorexia. Ich sehe eine Chance, daß sich die Eltern bzw. die ganze Familie in einer renommierten Einrichtung darauf einlassen könnten, nicht nur Lisa als „Problem" wahrzunehmen.

Die psychoanalytische Institution sieht eine stationäre Psychotherapie Lisas als dringend erforderlich an, vor allem wegen einer sich entwickelnden Anorexia. Lisa müsse sich jedoch 'freiwillig' für die Behandlung entscheiden. Da bereits eine Beziehung zu unserer Beratungsstelle bestünde, könne sie unser Angebot weiter nutzen und später eine stationäre Therapie machen. Sie möchte lieber möglichst ohne Zeitverlust ihr „Abi" machen und weiterhin in die EB kommen. Ein Angebot, ambulant eine psychoanalytische Familientherapie zu machen, nimmt die Familie wahr. Ich bitte Lisa, wegen ihres Untergewichts regelmäßig ihren Arzt aufzusuchen

Die Familientherapiestunden erleichtern Lisa, weil sie nicht ausschließlich Mittelpunkt ist. Ihre Mutter wolle wohl eine Einzeltherapie machen - aber Genaueres wisse sie nicht. An die Themen kann sie sich kaum erinnern.

Ich bin wegen Lisas Gewicht sehr beunruhigt. Mir scheint, sie hat weiter abgenommen. Wurde das in der Familientherapie (die inzwischen abgeschlossen zu sein scheint) nicht wahrgenommen und thematisiert? Zum Zeitpunkt, als Lisas Eltern sich um eine stationäre Psychotherapie bemühten, nahm Lisa ihre Umwelt und ihre Einsamkeit bewußter wahr und erlebte tiefe Verzweiflung und Trauer über all das, wonach sie sich sehnte und es nicht hatte: fröhlich sein, sich attraktiv fühlen und als Freundin und Gesprächspartnerin begehrt werden. Es ging ihr „bewußt sehr schlecht", und die innere Migration brachte nicht mehr die frühere Entlastung. Ihre Gefühle, die sie stärker wahrnahm, machten ihr auch Angst, weil sie befürchtete, sie seien nicht richtig, nicht „angemessen". Sie fürchtete zum Beispiel, daß ihre Mutter zu recht sagen könne, sie „übertreibe". Wenn sie so einen richtigen Haß auf jemand habe, erschrecke sie, z.B.: Wenn sich jemand im Unterricht beim Lehrer „so einschleimen" würde, und der gehe auch noch darauf ein, dann fühle sie tiefen Haß - das sei bestimmt „übertrieben".

Ihre Angst, abgewertet zu werden, sich dabei zu schämen, nicht mehr zu wissen, wie sie sich „richtig" verhalten könne, bricht immer wieder durch. Noch schlimmer muß ihre Einsamkeit gewesen sein, mit niemandem über die verwirrenden, ängstigenden oder verbotenen Gefühle sprechen zu können, geschweige teilnehmende Aufmerksamkeit zu bekommen. Sie nimmt jedoch wahr, daß sich ihre Eltern große Mühe geben, sie zu verstehen. Inzwischen werden zarte Beziehungen in der Schule angeknüpft - Zweierbeziehungen. Gruppen bereiten ihr Unbehagen.

Ihre Mimik, Gestik, ihre Bewegungen werden lebhafter, und ich habe häufiger Gelegenheit, ein strahlendes Lächeln über ihr Gesicht huschen zu sehen. Es verweilt in ihren Augen, leuchtet nach. Wie junge Schwalben beim Fliegenlernen bewegen sich ihre Hände lebhaft und ausdrucksvoll.

Ihre Schwester wird noch einmal Thema. Lisa hat sie immer bewundert, weil sie ebenfalls keine gute Beziehung zur Mutter hätte, aber gekämpft habe: Es habe lautstarke Auseinandersetzungen zwischen den beiden gegeben. Die Schwester habe allerdings viele Außenkontakte gehabt und sei sehr selbständig - viel außer Haus. Sie werde bald in eine andere Stadt ziehen, um zu studieren - sie werde sie sehr vermissen!

Da wir ein ca. 10stündiges Angebot für eine Selbsterfahrungsgruppe von einer Jugendberatungsstelle in einer 20 km entfernt liegenden Stadt vorliegen haben und ich die Leiterin kenne, empfehle ich Lisa, dieses Angebot zu nutzen - zumal sie gerade ihre Führerscheinprüfung bestanden hat und nicht mehr abhängig ist, von ihren Eltern gefahren zu werden. Mein Wunsch ist, ihr Gruppenerfahrungen in einem noch geschützen Rahmen zu ermöglichen - damit ihr Studium nicht „zum Sprung ins kalte Wasser" wird. Lisa nimmt nach eigenen Aussagen aktiv an der Gruppe teil. Ich bin froh, weil ich weiß, wieviel Überwindung es sie immer gekostet hat, sich in einer Gruppe zu äußern.

Inzwischen erfährt Lisa bewußt etwas mehr Anerkennung in ihrer Umwelt, z.B. bemerke man, daß ihre Geschenke sehr originell seien - bzw. feinfühlig ausgesucht. Sie freut sich, doch ist sie noch immer im Zweifel, ob sie sich dabei richtig einschätzt oder übertreibt.

Als ihre Abiturprüfungen anfangen, fühlt sie sich nicht mehr so sehr am Rande des Geschehens. Sie trifft sich gelegentlich mit Klassenkameraden in der Cafeteria oder um zu lernen. Wir haben nur noch in großen Abständen Kontakt. Ihr Gewicht hat sich nach meinen Beobachtungen erhöht. Sie trägt z.B. eng anliegende Leggings.

Seit sie zum Studium unsere Stadt verlassen hat, bekomme ich in größeren Abständen einen Brief oder eine Karte. „Eigentlich bin ich selbst ganz erstaunt, wenn ich sehe, wie gut es mir jetzt oft geht. ... und entgegen meinen Befürchtungen fühle ich mich weder alleine noch einsam," schreibt sie mir.

Im ersten Semester probiert sie wohl so ziemlich alles aus, was sie sich die letzten Jahre nicht getraut hat. Einzelheiten möchte ich hier nicht preisgeben. Sie gewöhnt sich an das Studentendasein, lebt in einer WG, hat viele interessante Kontakte, baut tiefergehende Beziehungen auf - wobei sie stets Kontakt zu ihrer Schwester und zu einer Schulfreundin hält und sucht. Ihre Schwester ist eine wichtige Gesprächspartnerin. Sie besuchte mich ca. einmal im Jahr in der Beratungsstelle, und beim letzten Mal dachte ich gerade darüber nach, über wen ich in diesem Artikel schreiben könnte. Spontan fragte ich sie, ob sie einverstanden sei, evtl. sogar daran mitzuwirken. Sie konnte es sich gut vorstellen - sie habe mich ohnehin fragen wollen, was ich aus dieser Zeit noch wüßte. Eigentlich erinnere sie sich nur daran, daß es wohl um die schlechte Beziehung zu ihrer Mutter gegangen sei. Ihre Ausstrahlung ist selbstbewußt. Wenn sie nicht so jung wäre, würde ich sie „eine stattliche Erscheinung" nennen.

Ein halbes Jahr später bekomme ich einen „unglücklichen" Brief: Sie sei in alte Verhaltensweisen zurückgefallen, brauche vielleicht wieder Gespräche - ob ich jemanden in ihrer Stadt wisse. Ich antworte ihr und zeige Wege auf, gleichzeitig frage ich sie, ob ihre Schwierigkeiten mit den Semesterferien zu tun haben könnten, z.B. weil wenig vertraute Leute erreichbar seien. Sie antwortet mir schriftlich und äußert die Hoffnung, mich vielleicht um Weihnachten herum treffen zu können, da fahre sie zu ihren Eltern.

Inzwischen habe ich die Vorstellung, gemeinsam über den Therapieprozeß zu schreiben, aufgegeben, weil ich die Befürchtung habe, zuviel Neues könnte sich mit alten Erfahrungen vermischen, und ich selbst könnte den Überblick verlieren. Wir treffen uns nach Weihnachten. Mich begrüßt eine attraktive junge Frau mit einem offenen strahlenden Gesicht.

Lisa berichtet, daß es ihr in den letzten Semesterferien nicht gut gegangen sei, alte Erinnerungen an früher hätten sie eingeholt. „Fängt es wieder so an?" Sie habe folgendes allein herausgefunden: Wenn sie vermeide, über sich nachzudenken, gehe es ihr immer schlechter - sie spüre so etwas wie „ich muß über mich nachdenken". Dieser Druck, sich zum Nachdenken entscheiden zu müssen, löse Angst und Unmut aus. Es komme ihr alles recht bekannt vor. Überwinden könne sie es, wenn sie mit ihrer Schwester oder Freunden spreche. Die positiven Auswirkungen von „persönlichen, tiefergehenden" Gesprächen habe sie sehr stark daran gemerkt, „daß sie ihr in den Semesterferien fehlten": Alle ihre Freunde seien weggewesen, z.T. endgültig an andere Unis gegangen. Sie habe sich allein und verlassen gefühlt und unbewußt neue Kontakte verweigert. Erst als sie mit ihrer Schwester gesprochen habe, sei es ihr klar geworden. Sich zu entscheiden, sei immer wie „ein Schritt" gewesen. Die Zeit dazwischen habe sie wie „Stillstand" empfunden. Ich denke und sage es auch, daß mich solche „Pausen" an Wintermonate erinnerten, und was wir von der Natur lernen könnten?

Vermutlich werden wir nicht nur über diesen Artikel weiterhin im Kontakt bleiben. Den Namen „Lisa" wählte sie für die Falldarstellung selbst aus.

Claire, 14 ½ Jahre

Vielleicht war es ihr Aussehen, vielleicht das Erinnern an eine Rose, die sich scheu nach der Liebe und Bewunderung des kleinen Prinzen sehnte und sich dabei so ungeschickt und „dumm" verhielt (vgl. de Saint-Exupéry 1988), daß ich mir diese Falldarstellung nur in der Form einer Erzählung vorstellen konnte:

Es war einmal ein Mädchen, das war 14 ½ Jahre alt und hieß Claire. Sie lebte zusammen mit ihrem jüngeren Bruder und ihren Eltern in einem einfachen gemütlichen Haus in einer kleinen Stadt. Ihr Vater war ein sehr kluger Mann, der seit Jahren an einer wichtigen wissenschaftlichen Arbeit saß und außerhalb der Mahlzeiten wenig Zeit für seine Familie hatte, wofür alle Verständnis hatten, weil die Zukunft der Familie von dem guten Ergebnis dieser Arbeit abhing. Die Mutter arbeitete auf Honorarbasis ein paar Stunden pro Woche, hielt das Geld zusammen und kümmerte sich um die Familie und den Haushalt.

Claire war ohne große Sorgen in dieser Familie aufgewachsen. Sie war vielseitig begabt, spielte recht gut Klavier und übte fleißig. Sie wußte den privaten Klavierunterricht zu schätzen, denn ihr Vater hatte sich als Kind immer ein Klavier gewünscht und es nicht bekommen. Ihre Eltern förderten liebevoll ihre Interessen, z. B. auch Ballett. Es gab wenig bis gar keinen Streit in der Familie - selbst mit ihrem Bruder zankte sie wenig. Er erzählte ihr manchmal von seinem Liebeskummer. Sie kamen sich wenig in die Quere. Claire bemühte sich sehr, eine freundliche Tochter und gute Schülerin zu sein. Sie hatte 2 Freundinnen, malte Aquarell in ihrer Freizeit und war nicht überschäumend glücklich, aber mit sich und ihrem Leben zufrieden. Eines Tages merkte sie, daß sich ihre Freundinnen anders verhielten als sonst. Sie tuschelten und kicherten mit anderen Schülerinnen und fingen an, unglaubliche Geschichten zu erzählen, wie sie sich mit ihren Eltern stritten, daß sie Dinge getan hätten, die die Eltern nicht gerne sähen und nicht erlaubt hätten, und wie „cool" das sei. Claire war zunächst fassungslos und dachte, die sind völlig durchgeknallt. Als die Freundinnen nicht damit aufhörten und auch noch hämische Bemerkungen über andere machten, empfand Claire innerlich helle Empörung und gleichzeitig fühlte sie sich allein und außen vor. Das waren nicht mehr die Freundinnen, die sie so sehr mochte, denen sie alle Geheimnisse anvertrauen konnte. Was war passiert, was hatte sie übersehen, nicht mitbekommen? Die Freundinnen waren jetzt immer mit anderen Mädchen zusammen, mit denen Claire wenig anfangen konnte - die ihr auch irgendwie zu oberflächlich erschienen. Sie spürte plötzlich, daß sie sehr ernst war, kaum lachte, ja gar zum Lachen keinen Grund fand. Zweifel kamen auf. Hatte sie überhaupt jemals etwas zum Lachen gefunden? Je ausgelassener die anderen sich zeigten, um so ernster, langweiliger und überflüssiger fühlte sie sich. Sie fing an, sich über ihr Aussehen Gedanken zu machen, fand sich ziemlich dünn und häßlich. Sie versuchte ihren Eltern davon zu erzählen, aber aus nicht erkennbaren Gründen ging es nicht. Wenn sie gerade ansetzte, ausführlicher etwas mitzuteilen oder über etwas zu diskutieren, wechselte ihr Vater das Thema. Da er sehr klug war, ganz viel wußte und Claire sein Wissen und seine Klugheit bewunderte, bestand sie nicht auf ihrem Thema, weil sie meinte, sie habe etwas Dummes gesagt. In dieser Zeit merkte sie immer öfter, daß ihre Stimmbänder versagten, vor allem im Unterricht, wenn sie vorlesen oder länger reden mußte. Was bereits vor zwei Jahren angefangen hatte, wurde jetzt so schlimm, daß sie keine Ausreden mehr dafür fand: Ihre Stimme wurde leiser, ein Flüstern und dann kam gar kein Ton mehr. Es war ihr sehr peinlich vor allen Mitschülerinnen und das gerade jetzt, wo sie sich ohnehin in der Klasse so allein und ausgegrenzt fühlte. Ihren Eltern machte es auch Sorgen, und sie fragten ihren Arzt. Der stellte nichts Besonderes fest. Eine ihrer früheren Freundinnen war wegen Zoff mit ihren Eltern in einer Erziehungsberatungsstelle gewesen und hatte ihr davon erzählt. Vielleicht könne eine Psychologin ihr sagen, woher so etwas komme. Claire fand sich alt genug, allein zu der Psychologin zu gehen, und ihre Mutter fand das auch.

Die Psychologin hörte sich Claires Probleme eine ganze Stunde ruhig an. Sie stellte wenig Fragen. Wenn sie merkte, daß Claire verlegen wurde und den Faden verlor, ermutigte sie sie, sich Zeit zu lassen, die wichtigen Dinge kämen, wann sie wollten, manchmal erst nach mehreren Stunden. Sie könne ja wiederkommen. Claire entspannte sich, sie hatte jemanden gefunden, der ihr zuhörte, der ihre Ansichten und Schilderungen über die Veränderungen in der Schule ernst nahm. Die Psychologin bat Claire zur Absicherung, ob die Reaktion der Stimmbänder doch medizinische Ursachen habe, einen HNO Arzt aufzusuchen. Außerdem zeigte sie Claire, wie sie in ihren Bauch atmen könne, weil sie gemerkt hatte, daß Claire beim Sprechen oft die Luft anhielt. Der Arzt stellte eine Schwäche im letzten Drittel der Stimmbänder fest, was wohl durch Nervosität und Aufregung ausgelöst sei.

Claire wunderte sich, wie aufmerksam die Psychologin zuhörte, wenn sie von den Mahlzeiten mit ihren Eltern erzählte und ihren Gefühlen dabei. Claire war es fast peinlich zu erzählen, wie dumm sie sich fühlte, wie unbedeutend und nutzlos vor allem, wenn ihr Vater das Thema wechselte. Ihre Mutter sei kein Ersatz, weil sie nicht so klug wie ihr Vater sei, überhaupt wolle sie nicht so werden wie ihre Mutter - so unbedeutend im Vergleich zum Vater? Claire wurde nachdenklich.

Claire berichtete ihren Eltern beim Mittagstisch, worüber sie sich mit der Psychologin unterhalten hatte. Ihr Vater hörte ihr (der folgende Absatz wurde von der Erzählerin frei erfunden) seltsamerweise zu und wechselte nicht das Thema. Er schaute sie an und ahnte, daß sie dabei war, sich zu einer wunderschönen jungen Frau zu entfalten, daß sie ihm und seiner Klugheit vertraute und alles, was und wie er es sagte, für sie und auch für ihr Selbstwertgefühl besonders wichtig war und daß sich das bald ändern könnte. Er merkte, wieviel Zeit und Raum seine wissenschaftliche Arbeit einnahm, die er schon vor 2 Jahren hätte fertig haben wollen, daß er seine Frau und seine Kinder fast aus den Augen verloren und nicht einmal wahrgenommen hatte, auf was sie ihm zuliebe verzichtet hatten, z.B. auf gemeinsame kleine Ausflüge. Alles hatte sich um ihn gedreht, und seine Frau hatte es mitgetragen und zu ihm gehalten. Claire wußte nicht, wieviel sie in ihrer Familie in Bewegung gebracht hatte.

Erfreut berichtete sie ihrer Psychologin, daß sie schon nach 4 Therapiestunden freier hätte sprechen können. Ihre Eltern seien an den Stunden sehr interessiert und fänden es gut, daß sie dort hingehe. Claire lernte ein Mädchen kennen, das ähnliche Interessen hatte wie sie, z. B. auch über ernste Probleme sprechen wollte wie über den „Sinn des Lebens", ob es einen Gott gäbe, über Abschied und Tod. Sie erzählte ihrer Psychologin, daß sie und diese Freundin über dieselben Dinge lachen müßten und daß sie sich oft ohne Worte verstünden.

Zu Hause verspürte Claire immer häufiger Lust, sich über ihre Eltern aufzuregen oder sie zu provozieren. Sie war richtig beleidigt und stocksauer, als ihre Eltern auf eine Ungehörigkeit von ihr sehr gelassen reagierten. Als sie ihrer Psychologin davon berichtete, fühlte sie noch ihre Kränkung und lodernden Zorn darüber. „Wie konnten die so gemein sein?" - Psychologin: „So auf Dein unverschämtes Verhalten zu reagieren?" Ihre Augen funkelten und in ihrem Bauch kitzelte ein Lachen, das aus ihr herausgnickerte. „Kichererbse", dachte die Psychologin amüsiert. Claire mußte über sich selbst lachen und hatte verstanden, daß sie Gefühle wie Ärger, Wut oder Enttäuschung bewußt wahrnehmen durfte und dadurch für neue Erfahrungen freier wurde. Ihr Vater entschied sich, seine wissenschaftliche Arbeit nicht noch weiter zu verbessern, sondern sie abzuschließen.

Nach einem Schüleraustausch in Frankreich, der für Claire ein einziges aufregendes Abenteuer war, sagte sie ihrer Psychologin, daß sie keine Zeit mehr habe zu kommen. Sie hatte so viele Termine.

Und hier endet die Erzählung über Claire, die nun wußte, wie wichtig es ist, immer jemanden zu kennen, der einem zuhört, und nicht nur selbst zuzuhören!

Ich habe Claire ein halbes Jahr unregelmäßig, ca. 12 Stunden begleitet. Claires Eltern habe ich nie kennengelernt. Dennoch waren sie häufig sehr präsent, indem Claire manchmal wörtlich Bemerkungen wiedergab, die ihre Eltern gemacht hätten, oder daß sie mir Grüße ausrichten ließen. Sie haben die Arbeit unterstützt und Claire den Freiraum gegeben, eigene Erfahrungen zu machen.

Gern wüßte ich, wie sich das Bild, das sie von ihrer Mutter hatte, sich weiter veränderte. Ansätze einer konstruktiven Auseinandersetzung waren zu spüren.

Abschließende Gedanken

Erst beim Schreiben wurde mir deutlich, wieviel ich in z.T. recht kurzer Zeit von Lisa, Claire und Marie auf- und wahrgenommen hatte. Und dennoch - welch ein winziger Ausschnitt ihres Erlebens in ihrer Welt!

Für Psychologen ist es selbstverständlich, wissenschaftlich möglichst auf dem neuesten Stand zu sein, z.B ist Verstehen ohne theoriegeleitetes Wissen aus meiner Sicht sehr eingeschränkt.

Meine Falldarstellungen sollen für sich selbst sprechen - theoretisches Wissen über psychosomatische Störungen möchte ich nicht vermitteln. Woran erkennen Klient und Therapeut, daß sich durch Therapie etwas verändert? Der Kongreß der Gesellschaft für wissenschaftliche Gesprächspsychotherapie (GwG) 1989 hatte als Titel „Macht Therapie glücklich?" Die Teilnehmerzahl war mit ca. 1000 überraschend hoch. (Oder bei dem Titel doch nicht überraschend?)

Das Wort „Glück" hat mich von klein auf eher etwas geängstigt - ich habe es lieber mit Abstand betrachtet - es hat mich nie „beglückt". Zwar hörte und höre ich immer wieder, wie „unglücklich" Freunde, Bekannte, vor allem Klienten sind. Ich vermute inzwischen, daß es eher ein Gefühl von fehlender Freude ist oder schlimmer von Unfähigkeit, Freude zu empfinden bzw. sie mit jemandem zu teilen. Ein einsames Leben in einem sicheren Käfig?

Rollo May brachte es für mich auf den Punkt: „Glück hängt mit Sicherheit zusammen, mit Bestätigung, und damit, daß man Dinge tut, wie man es gewöhnt ist und wie unsere Väter sie getan haben. Freude enthüllt zuvor Unbekanntes. Glück endet oft in Gemütsruhe auf der Schwelle zur Langeweile. Glück ist Erfolg, Gelingen. Freude dagegen ist anregend, ist das Entdecken neuer Kontinente, die in einem selbst auftauchen. Glück ist das Nichtvorhandensein von Mißklang, Freude ist das Willkommenheißen der Dissonanz als der Grundlage höherer Harmonie. Glück spüren wir, wenn wir ein System von Regeln gefunden haben, das unsere Probleme löst; Freude erfüllt uns, wenn wir das Risiko eingehen, das mit dem Vordringen zu neuen Ufern verknüpft ist. Ein reiches Menschenleben, das liegt auf der Hand, schenkt sowohl Freude als auch Glück, zu verschiedener Zeit. Worum es mir hier aber vor allem geht, das ist die Freude nach richtig konfrontierter Verzweiflung. Freude ist das Erleben von Möglichkeit, das Bewußtsein von Freiheit im Konfrontieren seines Schicksals. In diesem Sinne kann eine Verzweiflung, der wir direkt ins Angesicht sehen, zu Freude führen. Nach der Verzweiflung bleibt eines: Möglichkeit." (May 1985, 276 - 277)

Diese Möglichkeit zu nutzen - sie in Handlung umzusetzen - erfordert Mut. Kinder und Jugendliche, die in unserer Beratungsstelle betreut werden, brauchen für eine gewisse Phase ihres Lebens jemanden, der älter und erfahrener ist und das nötige Wissen und Werkzeug hat, um mit ihnen eine abenteuerliche Reise anzutreten: Eine Reise in unergründliche und dunkle Bereiche einer Person. Zusammen müssen wir halb verschüttete Quellen freischaufeln und verschlossene Türen behutsam öffnen. Wir befreien wilde Tiere aus Käfigen und geben ihnen ihren Lebensraum zurück. Dort sind sie verantwortlich für das, was sie tun. Sie sind nicht böse - das werden sie nur im Käfig, solange sie dazu noch die Kraft haben.

Die vielen Gefahren machen Angst. Gemeinsam nutzen wir die Angst als Anregung, etwas zu riskieren, d.h. wir nehmen die Angst ernst und entscheiden uns, etwas zu tun bzw. zu handeln. Am Ende der Reise haben Kinder oder Jugendliche genug gelernt, um sich auf weitere Abenteuer einzulassen. Sie wissen, was sie brauchen, um in unserer gefährlichen Welt leben zu können. Vor allem wissen sie, daß diese Abenteuer keine Einbildung oder Sinnestäuschungen waren. Ihr Begleiter war nicht nur ihr Zeuge, sondern hat geholfen, die Abenteuer durchzustehen und zu verstehen. Sie haben genügend Erfahrung mit sich gesammelt, um die nächsten Reisen mit eher Gleichaltrigen zu machen. Der Wissens- und Erfahrungsvorsprung der Therapeuten/Berater ist nicht mehr notwendig. Psychosomatische Störungen sind nur eine Möglichkeit auf das Fehlen von Möglichkeiten, sich mitzuteilen, zu reagieren - wie bösartig und destruktiv bzw selbstdestruktiv „Tiere" in einem Käfig werden können, wissen wir alle.

Literatur

Kierkegaard, S.: Die Krankheit zum Tode. Frankfurt/M.1984
Kolip, P., Nordlohne, E. & Hurrelmann, K.: Der Jugendgesundheitssurvey 1993. In: Kolip, P., Hurrelmann, K., Schnabel, P.-E. (Hrsg.): Jugend und Gesundheit. Weinheim 1995, 25-48
May, R.: Freiheit und Schicksal. Anatomie eines Widerspruchs. Frankfurt/M. 1985
Reisch, E.: Verletzbare Nähe. Ein klientenzentrierter Weg zum psychosomatischen Patienten. München 1994
de Saint-Exupéry, A.: Der kleine Prinz. Düsseldorf 1988, 35 - 48
Stern, D. N.: Tagebuch eines Babys. Was ein Kind sieht, spürt, fühlt und denkt. München 1993

Behinderte Kinder, Jugendliche und junge Erwachsene in der Erziehungsberatung

Friedrich Kassebrock

1 Einleitung

In Band 1 dieses Handbuches (Kassebrock „Erziehungsberatung bei Familien mit einem behinderten Kind", 181 ff.) wurde dargelegt, daß die Aufgabe einer Erziehungsberatungsstelle in der Arbeit mit behinderten jungen Menschen und ihren Familien primär in der fachkundigen Begleitung der betroffenen Familien durch Entwicklungs- und Ablösungskrisen liegt und daß sich alle pädagogischen und psychotherapeutischen Konzepte diesem Globalziel unterordnen müssen. Ermöglicht wird diese stützende Begleitung von Familien mit behinderten Kindern auf der Grundlage eines Diagnostikkonzeptes (Nehlsen & Rühling in Band 1 dieses Handbuches, 335 ff.), in dem medizinische und psychologische Untersuchungsergebnisse sowie die Informationen aus den Lebensbereichen Kindergarten, Schule, Familie, Ausbildung, Freizeit und freundschaftliche Beziehungen zu einem Gesamtbild der Lebenssituation des behinderten jungen Menschen verdichtet werden. Dieses Bild wiederum dient als Verständigungs- und Entscheidungsgrundlage für die zwischen Beratern, Kooperationspartnern und den betroffenen Familien zu vereinbarenden Maßnahmen.

Ein in solcher Weise lebensweltorientiertes Konzept von Erziehungsberatung wird Engführungen wie z.B. eine einseitige Fixierung auf psychotherapeutische Methoden vermeiden und erfüllt damit die Vorgaben des Kinder- und Jugendhilfegesetzes im Sinne einer Integration unterschiedlicher Fachrichtungen. Gleichzeitig richtet sich dieses Beratungskonzept an dem grundlegenden Anspruch des Kinder- und Jugendhilfegesetzes aus, Hilfe zur Erziehung in der Familie zu leisten. Gerade im Hinblick auf die spezifischen Nöte von Familien mit behinderten Kindern eröffnen sich damit sehr gute Möglichkeiten, pädagogische, medizinische und psychologische Aspekte zu integrieren und auf dieser Grundlage zu tragenden Entscheidungen in der Lebensplanung für und mit behinderten jungen Menschen zu kommen.

In den folgenden sechs Fallgeschichten werden die Lebensschicksale von sechs jungen Menschen skizziert, die von ganz unterschiedlichen Behinderungen betroffen sind und in gänzlich unterschiedlichen Lebensphasen und Notlagen die Hilfe einer Erziehungsberatungsstelle in Anspruch nahmen. Es soll gezeigt werden, inwieweit es auf der Grundlage des beschriebenen Beratungskonzeptes gelungen ist, sich auf eine Beratungsbeziehung zu diesen jungen Menschen und ihren Angehörigen einzulassen, Hilfe zur Erziehung in der Familie zu leisten und Unterstützung zu geben für die schulische, berufliche, familiäre und soziale Integration dieser behinderten jungen Menschen.

2 Felix O. (7) - schwerst mehrfach behindert und chronisch schwer krank! Wer sorgt für die Mutter?

Felix wurde als zweites Kind einer wohlhabenden Familie - der Vater bekleidete als gelernter Jurist ein leitendes Amt in der öffentlichen Verwaltung - im sechsten Schwangerschaftsmonat nach komplikationsreicher Schwangerschaft geboren. Kurz nach der Geburt wurden eine lebensbedrohliche Lungenembolie und eine Hirnblutung diagnostiziert. Dem Kind wurde seitens der verantwortlichen Ärzte keine Überlebenschance eingeräumt.

Nach sechsmonatigem Aufenthalt auf der Frühgeborenenstation einer Kinderklinik wurde Felix gegen alle ärztlichen Warnungen von seiner Mutter nach Hause geholt. Ein Krankenpfleger besuchte die Familie noch einmal zu Hause und brachte sein Erstaunen darüber zum Ausdruck, daß Felix noch nicht gestorben sei.

Zu Hause hatte die Mutter im Kinderzimmer inzwischen eine kleine Intensivstation eingerichtet. Dies war nötig, da Felix nach wie vor mindestens einmal pro Woche lebensgefährliche Erstickungszustände hatte. Zweimal pro Woche kam eine Krankengymnastin zur Behandlung des Kindes ins Haus. Ein in der Nachbarschaft wohnender Kinderarzt erklärte sich bereit, auch nachts und außerhalb der üblichen Sprechzeiten für Notfallmaßnahmen zur Verfügung zu stehen. Die vier Jahre ältere Schwester von Felix hatte bis dahin eine problemlose Entwicklung durchlaufen und ging der Mutter trotz ihres geringen Alters von Anfang an helfend zur Hand. Zwei Jahre nach der Geburt von Felix wurde noch ein gesunder Junge geboren. Die Mutter verband mit dieser Geburt die irrational erscheinende Hoffnung, vielleicht könnte Felix in seiner Entwicklung ja noch etwas aufholen, wenn er seinen kleinen Bruder heranwachsen sähe.

Die Eltern wandten sich erstmals an die Beratungsstelle, als Felix sieben Jahre alt war. Felix konnte zu diesem Zeitpunkt weder laufen noch sprechen. Nach wie vor war jede kleine Erkältung für ihn eine lebensbedrohliche Erkrankung. Seine wenigen Kommunikationsmöglichkeiten bestanden aus lautem, unartikuliertem Schreien, Schlagen mit dem Kopf und (seltenem) Lächeln.

Im Anmeldungsgespräch brachte die Mutter vor allem ihre große Sorge um den Gemütszustand ihres Mannes zum Ausdruck und fragte, ob die Beratungsstelle ihm eine Psychotherapie anbieten könne. Nur nebenbei erwähnte sie, daß sie an Unterleibskrebs erkrankt sei und operiert werden müsse. Der Vater von Felix übernahm im Gespräch wenig Verantwortung für seine Familie, sondern bekräftigte lediglich unvermittelt seine Hoffnung, Felix werde schon noch laufen lernen und eine Heimaufnahme komme auf keinen Fall in Frage.

Bei genaueren Fragen nach dem Tagesablauf wurde deutlich, daß die Mutter ganz allein die Organisation des Alltags von Felix gewährleistete und auch die alleinige Verantwortung für seine Gesundheit trug. Die stundenweise im Haushalt arbeitende Erzieherin kümmerte sich ausschließlich um die beiden gesunden Kinder. Der Vater von Felix hatte einen 10- bis 12-Stunden-Tag und kam regelmäßig erst spät nach Hause.

Seit einem Jahr ging Felix in einen Sonderkindergarten für schwerst mehrfach behinderte Kinder. Auch dies bedeutete für seine Mutter jedoch nur eine kleine Entlastung, da der Junge schon beim geringsten Anzeichen einer Erkältung zu Hause bleiben mußte. Nebenbei bemerkte die Mutter, daß sie bereits mehrere Bandscheibenvorfälle hatte. Dies hänge wohl damit zusammen, daß Felix immer noch getragen werden müsse und für seine sieben Jahre recht schwer sei. Die Leiterin des Kindergartens meinte, wenn eine Heimaufnahme unvermeidlich sei, solle man doch noch ein Jahr damit warten. Der Junge fühle sich in seiner Familie und im Kindergarten schließlich wohl. Das dürfe man nicht voreilig aufs Spiel setzen. Außerdem habe er gerade eine positive Phase und stehe kurz davor, erste Schritte allein gehen zu können. Der betreuende Kinderarzt beschrieb zutreffend die chronische gesundheitliche Krisensituation von Felix, hatte jedoch die unerträgliche Lage der Mutter nur in Ansätzen realisiert. Das habe im Lauf der Jahre immer mal wieder so ausgesehen, als ginge es nicht weiter. Er bewundere die Mutter uneingeschränkt wegen ihres Durchhaltevermögens.

Im Supervisionsteam der Beratungsstelle wurden diese Informationen zusammengetragen und ausgewertet. Es wurde deutlich, daß diese Familie in einer ausweglosen chronischen Krisensituation Unvorstellbares für Felix geleistet hatte, daß aber niemand Verantwortung für die gesundheitliche und psychische Situation der Mutter übernahm. Auch sie selbst schien nicht in der Lage, für sich selbst Forderungen zu stellen, obwohl sie ja durchaus an einer lebensbedrohlichen Erkrankung litt. Das Supervisionsteam gab schließlich die Empfehlung, in einem „Gespräch von Mann zu Mann" Herrn O. mit der Tatsache zu konfrontieren, daß alle Beteiligten im Begriff waren, Leben und Gesundheit der Mutter zu opfern, ohne realistische Alternativen zu suchen. Herr O. zeigte sich als relativ leicht beeinflußbar und neuen konkreten Vorschlägen gegenüber aufgeschlossen. Er entschuldigte seine passive und indifferente Haltung damit, daß er niemandem weh tun wolle. Aber natürlich stehe er zur Verfügung, wenn es darum gehe, seine Frau aus ihrer unerträglichen Lage zu befreien.

Nach monatelangem Tauziehen und viel Hin und Her wurde schließlich ein Platz in einem Heim gefunden, das sich auf die Betreuung schwerst mehrfach behinderter Kinder spezialisiert hatte. Zur Heimaufnahme von Felix kam es dann allerdings erst, nachdem sich die gesundheitliche Situation der Mutter noch einmal dramatisch verschlechtert hatte.

Die Eltern brachen den Kontakt zur Beratungsstelle nach der Heimaufnahme ihres Sohnes mit dem Hinweis ab, dort werde ihnen ja nicht wirklich geholfen. Im Grunde genommen hätten sie den Empfehlungen fremder Leute gegen ihre innerste Überzeugung Folge leisten müssen. Die Kolleginnen des mit dem Heim kooperierenden psychosozialen Dienstes übernahmen die weitere Betreuung dieser mehrfach überlasteten Familie.

Diese Falldarstellung zeigt an einem extremen Beispiel, wie zerstörerisch und negativ sich die soziale Isolation einer Familie mit einem schwerst mehrfach behinderten Kind auswirken kann. Die Eltern - eigentlich nur die Mutter - hatten die volle Verantwortung für ihr behindertes Kind ganz allein übernommen, waren unter den gegebenen Bedingungen jedoch nicht mehr in der Lage, für sich selbst Schutz und Hilfe einzufordern. Auch der Vater, der Kinderarzt und die Erzieherin hatten sich scheinbar so sehr an die chronisch zugespitzte Krisensituation gewöhnt, daß sie die Bedrohlichkeit der entstandenen Probleme nicht mehr realisieren konnten. Die Berater formulierten in diesem Fall stellvertretend die unausgesprochenen Wünsche und Interessen der Mutter und machten auf diese Weise unmißverständlich deutlich, daß Veränderungen in der Lebenssituation dieser Familie unausweichlich und durchaus zu verantworten waren. Der nach der Heimaufnahme erfolgte Kontaktabbruch zwischen der Beratungsstelle und der Familie wurde dahingehend interpretiert, daß die Initiativen der Beratungsstelle zu sehr an tabuisierte Gefühle und Gedanken dieser Familie gerührt hatten. Da Felix sich in seinem neuen Zuhause gut eingewöhnte und die Eltern vom dortigen psychosozialen Dienst weiter betreut wurden, brauchten nachgehende Hilfen nicht erwogen zu werden.

3 Sarah A. (6) - wirklich geistig behindert und psychisch krank?

Sarah A. wurde im Alter von sechs Jahren in der Beratungsstelle vorgestellt. Seit ihrem zweiten Lebensjahr waren bei ihr immer wieder große epileptische Anfälle mit Bewußtseinsverlust aufgetreten. Die Sprachentwicklung und auch die motorische Entwicklung waren deutlich verzögert. Zudem litt Sarah unter visuellen Wahrnehmungsstörungen. Trotz der starken medikamentösen Behandlung war Sarah nicht anfallsfrei. Zusätzlich traten bei ihr Anfälle auf, die vom behandelnden Facharzt als pseudoepileptisch, also psychogen klassifiziert wurden. Außerdem litt Sarah unter einer heftigen Neurodermitis, zeitweise war kein Stück Haut an ihrem Körper nicht zerkratzt oder nicht entzündet. Besonders in diesen schlimmen Phasen neigte Sarah zu aufsässigem Verhalten, griff Eltern und Nachbarn auch körperlich an und brachte ihre Eltern damit oft bis an den Rand der Erschöpfung. Eine Ursache für die verzögerte Entwicklung und die Epilepsie waren nicht bekannt. Schwangerschaft und Geburt waren komplikationslos verlaufen. Das Kind war in den ersten beiden Lebensjahren nie ernstlich krank.

Die Mutter, von Beruf Grundschullehrerin, mochte zum damaligen Zeitpunkt die Hoffnung nicht aufgeben, daß ihre Tochter einmal Lesen und Schreiben lernen könnte und plante die Einschulung des Mädchens auf einer Regelschule. Diesem Plan hatte die Schulärztin bei der Eignungsuntersuchung strikt widersprochen und auf einer Schuleignungsdiagnostik durch einen Schulpsychologischen Dienst oder eine Erziehungsberatungsstelle bestanden.

Der Vater, von Beruf Bauingenieur, hatte sich mit all diesen Fragen noch nicht genauer befaßt, machte seiner Frau jedoch wiederholt den (zunächst unverständlichen) Vorwurf, durch zu strenge Erziehung die Verhaltensauffälligkeiten von Sarah selbst zu verschulden. Andererseits war der Vater eher bereit, die erheblichen Entwicklungsrückstände seiner Tochter zu realisieren und fragte nach Beschulungsmöglichkeiten. Diese Situation führte zu einer ersten heftigen Ehekrise. Die Mutter bestand auf einer Einschulung in der Regelschule. Dies sei juristisch durchsetzbar und sie habe bis jetzt alle ihre Ziele erreicht. Auf keinen Fall wolle sie die Hoffnung auf eine weitgehend normale Entwicklung ihrer Tochter aufgeben. Da noch zahlreiche medizinische Fragen, die Epilepsie betreffend, offen waren, wurde den Eltern vorgeschlagen, im Rahmen eines stationären Klinikaufenthaltes eine Verbesserung der Anfallssituation anzustreben. Dem konnten beide Elternteile zustimmen.

Während eines dreimonatigen Klinikaufenthaltes wurde zunächst durch eine medikamentöse Umstellung eine erhebliche Reduktion der Anfallsfrequenz erreicht. Des weiteren wurde eine Entwicklungsdiagnostik durchgeführt. Die Ergebnisse verdeutlichten, daß Sarah sowohl auf einer Regelschule als auch auf einer Sonderschule für lernbehinderte Kinder hoffnungslos überfordert wäre. Sie konnte nicht zählen, war nicht in der Lage, Dreiwortsätze korrekt zu wiederholen, sie hatte keinen Mengenbegriff und kein Zeitgefühl, eine menschliche Figur zu malen war ihr völlig unmöglich. Die Mutter berichtete in diesem Zusammenhang, daß sie schon seit einiger Zeit versuche, Sarah das Schreiben ihres Namens beizubringen. Auch übe sie mit ihr das Zeichnen von Häusern, Bäumen und Menschen. Die Erfolge seien aber sehr gering. Sarah neige seitdem allerdings verstärkt zu psychogenen Anfällen und auch die Neurodermitis sei schlimmer geworden.

Für die behandelnden Ärzte und die Berater lag es auf der Hand, daß die psychogenen Anfälle und die Verschlimmerung der Neurodermitis als Folge einer Überforderung des Mädchens interpretiert werden mußten. Dies und die Mitteilung der übrigen Untersuchungsergebnisse erleichterte den Eltern schließlich die Entscheidung, ihre Tochter auf einer Sonderschule für geistigbehinderte Kinder aufnehmen zu lassen. Sarah erhielt dann über einen Zeitraum von zwei Jahren eine kinderpsychotherapeutische Einzeltherapie zur Aufarbeitung ihrer emotionalen und psychosomatischen Störungen. In der parallel dazu laufenden Elternberatung bekamen die Eltern Unterstützung darin, sich das Ausmaß der Behinderung ihrer Tochter bewußt zu machen und emotional zu verarbeiten. Diese erste Phase der Beratung und Therapie wurde im dritten Schuljahr von Sarah abgeschlossen. Sarah war zu diesem Zeitpunkt frei von epileptischen und psychogenen Anfällen und auch die Neurodermitis hatte sich weitgehend zurückgebildet.

Viele Jahre später, in Sarahs 14. Lebensjahr, wurde die Beratung wieder aufgenommen. Es war zu einer dramatischen Neuauflage der geschilderten Auffälligkeiten gekommen. Hintergrund waren diesmal verschärfte Konflikte zwischen Sarah und ihren Eltern, die ihre Wurzel letztlich in der mit dem Alter zunehmenden Isolation geistig behinderter Jugendlicher hatten. Sarah war auch als Jugendliche noch völlig von ihren Eltern abhängig. Dies betraf sowohl die Körperpflege als auch ihre Freizeitgestaltung. Alle Beteiligten sahen schließlich keinen anderen Ausweg mehr, als Sarah in dem der Schule angegliederten Wohnheim aufnehmen zu lassen.

Diese Falldarstellung zeigt, welch schwierige Situationen gerade für engagierte und anstrengungsbereite Eltern behinderter Kinder entstehen können. Besonders häufig brechen solche Krisen an Wendepunkten der Entwicklung auf, wenn Eltern sich mit der schmerzlichen Erkenntnis konfrontieren müssen, daß ihr Kind trotz aller Anstrengungen einen benachteiligenden Sonderweg wird gehen müssen, der es von echter gesellschaftlicher Integration mehr oder weniger vollständig ausschließt. Wie im vorliegenden Fallbeispiel ist es die Aufgabe psychosozialer Beratungsstellen, Eltern und behinderte junge Menschen durch diese schmerzlichen Krisenphasen zu begleiten, ohne an den allgemeinen gesellschaftlichen Rahmenbedingungen letztlich etwas verändern zu können. Wenn diese Begleitung in guter Weise gelingt, ist allerdings schon sehr viel gewonnen.

4 Jennifer L. (10) - sprachbehindert, zweisprachig aufgewachsen, lernbehindert? Wie soll es auf der Schule weitergehen?

Jennifer L. war das älteste von vier Kindern einer aus Südosteuropa stammenden Familie und wurde nach dem sechsten Schwangerschaftsmonat geboren. Sie verbrachte die ersten sieben Monate ihres Lebens in einer Kinderklinik und erhielt dort die ersten krankengymnastischen Behandlungen und Fördertherapien. Es wurde eine deutliche cerebrale Bewegungsstörung diagnostiziert. In den ersten Lebensjahren litt Jennifer unter häufigen Infektionen der oberen Luftwege und mußte immer wieder mit Antibiotika behandelt werden. Eine operative Entfernung der polypösen Verwachsungen der Nasennebenhöhlenschleimhaut wurde nicht vorgenommen.

Die motorische und die sprachliche Entwicklung des Mädchens verliefen deutlich verzögert. Wiederholt durchgeführte Überprüfungen des peripheren Hörvermögens ergaben unauffällige Befunde. Das Mädchen erhielt Frühförderung, Sprachtherapie und Krankengymnastik. Bei einer umfassenden audiologischen Überprüfung wurde dann auch eine ausgeprägte auditive Diskriminationsstörung festgestellt. Da Jennifer zweisprachig aufwuchs, dürfte sich dieses Handikap auf die sprachliche Entwicklung des Mädchens besonders gravierend ausgewirkt haben.

Im Kindergarten und im Schulkindergarten machte Jennifer langsam aber stetig Entwicklungsfortschritte und war wegen ihrer ruhigen und freundlichen Art bei Kindern und Erzieherinnen in gleicher Weise beliebt. Größere Probleme traten erst im dritten Grundschuljahr auf. Jennifer wurde daraufhin in die zweite Klasse zurückversetzt, hatte jedoch auch dort unübersehbare Schwierigkeiten im Lesen, Schreiben und Rechnen.

Bei der in der Beratungsstelle durchgeführten kinderneurologischen Untersuchung wurde eine reduzierte Gleichgewichtsreaktion, eine leichte Muskelhypertonie und Spiegelbewegungen beidseits festgestellt. Bei der Überprüfung des intellektuellen Leistungsvermögens zeigte Jennifer durchweg Leistungen im mittleren Normbereich lernbehinderter Sonderschüler. Diese Ergebnisse mußten jedoch im Hinblick auf die Tatsache relativiert werden, daß Jennifer Aufgabenstellungen, die ihr in visualisierter Form präsentiert wurden, sofort verstand und dann auch deutlich bessere Leistungen erbringen konnte. Bei rein sprachlichen Aufgabenbearbeitungen reagierte das Mädchen ängstlich und unsicher und erbrachte wesentlich schlechtere Leistungen. Diese problematische Leistungssituation spiegelte sich auch in dem geringen Selbstbewußtsein und einem äußerst negativen Selbstbild des Mädchens wider. Für zusätzliche Irritationen sorgte die Trennung ihrer Eltern, die zumindest für die Kinder plötzlich und unerwartet eintrat. Besonders Jennifer reagierte auf den Auszug des Vaters aus der gemeinsamen Wohnung mit extrem regressivem Verhalten (Daumenlutschen, Einnässen, Weigerung zu reden).

Unter Berücksichtigung der gesamten Lebenssituation von Jennifer gelang es schließlich, die Schule für eine integrative Beschulung Jennifers in der Regelschule zu gewinnen, obwohl dafür zunächst gar kein freier Platz zur Verfügung stand. Jennifer erhielt zusätzlichen Förderunterricht und die Mutter war sehr erleichtert darüber, daß Jennifer eine weitere gravierende Veränderung auch ihrer schulischen Situation erspart wurde. In den folgenden beiden Grundschuljahren blieb Jennifer von ihrem Leistungsvermögen her ein Kind im Grenzbereich zwischen Regelschule und Sonderschule für lernbehinderte Kinder. Für ihre soziale und emotionale Entwicklung erwies sich das gewählte Arrangement allerdings als äußerst hilfreich und günstig. Parallel zu den geschilderten schulischen Entscheidungsprozessen begann Jennifers Mutter eine Gruppenpsychotherapie, um ihre Situation als ausländische, alleinerziehende Mutter von vier Kindern, von denen eines mit besonderen Problemen kämpfen mußte, emotional aufzuarbeiten.

Diese Falldarstellung verdeutlicht in exemplarischer Weise die besonderen Schwierigkeiten von Behinderung bedrohter Kinder, im Grenzbereich zwischen Regelschule und Lernbehinderung ihren Platz zu finden. Nicht immer gelingt es, wie im geschilderten Beispiel, die Regelschule dafür zu gewinnen, sich auf die spezifischen Schwierigkeiten dieser Kinder einzulassen und ein individuelles Förderkonzept zu erarbeiten. Viele Eltern in vergleichbaren Situationen geben ohne die Rückendeckung eines Fachdienstes vorschnell auf, da sie weitere unkalkulierbare Benachteiligungen für ihr Kind befürchten.

5 Martin F. (13) - seit sechs Jahren auf der Sonderschule für geistigbehinderte Kinder, kann ordentlich schreiben, lesen und rechnen, warum soll er nicht zur Förderschule?

Martin F. kam zum ersten Mal im Alter von 13 Jahren mit seiner Mutter und seinem Adoptivvater, seiner zwei Jahre jüngeren Halbschwester und seinem 20-jährigen Bruder in die Beratungsstelle. Zwischen Martins Schule und der Familie gab es einen akuten Konflikt ungewöhnlicher Art. Martin hatte bis vor kurzem eine Sonderschule für geistig behinderte Kinder besucht und war dort positiv durch gute Leistungen im Lesen, Schreiben und Rechnen aufgefallen. Auch hatte er sich als erstaunlich geschickt bei Bastelarbeiten und in der Tischlerwerkstatt gezeigt und war schließlich nicht zuletzt durch ein recht kompetentes Sozialverhalten mehrfach in positiver Weise in Erscheinung getreten. Seine Schule hatte ihn daraufhin für eine in seinem Wohnbezirk neu errichtete Förderschule vorgeschlagen, in der verhaltensauffällige, lernbehinderte und sprachbehinderte Kinder gemeinsam unterrichtet werden sollten. Ziel dieser Schule war entweder der Hauptschulabschluß oder der Abschluß einer Sonderschule für lernbehinderte Kinder. Aus Sicht der Mutter war Martin in seiner neuen Schule hoffnungslos überfordert. Sie begründete ihre Sichtweise unter anderem mit dem Hinweis, daß Martin besonders in den Unterrichtspausen immer wieder in Auseinandersetzungen verwickelt wurde, die ihn von seinen sozialen Fertigkeiten und seinen verbalen Ausdrucksmöglichkeiten her überforderten. So sei er von Mitschülern mehrfach als „bekloppt", „Spasti" oder „Hirni" beschimpft worden. Dies habe ihn sehr verletzt. Mehrfach sei er mit nassen Hosen von der Schule nach Hause gekommen. Auch könne er nicht mehr gut schlafen, seitdem er seine alte Schule habe verlassen müssen.

Der Adoptivvater leistete als Schichtarbeiter in der Elektroindustrie zahlreiche Überstunden und konnte wenig zur Einschätzung der schulischen Situation von Martin beitragen. Er verstehe es nicht, wie es zu diesem Konflikt habe kommen können. Der ältere Bruder besuchte mit Erfolg das Gymnasium, die jüngere Schwester zeigte auf der Realschule gute Leistungen. Beide Geschwister hatten ihren eigenen Freundeskreis und im Alltag wenig gemeinsame Zeit mit Martin. Die Mutter hatte sich von Anfang an intensiv um ihren von Geburt an behinderten Sohn gekümmert und alles dafür getan, um ihm die bestmögliche Förderung zukommen zu lassen. Von außen und aus der Distanz betrachtet, hatte es fast den Anschein, als ob die Beziehung zwischen Martin und seiner Mutter die einzige stabile emotionale Bindung innerhalb der Familie war.

Aus Sicht von Martins neuer Schule gab es keinen Grund, die Umschulung des Jungen noch einmal kritisch zu überdenken. Auslöser der gegenwärtigen Krise seien einzig und allein Familienprobleme und es werde höchste Zeit, daß die Erziehungsberatung diese Probleme familientherapeutisch bearbeite. Ganz bestimmt werde Martin an seiner neuen Schule den Hauptschulabschluß schaffen. Aus Sicht der Schule sei es schlichtweg unverständlich, warum die Mutter diese positive Erwartung nicht teilen könne.

Inzwischen hatte sich Martins Position in seiner neuen Klasse stabilisiert. Seine Klassenlehrerin hatte sich sehr bei der Mutter für einen Verbleib auf der neuen Schule eingesetzt und erste freundschaftliche Kontakte Martins zu seinen neuen Mitschülern gefördert. Dies hatte zur Folge, daß die Mutter sich entschloß, die weitere Entwicklung zunächst einmal gelassen abzuwarten. In den nächsten Monaten machte Martin leistungsmäßig weitere Fortschritte. Er kam zu regelmäßigen Gesprächen in die Beratungsstelle und wurde in diesem Rahmen auch erstmals in angemessener Form sexuell aufgeklärt. Verschiedene, besonders in den Unterrichtspausen immer wiederkehrende Konfliktsituationen wurden mit ihm verhaltenstherapeutisch im Rollenspiel bearbeitet. Martin zeigte sich in diesen Therapiestunden als hoch motiviert und beteuerte, er wolle seinen Hauptschulabschluß machen und eine Berufsausbildung zum Tischler durchlaufen. Ehrlicherweise muß gesagt werden, daß auch der Berater dies für ein zu hoch gestecktes Ziel hielt.

Parallel zu Martins Einzelpsychotherapie hatte die Mutter eine Gruppenpsychotherapie begonnen. In deren Verlauf konnte sich diese mutige und engagierte Frau eine etwas selbstkritischere Haltung zu ihren grundsätzlichen Zweifeln an Martins schulischer Leistungsfähigkeit erarbeiten. Schließlich wurde ihr bewußt, daß hinter ihrer Haltung sowohl berechtigte Sorgen um Martins Wohlergehen als auch Wünsche nach einer innigen und verbindlichen emotionalen Bindung standen, die sie so in ihrer Ehe nicht hatte verwirklichen können. Die Umschulung und das zunehmende Alter von Martin stellten diese enge emotionale Beziehung in Frage.

Nach einer längeren Krisenphase, die Turbulenzen für alle Familienmitglieder mit sich brachte, konnte sich Frau F. dazu durchringen, Martin in seinem erfreulichen schulischen Entwicklungsprozeß zu unterstützen und ihm auch mehr Autonomie bei der Gestaltung seiner Freizeit zuzugestehen. Perspektivisch wurde für die Zeit nach dem Schulabschluß eine Ausbildung in einem Berufsbildungswerk für junge Menschen im Grenzbereich zwischen Lernbehinderung und geistiger Behinderung geplant.

Diese Falldarstellung schildert die Verwicklungen, die gerade für Familien mit behinderten Kindern in pubertären Entwicklungs- und Ablösungskrisen auftreten können. Gleichzeitig wird deutlich, daß schulische und soziale Integration behinderter Jugendlicher auch durch eine zu enge Bindung zwischen Eltern und behinderten Kindern erschwert werden kann. Dies sollte den betroffenen Eltern allerdings nicht als persönliches Versagen vorgehalten werden. Denn Ablösungs- und Entwicklungskrisen behinderter Kinder und Jugendlicher werden durch die gegebenen gesellschaftlichen Rahmenbedingungen deutlich verschärft und sind in vielen Fällen ohne fachkundige psychosoziale Begleitung kaum in guter Weise zu bewältigen.

6 Marko S. (16) – „seelisch behindert", von der Mutter verstoßen, vom Vater vergessen, im Heim der Kinder- und Jugendhilfe ein Außenseiter

Marko S. wurde als erstes Kind seiner damals 14-jährigen Mutter unter denkbar ungünstigen Umständen geboren. Seine Mutter hatte während der Schwangerschaft geraucht und Alkohol getrunken. Der von ihr angegebene Kindesvater war ebenfalls minderjährig und lehnte jegliche Verantwortung für das Kind ab. Das Baby wurde dann zunächst von den Großeltern mütterlicherseits erzogen. Diese fühlten sich jedoch nach drei Jahren mit der weiteren Betreuung des sehr lebhaften und temperamentvollen Kindes überfordert. Zudem litt der Junge immer wieder unter Infekten der oberen Atemwege, was zeitweise auch zu regelrechten Erstickungsanfällen geführt hatte.

Mit drei Jahren wurde Marko in einen Kindergarten aufgenommen und war dort bei Erzieherinnen und Kindern nach kurzer Zeit gefürchtet und verhaßt. Immer wieder zerstörte er die beliebtesten Spielzeuge, er verteilte wahllos schmerzhafte Schläge und spulte, zur Rede gestellt, sein beeindruckendes Repertoire obszönster Schimpfwörter herunter. Die Erzieherinnen setzten sich dafür ein, daß eine erfahrene Ergotherapeutin mit Marko eine Förderbehandlung begann. Sein Entwicklungsrückstand in der Grob- und Feinmotorik war unübersehbar und zudem sorgte dieses Arrangement für eine Entlastung in der übrigen Gruppenarbeit. Die Mutter war zu einer Kooperation mit dem Kindergarten und der Beratungsstelle nicht zu gewinnen. Gerüchteweise verlautete, sie verdiene ihr Geld als Prostituierte und Marko sei abends oft allein.

Als das Kind sechs Jahre alt war, gründete seine Mutter mit einem 12 Jahre älteren Mann, der als Taxifahrer arbeitete, eine neue Familie. Der Stiefvater kümmerte sich anfangs durchaus wohlwollend um Marko, meinte, er müsse eben einiges an Erziehung nachholen. Es wurden dann zwei weitere Kinder geboren, die Marko allerdings von Anfang an als Störenfriede empfand und immer wieder körperlich attackierte. Nachdem er dem kleinsten Kind erhebliche Biß- und Kratzwunden zugefügt hatte, stellte der Stiefvater Markos Mutter vor die Alternative: „Entweder er geht ins Heim oder du bist mich und die beiden anderen Kinder los". Notfallmäßig wurde der inzwischen neunjährige Junge in einer kinder- und jugendpsychiatrischen Klinik aufgenommen, wo er die nächsten sechs Monate seines Lebens verbrachte. Es wurde schließlich ein Platz in einem familienähnlich geführten Heim der Kinder- und Jugendhilfe gefunden. Wie zuvor besuchte Marko dort die Sonderschule für lernbehinderte Kinder und erhielt darüber hinaus eine kinderpsychotherapeutische Behandlung. Seine Familie zog nach Süddeutschland und brach jeglichen Kontakt zu ihm ab.

In den folgenden Jahren trat eine gewisse Beruhigung in seiner Entwicklung ein. Erst mit Beginn der Pubertät kam es zu neuen krisenhaften Zuspitzungen. Marko entwich immer wieder aus dem Heim und wurde meistens nach einigen Tagen im Bahnhofsmilieu von der Polizei aufgegriffen und wieder nach Hause gebracht. Schließlich begann er, als Schwarzfahrer mit der Eisenbahn seinen Aktionsradius auszuweiten. Zur Rede gestellt meinte er, er wolle seine Mutter suchen und endlich nach Hause. Bei einem dieser Ausflüge verschlug es ihn tatsächlich in die Umgebung seiner Geburtsstadt. Durch Zufall landete er auf dem Gelände eines Heimes der Kinder- und Jugendhilfe, welches in einem ehemaligen landwirtschaftlichen Anwesen untergebracht war. Die dort arbeitenden Erzieher waren nach einigem Hin und Her bereit, den inzwischen zum Jugendlichen herangewachsenen Marko aufzunehmen. Er selbst meinte, jetzt fühle er sich zum ersten Mal wenigstens etwas zu Hause.

Er erwies sich als sehr zuverlässig und geschickt im Umgang mit den von der Einrichtung gehaltenen Tieren, hatte aber im Kontakt zu den anderen dort lebenden Jugendlichen große Probleme. Diese besuchten ausnahmslos eine Haupt- oder Gesamtschule. Besonders in verbalen Auseinandersetzungen war Marko schnell „mit seinem Latein am Ende". Er reagierte darauf jedoch nicht mehr wie in früheren Jahren gewalttätig, sondern eher depressiv resignierend. Nach solchen Vorfällen verließ er auch seine neue Bleibe immer wieder für mehrere Tage und kam dann in alkoholisiertem Zustand, teilweise auch unter Drogeneinfluß und in schlechter psychischer Verfassung zurück. Aus seinen Erzählungen war eindeutig zu entnehmen, daß er sich im Schwulenmilieu der Bahnhofsszene prostituiert hatte.

In dieser Situation wandte sich der Leiter des Heimes mit der Bitte um fachkundige Hilfe an die Beratungsstelle. Das Erzieherteam war gespalten. Einige hatten sich sehr für Marko engagiert und wollten ihn auf jeden Fall im Haus behalten. Andere meinten, der Junge sei doch geistig behindert und psychisch krank zugleich und müsse in einer entsprechenden Einrichtung erzogen werden. Nach mehreren Gesprächen mit Marko und seinem Bezugsmitarbeiter sowie intensivstem Aktenstudium wurde schließlich folgender Weg gewählt:

- Die im Raum stehende Hypothese einer geistigen Behinderung und psychischen Erkrankung sollte durch eine entsprechende Psychodiagnostik in Zusammenarbeit mit seiner Schule überprüft werden.

- Seine Lebensgeschichte und der von ihm erreichte Entwicklungsstand sollten im Erzieherteam ausführlich erörtert werden, um auf dieser Grundlage zu einer mittelfristig tragenden Lebensplanung mit und für Marko zu kommen.

Die Untersuchungsergebnisse belegten eindeutig, daß Marko von seinem intellektuellen Leistungsvermögen her dem oberen Drittel lernbehinderter Sonderschüler zuzuordnen war. Von einer geistigen Behinderung konnte keine Rede sein. Ebenso waren keine Anzeichen einer psychischen Erkrankung im Sinne einer Psychose zu finden. Marko selbst meinte, er habe in den vergangenen Wochen fast chronisch unter Alkoholeinfluß gestanden. Überraschend klar und eindeutig konnte er zum Ausdruck bringen, wie sehr er sich durch abfällige Bemerkungen verletzt fühle und daß er befürchte, mittlerweile alkoholabhängig zu sein. Außerdem wolle er unbedingt wenigstens noch einmal mit seiner Mutter und seinem Stiefvater sprechen. Auf seine Erfahrungen auf dem Schwulenstrich angesprochen, verstummte Marko zunächst. Er konnte allerdings der ihm angebotenen Bewertung, er werde dort für wenig Geld ausgenutzt und körperlich und psychisch kaputt gemacht, zustimmen.

Die Diskussion dieser Ergebnisse im Erzieherteam bewirkte eine deutliche Entspannung der Gesamtsituation. Alle Beteiligten äußerten sich anerkennend und wohlwollend darüber, was Marko trotz seiner ungünstigen Entwicklungsbedingungen an Stabilität und Selbstbewußtsein erreicht hatte. Sein Verbleib in der Einrichtung wurde auch in späteren Krisen nicht mehr in Frage gestellt, wenn Marko in Konfliktsituationen auf die beschriebenen Problemlösungsmuster auswich. Das Erzieherteam konnte es schon als einen Erfolg ansehen, daß Marko nicht endgültig in eine Szenerie im Grenzbereich zwischen Drogenmilieu und Nichtseßhaftenlaufbahn abglitt.

In dieser Fallgeschichte wurde die Beratungsstelle zur fachlichen Unterstützung anderer Dienste der Kinder- und Jugendhilfe - hier eines Heims für Jugendliche - hinzugezogen. Die Nutzung der fachlichen Kompetenz der Erziehungsberatungsstelle führte zu einer verstehenden Aufarbeitung der Lebensgeschichte des zum extremen Problemfall gewordenen Jugendlichen. Dadurch konnten die Integrationsmöglichkeiten des Jugendheims weiter entwickelt werden. Zumindest mittelfristig gelang es so, einen seelisch behinderten Jugendlichen mit schwierigster Entwicklungsgeschichte zu integrieren und ihm unsinnige und unüberlegte Verlegungen in andere Einrichtungen zu ersparen. Der zuständige Sozialarbeiter des Jugendamtes stellte bei Abschluß der

Teamberatung eine Verlängerung des Heimaufenthaltes von Marko über das 18. Lebensjahr hinaus auf der Basis des § 35 a des Kinder- und Jugendhilfegesetzes (Eingliederungshilfe für seelisch behinderte junge Menschen) in Aussicht.

7 Michael P. - körperbehindert, depressiv, in chronischer Ablösungskrise

Michael P. wurde Anfang der 60er Jahre mit einer Dysmelie beider Arme, d.h. mit deutlich verkürzten Armen aufgrund einer durch Thalidomideinnahme (Contergan) während der Schwangerschaft eingetretenen Schädigung geboren. Er war das jüngste von drei Kindern einer Arbeiterfamilie. Der Vater starb kurz nach der Geburt. Die Mutter mußte deshalb früher als geplant wieder eine Ganztagsstelle annehmen. Michael besuchte von seinem vierten Lebensjahr an einen Kinderhort und war von Anfang an vielfältigen Vorurteilen und Diskriminierungen ausgesetzt. Einige Eltern übten Druck auf die Leitung des Kinderhortes aus mit dem Ziel, Michael wegen seiner Körperbehinderung vom Hortbesuch auszuschließen. Einigen Kindern war aufgrund absolut unsinniger Vorstellungen („nachher ist es noch ansteckend") verboten worden, mit Michael zu spielen. Die Mutter wehrte sich mit all ihren Kräften gegen diese Feindseligkeiten, meinte allerdings rückblickend, daß sie oft nahe daran gewesen sei, ihrem eigenen Leben und dem Leben ihres Kindes ein Ende zu setzen.

Michael war ein durchschnittlicher Grundschüler und absolvierte mit Erfolg die Realschule. Die Mutter und seine Geschwister taten alles, um ihm Beleidigungen zu ersparen. Als Michael mit zunehmendem Alter begann, wegen seines auffälligen Äußeren Minderwertigkeitskomplexe zu entwickeln, versuchten seine Angehörigen seine Ängste mit Bemerkungen zu beschwichtigen, wie zum Beispiel: „Du siehst top aus. Man sieht gar nichts".

Michael durchlief dann eine Ausbildung zum Bürokaufmann und begann eine Tätigkeit als Sachbearbeiter in der öffentlichen Verwaltung. In dieser Zeit kam es zu einem verstärkten Auftreten sozialer Ängste, die zunächst mit Psychopharmaka behandelt wurden, schließlich aber so gravierend wurden, daß Michael P. vorzeitig berentet wurde. Eine über zwei Jahre laufende ambulante Psychotherapie hatte nach Aussage der Mutter, einer resoluten und tatkräftigen Frau, keinen positiven Effekt.

Herr P. kam erstmals im Alter von 22 Jahren in Begleitung seiner Mutter in die Beratungsstelle und war bei seinem Anmeldungsgespräch völlig verzweifelt. Seine Freundin habe ihm gerade mitgeteilt, daß sie von ihm schwanger sei. Er sei völlig durcheinander und könne sich nicht entscheiden, ob dies ein Anlaß zur Freude oder zur Trauer sei. Er habe den Eindruck, das Leben sei bis jetzt wie hinter einer dicken Glasscheibe an ihm vorbeigezogen und er sei daran eigentlich gar nicht beteiligt. Wie könne er mit solchen Gefühlen die Verantwortung für die Erziehung eines Kindes übernehmen? Am liebsten würde er sich umbringen, aber dazu fehle ihm der Mut und eigentlich wolle er das seiner Freundin auch nicht antun.

Im Beratungsteam wurde beschlossen, nach und nach alle relevanten Bezugspersonen von Herrn P. in die Beratung mit einzubeziehen. Dabei wurde deutlich, daß Herr P. bis zum damaligen Zeitpunkt kaum einmal Gelegenheit gehabt hatte, sich selbst als bestimmend für seinen persönlichen Erfolg oder Mißerfolg zu erleben. Immer hatten ihm die Geschwister oder die Mutter unangenehme Aufgaben abgenommen und rückblickend erschien auch seine Berentung allen Beteiligten als voreilig und unüberlegt.

Nach langen, quälenden Entscheidungsprozessen konnte sich Herr P. schließlich dazu durchringen, eine eigene kleine Wohnung zu beziehen. Er erhielt die Gelegenheit, bei seinem früheren Arbeitgeber zunächst auf Teilzeitbasis wieder einzutreten, und er ging erstmals in seinem Leben in einen Sportverein für behinderte Menschen. Auf der Grundlage dieser Veränderungen war es ihm auch möglich, sich nüchtern und sachlich mit dem durchaus erheblichen Ausmaß seiner körperlichen Behinderung auseinanderzusetzen. Die erwähnten sozialen Ängste wurden rückblickend verständlich als ein Versuch, sich diesem Bewußtwerdungsprozeß zu entziehen und die in der Familie tabuisierte Körperbehinderung aus seiner Selbstwahrnehmung auszuklammern.

Diese erste Beratungsphase wurde beendet, als sich Herr P. bewußt dazu entschlossen hatte, zunächst eine eigene Wohnung allein zu bewohnen und auf der Grundlage seiner neu gewonnenen Autonomie zu überprüfen, ob eine Familiengründung mit seiner Partnerin und seinem Kind für ihn überhaupt in Frage käme.

Zu einer Wiederaufnahme der Beratung kam es einige Jahre später. Herr P. ging inzwischen wieder einer Ganztagsbeschäftigung nach und wohnte mit seiner Frau und seinen beiden Kindern in einem kleinen Reihenhaus. Beratungsanlaß war eine Nebenbeziehung der Ehefrau von Herrn P., wodurch er wieder verstärkt mit schon überwunden geglaubten Selbstzweifeln konfrontiert war und im Begriff stand, alkoholabhängig zu werden. Im Lauf der Beratung entschlossen sich die Eheleute zur Trennung. Herr P. schloß sich einer Selbsthilfegruppe für geschiedene Väter an und meinte, die Trennung sei schlimm, aber zugrunde gehen wolle er daran nicht.

Diese Falldarstellung zeigt schlaglichtartig, wie ausweglos Familien- und Lebensprobleme erlebt werden können, wenn Belastungen durch eine emotional nicht verarbeitete Körperbehinderung hinzukommen. Gleichzeitig wird deutlich, daß die Interventionen einer Erziehungsberatungsstelle eine große Hilfe für die Erarbeitung angemessener Problemlösungsstrategien sein können. Kritisch zu fragen ist, ob die Inanspruchnahme einer psychosozialen Beratungsstelle schon im Kindes- und Jugendalter nicht dazu hätte beitragen können, manchen der geschilderten Irrwege und manche der geschilderten psychischen Belastungen zu vermeiden.

8 Zusammenfassung

In den geschilderten Beratungsfällen wurde deutlich, daß die Entwicklungs- und Ablösungskrisen behinderter junger Menschen langwieriger, komplizierter und auswegloser sein können als bei nicht behinderten jungen Menschen, die ohne chronische Krankheit oder andere große Handikaps heranwachsen. Unverzichtbare Grundlage für eine fachlich begründete Beratung war in allen Fällen eine gründliche und differenzierte Sammlung von Informationen über die Lebenssituation der ratsuchenden jungen Menschen, die meistens noch durch eigene diagnostische Abklärungen ergänzt werden mußten. Um die Nöte und Anliegen der ratsuchenden Familien verstehen zu können, war der Berater gefordert, sich wirklich auf die vorgebrachten Fragen einzulassen und auch zu den aufgeworfenen familiären und schulischen Fragen Stellung zu nehmen. Damit waren in vielen Situationen Verwicklungen verbunden, die nur mit Hilfe der teaminternen Supervision aufgefangen werden konnten.

Mit allen Fallbeispielen sollte gezeigt werden, daß das Team einer Erziehungsberatungsstelle sehr gute fachliche Voraussetzungen für eine qualifizierte Begleitung und Beratung von Familien mit behinderten Kindern hat. In fast allen Fällen wurde deutlich, daß eine Erziehungsberatungsstelle sich in diesem Schwerpunktbereich verstärkt als ein Baustein ambulanter Hilfen im Rahmen des Gesamtgefüges der Kinder- und Jugendhilfe bzw. der Behindertenhilfe definieren muß, der seine volle Wirksamkeit nur im Zusammenwirken mit den verschiedensten Kooperationspartnern aus den Bereichen der medizinischen Versorgung, der Schule, des Ausbildungsbereiches und der Freizeitangebote entfalten kann.

Praxis der netzwerkorientierten Trennungs- und Scheidungsberatung

Albert Lenz

1994 wurden in Deutschland 166 000 Ehen geschieden. Davon entfielen 143 000 auf das alte Bundesgebiet und 23 000 auf die ehemalige DDR. In jeder zweiten geschiedenen Ehe im früheren Bundesgebiet und in 70 % aller geschiedenen Ehen in den neuen Ländern waren minderjährige Kinder betroffen. Die insgesamt 124 000 zu „Scheidungswaisen" gewordenen Kinder verbleiben in der Regel bei ihren Müttern (vgl. dazu ausführlich Peuckert 1996).

Die sozioökonomisch deprivierte Situation dieser Ein-Eltern-Familien gegenüber Normalfamilien konnte in sozialdemographischen Analysen aufgezeigt werden (vgl. Löhr 1995). So erhalten ca. 58 % der geschiedenen Mütter keine, unregelmäßige oder verminderte Unterhaltszahlungen. 30 % von ihnen leben unterhalb der Sozialhilfeschwelle. Ungenügende Wohnverhältnisse, gesellschaftliche Benachteiligung und Diskriminierung, Unvereinbarkeit von Familie und Erwerbsarbeit stellen weitere gravierende Belastungsdimensionen dar (Niepel 1994).

Die psychischen Belastungsmomente resultieren aus der vielschichtigen Überlagerung der juristischen und der emotional-familiären Ebene. Die rechtliche Beziehungsauflösung beendet daher keineswegs die emotionalen Verstrickungen der Beteiligten. Scheidung muß vielmehr als komplexer Prozeß begriffen werden, der in verschiedenen Phasen abläuft. Aus dem Blick geraten dabei meist die teilweise sogar dramatischen Veränderungen der sozialen Lebenswelten und Netzwerkstrukturen, der spezifischen Beziehungen und Verknüpfungen und der damit einhergehende Verlust der alltäglichen Unterstützungssysteme und bedeutsamen Schutz- und Bewältigungsfaktoren (vgl. Lenz 1997).

Die Netzwerkperspektive lenkt die Aufmerksamkeit auf die sozialen Ressourcen, deren Bedeutung für Sicherung und Erhaltung von Gesundheit und psychischem Wohlbefinden hinreichend nachgewiesen werden konnte. Sie regt Menschen an, ihr soziales Beziehungsnetz wieder zu aktivieren, Brücken zu auseinandergebrochenen Bezügen zu bauen und ermutigt sie, sich neue Zusammenhänge zu schaffen und sie aufrechtzuerhalten. Das „Networking" stellt damit eine wesentliche Ergänzung der traditionellen Trennungs- und Scheidungsberatung, deren Suchrichtung sich weitgehend auf die innerfamiliäre Beziehungsdynamik und Kommunikationsmuster sowie intrapsychischen Prozesse bei den Beteiligten beschränkt.

Psychosoziale Auswirkungen von Trennung und Scheidung auf Eltern und Kinder

Trennung und Scheidung stellen eine tiefgreifende Familienkrise dar. Ausgelöst durch eine Krise der Paarbeziehung bricht ein familiäres System auseinander und es kommt zu einer Umorganisation und allmählichen Neustrukturierung der Beziehungsformen und -muster. Dieser komplexe beziehungsdynamische und intrapsychische Prozeß zieht sich über einzelne Phasen hinweg, die durch jeweils spezifische Belastungen sowie innere und äußere Konfliktkonstellationen für die Eltern wie auch für die Kinder geprägt sind. Der Trennungsprozeß wird im allgemeinen in drei große Phasen unterteilt (vgl. Paul 1980; Reich 1994):

- die Ambivalenzphase,
- die Scheidungsphase und
- die Nachscheidungsphase.

In der *Ambivalenzphase* spielt zumeist ein Partner mit dem Gedanken an Scheidung. Nach andauernden Konflikten, Verletzungen, gegenseitigen Schuldvorwürfen oder auch vorübergehenden Trennungen und Versöhnungen wird dieser Schritt jetzt ernsthaft in Betracht gezogen.

Aus psychodynamischer Sicht sind die Wurzeln der Ehekrise in der Biographie und den Herkunftsfamilien der beiden Partner sowie in ihren unaufgelösten kindlichen und adoleszenten Konflikten zu suchen (Reich et al. 1986). In dieser daher von Regression und starken Ambivalenzen gekennzeichneten Phase, die sich nicht selten über Jahre hinzieht, verlieren die Eltern die Wünsche und Bedürfnisse der Kinder immer mehr aus den Augen. Das Paar braucht die Kinder statt dessen zur Aufrechterhaltung der Spaltung in der Ehe. Über die Generationsgrenzen hinweg entstehen Koalitionen, in der jeweils der „Dritte", der andere Elternteil, ausgeschlossen bleibt (Bauriedl 1988). Die Kinder rutschen gewissermaßen in die emotionale „Leerstelle" zwischen den Eltern und werden zu „Bündnispartnern", „Eltern-Substitut" und/oder „Partner-Substitut" (Richter 1969). In einer Atmosphäre der permanenten Verunsicherung und der Verlustängste für die Kinder richten sich die unbefriedigten Wünsche beider Elternteile nach Zuwendung, Verständnis, Kontakt, Geborgenheit und emotionaler Stütze auf sie. Diese Rolle als „Ersatzpartner" prägt die Identität eines Kindes und wird sich in allen wichtigen Beziehungen seines Lebens immer wieder bemerkbar machen.

Die *Scheidungsphase* beginnt mit der Einleitung juristischer Schritte und häufig verbunden mit dem Auszug eines Elternteils aus der gemeinsamen Wohnung. Schuldgefühle, Trauer, Mißtrauen und Wut, aber auch Erleichterung nach den Jahren der Spannungen, enttäuschten Hoffnungen oder Demütigungen verfolgen in dieser Phase die/den verlasse(n) Partner(in) wie die/den Trennungsinitiator(in).

Durch den juristischen Verfahrensprozeß verändert sich das emotionale Klima meistens zu einer gesteigerten Aggressivität, die bis zum offenen Haß und einen „Kampf ums psychische Überleben" eskalieren kann (Reich 1994). Die Eltern sind in ihrem von Verbitterung und Unversöhnlichkeit geprägten Kampf oft so absorbiert, daß sie nicht mehr in der Lage sind, wahrzunehmen, wie sie ihre Kinder als Instrumente mißbrauchen, indem sie abwechselnd Loyalitätsbekundigungen einfordern und ihnen Vorwürfe machen (Reich 1991). In der Scheidungsphase ist die emotionale und reale Vernächlässigung der Kinder am ausgeprägtesten. Ihr seelisches Leid und ihre Gefühle von Einsamkeit und Verlorenheit vertiefen sich in dieser Zeit.

Die *Nachscheidungsphase* wird bestimmt durch einen vielschichtigen intrapsychischen und beziehungsdynamischen Prozeß von Trauer, Loslösung und Neuorientierung, der im idealen Fall in eine „emotionale Scheidung" mündet (Reich & Bauers 1988). Vielfach wird diese Phase nie ganz abgeschlossen.

Den ehemaligen Partnern wird nach den Turbulenzen im Verlauf der „juristischen Scheidung" die Endgültigkeit der Trennung, die damit verbundenen Konsequenzen in ihrem alltäglichen Leben und die veränderten Anforderungen bzw. Aufgaben in ihrem ganzen Umfang bewußt. Das endgültige Abschiednehmen von Wünschen und Hoffnungen, die Zerstörung von Lebensentwürfen und - perspektiven lösen Selbstzweifel und Schmerz aus. Schuldgefühle, insbesondere den Kindern gegenüber, das Gefühl des Versagthabens in dem zentralen Lebensbereich, Ängste vor Einsamkeit und der Zukunft legen sich oft wie ein grauer Schleier über die Gedanken und das Erleben.

Trennung bedeutet auch „den Verlust der bisherigen Identität mit der Notwendigkeit, sich aus alten Rollen zu lösen und neue zu übernehmen" (Kahlenberg 1993, S.18). So müssen neue Rollendefinitionen als Geschiedene(r), Alleinstehende(r), Alleinerziehende(r) oder umgangsberechtigter Elternteil gefunden werden. Diese Aufgaben sind verknüpft mit veränderten Anforderungen an Selbstverantwortung und Entscheidungsfähigkeit. Die Suche nach neuen Kontakten und Wünsche nach partnerschaftlichen und familiären Bindungen werden nicht selten begleitet von Zweifel und Unsicherheiten über die Stabilität von sozialen Beziehungen.

Die emotionalen Probleme und Verlusterfahrungen werden überlagert von einer Verschlechterung der finanziellen Situation und einem damit verbundenen drohenden sozialen Abstieg. Zumindest ein Partner muß darüber hinaus mit Wohnungs- und Umgebungswechsel, mit Veränderungen in seinem Beziehungsnetz sowie den möglichen Beeinträchtigungen und Sanktionen, die daraus erwachsen können, fertig werden.

Die Kinder müssen in der Nachscheidungsphase die Veränderungen in der Organisations- und Funktionsweise der Familie verarbeiten (Reich 1991; Bauers 1993). Sie werden mit dem Verlust der vertrauten Beziehungsform zu ihren Eltern und dem Verlust der Eltern als Paar in seinen ganzen Konsequenzen konfrontiert. Konfliktspannungen beispielsweise, die sich früher durch die Präsenz von Mutter und Vater immer wieder ausgleichen konnten, verfangen sich jetzt in der dyadischen Beziehung zu einem Elternteil und wirken dadurch bedrohlicher. Neue Partnerschaften ihrer Eltern und die Bildung von Zweitfamilien erfordern ein Loslassen von der „alten Familie" und den damit verbundenen Phantasien, ein Einlassen auf neue familiäre Beziehungssysteme mit anderen Ritualen und Traditionen und ein Zurechtkommen mit multiplen Elternschaften, einem „Nebeneinander von leiblicher und sozialer Elternschaft" (Maier-Aichen & Friedl 1993).

Durch das Eingehen neuer Beziehungen und Familiengründungen brechen häufig ungelöste Konflikte zwischen den ehemaligen Partnern wieder auf. Es kommt schnell zu einer Wiederbelebung alter Vorwürfe und Schuldzuweisungen, die meist über die Umgangsregelungen ausgetragen werden. Die Kinder sind damit wieder unmittelbar in einen negativen Interaktionszirkel auf der Expaar-Ebene einbezogen und geraten in tiefe Loyalitätskonflikte, die mit Identiätskonflikten einhergehen und zu einem inneren Rückzug aus Beziehungen führen. Die sichtbaren Symptome und Auffälligkeiten, die in der Regel erst den Anstoß zum Aufsuchen psychologisch-beraterischer Hilfe geben, sind Reaktionen der Familienmitglieder auf die skizzierten bedrohlichen Entwicklungen und Konfliktkonstellationen, die aus einer Beziehungsauflösung resultieren.

Epidemiologische Studien in den USA zeigen, daß *getrennt lebende und geschiedene Personen* mit einem hohen Risiko für verschiedene Auffälligkeiten leben. Die mit Trennung und Scheidung verbundenen psychosozialen und materiellen Belastungen stellen für die ehemaligen Partner einen schweren Stressor dar, der akute, vorübergehende, aber auch länger andauernde psychische, organische und psychosomatische Störungen bzw. Beschwerden hervorrufen kann (vgl. Hetherington et al. 1982; Argyle & Henderson 1985; Gerstel et al. 1985). Die Betroffenen leiden nach der Trennung unter schweren Stimmungsschwankungen, Depressionen, Antriebsschwäche, einer inneren Ruhelosigkeit und Schlafstörungen.

Die Studien zeigen, daß die Häufigkeit somatischer Krankheiten während des Scheidungsprozesses insgesamt signifikant höher liegt, als etwa bei Verheirateten. Die Personen klagen über Kopf- und Magenschmerzen, Herz- und Kreislaufprobleme, Appetit- und Gewichtsverlust und weisen eine erhöhte Anfälligkeit für Infektionen auf. Bloom et al. (1978) fanden heraus, daß bei ehemals Verheirateten ein hohes Risiko für Suizid, aggressive Ausbrüche und Verkehrsunfälle vorliegt.

Frau Maier entschließt sich zur Trennung, nachdem ihr Mann ihr eröffnet hatte, daß er künftig mehr Zeit mit seiner Freundin verbringen wolle. Herr Maier ist von Beruf Zahnarzt in einer Kleinstadt, sehr aktiv im öffentlichen Leben und zugleich ein ortsbekannter „Don Juan".

Die über 15-jährige Ehe ist geprägt von zahllosen Affären, kürzeren aber auch länger dauernden Außenbeziehungen. Frau Maier ertrug stets die tiefen Kränkungen und Enttäuschungen, weil sie die Beziehung „irgendwie nicht als zu Ende gelebt" betrachtete. Trotz der teilweise heftigen Auseinandersetzungen, erlebt sie ihren Mann während der ganzen Ehejahre immer auch als einfühlsamen Partner, verständnisvollen Zuhörer und liebevollen Vater ihrer beiden 14- bzw. 11-jährigen Söhne. Die überraschende Ankündigung des „teilweisen Auszugs" zerstört schlagartig ihre leise, insgeheime Hoffnung, an die sie sich ständig klammert, daß er vielleicht eines Tages diese Form der „Bestätigung" nicht mehr brauchen würde.

Der spontane Trennungsentschluß löst bei Frau Maier anfänglich ein Gefühl der Erleichterung und der Stärke aus. Aber schon nach kurzer Zeit stürzt sie in eine tiefe seelische Krise. Verzweiflung, Schuldgefühle wegen der Kinder, Gefühle des Versagthabens und der Hilflosigkeit, quälende Selbstvorwürfe und panische Ängste vor der Zukunft überfallen sie mit aller Vehemenz. Suizidale Gedanken, Schlaflosigkeit und eine halbseitige Gesichtslähmung veranlassen sie, sich in stationäre psychiatrische Behandlung zu begeben.

Verbrugge (1979) kommt zu dem Schluß, daß von Trennung und Scheidung betroffene Personen insgesamt einen wesentlich schlechteren Gesundheitszustand aufweisen als Verheiratete und Alleinlebende.

Die Untersuchungen kommen darüber hinaus zu dem Ergebnis, daß gerade die *Scheidungsphase* enorme Anpassungsleistungen von den Betroffenen verlangt. Sie stellt eine besonders ausgeprägte krisenbeladene Periode dar, während der eine Vielzahl psychischer, organischer bzw. psychosomatischer Symptome auftreten. Im Verlaufe der Nachscheidungsphase, etwa im zweiten und dritten Jahr nach der Scheidung, kommt es in aller Regel zu einer Stabilisierung und einer Besserung des Befindens.

Die Form und Intensität der *symptomatischen Reaktion der Kinder* auf die Trennungssituation hängt ganz wesentlich von ihrem Alter, Geschlecht sowie ihrem sozial-emotionalen Entwicklungsstand ab. Neben diesen individuellen Faktoren spielen die Qualität der Beziehungen zu beiden Elternteilen vor und nach der Scheidung und das Bewältigungshandeln der Eltern während des gesamten Prozesses eine wichtige Rolle (vgl. dazu etwa Reich 1991; Bauers 1993).

Jüngere Kinder sind dem Krisengeschehen und den ungelösten Nachscheidungskonflikten der Eltern weitgehend ungeschützt ausgesetzt und dadurch verletzbarer als etwa Jugendliche. Die Scheidungsforschung konnte allerdings eindrucksvoll aufzeigen, welche gravierenden psychosozialen Folgen Scheidung gerade auch für heranwachsende Kinder in der Adoleszenz haben kann (vgl. Emery 1988; Wallerstein & Blakeslee 1989). Jungen reagieren typischerweise mit externalisierten „lärmenden", Mädchen dagegen überwiegend mit introvertierten „stillen" Störungen, was auf den ersten Blick den Anschein erweckt, als ob Jungen von den Auswirkungen der Scheidung stärker betroffen seien wie Mädchen.

Insgesamt ist die mögliche Variationsbreite der manifesten Symptome von Kindern, die die Trennung ihrer Eltern erleben, breit. Sie reicht von dissozialen Verhaltensweisen, schweren Kontaktstörungen, Schul- und Leistungsproblemen bis hin zu depressiven Verstimmungen und psychosomatischen Beschwerden (vgl. Bauers 1993).

Der 9jährige Benjamin galt immer schon als „Mutters Sohn". Nur die Mutter durfte ihn früher ins Bett bringen, von ihr wollte er die „Gute-Nacht-Geschichte" hören, bei ihr sucht er Nähe und Zärtlichkeit. Seinem Vater begegnete er dagegen von Anfang an eher vorsichtig und reserviert. In der bereits jahrelang schwelenden und sich seit geraumer Zeit immer bedrohlicher zuspitzenden Ehekrise nimmt Benjamin Partei für die Mutter. Während die 14jährige Schwester Sabine scheinbar davon unberührt bleibt, stellt sich Benjamin offen gegen seinen Vater, insbesondere wenn es unter Alkoholeinfluß zu lautstarken Auseinandersetzungen und körperlichen Übergriffen kommt. Er schreit ihn dann an, öffnet manchmal sogar demonstrativ ein Fenster und schreit nach Hilfe, was die Mutter oft als letzte Rettung vor ihrem zu Gewalttätigkeiten neigenden Mann empfindet. Als Herr Holzner nach einem heftigen Streit seine Frau wieder einmal schlägt und vor den Augen der Kinder vergewaltigt, die das Geschehen mit lähmenden Entsetzen verfolgen, ringt sie sich endgültig zur Trennung durch. Am folgenden Tag verläßt sie die gemeinsame Wohnung und zieht mit ihren beiden Kindern zu ihren Eltern.

In den nächsten Monaten wächst Benjamin immer sichtbarer in die Rolle eines Partner-Substitut hinein: er schläft häufig im Bett seiner Mutter, er tröstet sie und ist rührend um sie besorgt. Zugleich weigert er sich strikt seinen Vater zu sehen oder auch nur am Telefon zu sprechen.

Diese Entwicklung geht einher mit dem Auftreten einer Reihe gravierender Symptome: der zurückhaltende, introvertierte Junge zieht sich noch stärker zurück, er kapselt sich richtiggehend ab und sucht ständig die Nähe seiner Mutter. Häufig klagt er morgens vor der Schule über Bauchschmerzen und schwänzt regelmäßig sein „geliebtes" Fußballtraining.

Was die Mutter letztlich zum Aufsuchen der Erziehungsberatungsstelle bewegt hat, ist der massive Ordnungszwang des Jungen. Bei all dem Chaos um ihn herum, hält er sozusagen zumindest in seinem Zimmer eine penible Ordnung aufrecht. So ist Benjamin jeden Tag bemüht, seine Bücher im Regal genau in einer Reihe aufzustellen, auf seinem Schreibtisch die Schulhefte exakt aufeinanderzulegen und die Stifte der Größe nach anzuordnen. Er verläßt erst sein Zimmer, wenn Ordnung eingekehrt ist.

Wallerstein & Blakeslee (1989) weisen darüber hinaus auf die langfristigen Auswirkungen von Ehescheidung auf die Kinder hin. Sie konnten in ihrer Längsschnittsstudie den prägenden Einfluß dieses Lebensereignisses auf kindliche Weltsicht, ihre Einstellungen gegenüber Beziehungen zu anderen Menschen und ihre zukünftigen Erwartungen beobachten. So zeigten sich beispielsweise nach zehn und fünfzehn Jahren als späte Folge von Scheidung bei mehr als einem Drittel der nun inzwischen jungen Erwachsenen eine auffällige Ziellosigkeit, unklare Lebensverhältnisse und handlungsbedürftige Beziehungsschwierigkeiten.

Belastungs-Bewältigungs-Paradigma - ein theoretischer Exkurs

Krisen, Konflikte und kritische Lebensereignisse, wie etwa Trennung und Scheidung, schlagen sich nicht gewissermaßen mechanisch in Krankheiten, psychischen Störungen und sozialen Auffälligkeiten nieder. Der Mensch ist kein passives Wesen, sondern ein handelndes Subjekt, das sich aktiv mit den Lebens- und Umweltbedingungen aktiv auseinandersetzt (Lazarus & Folkman 1984). Ob die damit verbundenen Anforderungen zu Belastungen werden und ob die Person einen positiven Bewältigungsprozeß beginnen kann, hängt von den *Handlungskompetenzen* sowie den *sozialen, materiellen* und *individuellen Ressourcen* der Person ab. Dieser Bewältigungsprozeß führt zu Veränderungen beim Individuum und seiner Lebenssituation. Ist der Bewältigungsprozeß nicht erfolgreich verlaufen, kommt es zu Symptomen der Nichtbewältigung in Form von psychischen Störungen, Verhaltensauffälligkeiten und körperlichen Krankheiten. Verläuft der Bewältigungsprozeß erfolgreich, kommt es zu positiven Folgen für die Gesundheit und für die Persönlichkeitsentwicklung. Bewältigung ist demnach als eine Transaktion zu verstehen, bei der ein Stimulus oder eine Anforderung stets ein zum Teil von einer Person mitgestalteter Stimulus bzw. Anforderung ist. Bewältigung ist zugleich ein Prozeß, der mitbestimmt ist durch die Reaktion der Umwelt, in die sie hineinwirkt.

Wesentliches Merkmal des Belastungs-Bewältigungs-Paradigmas ist also dessen *prozessuales Verständnis*. So hat das „vorläufige Ergebnis" dieses Bewältigungsprozesses nun wieder Auswirkungen auf die Eingangsbedingungen, auf die objektiven Lebensbedingungen und die Lebenswelt oder aber auf die Person selbst. Das Verhältnis zwischen den Belastungsbedingungen und dem Bewältigungsprozeß ist dabei als Wechselwirkungsprozeß zu verstehen. Die Bewältigungsbemühungen wirken auf die Belastungsbedingungen oder aber auch auf ihre Bewertung ein und passen sich dann aber immer wieder neu diesen Bedingungen an.

Historisch gesehen entwickelte sich das Belastungs-Bewältigungs-Paradigma in den 50er Jahren aus der Streßtheorie und wurde dann in den neueren Streßkonzeptionen bzw. im erweiterten Streßmodell zu einem wesentlichen Bestandteil (Hurrelmann 1990). Klaus Hurrelmann sieht in diesem Ansatz ein integrierendes Modell, das in der Lage ist, die Begrenzungen klassisch medizinischer und psychologischer Erklärungsmodelle zu überwinden. Es stellt einen *Zusammenhang zwischen gesellschaftlichen* und *persönlichen Ausgangsfaktoren* her und versucht, *das Individuum in seinem sozialen, ökologischen und lebensweltlichen Gesamtkontext* zu verstehen. Diese Sichtweise trug auch dazu bei, die Seite der Ressourcen wahrzunehmen, die einem Individuum selbst oder in seiner sozialen Umwelt zur Verfügung stehen, um Lebensereignisse bzw. alltägliche Belastungen zu bewältigen. Um die Wirkung der belastenden Lebensbedingungen angemessen verstehen zu können, muß man demnach zwei Dinge untersuchen: die vom Individuum herangezogenen *Deutungsmuster* und die ihm verfügbaren und von ihm genutzten *Bewältigungsmuster*. Die besondere Aufmerksamkeit gilt in diesem Paradigma den personalen und sozialen Ressourcen, die es dem Menschen erleichtern oder erschweren mit den Belastungen umzugehen:

- *Personale Ressourcen* sind alle individuellen Fertigkeiten und Fähigkeiten, die ein Mensch im Umgehen mit den alltäglichen Herausforderungen und Anforderungen entwickelt und die sich zu den persönlichen Verarbeitungsstilen, Handlungskompetenzen und Widerstandskräften eines Individuums zusammenfügen. Diese personalen Ressourcen sind biogenetisch und psychisch vorgezeichnet und werden durch lebensgeschichtliche Erfahrungen und die kontinuierliche Auseinandersetzung mit der inneren und äußeren Realität immer wieder verändert und weiterentwickelt (Ulich 1987). Hans Thomae (1968) bezeichnet die individuellen Wahrnehmungs-, Verarbeitungs- und Handlungsmuster mit deren Hilfe der Mensch bedeutsamen Lebensereignissen und Erfahrungen begegnet sowie der Umwelt und seinem Tun Sinn verleiht als „*Daseinstechniken*".

Eine spezielle Form der Daseinstechniken stellt dabei das „*Coping*" dar. In deren Mittelpunkt stehen die Bemühungen einer Person mit Anforderungen und Krisensituationen umzugehen, die ihre verfügbaren Kompetenzen und Bewältigungsmöglichkeiten stark beanspruchen oder überfordern. Coping beschreibt also die Versuche, streßreiche Ereignisse und Belastungen zu bewältigen. „Bewältigung besteht sowohl aus verhaltensorientierten als auch aus intrapsychischen Anstrengungen, mit umweltbedingten und internen Anforderungen sowie den zwischen ihnen bestehenden Konflikten fertig zu werden (d.h. sie zu meistern, zu tolerieren, zu reduzieren, zu minimieren), die die Fähigkeit einer Person beanspruchen oder übersteigen" (Lazarus & Launier 1981, 244).

- Unter *sozialen Ressourcen* werden das Potential an sozialer Unterstützung verstanden, die einer Person in ihrem sozialen Netzwerk zur Verfügung stehen, bzw. die sie für sich mobilisieren kann, um mit Problemen und Krisen fertig zu werden (Keupp 1987; Röhrle 1994). Die gegenwärtig intensiv betriebene gesundheitsbezogene Netzwerkforschung kommt in zahlreichen Studien zu dem Ergebnis, daß sich ein verläßliches Geflecht von sozialen Beziehungen zu Familienmitgliedern, Verwandten, FreundInnen und Bekannten einerseits ganz generell positiv auf unser psychisches Wohlbefinden und unsere Gesundheit auswirkt. Andererseits dient es als ein wichtiger Puffer oder als Schutzschild gegenüber erfahrene Belastungen und drohende Krisen. So wissen wir beispielsweise, daß Menschen, die in ein vertrauensvolles Netzwerk sozialer Beziehungen eingebunden sind, chronische Erkrankungen besser ertragen, sie überwinden Depressionen schneller, durchleben die Trauer nach dem Tod einer wichtigen Bezugsperson erfolgreicher, werden mit belastenden Lebensereignissen wie Arbeitslosigkeit, beruflichen Veränderungen und Ruhestand besser fertig. Verschiedene Untersuchungen belegen den bedeutsamen Einfluß sozialer Ressourcen auf den Prozeß der Trennungsbewältigung (Wilcox 1991; Kahlenberg 1993). Es zeigt sich übereinstimmend, daß Personen, die über eigenes, weitmaschigeres Freundschaftsnetz verfügen, wesentlich produktiver mit den Anforderungen und Problemen umgehen, als diejenigen, die in dieser schwierigen Phase nur auf ein engmaschiges, stark verwandtschaftlich durchsetztes Beziehungsgefüge zurückgreifen können (vgl. dazu auch Lenz 1997).

Die Stärke sozialer Netzwerke - insbesondere der heterogenen, weitmaschigeren Formen - liegt in der Vielfalt der im einzelnen geleisteten Unterstützungsformen, angefangen von der *emotionalen* (Einfühlung, Fürsorge, Gefühle der Geborgenheit und der Dazugehörigkeit), über die *instrumentelle* (konkrete Dienstleistungen, materielle Hilfen), *informelle* (Anregungen, Ratschläge, Vermittlung von Wissen und Kennntnissen) bis hin zur *motivationalen* Unterstützung (vgl. Diewald 1991).

Coping und soziale Unterstützung weisen für Peggy Thoits (1994) eine Reihe von Gemeinsamkeiten auf. Sowohl das individuelle Bewältigungshandeln als auch die soziale Unterstützung zielen darauf ab, das gestörte Passungsgefüge zwischen Person und Umwelt, zwischen den eigenen Fähigkeiten und Wünschen wie den psychosozialen Anforderungen durch problemorientierte und instrumentelle Strategien sowie durch die Milderung der unangenehmen Gefühle wiederherzustellen. Der Unterschied liegt Thoits zufolge lediglich darin, daß die Copingversuche von der betroffenen Person vorgenommen werden, während die sozialen Unterstützungen durch andere angeboten und geleistet werden.

Die personalen und sozialen Ressourcen stehen also in einem engen Zusammenhang und bedingen sich gegenseitig. Sie bilden gemeinsam das *Potential der Lebensbewältigung*, über das eine Person verfügt (Böhnisch & Schefold 1984).

Bewältigungshandeln bei Trennung und Scheidung

In der einschneidenden Phase des Übergangs und der Reorganisation der Familie nach der Trennung gehen in aller Regel zahlreiche soziale Unterstützungsressourcen verloren. Die Studien belegen die tiefgreifenden Veränderungen der Netzwerkstrukturen sowohl hinsichtlich ihrer Größe als auch ihrer Zusammensetzung:

- Die Beziehungen zu der Herkunftsfamilie des/der ehemaligen Partners/Partnerin brechen im Verlaufe des Trennungsprozesses nahezu völlig ab, während gleichzeitig die Kontakte zu den eigenen Verwandten, insbesondere zu den Eltern und Geschwistern, enger werden (vgl. Gräbe & Lüscher 1984; Milardo 1987). Das engmaschige familiäre Netz stellt einerseits eine bedeutsame Hilferessource in dem Krisengeschehen dar, andererseits erweist es sich in dieser Zeit der notwendigen Umstrukturierung und Neuorientierung auch als einengend, kontrollierend und grenzüberschreitend, was zu weiteren Belastungen und Beeinträchtigungen führen kann (vgl. Wilcox 1990; Lenz 1990, 1997).

- Die größten Veränderungen ergeben sich allerdings in dem Subsystem Freundschaft, das sich in dieser Situation eine an für sich wichtige, hilfreiche Ressource repräsentiert. Alleinerziehende Frauen etwa behalten nur einen kleinen Prozentsatz ihrer alten FreundInnen (vgl. Barry 1979; Leslie & Grady 1988). Brian Wilcox (1990) kommt in seiner Studie zu dem Ergebnis, daß sich der Verlust besonders stark bei denjenigen Frauen bemerkbar macht, für die in erster Linie die Ehe den Kontext für Freundschaftsbeziehungen darstellte und die eigene, unabhängige Freundschaftskontakte nicht bzw. kaum noch weiter pflegten. Nach einer Untersuchung von Dieckmann et al. (1986) hat sich nach der Trennung bei etwa Dreiviertel aller Alleinerziehenden der Freundeskreis völlig verändert.

Die Mehrzahl der Alleinerziehenden steht also nach Trennung und Scheidung vor der Notwendigkeit, sich ein zentrales, für das psychische und gesundheitliche Wohlbefinden wichtiges Netzwerksegment neu auzubauen. Ein Teil der Betroffenen ist nicht in der Lage, mit den weitreichenden Veränderungen der Netzwerkstrukturen und den daraus erwachsenen Aufgaben und Anforderungen alleine fertig zu werden.

Frau Maier findet nach der Trennung relativ wenig hilfreiche Unterstützung und echte Anteilnahme in ihrem sozialen Netzwerk. Ihr älterer Bruder, der mit seiner Familie in einem nahegelegenen Dorf lebt, und ihre Eltern überschütten sie im Gegenteil sogar mit Vorwürfen und setzen sie massiv unter Druck. Sie könne doch nicht einfach aus einer „Laune" heraus das Leben der Kinder zerstören und solle gefälligst diese Entscheidung wieder rückgängig machen.

Zugleich bemerkt Frau Maier nach dem Klinikaufenthalt, wie sich immer mehr Personen aus dem Freundeskreis von ihr zurückziehen. Gewohnte Einladungen bleiben aus, Anrufe und spontane Verabredungen werden spärlicher, einzelne gehen ihr offenkundig aus dem Weg oder verhalten sich in den Gesprächen kühl und abweisend. Durch diese schmerzlichen Erfahrungen wird Frau Maier wieder bewußt, daß sie nur ein gemeinsames Freundschaftsnetz hat, in das sie während der Partnerschaft über ihren Mann hineingewachsen ist. Ihre eigenen Kontakte hatte Frau Maier bereits in den ersten Ehejahren reduziert und schließlich auf Betreiben ihres Mannes fast völlig aufgegeben.

Frau Maier fühlt sich einsam und verlassen, richtiggehend aus ihrem gewohnten und vertrauten Beziehungsnetz verstoßen. Die Unterstützungsangebote ihrer Familie empfindet sie als Übergriffe, und lehnt sie daher strikt ab.Allein das Verantwortungsgefühl für ihre beiden Söhne rettet sie in ihrer verzweifelten Einsamkeit vor den insbesondere an den Wochenenden und in den schlaflosen Nächten wieder stärker aufkommenden Suizidgedanken. Ihr jüngerer Sohn rutscht in dieser Phase zunehmend in die emotionale und soziale „Leerstelle". Das schon immer mutterorientierte Kind sucht ihre Nähe, gibt ihr Zuwendung und Zärtlichkeit, wird zum wichtigsten Gesprächspartner. Die Ersatzpartnerbeziehung überfordert den Jungen sichtbar. Als Symptome für diese psychische Überforderung entwickelt er multiple Gesichtstics und fällt in seinen schulischen Leistungen stark ab. Bei Frau Maier lösen diese massiven Verhaltensauffälligkeiten ihres Sohnes Schuldgefühle und quälende Selbstvorwürfe aus. In großer Hilflosigkeit und Verzweiflung greift sie die dringende Empfehlung der Stationsärztin in der Klinik auf und wagt den Schritt zur Erziehungs- und Familienberatungsstelle.

Für die Kinder ist das Auseinanderbrechen des elterlichen Netzwerkes mit tiefgreifenden Verlusterfahrungen verbunden. Ihnen geht durch die Trennung nicht nur die vertraute Beziehungsform zu beiden Elternteilen verloren, sondern auch unterstützende und anregende Bindungen zu Großeltern, Onkel und Tanten, bedeutsame Kontakte zu FreundInnen ihrer und eventuell gewohnte nachbarschaftliche Bezüge (vgl. dazu Schmidt-Denter 1988). Die Kontinuität, Stabilität und Verläßlichkeiten werden durch diese Erfahrungen grundlegend in Frage gestellt, was zusätzliche Verunsicherung und

Bedrohung auslöst. Die Peerbeziehungen sind durch teilweise starke Rückzugstendenzen gekennzeichnet. Die emotionale Verstricktheit, Störungen der Generationengrenzen und Loyalitätskonflikte reduzieren die „innere Freiheit" zur Gestaltung und Aufrechterhaltung von Beziehungen zu FreundInnen und Mitschülern. Die Kinder vermeiden in diesem Krisengeschehen intensivere Kontakte, schweigen und verheimlichen die sie belastende familiäre Situation.

Benjamin wird durch die Trennungsentscheidung seiner Mutter aus seinem vertrauten Umfeld herausgerissen. Er kann zwar, zumindest vorübergehend, noch in der gleichen Schule bleiben, verloren geht für ihn aber der nachbarschaftliche Lebensraum, die Straßenzüge, die er immer so gerne mit seinem Fahrrad abfuhr, das nahegelegene Waldstück, das sich gut zum Versteckenspielen eignet und vor allem der Bolzplatz, auf dem beinahe bei jeder Witterung Fußball gespielt wurde. Schmerzlich vermißt er auch die Besuche bei seinen Großeltern väterlicherseits auf dem Bauernhof und am Wochenende das frühmorgendliche Fischen mit seinem Onkel, einem jüngeren Bruder seines Vaters.

Die Schwiegereltern wie die gesamte Verwandtschaft ihres Mannes hatten, nachdem Frau Holzner die Vergewaltigung zur Anzeige brachte und die Scheidung einreichte, überraschend auch den Kontakt zu den Kindern abgebrochen. Gerade Benjamin war häufig, in den Ferien meist über einen längeren Zeitraum, bei seinen Großeltern, woraus in den Jahren eine enge emotionale Bindung erwuchs, die eigentlich stärker ausgeprägt war, als zu der Familie seiner Mutter, zu der sich die ältere Schwester mehr hingezogen fühlt.

Die Einbindung der Erwachsenen und der Kinder in ein soziales Netzwerk wird in der herkömmlichen Trennungs- und Scheidungsberatung allenfalls im Rahmen der sozialen Diagnose erhoben und vielleicht auch noch in ihren negativen, belastenden Dimensionen analysiert. Diese „Befunde" werden aber in der konkreten Beratungsarbeit kaum mehr aufgegriffen und weiterverfolgt. Die im wesentlichen an den klinisch-psychologischen Modellen orientierten Interventionsansätze konzentrieren sich vielmehr auf die Stärkung des Selbstwertgefühls sowie die Verbesserung und Förderung der individuellen Fähigkeiten und Bewältigungskompetenzen. Das über die familiären Grenzen hinausreichende soziale Beziehungsnetz mit seinen vorhandenen Unterstützungsressourcen bleibt in diesen Vorgehensweisen weitgehend unberücksichtigt.

Die Methoden des „Networking"

In den netzwerkorientierten Beratungsmethoden werden die sozialen Ressourcen der Menschen, also die natürlichen Hilfepotentiale in ihrer alltäglichen Lebenswelt, gezielt angestoßen und gefördert. Diese Interventionsformen sind in der Gemeindepsychologie entstanden und sind geprägt von dem *Gedanken des Empowerment* (vgl. dazu Lenz 1997; Lenz & Straus 1997).

Heiner Keupp (1993) beschreibt Empowerment als einen Prozeß, innerhalb dessen Menschen ermutigt werden, ihre eigenen Angelegenheiten in die Hand zu nehmen, ihre eigenen Kräfte und Kompetenzen zu entdecken und ernst zu nehmen und den Wert selbst erarbeiteter Lösungen schätzen zu lernen. Im Vordergrund stehen nicht die Mängel und Defizite der Betroffenen, sondern deren Stärken, Kompetenzen und verfügbaren sozialen Ressourcen, die es ihnen ermöglichen, ihr Leben selbst zu kontrollieren und zu organisieren.

Die Empowermentperspektive stellt keine neue Methode mit speziellen Techniken dar, sondern umreißt eine alternative Grundhaltung psychosozialen Handelns, in der dem ExpertInnen-Wissen nicht automatisch die alleinige Lösungskompetenz zugesprochen wird (Stark 1993). Vielmehr übernimmt die Beraterin/der Berater immer wieder auch die Rolle eines Netzwerkförderers, eines Motivators, eines Koordinators oder Moderators und ermutigt, regt an, initiiert, schafft Gelegenheiten.

Netzwerkdiagnostik

Ein strukturiertes und methodisch fundiertes Vorgehen in den netzwerkorientierten Beratungsformen setzt eine möglichst umfassende Untersuchung und Analyse des vorhandenen sozialen Beziehungsgefüges voraus. Dazu stehen verschiedene Instrumente zur Verfügung.

Standardisierte, *quantitative Verfahren* zur Erfassung von sozialen Netzwerken und Unterstützungsressourcen, wie sie beispielsweise von Pearson (1997), Laireiter (1993) und Sommer & Fydrich (1989) vorgelegt wurden, liefern nur relativ statische Bilder von der sozialen Wirklichkeit. Soziale Netzwerke befinden sich aber in einem fortwährenden Entwicklungsprozeß, sie strukturieren sich also im Verlauf bestimmter Lebensphasen und -ereignisse, immer wieder um. Sie dehnen sich aus, ziehen sich auf einzelne Segmente zusammen und gestalten sich in verschiedenen Perioden mehr oder weniger engmaschig. Sie lassen sich daher durch einen Fragebogen nur unzureichend erfassen.

Der *dynamische Charakter* läßt sich daher angemessener und sensibler durch qualitative Methoden abbilden. Durch ihre ausgesprochen „dialogisch-reflexive Qualität" fügen sich derartige *offene Instrumente* darüber hinaus auch stimmig in das psychologisch-beraterische Geschehen ein. Sie regen zu Erzählungen über Beziehungsmuster und -erfahrungen, Wünsche nach Nähe und Distanz, Ängste und Einstellungen an, die sich zusammen mit den Belastungen, Konflikten und Krisen zu den subjektiven Lebensgeschichten der Personen verknüpfen.

Johann Klefbeck & Bernhard Feineis (1996) versuchen durch weite Einstiegsfragen, wie etwa „Wer weiß aller von den Problemen?", „An wen können Sie sich (kannst Du Dich) wenden?", „Mit wem können Sie (kannst Du) reden?" einen Zugang zum Netzwerk mit seinen belastenden und förderlichen, unterstützenden Dimensionen herzustellen .

Petra Kolip (1991) läßt die Befragten ihr Beziehungsgeflecht über *ein freigestaltetes Bild* ausdrücken. Die Klientin/der Klient wird zunächst aufgefordert, an irgendeiner Stelle eines Zeichenblattes mit einem Malstift das „Ich" durch ihren/seinen Namen oder ein Symbol, beispielsweise einen Kreis oder ein Quadrat, zu setzen. Dann sollen alle Netzwerkmitglieder entsprechend ihrer Bedeutung und der Enge der Bindung mehr oder nah um die eigene Person plaziert werden. Auch können wieder unterschiedliche Farben und Symbole gewählt werden. Emotional wichtige Menschen oder auch „Konfliktpersonen" lassen sich auf diese Weise zeichnerisch besonders hervorheben.

Die *Netzwerkkarte* eröffnet einen systematischeren Zugang zum sozialen Beziehungsgefüge (Lenz 1997; Straus 1990). Dieses Instrument besteht aus einem Blatt Papier auf dem mehrere konzentrische Kreise um ein in der Mitte gelegenes „Ich" gruppiert sind, das auf einer Korkplatte als Unterlage fixiert ist, sowie aus Markierungsnadeln zum Stecken und Heftetiketten zum Identifizieren der Netzwerkmitglieder.

Die Netzwerkkarte sollte bei entsprechender Problemkonstellation im Verlaufe der Beratung als eine Methode vorgestellt werden, die eine intensivere Auseinandersetzung mit seinem Netzwerk ermöglicht.

Zunächst wird die Klientin/der Klient gebeten, alle Personen zu nennen, die sie/er als zu ihrem/seinem Netzwerk gehörig betrachtet. Je enger sie/er sich diesen Personen verbunden fühlt, um so näher werden sie auf der Karte am „Ich" gesteckt. Eine besondere Markierung erhalten diejenigen Personen, die in Verbindung mit den Problemen und Belastungen stehen.

Die Erstellung einer Netzwerkkarte erstreckt sich in aller Regel über mehrere Beratungssitzungen. Es werden Markierungsnadeln „umgesteckt", das heißt bestimmte Nähe-Distanz-Relationen verändert und gerade zu Beginn kommen immer wieder neue Personen hinzu. Nach Abschluß der Rekonstruktion des Beziehungsgeflechts in seiner Gesamtheit werden die Nadeln durch Klebepunkte ersetzt.

Beide Formen der Netzwerkkarte stellen keine Art neuer „projektiver Tests" dar, sondern sind gewissermaßen ein Hilfsmittel zur Verdeutlichung und Bewußtmachung der sozialen Beziehungen im Umfeld. Die visuelle Darstellung soll Anstöße in der Beratung geben, über das Beziehungsnetz ins Gespräch zu kommen und damit eine vertiefte Analyse seiner Struktur, Qualität und Funktionen einzuleiten. Verluste und Veränderungen wie Abhängigkeiten und kontrollierende Einmischungen werden auf diese Weise sichtbarer. Wünsche nach mehr Nähe oder größerer Distanz, nach Unterstützung und Begleitung oder neuen Kontakten können dadurch klarer wahrgenommen werden. Verfügbare Ressourcen tauchen durch die gezielte Auseinandersetzung auf, zugleich werden aber nicht selten auch diffuse Ängste, enttäuschte Hoffnungen, unerfüllt gebliebene Erwartungen und schmerzliche Erfahrungen mit Personen aus dem sozialen Netzwerk plötzlich wieder deutlich.

Der von mir entwickelte Leitfaden, kann bei der gemeinsamen Analyse des sozialen Netzwerkes und seiner Unterstützungsressourcen als ein gewisser Orientierungsrahmen dienen. Der Leitfaden umfaßt folgende Themenbereiche (vgl. dazu ausführlich Lenz 1997):

- Art und Struktur des Beziehungsgefüges,
- Beziehungswünsche und -erfahrungen,
- Veränderungen im Netzwerkgefüge,
- Verfügbarkeit von Hilfe und Unterstützung,
- Beschaffenheit und Qualität der Netzwerkressourcen,
- Wünsche und Erwartungen in Bezug auf soziale Unterstützung,
- Netzwerkorientierung und subjektive Bedeutung der informellen Unterstützung bei Bewältigungsbemühungen

Die Erstellung weiterer Netzwerkkarten im Verlaufe des Beratungsprozesses eröffnet darüber hinaus die Möglichkeit, eingetretene Veränderungen zu reflektieren und ihrer subjektiven Bedeutung für die Befindlichkeit zu überprüfen. Wer wird beispielsweise in der Zwischenzeit als näher, wer weiter weg gerückt erlebt, wie haben sich Wünsche nach Unterstützung entwickelt oder wie stellen sich die besonders konflikthaft empfundenen Beziehungen dar.

Das auf so einschneidende Weise auseinandergebrochene soziale Netzwerk veranlaßt mich, Frau Maier bereits nach dem Erstgespräch, das Instrument der Netzwerkkarte vorzustellen und ihr die Möglichkeiten des „Networking" aufzuzeigen. In der zweiten Stunde beginnen wir dann mit einer sich über mehrere Sitzungen erstreckende Netzwerkanalyse.

Frau Maier entscheidet sich für die Form mit den konzentrischen Kreisen. Sie erkennt dabei schnell, wie schwach die emotionalen Bindungen und unterstützenden Bezüge in ihrem gemeinsamen Freundes- und Bekanntenkreis eigentlich sind. Die Kontakte reduzierten sich aus ihrer Sicht weitgehend auf Geselligkeit und gemeinsame Aktivitäten, persönliche Angelegenheiten und Probleme werden selbst unter den Frauen eher ausgeklammert.

Große Verbitterung und Traurigkeit löst die Rekonstruktion der Veränderungen in ihrem eigenen Netzwerk im Verlaufe der letzten Jahre aus. Die enge, intensive Beziehung zu ihren beiden Freundinnen, die bis auf die Realschulzeit zurückgeht und mit denen sie anschließend gemeinsam die Erzieherinnen-Ausbildung an der Fachakademie absolvierte, entwickelte sich nach ihrer Heirat immer weiter auseinander und beschränkt sich inzwischen auf gelegentliche Anrufe. Den beidseitigen, schrittweisen Rückzug führt Frau Maier in erster Linie auf den Einfluß ihres Mannes zurück, der die beiden Frauen ablehnte, sie von Anfang an abwertete und als nicht zu „seinen Kreisen" passend betrachtete. Frau Maier wird in unseren Gesprächen immer deutlicher, wie stark sie in ihrer Lebenskrise nicht nur beide Freundinnen, sondern auch ihre jüngere Schwester vermißt, die seit einigen Jahren im Ausland lebt. Auch die Beziehung zu ihrer Schwester wurde ähnlich getragen von tiefem Vertrauen, Nähe sowie gegenseitiger Unterstützung und echtem Interesse, aber durch die große räumliche Entfernung sind sie sich etwas fremder geworden.

In der Verwandtschaft ihres Mannes fühlt sich Frau Maier nur von ihrer Schwägerin, die als Grundschullehrerin arbeitet und seit ihrer Trennung vor einigen Jahren mit ihren beiden Kindern alleine ist, wirklich angenommen und akzeptiert. Die jüngste, beinahe gleichaltrige Schwester ihres Mannes erlebt sie nie als arrogant oder überheblich wie die übrigen Familienmitglieder, die sie bei jeder passenden Gelegenheit unterschwellig ihre geringere Bildung und bäuerliche Herkunft spüren lassen. Auf die emotionale Anteilnahme und vielfältigen Unterstützungsangebote ihrer Schwägerin reagiert Frau Maier aber zunächst äußerst zurückhaltend und mißtrauisch, da sie Einmischungen und eventuell neue Abhängigkeiten befürchtet.

Auch soziale Netzwerke von älteren Kindern und Jugendlichen lassen sich mit beiden Methoden diagnostizieren und analysieren. Zur Erfassung der Größe und Zusammensetzung ihres Beziehungsgeflechtes von sechs- bis zwölfjährigen Kindern haben Roos et al. (1995) einen Interviewleitfaden entworfen, der die folgenden acht *thematischen Bereiche* enthält:

- Spiel, Unterhaltung, Freizeit,
- emotionale Zuwendung,
- Konflikt,
- Sanktionen versus Bekräftigung,
- Anregung, Unterstützung
- Hilfe bei Schwierigkeiten im interpersonellen Bereich,
- Versorgung, Ordnung,
- Regelmäßigkeiten im Tagesablauf.

Die Kinder werden aufgefordert, diejenigen Personen zu nennen,

- mit denen sie sich treffen,
- die sie in den Arm nehmen und trösten,
- die sie nicht ernst nehmen oder ärgern,
- die verbieten und bestrafen bzw. sie belohnen und sich mit ihnen freuen,
- die ihnen helfen, wenn sie etwas nicht alleine schaffen und ihnen Dinge beibringen,
- die ihnen bei Schwierigkeiten mit anderen helfen,
- die für sie sorgen und die Sachen in Ordnung halten und
- die mit ihnen zu Abend essen und sie ins Bett bringen.

Durch diese Fragen lassen sich die Mitglieder des sozialen Netzwerkes eines Kindes und deren Bedeutung in zentralen Funktionsbereichen erfassen. Die Beraterin/der Berater hält die genannten Personen auf einem Protokollbogen fest.

In einem weiteren Schritt wird das Kind gebeten, die Personen auf einer Netzwerkkarte oder einem Spielbrett mit konzentrischen Kreisen in Relation zu sich selbst zu setzen. Roos et al. (1995) verwenden anstatt der Markierungsnadel *weibliche und männliche Figuren*, die drei Generationen umfassen, die von den Kindern entsprechend ihrer Wichtigkeit und Höhe der Zuneigung nahe zu sich selbst oder weiter entfernt gestellt werden. Zur besseren Identifizierung werden die ausgewählten Figuren mit selbstklebenden Namensschildchen versehen. Durch das Unterlegen von maximal drei

Plättchen kann darüber hinaus der Einfluß der entsprechenden Person innerhalb der Familie oder der Gleichaltrigengruppe ausgedrückt werden.

Das auf diese Weise dargestellte Netzwerk dient als Grundlage für ein ausführliches Gespräch mit dem Kind, in das die gleichen Themenkomplexe einfließen, wie bei der Analyse der Unterstützungsressourcen von Erwachsenen oder Jugendlichen.

Im zweiten Familiengespräch öffnet sich Benjamin und beginnt, zum großen Erstaunen seiner Mutter und seiner Schwester, loszureden. Begeistert und zugleich mit Tränen in den Augen erzählt er über seine Erlebnisse auf dem Bauernhof mit seinem Opa und seiner Oma und vor allem über die zahlreichen Unternehmungen mit seinem geliebten Onkel. Auf die Frage, welche Personen er noch gern mag, nennt er sofort seine Mutter und etwas zögerlicher seine Schwester, die ihm öfter bei den Hausaufgaben helfe und sogar manchmal mit ihm Spiele mache.

In den folgenden explorativen Einzelsitzungen führe ich, eingerahmt von einigen projektiven Verfahren und offenen Spielsequenzen, die Netzwerkanalyse ein. Dem Jungen macht es offensichtlich großen Spaß, in der inzwischen lockeren, entspannten Atmosphäre, sich wichtige Personen in den verschiedenen Funktionsbereichen zu überlegen. Sehr konzentriert wirkt er auch bei ihrer anschließenden Plazierung auf der Netzwerkkarte: er stellt sie um, verändert Distanzen und kommt so immer wieder zu neuen Gruppierungen.

In seinem Netzwerk tauchen, nach meinen Eindrücken in den vorangegangenen Stunden überraschenderweise, eine Reihe von Kindern auf. Er nennt insbesondere drei Jungen, mit denen er sich sehr gerne trifft. Er beschreibt sie als nicht so wild und laut wie die meisten anderen Jungs. Leider könne er sich wegen des Wegzugs außerhalb der Schule nur noch selten sehen. Daneben erwähnt er immer wieder ein zwei Jahre älteres Mädchen aus seiner früheren Nachbarschaft, mit der er besonders gern zusammen war. In unseren Gespräch über seinen Freundeskreis klagt Benjamin über die große Langeweile an den Nachmittagen und Wochenenden, die er aber seiner Mutter gegenüber lieber verschweigt.

In der Darstellung des Erwachsenen-Netzwerkes erscheint, neben seiner Mutter und dem engeren Verwandtschaftsgefüge, auch sein Vater. Benjamin verortet ihn zwar an den äußersten Kreis auf seiner Netzwerkkarte, berichtet aber über einige 'lustige' Episoden beim gemeinsamen Fußballspielen im Garten und über die Unterstützung bei den Hausaufgaben. So habe er Mathematikaufgaben immer besser und ruhiger erklären können als seine Mutter.

Die beiden Beispiele vermitteln einen Eindruck, wie sowohl bei Erwachsenen wie bei Kindern, durch eine Visualisierung und Analyse des persönlichen Netzwerkes tiefgreifende Prozesse in Gang gesetzt werden können. So werden auf diese Weise die Struktur der sozialen Verknüpfungen, ihre Veränderungen, bestehende Defizite und emotionale Barrieren, aber auch die oft vernachlässigten kontrollierenden und belastenden Dimensionen deutlich sichtbar. Eine derartige Auseinandersetzung mit dem sozialen Beziehungsfeld lenkt zudem den Blick auf bestehende alltägliche Unterstützungsressourcen, auf ihre Verfügbarkeit und Moblisierbarkeit, der gerade in Krisensituationen oft nur allzu leicht verloren geht.

Die Praxis zeigt, daß die Netzwerkkarte für die Mehrzahl der KlientInnen einen hohen Aufforderungscharakter enthält. Selbst zurückhaltende, gehemmte Kinder oder Erwachsene, mit denen man in den Beratungsgesprächen nur schwer oder überhaupt nicht mit ihren Gefühlen und Empfindungen in Kontakt kommt, werden dadurch zu Erzählungen ermutigt. Sie beginnen, angeregt durch die Netzwerkkarte, Aspekte ihrer Lebensgeschichte wieder in Besitz zu nehmen. „Erinnerungslücken" lassen sich auf diese Weise ausfüllen und Beziehungserfahrungen, die nicht unbedingt den aktuellen Erfahrungen in den gegenwärtigen sozialen Konstellationen entsprechen müssen, werden dem Bewußtsein zugänglich. Über diese Rekonstruktion gelingt es, das eigene Erleben zu ordnen, zu bearbeiten und zu begreifen. Erst in einer in Worte gefaßten Geschichte, „in einer geordneten Sequenz von Ereignissen und deren Interpretation gewinnt das Chaos von Eindrücken und Erfahrungen, dem jeder Mensch täglich unterworfen ist, eine gewisse Struktur, vielleicht sogar einen Sinn" (Ernst 1996, S 202).

Formen des 'Networking'

Unter dem Begriff der netzwerkorientierten Beratungsmethoden werden diejenigen Vorgehensweisen subsumiert, die versuchen, eines oder mehrere Netzwerkmerkmale zu modifizieren, d.h. also die *Eigenschaften der Beziehungen* (z.B. die Reziprozität und Intensität), ihre *Strukturen* (z.B. die Größe und Dichte), die *internen Kommunikationskanäle* und ihre *Funktionen* (z.B. die soziale Unterstützung) (vgl. dazu ausführlicher Lenz 1990). Das funktionale Merkmal der sozialen Unterstützung erweist sich dabei für den psychosozialen und gesundheitlichen Bereich als das bedeutsamste (Röhrle & Sommer 1998).

Inzwischen liegt ein breitgefächertes Repertoire an netzwerkorientierten Interventionsformen vor, die nach ihren unterschiedlichen Grundannahmen, Vorgehensweisen, Zielen und Ansatzpunkten systematisiert und typisiert worden sind (vgl. beispielsweise Röhrle 1994; Nestmann 1989; Kliman & Trimble 1983).

Im folgenden soll eine praxisnahe Konzeptualisierung dieser Beratungsmethoden vorgestellt werden, die sich eng an den Befunden der Netzwerkanalyse anschließt und auf die Unterstützung und Stärkung der vielfältigen Prozesse abzielt, die dadurch in Bewegung gekommen sind. Die Methode des „Networking" setzt in einem ersten Schritt *auf der individuellen Ebene* an und bietet zunächst einen Rahmen für das Bewußtwerden und die Auseinandersetzung mit dem bestehenden sozialen Beziehungsgefüge, deren Muster und Dynamik, mit Wünschen, Erwartungen und Ängsten in Bezug auf andere Personen. Neben den emotionalen Barrieren bilden die konkreten Beziehungserfahrungen einen wichtigen Gegenstand der gemeinsamen Arbeit. Desweiteren geht es um die Wahrnehmung und Identifizierung von Defiziten und um die Ermutigung zur Intensivierung bestehender Beziehungen und zur Reaktivierung früherer Bindungen. Im Mittelpunkt steht in dieser ersten Beratungsphase damit im wesentlichen die *Förderung der Netzwerkorientierung*, also der Bereitschaft einer Person, auf soziale Ressourcen in ihrem Umfeld zurückzugreifen.

Strategien zur *unmittelbaren Netzwerkförderung* stellen eine zweite Ebene der netzwerkbezogenen Beratung dar. Die verschiedenen Verfahren beziehen sich auf alltäglichen Beziehungsstrukturen der Personen, auf „die Baumuster der sozialen Gefüge" (Röhrle 1994, S. 65) und bemühen sich um strukturelle Veränderungen, wie um die Verbesserung der unterstützenden Interaktion und der interinstitutionellen Kooperation und Koordination. Dabei werden einzelne Teile des außerfamiliären sozialen Netzwerkes zu gemeinsamen Sitzungen eingeladen oder andere Fachkräfte und Einrichtungen durch die Einladung zu Hilfeplan- bzw. HelferInnenkonferenzen gezielt einbezogen. Kliman & Trimble (1983) sprechen hier von *„Network Sessions"*, *„Team Problem Solving"* und *„Ecological System Intervention"*. Auf die Schaffung neuer sozialer Kontakte und Gelegenheiten konzentriert sich die Methode der *„Network Construction"* (Kliman & Trimble). Zu diesen Vorgehensweisen zählen vor allem die Initiierung von sogenannten künstlichen Netzwerken, die Betreuung von sozialen Unterstützungsgruppen sowie die Anbahnung und Herstellung von Kontakten zu Organisationen und Selbsthilfegruppen. Den Aufbau von LaienhelferInnen-Systemen und die Förderung von unterstützenden Bezügen in der Nachbarschaft fassen Kliman & Trimble (1983) unter *„Community Network Therapy"*.

Näher dargestellt und erläutert werden sollen im weiteren diejenigen netzwerkorientierten Methoden, denen speziell in der Praxis der Trennungs- und Scheidungsberatung eine besondere Bedeutung zukommt.

Förderung der Netzwerkorientierung

Soziale Netzwerke sind gegebene Gelegenheitsstrukturen, "ob diese Gelegenheiten vom Subjekt genutzt werden und wie sie genutzt werden, hängt von den Ansprüchen, Wünschen, Erfahrungen, Ängsten des Subjekts ab" (Keupp 1987, S. 160). Tolsdorf (1976) bezeichnet das „Nutzerverhalten" als *Netzwerkorientierung*. Darunter versteht er „ein Bündel von Überzeugungen, Einstellungen und Erwartungen einer Person, die sich auf die potentielle Nützlichkeit ihrer Netzwerkmitglieder beziehen, ihr bei der Bewältigung von Lebensproblemen zu helfen" (S. 413).

In seinen Untersuchungen verschiedener klinischer Populationen fand Tolsdorf heraus, daß sich Menschen in ihrer Bereitschaft auf Hilfequellen und Ressourcen in ihrer Lebenswelt zurückzugreifen deutlich unterscheiden. Menschen mit *einer negativen Netzwerkorientierung* empfinden oftmals großes Mißtrauen gegenüber anderen und betrachten es eher als unklug, gefährlich und als Zeichen von Schwäche, Unterstützung aus ihrem sozialen Netzwerk in Anspruch zu nehmen.

Die Entscheidung einer Person, in seinem sozialen Beziehungsgefüge Hilfe und Unterstützung zu suchen, setzt die Bereitschaft voraus, die Probleme oder Konflikte nach außen zu tragen, sie zu veröffentlichen (Straus et al. 1987). Diesem Schritt gehen vielfältige Prozesse des Wahrnehmens, des Definierens und Bewertens voraus.

Insbesondere psychische Auffälligkeiten, Beziehungskonflikte wie auch familiäre Probleme fallen für viele Betroffene aus dem vertrauten Definitionsrahmen heraus und werden über lange Zeit geleugnet, normalisiert oder rationalisiert (Lenz 1990). Erst wenn diese Form der Kanalisierung von Empfindungen nicht mehr ausreicht, weil die Schwierigkeiten beispielsweise immer deutlicher sichtbar werden, zunehmend häufiger auftreten oder bereits den familiären Alltag massiv beeinträchtigen, setzt die Suche nach weiteren Bewertungen und Einschätzungen der Belastungssituation ein.

Menschen unterscheiden sich in der Wahrnehmung und Definition von Problemlagen. Jedes Individuum besitzt, basierend auf biographischen Erfahrungen und erworbenen Wissens über Normalität, Gesundheit und Krankheit, seine eigenen „Bilder" über normale psychische, somatische und soziale Zustände sowie über Abweichungen von Normen und Selbstverständlichkeit des Alltags (vgl. Mechanic 1986). So nehmen manche Menschen sensibel psychosoziale Störungen und Beeinträchtigungen in ihrer Lebenswelt wahr und versuchen, sich aktiv mit den Belastungen auseinanderzusetzen. Andere wiederum ertragen quälende Probleme jahrelang und verheimlichen sie vor den Personen in ihrem sozialen Umfeld. Sie warten ab und hoffen, daß sich die Belastungen von alleine bessern oder sich zumindest in ihrem Ausmaß und ihrer Intensität allmählich reduzieren und damit „aushaltbar" werden.

Eine Hilfesuche im sozialen Netzwerk setzt erst dann ein, wenn das eigene Bewältigungshandeln gescheitert ist oder als nicht mehr ausreichend betrachtet wird. Sich an andere Personen zu wenden und sie in die Bewältigungsbemühungen einzubeziehen, erfordert eine Bereitschaft, die Probleme nach außen sichtbar zu machen. Diese Veröffentlichungsbereitschaft wird zum einen von allgemeinen Normen und kulturellen Werten geprägt. Zum anderen gibt es so etwas wie „individuell angeeigneten Wissensvorrat an Normen 'was man zu veröffentlichen/nicht zu veröffentlichen' hat und 'wie man das zu tun hat/bzw. auf keinen Fall tun darf'" (Buchholz et al. 1984, 225). Diese Einstellung zur Veröffentlichung wird ganz wesentlich durch die individuelle Lebensgeschichte und vor allem durch spezifischen Erfahrungen in der Herkunftsfamilie geformt. Wir Menschen lernen schon früh, daß die Familie eine spezifische Sphäre der Privatheit, Autonomie und Individualität darstellt. Konflikte und Schwierigkeiten sollen daher möglichst innerhalb dieses zentralen Lebensbereiches gelöst werden. Die Beteiligung familienexterner Personen an der Problembewältigung bedarf besonderer Begründungen und setzt in der Regel spezielle Notwendigkeiten voraus wie etwa ein gravierender Problemdruck und das weitgehende Scheitern eigener Bewältigungsversuche.

Die Muster der *Veröffentlichungsbereitschaft* beeinflussen die Höhe der „psychischen Kosten", die ein Hilfesuchen mit sich bringen (Lenz 1990). Das Eingeständnis, alleine mit Problemen nicht mehr fertig zu werden, berührt die Person in ihrem Selbstwertgefühl und ihrer Selbstachtung. Während diese „persönlichen Kosten" meist unterschwellig empfunden werden und sich mehr in diffusen Insuffizienzgefühlen, in einer Deprimiertheit oder einem Angespanntsein ausdrücken, äußern sich die 'sozialen Kosten'in einem mehr bewußten Abwägen, ob in der Problemsituation auf Netzwerkressourcen zurückgegriffen werden soll oder nicht. Hilfe und Unterstützung in Anspruch zu nehmen, lösen ein mehr oder weniger starkes Gefühl aus, in der Schuld des anderen zu stehen und lassen zugleich ein Bedürfnis nach Ausgleich entstehen. Die „sozialen Kosten" beinhalten also die Verpflichtung zur „Rückzahlung" erhaltener Hilfe und Schuldgefühle, wenn eine Reziprozität in der Beziehung zur Helferin/zum Helfer nicht hergestellt werden kann (Gouldner 1984). Gerade Menschen, die in persönlichen Problemen und Krisen verstrickt sind, erleben sich als unzulänglich und inkompetent und sind davon überzeugt, keine entsprechenden Gegenleistungen anbieten zu können. Sie vermeiden daher eher eine Mobilisierung sozialer Ressourcen.

Dieser Komplex an erlernten Einstellungen und Mustern prägt die subjektive Bereitschaft einer Person, sich zur Bewältigung von Problemen oder Krisen, Rat, Hilfe und Unterstützung aus ihrem sozialen Netzwerk zu holen. Der Förderung der Netzwerkorientierung und der Veröffentlichungsbereitschaft kommt deswegen in der Methode des „Networking" eine zentrale Bedeutung zu. Sie steht insbesondere in der Anfangsphase im Mittelpunkt der beraterischen Bemühungen, begleitet aber in der Regel den gesamten Prozeß. Nicht selten beschränkt sich die Arbeit sogar im wesentlichen auf diesen Bereich.

Durch die ausführliche Netzwerkanalyse entdeckt Frau Maier wieder ihren insgeheim schon längere Zeit gehegten Wunsch nach einem Aufleben der Beziehungen zu ihren alten Freundinnen und nach größerer Nähe zu ihrer Schwägerin. Die beiden Freundinnen warfen ihr damals tief enttäuscht Arroganz und Charakterschwäche vor, als sie schließlich ihrem "ewig stichelnden" Mann nachgab, ihre wirklichen Gefühle einfach weg schob, durch Ausreden und Ausflüchte die Kontakte reduzierte und auf diese Weise ihren Rückzug einleitete. Der Wunsch, jetzt wieder auf die beiden Frauen zuzugehen und an die einst so festen Bande anzuknüpfen, wird aber überlagert von ihren Ängsten vor Abweisung und Vorhaltungen. Der geschützte Beziehungsraum in der Beratung läßt die Konfliktsituation in ihrem ganzen Ausmaß wieder lebendig werden, was schrittweise in spürbares Anwachsen ihres Mutes und ihres Selbstvertrauens mündet. Frau Maier springt schließlich über ihren Schatten, sucht das Gespräch mit ihren Schulfreundinnen und stößt durch ihre Offenheit auf positive Resonanz.

Netzwerkorientierung und Veröffentlichungsbereitschaft zu fördern und zu stärken, verlangt über weite Strecken ein klinisch-psychologisches Vorgehen. KlientInnen müssen zunächst einmal die „Innenseite" ihre Beziehungen wirklich erkennen und erleben können. Dieser Prozeß erfordert einen sicheren Raum, einen Ort des Nachdenkens, in dem sie sich auf ihre Gefühle, Einfälle und Phantasien einlassen können und der ihnen allmählich einen Zugang zu den Ängsten, Erfahrungen und Wünschen eröffnet. Dadurch ergibt sich ein fortlaufendes, zusammenhängendes Bild der Person. Sie kommt in Berührung mit ihrem subjektiven Erleben in all ihren Ambivalenzen und Widersprüchen. Dieses Erkennen und Erleben der „psychischen Realität" stößt das Tor auf zu einer aktiven Auseinandersetzung mit den bestehenden Beziehungen und ebnet auch Schritt für Schritt einen Weg zur Reaktivierung, Intensivierung wie auch Neugestaltung von bislang verschütteten oder ausgedünnten Netzwerksegmenten.

Neben diesem *psychodynamischen Vorgehen* erweisen in der individuumsbezogenen Netzwerkberatung systemische Interventionsformen als hilfreich. Die vielleicht wichtigste Intervention ist dabei das „*Reframing*" (von Schlippe & Schweitzer 1996). Bei dieser Methode wird einem Geschehen dadurch ein anderer Sinn verliehen, daß man es in einen anderen Kontext stellt, der die Bedeutung des Geschehens oder einer Erfahrung verändert. Der soziale Sinn bildet gewissermaßen den Rahmen, der festlegt, wie etwa eine Äußerung oder ein Erlebnis zu verstehen ist. Gregory Bateson (1981) hat an zahlreichen Studien eindrucksvoll aufgezeigt, wie ein veränderter Wirklichkeitsrahmen, Bedeutungen völlig verändert, auch wenn der Inhalt gleich bleibt. So kann beispielsweise einer Person mit einer ausgeprägten negativen Netzwerkorientierung eine Wirklichkeitskonstruktion gegenüber gestellt werden, die Zweifel an ihrer bisherigen Sichtweise der Dinge wachruft und dadurch Bewegung provoziert. „Wenn 'alles auch anders sein' könnte, anders gesehen werden könnte, ist schon viel dafür getan, daß die Dinge nicht so festgefahren und rigide erlebt werden wie bisher" (von Schlippe & Schweitzer 1996, S. 180f).

Eine weitere effektive Methoden stellt die „*Technik der positiven oder wertschätzenden Konnotation dar*" (Selvini Palazzoli 1977). Hier geht es darum, Einstellungen, Verhaltensweisen oder Überzeugungen als einen konstruktiven Beitrag in einem System zu definieren. Eine geringe Veröffentlichungsbereitschaft einer Person kann beispielsweise auch als ein „gesundes Mißtrauen" und „vorsichtiges, abwägendes Verhalten" angesehen werden. Damit vermeidet die Beraterin/der Berater Abwertungen und signalisiert der Klientin/dem Klienten zugleich ihr/sein Bemühen, die subjektiven Hintergründe nachzuvollziehen und zu verstehen.

Ziel der individuellen Netzwerkförderung ist es, Empowermentprozesse zu initiieren. Die Betroffenen sollen angeregt werden, ihre eigenen Stärken und Möglichkeiten bewußter wahrzunehmen, wie auch soziale Unterstützungsressourcen in ihrem alltäglichen Lebenskontext zu mobilisieren bzw. zu entdecken und aufzubauen. Die verschiedenen psychotherapeutischen Methoden stellen wertvolle Handwerkszeuge dar, um diese Prozesse auszulösen oder zu beschleunigen. Sie sind dabei aber in eine andere Grundhaltung eingewoben als im traditionellen klinisch-psychologischen Handeln. Nicht die Anwendung standardisierter Therapieansätze und Interventionstechniken, „professioneller Fertigprodukte" (Herriger 1991) ist hier angezeigt, sondern eine variable Handhabung verschiedener Arbeitsformen, die Phantasie und Kreativität im Umgang mit Lebensproblemen befördern und nicht passive Erwartungshaltungen verfestigen wie im klassischen psychosozialen Versorgungsdenken.

Strategien zur Netzwerkförderung

Kliman & Trimble (1983) verstehen unter dem Begriff der „*Partial Network Assemblies*" Verfahren, bei denen auch Teile des extrafamiliären sozialen Netzwerks zu einzelnen oder mehreren Sitzungen zusammengerufen werden. Die Ziele bestehen in erster Linie in der Bereicherung und Stabilisierung von sozialen Netzwerken, die den

Unterstützungsbedürfnissen und -ansprüchen ihrer Mitglieder nicht mehr gerecht werden. Die Bemühungen richten sich entweder auf eine Verbesserung der unterstützenden Interaktionen oder auf strukturelle Veränderungen des sozialen Gefüges (Nestmann 1989).

Networking kann dazu beitragen, Kontakte zu bedeutsamen Personen aus dem sozialen Umfeld zu fördern und zu aktivieren. Durch die Netzwerkanalyse und anschließenden Visualisierung des Beziehungsgeflechts fokussiert sich der Blick bei den Betroffenen auf Menschen, denen Vertrauen und Anerkennung entgegenbringen und besondere persönliche Kompetenz, interaktiv-emotionale Fähigkeiten und Erfahrung zuschreiben. Oder sie nehmen plötzlich bewußter in ihrem Bekannten- und Freundeskreis bzw. in den weiteren Verwandtschaftsbezügen, die mit ähnlichen Problemen konfrontiert war und diese bewältigen oder zumindest leben gelernt hat. In gemeinsamen Sitzungen können beispielsweise bestehende Hemmungen und Ängste, die bislang ein Zugehen verhindert haben, thematisiert werden. Die psychischen Kosten, die mit dem Hilfesuchen verbunden sind, die Reziprozitätgebote und die Bedeutung der Balance in den alltäglichen Hilfebeziehungen, die Gefahren der Grenzüberschreitungen, aber auch Aspekte, wie die Verweigerung von Hilfeleistungen und Wünsche und Bedürfnisse der HelferInnen, lassen sich in einem derartigen Gesprächskontext sichtbar machen und gemeinsam bearbeiten.

Die gewünschte Annäherung an ihre Schwägerin ist bei Frau Maier von äußerst ambivalenten Gefühlen und Gedanken begleitet. Sie bewundert ihre Kraft, wie sie es geschafft hat, sich fair von ihrem alkoholabhängigen Mann zu trennen, wie sie mit ihren Kindern umgeht und schätzt sie als einfühlsame Zuhörerin sowie als kluge, nie überheblich wirkende Ratgeberin. Zugleich kann sie sich aber einer inneren Reserve in ihrer Bereitschaft zur Offenheit und eines gewissen Mißtrauens, was speziell die Probleme im Zusammenhang mit Trennung angehen, nicht erwehren. Frau Maier befürchtet, daß ihre Schwägerin letztlich doch eindeutig auf der Seite ihres Bruders steht, sich ihm und der ganzen Familie emotional mehr verpflichtet und vermeidet es daher, ihre wahre Befindlichkeit in den Gesprächen auszudrücken.

Als Versuch, diese hemmende Ambivalenz aufzulösen, wird vereinbart, die Schwägerin zu einigen Sitzungen hinzuzuziehen. In einer konstruktiven Atmosphäre gelingt es den beiden Frauen, offen über Ängste, Bedenken, Motive sowie gegenseitige Erwartungen und Wünsche zu reden. Neben dieser Herstellung von mehr Nähe und Offenheit eröffnen sich für Frau Maier darüber hinaus neue soziale Anknüpfungspunkte, da ihre Schwägerin über ein weitgefächertes, heterogenes Netzwerk verfügt. Sie findet allmählich guten Anschluß an einige Personen und fühlt sich in diesem toleranten und offenen Beziehungsgefüge zunehmend wohler und gestärkt.

Wie an diesem Beispiel illustriert, reicht es vielfach bereits aus, den involvierten Personen einen strukturierten, sicheren Raum zu bieten, sie miteinander ins Gespräch zu bringen und sie bei der Entwicklung und Ausgestaltung von neuen Begegnungs- und Erlebnismöglichkeiten zu begleiten.

Häufig haben aber ungelöste Interessensgegensätze und interpersonale Konflikte dazu geführt, daß Verbindungen zwischen einzelnen Personen oder ganzen Netzwerksegmenten schwächer geworden oder sogar auseinandergebrochen sind. Insbesondere im Verlaufe von kritischen Lebensereignissen wie Trennung und Scheidung vertiefen sich durch verbale Auseinandersetzungen, Gewaltanwendung, Einsetzen von Verbündeten und einseitige Besitznahme die Gräben und münden nicht selten in Rückzug und Gesprächsverweigerung, einer nicht minder machtvollen Form der Auseinandersetzung. Durch *Mediationstechniken* lassen sich in „Partial Network Assemblies" Brücken bauen, über die weit auseinander liegende Netzwerkteile, distanzierter gewordene oder sogar abgebrochene Beziehungen allmählich wieder enger zusammengeführt und intensiviert werden. Mediation ist allgemein ein Verfahren zur selbstbestimmten und einvernehmlichen Regelung von zwischenmenschlichen Konflikten und Problemen. „Sie stützt sich auf das in hochentwickelten Kulturen weit verbreitete Prinzip, konfligierende Interessen auf konsensuale Art und Weise zu lösen und zielt damit auf die langfristigen Wirkungen: Die Probleme sollen in einer Weise geregelt werden, die es den Beteiligten möglich macht, langfristig ein positives Beziehungsklima zu erhalten - auch wenn dieses vielleicht vorübergehend mit Verärgerung und Groll vermischt ist" (Bastine 1995, S. 18). In gemeinsamen Sitzungen mit Verwandten, FreundInnen oder anderen wichtigen Personen aus dem sozialen Umfeld wird versucht, die „verschütteten" Verhandlungs- und Aushandlungsfähigkeiten wieder in Gang zu setzen und kommunikative Kompetenzen zu fördern, um besser mit Interessensgegensätzen, Ambiguitäten und offenen, nicht selten widersprüchlichen Zielzuständen umgehen zu lernen.

Nach einigen fehlgeschlagenen Versuchen gelingt es, bei Frau Holzner, ihren Schwiegereltern und ihrem Schwager eine gewisse Gesprächs- und Kooperationsbereitschaft zu wecken. Wir vereinbaren drei Sitzungen.

In einer angespannten, aber sichtlich bemühten Atmosphäre machen die Beteiligten ihre zunächst völlig unverrückbar erscheinenden Positionen deutlich, die sie jeweils in gegenseitige Vorwürfe und in zahlreiche 'alte Geschichten' kleiden.

Der Verhandlungsspielraum erweitert sich ganz entscheidend durch meine Einführung der Interessen und Bedürfnisse der Kinder, speziell diejenigen von Benjamin, wie er sie in der Netzwerkanalyse offen ausgedrückt hat. Durch diese veränderte Problemdefinition wird ein neuer Denkrahmen eingeführt, der neben dem Kämpfen um Positionen auch Enttäuschungen, Ängste, Hoffnungen und Verantwortungsgefühle wach werden läßt.

Unterbrochen durch „Rückfälle" auf ursprüngliche Forderungen und den immer wieder aufbrechenden gegenseitigen Entwertungen eröffnen sich mit der Zeit auch Möglichkeiten zur Verknüpfung verschiedener Aspekte und Themen.

So empfindet Frau Holzner ein Einverständnis zur Wiederaufnahme von Besuchen ihres Sohnes bei Großeltern und Onkel irgendwie als eine „innerliche Niederlage". Zudem befürchtet sie Beeinflussungsversuche und ein Aushorchen des Kindes. Andererseits weiß sie natürlich von dem großen Verlangen Benjamins, wieder auf dem Bauernhof sein zu dürfen. Zugleich sieht sie für sich durch die Aufenthalte an Wochenen-

den oder in den Ferien eine gewisse Entlastung und Freiräume, um sich vielleicht doch aus den „Fängen" ihrer Eltern etwas besser befreien zu können.

Die Schwiegereltern und der Schwager hängen stark an beiden Kindern, insbesondere an Benjamin, und würden ihn sehr gerne wieder regelmäßig sehen. Es wird spürbar, daß sie an den Kindern wenigstens ein Stück Wiedergutmachung leisten wollen, was der älteste Sohn und Bruder durch seine Gewalttätigkeit und seine Alkoholexzesse an seiner Familie „verbrochen" hat. Andererseits sind sie nicht bereit, der Schwiegertochter und Schwägerin zu weit entgegenzukommen und ihr „zu viel" an Versorgung abzunehmen.

Da alle Beteiligten keine völlig inkompatiblen Interessen und Vorstellungen haben, ist genügend Spielraum zur Entwicklung von Optionen und zur Erarbeitung von gemeinsamen Lösungen vorhanden.

In der Phase der Findung von Vereinbarungen und ihrer konkreten Ausgestaltung wird Benjamin unmittelbar in das Mediationsverfahren einbezogen. Nach der Ausleuchtung aller Entscheidungsalternativen und der Wünsche des Jungen kommt es schließlich zu folgender Regelung: Der Junge wird ein Wochenende im Monat bei Großeltern und Schwager auf dem Bauernhof verbringen. Bei besonderen Ereignissen und Aktivitäten können zusätzliche Besuche abgesprochen werden. Für die Zeit der Ferien einigen sich die Anwesenden auf die sich in den letzten Jahren eingespielte Dauer.

Nach einer Laufzeit von drei Monaten soll in einem gemeinsamen Gespräch an der Beratungsstelle über die Erfahrungen mit dieser Regelung nachgedacht werden.

Kinder und Jugendliche sind über den familiären Kontext hinaus in eine Vielzahl sozialer Beziehungen eingebunden. Neben Eltern, Geschwistern, Großeltern und Verwandte besitzt die Peergruppe einen hohen Stellenwert. Um die Schule und das Wohnumfeld spinnt sich meist ein mehr oder weniger großes Netz von Gleichaltrigenbeziehungen, das speziell im Freizeitbereich eine besondere Bedeutung hat und in dem vor allem auch wichtige Unterstützungspotentiale stecken. Die Rekonstruktion des sozialen Gefüges in der Netzwerkanalyse öffnet den Blick auf diesen Ausschnitt der kindlichen Lebenswelt und läßt vorhandene Ressourcen und Kompetenzen sichtbar werden. Das Networking greift diese Kräfte auf und versucht sie stärker und systemischer nutzbar zu machen. So sind Kinder und Jugendliche in der Lage, anderen bei einer Reihe von Problemen oder in bestimmten Bewältigungsphasen, wertvolle und effektive Hilfestellungen zu bieten und die Rolle eines Begleiters zu übernehmen. Sie können etwa jüngere MitschülerInnen beim Lernen und Üben von unterrichtsrelevanten Aufgaben unterstützen. Gelingt diese Beziehung, dann ist sie sowohl zum Nutzen der Adressaten der Hilfe, die unmittelbare, einfühlsame Unterstützung erfahren, wie für die *Tutoren*, die darin eine Bestätigung ihrer Bemühungen sehen und Verantwortungsgefühle entwickeln. Ein weiterreichendes Modell ist das der *Patenschaft*. Hier geht die Unterstützungsbeziehung über den schulischen Bereich hinaus und richtet sich auch auf psychosoziale Belastungen und Probleme. Eine „Patin"/ein „Pate" kann beispielsweise ein Kind, das von der Scheidung seiner Eltern betroffen ist und unter den Belastungen des Trennungsprozesses leidet, unter Anleitung der Beraterin/des Beraters begleiten und ihr in den Krisensituationen zur Seite stehen. Der Aufbau von Selbstvertrauen, die Entwicklung von kommunikativen Kompetenzen, wie auch einfach Ermutigung und Verständnis, gelingen möglicherweise in einer derartigen „Peer-Paten-Beziehung" sehr viel leichter als im psychologisch-beraterischen Setting. Aus der Unmittelbarkeit, der emotionalen und sozialen Nähe können Vertrautheit, Spontaneität und Sicherheit erwachsen, die das Durchleben und Bearbeiten der Auflösung, Umstrukturierung und Neuformierung familiärer Bezüge unterstützen (vgl. dazu Vaux 1988).

Für Benjamin übernimmt die in seinem „Kinder-Netzwerk" besonders nah an sich gestellte fast 11jährige Michaela für einen bestimmten Zeitraum gleichzeitig die Rolle einer „Tutorin" und einer „Patin". Nach einem Gespräch mit den Eltern bzw. der Mutter beider Kinder und den Lehrkräften wird vereinbart, daß Michaela zukünftig zweimal in der Woche jeweils eine halbe Stunde mit dem Jungen Lesen und Rechtschreiben üben soll. Darüber hinaus wird den Kindern wieder Gelegenheit gegeben, sich, wie vor dem Wegzug von Benjamins Mutter, zu treffen und gemeinsame Unternehmungen zu starten.

Angebahnt und vorbereitet werden die Kontakte in drei gemeinsamen Sitzungen mit den Kindern an der Beratungsstelle. Michaela drückt dabei klar und deutlich ihre Bereitschaft aus, Benjamin in seinem „schwachen Fach" zu helfen. Besonders freut sie sich aber wieder auf die gemeinsamen Aktivitäten und Abenteuerspiele mit ihm, weil er immer so gute Einfälle habe. Benjamin übt schon seit einiger Zeit am aller liebsten mit Michaela das „verflixte" Lesen und Rechtschreiben und macht ganz begeistert erste Vorschläge für die ersten Treffen.

Begleitet werden die wieder aufgenommenen Kontakte von regelmäßigen Zusammenkünften an der Beratungsstelle, in denen über die gemeinsamen Erfahrungen gesprochen und nachgedacht werden soll.

Derartige *Kontrolltermine* dienen einem doppelten Zweck. Sie sollen zum einen dazu beitragen, daß die HelferInnen durch die Bereitstellung der Hilfeleistungen, durch ihr Geben und ihr Engagement, nicht überfordert oder ausgenutzt werden. Der Hilfeerhalt darf zum anderen natürlich nicht zur Passivität, den Verlust von Autonomie und Selbstinitiative oder zur Beeinträchtigung des Selbstwertgefühls des Empfängers führen. Wesentliche Inhalte dieser „Kontrollsitzungen" sind darum die Erfahrungen und Gefühle der Akteure, die Thematisierung von Hindernissen und Problemen, die gemeinsame Analyse der persönlichen, familiären und lebensweltlichen Entwicklungen oder Ereignisse sowie die Diskussion und Planung weiterer Schritte.

Solche informellen Unterstützungsstrategien lassen sich wirksam nur im Rahmen eines tragfähigen und aufeinander abgestimmten *Hilfeplans* umsetzen, der in *HelferInnen-Konferenzen*, zwischen den verschiedenen Hilfesystemen, wie Schule und Schulberatung, Jugendamt und Erziehungsberatung unter Einschluß der KlientInnen, erarbeitet wurde.

Die Methode des *Case Management* leistet bei der Vernetzung sowie der Planung und Bündelung eines adäquaten „Unterstützungsmaßnahmenpakets" wertvolle Dienste. Der *Case Manager*, der beispielsweise eine Mitarbeiterin/ein Mitarbeiter der Einrichtung ist, die von der Klientin/dem Klienten zunächst aufgesucht wurde, übernimmt die Rolle des Ansprechpartners und Koordinators, der die Betroffenen über die Institutionsgrenzen hinweg begleitet und anwaltlich für sie eintritt.

Diese Methode ist grundsätzlich auf Kooperation, Koordination und Integration angelegt. Es werden Ziele festgelegt, die Hilfen aufeinander abgestimmt und damit die Bandbreite der Möglichkeiten erweitert sowie kontinuierliche Kontroll- und Bewertungsvorgänge der einzelnen Schritte bzw. Bemühungen organisiert. „Gemanagt" wird allerdings nicht der hilfesuchende Mensch, wie es vielleicht auf den ersten Blick erscheinen mag, sondern der Prozeß der Unterstützung. Konstitutive Elemente des Handelns sind die Gedanken des Empowerment und der Partizipation. Stephan Rose (1992) hat in seinem Entwurf des Case Management folgende *Prinzipien* formuliert:

„1. Die KlientInnen werden ganzheitlich als Menschen in ihrem sozialen Kontext betrachtet.
2. Menschen wachsen und entwickeln sich, wenn sie über die notwendige materielle, soziale und emotionale Unterstützung verfügen und ihnen der Wert eines positiv gelebten Lebens vermittelt wird.
3. Menschen wachsen und kommen voran in Beziehungen, die durch Ehrlichkeit, Klarheit der Ziele und gemeinsames planmäßiges Handeln charakterisiert sind.
4. Fachliche Einschätzungen bestimmen die weitere Entwicklung einer Person und ihr Vermögen eigener Lebensgestaltung nur in den engen Grenzen der Dienstleistung" (S. 271 ff.).

Ausgehend von dieser Grundhaltung hat Wendt (1991) einzelne praktische Schritte und konkrete Phasen des Case Management beschrieben:

1. Zugang und Veranlassung:
Ängste, Vorurteile, verzerrte Vorstellungen und mangelndes Wissen tragen dazu bei, daß Menschen, die Hilfe benötigen, bestimmte Einrichtungen nicht bzw. kaum in Anspruch nehmen. Durch Information und anwaltliche Begleitung können Zugangsschwellen gesenkt und Vorbehalte abgebaut werden. Hilfsmöglichkeiten sollen aber nicht aufgedrängt, sondern bekanntgemacht und „nahegebracht" werden. Menschen haben das Recht zu entscheiden, ob und wann sie professionelle Unterstützung bei ihrer eigenen Lebensführung heranziehen.

2. Einschätzung und Abklärung der Situation:
Da es um die Lebensweise einer Person oder einer ganzen Familie geht, müssen die Situation und die bisherigen Bewältigungsversuche gemeinsam erörtert und analysiert werden. Dabei geht es nicht nur um die Defizite und Schwächen, sondern vor allem um die individuellen und sozialen Ressourcen, also um Handlungskompetenzen, Verarbeitungsstile und Copingstrategien sowie um die Einbindung in das alltägliche Beziehungsgeflecht.

3. Hilfeplanung:
Die gemeinsame Einschätzung und Abklärung der Lebensgeschichte, des sozialen Alltags, der materiellen Umwelt, der inneren und äußeren Ressourcen, der physischen und psychischen Dispositionen münden in eine Hilfeplanung. Dabei werden die verfügbaren und erreichbaren Möglichkeiten und Dienstleistungen in die Überlegungen einbezogen. Sie schließt Vereinbarungen über langfristige und kurzfristige Ziele, Absprachen und Zuständigkeitsklärungen, die schriftlich festgehalten und dokumentiert werden sollten.

Insbesondere in dieser Phase können durch den Einsatz von Netzwerkkarten beispielsweise Verknüpfungen oder Überschneidungen zwischen den beteiligten Diensten, Selbsthilfeinitiativen und anderer informeller Hilfesysteme sichtbar und damit deutlich gemacht werden.

4. Kontrollierte Durchführung:
Die Hilfeplanung soll zu einem für die Betroffenen „maßgeschneiderten" Leistungspaket führen. Aufgabe des Case Managers ist es, die Koordination und Kooperation in den Blick zu nehmen und steuernd zu begleiten, das heißt, er sorgt für Abstimmung der Beteiligten und achtet auf die Arbeitsteilung in der Durchführung der Unterstützungsmaßnahmen.

5. Überprüfung der Zielerreichung:
Am Gelingen des Hilfeprozesses sind die betroffenen Menschen sowie informelle und professionelle Helfer beteiligt. Zur Bewertung der Erfolge bzw. der Zielerreichung bedarf das Verfahren der gemeinsamen Selbstevaluation, in der die Beteiligten artikulieren und einschätzen, wie es ihnen im Miteinander und in den einzelnen Bereichen ergeht.

6. Rechenschaft und Entpflichtung:
Die Rechenschaftsablegung ist Aufgabe professioneller Dienste und beruht auf der kontinuierlichen Dokumentation des Verlaufs der Unterstützung und der erreichten Ziele. Sie kann beispielsweise von der im konkreten Fall im Zentrum der Verantwortlichkeit stehenden Institution koordiniert werden.

Case Management setzt gezielt auf Zusammenarbeit mit den hilfesuchenden Menschen. Durch gemeinsame Abklärung, Planung, und Bewertung soll Abhängigkeit und Passivität vermieden und Selbstbestimmung bzw. Selbstorganisation gefördert werden. Die Betroffenen werden so als Subjekte ihrer Lebensbewältigung betrachtet und auf ihrem Weg unterstützt und begleitet. Der Case-Manager sorgt für Kontinuität und Sicherheit in diesem Prozeß.

Auf der interinstitutionellen Ebene gibt dieses Verfahren darüber hinaus wertvolle Anstöße für eine engere Kooperation von Diensten in der Region, macht Schnittstellenprobleme und Defizite in der örtlichen Versorgung sichtbar. Dadurch, daß Fachkräfte fallbezogen über Zielsetzungen und Abstimmungen, über Hindernisse und Erleichterung miteinander sprechen, treten nicht selten auch Ängste vor dem Verlust der Selbständigkeit und vor der Konkurrenz, die oftmals eine engere Zusammenarbeit verhindern bzw. zumindest erheblich erschweren oder regionale Überschneidungen im Versorgungsangebot deutlicher hervor. Case Management liefert also auch einen Beitrag zur Verbesserung der Vernetzung, Kooperation und Koordination der Einrichtungen vor Ort.

Die Methode der „Network Construction"

Die Verfahren der „Network Construction" (Kliman & Trimble 1983) umfassen den Aufbau neuer Kontakte und die Ergänzung vorhandener sozialer Bezüge. Diese Methoden gehen damit über die Förderung der Netzwerkorientierung sowie die Ermutigung zur Intensivierung bestehender Beziehungen und zur Reaktivierung früherer bzw. schwächer gewordener Bindungen hinaus und zielen auf das Stiften neuer bzw. zusätzlicher Zusammenhänge und Unterstützungssysteme ab.

Mögliche Ansatzpunkte für diese Form der Netzwerkarbeit ergeben sich bei kleinen oder sehr reduzierten Beziehungsgefügen, in denen Segmente ganz auseinandergefallen sind und die Betroffenen vielleicht unter Einsamkeit und sozialer Isolation leiden. Bei homogenen, engmaschigen Netzwerken erweist sich die „Network Construction" ebenfalls als eine konstruktive Möglichkeit, Perspektiven für erweiterte Strukturen anzustoßen. Enge, eindimensionale Netze, wie familiäre und verwandtschaftliche Bindungen, bieten einerseits verläßliche, zeitintensive und umfassende Unterstützungsleistungen. Sie zeigen sich andererseits allerdings gerade in Phasen der Umorientierung und der Anpassungsnotwendigkeit an neue Lebensumstände, wie in einer Trennungssituation, oftmals als wenig hilfreich, sogar als einschränkend und stark reglementierend. Die Einmischungen und Sanktionen führen nicht selten zu einer Zuspitzung von Krisen und einer Eskalation von Konflikten. Ergänzende lockere, weitmaschigere Beziehungen sind hierbei in der Lage, einen gewissen Ausgleich zu schaffen. Sie eröffnen einen Zugang zu weiteren sozialen Ressourcen und Informationen, vergrößern den Handlungs- und Gestaltungsspielraum und tragen dadurch in vielen Fällen zu einer besseren Bewältigung der Belastungen bei (vgl. Lenz 1997, 1990).

Anknüpfungspunkte für die Methode der „Network Construction" stellen zum einen selbstorganisierte, nichtprofessionelle Hilfesysteme dar. Es geht hier in erster Linie um die Vermittlung von Kontakten zu LaienhelferInnen-Initiativen, anlaßbezogenen Selbsthilfegruppen sowie anderen unterstützenden Bezügen in Nachbarschaften, Stadtteilen und Wohngebieten (vgl. Froland et al. 1981). Voraussetzung für diese Arbeitsform ist eine enge Vernetzung der Beratungsstelle mit den 'natürlichen' Ressourcen und informellen Strukturen in der Region, für die man zuständig ist. Diese Verknüpfung („Linkage") zwischen den verschiedenen Hilfesystemen erfordert eine Bereitschaft zu wechselseitigem Lernen und Respekt vor den jeweils spezifischen Qualitäten. „Sie basiert auf der grundlegenden Überzeugung der beteiligten Akteure, daß gerade ein konstruktives Zusammenwirken professioneller uns alltäglicher, informeller Hilfe wirksame Potentiale für die Betroffenen zur Entfaltung bringt" (Lenz. 1996, 18).

„Peer Support Groups" (Gottlieb 1985) bilden einen zweiten Weg für den Aufbau bzw. für die Initiierung „künstlicher" Netzwerke. Diese Form der Unterstützungsgruppen unterscheidet sich von klassischen Selbsthilfegruppen lediglich durch ihre professionelle Förderung und Begleitung. Die Beraterin/der Berater führt hier Menschen zusammen, die in gleichen Problemen und Belastungssituationen verstrickt sind, und bietet ihnen einen Ort und die Gelegenheit, sich kennenzulernen, Kontakte und gegenseitige Unterstützungsformen zu entwickeln. An der Beratungsstelle werden beispielsweise *Gruppen für getrenntlebende Eltern* und für *Kinder aus Scheidungsfamilien* gegründet. Eine besondere Bedeutung kommt dabei in der Gruppenarbeit der Förderung der Selbstorganisationspotentiale der Betroffenen zu. In „Peer Support Groups" stehen nicht die traditionellen psychologisch-beraterischen Vorgehensweisen und Methoden im Mittelpunkt, sondern die Empowermentperspektive. Die Beteiligten sollen ermutigt und angeregt werden, gemeinsam in kritischer Auseinandersetzung mit ihrer konkreten Lebenssituation, eigene Bewältigungsformen zu entwickeln und wieder mehr Kontrolle in ihrer Lebenswelt zu gewinnen, sich ein positives Gefühl des „In-der-Welt-Seins" (Stark 1993) zu erarbeiten.

Der Zielrahmen für *Elterngruppen* besteht im wesentlichen darin, Menschen, die sich der gleichen belastenden, einschneidenden Lebenssituation gegenüber sehen, einen Austausch zu ermöglichen. Gerade bei so tiefgreifenden Problemen und Krisen werden Menschen mit ähnlichen Erfahrungen als besonders wertvolle und hilfreiche HelferInnen betrachtet. Gespräche mit Betroffenen zeigen einmal Wege aus der Krise und mögliche Bewältigungsstrategien auf und tragen zum andern zur Reduzierung von Ängsten und Resignation bei. Sie vermitteln nicht selten Gefühle von Hoffnung und Zuversicht (Lenz 1990). Diese „geteilten Erfahrungen" mindern darüber hinaus den externen Druck auf eine rasche Besserung und eine Überwindung der Probleme und erzeugen Gefühle von Gemeinsamkeit und fürsorglicher Nähe. In einer solchen Atmosphäre können neue Formen der sozialen Integration in den Alltag und die Lebenswelt sowie der emotionalen und instrumentellen Unterstützung gedeihen, die von gemeinsamer Freizeitgestaltung bis zu alltäglichen Dienstleistungen, Anregungen, Tips und Informationen reichen. Die Beraterin/der Berater spielt in diesen Unterstützungsgruppen weniger die Rolle einer(s) primäre(n) Helfer(in), die/der ihre Lösungskompetenzen einbringt und entfaltet, sondern die einer(s) Begleiter(in) und speziell in der Anfangsphase häufig, die eines Katalysators und Motivators.

Benjamins Mutter verfügt nur noch über ein sehr reduziertes, ausgedünntes Netz an sozialen Beziehungen, das sich fast ausschließlich auf ihre Familie und die engere Verwandtschaft beschränkt. Auf Druck ihres Mannes und aus Scham wegen seiner ortsbekannten Trinkexzesse und Gewalttätigkeiten zog sich Frau Holzner im Verlauf der Ehejahre immer mehr von den bestehenden sozialen Bindungen zurück und brach eine Reihe davon ganz ab.

Die Ermutigungen und das Verständnis von Gleichbetroffenen stärken ihr schwer beschädigtes Selbstwertgefühl. Die Gespräche untereinander geben ihr zunehmend Orientierung und Sicherheit. Sie fühlt sich immer wohler in der Gruppe und wagt sich zusehends aus ihrem „Schneckenhaus" heraus und nimmt insbesondere zu zwei Frauen aus der Gruppe engere Kontakte auf, die sich relativ schnell auch auf den Alltag ausweiten.

Für Kinder sollen derartige Unterstützungsgruppen in den Phasen des familiären Umbruchs und der Reorganisation zunächst einen Schutzraum bieten. Wie in allen Gruppeninterventionsprogrammen für Kinder aus Trennungs- und Scheidungsfamilien stellen dabei das Erlernen eines offenen Umgangs mit diesem Thema, Entlastung von Schuldgefühlen und Verantwortlichkeiten, Stärkung des Selbstwertfühls und die Entwicklung von altersspezifischen Bewältigungsstrategien wichtige Ziele in der Arbeit dar (vgl. dazu auch Jaede et al. 1994; Schmidt-Denter et al. 1994).

Die Netzwerkperspektive ergänzt dieses in erster Linie klinisch-psychologisch orientierte Vorgehen durch eine gezielte Förderung der sozialen Beziehungen der Kinder untereinander. So werden in dieser Form der Kindergruppenarbeit die positiven Erfahrungen in dem verläßlichen und geschützten Kontext für das Stiften von freundschaftlichen Kontakten und die Wahrnehmung von wechselseitigen Unterstützungsmöglichkeiten herangezogen. Die Beraterin/der Berater greift beispielsweise die Solidaritätsimpulse der Kinder auf, verbalisiert ihre Wünsche nach Gemeinsamkeiten, fördert gemeinsame Interessen und macht ihnen Mut, diese auch in ihrem Alltag zu verfolgen bzw. weiterzuentwickeln.

Benjamin findet in der Gruppe über die gemeinsame Vorliebe für Fußball rasch einen Zugang zu zwei Jungen. Die Sozialpädagogin geht auf die spontan entstandene Verbindung ein und ermuntert Benjamin, sich doch dem Verein anzuschließen, in dem seine beiden neuen Freunde Fußspielen, und der zudem auch noch im Nachbarort ist.

Der Aufbau solcher neuen Kontakte und Aktivitäten erfordert sowohl Absprachen und Abklärungen mit den Eltern als auch eventuell mit der Schule oder Taseseinrichtungen, wie beispielsweise mit dem Hort, die mit dem Einverständnis der Kinder von der BeraterIn vorbereitet bzw. getroffen werden.

Networking - ein integrativer Beratungsansatz

Die am Beispiel der Trennungs- und Scheidungsberatung dargestellte gemeindepsychologische Methode des 'Networking' versteht sich als eine integrative psychosoziale Handlungsperspektive.

Den Reflexionsrahmen für diese Vorgehensweise bildet das *sozialökologisch-systemische Paradigma*. Menschliche Entwicklung wie Belastungen, Probleme und Krisen werden in diesem Modell in einem engen Zusammenhang mit dem jeweiligen sozialen und materiellen Umfeld gesehen. Im Mittelpunkt steht dabei der einzelne Mensch mit seiner Biographie und seinen individuellen Erfahrungen, aber immer auch in seiner Interdependenz mit den Umweltsystemen, die auf verschiedenen Ebenen organisiert sind und zueinander in einem zirkulären Verhältnis stehen. Urie Bronfenbrenner (1981) unterscheidet in den Umweltsystemen zwischen *Mikro-, Meso-, Exo- und Makroebene*:

- Das *Mikrosystem* beschreibt den unmittelbaren, direkt erfahrbaren Lebenszusammenhang einer Person, das heißt ihre persönlichen Beziehungen zu anderen Menschen und das räumlich-materielle Ambiente. Es stellt ein Gefüge wechselseitiger funktionaler Abhängigkeiten dar.

- Das *Mesosystem* umfaßt auf einer mittleren Ebene soziale Netzwerke, etwa Freundes- und Bekanntenkreise, ArbeitskollegInnen wie auch informelle Wechselwirkungen zwischen Mikrosystemen, also beispielsweise zwischen Eltern und Schule. Als Mesosysteme treten auch Ämter bzw. Behörden in ihren administrativen und kontrollierenden Funktionen oder psychosoziale Dienste und Einrichtungen auf.

- Dem *Exosystem* schreibt Bronfenbrenner eine dem Mesosystem komplementäre Rolle zu: Es bezeichnet vorhandene Institutionen, die in das Leben des Menschen nicht unmittelbar eingebunden sind, aber auf ihn Einfluß nehmen. Ein Exosystem, beispielsweise der Betrieb, die Schule, die Verwaltung oder die Polizei, wird für eine Person dann zum Mesosystem, wenn sie es funktional beansprucht oder von ihm beansprucht wird.

- Das *Makrosystem* umfaßt die ökonomischen, politischen, kulturellen und technologischen Bedingungen für das Leben der Menschen. Es verleiht dem Verhalten und der Umwelt Bedeutung und Wert, es kann aber auch, etwa bei Gesetzesänderungen, unmittelbare Auswirkungen auf einzelne Mitglieder der Gesellschaft haben.

Aufgrund der vielfältigen Rückkopplungen und Vernetzungen der internen Prozesse sowie der Rekursivität der daran beteiligten Komponenten entwickeln diese komplexen Systeme ganz eigene Strukturen, Grenzen und Dynamiken (Schiepek 1993). Auf dieser Folie setzen die netzwerkorientierten Verfahren an. Die Verbindung dieser gemeindepsychologischen Perspektive mit klinisch-psychologischen Methoden und Techniken erschließt einen Wirklichkeitsraum, in dem sich sowohl individuelle und familiäre Prozesse wie auch der soziale Alltag der Menschen vollzieht.

Sie werden dabei aber nicht in standardisierte Konzepte einpaßt und zum Objekt professionellen Handelns gemacht (Herriger 1991), sondern als handelnde Subjekte betrachtet, die in der Lage sind, sich aktiv und produktiv mit seiner inneren und äußeren Realität auseinanderzusetzen. Damit geht der Blick weg stärker von den Defiziten oder Störungen und konzentriert sich mehr auf die Fähigkeiten der Person, auf die verfügbaren bzw. mobilisierbaren individuellen und sozialen Ressourcen. Professionelle Hilfe zielt aus einem solchen Verständnis heraus, in erster Linie auf die aktive Förderung von Selbstorganisation und Autonomie ab (Keupp 1993).

Literatur

Argyle, M. & Henderson, M.: The anatomy of relationship. Oxford 1985

Barry, A.: A research project on successful single-parent families American Journal of Familiy Therapy 3 (1979) 65-73

Bastine, R.: Scheidungsmediation - Ein Verfahren psychologischer Hilfe. In: Bundeskonferenz für Erziehungsberatung (Hrsg.): Scheidungsmediation. Möglichkeiten und Grenzen. Münster 1995, 14-37

Bateson, G.: Ökologie des Geistes. Frankfurt 1981

Bauers, B.: Psychische Folgen von Trennung und Scheidung für Kinder. In: Menne, K., Schilling, H. & Weber M. (Hrsg.): Kinder im Scheidungskonflikt. Beratung von Kindern und Eltern bei Trennung und Scheidung. Weinheim/München 1993, 39-62

Bauriedl, T.: Die Wiederkehr des Verdrängten. Psychoanalyse, Politik und der Einzelne. München 1988

Böhnisch, L. & Schefold, W.: Lebensbewältigung. Soziale und pädagogische Verständigungen an den Grenzen der Wohlfahrtsgesellschaft. Weinheim 1984

Bronfenbrenner, U.: Die Ökologie der menschlichen Entwicklung. Stuttgart 1981

Buchholz, W., Gmür, W., Höfer, R. & Straus, F.: Lebenswelt und Familienwirklichkeit. Studen zur Praxis der Familienberatung. Frankfurt: 1984

Dieckmann, J., Kruber, K.-P., Otto, H. & Pallasch, W.: Analyse der Lebenssituation von Alleinerziehenden in Schleswig-Holstein. Gutachten im Auftrag der Parlamentarischen Staatssekretärin für Familie und soziale Verbände im Sozialministerium des Landes Schleswig Hdstein. Kiel 1986

Diewald, M.: Soziale Beziehungen: Verlust oder Liberalisierung? Soziale Untersützung in informellen Netzwerken. Berlin 1991

Emery, R.E.: Marriage, divorce, and children`s adjustment. Developemental Clinical Psychology and Psychiatry. New York 1988

Ernst, H.: Psychotrends. Das Ich im 21. Jahrhundert. München 1996

Froland, C., Pancoast, D.L., Chapman, N.J. & Kimboko, P.J.: Helping networks and human services. Beverly Hills 1981

Gerstel, N.: Divorce and Stigma. Social Problems 34 (1987) 172-186

Gottlieb, B. H.: Assessing and strengthening the impact of social support on mental health. Social Work 30 (1985) 293-300

Gouldner, A.W. (1984): Reziprozität und Autonomie. Frankfurt 1984

Gräbe, S. & Lüscher, K.: Soziale Beziehungen alleinerziehender und verheirateter Mütter. Zentralblatt für Jugendrecht 71 (1984) 492-497

Herriger, N.: Empowerment - Annäherungen an ein neues Fortschrittsprogramm der sozialen Arbeit. Neue Praxis 3 (1991) 221-229

Hetherington, E.M., Cox, M. & Cox, R. (1982): Effects of divorce on parents and children. In: Lamb, M. (Ed.): Nontraditional Families. Hillsdale 1982, 233-288

Hurrelmann, K.: Familienstreß, Schulstreß, Freizeitstreß. Gesundheitsförderung für Jugendliche und Kinder. Weinheim 1990

Jaede, W., Wolf, J. & Zeller, B. (1994): Das Freiburger Gruppeninterventionsprogramm für Kinder aus Trennungs- und Scheidungsfamilien. Praxis der Kinderpsychologie und Kinderpsychiatrie 43 (1994) 359-366

Kahlenberg, E.: Die Zeit allein heilt keine Wunden. Der Einfluß sozialer Unterstützung auf den Prozeß der Trennungsbewältigung bei Frauen. Pfaffenweiler 1993

Keupp, H.: Aufrecht gehen lernen. In einer Welt riskanter werdender Chancen: eine Empowermentperspektive. Blätter der Wohlfahrtspflege - Deutsche Zeitschrift für Sozialarbeit 2 (1993) 52-55

Keupp, H.: Soziale Netzwerke - eine Metapher des gesellschaftlichen Umbruchs? In: Keupp, H. & Röhrle, B. (Hrsg.): Soziale Netzwerke. Frankfurt 1987, 11-54

Klefbeck, J. & Feineis, B.: Netzwerktherapeutische Vorgehensweisen in der Arbeit mit Multiproblem-Familien und Drogenabhängigen. Stockholm/Liestal 1996 [Manuskript]

Kliman, J. & Trimble, D.: Network therapy. In. Wolman, B. & Stricker, G. (Ed.): Handbook of family and martial therapy. New York: 1983, 277-314

Kolip, P.: Freundschaften im Jugendalter. Der Beitrag sozialer Netzwerke zur Problembewältigung. Weinheim/München 1993

Laireiter, A.: Soziales Netzwerk und soziale Unterstützung. Konzepte, Methoden und Befunde. Bern 1993

Lazarus, R.S. & Folkman, S.: Stress, appraisal and coping. New York 1984

Lenz, A.: Ländlicher Alltag und familiäre Probleme. Eine qualitative Studie über Erziehungs- und Familienprobleme auf dem Land. München 1990

Lenz, A.: Lebensweltbezogene Prävention. Eine neue Herausforderung für die Erziehungsberatung. Informationen für Erziehungsberatungsstellen 2 (1996) 12-18

Lenz, A.: Netzwerkorientierte Trennungs- und Scheidungsberatung. In: Körner, W. & Hörmann, G. (Hrsg.): Handbuch der Erziehungsberatung. Göttingen 1998, 197-217

Lenz, A. & Straus, F.: Gemeindepsychologische Perspektiven in der Erziehungsberatung. In: Körner, W. & Hörmann, G. (Hrsg.): Handbuch der Erziehungsberatung. Göttingen 1998, 435-454

Leslie, L.A. & Grady, k. (1988): Social support for divorcing mothers: What seems to help. Journal of Divorce 11 (1988) 147-165

Maier-Aichen, R. & Friedl, I.: Zusammenleben in Stieffamilien. In: Menne, K., Schilling, H. & Weber, M. (Hrsg.): Kinder im Scheidungskonflikt. Beratung von Kindern und Eltern bei Trennung und Scheidung. Weinheim/München 1993, 307-322

Mechanic, D.: Medical sociolgy. A selective view. New York 1986

Milardo, R.M. (1987): Changes in social network of women and men following divorce. Journal of Families Issues 8 (1987) 78-96

Nestmann, F.: Förderung sozialer Netzwerke - eine Perspektive pädagogischer Handlungskompetenz. Neue Praxis 2 (1989) 107-123

Niepel, G.: Soziale Netze und soziale Unterstützung alleinerziehender Frauen. Opladen 1994

Paul, N.L.: Die Scheidung als innerer und äußerer Prozeß. Familiendynamik 5 (1980) 229-241

Pearson, R.E.: Beratung und soziale Netzwerke. Eine Lern- und Praxisanleitung zur Förderung sozialer Unterstützung. Weinheim/Basel 1997

Peuckert, R.: Familienformen im Wandel. Opladen 1996^2

Reich, G.: Familiendynamik und therapeutische Strategien bei Scheidungskonflikten. Psychotherapeut 39 (1994) 251-258

Reich, G.: Kinder in Scheidungskonflikten. In: Krabbe, H. (Hrsg.): Scheidung ohne Richter. Neue Lösungen für Trennungskonflikte. Reinbek 1991, 59-85

Reich, G. & Bauers, B.: Nachscheidungskonflikte - eine Herausforderung an Beratung und Therapie. Praxis der Kinderpsychologie und Kinderpsychiatrie 37 (1988) 346-355

Reich, G., Bauers, B. & Adams, D.: Zur Familiendynamik von Scheidungen - eine Studie im mehrgenerationalen Kontext. Praxis der Kinderpsychologie und Kinderpsychiatrie 35 (1986) 42-50

Richter, H.E.: Eltern, Kind und Neurose. Reinbek 1969
Röhrle, B. & Sommer, G.: Zur Effektivität netzwerkorientierter Interventionen. In: Röhrle, B., Sommer, G. & Nestmann, F. (Hrsg.): Netzwerkinterventionen. Tübingen 1998, 6-45
Röhrle, B.: Soziale Netzwerke und soziale Unterstützung. Weinheim 1994
Roos, J., Lehmkuhl, C., Berger, C. & Lenz, K.: Erfassung und Analyse sozialer Beziehungsstrukturen von Kindern in der klinischen Praxis und Forschung: 'Soziales Beziehungsverfahren für Kinder (SOBEKI)'. Zeitschrift für Kinder- und Jugendpsychiatrie 23 (1995) 255-266
Rose, S.M.: Case Management: An advoacy/empowerment design. In: Rose, S.M. (Ed.): Case Management & Social Work Practice. New York 1992, 271-297
Schiepek, G.: Systemorientierte Psychotherapie. Psychotherapie Forum 1 (1993) 8-16
Schlippe, A.v. & Schweitzer, J.: Lehrbuch der systemischen Therapie und Beratung: Göttingen 1996
Schmidt-Denter, U., Schmitz, H. & Schulte, S. (1994): Unsere Eltern trennen sich. Evaluation einer Gruppenintervention für Kinder aus 1. Trennungsfamilien. In: Cremer, H., Hundsalz, A. & Menne, K. (Hrsg.): Jahrbuch für Erziehungsberatung. Weinheim/München 1994, 163-184
Schmidt-Denter, U.: Soziale Entwicklung. Ein Lehrbuch über soziale Entwicklung im Laufe des menschlichen Lebens. München/Weinheim 1988
Selvini Palazzoli, M., Boscolo, L., Cecchin, G. & Prata, G.: Paradoxien und Gegenparadoxien. Stuttgart 1977
Sommer, G. & Fydrich, T.: Soziale Unterstützung. Materialie Nr. 22. Tübingen 1989
Stark, W.: Die Menschen stärken. Empowerment als eine neue Sicht auf klassische Themen von Sozialpolitik und sozialer Arbeit. Blätter der Wohlfahrtpflege - Deutsche Zeitschrift für Sozialarbeit 2 (1993) 41-44
Straus, F.: Netzwerkarbeit. Die Netzwerkperspektive in der Praxis. In: Textor, M. (Hrsg.): Hilfen für Familien. Ein Handbuch für psychosoziale Berufe. Frankfurt 1990, 496-520
Straus, F., Höfer, R., Buchholz, W. & Gmür, W.: Die Bewältigung familiärer Probleme im Netzwerk - Überlegungen zur Praxisrelevanz der Netzwerkperspektive in der Familienarbeit. In. Keupp, H. & Röhrle, B. (Hrsg.): Soziale Netzwerke. Frankfurt 1987, 178-198
Tolsdorf, C.: Social networks, support, and coping: An exploration study. Family Process 15 (1976) 407-417
Ulich, D.: Krise und Entwicklung. Zur Psychologie der seelischen Gesundheit. München 1987
Vaux, A.: Social support. Theory, research, and intervention. New York 1988
Verbrugge, L.M.: Female illness rates and illness behavior. Testing hypothesis: Sex differences in health. Woman and Health 4 (1979) 61-79
Wallerstein, J. & Blakeslee, S.: Gewinner und Verlierer. Frauen, Männer, Kinder nach der Scheidung. München 1989
Wendt, W.R. (Hrsg.): Unterstützung fallweise. Case Management in der Sozialarbeit. Freiburg 1991
Wilcox, B.L.: Soziale Unterstützung bei der Bewältigung von zerbrochenen Ehen - eine Netzwerkanalyse. In: Schmerl, C. & Nestmann, F. (Hrsg.): Ist Geben seliger als Nehmen. Frauen und Social Support. Frankfurt 1990, 192-214

Die Beratung von Stieffamilien

Karl-Peter Hubbertz & Thomas Merz

Im folgenden werden zwei Fallbeispiele für die Beratung von Stieffamilien vorgestellt, welche sich in wesentlichen Merkmalsdimensionen unterscheiden. Dieses betrifft zunächst die spezifische Entwicklungsphase, in welcher sich die Familie hinsichtlich ihrer Konstituierung und Integration befindet: Familie Hübner/Wielandt ist noch am Anfang eines solchen Prozesses - notwendige Umstrukturierungen, persönliche Ziel- und Erwartungsniveaus sowie Enttäuschungsreaktionen werden schnell zu zentralen Themen. Anders die Familie Bader/Solms, welche schon mehrere Jahre zusammenlebt. Hier entwickelt sich im Beratungsverlauf eine langwierige Auseinandersetzung zwischen Eltern und Kindern um die Definition und Zuschreibung von Problemen, die Generierung von Verantwortlichkeiten und die Herausbildung eines begrenzten Zugehörigkeitsgefühls. Ergebnis ist die Konsolidierung einer Kernfamilie, welche nicht mehr alle Mitglieder der ursprünglich anmeldenden Stieffamilie umfaßt. Beide Fälle unterscheiden sich somit auch in Verlauf und Ergebnis der Beratung: Gelingt es der Familie Hübner/Wielandt, ihrer anfänglichen Selbstdefinition folgend einen Schritt in Richtung Integration zu tun, so überwiegen im Beispiel Bader/Solms die zentrifugalen Kräfte - die ursprüngliche Stieffamilie löst sich wieder auf. Diesen Verlauf nicht als Scheitern zu bewerten, sondern als einen notwendigen Klärungsprozeß zu begleiten, kennzeichnet ein entwicklungsorientiertes Beratungskonzept. Schließlich wurde auch für die beiden Fallbeispiele eine unterschiedliche Darstellungsform gewählt: Während für Familie Hübner/Wielandt ein streng chronologisches Vorgehen angemessen erscheint, um den ereignisreichen Gründungsverlauf einer Stieffamilie en detail nachzuzeichnen, macht der langwierige, von vielen Pausen unterbrochene Umstrukturierungsprozeß der Familie Bader/Solms das Mittel eines thematischen Zeitraffers notwendig. Erst die narrative Darstellungsform erschließt hier jene Querverbindungen von Themen und Handlungsabfolgen, welche aus einem zunächst undurchschaubar wirkenden Familienpuzzle einen inneren Entwicklungszusammenhang sichtbar werden lassen.

Aber auch ein Hinweis auf wesentliche Gemeinsamkeiten beider Fallbeispiele erscheint uns wichtig. Beide Familien sind hinsichtlich äußerer und innerfamiliärer Wirkfaktoren mehrfach belastet - eine Realität, auf die Berater sich zunehmend häufiger einstellen müssen. Die hiermit einhergehende Komplexität von Problembezügen eines stieffamiliären Systems erfordert eine analoge Komplexität des Behandlungsansatzes. Zeitliche und thematische Flexibilität, Settingwechsel, aber auch verschiedene Zugehensweisen und Hilfsangebote sind hier notwendig. Eine Reduktion von Komplexität im Sinne verengter und zeitlich fixierter Problemdefinitionen hingegen liefe Gefahr, den Berater selbst zum ungewollten Problemverstärker zu machen. Neben dem

Verzicht auf festgefügte Familienbilder, der Flexibilität und Komplexität des Vorgehens ist deshalb auch die Ressourcenorientierung des Beraters eine weitere gemeinsame Wirkdimension erfolgreichen Handelns. Die Gestaltungsmöglichkeiten der Familie in jeder Entwicklungsphase zu erkennen und zu fördern, Wünsche und Fähigkeiten der Einzelnen zu benennen sowie sich herausbildende Beziehungsstrukturen positiv zu betrachten - all dies sind Impulse, in deren Folge sich auch Probleme indirekt lösen lassen und BeraterInnen zum change agent der Stieffamilie werden können.

Fallbeispiel: Familie Hübner/Wielandt

Frau Hübner meldet sich telefonisch zur Beratung wegen ihres 9jährigen Sohnes Klaus an. Klaus habe starke Ängste: die Lehrerin habe ihr dringend geraten, etwas zu unternehmen. Als weitere Familienmitglieder nennt Frau Hübner ihren Lebensgefährten Herrn Wielandt, ihre 13jährige Tochter Monika und den 17jährigen Sohn Stefan. Klaus, Monika und Stefan stammen aus der 1. Ehe von Frau Hübner. Frau Hübner ist 42 Jahre alt, gelernte Fleischereifachverkäuferin und seit mehreren Jahren Frührentnerin. Herr Wielandt ist 44 Jahre alt und ebenfalls Frührentner.

Der Berater ruft die Familie ca. eine Woche nach der Anmeldung zurück. Frau Hübner möchte zunächst alleine kommen: Es gebe viele Vorinformationen, die sie dem Berater zunächst unter vier Augen mitteilen will. Dieser betont jedoch die Wichtigkeit eines Familiengesprächs zu Beginn, um alle Beteiligten kennenzulernen. Das sei auch wichtig, um die Probleme von Klaus besser verstehen zu können. Frau Hübner befürchtet, daß Klaus sich in einem Familiengespräch schämen könnte und bloßgestellt fühlt. Der Berater versichert, behutsam zu sein und Klaus nicht zu bedrängen. Später könnte dann auch noch einmal ein Gespräch unter Erwachsenen stattfinden. Frau Hübner ist einverstanden und hofft, daß alle mitkommen. Bei Stefan ist sie skeptisch.

1. Sitzung : Frau Hübner, Herr Wielandt und Klaus

Zum 14 Tage später vereinbarten Termin kommen Frau Hübner, Herr Wielandt und Klaus. Stefan hat sich strikt geweigert, Monika kann nicht, weil sie sich mit einer Freundin verabredet hat.

In diesem Erstgespräch schildert Frau Hübner zunächst die Ängste ihres Sohnes. Klaus traue sich nur noch wenig alleine aus dem Haus, hänge sehr stark an der Mutter und könne abends nicht einschlafen. Wenn die Mutter wegfahren will, hat er Angst, daß sie einen Unfall erleben könnte und möchte möglichst mitfahren. Er weigert sich, mit Freunden aus der Nachbarschaft draußen zu spielen. Frau Hübner ist ratlos. Sie möchte keinen Stubenhocker als Sohn haben. Herr Wielandt schaltet sich ein und bemerkt, daß sie Klaus auch schon mal in einem Fußballverein anmelden wollten. Da sei er nach dem ersten Training aber auch nicht mehr hingegangen. So gehe das nicht wei-

Beratung von Stieffamilien: Fallbeispiele

ter. Klaus brauche wohl einen energischen Anschub, um in die Gänge zu kommen. Klaus selbst sitzt auf seinem Stuhl und schaut zu Boden. Der Berater spricht ihn an und bemerkt, daß ja jetzt schon viel über ihn geredet worden sei. Er wolle ihn aber auch gerne einmal direkt kennenlernen und freue sich, daß er mitgekommen sei. Ob er Lust habe, etwas von sich zu erzählen, z.B. in welche Klasse er gehe, was er nachmittags so mache, etc... Klaus berichtet, ermuntert von seiner Mutter, daß er in die 3. Klasse der hiesigen Sprach-Sonderschule geht. Er nuschelt ziemlich stark, was sich aber bereits erheblich gebessert hat. Nachmittags bastelt er sehr gern und hat in seinem kleinen Zimmer schon 12 Modellflugzeuge und zwei Kriegsschiffe stehen. In seiner Klasse hat er zwei Freunde, Tim und Matthias, die trifft er aber nicht nachmittags, weil sie zu weit weg wohnen. Klaus möchte seine Ängste gern loswerden, er weiß aber nicht wie. Er schämt sich ein bißchen und zieht einmal während des Gesprächs seinen Pullover über den Kopf, als seine Mutter von ihm spricht. Ansonsten macht er bereitwillig mit.

Der Berater spricht Frau Hübner und Herrn Wielandt an und betont, daß sie ja eigentlich eine neue, zusammengesetzte Familie seien. Da habe sich wohl vieles in den letzten Jahren verändert. Beide betonen die guten Absichten, eine neue Familie zu bilden. Man wohne seit einem Jahr zusammen und habe den Entschluß, zusammenzuziehen, reiflich überlegt. Bis jetzt laufe aber alles einigermaßen und man dürfe ja auch nichts mit den Kindern überstürzen. Herr Wielandt erklärt, daß er sich von den Kindern mit Rudi anreden läßt. Er wolle ein guter Freund für sie sein.

Der Berater bittet Frau Hübner, etwas von ihrer früheren Familie zu erzählen. Wenn eine Ehe in die Brüche gehe, brauchten wohl alle Beteiligten viel Zeit, um das zu verarbeiten. Es sei bestimmt nicht leicht, darüber zu sprechen...? Frau Hübner erzählt, tief Luft holend, daß sie schon seit langen Jahren, d.h. in der frühen Kindheit von Klaus, große Eheprobleme mit ihrem damaligen Mann gehabt habe. Dieser sei oft fremdgegangen und habe dann schließlich eine Frau kennengelernt, mit der er heute zusammenwohnt und auch ein Kind habe. Er wohne sogar im selben Dorf, was sie sehr belaste. Ihr Mann sei ausgezogen, als Klaus 7 Jahre alt war. Klaus habe als Kleinster viel von den Ehezwisten mitbekommen und bis vor einem Jahr auch bei der Mutter im gemeinsamen Ehebett geschlafen. In den ersten Jahren lag er meistens in der Mitte zwischen Mutter und Vater. Ihr sei es oft hundeelend gegangen. Frau Hübner meint selbstkritisch, sie habe Klaus wohl auch als Stütze für sich gebraucht.

Klaus leiblicher Vater hat sein Besuchs- und Umgangsrecht nach Meinung von Frau Hübner nur sehr unregelmäßig wahrgenommen. Er sei ein sehr unzuverlässiger Vater. Vor einem Jahr habe er die Treffen mit Klaus und Monika ganz plötzlich eingestellt, mit Stefan laufe schon lange nichts mehr. Und die Angst von Klaus habe seitdem stark zugenommen, das habe nach ihrer Meinung etwas miteinander zu tun.

Der Berater fragt nach, wann Klaus denn aus dem Bett der Mutter in sein eigenes Zimmer umgezogen sei. Das sei doch bestimmt auch eine große Umstellung gewesen? Klaus, der in den letzten Minuten mit seinem Playmobil-Auto gespielt hat, zeigt auf Rudi und ruft: „Als der da gekommen ist, da war das!" Herr Wielandt meint, das stimme wohl. Aber es gehe auch nicht an, daß Klaus weiter im Ehebett bei der Mutter schlafe, dazu sei er viel zu groß. Er habe seine Lebensgefährtin hier von Anfang an ermahnt und ihr klargemacht, daß er das nicht dulden werde. Klaus hätte auch am Anfang viel Ärger gemacht, aber jetzt ginge es ja so leidlich. Frau Hübner schweigt in dieser Sequenz und wirkt etwas verlegen.

Daß ein großer Junge in seinem eigenen Bett schlafen würde, sei wohl auch ganz normal, meint der Berater. Aber wenn man so lange Zeit bei der Mutter geschlafen hat, sei das vielleicht anfangs gar nicht so leicht. Er fragt Klaus, wie er das denn schaffe? Das sei doch schon eine ziemlich gute Leistung! Klaus meint nur: „Stimmt gar nicht!" Er will aber sonst nichts sagen.

Der Berater macht einen Themenwechsel und fragt nach Monika und Stefan. Monika macht der Mutter und Herrn Wielandt große Sorgen. Sie raucht und ist viel mit Jungs unterwegs, was beide in dem Ausmaß für übertrieben halten. Stefan mache eine Lehre als Maurer und gebe sich in letzter Zeit zu Hause besonders rabiat. Alle haben Angst vor ihm. Frau Hübner wird mit ihm nicht mehr fertig und ihr Lebensgefährte ist mit Stefan schon mal fast körperlich aneinandergeraten.

Frau Hübner bekräftigt, daß Klaus ihnen momentan die größten Sorgen mache, obwohl auch sonst in der Familie einiges durcheinander sei. Klaus leide aber wohl besonders unter der Trennung vom leiblichen Vater. Der Berater bestätigt dies und fügt hinzu, auch die neue Familiensituation mache wohl Klaus, aber ebenso seinen Geschwistern zu schaffen. Es sei für alle eine Umstellung, daß die Mutter einen neuen Lebenspartner habe. Wieder eine komplette Familie werden zu wollen, könne für alle ein Gewinn sein, aber auch Probleme mit sich bringen. Er schlägt deshalb vor, daß ein Gespräch mit der ganzen Familie nach wie vor stattfinden sollte. Zuvor möchte er aber gerne eine Stunde allein mit Klaus gestalten, um ihn besser kennenzulernen. Dieser ist einverstanden. Auch die Eltern sollten einmal alleine kommen, worin diese einwilligen.

2. Sitzung

Klaus kommt gerne zu diesem Termin, mag aber über familiäre Dinge nichts weiter sagen. Aus der Schule erzählt er, daß er von den anderen öfter geärgert wird und sich manchmal nur schwer wehren kann. Viele seiner Klassenkameraden findet er blöd, die würde er am liebsten mal verprügeln.

Der Berater führt verschiedene projektive Tests mit ihm durch, um mehr Zugang zu Klaus Gefühlswelt zu bekommen und Hypothesen bezüglich seiner Angstsymptomatik zu entwickeln.

Sceno-Test: Klaus benutzt nur Tiere und Bäume, welche er in den vier Ecken des Testkastens postiert. Oben rechts steht die Kuh, unten rechts mehrere Bäume, zwischen denen sich ein Affe versteckt (Identifikationsobjekt). Dieser wird vom Krokodil bedroht. Oben links stehen Gans, Huhn, Vogel und Storch, unten links hat er einen Teppich umgekehrt hingelegt, auf dessen rauher Oberfläche das kleine und große Schwein stehen.

Auffällig ist, daß Klaus keine Menschen benutzt - das läßt auf eine starke Tabuisierung von Beziehungen zu primären Bezugspersonen schließen. Die von ihm gestellte Szene hat kein Zentrum, sondern ist in verschiedene Teilsegmente separiert, die evtl. einzelne Persönlichkeitsanteile spiegeln. Vorherrschend sind Gefühle von Angst und Bedrohung (Krokodil), Phantasien von der übermächtigen und entfernten Mutter (Kuh) und negativ bewertete Bedürfnisse nach Kuscheln (umgekehrter Teppich mit Schweinen; „Schmuddelecke").

Familie in Tieren: Klaus malt zunächst sich selbst als Schildkröte, dann Monika als Hahn und die Mama als riesige Kuh, schließlich Stefan als Vogel und zuletzt Rudi als Hund. Alle Tiere sind sehr dünn und mickrig gemalt. Klaus reiht sie am untersten Bildrand hintereinander. Die Schildkröte geht nach links voran, die anderen Tiere folgen ihr.

Die Schildkröte als kleinstes Tier deutet an, wie klein und schutzbedürftig sich Klaus zur Zeit fühlt - er benötigt einen Panzer zum Leben. Mama ist das übermächtige Leittier, auch Monika signalisiert noch als Hahn eine gewisse Potenz, während Rudi und Stefan als Männern in der Familie wenig Bedeutung zukommt. Die Linksrichtung deutet einen „Marsch in die Regression" an, der von der Schildkröte angeführt wird. Alle folgen ihr hintereinander, eine familiäre Bezogenheit wird nicht deutlich.

Beide Tests bestätigen, daß Klaus sich in einer sehr labilen seelischen Verfassung befindet. Er hat momentan kein gutes Selbstwert- und Identitätsgefühl. Er fühlt sich bedroht und mit seinen Ängsten allein. Mögliche Beschützer sind weit weg. Sein Lösungsversuch ist der Wunsch nach Regression, welche jedoch verboten ist. Klaus kapselt sich ein und wehrt innere Gefühle und Konflikte ab, die im Gefolge seiner neuen Familiensituation für ihn entstehen.

Telefonat mit der Lehrerin: Klaus befindet sich leistungsmäßig im Klassendurchschnitt, zeigt jedoch im Sportunterricht und bei selbstständigen Aktivitäten sehr viel Ängstlichkeit. Im Umgang mit Gleichaltrigen sei er sehr unberechenbar, d.h. mal schüchtern und dann wieder überzogen aggressiv in seinen Durchsetzungsversuchen. Klaus könne Bedürfnisse und Abgrenzung wenig angemessen zeigen und sei deshalb in der Klasse nicht gut integriert.

3. Sitzung: Frau Hübner und Herr Wielandt

Frau H. berichtet, die Lage habe sich etwas entspannt. Klaus gehe jetzt mal öfter zu einem Bauern in der Nachbarschaft, wo er sich ein bißchen Geld verdienen könne. Der Bauer könne Klaus gut leiden und das Arbeiten mache ihm dort Spaß. Nur komme er immer völlig verdreckt nach Hause.

Die Mutter erzählt noch einiges aus Klaus Kindheitsgeschichte. Sie habe sich wohl von Anfang an sehr viel Sorgen um ihn gemacht, weil er als Kleinkind laufend schwere Infekte hatte, an Pseudokrupp erkrankte und viel Pflege brauchte. Als dann gleichzeitig die Probleme mit ihrem Mann begannen, sei sie ganz in der Fürsorge für Klaus aufgegangen. Nach der Trennung habe ihr Mann gegen sie um das Sorgerecht gekämpft, weil sie angeblich zu krank sei, um alleine die Kinder zu erziehen. Als sie das Sorgerecht zugesprochen bekam, habe er die Kinder nur noch sporadisch an den Wochenenden zu sich geholt. Die Kinder hingen sehr an ihm. Die neue Frau habe jedoch die Besuchskontakte torpediert, und als besonders Klaus immer öfter weinerlich war, habe sie das Ganze beendet. Die Kinder seien in der neuen Familie ihres Exmannes nicht richtig versorgt worden und deshalb habe sie beim Jugendamt ein vorläufiges Aussetzen des Besuchskontaktes erwirkt. Das habe Klaus und Monika aber auch härter getroffen, als sie dachte.

Der Berater fragt Herrn W. und Frau H. nach ihrer persönlichen Lebenssituation. Beide haben sich vor zwei Jahren kennengelernt. Herr W. ist trockener Alkoholiker und seit einer Krebs-OP berentet. Er hat eine Tochter von 12 Jahren aus 1. Ehe, zu der jedoch kein Kontakt mehr besteht. Herr W. stammt aus einer kinderreichen Familie. Die Mutter war sehr belastet und hat oft geschlagen, der Vater war Landarbeiter.

Frau H. hat im Zuge der Trennung von ihrem Mann einen Zusammenbruch erlitten, von dem sie sich bis heute nicht erholt hat. Sie bekam Asthmaanfälle, die bis zum Atemstillstand gingen. Hinzu kamen Bluthochdruck und Wasser in den Beinen. Sie ist ebenso berentet und zu 70% behindert. Sie stammt aus einer Familie mit drei Kindern, in der der Vater trank und sie mehrmals als Jugendliche sexuell attackierte. Die Mutter war sehr duldsam und angepaßt. Herr W. und Frau H. haben ein Jahr lang überlegt, ob sie zusammenziehen wollen. Frau H. hat Angst vor neuen Verletzungen. Sie kann sich nur schwer auf eine so nahe Beziehung einlassen, ihr wird schnell alles zuviel. Aber sie habe nicht nein gesagt, als ihr Partner auf ein Zusammenziehen gedrängt habe. Herrn W. fiel es gar nicht so leicht, seine eigene Wohnung aufzugeben, aber er ist froh, nicht mehr alleine zu sein. Die Familie lebt in einer großen Sozialwohnung, so daß jedes Kind ein eigenes, wenn auch kleines Zimmer hat. Die Mutter ist mit ihrem Lebensgefährten immer zu Hause, beide haben wenig Zukunftsvorstellungen bzgl. ihres Lebens. Oft sei es mit fünf Personen eng zuhause, da hockten alle aufeinander und es gebe leicht Streit. Geld ist knapp, das gemeinsame Einkommen liege gerade über dem Sozialhilfesatz.

Frau H. fragt den Berater, wie denn nun Klaus geholfen werden könne? Sie habe sich nach der letzten Stunde gefragt, ob das Zusammenziehen mit Rudi für Klaus nicht doch zu plötzlich kam. Der Berater fragt die Mutter, was sie sich denn in nächster Zeit für ihren Sohn wünsche, was sich ändern solle? Beide antworten unisono, daß Klaus mehr rausgehen solle, daß sich seine Bindung an die Mutter lockern müsse und daß es wichtig sei, daß Klaus mehr Kontakt zu anderen Kindern finde.

Der Berater führt nun aus, daß Klaus nach seiner Sicht z.Z. unter mehreren Belastungen stehe: Einer Trennung und ungeklärten Beziehung zum leiblichen Vater, einer neuen Familiensituation mit Rudi, welche für Klaus mehr Abstand zur Mutter mit sich bringe, aber auch der bedrohlichen Krankheit der Mutter und ihrer häufigen Niedergeschlagenheit. Die jetzige Familie befinde sich noch in der Gründungsphase, in der vieles ungewiß und ungeklärt sei. Klaus habe hier noch nicht seinen Platz gefunden. Alle Familienmitglieder könnten deshalb von weiteren Familiengesprächen profitieren, in denen jeder zu seinem Recht komme und der Familienzusammenhalt für alle gestärkt werden könne.

Nach Meinung des Beraters braucht Klaus aber eine zusätzliche Unterstützung. Er schlägt eine Spieltherapie vor, in der Klaus innerhalb einer Gruppe von Gleichaltrigen lernen könne, seine Ängste abzubauen und soziale Fertigkeiten zu entwickeln. Die Gruppe habe den Vorteil, daß Klaus außerhalb der Familie einen zusätzlichen Ort habe, um sich zu verankern und zu stabilisieren. Der Berater bittet die Eltern, über beide Vorschläge nachzudenken. Natürlich muß auch Klaus einverstanden sein. Er kann die Gruppe zunächst einmal für ein oder zwei Stunden beschnuppern. In jedem Fall wäre es gut, noch einmal eine Familiensitzung zu vereinbaren, zu der möglichst alle Kinder kommen sollten. Frau H. und Herr W. sind einverstanden. Ein neuer Termin wird vereinbart, bei dem mögliche weitere Vereinbarungen getroffen werden können.

4. Sitzung: Frau Hübner, Herr Wielandt, Klaus und Monika

Der Berater fragt nach Stefan. Frau H. meint, ihr Ältester habe es endgültig und unmißverständlich abgelehnt, mit zu der „Quasselstelle" zu gehen: „Laß mich mit dem Scheiß in Ruhe!" Alle regen sich über Stefan auf, der tut und läßt, was er will. Klaus und Monika wollen sich nicht mehr von ihm herumkommandieren lassen. Frau H. ist ratlos, weil Stefan sich nichts mehr von ihr sagen läßt. Der Berater bemerkt, daß Stefan ja eine ziemlich große Macht in der Familie haben müsse. Der sei so stark, daß sich auch in seiner Abwesenheit die ganze Familie mit ihm beschäftige. (Stefans leerer Stuhl bleibt stehen und demonstriert seine Wichtigkeit.) Wie es denn den übrigen Familienmitgliedern so miteinander gehe?

Herr W. beklagt sich über Monika, die ihm gegenüber extrem frech sei. Sie rauche heimlich. Auf der Toilette habe er ihre „Kippen" gefunden. Das allein sei schon ein schlimmes Wort. Beide Erwachsenen finden, daß Monika zu viel unterwegs sei. Herr W. hat Hausarrest verhängt, aber Monika ist trotzdem abgehauen. Sie sitzt jetzt lässig in ihrem Sessel und kaut Kaugummi. Der Berater begrüßt sie erst einmal richtig und fragt sie nach ihrer Meinung dazu. Monika antwortet knapp: „Von dem lasse ich mir doch nichts sagen! Der ist doch gar nicht erziehungsberechtigt für mich!" Der Berater spricht Herrn W. an, hebt seine Bemühungen hervor, ein guter Vater zu sein. Manchmal wolle man seine Sache besonders gut machen und stelle dann fest, daß gerade dadurch vieles schiefgehe. Monika könne ihn wohl nicht so leicht als regelsetzenden und strafenden Erwachsenen akzeptieren und die Sache eskaliere, wenn er es weiterhin versuche. Wie es ihm wohl erginge, wenn er etwas mehr Abstand halten würde und gelassener wäre? Der Berater wendet sich an Frau H.: Bestimmt wären Sie dann stärker gefragt, oder? Frau H. zögert und nickt, appelliert dann an Monika, sich zuhause an die Regeln zu halten. Monika fängt plötzlich an zu weinen, klagt die Mutter an, sie werde ungerecht behandelt und bekomme zu wenig Taschengeld. Niemand sehe, wenn sie mal was gut mache (Schulnoten). Klaus werde von der Mutter vorgezogen. Der Berater formuliert ihre Klagen in Wünsche um ... Frau H. verteidigt sich ein bißchen: Monika übertreibe.

Klaus hat sich bis dahin hinter seinem Sessel auf dem Boden bewegt. Er kaspert herum, grunzt und versucht durch laute Zwischenrufe auf sich aufmerksam zu machen. Der Berater hat schon angesprochen, daß Klaus momentan noch ganz klein sein will. Der taucht aber jetzt aus der Versenkung auf und thront auf seinem Sitz: "Ich will auch was sagen!" Er muß noch warten, bis er an der Reihe ist. Dann bricht es aus ihm heraus, er habe niemanden zum Spielen. Monika gehe nur noch mit größeren Jungen weg und wolle ihn nicht mitnehmen. Und seine Mutter und Rudi behandelten ihn wie ein kleines Kind. Neulich wollte er eine Birne in einer Lampe wechseln, und das durfte er nicht. Du bist noch zu klein, haben sie gesagt. (Klaus weint) Er sei sich ganz sicher, daß er das schon könne! Der Berater wendet sich an Klaus: „Alle denken hier, daß du noch so klein bist, und haben noch gar nicht gemerkt, daß du schon viel mehr kannst. Weißt du, Klaus, ich glaube deine Angst, von der wir letztens geredet haben, die ist eigentlich auch so eine Art Signal, daß du größer und selbständiger wirst!" (Klaus versteht nicht.) Berater: „Ja, du möchtest gerne größer sein und kannst auch eine Menge, aber oft traust du dich noch nicht so richtig, und das ist dann die Angst!" Klaus nickt, schreit sich dann aber sogleich mit Monika an. Beide belegen sich mit Schimpfworten. Es geht darum, wer jetzt weiterreden darf und wer Recht hat. Der Berater versucht, die Erwachsenen wieder ins Spiel zu bringen. Herr W. betont, so sei es auch oft zu Hause. Das sei ihm viel zu viel Hektik, zu viel Streit - er habe sich ein Familienleben anders vorgestellt. Beide Erwachsenen wollen mehr Ruhe haben und reden mißbilligend auf den Berater ein, während die Kinder sich weiter anschreien. Der Berater sorgt lautstark für Ruhe und gibt Frau H. das Wort. Diese wendet sich an die Kinder und sagt mit etwas festerer Stimme: „Ich will, daß einer nach dem anderen redet. Jeder kommt dran! Und mein größter Wunsch ist, daß ihr zu Hause nicht so viel streitet!"

Der Berater macht eine Zäsur und kündigt den Schluß der Stunde an. Er lobt die Familie: Alle haben etwas gesagt und sich zugehört, obwohl manchmal die Wogen hochgeschlagen sind. Es seien verschiedene Wünsche genannt worden, die er wiederholt. Die seien größtenteils berechtigt, und der heftige Streit in der Familie rühre wohl daher, daß jeder schnell Angst bekomme, zu kurz zu kommen. Dann gebe es schnell Krach und die Versuchung sei groß, sich mit Gewalt sein Recht zu holen. Das sei nicht nur bei Stefan so. Bei wüstem Streit und Gewalt seien zum Schluß meist alle Verlierer. Das alles zeige, daß die neue Familie sich noch zusammenfinden müsse. Der Berater bietet weitere Familiengespräche an: Wie können die Wünsche der Einzelnen erfüllt werden? Welche Grenzen sind nötig? Und wie kann man für Gerechtigkeit sorgen, so daß alle zufriedener sind? Alle sind einverstanden, nur Monika zögert und will es sich überlegen.

Der Berater wendet sich an Klaus: Für dich habe ich noch einen besonderen Vorschlag. Er beschreibt die Spieltherapiegruppe mit gleichaltrigen Jungen und knüpft an Klaus Wünsche nach Größersein, Ernstgenommenwerden und Kontakt an. Klaus hat Lust und will zu einer Probestunde kommen. Herr W. sagt beim Abschied: „Für mich ist das alles neu. Ich bin von zu Hause mehr Zucht und Ordnung gewohnt".

5. Sitzung: Frau Hübner, Herr Wieland, Klaus und Monika

Der Berater begrüßt alle und freut sich, daß auch Monika mitgekommen ist. Herr W. kommt direkt zur Sache: Stefan sei zu Hause ausgerastet. Der Anlaß war sein nächtliches Nachhausekommen am Wochenende, von dem Herr W. sich gestört fühlte. Stefan hat ihn körperlich bedroht, Frau H. mußte dazwischengehen.

Alle, auch Monika und Klaus, ziehen gegen Stefan vom Leder. Er ist für die Familie zur Bedrohung geworden. Frau H. meint, das gehe schon seit zwei Jahren so und das habe er von seinem Vater geerbt. Sie möchte, daß Stefan auszieht und bei der Oma wohnt, die ein kleines Haus im selben Ort hat. Sie komme nicht mehr gegen Stefan an. Herr W. bekräftigt: „Entweder er geht oder ich gehe"! Es herrscht viel Druck und Aufregung.

Der Berater gibt zu bedenken, daß da wohl ein Verdrängungskampf im Gang sei. Stefan hatte in den letzten Jahren die Position eines Quasi-Familienoberhauptes. Es sei schwer für ihn, daß es nun Rudi gebe. Dennoch will sich die Familie von ihm trennen. Nach einem nochmaligen Aufzählen seiner Gefährlichkeit wird konkret überlegt, wie man es Stefan sagen kann. Beschluß ist: Frau H. wird alleine mit ihm reden. Sie möchte den Kontakt zu ihrem Ältesten nicht abschneiden. Der Berater unterstützt sie bei der Überlegung, daß Stefan öfter nach Hause zu Besuch kommen könne. Er bietet ein gemeinsames Gespräch mit Stefan an.

6. Sitzung: Frau Hübner, Herr Wielandt, Klaus und Monika

Stefan hat eingewilligt, sein Umzug ist in 14 Tagen. Aber: Sein leiblicher Vater will auch dort wohnen, er hat sich von seiner neuen Frau getrennt und will zu seiner Mutter ziehen. Monika meint, der sei nun auch dort rausgeflogen ... Es stellt sich heraus, daß der leibliche Vater beide Kinder nach einer langen Pause auf der Straße angesprochen hat. Er will wieder Kontakt und rief auch bei Frau H. an, ob man sich mal treffen solle?!

Der Berater exploriert jeden nach seinem Gefühl in dieser Situation: Die Kinder sind sehr zögernd und ambivalent, Klaus hätte am ehesten Lust, seinen Papa mal zu treffen. Frau H. lehnt strikt ab. Herr W. ist sehr aufgeregt, was da auf ihn zukommt. Alle sind sich einig, daß es so einfach nicht gehe! Der Berater findet es wichtig, daß die Kinder Kontakt zu ihrem Vater haben können. In der Vergangenheit sei das jedoch wenig planbar und verläßlich gewesen, deshalb sei Vorsicht geboten. Kleine Abmachungen seien jetzt sinnvoller als große Pläne. Monika betont, daß sie von ihrem Vater ohnehin nicht mehr viel will. Der habe sie doch nur enttäuscht ... Frau H. ist skeptisch, weil sie kein Hin und Her mit ihrem früheren Mann will. Der Berater unterstützt Mutter und Kinder, eine für alle angemessene Kompromißformel für den Kontakt zum leiblichen Vater zu entwickeln. Frau H. will jeden persönlichen Kontakt zu ihrem Mann vermeiden.

Klaus hat auf dem Bauernhof in der Nachbarschaft einen Freund gefunden. Es gibt dort auch ein Pony, mit dem sie geritten sind. Der Berater fragt, ob der andere Junge denn auch schon mal ihn besucht habe, ob Klaus ihm schon mal seine Flugzeuge gezeigt habe? Das ist noch nicht passiert, auf dem Bauernhof ist mehr los.

7. Sitzung: Frau Hübner, Herr Wielandt, Klaus und Monika

Herr W. und Monika sind zusammengeprallt. Monika ist ohne Erlaubnis abends bis 22 Uhr weggewesen, mit „fremden Kerlen". Herr W. hat ihr Hausarrest gegeben, Monika ist wütend geworden.

Der Berater versucht zunächst eine sachliche Klärung anzuregen, bei der er stark an die Erziehungsverantwortung der Mutter erinnert. Er bittet Herrn W., sich eine Zeit zurückzuhalten, und hilft Mutter und Monika, eine Regelung bzgl. des Weggehens und abends Nachhausekommens auszuhandeln. Sie einigen sich auf wochentags 21 Uhr, aber mit Ausnahmen. Monika wünscht sich von der Mutter Vertrauen. Sie sei schon alt genug, um auf sich selbst aufzupassen - auch mit Jungen.

Der Berater betont, auch an Rudi gewandt, daß die Entscheidung solcher Dinge mehr bei Frau H. als leiblicher Mutter liege. Allerdings sei Monika ihm auch Respekt schuldig. Rudi ist sehr erregt. Er legt sich mit dem Berater an: Er sehe diesen Fall völlig anders und lasse sich nicht zum Hampelmann machen. Der Berater stimmt zu. Es gebe auch Regeln im familiären Zusammenleben, die Herr W. wie alle anderen mitgestalten könne. Da sei er sogar sehr wichtig als erwachsene Bezugsperson für die Kinder. Nur wenn es um persönliche Bereiche der Kinder gehe, wie z.B. jetzt bei Monika, sei es besser, Frau H. die Führung zu überlassen. Der Berater fragt Herrn W. nach seiner eigenen Tochter: Wie alt diese jetzt sei, wie es ihm mit dem Kontaktabbruch ergehe etc.? Er nimmt Anteil an Herrn W.s Traurigkeit und stellt vorsichtig einen Zusammenhang her: Ob seine jetzigen Erziehungsversuche bei Monika nicht auch damit etwas zu tun haben könnten - wie eine Art Wiedergutmachung für Versäumtes? Herr W. streitet das ab. Ihm stehen dabei Tränen in den Augen.

Der Berater regt nun bei Frau H. und Herrn W. an, sich gemeinsam Gedanken zu machen, wie sie in welchen Bereichen ihre Erziehungsverantwortung und -funktionen aufteilen wollen. Ein Aushandeln kommt hier mühsam in Gang. Deutlich wird, daß Herr W. nicht der „Depp" sein will, welcher in der Familie für vieles sorgt, aber letztlich nichts zu sagen hat. Für ihn ist es eine wichtige Entlastung, daß Frau H. Monika und Klaus auffordert, sich mit Rudi zu verständigen. Rudi sei ihr Lebenspartner und sie erwarte von ihren Kindern, daß sie Rudi akzeptierten und auch auf ihn hörten.

Klaus quengelt. Er will nach Hause und scheint in dieser Stunde zu kurz gekommen zu sein. Er darf zum Schluß noch eine Geschichte erzählen, wie sie in der Schule der Lehrerin einen Streich gespielt haben.

8. Sitzung: Frau Hübner, Herr Wielandt, Klaus und Monika

Zuhause hat es einen handfesten Streit zwischen Klaus und Monika gegeben. Sie haben sich geschlagen. Klaus hat im Zorn eine Wohnungstür lädiert. Die Mutter: „Klaus hat unheimliche Kräfte, wenn er wütend ist." Anlaß des Streits war eine Musikcassette, die Klaus geschenkt bekommen hat und Monika ausleihen wollte. Hintergrund ist eine Rivalität um die Zuwendung der Erwachsenen, resp. der Mutter.

Der Berater stützt eine Weile Monika, die sich benachteiligt fühlt. Er regt ein Gespräch darüber an, wie Frau H. und Herr W. ihre Zeit und Zuwendung auf beide Kinder gerecht verteilen können. Monika will auch mal mit der Mutter alleine bummeln gehen, Rudi könnte in der Zeit etwas mit Klaus unternehmen. Der will nicht viel davon wissen. Der Berater fragt die Mutter, was sie zu der kaputten Tür meint. Er ermuntert sie, auch hier Grenzen zu setzen. Klaus kann die Tür nicht ersetzen, aber er kann mehr im Garten und Haushalt mithelfen, um einen Beitrag zur Wiedergutmachung zu leisten. Man einigt sich auf vier Wochen verstärkte Mithilfe.

Frau H. wirkt in diesem Gespräch besonders angestrengt und gehetzt, Herr W. dagegen lustlos. Der Berater spricht diese Stimmung an. Zunächst wird Klaus als Grund genannt. Der verbringe z.Z. sein halbes Leben auf dem Bauernhof und sei kaum noch zu Hause. Der Berater versucht positiv zu konnotieren: Es sei gut, daß Klaus selbständig werde. Ebenso wichtig sei aber auch, daß die Mutter Fürsorge und Besorgnis zeige, was Klaus so mache. Feste Zeiten für das Nachhausekommen werden vereinbart.

Das Stimmungstief ist jedoch anders begründet. Herr W. eröffnet, er sei müde und enttäuscht. Nur für die Kinder dazusein, so gehe das nicht weiter. Er hatte in den letzten Tagen öfter die Phantasie, alles hinzuschmeißen. Frau H. wirkt traurig. Monika schaltet sich ein: Was Rudi mache, sei seine Sache. Sie selbst habe aber keine Lust mehr auf die Stunden hier. Der Berater zeigt Verständnis und betont die Freiwilligkeit des Kommens. Er lädt für die nächste Stunde das Paar alleine ein. Familiengespräche können später wieder stattfinden.

9. Sitzung: Frau Hübner und Herr Wielandt

Herr W. hat große Nähewünsche und ist frustriert, daß so wenig Zweisamkeit möglich ist. Frau H. ist es eher zu viel Nähe, sie kriegt schnell Erstickungsanfälle. Der Berater führt aus, jedes Paar brauche Nähe und Abstand in einer für beide akzeptablen Verteilung. Beide befänden sich mit den Kindern in der neuen Familie in einer Überforderungssituation. Es bleibe nur wenig Zeit füreinander und für jeden allein. Er schlägt als Thema vor: Was können beide Gutes miteinander tun, was jeder für sich allein?

Die Stimmung ist lustlos und zäh. Mit seinen pragmatischen Vorschlägen scheint der Berater das Paar in seinen Gefühlen nicht zu erreichen und erzeugt Widerstand. Herr W. fühlt sich zudem vom leiblichen Vater der Kinder gestört und bedroht. Dieser hat öfter angerufen. Die Basis des Paares wackelt.

10. Sitzung: Frau Hübner und Herr Wielandt

Manifeste Paarkrise: Beide Partner sind auf Rückzug und enttäuscht voneinander. Herr W. will nicht mehr alles für die Familie tun und nichts zurückkriegen. Frau H. wirft ihrem Partner vor, nur an sich zu denken und kein wirkliches Interesse an den Kindern zu haben. Sie hat einen neuen Krankheitsschub bekommen (Asthma), hat auch in dieser Stunde Atembeschwerden.

Der Berater versucht viel Entlastung zu geben: Leben in einer zusammengesetzten Familie mit vielen akuten Belastungen, Entwickeln von realistischen Erwartungen und Handlungsplänen. Er geht auf die Wünsche und Enttäuschungen der Partner ein, welche aus ihrer bisherigen Lebensgeschichte resultieren, und deutet die Gefahr wechselseitiger Überforderung an. Schließlich hebt er die positiven Leistungen des Paares hervor, welche leicht in Vergessenheit geraten: Sie haben schon eine ganze Menge miteinander geschafft im vergangen Jahr. Beide gehen etwas ruhiger und nachdenklicher aus der Sitzung.

11. Sitzung: Frau Hübner und Herr Wielandt

Herr W. hat sich entschieden, dazubleiben. Aber er will nicht mehr so viel für die Kinder und die Familie tun, dagegen öfter mal mit seiner Partnerin etwas unternehmen. Die Regelung von einem Abend in der Woche klappt nicht, da müßten beide flexibler werden. Herr W. will versuchen, eine leichte Teilzeitarbeit zu finden. Er komme dann öfter mal raus und könne sich den einen oder anderen Anschaffungswunsch erfüllen.

Frau H. weint: Alles ist zu viel. Sie sei noch gar nicht so alt und doch so krank, das werde nicht mehr besser. Außerdem habe sie mit den Kindern alles falsch gemacht.

Der Berater stützt und tröstet. Auch Herr W. rückt näher an seine Frau heran und verspricht Mithilfe. Er will sich aber nicht erneut aufreiben. Der Berater geht etwas auf Abstand und spricht das Paar an: Beide können nicht perfekt sein. Der Umgang mit einer chronischen Krankheit sei eine schwierige Realität, auf die sich beide Partner immer wieder neu einstellen müßten. Es wird über Krisen gesprochen. Was ist z.B. zu tun, wenn Frau H. plötzlich ins Krankenhaus muß? Ob beide schon einmal darüber gesprochen hätten, daß sie sterben könne? Wie es dann mit den Kindern weitergehe?

Das Paar spricht sehr vorsichtig und zögernd über Frau H.s Krankheit. Beide sehen ein, daß dieses Thema wichtig ist, wollen jedoch nicht in Trübsal versinken. Der Berater ist froh, das Thema Krankheit endlich angesprochen zu haben.

Eine weitere Paarsitzung wird vereinbart. Dann wieder Familie. Eine Auseinandersetzung mit Klaus und Monikas leiblichem Vater steht an.

12. Sitzung: *Frau Hübner und Herr Wielandt*

Herr Hübner, der leibliche Vater von Monika und Klaus, ist unangemeldet zu Besuch gekommen. Die Kinder waren in der Schule, Frau H. und ihr Partner haben sich nicht auseinanderdividieren lassen. Herr W. sagt wütend, daß Herr Hübner wieder anbändeln wolle und die Kinder als Anlaß vorschiebe - er will einen radikalen Kontaktabbruch erreichen. Frau H. sieht die Lage etwas gelassener: Ihr Ex-Mann hänge offenbar in der Luft und suche Kontakt. Einerseits zu den Kindern, aber wohl auch zu ihr.

Der Berater führt die Trennung von Paar- und Elternebene ein. Er hält eine Kooperation zwischen Frau H. und dem leiblichen Vater als Eltern von Klaus und Monika für wichtig. Allerdings geht er auch auf Herrn W.s Angst ein, seine Partnerin zu verlieren. Er fragt Frau H., ob sie sich zutraue, diese beiden Ebenen auseinanderzuhalten? Diese bestätigt und bittet Herrn W. um sein Vertrauen. Es wird vereinbart, daß Frau H. Gespräche mit ihrem Ex-Mann nur noch außerhalb der Wohnung führen und sich ansonsten auf telefonischen Kontakt beschränken soll. Frau H. will mit den Kindern besprechen, ob und wann sie ihren Vater treffen wollen.

Monika hat einen festen Freund, der vier Jahre älter ist. Das macht beiden Sorgen. Der Berater fragt, ob Frau H. schon mal mit Monika über Verhütung gesprochen hat. Beide runzeln die Stirn. Klaus war zwei Mal nachmittags bei der freiwilligen Feuerwehr. Er trifft dort öfter seinen Vater, was er o.k. findet.

13. Sitzung: *Frau Hübner, Herr Wielandt, Monika und Klaus*

Monika und Klaus haben zweimal ihren Vater getroffen. Die Treffen haben jeweils nur ein paar Stunden gedauert. Klaus hat es gefallen - er hat mit dem Vater und seinem Bruder Stefan einen neuen Auspuff an Stefans Auto gebaut. Monika ist sehr reserviert. Sie erzählt wenig von ihrem Freund, ist aber freundlicher zu Rudi.

Frau H. klagt, daß Klaus immer noch sehr an ihrem Schürzenzipfel hänge. Mal sei er den ganzen Nachmittag weg, und dann verfolge er sie wieder auf Schritt und Tritt. Der Berater zeigt Verständnis und hebt gleichzeitig Klaus Autonomieleistungen der letzten Zeit hervor. Er wägt ab: Vielleicht hängt Klaus nicht nur an der Mutter, vielleicht macht er sich auch Sorgen wegen ihrer Krankheit?

Klaus schaut aufmerksam in die Runde. Alle zeigen Angst, daß es der Mutter schlechter gehen könnte. Auch Monika wird plötzlich sehr anhänglich. Frau H. wehrt ab, ist aber auch gerührt. Wenn ihr so lieb seid wie in den letzten Tagen, dann helft ihr mir schon ganz viel. Rudi verspricht, für die Kinder zu sorgen, wenn die Mutter einmal ins Krankenhaus kommen sollte.

Es herrscht eine ängstliche, stark auf Bindung ausgerichtete Atmosphäre. Der Berater merkt an, wie wichtig es sei, einmal offen über Frau H.s Krankheit zu sprechen. Die Familie halte da gut zusammen. Genauso wichtig sei es aber auch, an die Dinge zu denken, auf die sich jeder freuen könne. Und da habe sich doch eine Menge getan: Monika hat einen neuen Freund, Klaus geht zur Feuerwehr und zum Bauern, und Frau H.

und Herr W. sind öfter mal abends weggewesen. Alle nicken. Der Berater ist sich unsicher, ob er zu stark harmonisiert hat.

14. Sitzung: Frau Hübner, Herr Wielandt, Monika und Klaus

Monika und Klaus haben heute keine Lust zu reden. Auch Frau H. und Herr W. meinen, es liege nichts Besonderes an. Die letzten drei Wochen seien ruhig verlaufen, Streit zwischen den Kindern habe es nur selten gegeben.

Klaus will etwas spielen. Er schlägt vor, daß alle zusammen ein Spiel ausprobieren, welches er in der Spieltherapiestunde kennengelernt hat: Scotland Yard. Frau H. wehrt zunächst ab, ebenso wie Monika, die von Kinderkram spricht - alle einigen sich schließlich auf eine halbe Stunde. Klaus hat Mühe, aber auch Spaß, der Mutter und den Anderen mit Hilfe des Beraters die Regeln zu erklären. Rudi ist der Agent und wird von den Anderen gejagt. Klaus setzt alles daran (incl. Mogeln), Rudi zu fangen. Die Anderen passen auf, daß er sich an die Regeln hält. Schließlich wird Rudi verhaftet.

Beobachtungen: Klaus und Monika haben hier gut miteinander kooperiert. Es gab Meinungsverschiedenheiten, aber keinen eskalierenden Streit über Regeln, Vorgehen im Spiel etc. Für Klaus war es wichtig, der Mutter etwas zu erklären, das er bereits kann. Herr W. genoß seine Sonderrolle im Spiel. Er war hier ein besonderes und gewolltes Familienmitglied. Frau H., die normalerweise überhaupt keine Lust zum Spielen hat, machte hier die Erfahrung, wie wichtig eine gemeinsame Aktivität für die Kinder, besonders für Klaus, ist. Sie meinte nachher: „Das machen wir eigentlich viel zu selten. Da muß man zuerst mal zur Beratungsstelle kommen, um zusammen zu spielen." (Alle lachen)

15. Sitzung: Frau Hübner, Herr Wielandt, Monika und Klaus

Frau H. eröffnet dem Berater, daß sie die Beratung gerne beenden wollten. „Wir haben auf der Hinfahrt darüber im Auto gesprochen und finden, daß wir die Gespräche momentan eigentlich nicht mehr brauchen." Der Berater ist ein bißchen überrascht, hatte aber auch mit einem langsamen Auslaufen der Gespräche gerechnet. Er schlägt eine Auswertungsrunde vor, in der alle sagen können, was die Beratung gebracht hat, was evtl. auch nicht gut gelaufen ist und welche Probleme die Familie noch weiter anpacken muß.

Frau H. beginnt und betont, vieles sei besser geworden zu Hause. Das Klima sei einfach ruhiger und entspannter, die Kinder hätten weniger Streit. Das liege vielleicht auch daran, daß beide nun eigene Freizeitbeschäftigungen hätten und nicht mehr so viel aufeinanderhocken würden. Klaus sei oft noch sehr anhänglich. Seine extreme Angst sei aber verschwunden. Sie lasse sich aber auch nicht mehr so von ihm unter Druck setzen und sage einfach manchmal Nein. Ihre eigenen Belastungen sind nach wie vor da. Sie kämpfe darum, nicht so deprimiert zu sein und wolle sich nicht hängen lassen. Eine der wichtigsten Sachen, die sie in der Beratung gelernt habe, sei nicht so schnell aufzugeben. Vieles wird besser, auch wenn man schon gar nicht mehr daran glaubt! Sie wisse nicht, wie es mit ihrer Krankheit weitergehe, aber fühle sich von Rudi sehr unterstützt.

Nach dieser längeren Rede herrscht zunächst Schweigen. Monika meint dann, im großen und ganzen habe es ihr doch ganz gut gefallen, auch wenn es manchmal langweilig war. Sie wußte oft nicht, was sie hier sollte, weil doch Klaus das Problem mit der Angst hatte. Sie findet gut, daß Rudi und ihre Mutter sich besser verstehen und Rudi sie nicht mehr so viel herumkommandiert. Der Berater fragt Klaus, ob er auch etwas sagen will. Der hat keine Lust. Herr W. wendet sich an seine Partnerin: Für ihn sei wichtig gewesen, daß sie die Beziehung mit ihrem Ex-Mann geklärt habe. Und daß sie ihn nicht nur als Aufpasser für die Kinder brauche, das habe sie ihm in der letzten Zeit deutlich gemacht. Zum Berater gewandt: Von ihm fand er gut, daß er ihn in den Stunden hier als Familienmitglied ernstgenommen habe. Daß er kein normales Mitglied sei, wisse er wohl. Und trotzdem sei das wichtig gewesen. Monika sei nicht mehr so frech und aufmüpfig, und mit Klaus sei er jetzt ein paar mal auf dem Fußballplatz gewesen - das mache beiden Spaß. Klaus will doch noch etwas sagen: Er darf jetzt öfter alleine an Rudis Computer spielen und kann das auch ganz gut. Blöd findet er, daß Monika öfter komme und ihn da weghaben wolle - das ärgere ihn!

Der Berater lobt die Familie, daß sie so lange und regelmäßig gekommen ist und findet, das habe sich auch gelohnt. Er findet, daß alle einen guten Schritt gemacht haben, weiter als Familie zusammenzuwachsen. Natürlich seien sie als Stieffamilie eine besondere Familie, und da könnten auch immer mal wieder Konflikte auftreten, aber das gehöre dazu. Besonders wichtig ist nach seiner Meinung, daß Frau H. und auch Herr W. es schafften, die Kinder größer werden zu lassen. Und das heißt: Daß sie selbständiger werden und mehr für sich selbst Verantwortung übernehmen könnten. Manchmal könnten Kinder schon viel mehr, als man ihnen zutraue. Und Monika sei ja auch gar kein Kind mehr, sondern eine Jugendliche. Die Spieltherapie mit Klaus werde noch eine längere Zeit weiterlaufen. Dabei sei das eine oder andere Gespräch mit Frau H. und vielleicht auch Herrn W. notwendig. Aber er habe jetzt ein gutes Gefühl, die Familiengespräche zunächst zu beenden. Wenn das Paar andere Probleme mit ihm besprechen wolle, sei das auch zu einem späteren Zeitpunkt jederzeit möglich. Der Abschied verläuft sehr herzlich. Klaus und Monika kneifen und puffen sich und kichern dabei.

Die Gruppen-Spieltherapie mit Klaus lief noch ca. ein halbes Jahr weiter. Sie wurde mit Beginn der Familiengespräche parallel durchgeführt, weil Klaus nach Meinung der Berater durch verschiedene Verlusterlebnisse und reale Bedrohungen (z.B. die Krankheit der Mutter) so destabilisiert war, daß er einen zusätzlichen Rahmen für die Festigung seines Ich und zur Angstbewältigung brauchte. Es wäre ein zweiter Fallbericht notwendig, um die verschiedenen Lernerfahrungen von Klaus innerhalb der Gruppe zu beschreiben. Er bearbeitete in diesen Stunden: Seine massiven Verlustängste bzgl. der Mutter, seine Geschwisterrivalität, seine Kleinheits- und Abhängigkeitsgefühle resp. Identitätsproblematik. Klaus benötigte die Gruppe, um soziale Fähigkeiten zu entwickeln, d.h. sich integrieren und kooperieren, aber auch sich abgrenzen und durchsetzen zu können. Besonders schwer war für ihn, Selbstkontrollmechanismen hinsichtlich seiner Wutausbrüche zu entwickeln. Hier zeigte sich auch gegen Ende der Therapie nur eine geringe Besserung.

Frau H. und Herr W. meldeten sich ca. ein Jahr nach Beendigung der Familiengespräche erneut zur Beratung an. Auslöser war ein Alkohol-Rückfall von Herrn W., der nach wie vor mehr Zuwendung und Ausschließlichkeit von seiner Partnerin forderte, als sie ihm geben konnte. Frau H. war etwas selbstbewußter und fester in ihrem Auftreten geworden. Erneut wurde einige Stunden am Thema Nähe/Abgrenzung gearbeitet. Der Berater empfahl Herrn W. dringend, sich einer AA-Gruppe anzuschließen, was dieser zunächst ablehnte.

Das Fallbeispiel wurde ausgewählt, weil die durch die besondere Situation einer Stieffamilie bedingten Konflikte eng mit anderen familiären Belastungen verzahnt sind (Krankheit, Verlusterlebnisse, Gewalt, Sucht, frühkindliche Traumatisierung von Klaus). Solche Konstellationen sind heute in der Erziehungsberatung besonders häufig anzutreffen. Es handelt sich um mehrfachbelastete Familien, welche neben der spezifischen Symptomatik etwa eines Kindes sowohl in ihren äußeren, objektiven Lebensbedingungen benachteiligt sind, aber auch im innerfamiliären Beziehungsgeflecht unklare und instabile Verhältnisse aufweisen. Ein mehrfaktorieller Behandlungsansatz ist hier oft indiziert, wegen seiner zeitlichen Aufwendigkeit jedoch schwer durchzuführen. Wichtig erscheint uns auch der Hinweis auf die Alltagsnähe und den schnellen Wechsel der eingebrachten Themen. Es wäre wenig produktiv, in solchen Familien einen anfangs gebildeten Fokus mit aller Macht durchhalten zu wollen. Gefragt ist vielmehr eine flexible Haltung, mit der der Berater sich immer wieder auf neue Konfliktkonstellationen einläßt und dabei seine Chance nutzt, wichtige Ziel- und Änderungsparameter selbst anzusprechen.

Fallbeispiel: Familie Bader / Solms

Der nachstehende Fallbericht soll veranschaulichen, wie sich der Beratungsauftrag und das Problemverständnis einer ratsuchenden Stieffamilie im Verlaufe eines dialogischen Beratungsprozesses verändern können. Zu Anfang wurde ein externalsierendes Anliegen vorgebracht, welches langsam in eine Fragestellung mündete, die die eigenen Problemanteile und die personalen Wechselwirkungen innerhalb der Familie stärker in Betracht zog. Hieß es am Anfang „Es soll alles getan werden, damit unserem Kind geholfen wird. Welches sind die besten Förderungs- und Behandlungsmöglichkeiten?", so nahm das Gespräch bald folgende Richtung: „Wir möchten verstehen, was die auffälligen Verhaltensweisen unseres Kindes mit uns als Stieffamilie zu tun haben. Was können wir dazu beitragen, daß es mit seinen Problemen besser fertig wird und keine Symptome mehr braucht?" Ausgehend von der vorgestellten Symptomatik des Kindes kamen die Familie und der Berater schließlich über verschiedene Etappen zur eigentlichen systemischen Betrachtungsebene: „Welches ist das gemeinsame Thema, das hinter den einzelnen vorgebrachten Problematiken der Familienmitglieder steht?"

Kontakt zur Ehe-, Familien- und Lebensberatung nimmt Frau Bader mit der Vorstellung auf, für ihre mittlere Tochter, die 9jährige Patrizia, eine geeignete Therapie zu finden. Frau B. ist 42 Jahre alt, als Ärztin in einer Klinik teilzeitbeschäftigt und Mutter von drei Kindern. Sie meldet ihre Tochter an, weil sie in der Schule keine richtigen Freunde habe, sich von ihren Mitschülerinnen abgelehnt fühle und ihnen hinterherlaufe. Außerdem könne sie immer noch nicht zusammenhängend lesen, obwohl sie mittlerweile schon in die 3. Klasse gehe.

Die daraufhin durchgeführte psychologisch-diagnostische Untersuchung ergibt Anzeichen einer emotionalen Störung mit Selbstwertproblematik und eine mittelgradige Lese-Rechtschreibschwäche bei durchschnittlicher Intelligenz und überdurchschnittlich guter verbaler Ausdrucksfähigkeit. Patrizia beklagt in der Untersuchung offen, daß ihre Mutter immer soviel zu tun habe und sich kaum Zeit für sie nehme. Sie findet, daß die Mutter wenigstens an den Abenden, an denen sie keine Spätschicht habe, öfter zuhause sein könnte. Stattdessen soll Patrizia an manchen Nachmittagen und Abenden auf die kleine Schwester aufpassen. Patrizia leidet außerdem periodisch unter heftigen Kopfschmerzen.

Beim darauffolgenden Termin erläutere ich Frau B. zunächst die Untersuchungsergebnisse und frage sie sodann nach ihren Erklärungen, die sie für die genannten Schwierigkeiten hat. Frau Bader sieht die Hauptursache für die Ablehnungsgefühle ihrer Tochter eigentlich nicht in der Schule, sondern im schwierigen Verhältnis zwischen Patrizia und ihrem Stiefvater. Immer wieder bemühe sich Patrizia um seine Aufmerksamkeit und Anerkennung und werde sehr oft von ihm enttäuscht. Dabei könne er fast ihr richtiger Vater sein, denn er habe schon bei ihnen gelebt, als sie noch ein Säugling war. Leider habe er aber nie eine echte Vaterrolle für sie übernommen. Auf die Frage, ob Patrizia auch eine Beziehung zu ihrem leiblichen Vater habe, erfahre ich zu meiner Überraschung, daß sie jede Woche regelmäßig, mal an einem, mal an zwei Tagen, gleich nach der Schule zu ihm geht, bei ihm zu Mittag ißt, ihre Hausaufgaben macht und meistens dann auch bei ihm übernachtet.

Frau B. erklärt dann, daß ihre Beziehung zu ihrem jetzigen Lebensgefährten, Herrn Solms, von Anfang an spannungsgeladen gewesen sei. Sie sei schwer damit zurechtgekommen, daß er sich im Grunde nur für ihr gemeinsames Kind verantwortlich fühle und die Zuständigkeit für ihre beiden anderen Kinder rigoros ablehne. Frau B. hat mit ihrem Partner als gemeinsame Tochter die gerade 5 Jahre alte Anna-Lena. Mit ihnen im Haus lebt auch noch der 17jährige Jens aus einer früheren Beziehung von ihr. Diese Beziehung sei unmittelbar nach der Geburt des Jungen auseinandergegangen, sodaß Jens seinen Vater nie kennengelernt habe. Das sei wahrscheinlich auch besser so, meint Frau B., denn dieser Mann sei psychisch sehr labil gewesen.

Auf Patrizia zurückkommend, schlage ich der Mutter vor, sich für sie um einen Therapieplatz in einem speziellen Behandlungsprogramm für Legastheniker zu kümmern. Notwendig erscheint mir auch, Patrizias Kopfschmerzen medizinisch abklären zu lassen. Der daraufhin eingeholte Befund konstatiert bei Patrizia vasomotorische Kopfschmerzen, aber keine Krampfpotentiale oder sonstige Auffälligkeiten.

Frau B. spricht nun ihrerseits darüber, daß sie den unzähligen Ansprüchen seitens der Kinder, ihres Partners, der Patienten, ihrer Kollegen und des Chefs oft nicht mehr gerecht werden könne. Phasenweise fühle sie sich total überfordert und sei dann nervlich und physisch völlig erschöpft. Meinen Vorschlag, zum nächsten Mal mit der ganzen Familie zu kommen, um herauszufinden, wo ein jeder von ihnen Entlastung und Unterstützung brauche, nimmt sie mit einer gewissen Erleichterung auf. Andererseits ist sie aber skeptisch, ob ihr Partner mitkommen wird.

Mit einem Ausdruck von Zuversicht bringt Frau B. zum nächsten Termin ihre ganze Familie mit. Herr S., 44 Jahre alt und Geschäftsstellenleiter einer Versicherungsagentur, äußert gleich zu Beginn seine Zweifel. Er könne sich überhaupt nicht vorstellen, wie das gehen könne, daß sie hier nun alle miteinander reden sollten. Die Interessen und Bedürfnisse seien derart unterschiedlich, daß es schwer fallen dürfte, ein gemeinsames Thema zu finden. Eigentlich seien sie doch keine richtige Familie, sondern eher eine Hausgemeinschaft.

Es gebe auch viel mehr Probleme mit Jens als mit Patrizia. Erst am vergangenen Wochenende habe er sich wieder „einen dicken Hund geleistet": Sie seien verreist gewesen und er habe die Gelegenheit dazu benutzt, sich das Auto der Mutter „auszuleihen" und mit Freunden eine Spritztour in die nächstgelegene Großstadt zu machen. Auf der Rückfahrt hätten sie dann das Auto in unmittelbarer Nachbarschaft vor einen Zaun gesetzt. Jens habe noch keinen Führerschein. Er habe sich bis heute geweigert, den Namen desjenigen preiszugeben, der den Wagen gefahren hat. Wahrscheinlich wären sie betrunken gewesen, meint Herr S. Die Reparatur des relativ geringen Sachschadens solle Jens von seinem Geld bezahlen.

Jens errötet immer mehr, während Herr S. weiter berichtet, daß es zudem gravierende schulische Probleme gebe. Zu seiner Verwunderung schaffe es Jens aber fast jedesmal, sich doch noch irgendwie durchzulavieren. Dies beeindrucke ihn durchaus. Frau B. bewertet Jens Verhalten weniger positiv: Er rede mit niemandem über seine wirklichen Probleme und sie komme schon lange nicht mehr an ihn heran. Jens wirkt schuldbewußt und gibt zu, daß er „Scheiß gebaut" habe, weist es jedoch von sich, daß er persönliche Probleme haben könnte. Gegen Ende des Erstgesprächs erwähnt er aber Alpträume, die von Explosionen und Katastrophen handelten. Er äußert die Befürchtung, daß dies Vorboten einer Schizophrenie sein könnten, wie er zufällig in einem Medizinlexikon seiner Mutter gelesen habe. Er würde sich daher gerne einmal „psychisch durchchecken" lassen .

Anna-Lena spielt während des Erstinterviews die ganze Zeit am Boden mit Püppchen, die sie aus dem Wartezimmer mitgenommen hat. Als ihre Eltern mit angehobener Stimme beginnen, das weitere Vorgehen zu diskutieren, hält sie sich die Ohren zu und jammert über „Ohrenweh". Frau B. meint überrascht, daß ihr erst jetzt gerade auffallen würde, daß Anna-Lena in letzter Zeit öfter über Ohrenschmerzen geklagt hätte. Der Arzt habe aber bisher nie etwas feststellen können.

Ich teile den Eltern als Eindruck mit, daß sie den beiden älteren Kindern ein sehr hohes Maß an Selbständigkeit abverlangen. Dies habe bei dem Sohn möglicherweise zu einer gewissen Selbstüberschätzung und bei der Tochter zu einem tiefsitzenden Gefühl des „nie Genügens" geführt. In weiteren Familiensitzungen könnte einmal darüber nachgedacht werden, welche Aufgaben jeder gemäß seines Alters und seiner Fähigkeiten übernehmen wolle und wie die Unterstützung der Erwachsenen hierbei aussehen sollte. Alle erklären sich zu einer Fortsetzung des Gespräches bereit, und wir vereinbaren einen Block von 5 Familiensitzungen in 14tägigem Rhythmus.

Nachdem die Familie gegangen ist, fühle ich mich etwas erdrückt von der Fülle der bereits sichtbaren Problematiken und leicht überfordert von dem Anspruch, den Kindern mit ihren altersentsprechenden Entwicklungsbedürfnissen gerecht werden zu wollen - Gefühle, die die Eltern wohl auch haben. Ich möchte mir genauso wie Anna-Lena die Ohren zuhalten, weil mir der scharfe und erregte Tonfall der Erwachsenen in den Ohren schmerzt und ich das zwischenzeitliche Chaos kaum ertragen kann. Und ich spüre die tiefe Verlassenheit von Patrizia, die ihre „tolle Mutter" bewundert und darunter leidet, daß sie sich zu selten Zeit für sie nimmt. Patrizia fühlt sich weder von ihrem Stiefvater, noch von ihrem Bruder so richtig gemocht. Ich sehe noch ihren sehnsüchtigen Blick auf ihre Schwester, die das Privileg genießt, der Mutti einfach auf den Schoß klettern zu dürfen und sich von ihr den Rücken kraulen zu lassen. Und es kommt mir die Frage, ob ich es eigentlich mit einer richtigen Stieffamilie zu tun habe oder vielleicht wirklich eher mit einer lockeren Wohngemeinschaft, wie Herr S. meint.

Als Familientherapeut lege ich Wert auf die Ressourcen einer Stieffamilie und halte für mich erst einmal fest: Die Familie verfügt über ein regelmäßiges Einkommen zweier verdienender Erwachsener und besitzt ein eigenes Haus mit genügend Wohnraum. Frau B. besitzt Schwung und Temperament und Herr S. zeigt Besonnenheit und Humor. Frau B. kann sehr einfühlsam sein und vermag sich rasch auf neue Bedürfnislagen ihrer Bezugspersonen einzustellen. Sie ist außerdem im beruflichen und kulturellen Bereich stark engagiert und bezieht daraus viel soziale Anerkennung für sich. Sie scheint dadurch nicht so sehr auf Bestätigung durch ihren Partner oder durch ihre Kinder angewiesen zu sein. Die jüngste Tochter erfährt von ihrem Vater viel positive Beachtung und von der Mutter liebevolle Zuwendung, Geduld und Zärtlichkeit. Beide Eltern lehnen körperliche Bestrafung in der Erziehung grundsätzlich ab. Die Beziehung von Patrizia zu ihrem leiblichen Vater ist anscheinend verläßlich geregelt und wird nicht als Störung des Familienfriedens angesehen.

Aus dieser vorläufigen Bestandsaufnahme ergeben sich weitere Fragen für die kommenden Sitzungen: Wie wird innerhalb des Familiensystems mit den Gefühlen der Einzelnen umgegangen? Werden sie wahr- und ernstgenommen oder verleugnet und anderen Familienmitgliedern untergeschoben? Bekommt jeder das, was er gerade braucht oder darf er es sich nehmen?

Wie sehen die Bindungen innerhalb der Familie und nach außen aus? Was hält die Familie zusammen? Wer sorgt für den Zusammenhalt? Welches sind die auseinanderstrebenden Kräfte? Wer ist auf dem Wege, die Familie zu verlassen?

Wie ist der Tagesablauf in der Familie strukturiert? Wen treffen die Kinder zuhause an, wenn sie aus dem Kindergarten oder aus der Schule kommen? Wen begrüßt der Vater/Stiefvater zuerst, wenn er nach Hause kommt, wen die Mutter?

Welche Regeln des Zusammenlebens gibt es in dieser Stieffamilie? Wer achtet auf deren Einhaltung? Welche Konsequenzen hat derjenige zu erwarten, der sich nicht daran hält? Auf welche (verdeckte) Weise wird die Nichtbefolgung bestraft?

Wer unterstützt wen bei welchen Tätigkeiten (Hausarbeit, Garten, Einkauf, Schulaufgaben, Lernen für Klassenarbeiten usw.)?

Was bedeutet es für die Entwicklungsbedingungen der Kinder, wenn ich wirklich ernstnehme, daß die Erwachsenen sich selbst eher als Hausgemeinschaft definieren denn als Familie? Ist die emotionale und körperliche Fürsorge seitens der Mutter und des Vaters/Stiefvaters ausreichend für eine gesunde Entwicklung der Kinder?

Im folgenden möchte ich in geraffter Form einen Überblick über den Verlauf und die Themenfolge des Beratungsprozesses geben. Die Beratung erstreckte sich über einen Zeitraum von 32 Monaten In dieser Zeit fanden 20 Sitzungen mit der Familie statt, 10 Beratungen mit den Eltern zu einzelnen Erziehungsfragen, weitere 10 Sitzungen mit dem Paar zu ihrer aktuellen Beziehungsdynamik, 4 Einzelsitzungen mit Jens, eine testpsychologische Untersuchung mit Anna-Lena und ein katamnestisches Gespräch 8 Monate nach Beendigung der Familienberatung .

Zunächst beschäftigten sich die Eltern nicht mehr mit Patrizia, sondern mit Jens. Dies stellte eine Kränkung für Patrizia dar, denn man hatte sich ja ursprünglich angemeldet, damit ihr geholfen wird. Es ist zu vermuten, daß sie nicht zum ersten Mal zurückstecken mußte, weil eines ihrer Geschwister ein drängenderes oder dramatischeres Problem für die Eltern aufgeworfen hatte.

Für Jens wurde die Lage im Laufe des Jahres zunehmend ernster, was sich an den in den Familiengesprächen vorgebrachten Themen und Konflikten zeigte. Zu Anfang thematisierte die Mutter seine Verschlossenheit. Sie habe das Gefühl, daß er sich mit vielen Problemen herumschlage, sich dafür aber keine Unterstützung hole. Jens ließ jedoch in den ersten Sitzungen alle Beziehungsversuche seiner Mutter „ablaufen". Mit seinen schulischen Problemen fanden Frau B. und Herr S. dann aber doch ein Thema, womit sie glaubten, ihn zu einer Auseinandersetzung zwingen zu können. Jens hatte bisher einmal die Schule gewechselt und danach ein Schuljahr wiederholt. Jetzt sah es ganz so aus, als ob er den Übergang in die Oberstufe erneut nicht schaffen würde. Den Abgang mit einem mäßigen Zwischenstufenzeugnis oder einen Wechsel auf die Realschule sahen sie als die beiden Alternativen für ihn an. Frau B. verlangte von Jens, sich nach den Erfordernissen für einen Schulwechsel zu erkundigen und sich dann sobald wie möglich für einen der beiden Wege zu entscheiden. Doch Jens war unentschlossen. Er äußerte lediglich die Phantasie, nach der 10. Klasse von der Schule abzugehen und eine Ausbildung zum Erzieher zu beginnen. Außerdem glaubte er, die „Noten-Aufholjagd" im 2. Schulhalbjahr noch irgendwie gewinnen zu können.

Gleichzeitig spitzten sich die Konflikte mit seinem Stiefvater merklich zu. Als Herr S. ihm in einer Sitzung mal wieder vorwarf, er würde sich zu wenig an der Hausarbeit beteiligen, „unendliche" Freiheiten genießen und nichts für die Gemeinschaft tun, konterte Jens damit, daß sein Zimmer oft tagelang nicht geheizt sei. Herr S. rechtfertigte diesen Zustand damit, daß Jens ja auch nicht bereit sei, mit ihm Holz zu machen. Für ihn sei genau dies eine jener Aktivitäten, die ökologisch sinnvoll und für die Gemeinschaft nützlich seien. Wenn Jens bei dieser Arbeit nicht mithelfe, müsse er eben die Konsequenz eines kalten Zimmers in Kauf nehmen. Herr S. sah im Gespräch aber ein, daß er damit auch nicht seine Mitarbeit erzwingen konnte und schien durchaus bereit, diese Sanktion noch einmal zu überdenken. Im Gegenzug erwartete er von Jens künftig die Einhaltung bestimmter Hausregeln, die auch für seine nächtlichen Besucher und Wochenendgäste zu gelten hätten. Jens schien dies einzusehen und dem ohne weitere Bedingungen zuzustimmen.

Einige Wochen später erwies es sich aber, daß dieses in der Familiensitzung ausgehandelte Abkommen voreilig geschlossen und auf Dauer nicht durchzuhalten war. Der Kontrakt zwischen den beiden „Männern" setzte auf der Beziehungsebene die Akzeptanz des Anderen schon ein Stück voraus und sollte sie andererseits erst fördern. Der Berater hatte sich der Bereitschaft beider Kontrahenten nicht genügend versichert, den jeweils anderen als „zugehörige Person" zu akzeptieren. Der Kontrakt war für beide nicht durchzuhalten gewesen, wie der folgende Vorfall und seine Verarbeitung zeigen:

Herr S. und Frau B. waren über das Wochenende verreist. Patrizia war bei ihrem Vater einquartiert worden und Jens mit Anna-Lena im Haus geblieben. Jens hatte versprochen, sich um Anna-Lena zu kümmern, bestimmte Freunde nicht ins Haus zu holen und schon gar keine Fete zu feiern. Doch die Freunde waren gekommen, hatten ein paar Flaschen aus dem Weinkeller von Herrn S. leergetrunken und durch eine Unachtsamkeit von ihnen war ein beträchtlicher Wasserschaden im Haus entstanden.

Herr S. verlangte ultimativ, daß sich Jens an mehreren Samstagen hintereinander an den notwendigen Reparaturarbeiten beteiligen solle. Jens gab sich wieder einmal einsichtig. Weder verteidigte er sich, noch gab er seine Schuld zu. Er konnte sich - genauso wie bei dem Autounfall - nicht erklären, wie es zu dem Schaden gekommen war. Widerspruchslos war er zu jeder Wiedergutmachung bereit, zu den vereinbarten Zeiten aber nicht im Hause anzutreffen. Herr S. forderte nun von seiner Partnerin, daß sie daraus endlich die Konsequenz ziehen müsse, daß Jens nicht mehr länger bei ihnen wohnen bleiben könne. Er sei inzwischen volljährig und könne auch gut in eine eigene Wohnung ziehen.

Damit läutete er eine weitere Runde des Kreislaufes von „Forderung nach Verantwortungsübernahme - Ablehnung von Verantwortung - Vermeidung von Konsequenzen - neuerliche Forderung nach Verantwortungübernahme" ein. Jens Umgang mit Verantwortung war allerdings auch ein exaktes Spiegelbild des Verhaltens der Eltern. Wies der Berater beispielsweise die Mutter darauf hin, daß sie ein ihrem Sohn gegebenes Versprechen in absehbarer Zeit einlösen müsse und es nicht immerzu an neue Bedingungen knüpfen könne, so bezeichnete sie sich als zeitlich überlastet und versuchte, ihren Partner für diese Aufgabe einzuspannen. Dieser reagierte jedoch widerstrebend, woraufhin zwischen ihnen erneut eine Grundsatzdiskussion über seine Rolle in der Familie begann. Der ursprüngliche Anlaß drohte darüber mehr oder weniger in Vergessenheit zu geraten. Erst nach hartnäckigem Insistieren des Beraters erklärte sich die Mutter bereit, die Angelegenheit in die Hand zu nehmen. Beim nächsten Treffen in der Beratungsstelle stellte sich dann heraus, daß sie nichts weiter unternommen hatte und zur Entschuldigung ihre beruflichen Verpflichtungen anführte. Nun sah sich Herr S. in seiner Ansicht bestätigt, daß seine Partnerin zu wenig Verantwortung übernehme, indem sie Dinge, die sie besprochen hatten, einfach oft nicht in die Tat umsetzte. Er verlieh seiner Forderung Nachdruck, der „junge Mann" solle endlich ausziehen und sie solle die notwendigen Schritte in die Wege leiten.

Doch Frau B. fühlte sich aus Schuldgefühlen dazu nicht in der Lage: Als er noch jünger war, habe Jens häufig auf Patrizia aufpassen müssen, während sie Vorlesungen besuchte. Mit dieser frühen Verantwortung sei er teilweise überfordert gewesen. Sie habe sich ihm auch nicht immer in dem Maße widmen können, wie er es vielleicht gebraucht hätte.

Dieses Eingeständnis der Mutter, ihrem Sohn in früheren Jahren nicht immer das notwendige Maß an Zuwendung gegeben und ihn mit Verantwortung für sich und Patrizia überfordert zu haben, schien Jens in der Familiensitzung nicht stärker zu berühren. Herr S. zeigte auch keinerlei Bereitschaft, von seiner Forderung nach Auszug abzurücken. Nachvollziehbarer wurde mir hingegen Jens Berufswunsch „Erzieher", denn offensichtlich hatte er schon von früh auf Erziehungsfunktion für seine jüngere Schwester übernommen und dabei gewisse Fähigkeiten entwickelt.

Frau B. geriet damit offen in einen Loyalitätskonflikt zwischen ihrem Partner und ihrem volljährigen Sohn. Der Konflikt war angesprochen und für alle Beteiligten „auf dem Tisch". Es geschah aber wieder erst einmal nichts.

In diesem Entscheidungsvakuum sah auf einmal Patrizia ihre Chance. Auch sie mußte jeden Morgen Verantwortung für Anna-Lena übernehmen und war es ziemlich leid. Da sie beide annähernd den gleichen Weg hatten, mußte sie ihre Schwester mit in den Kindergarten nehmen. Dieser fing jedoch erst eine halbe Stunde später als die Schule an. Patrizia bekam fast jeden Morgen tadelnde oder kritische Bemerkungen der Lehrer und der Mitschüler zu hören, da sie grundsätzlich immer zu spät kam. Sie blamierte sich so vor der gesamten Klasse! Diesen Zusammenhang hatte sie erkannt und wollte künftig pünktlich sein. Sie forderte, daß sich Anna-Lena mehr beeilen oder daß sie jemand anderes in den Kindergarten bringen solle. Sie würde sich lieber mit einer Freundin für den Schulweg verabreden.

Frau B. war aufgrund ihres häufigen Frühdienstes meistens nicht in der Lage, sich morgens um die Kinder zu kümmern. Sie erwartete von ihrem Partner, der etwas später in sein Büro mußte, daß er für das Frühstück sorgen und die Kinder in ihre Einrichtungen bringen sollte. Herr S. schlief aber morgens gerne etwas länger, da er oft noch bis in den späten Abend hinein arbeitete, und fand es für Patrizia durchaus zumutbar, daß sie ihrer jüngeren Schwester das Frühstücksbrot schmierte, ihr beim Anziehen half und sie in den Kindergarten begleitete. Dies sei ein Akt „geschwisterlicher Solidarität"
. Hier bezog der Berater nun eindeutig Partei für Patrizia: Sie habe große Akzeptanzprobleme in der Schule, weshalb die Familie ja zur Erziehungsberatung gekommen sei. Jetzt mache sie hier einen konstruktiven Vorschlag, der ihre Schwierigkeiten in der Schule vermindern könnte, und dieser drohe nun an einer liebgewordenen Gewohnheit

von Herrn S. zu scheitern. Der Berater versuchte Herrn S. davon zu überzeugen, daß es seine Aufgabe sei, Anna-Lena in den Kindergarten zu begleiten und Patrizia damit die Möglichkeit zu geben, sich genauso wie andere Schülerinnen mit ihren Freundinnen für den Schulweg zu verabreden. Herr S. brachte etliche Gegenargumente vor, war aber letztendlich guten Willens, diese Aufgabe künftig zu übernehmen.

Für Patrizia wirkte dies wie eine Erlaubnis, auch noch andere „Mißstände" zur Sprache zu bringen. Sie fand, daß ihre Mutter endlich mal lernen müsse, auch an ihrer Arbeitsstelle nein zu sagen, wenn sie schon Feierabend habe und dann noch jemand etwas von ihr wolle. Dann käme sie auch mal früher von der Arbeit nach Hause und sie müßten nicht immer so lange auf sie warten. Das Schlimme daran sei, daß sie eigentlich nie genau wisse, wann wer daheim sei. Sie finde sich mit den ständig wechselnden Arbeitszeiten ihrer Eltern nicht zurecht und wisse meistens auch nicht, wann Jens von der Schule heimkomme. Und die Freunde von Jens würden abends manchmal noch so spät Krach machen, daß sie nicht einschlafen könne.

Patrizia litt unter der Unübersichtlichkeit des familiären Zusammenlebens. Sie versuchte unablässig durch Nachfragen herauszufinden, wer z.B. wozu das Haus verlassen wolle und wann er wiederzukommen vorhabe. Sie hatte damit stillschweigend die Funktion des „Zusammenhaltens" für die Familie übernommen. Diese Funktion, die eigentlich eine Eltern-Pflicht ist, kostete Patrizia psychische Energie, die ihr dann im Kontakt zu den Gleichaltrigen fehlte. Sie wuchs an dieser sozialen Aufgabe und gleichzeitig gewöhnte sie sich ein kontrollierendes Verhalten an, das sie bei anderen Kindern eher unbeliebt machte.

Ähnliches hatte auch der Klassenlehrer beobachtet, mit dem sich der Berater - nach einer Schweigepflichtentbindung durch die Eltern - am Telefon besprochen hatte. Patrizia fiel den meisten Lehrern durchaus positiv auf, weil sie über hervorragende Fähigkeiten verfügte, bei einem Streit zwischen den Parteien zu vermitteln. Zugleich war sie bei ihren Klassenkameraden nicht so sehr beliebt, da sie zu schnell den Friedensstifter spielen wollte und sich damit viel zu sehr in ihre Angelegenheiten einmischte. Das nahmen ihr die Kinder häufig übel.

Die Friedensstifter- und Vermittlerrolle war etwas, das für Patrizia in ihrer Familie zur Selbstverständlichkeit geworden war und wodurch sie sich wertvoll und wichtig fühlen konnte. Da waren zum einen die langanhaltenden Diskussionen der Erwachsenen, die sie manchmal dringend entschärfen oder unterbrechen mußte, damit z.B. noch etwas eingekauft wurde, bevor die Läden zumachten oder damit endlich eine Entscheidung gefällt wurde, wohin man denn in der nächsten Woche in Urlaub fahren würde. Herr S. und Frau B. hatten eine enorme Zähigkeit entwickelt, miteinander um Ziele, Wege, Einflußsphären, Verpflichtungen und persönliche Freiheiten zu ringen. Darüber vernachlässigten sie oft schlichtweg die Dinge, die ganz konkret zu erledigen waren. Als Überlebensstrategie hatte Patrizia daher einige Methoden entwickelt, wie sie die Aufmerksamkeit der Erwachsenen wieder auf das Vordringliche lenken konnte. Da ihre Bemühungen von Mutter und Stiefvater selten gewürdigt wurden, ja sie sogar mehrmals in den Familiensitzungen dafür lächerlich gemacht wurde, blieb ihr die Selbstbestätigung aber weiterhin versagt. Dies brachte sie anscheinend dazu, sich noch mehr anzustrengen. Nicht anders war es bei ihrem leiblichen Vater. Auch dieser vergaß hin und wieder Verabredungen oder Versprechen und sie hatte sich angewöhnt, ihn daran erinnern zu müssen.

Ein weiteres Ereignis, welches ihr Selbstwertgefühl zusätzlich schwächte, mußte sie an ihrem Geburtstag „verdauen". Frau B. war auf einer zweitägigen, auswärtigen Fortbildung und am Abend vor Patrizias Geburtstag fiel ihr ein, daß sie kein Geschenk für sie hatte. Sie hatte mit ihrem Partner bisher nicht darüber gesprochen, daß er für sie etwas besorgen solle. Sie rief ihn an und bat ihn, vor dem Frühstück noch ein kleines Geschenk aufzutreiben. Dementsprechend freudlos verlief Patrizias Geburtstag. Frau B. und Herr S. gaben sich „enttäuscht von Patrizia", denn sie hätten von einer nunmehr 10jährigen erwartet, daß sie vernünftiger reagiere, wenn man ihren Geburtstag „verschiebt". Patrizias Enttäuschung wollten sie nicht wahrhaben, stattdessen waren sie selbst enttäuscht. Das Gefühl der Enttäuschung hatten sie Patrizia „enteignet" und ähnlich „verschoben" wie die Geburtstagsfeier.

Wo alles hin- und hergeschoben werden kann, selbst Geburtstage, da entsteht bei den Betroffenen im allgemeinen ein starkes Bedürfnis, sich irgendwo festzuhalten. Der Berater stellte sich deshalb die Frage, wo Patrizia innerhalb des Systems ihre Sicherheit fand bzw. woran sie sich halten konnte?

Eine Hypothese war, daß Patrizia sich durch ständiges Essen einen inneren Halt und ein körperliches Wohlgefühl zu verschaffen suchte. War sie anfangs nur etwas pummelig, so nahm sie im Laufe der Familienberatung immer mehr zu, bis sie eindeutig übergewichtig war. Ein ¾ Jahr später brachte der Stiefvater ihr süchtiges Eßverhalten in der Erziehungsberatung zur Sprache. Er mache sich Sorgen und wolle nicht untätig mitansehen, wie sie riesige Essensportionen in sich „hineinschlinge" und unaufhörlich zunehme.

Bei Frau B. kam durch ihr Versäumnis an Patrizias Geburtstag ein starkes Unbehagen auf. Sie hatte den Eindruck, sich in letzter Zeit zu wenig um sie gekümmert zu haben. Sie fand schon bald eine passende Gelegenheit, mit ihr mal ganz alleine etwas zu unternehmen. Patrizia war von ihrem Vater zu seiner bevorstehenden Hochzeit eingeladen worden. Sie war verständlicherweise sehr aufgeregt und wollte unbedingt in einem wunderschönen Kleid dort erscheinen. Frau B. nahm sich ausreichend Zeit, um mit ihr durch die Geschäfte zu ziehen und ein prachtvolles Kleid auszusuchen. Patrizia sprach in der nächsten Sitzung von nichts anderem, als von dem Spaß, den ihr der Kleiderkauf gemacht hatte.

Frau B. kam in dieser Sitzung wieder auf ihren alten, unerledigten Groll zu sprechen, den sie auf ihren Partner hatte. In ihren Augen habe er noch zu keiner Zeit genügend Interesse an den beiden anderen Kindern gezeigt. Nun fühle sie sich von ihm verschärft in eine Allianz gegen ihren Sohn gedrängt. Ihr Partner habe sie praktisch vor die Wahl gestellt, sich entweder von Jens räumlich zu trennen oder die gemeinsame Beziehung aufs Spiel zu setzen. In diesem für sie qualvollen Konflikt entschied sie sich schließlich für ihren Partner und gegen ihren Sohn. Nachdem sie diesen Entschluß gefaßt hatte, fand sie für ihn innerhalb kürzester Zeit eine kleine Wohnung in der Nachbarschaft.

Dies war scheinbar eine Lösung für Frau B.s Loyalitätskonflikt in dem Beziehungsdreieck „Mutter - Sohn - Stiefvater". Für Jens war die Veränderung aber nicht hilfreich zu seiner Identitätsfindung und Autonomieentwicklung. Es zeigte sich einige Wochen später, daß die Ablösung von der Herkunftsfamilie nicht geglückt war. Eines Freitagnachmittags erschien er in der EB, weil er eine Mixtur unbekannter Drogen eingenommen hatte, deren Wirkung er unterschätzt hatte. Auf dem Weg in die Klinik erzählte er dem Berater dann, daß er schon seit längerem mit Drogen experimentiere. Gelegentlich habe er schon mal Heroin probiert, aber noch nie Entzugserscheinungen gehabt. Diesmal habe er sich eine Kombination verschiedener Stoffe „eingepfiffen" und das panische Gefühl, die Sache nicht mehr unter Kontrolle zu haben. Vor den kommenden Stunden habe er nun einen wahnsinnigen Horror.

Zum nächsten Familiengespräch kam Jens nicht mit. Der Berater wollte keine Geheimnisse vor dem Rest der Familie haben und rief ihn zuhause an. Er stellte ihn vor die Alternative, entweder noch zu kommen und selbst seiner Mutter und seinem Stiefvater zu erzählen, in welch kritische Abhängigkeit von Drogen er hineingerutscht sei oder es dem Berater zu überlassen, die Eltern über seinen Drogengebrauch aufzuklären. Jens entschied sich zu kommen. Geschickt vermied er es, genauer die Drogen zu nennen, die er eingenommen hatte und die Umstände, unter denen er sie einnahm, bzw. wie er sie sich beschaffte. Frau B. und Herr S. waren nicht sonderlich überrascht. Sie wüßten schon seit langem, daß Jens Drogen nehme, aber er mache ja vor ihnen vollkommen dicht. Sie konnten sich nur vorstellen, daß er harmloseres Zeug wie z.B. Cannabis konsumieren würde.

Die Familie kam inzwischen seit 1 ½ Jahren zu Beratungsgesprächen. Doch noch nie war das Suchtproblem direkt von einem der Beteiligten angesprochen worden. Auch in dieser Sitzung reagierten Mutter und Stiefvater nur sehr ausweichend auf die Tatsache von Jens Suchtabhängigkeit. Sie erwarteten vom Berater einen Vorschlag, wie damit umgegangen werden solle. Der Berater empfahl der Mutter dringend, sich bei einer Jugend- und Drogenberatungsstelle mit Jens gemeinsam einen Termin geben zu lassen. Bis sie dort ihren ersten Termin bekämen, erklärte er sich bereit, überbrückende Einzelgespräche mit Jens zu führen.

Jens war auf einmal selbst an Einzelgesprächen interessiert. Es war ein Damm gebrochen. Er sprach mit dem Berater über seine komplizierte Beziehung zu seiner Freundin, über sexuelle Schwierigkeiten und über diese „eiskalte Leere", die er manchmal in sich spürte. Es fiel ihm außerordentlich schwer, Nein zu seinen Freunden zu sagen, öffnete ihnen die Tür, auch wenn er eigentlich niemanden sehen wollte. Er verlieh seinen Wohnungsschlüssel auch an Unbekannte, obwohl er sich vorgenommen hatte, nur Leute in die Wohnung zu lassen, die ihm sympathisch waren. Zu seiner Mutter meinte er in einer Familiensitzung, sie solle die Leute ruhig rausschmeißen, die bei ihm herumlungerten. Frau B. konnte kaum glauben, daß sie ihm damit einen Gefallen tun würde. Sie hatte geglaubt, er brauche seine totale Freiheit.

Es zeigte sich, daß Jens nicht offen nein sagen konnte, wenn ihm etwas nicht recht war. Diese Beziehungsschwäche hatte zu den Krächen mit dem Stiefvater beigetragen. Jens hatte in seinem Leben bislang keine männliche Bezugsperson gefunden, mit der er hätte proben können, wie man auf der Basis gegenseitiger Akzeptanz Beziehungsauseinandersetzungen führt. Er hatte noch nicht genügend Eigenständigkeit entwickelt, um schon ein Leben außerhalb des familiären Schutzraumes bewältigen zu können. Der Auszug war verfrüht gewesen, aber in der Stieffamilie hätte er auch keine Perspektive mehr gehabt. Frau B. bekam einen Termin bei der Jugend- und Drogenberatungsstelle. Die dortige Beraterin warf die Frage auf, wo denn süchtig-machende Strukturen in ihrer Familie zu finden seien. Frau B. kehrte, nachdem sie dort Termine für Jens ausgemacht hatte, mit dieser Frage in die EB zurück.

Der Berater sprach daraufhin ihr süchtiges Arbeiten an, was zeitweilig einer Flucht vor den Erziehungs- und Familienaufgaben zuhause gleichkam. Frau B. könne sich gegenüber Patienten, Kollegen, Freunden oder Verwandten, ganz ähnlich wie ihr Sohn, oft nicht angemessen abgrenzen und überfordere damit nicht nur sich selbst, sondern die ganze Familie. Sie müsse mehr Sensibilität für ihre eigenen Grenzen und die der Kinder entwickeln und lernen, mehr auf sie zu achten. Frau B. war mit dieser Sichtweise des Beraters, sie sei mit ihrer mangelnden Abgrenzungsfähigkeit mitverantwortlich für das süchtige Verhalten ihres Sohnes, jedoch nicht einverstanden. In der darauffolgenden Stunde attackierte sie ihren Partner auf das heftigste. Da er sich zu stark von seinen Stiefkindern abgrenze, laste zuviel Verantwortung alleine auf ihren Schultern und sie könne deshalb gar nicht den Bedürfnissen aller Kinder gerecht werden. Er verhalte sich selbst manchmal wie ein kleines Kind, welches ständig Aufmerksamkeit von ihr verlange und dann auch noch tagelang schmolle, wenn es seinen Willen mal nicht bekäme. Das Thema des „zu kurz Kommens" hatte sich nun von der Eltern-Kind-Ebene auf die Paar-Ebene verlagert: Frau B. fühlte sich in der Partnerschaft manchmal vernachlässigt und Herr S. wiederum fühlte sich von ihr vor den Kindern zurückgesetzt. Der Berater schlug vor, über Themen, die die Intimität des Paares berührten, nicht im Beisein der Kinder zu sprechen, sondern dafür einen gesonderten Termin zu vereinbaren.

In der nächsten Stunde überraschte ihn das Paar damit, daß Frau B. kurzentschlossen mit einer Freundin und ohne ihren Partner einen 14tägigen Urlaub gemacht hatte. Herrn S. quälten Eifersuchtsempfindungen, daß im Urlaub zwischen ihr und einem anderen Mann vielleicht etwas „gelaufen" sein könnte. Einige Wochen später äußerte er einen konkreten Verdacht in der Paarberatung. Frau B. wehrte erst ab und sprach von einer „Geistesverwandtschaft", die sie zu einem jüngeren Mann entdeckt habe. In der darauffolgenden Sitzung war es aber kein Geheimnis mehr, daß Frau B. eine Liebesaffäre begonnen hatte. Herr S. begann, an die Vernunft und an das Verantwortungsgefühl seiner Partnerin zu appellieren und zeigte gleichzeitig deutlich, wie tief er getroffen war. Es war nicht das erste Mal, daß Frau B. in der Zeit ihres Zusammenseins eine Nebenbeziehung angefangen hatte. Herr S. gab sich bestürzt darüber, daß sie anscheinend niemals damit aufhören würde, obwohl er gerade geglaubt habe, mit diesem Thema seien sie „endlich durch".

Nach dieser Stunde erschien das Paar nicht mehr zu den bereits vereinbarten Sitzungen und meldete sich auch nicht ab. Da das Paar sich ganz offensichtlich in einer Krise befand, schrieb der Berater ihnen einen Brief, der jedoch monatelang unbeantwortet blieb. Erst ein viertel Jahr später meldeten sie sich mit der Bitte um ein Abschlußgespräch.

Das Paar hatte wieder zueinander gefunden. Herr S. sprach davon, daß Frau B.s neue Beziehung wochenlang weit über seine „Schmerzgrenze" gegangen sei. Besonders schwer sei es für ihn auszuhalten gewesen, wenn sie wieder bei „ihm" übernachtet hatte. Frau B. war von ihrem Liebhaber schwanger geworden und hatte sich daraufhin aus beiden Männerbeziehungen für eine Woche vollkommen zurückgezogen. In dieser Zeit sei sie „in sich gegangen" und sie habe den schwerwiegenden Entschluß gefaßt, das Kind nicht zu bekommen, den Liebhaber zu verlassen und zu ihrem Partner zurückzukehren.

Der Berater bekräftigte, daß es gut gewesen sei, daß sie bei sich selbst nachgespürt und zu ergründen versucht habe, was sie wirklich wolle. Sie habe diesmal ihr gewohntes Handlungsmuster unterbrochen und sich entschieden, sich eher von unrealistischen Bildern und uneinlösbaren Erwartungen zu trennen als von ihrem „Mann". Sie habe nun den Kreislauf unterbrochen, der jeweils damit begonnen habe, daß sie von einem Mann, den sie gerade erst kennengelernt habe, nach einer relativ kurzen Phase des Verliebtseins ein Kind erwartete. Meistens schon kurz nach der Geburt des Kindes sei sie dann von ihm enttäuscht gewesen und habe sich innerlich mehr und mehr distanziert, bis sie sich dann von ihm getrennt und eine neue Beziehung angefangen habe.

Frau B. war zu der Einsicht gelangt, daß sie dieses „Beziehungskarussell" selbst in Gang hielt. Bei den Männern suche sie eine Form von Bestätigung, die sie aber seltsamerweise nie erhalte und sie stattdessen dazu treibe, stets nach einer neuen Beziehung Ausschau zu halten. Dies sei schon in allen vergangenen Beziehungen so gewesen und hänge nicht ausschließlich mit ihrer derzeitigen Partnerschaft zusammen.

Der Berater teilte ihr seine Einschätzung mit, daß es für sie offensichtlich recht schwierig sei, Zugang zu ihren inneren Bedürfnissen zu bekommen. Er deutete an, daß sie nur schwer zu ihrer eigenen Mitte finde und deshalb häufig nicht im Einklang mit ihren Gefühlen handeln könne. Frau B. hatte sich schon seit längerem überlegt, eine psychoanalytische Therapie zu beginnen, sobald die nächste Streßphase an ihrer Arbeitsstelle vorüber sei. Sie wolle sich mit dem „inneren Kind" beschäftigen, anstatt weiter Kinder zu bekommen. Von einer psychoanalytischen Behandlung erwarte sie, endlich einmal selbst „richtig satt zu werden". Im Moment nehme sie jedoch noch an der Angehörigengruppe in der Jugend- und Drogenberatung teil, wo ihr einige Zusammenhänge langsam klar würden.

Herr S. äußerte ein eigenes Anliegen: Anna-Lena sei oft nur schwer zu verstehen, da sie für ihr Alter noch sehr undeutlich und kleinkindhaft rede. Da im nächsten Halbjahr die Einschulung bevorstehe, mache er sich langsam Sorgen, ob sie geistig und sprachlich überhaupt altersgemäß entwickelt sei oder ob sie eine spezielle Förderung benötige, vielleicht eine logopädische Behandlung? Die psychologische und testdiagnostische Untersuchung ergab eine normale Intelligenz- und Sprachentwicklung. Anna-Lena sprach v.a. im familiären Kontext undeutlich und leise, in der Kita eher ganz normal. Schon im Familienerstinterview hatte sich Anna-Lena die Ohren zugehalten, weil es ihr zu laut geworden war. Darin mochte eine der Ursachen für ihr leises Sprechen liegen: Protest und Aufforderung zugleich, nicht mehr so zu schreien, sondern sich leiser miteinander zu verständigen. Außerdem konnte sie es mit ihrer undeutlichen Aussprache erreichen, daß sich sowohl Vater als auch Mutter öfter mal zu ihr herunterbeugten und sich voll und ganz auf sie konzentrierten. In einem Familienklima, in dem sonst alle permanent das Gefühl hatten, sie kämen zu kurz, hatte sie so herausgefunden, wie sie sich für Augenblicke die ungeteilte Zuwendung ihrer Eltern holen konnte. Und schließlich konnte sie mit ihrer unbeholfen wirkenden Sprache erreichen, daß die Eltern sie noch länger wie ein kleines Kind behandelten und keine größeren Forderungen an Mithilfe oder Selbständigkeit stellten.

Herr S. war sichtlich beruhigt über das Untersuchungsergebnis und meine Interpretation von Anna-Lenas Verhalten. Er war im Grunde sehr stolz auf seine Tochter und hatte lediglich angesichts der familiären Turbulenzen der vergangenen Monate die Befürchtung, auch sie könnte Schaden genommen haben in ihrer seelischen und geistigen Entwicklung.

Damit endete die Familienberatung. Es wurde ein Nachgespräch nach 6 Monaten vereinbart. Dieser Termin wurde wegen Arbeitsbelastung von Herrn S. abgesagt. Zwei Monate später erschien Frau B. alleine zu dem Nachgespräch. Von ihr erfuhr ich, daß Jens einen stationären Entzug gemacht hatte, leider erneut rückfällig geworden war und weiterhin zu Gesprächen in die Drogenberatung ging.

Patrizias Lese- u. Rechtschreibschwäche hatte sich kaum gebessert, so daß sich Frau B. mit dem Gedanken trug, sie in ein Internat zu geben, welches auf die Behandlung dieser Symptomatik spezialisiert war. Patrizia sei dieser Idee gegenüber nicht ganz abgeneigt, wenngleich sie sich nur sehr ungern von ihren Freundinnen, die sie inzwischen gefunden hatte, trennen mochte. Sie hatte es also geschafft, Freundschaften aufzubauen!

Frau B. hatte den Eindruck, daß sich ihre Paarbeziehung seit jener Krise kontinuierlich gefestigt habe und wieder mit neuem Leben erfüllt sei. Herr S. hatte mir ausdrücklich Grüße ausrichten lassen, er war beruflich verhindert. Von einer Psychoanalyse hatte sie wieder Abstand genommen, da sie nicht 4 Termine pro Woche für sich reservieren könne.

Das ursprüngliche Stieffamiliensystem veränderte sich also in folgende Richtung: Frau B., Herr S. und Anna-Lena würden bald miteinander eine Kernfamilie bilden, während die Stiefkinder außerhalb in einer Jugendwohngemeinschaft bzw. im Internat leben sollten. Positiv daran fand ich, daß Frau B. und Herr S. eingesehen hatten, daß sie nicht dazu in der Lage waren, alle 3 Kinder angemessen zu beeltern, und damit aufhörten, die Symptome der Kinder isoliert zu betrachten und somit die Kinder letztendlich für das Mißlingen ihres Zusammenlebens verantwortlich zu machen. Andererseits war die kritische Frage zu stellen, ob Patrizia und Jens ihre Ausstoßung aus dem System nicht doch genau als eigenes Versagen empfinden würden.

Vom Selbstverständnis des Beraters her ist es nicht das alleinige Ziel, in jedem Fall eine Stieffamilie zusammenzuhalten oder wieder zusammenzuführen. Seine Aufgabe besteht vielmehr darin, die Beziehungskonstellationen zu erhellen, die vorhandenen Bindungen zu würdigen, und mit allen gemeinsam die Bereitschaft und Fähigkeit der

Einzelnen zu erkunden, miteinander ein Familienganzes zu bilden. Ist, wie in diesem Fall, die Bereitschaft dazu von Anfang an äußerst ambivalent oder durch jahrelange Mißerfolge erschöpft, scheint eine Trennung, die eine altersangemessene Bindung der Kinder an ihre Eltern auch für die Zukunft sichert, manchmal die bessere Lösung zu sein.

Im Verlauf des Beratungsprozesses erkannten alle Beteiligten, über welche Themen sie durch ihre individuellen Schwierigkeiten miteinander verbunden waren: Halt - Verantwortung - Grenzen. Im Themenfeld „Halt" ging es sowohl um das menschliche Grundbedürfnis des Gehalten-Werdens in einer beschützenden und versorgenden innigen Beziehung als auch um den inneren Halt sowie um den Zusammenhalt in der Gemeinschaft. Patrizia und Jens zeigten ihre Mangelerfahrungen in diesem Bereich besonders deutlich durch ihre Symptomatiken. Die eigene Mitte zu finden, wurde zu einem Thema für die beiden Eltern. Im Umgang mit Verantwortung zeigten sich die Auswirkungen des Verschiebungskreislaufs: Die Kinder fühlten sich teils überfordert, teils überschätzten sie sich selbst. Jens fühlte sich gänzlich unfähig, Verantwortung für seine Belange zu übernehmen, Patrizia hingegen übernahm auch da Verantwortung, wo sie gar nicht zuständig war und machte sich damit unbeliebt.

Eine angemessene Form der Abgrenzung zu finden kristallisierte sich sowohl als Thema des Paares heraus, als auch im Besonderen als ein Thema von Frau B., die ihre physischen und psychischen Grenzen oft nicht wahrhaben wollte und lernen mußte, behutsam und beharrlich an ihnen zu arbeiten.

Diese grundlegenden Themen konnten im Beratungsverlauf aufgezeigt und ansatzweise bearbeitet werden. Es lag nun wieder in der Verantwortung jedes Einzelnen, sich anhand dieser und anderer Lebensthemen weiterzuentwickeln. Die Beratung hat hierzu einige kräftige, nachhaltige Impulse gesetzt.

Ressourcenorientierung im interkulturellen Beratungskontext

Berrin Özlem Otyakmaz

Menschen brauchen zu ihrer Lebensgestaltung und Alltagsbewältigung Ressourcen. Neben Umweltsystemressourcen, zu denen die bebaute und natürliche Umwelt, materielle Güter, Institutions- und Programmressourcen ebenso zählen wie Beziehungsressourcen, gelten Personensystemressourcen wie soziale Kompetenz, Selbstwert, Bewältigungsoptimismus zu den Hauptressourcenquellen. Einzelne Ressourcen können allerdings nicht immer trennscharf voneinander unterschieden werden, hinzu kommt, daß in der Regel Umweltsystem- und Personensystemressourcen in einem Interaktionsverhältnis zueinander stehen (Nestmann 1998). Personen, die über genügend Personensystemressourcen verfügen, können aufgrund ihrer Kompetenzen leichter als andere Zugang zu entsprechenden Umweltsystemressourcen finden, während eine von Hause aus entsprechend reichliche Ausstattung mit Umweltsystemressourcen zur Entwicklung von Personensystemressourcen durchaus dienlich sein kann.

Ressourcen und Macht

Besonders die Umweltsystemressourcen sind jedoch gesellschaftlich ungleich verteilt. Weder Bildungs- noch Beschäftigungschancen sind für alle gleich, noch verfügen alle Mitglieder der Gesellschaft in gleicher Weise über die daraus resultierenden materiellen Vergünstigungen wie z.B. ausreichend finanzielle Mittel und zufriedenstellende Wohnverhältnisse sowie die nicht-materiellen Vergünstigungen und sozialen Annehmlichkeiten wie Status und gesellschaftliches Ansehen. Wenn wir Macht als das Verfügen und die Entscheidungskompetenz über den Zugang zu Ressourcen definieren, so sind es die derzeitigen gesellschaftlichen Machtverhältnisse, die den einen mehr und den anderen weniger dieser Ressourcen zuteil werden lassen. Das Wesen gesellschaftlicher Ausgrenzung läßt sich primär daran festmachen, daß einzelnen Individuen oder Gruppen der Zugang zu materiellen oder sozialen Ressourcen verweigert bzw. erschwert wird (vgl. Miles 1989, 1992; Hall 1989; Jäger 1992).

Mit gesellschaftlichen Normen und Werten unterliegen auch Ressourcen sozialen Bewertungskriterien. Was in einem bestimmten sozialen Zusammenhang als Ressource bewertet wird, kann in einem anderen Zusammenhang bedeutungslos sein. „Vieles kann Ressource sein, und definierbar ist sie letztendlich nur unter Berücksichtigung spezifischer subjektiver Wertschätzungen der betroffenen Individuen und/oder Gruppen bestimmten Geschlechts, Alters und Status in einer bestimmten Kultur und Gesellschaft zu einer bestimmten Zeit" (Nestmann 1998, 24). Eine gesellschaftlich dominante Gruppe kann nicht nur für sich, sondern auch für andere definieren, was als Ressource anerkannt wird und was nicht als Ressource gilt. Auch hier werden Machtverhältnisse reproduziert, da Dominanzangehörige in der Benennung, Erschließung und Erlangung von Ressourcen von ihrer eigenen Lebenswelt, ihrer eigenen Normalität und ihren eigenen Möglichkeiten ausgehen, während Minderheitsangehörige, deren vorhandene Ressourcen - ob nun bewußt oder unbewußt, intendiert oder nicht - ignoriert, nicht anerkannt und entwertet werden, das Vertrauen in ihre Fähigkeiten verlieren, verunsichert und hilflos werden. Dabei wird Minderheitsangehörigen nicht selten zugeschrieben, ihre Schwäche selbst verantwortet zu haben.

Neben anderen marginalisierten Gruppen wie alten Menschen, Behinderten, Frauen und Homosexuellen ist auch die Lebenssituation von MigrantInnen in Deutschland in der Regel durch Diskriminierung und Ausgrenzung geprägt. MigrantInnen verfügen aufgrund gesellschaftlicher Benachteiligung nicht nur über insgesamt weniger Ressourcen, selbst die Ressourcen, die ihnen eigen und zugänglich sind, werden zumeist nicht anerkannt, ignoriert oder deren Ausbildung und Entwicklung unterbunden. Diese AusgrenzungsProzeße werden meistens verschleiert, und die Ursachen ihres Nicht-Eingegliedertseins in die Gesellschaft werden den MigrantInnen als persönliches Defizit zur Last gelegt.

Negative Stereotype

Insgesamt herrscht in der Bundesrepublik Deutschland ein überwiegend negatives Bild von MigrantInnenfamilien vor. MigrantInneneltern werden als „Fremde" der hiesigen Gesellschaft nicht nur als unfähig dargestellt, ihrer Sozialisationsaufgabe gegenüber ihren Kindern gerecht zu werden, sie werden sogar als Hürde für die Integration und als psychische Belastungsquelle für ihre Kinder angesehen. Da die Eltern die traditionellen Werte ihrer Herkunftsländer an ihre Kinder weitervermitteln wollten, während diese in ihrer deutschen Umwelt mit den freiheitlichen und emanzipativen Werten der Moderne in Berührung kämen, litten die Kinder unter der Widersprüchlichkeit der kulturellen Werte, die sie umgeben. Diese Wertediffusion wirke sich negativ auf ihre Identitätsentwicklung aus. In der Regel werden bei Konflikten, die in MigrantInnenfamilien auftreten, primär kulturell bedingte Ursachen vermutet, Verhaltensweisen, die individuell motiviert sind bzw. aus einer spezifischen Familiendynamik heraus entstehen, wird in vielen Fällen eine kulturell determinierte Motivation zugeschrieben (Otyakmaz 1995).

Vor dem Hintergrund der weit verbreiteten negativen Stereotype überrascht es kaum, wenn in der Beratung von MigrantInnenfamilien[1] weder eine Wahrnehmung und Förderung der Ressourcen, die aus der Lebenswelt von MigrantInnen hervorgehen, erfolgt, noch eine positive Netzwerkorientierung vorliegt. Nicht selten zielen das Interesse und die Interventionen psychosozial und pädagogisch Tätiger vielmehr darauf ab, die vermuteten negativen Einflüsse der Familie zu beseitigen, den Einfluß der Eltern zu reduzieren oder sogar das Kind dem Einfluß der Eltern ganz zu entziehen.

Die rein defizitorientierte Darstellung von MigrantInnenfamilien wurde in den letzten Jahren vielfach kritisiert. Die Kritik bezieht sich einerseits auf die stereotype Darstellung von MigrantInnen und ihr angebliches Festgelegtsein durch die als einheitlich und statisch dargestellte Herkunftskultur, andererseits auf die Hierarchisierung von Kulturen und die Bewertung der Herkunftskulturen als traditionell und minderwertig und der deutschen Kultur als modern und höherwertig. Darüber hinaus führt die ausschließliche Fokussierung des Diskurses auf Kultur als einzige das Verhalten determinierende Variable zur stereotypen Erklärung der Lebensweisen und -bedingungen von MigrantInnen und zum Ignorieren vielfältiger anderer wie z.B. sozioökonomischer Faktoren (zur Kritik vgl. Hebenstreit 1986; Auernheimer 1988; Dittrich/ Radtke 1990; Kalpaka/Räthzel 1990; Bukow/Llaroya 1993[2]; Lutz 1991 u. 1992; Hamburger 1990; Radtke 1991; Boos-Nünning 1994a u. 1994b; Otyakmaz 1995). Trotz der zahlreicher werdenden Beiträge, die Kritik an der herkömmlichen Darstellungsweise von MigrantInnenfamilien üben, halten sich die Klischees und Stereotype hartnäckig. Starre kulturfixierte Interpretationsschablonen werden jedoch nicht nur den vielfältigen Lebenswelten und individuellen Lebensgestaltungen von MigrantInnen nicht gerecht, sie stehen auch einer fallspezifischen und differenzierten Problembetrachtung und damit einer adäquaten Lösungsfindung im Wege (Otyakmaz 1996).

Von der Defizit- zur Ressourcenorientierung

In den letzten Jahren setzt sich zwar aufgrund der immer häufiger vorgebrachten Kritik am defizitorientierten Modell auch im migrationsspezifischen psychosozialen Tätigkeitsfeld zumindest auf der theoretischen und der Ebene der Willensbekundung immer

---

[1] Wenn ich mich in meinen Betrachtungen zu Beratung im interkulturellen Kontext nur auf die Konstellation konzentriere, in der MigrantInnen als Angehörige von Minderheiten in der KlientInnenrolle sind und nur Angehörige der Mehrheit als BeraterInnen auftreten, so bedeutet dies nicht, daß interkulturelle Beratung mit Beratung von MigrantInnen gleichzusetzen ist. Selbstverständlich gibt es - bisher leider zahlenmäßig immer noch unterrepräsentiert - MigrantInnen als Professionelle im psychosozialen Tätigkeitsfeld. Da wir darüber hinaus in einer nicht nur in ethnischer Hinsicht pluralen Gesellschaft mit vielfältigen Lebenswelten und Subkulturen leben, können fast alle menschlichen Begegnungen und Kommunikationen als interkulturell betrachtet werden.

mehr eine Abkehr von diesem Modell durch, aber in der praktischen Arbeit scheint es vielen MitarbeiterInnen psychosozialer Einrichtungen schwerzufallen, die Ressourcen von MigrantInnen, die aus ihrer Lebenswelt hervorgehen, erkennen bzw. anerkennen zu können. Wird in der Beratung der Lebenswelt und den Lebensentwürfen von MigrantInnen nicht mit Akzeptanz und Anerkennung begegnet, läuft man allerdings Gefahr, daß Ressourcen, die aus dieser Lebenswelt resultieren, nicht nur nicht erkannt, sondern in Frage gestellt werden, so daß den Personen eine Bedrohung ihrer Ressourcen unmittelbar in der Beratung widerfährt. Der Verlust oder die Bedrohung von Ressourcen wird von RessourcentheoretikerInnen als zentralere Erfahrung als der Hinzugewinn neuer Ressourcen bewertet. Ihre Auswirkungen auf das Wohlbefinden sind besonders beeinträchtigend und werden von Betroffenen mit ohnehin geringen Ressourcen als existenzgefährdend erlebt (Nestmann 1998, 26). Ein sensibler Umgang in dieser Hinsicht zeigt sich als unerläßlich. Eine Sensibilisierung von psychosozial Tätigen für die Ressourcen von MigrantInnen ist daher unbedingt erforderlich. Die Ressourcensensibilisierung sollte sich allerdings nicht auf die reine Aneignung theoretischen Wissens über andere Kulturen reduzieren. Selbstverständlich gibt es kulturelle und religiöse Vorstellungen und Praktiken, die nicht nur in Krisenzeiten als Quelle von Ressourcen fungieren können, jedoch werden kulturelle Inhalte sehr unterschiedlich ausgelegt und praktiziert. Von daher wäre es falsch, durch das Verbreiten scheinbar allgemeingültiger Wahrheiten über kulturell definierte Ressourcen neue Stereotype über MigrantInnen festzuschreiben. Darüber hinaus ist jenseits des Wissens um kulturelle Inhalte vielmehr deren Akzeptanz und Anerkennung bzw. eine Auseinandersetzung mit den eigenen Grenzen in der Akzeptanz und Anerkennung anderer als der eigenen Lebenspraxis notwendig: Wie gehe ich z.B. als christliche oder atheistische Beraterin damit um, wenn Menschen muslimischen Glaubens ihre Religion und ihre Religionsgemeinschaft als vorhandene oder zu erschließende Ressourcenquelle angeben? Die Reflexion eigener Werte und die Auseinandersetzung mit dem Umgang mit Differenzen (vgl. Mecheril 1998) ist in der Beratungsarbeit mit MigrantInnen unumgänglich.

Trotz der geschilderten Ablehnung der schablonenhaften Aneignung von theoretischem Wissen über andere Kulturen, halte ich es dennoch für notwendig, daß unter Berücksichtigung der je individuellen, regionalen, geschlechts- und generationsspezifischen Variationen mögliche kulturspezifische Konzepte in Erfahrung zu bringen. Dazu gehören z.B. Konzepte über Stärken und Schwächen, Krankheit und Gesundheit, Individualität, Familie, Nähe und Distanz, Gerechtigkeit (Mecheril 1998). Nur so ist es möglich ein kulturspezifisches Verständnis von Ressourcen zu erlangen und mögliche Ressourcen bei den KlientInnen herauszuarbeiten und stärken zu können. Neben kulturellen Faktoren sind vor allen Dingen die Erfahrung der Migration und das Leben in der Migration Bedingungen, in denen sich spezifische Ressourcen entwickeln können. Diese Ressourcen können von Menschen, denen eine Migrationserfahrung nicht präsent ist, leicht übersehen werden. Der Mangel an kulturspezifischem Verständnis sowie an Einblick in die Lebensrealität von MigrantInnen und daraus abgeleiteter ressourcenorientierter Beratung führt in der Praxis in aller Regel zu einer defizitorientierten Betrachtungsweise ihrer Lebenssituation. Umgekehrt liegen aufgrund dieser defizitorientierten Sichtweise nur sehr wenige ressourcenorientierte Untersuchungen zur Lebenswelt von MigrantInnen vor. Ich werde im folgenden anhand von einigen Beispielen veranschaulichen, wie Ressourcen nicht erkannt bzw. aberkannt werden. In der Auseinandersetzung mit diesen Beispielen hoffe ich, Anregungen zu einem sensiblen individuums- und lebensweltorientierten Herangehen in der Beratung von Menschen mit Migrationshintergrund geben zu können.

Bi- oder doppelte Semilingualität?

Die Debatte um die Sprachkompetenzen von MigrantInnenkindern soll ein erstes Beispiel für die Nicht-Anerkennung von Kompetenzen bzw. der Ignoranz gegenüber daraus erwachsenen Ressourcen sein. Die Elternsprache von MigrantInnenkindern wird in der Regel in den Schulen und Kindergärten als störend für den Erwerb der „richtigen" deutschen Sprache betrachtet, da angenommen wird, daß die Kinder mit den beiden Sprachen durcheinandergeraten und weder die eine noch die andere Sprache richtig erlernen. MigrantInnenkinder werden allgemein auch nicht als bilingual sondern als doppelt semilingual betrachtet und in vielen Schulen und Kindergärten wird Wert darauf gelegt, daß sie sich untereinander nicht nur im Unterricht sondern auch in den Pausen nicht in ihren jeweiligen Herkunftssprachen unterhalten. Dieser oft rigiden Praxis stehen allerdings zahlreiche Untersuchungsergebnisse entgegen. Ihre Aussagen reichen angefangen von Ergebnissen die aufzeigen, daß bilinguales Aufwachsen auf das Erlernen einer Sprache keinen negativen Einfluß habe bzw. nicht automatisch zur Semilingualität führe, bis hin zu Ergebnissen, daß Kinder, die bilingual groß werden, monolingualen Kindern an Intelligenz überlegen seien. Diese Überlegenheit wird damit begründet, daß bilinguale Kinder über ein ausgeprägteres metalinguistisches Bewußtsein verfügen: „Zweisprachige Kinder neigen weniger dazu, Sache und Wort für ein und dasselbe zu halten. Sie gewinnen eine gewisse Distanz zu ihrer Sprache, ihren Sprachen. Früher und gründlicher wird ihnen klar, daß Wörter auswechselbare Symbole sind" (Zimmer 1996). Diese Symbole beherrschen bilinguale Kinder in der Regel recht gut. Schon im Vorschulalter können sie beide Sprachsysteme voneinander trennen und wissen, wann und wem gegenüber sie welche Sprache zu gebrauchen haben. Von der einen zur anderen Sprache wechselten sie nur hin und her, wenn sie ein Gegenüber haben, das ebenso bilingual wie sie selbst ist. Die Schwierigkeiten scheinen demnach nicht bilingual aufwachsende Kinder, sondern die monolinguale Umwelt zu haben. „Wir neigen dazu, jenen mit mißtrauischem Neid zu begegnen, die die Gelegenheit hatten, mit mehr als einer Sprache groß zu werden, so als wäre ihnen ohne ihr Zutun ein mirakulöser Zustand zuteil geworden, der den meisten für immer verschlossen ist: die Bilingualität. *Die* Mehrsprachigkeit ist aber etwas, was es in der Wirklichkeit nicht gibt. Es gibt sie nur in verschiedenen Graden und Formen, und bei jedem einzelnen ist sie unablässig im Fluß, braucht sie, um erreicht und erhalten zu werden, unausgesetzte Anstrengung" (Zimmer 1996). Das Aufwachsen mit mehreren Sprachen wird vom

Autor weder als Risiko noch als ein „mirakulöser Zustand" dargestellt, aus dem sprachliche Fähigkeiten erwachsen, die der betreffenden Person ohne eigenes Zutun zuteil werden. Statt den Erwerb und Gebrauch der Herkunftssprache zu unterbinden, wäre es daher erforderlich, die Bedingungen zu optimieren, unter denen ein doppelter Spracherwerb stattfinden kann. Nicht am bilingualen Aufwachsen, vielmehr in den schichtspezifischen Benachteiligungen, die beseitigt werden müßten, sind die Ursachen für mögliche Sprachdefizite von MigrantInnenkindern zu suchen. Solange allerdings die Herkunftssprachen von MigrantInnenfamilien nicht anerkannt und z.B. in beruflichen Einstellungsverfahren nicht als eine Zusatzqualifikation angerechnet werden, werden diese Sprachen als zu überwindendes Hindernis angesehen.

Chancen und Risiken

Nicht nur in sprachlicher Hinsicht wachsen MigrantInnenkinder in bi- oder multikulturellen Kontexten auf. Es ist durchaus anzunehmen, daß sie dabei mehr als deutsche Kinder mit widersprüchlichen Wertvorstellungen konfrontiert werden. Es besteht jedoch kein unmittelbarer Grund zur Annahme, daß diese Konfrontationen als plötzliche und in immer gleichbleibender Intensität erlebt werden und in Folge dessen unvermittelte und unlösbare Konfliktsituationen generiert würden. Die Konfrontationen werden hingegen zeitweise mit stärkerer und zeitweise in minder starker Intensität erfahren und können als immanenter Bestandteil der Biographie von MigrantInnenkindern betrachtet werden. Unter Zugrundelegung eines dynamischen Kulturverständnisses[2] erfahren sie auch entsprechende dynamische Verarbeitungsmuster.

Durch das Leben in und mit mehreren Lebenswelten mit unterschiedlichen Werten und Normen können daher Ressourcen und Kompetenzen erwachsen, die von außen betrachtet nicht wahrgenommen werden. Die Erlangung einer kritisch reflektierenden Distanz zu vorgegebenen gesellschaftlichen Regeln, die Erfahrung der Kontextgebundenheit von Normen und Werten, Sensibilität zur Erfassung kontextueller Bedingungen und Veränderungen, Flexibilität im Wechsel der Kontexte, Kreativität und Organisationstalent im Verbinden verschiedener Lebensentwürfe sind einige Entwicklungsmöglichkeiten, die diese Lebenserfahrung bietet.

Selbstverständlich gibt es auch in der MigrantInnenpopulation Problemfälle, die zwecks Lösungsfindung professioneller Unterstützung bedürfen. Die Konflikte dieser Menschen werden in der Regel von PraktikerInnen und TheoretikerInnen der Mehrheitsgesellschaft generalisiert und als Charakteristikum auf die gesamte Gruppe übertragen. Es darf jedoch nicht vergessen werden, daß nur diejenigen psychosoziale Einrichtungen aufsuchen, bei denen sich - zumindest in Teilbereichen ihres Alltags oder zu bestimmten Lebensperioden - Schwierigkeiten in der Lebensbewältigung einstellen und daß nicht das Leben in und mit verschiedenen Lebenswelten an sich das Problem dar-

---

[2] Zu einem dynamischen Kulturmodell vgl. Otyakmaz 1995.

stellt, welches es zu überwinden gilt. Schließlich überwiegt die Anzahl von Menschen mit bi- oder multikultureller Lebenssituation, die ihren Alltag zu ihrer Zufriedenheit gestaltet, von daher meistens nicht auffällt, und als nicht „Auffällige" keinen Kontakt zu Beratungsstellen hat. Hier zeigt sich, daß es erforderlich ist, mehr Wissen über diese „gelingenden" Lebensverläufe von MigrantInnenkindern zu erlangen und nicht als Vergleich lediglich eine „deutsche" Normalbiographie zugrunde zu legen.

Migrationsspezifische Identitätskonzepte

Wenn Migration und das Leben in Migration als bewußt verarbeiteter Prozeß, als ein integraler Bestandteil einer Biographie in ein Identitätskonzept aufgenommen wird, müssen widersprüchliche Erfahrungen, die von MigrantInnen gemacht werden, keineswegs zum identitätsgefährdenden Risiko werden. Um dies zu erfassen, ist es jedoch notwendig, neue Überlegungen für eine Identitätstheorie zu entwickeln, die das Leben in und mit verschiedenen Lebensrealitäten als eine von möglichen Normalbiographien anerkennt, und diese Lebensrealitäten, nicht nur als möglichst pragmatisch bewältigte, sondern als selbstverständlich gelebte begreift. Ein Identitätskonzept also, das widersprüchliche Erfahrungen nicht schematisch als problemgenerierend definiert, könnte für die Beschreibung der Lebensrealität von MigrantInnen adäquater sein.

In Anwendung des interaktionistischen Identitätsmodells von Krappmann auf diese Lebensrealitäten kann formuliert werden, daß die Handlungsfähigkeit in verschiedenen Systemen als positiv erfolgte Identitätsentwicklung zu erachten ist (Krappmann 1973). Dabei soll die Person befähigt sein, unterschiedliche Wertesysteme voneinander abzugrenzen und die jeweils entsprechenden Normen sinngemäß und zweckmäßig anzuwenden. Diese Fähigkeiten und Bewältigungsressourcen müssen laut Keupp nicht nur von MigrantInnen entwickelt werden, denn angesichts „der partikularistischen Lebenssituation des modernen Menschen (...) ist ein ständiges Umschalten auf Situationen notwendig, in denen ganz unterschiedliche, sich sogar gegenseitig ausschließende Personenanteile gefordert sein können. Diese alltäglichen Diskontinuitäten fordern offensichtlich ein Subjekt, das verschiedene Rollen und die dazu gehörigen Identitäten ohne permanente Verwirrung zu leben vermag" (Keupp 1989, 47ff.). Er fordert daher mit seinem Modell der „Patchworkidentität" eine Anpassung von Identitätsmodellen an die sich immer stärker diversifizierende und schnelle Kontextwechsel erfordernde Gegenwart in Form von vielfältigen Identitäten, bei der verschiedene durchaus auch widersprüchliche Identitätsanteile nebeneinanderstehen können. „Multiple Realitäten" erforderten „multiple Identitäten" (Keupp 1988). Wenn die Lebenssituation von MigrantInnen strukturell analysiert und als eine Lebenswelt mit „multiplen Realitäten" betrachtet wird, so kann ein Modell der „Patchwork"-Identität auch auf diese Lebenssituation Anwendung finden. Im Gegensatz zu dem Defizitmodell von Haller (1984), die den Prozeß des Lebens in und das Umgehen mit „multiplen Realitäten" als „opportunistisches Situationsmanagement und Form chamäleonartiger Anpassung bis zur Unkenntlichkeit eigener Identität" beschreibt, weist das Patchwork-Modell auf Ressourcen und Kompetenzen hin. So wird das Leben in und mit verschiedenen Kulturen nicht zur unausweichlichen Konfrontation mit widersprüchlichen Werten, aus der sich unüberwindbare Konflikte generieren, sondern eröffnet Chancen für individuelle Entwürfe genauso wie für das Bilden neuer kollektiver Identitäten.

Irrationale Vorstellungen oder effektives Coping?

Oft kann eine bestimmte Vorstellung oder ein bestimmtes Verhalten, das von anderen als Irrationalität oder Realitätsfremdheit eingestuft wird, für Menschen in einem spezifischen Lebenszusammenhang als Ressourcenquelle fungieren. Z.B. kann das Sprechen und Nachdenken über „Rückkehr" für MigrantInnen vielfältige symbolische Bedeutungen sowie identitätsstabilisierende und biographische Entscheidungen rechtfertigende Funktionen haben. Für Angehörige der ersten Generation kann das Festhalten an der Rückkehr, d.h. an dem Abschließen und Vollenden des als zum Entscheidungszeitpunkt vorübergehend betrachteten Migrationsprojektes, eine Legitimationsquelle darstellen, aus der geschöpft wird, um die persönlichen Opfer - wie z.B. die Trennung von Familienangehörigen und der gewohnten Umwelt, die mit der Migration verbunden waren sowie die z.T. jahrzehntelang ertragenen schwierigen Lebensbedingungen im Aufnahmeland zu rechtfertigen. Unter diese Lebensbedingungen fallen z.B. gesellschaftlich wenig anerkannte, schwere und gesundheitsbelastende Tätigkeiten, gesellschaftliche Marginalisierung und Diskriminierung, schlechte Wohnsituation. Oft wird von ExpertInnenseite diese Umgangsweise nicht als eine gelungene Copingstrategie sondern als eine wirklichkeitsfremde Rückkehrillusion angesehen.

Für die Kinder der MigrantInnen ist neben der selbstwertdienlichen Funktion der Vorstellung in dem Herkunftsland ihrer Eltern gesellschaftlich weniger ausgegrenzt zu sein, der Beschäftigungsstatus, die berufliche Einbindung in den bundesdeutschen Arbeitsmarkt bzw. die Perspektiven darauf entscheidend, wenn sie sich gedanklich mit einer möglichen (Re-)Migration beschäftigen. Oft ist die (Re-)Migrationsüberlegung mit der Vorstellung verknüpft, mit den deutschen Sprachkenntnissen bessere Beschäftigungschancen z.B. in der Tourismusbranche oder in international arbeitenden Firmen zu besitzen. Diese Überlegungen, die bei einigen Jugendlichen auch den Berufswahl-Prozeß beeinflussen, sollten nicht lediglich als Unentschiedenheit über den anzustrebenden Lebensort bewertet werden, sondern als durchaus realistische Einschätzung ihrer im Vergleich zu deutschen Jugendlichen geringeren Beschäftigungschancen und einer bewußten Wahrnehmung ihrer nicht nur sprachlichen Zusatzkompetenzen, die sie durch das Leben in Deutschland erworben haben.

Netzwerkorientierung

Ob es familiäre, nachbarschaftliche, Vereine oder andere Netzwerke von MigrantInnen sind, die überwiegend oder ausschließlich aus dem eigenen nationalen, ethnischen, kulturellen oder religiösen Kreis stammen, sie stoßen in der deutschen Mehrheitsbevölkerung häufig auf Skepsis und Ablehnung. Allgemein werden sie als Zusammenrottung und Bedrohung empfunden und von Professionellen wie SoziologInnen, PädagogInnen, PsychologInnen, PolitikerInnen, JournalistInnen werden Zusammenhänge von MigrantInnen mit hoher nachbarschaftlicher monoethnischer (-kultureller, -nationaler etc.) Netzwerkdichte als integrationshemmende Ghettos, als Herde zukünftiger sozialer Unruhen bezeichnet. Ob es die Cliquen junger MigrantInnen sind, die schnell als die marodierenden Gangs gesehen werden, die den inneren Frieden Deutschlands gefährden (vgl. Heitmeyer 1997) oder die Familien für die immer wieder der Mangel an individuellen Freiräumen und Entwicklungsmöglichkeiten betont wird, die negativen Vorurteile werden meistens in den Vordergrund gestellt. Es scheint nicht verwunderlich, daß es deutschen BeraterInnen vor dem Hintergrund solcher Klischees widerstrebt, netzwerkorientiert mit MigrantInnen zu arbeiten. Ob und in welcher Stärke solche Ressentiments bei der einzelnen Beraterin, dem einzelnen Berater vorliegen und wie damit umzugehen ist, sollte in Supervisionen und Fortbildungen geklärt werden. Auf gesellschaftlicher Ebene zeigt sich die dringende Notwendigkeit wissenschaftlicher und öffentlicher Gegendiskurse, die die oben genannten Klischees durch differenziertere und realitätsadäquate Bilder ersetzen.

Ethnic communities

Bisher wurden ethnische Gemeinschaften (ethnic communities) von MigrantInnen besonders als soziale Kontrollinstanzen angesehen, die das Verhalten ihrer Mitglieder streng reglementierten und Abweichungen von der Norm sanktionierten. Diese negativen Aspekte treffen sicherlich auch zu, allerdings geraten dabei die positiven Funktionen der ethnic communities aus dem Blickfeld. US-amerikanische Studien betonen den hohen streßverarbeitenden und -ausgleichenden Stellenwert ethnischer Gemeinschaften. Neben dem streßverarbeitenden Potential wird registriert, „wie sich die ethnischen Gemeinschaften zu Organen der Interessenvertretung der Minderheiten entwickeln und die kollektive Handlungskompetenz der ethnischen Minderheiten gegenüber der 'modernen' Umwelt stärken. Wodurch sie langfristig politischen Druck zur Verbesserung ihrer Lebensverhältnisse und zum Abbau von Diskriminierung herstellen können" (Gaitanides 1992, 128). Die Rolle der ethnischen Gemeinschaften und der Selbstorganisationen für die Alltagsbewältigung und für das Wohlbefinden von MigrantInnen sollte von daher nicht unterschätzt und als mögliche Ressourcenquelle im Rahmen des BeratungsProzeßes berücksichtigt werden. Da sie zumeist einen direkteren Zugang zur Lebenswelt von MigrantInnen haben, können Selbstorganisationen von den Beratungsstellen auch kontaktiert und zur Unterstützung herangezogen werden.

Familiäre Netzwerke

Die Migration hat den Effekt, daß in vielen MigrantInnenfamilien der Zusammenhalt und die solidarische Bindung zwischen den Familienmitgliedern im Einwanderungsland stärker geworden ist als im Herkunftsland. Denn „die Familie gilt als Gegenpol zu den widrigen Lebens- und Arbeitsbedingungen und zugleich als affektiver Hort gegen die erfahrene Feindlichkeit in der sozialen Umwelt" (Goudiras 1997, 189). Diese familiären Netzwerke können in Konfliktsituationen nutzbar gemacht werden. So gibt es z.B. in Familien mit türkischem Hintergrund häufig im nahen Verwandten- oder Bekanntenkreis bewährte Vertrauenspersonen, die in Konfliktlagen als VermittlerInnen von beiden Seiten angesprochen werden. Tanten und Onkel, ältere verheiratete Geschwister, die außer Haus sind, können ebenso wie langjährige FreundInnen der Familie diese Rolle übernehmen. Diese Person ist nicht einfach nur Informationsübermittlerin, sondern berät und beschwichtigt beide Parteien. Ein KommunikationsProzeß wird eingeleitet, der sich je nach Konflikt- und Spannungslage entweder in der direkten Begegnung beider Parteien „mediativ" begleitet durch die/den SchlichterIn vollzieht oder zumeist am Anfang indirekt durch Informationsübermittlung über die Vertrauensperson geführt wird. So können Verwandte häufig eine schlichtende Funktion in Auseinandersetzungen zwischen Eltern und Kindern einnehmen. Es ist durchaus sinnvoll und hilfreich, solche Personen in die Beratungsarbeit mit einzubeziehen.

„Aber was macht man, wenn die türkischen Eltern gar nicht zugänglich sind?"

Folgender Fall wurde von einer Teilnehmerin in einer Fortbildung zu interkultureller Mädchenarbeit geschildert:

Eine sechzehnjährige Jugendliche türkischer Herkunft hatte sich mit der Bitte um Unterstützung an die Teilnehmerin gewandt. Die Eltern der jungen Frau, türkische ArbeitsmigrantInnen, planten in die Türkei zurückzukehren. Sie selbst wollte aber auf jeden Fall in Deutschland bleiben, da sie ihren Lebensmittelpunkt und ihre Zukunftsperspektiven in Deutschland verortete, während die Türkei für sie lediglich ein Ferienziel darstellte. Es hieß, daß nur eine mögliche Heirat der Tochter die Eltern dazu bewegen könne, ihre Tochter in Deutschland zurückzulassen. Da die junge Frau aber nicht die Absicht hatte, frühzeitig zu heiraten, war sie völlig verzweifelt und sah keinen Ausweg aus dieser Situation. Auch der Beraterin war, wie sich in der weiteren Besprechung des Falles herausstellte, keine alternative Handlungsperspektive zur Lösung des Konfliktes wie z.B. der von mir vorgeschlagenen Möglichkeit des Verbleibes der jungen Frau bei ihren Verwandten in Deutschland eingefallen. Daß junge Menschen, wenn es die Umstände erfordern, bei ihren älteren verheirateten Geschwistern, ihren Tanten und Onkel wohnen, ist ein gängiges Muster nicht nur aber gerade auch in der Migration, wenn nicht alle Familienmitglieder gleichzeitig migrieren können. Die Teilnehmerin war erstaunt und erleichtert über diese mögliche Perspektive, die sie nicht in Erwägung gezogen hatte. Ob der Vorschlag zu einer Lösung in dieser speziellen Familie geführt hat, ist weniger relevant. Wesentlich ist jedoch über diesen Einzelfall hinaus, daß die Beraterin weder um diese Möglichkeit wußte noch nach weiteren für die Familie realisierbaren Alternativen Ausschau gehalten hatte. Sie hatte sich in die verzweifelte Lage der Ratsuchenden versetzt. Dies und die Festlegung der Familie auf das Stereotyp türkisch-islamische Kultur ließen keine Handlungs- und Verhandlungsspielräume. Ausgehend von den allgemein vermittelten Bildern über „türkische Familien" und deren Ehrenkodex, der es nicht erlaube, eine unverheiratete Tochter alleine in Deutschland leben zu lassen blieb nur die Möglichkeit des Heiratens oder der Rückkehr. Aus dieser aufgrund der Vorannahmen als ausweglos empfundenen Perspektive wird als einzige Möglichkeit die Flucht aus dem Elternhaus und der Bruch mit der Familie erwogen. Auch in der Beratungsarbeit mit Menschen mit Migrationshintergrund ist es wichtig und unerläßlich, sie in ihrer Not ernst zu nehmen. Ratsuchende suchen aber in der Regel deshalb Rat, weil ihnen selbst kein Ausweg möglich scheint. Daß es wichtig ist, empathisch und nachvollziehend zu sein, bedeutet allerdings nicht, sich in die Klientin so sehr hineinzuversetzen, daß die ausweglose Perspektive der Ratsuchenden übernommen wird. Dieses Problem, das prinzipiell auch in der Beratung und Therapie mit deutschen KlientInnen auftreten kann, wird allerdings durch die stereotype Darstellung und Wahrnehmung der Lebenswelt von MigrantInnen verstärkt.

Nicht nur die vorherrschenden Stereotype über MigrantInnen wirken sich beschränkend auf die Beratung und Therapie aus. Wie sich die Übertragung der Werte der Beraterin auf die Lebenssituation der Ratsuchenden auswirken kann, soll anhand des folgenden Beispiels verdeutlicht werden.

„So schrecklich wie die dann meinen, ist es auch wieder nicht"

In einem Beratungsgespräch berichtete eine fünfzehnjährige Jugendliche türkischer Herkunft, die sich mit ihren drei jüngeren Schwestern ein Zimmer teilte, von Momenten, in denen es zwischen ihr und ihren Schwestern unter anderem aufgrund des beengten Raumes zu Spannungen und Streitigkeiten käme. Wenn sie in der Schule gegenüber ihren deutschen KlassenkameradInnen oder LehrerInnen von den Konflikten erwähnte, reagierten die anderen zur Überraschung und manchmal auch zum Unmut der jungen Frau mit übermäßig viel Bedauern und Mitleid auf das Erzählte. Schließlich sei ihre Situation doch gar nicht so schrecklich, wie die anderen es meinten, meinte sie. Es wäre auch sehr schön, sich mit ihren Schwestern das Zimmer zu teilen. Bei Problemen würden sie zusammenhalten, sich abends im Bett noch lange unterhalten, ihre Kleidungsstücke gegenseitig austauschen und manchmal gäbe es eben auch Situationen, in denen sie sich stritten. Das sei doch normal. Aber wenn ihre LehrerInnen und deutschen KlassenkameradInnen ähnliches sagten wie: „Och du Arme, das muß doch ganz schrecklich für dich sein. Ich würde das nie im Leben aushalten", käme sie sich ganz „doof" und irgendwie „asozial" vor, weil die anderen ein eigenes Zimmer hätten oder es sich höchstens mit einer Schwester oder einem Bruder teilen müßten.

Die Erzählung dieser Jugendlichen wurden in anonymisierter Version in Fortbildungen zu interkultureller Mädchenarbeit eingebaut:

Das Beispiel der vier Schwestern, die sich ein Zimmer teilten, wurde den Teilnehmerinnen kurz vorgestellt. Im Anschluß wurde danach gefragt, welche Ressourcen aus dieser Lebenssituation für die Beteiligten erwachsen könnten. Eine der Teilnehmerinnen konnte sich überhaupt nicht vorstellen, daß aus solch beengten Wohnverhältnissen irgend etwas Positives entstehen könnte, da ihrer Ansicht nach der Mangel an eigenem Raum und Privatsphäre dies verhinderten. Eine andere Teilnehmerin assoziierte mit dem Beispiel die Vorstellung, daß die Töchter im selben Raum mit den Eltern übernachteten und damit in einem weiteren Schritt die Möglichkeit des sexuellen Mißbrauchs. Dabei war in dem Beispiel nicht die Rede davon gewesen, daß sich die vier Schwestern das Zimmer auch mit den Eltern zu teilen hatten. Wieder eine andere Teilnehmerin schüttelte sich und sagte, daß die gesamte Situation doch ganz unerträglich sein müßte und sie alleine bei der Vorstellung schon Beengungsgefühle in der Brust bekäme. Obwohl die Teilnehmerinnen gebeten wurden, sich zu überlegen welche Ressourcen aus der vorgegebenen Beispielssituation entstehen könnten, gelang es nur sehr schwer die ausschließlich negative Wahrnehmung dieser Situation zu durchbrechen. Dieses einfache Beispiel verdeutlicht, wie tief die eigenen Selbstverständlichkeiten der BeraterInnen verankert sind und wie leicht es geschieht, daß aufgrund der Schwierigkeit sich von den eigenen Wertmaßstäben zu distanzieren, die Realität des Gegenübers und daraus resultierende Ressourcen übersehen werden können.

Peer-groups

Peer-groups spielen eine wichtige Rolle im Leben von heranwachsenden jungen Menschen. Sie bieten Jugendlichen einen erwachsenenfreien Raum, um unter ihresgleichen Vorstellungen über die Gestaltung des Erwachsenenlebens entwickeln und gesellschaftliche Rollen erproben zu können. Die Auseinandersetzungen, Konflikte und Solidaritätserlebnisse in der Peer-group haben entscheidende Auswirkungen auf den Prozeß der Identitätsbildung. Darüber hinaus erfüllt die Gruppe eine wichtige soziale und emotionale Funktion. Die Jugendlichen können nicht nur konkrete Alltagsprobleme besprechen und Lösungsmöglichkeiten diskutieren, sondern auch Erfahrungen austauschen und Selbstvertrauen sowie Selbstbewußtsein entwickeln (Schultze 1990). Auch für Jugendliche mit Migrationshintergrund erfüllen Peer-groups ähnliche Funktionen. Besonders die eigenethnische Peer-group wird für diese Jugendlichen zu einem wichtigen Ort des Austausches über alltägliche Probleme und Konflikte mit den Eltern sowie mit Angehörigen der Mehrheitsgesellschaft. In diesem Kreis können sie gegenseitige Stärkung und Selbstvergewisserung erfahren:

„Ja da ist eben 'ne Vertrautheit. Und es stellt sich heraus, daß man wirklich viele Gemeinsamkeiten hat, weil man vieles gleich macht. (...) Da ist dann natürlich 'ne Bestätigung, daß man das Richtige macht" (Serpil, 19 J., zit. aus Otyakmaz 1995, 100).

Von ihren deutschen KlassenkameradInnen fühlen sich jugendliche MigrantInnen oft unverstanden und abgelehnt. Häufig wird ihnen im täglichen Kontakt mit Deutschen vermittelt, daß sie anders, abweichend von der Norm, eben einfach nicht dazugehörig seien:

„*Also gegenüber den anderen [Deutschen, A.d.V.], vielleicht so, daß es Situation gibt wo man sich minderwertig fühlt, weil einem das vermittelt wurde. Also dieser Ausländerhaß und so. Man hat in der Türkei dieses Problem nicht, daß man denkt 'Oh Gott, ich bin, ich gehör hier eigentlich nicht hin', oder so*" (Hülya, 20J.)[3].

Daher wird der Kontakt zu gleichaltrigen Deutschen auf eine formale Ebene - häufig auf den Schulkontext - reduziert. Daß Jugendliche mit Migrationshintergrund sich verstärkt auf eigenethnische Gruppen zurückziehen, wird von PolitikerInnen und WissenschaftlerInnen wie z.B. Heitmeyer (1997) mit wachsender Sorge beobachtet. Es wird befürchtet, daß Nationalismus und religiöser Fundamentalismus in diesen Gruppen gedeihen und zum sozialen Konfliktpotential werden können. Bei differenzierter Betrachtung bedeutet der Rückzug auf eigenethnische Gruppen für viele Jugendliche den Rückzug in einen vor permanenter Infragestellung geschützten Raum. Mit dem Aufsuchen ethnischer Gruppen muß daher nicht zwangsläufig eine steigende Selbstethnisierung einhergehen. Viele MigrantInnen ziehen sich einfach in diese Gruppen zurück, um nicht permanent verletzt zu werden und nicht, weil die ethnische oder nationale Identität im Vordergrund steht. Daß es sich nicht zwangsläufig um nationale, kulturelle oder ethnische Hegemonisierungstendenzen handelt, zeigen die zahlreichen gemischtethnischen Gruppen. Ähnliche Diskriminierungserfahrungen mit Deutschen und das Gefühl, untereinander auf mehr Verständnis zu stoßen, führen oftmals zur Entstehung dieser Gruppen. Dieser Prozeß sollte zugelassen werden, ohne daraus zwangsläufig auf die gesellschaftliche Desintegration der Jugendlichen zu schließen. Es sollte vielmehr nachdenklich machen, daß viele Jugendliche mit Migrationshintergrund Privatkontakte zu Deutschen für eher anstrengend und nicht sehr erstrebenswert halten.

Der eigenethnische Gleichaltrigenkontext wird nicht nur zwecks Erfahrungsaustausch und Problembewältigung aufgesucht, sondern dient auch der Erfahrung der Normalität und gilt als spannungsfreier Raum zur gemeinsamen Freizeitgestaltung. Darüber hinaus spielen eigenethnische bzw. gemischtethnischen Peer-groups eine besondere Rolle für die Entwicklung einer positiven eigenen Gruppenidentität und eines positiven Selbstbildes. Denn es ist „keineswegs einfach, die eigene Gruppenzugehörigkeit zu akzeptieren und offensiv zu vertreten, wenn ich einer sozial diskriminierten Gruppe angehöre. So lernen Kinder im Laufe ihrer Sozialisation sich in der Regel mit denen zu identifizieren, die mächtig und angesehen sind. Untersuchungen aus den USA zeigen, daß schwarze Kinder sich zunächst mit weißen Kindern identifizieren und oft auch lieber mit weißen als mit schwarzen Puppen spielen. Sie lernen also nicht, sich selbst zu akzeptieren, sondern sich an anderen zu orientieren, und zwar mit denen, von denen sie selbst großenteils mißachtet werden. (...) Dem Dilemma von individueller Selbstentwertung einerseits, oder der Diskriminierung als Gruppenmitglied andererseits, ist

---

[3] Zitat aus unveröffentlichten Interviewpassagen zu Otyakmaz 1995.

am besten durch die Schaffung eigener Kulturen entgegenzuarbeiten. Denn eine positive Identität bedarf einer Gemeinschaft, die die einzelnen stützt." (Rommelspacher 1995, 181f). Weitgehend frei von rassistischen Diskriminierungen bzw. kulturellen, ethnischen oder nationalen Zuschreibungen oder Stereotypisierungen, können sie sich ihrem Alter entsprechend von der Elterngeneration abgrenzen, ohne daß diese Abgrenzung als Distanzierung von der gesamten Herkunftskultur gedeutet oder sogar erwartet wird.

Empowerment

Auch wenn sie in Deutschland geboren und aufgewachsen sind und sich allen Assimilierungsanforderungen unterworfen haben, wird den meisten MigrantInnen die Erlangung der deutschen Staatsbürgerschaft und damit das aktive und passive Wahlrecht verwehrt bzw. erschwert. So können sich junge MigrantInnen noch sehr von ihrer Herkunftsfamilie entfernen und sich selbst mit ihren deutschen FreundInnen identifizieren, deutsch sprechen, deutsch denken, deutsch träumen und sich als Deutsche fühlen. „Aber selbst bei einer radikalen Lösung aus ihrem Elternhaus ließen die Verhältnisse eine solche Identifikation nicht zu. Das liegt hauptsächlich daran, daß ihr die politischen Mitwirkungsrechte vorenthalten werden" (Akaseh-Böhme 1997, 46). Damit wird ihnen nicht nur die Anerkennung als politisches und gesellschaftliches Subjekt verweigert und Mündigkeit im Sinne des Gesetzes abgesprochen, sondern auch ein wichtiger Bedingungsfaktor psychischer Gesundheit, das eigene Lebensumfeld beeinflussen, verändern und kontrollieren zu können, wird ihnen vorenthalten. Einflußnahme auf das eigene Lebensumfeld bedeutet vor allen Dingen auch, sich den Zugang zu Ressourcen sichern zu können. Besonders bei ressourcenarmen Personen und Gruppen gehört es von daher zu den Aufgaben psychosozialer BeraterInnen, wenn sie „direkt oder indirekt auf gesellschaftliche Ressourcenverteilungs- und UmverteilungsProzeße Einfluß nehmen - z.B. im Rahmen gemeindepsychologischer Empowermentprogramme" (Nestmann 1998, 33). Dies erfordert neben dem Aufzeigen, Unterstützen und Aktivieren bereits vorhandener gesellschaftlicher Einflußmöglichkeiten, sich langfristig für die politische Gleichstellung von MigrantInnen einzusetzen.

Zusammenfassend kann formuliert werden, daß ressourcenorientierte Beratung im interkulturellen Kontext insbesondere zweierlei beinhalten muß: Erstens das Erkennen und Anerkennen lebensweltspezifischer Ressourcen von MigrantInnen. Die Anerkennung ihrer Kompetenzen und Alltagsbewältigungsmuster sowie das Nutzen kultureller Werte und Vorstellungen als Regelwerke bei der Suche nach Lösungen zählt ebenso dazu wie die Respektierung, Aktivierung und Nutzbarmachung ihrer unterstützenden Netzwerke. Zweitens gehört dazu der parteiliche Einsatz zur politischen und gesellschaftlichen Partizipation von MigrantInnen, der utopisch formuliert zur gleichberechtigten Teilhabe aller an den materiellen und sozialen Ressourcen der Gesellschaft beitragen soll.

Literatur

Akashe-Böhme, F.: Mädchen zwischen den Kulturen. In: Ehlers, J., Benter, A. & Kowalczyk, M.: Mädchen zwischen den Kulturen. Anforderungen an eine Interkulturelle Pädagogik. Frankfurt 1997, 33-46

Auernheimer, G.: Der sogenannte Kulturkonflikt. Frankfurt 1988

Boos-Nünning, U.: Die Definition von Mädchen türkischer Herkunft als Außenseiterinnen. In: Nestvogel, R. (Hrsg.): „Fremdes" oder „Eigenes"? Rassismus, Antisemitismus, Kolonialismus, Rechtsextremismus aus Frauensicht. Frankfurt 1994, 165-185

Boos-Nünning, U.: Türkische Familien in Deutschland. Auswirkungen der Wanderung auf Familienstruktur und Erziehung. In: Luchtenberg, S. & Nieke, W. (Hrsg.): Interkulturelle Pädagogik und Europäische Dimension. Herausforderung für Bildungssystem und Erziehungswissenschaft. Münster 1994, 5-24

Bukow, W.D. & Llaryora, R.: Mitbürger aus der Fremde - Soziogenese ethnischer Minoritäten. Opladen 1993[2]

Castelnuovo, D.F.: Das Konzept Kulturkonflikt - Vom biologischen Denken zum Kulturdeterminismus. In: Dittrich, E.J. und Radtke, F.-O. (Hrsg.): Ethnizität - Wissenschaft und Minderheiten. Opladen 1990, 299ff.

Dittrich, E.J.; Radtke, F.-O.: Der Beitrag der Wissenschaft zur Konstruktion ethnischer Minderheiten. In: Dittrich, E.J. Radtke, F.-O. (Hrsg.): Ethnizität - Wissenschaft und Minderheiten. Opladen 1990, 11 ff.

Gaitanides, S.: Psychosoziale Versorgung von Migrantinnen und Migranten in Frankfurt am Main. Gutachten im Auftrage des Amtes für Multikulturelle Angelegenheiten. In: Institut für Sozialarbeit und Sozialpädagogik (Hrsg.): IZA - Zeitschrift für migration und soziale Arbeit. 3/4 (1992) 127-145

Goudiras, D.: Wertorientierung und Verhaltensnormen griechischer Jugendlicher in der erzieherischen Lebenswelt. Frankfurt 1997

Hall, S.: Rassismus als ideologischer Diskurs. In: Das Argument. 178 (1989) 913-921

Haller, I.: Wider eine assimilative Integration. Dortmund 1984

Hamburger, F.: Der Kulturkonflikt und seine pädagogische Kompensation, In: Dittrich, E.J.; Radtke, F.-O.(Hrsg.): Ethnizität - Wissenschaft und Minderheiten. Opladen 1990, 311 ff.

Hebenstreit, S.: Frauenräume und weibliche Identität - Ein Beitrag zu einem ökologischen orientierten Perspektivenwechsel in der sozialpädagogischen Arbeit mit Migrantinnen. Berlin 1986

Heitmeyer, W.: Verlockender Fundamentalismus. 1997

Hinz-Rommel, W.: Interkulturelle Kompetenz. Ein neues Anforderungsprofil für die soziale Arbeit. Münster / New York 1994

Jäger, S.: Der Diskurs des Rassismus. In: Jäger, M., Jäger, S. (Hrsg.): Aus der Mitte der Gesellschaft. Duisburg 1992, 10-30

Kalpaka, A. & Räthzel, N.: Die Schwierigkeit nicht rassistisch zu sein. Leer 1990

Keupp, H.: Auf der Suche nach der verlorenen Identität. In: Keupp, H. & Bilden, H.: Verunsicherungen - Das Subjekt im gesellschaftlichen Wandel. Göttingen 1989, 47 ff

Mecheril, P.: Auch das noch. Ein handlungsbezogenes Rahmenkonzept Interkultureller Beratung. In: Körner, W. & Hörmann, G. (Hrsg.): Handbuch der Erziehungsberatung. Band 1. Göttingen 1998, 237-257

Miles, R.: Bedeutungskonstitution und der Begriff des Rassismus. In: Das Argument. 175 (1989) 393-367

Miles, R.: Rassismus. Einführung in die Geschichte und Theorie eines Begriffs. Hamburg/ Berlin 1992

Nestmann, F. & Niepel, T.: Beratung von Migranten. Neue Wege der psychosozialen Versorgung. Berlin 1993

Nestmann, F.: Beratung als Ressourcenfördeung. In: ders. (Hrsg.): Beratung. Tübingen 1998, 15-38

Otyakmaz, B.: Auf allen Stühlen das Selbstverständnis junger türkischer Migrantinnen in Deutschland. Köln 1995

Otyakmaz, B.: Jenseits des Kulturkonflikts. Lebenswelten junger türkischer Migrantinnen in der Bundesrepublik. In: Frauen in der einen Welt. Zeitschrift für interkulturelle Frauenaltagsforschung. 1 (1996) 26-43

Radtke, F.O.: Migration und Ethnizität. In: Flick et al. (Hrsg.): Handbuch Qualitative Sozialforschung. München 1991, 391 ff.

Rommelspacher, B.: Dominanzkultur. Texte zu Fremdheit und Macht. Berlin 1995

Schultze, G.: Griechische Jugendliche in Nordrhein-Westfalen. Bonn 1990

Zimmer, D.E.: Mehrsprachigkeit: Wie wird der Kinderkopf damit fertig? In: Die Zeit 1996, Nr. 50

Jugendgewalt - Möglichkeiten und Grenzen von gewaltpräventiven Angeboten in der Erziehungsberatung

Andreas H. Abel

Einleitung

Jugendgewalt ist ein Dauerthema. Die Medien sind voll davon. Tageszeitungen, Zeitschriften und Magazine und natürlich die Fernsehsender berichten täglich. Angesichts von gewalttätigen Kindern und Jugendlichen ist die Empörung und Ratlosigkeit besonders groß. Ist doch die Jugend eine sehr beeinflußbare, sensible „Problemgruppe", die es zu schützen gilt. Da sind Pädagogik und Psychologie gefordert, Erklärungs- und Bewältigungsmodelle vorzulegen.

Was tun, wenn Kinder und Jugendliche Gewalt anwenden, randalieren, vandalieren und zerstören, wenn Teenager Gleichaltrige und auch jüngere Kinder erpressen, verprügeln und verletzen, minderjährige Neonazis Ausländer überfallen, Jugendgangs sich regelrecht bekriegen? Was den Medien immer eine Schlagzeile wert ist, zählt auch in der Fachöffentlichkeit zu den Dauerbrennern der psychologisch-pädagogischen Diskussion.

Erziehungsberatungsstellen werden nach entsprechenden Hilfsangeboten für Kinder, Jugendliche und ihre Eltern gefragt. Nicht alle Beratungsstellen sind darauf eingestellt. Wartet die Kriminalitätsstatistik mit steigenden Zahlen der Jugendkriminalität auf, werden prügelnde Mädchenbanden dingfest gemacht[1] oder rechtsradikale Jugendliche der Brandstiftung überführt, fragt sich so manches EB-Team: „Was machen wir mit denen, wenn die zu uns in die Beratung kommen?". Die Eltern zu beraten und in ihrer Sorge und ihrem Bemühen um ihre Kinder zu begleiten, scheint da noch die leichtere Übung.

Es liegen Ansätze zur Arbeit mit gewalttätigen bzw. aggressiven Kindern und Jugendlichen (neuerlich z.B.: Ammon 1998; Breakwell 1998; Cierpka 1998; Franke 1998; Sommerfeld 1999) vor und auch die Ursachen von Jugendgewalt sind vielfach erforscht worden (z.B. Feldmann-Bange & Krüger 1986; Rauchfleisch 1992; Jansen et al. 1993; Heitmeyer 1994; Huisken 1996; Nolting 1997; Wagner 1998). Entsprechende Therapieprogramme und Angebotsformen gehören seit Jahren zur erziehungsberaterische Praxis. Dennoch fühlen sich selbst Fachleute mit der Krisenintervention oder der „kurativen" Maßnahme bei andauerndem oder geschehenem Gewaltverhalten beson-

---

[1] Wie die Tageszeitung „Neue Westfälische" im September unter der Schlagzeile „Brutale Mädchen schlagen zu" berichtete, wurden in Bielefeld Mitglieder einer „Bande" von elf- bis 16jährigen Mädchen festgenommen, die in der Innenstadt andere Mädchen überfielen und aus „purer Lust am Wehtun" zum Teil erheblich verletzten (NW vom 19.09.1998).

ders älterer Kinder bzw. Jugendlicher überfordert oder angesichts ausbleibender langfristiger Erfolge gar machtlos[2]. Mit den meisten Interventionsmodellen sind die Jugendlichen nicht zu erreichen. Das wohl allseits bekannte Petermann-Training mit aggressiven Kindern (Petermann & Petermann 1997) als verhaltensmodifikatorisches Gruppenangebot richtet sich wohl eher an jüngere Kinder und ist durch seinen Anspruch an Konsequenz und Disziplin zahlreichen Störvariablen ausgesetzt. Psychoanalytische und andere tiefenpsychologisch fundierte Ansätze (z.B. Heinemann, Rauchfleisch & Grüttner 1992, Hopf 1998) beschränken sich überwiegend auf das übliche Therapiesetting und werden von wenigen Jugendlichen in der Erziehungsberatung überhaupt freiwillig angenommen.

Präventive Angebote scheinen einen Ausweg aus dem Dilemma drohender Handlungsunfähigkeit zu bieten. Ist der Erfolg von therapeutischen Maßnahmen nach Gewaltdelikten nur selten zu erkennen, ist er bei vorbeugenden Modellen zumindest ungewiß. Unreflektierter Aktionismus wird hier allerdings nur vordergründige Effekte zeitigen.

Die Etablierung von Präventionsprogrammen in das Leistungsangebot der Erziehungsberatung erfordert eine genaue Analyse der Thematik und eine gründliche Überprüfung eigener inhaltlich-fachlicher wie infrastruktureller Ressourcen (personelle Struktur, Ausbildungsstand der Mitarbeiter, Austattung der EB-Stelle) und bietet darüber hinaus eine gute Grundlage, darauf aufbauende weitere, adressatenspezifisch zugeschnittene und auch individuell angepaßte Beratungs- und Therapieangebote zu entwickeln. Nach einem kurzen Abriß der aktuellen Diskussion um Jugendgewalt vor dem Hintergrund geltender Rechtsprechung und der jüngsten Kriminalstatistik gibt eine genauere Darstellung eines präventiven Gruppenangebotes einen konkreten Einblick in die Praxis.

Versuch einer Begriffsklärung

Was mit dem Begriff Gewalt gemeint ist, hängt vom Kontext ab, in dem er verwendet wird. Eine allgemeingültige Definition der Gewalt an sich gibt es nicht. Ebenso verhält es sich mit dem Begriff der Aggression, der oft synonym verwandt wird.

In der Pädagogik und der Psychologie werden die politischen und gesellschaftlichen Bedeutungszusammenhänge weitestgehend ausgeklammert. Unter Gewalt wird meist individuelles, gewalttätiges Verhalten verstanden, das rechtlich zu sanktionieren und moralisch zu verurteilen ist (unmittelbare körperliche Gewalt). Ebenso eingegrenzt ist die psychologische Sichtweise der Aggression. Auch hier gilt Aggression als individuelles, offenes oder latentes Verhalten, das einen körperlichen, verbalen oder symbolischen Angriff auf andere Personen, oder auch auf Tiere und Gegenstände, darstellt -

---

[2] Zum Umgang mit Gewalt in akuten Situationen siehe Breakwell (1998) und Kirschner (1998).

also einen Schaden verursacht. Die Unterscheidung zwischen den Begriffen fällt schwer. Gelegentlich wird der Gewalt-Begriff unterschieden, indem auf den Zusammenhang einer Gewalthandlung mit dem Vorhandensein von Machtbeziehungen und konkreten Absichten verwiesen wird. Ob demnach aggressives Verhalten machtfreies und absichtsloses Handeln ist, bleibt unklar. Gleichzeitig wird der Ausdruck „manifeste Aggression" ebenfalls im Sinne obiger Gewalt-Macht-Beziehung verstanden. In den Individualwissenschaften hat sich der psychologische Aggressions-Begriff durchgesetzt. Die „Aggressionsforschung" kann auf viele Jahrzehnte Theoriebildung verweisen und mit unterschiedlichen, zum Teil konkurrierenden Ursachendefinitionen aufwarten, die sich alle ausschließlich auf menschliches (bzw. tierisches) Verhalten beziehen.

Demgegenüber scheint der Gewaltbegriff der „offenere" Begriff zu sein. Ein Begriff, der über die psychologischen Bedeutungen hinausgehend auch die Strafwürdigkeit und die Amoralität schädigenden Verhaltens betont (rohe Gewalttätigkeit i.S. des lat. violentia). Doch auch in diesem Sinne bleibt der Begriff auf das Handeln von Personen bezogen, hier ist immer Privat-Gewalt gemeint. Die Beschränkung auf persönlich ausgeübte, direkte Handlung ist im gegenwärtigen (pädagogischen und psychologischen) Sprachgebrauch den Begriffen Gewalt und Aggression gemeinsam (vgl Hurrelmann & Palentien 1995, 15f).

Pilz' (1998) Kritik an einem zu engen Gewaltbegriff ist zuzustimmen. Das sich durch gesellschaftlich vermittelte Gewaltverhältnisse entfaltende Feld der direkten staatlichen, aber auch subtilsten, strukturell angelegten Gewalt bis hin zu individuellen Formen von Privat-Gewalt (Aggression) ist nicht in gegensätzliche Pole aufzuspalten, sondern muß als komplexes gesellschaftliches Gefüge in seinen Zusammenhängen und Wechselwirkungen erkannt werden. Genausowenig darf der Fehler gemacht werden, gesellschaftliche Gewalt/Aggression und private Gewalt/Aggression als zwei Seiten einer Medaille zu sehen, denn es handelt sich um ursächlich unterschiedliche Erscheinungen. Dies wird in der aktuellen Diskussion um das Thema Jugendgewalt selten geleistet. Die Diskussion von Praxismodellen zur Gewaltprävention sollte die Analyse gesellschaftlich vermittelter Ursachen und Zusammenhänge stets einbeziehen, wie auch die Reflexion und Bewertung zielgerichteten professionellen Handelns nur auf der Grundlage gesellschaftlicher Analysen hinreichend sein kann[3].

Das Ausmaß von Jugendgewalt und das Jugendstrafrecht

Mit Jugendgewalt ist also immer private Gewalt gemeint. Juristische Dimensionen der Gewalt sind die Gewalt gegen Körper oder Sachen und die Gewalt gegen die Ehre oder die Seele. Der Gesetzgeber schützt die körperliche Integrität seiner Staatsbürger per

---

[3] Zur weiteren Klärung der gesellschaftlichen Dimensionen des Gewaltbegriffes sei an dieser Stelle auf den Beitrag von G. A. Pilz (1998) im ersten Band dieses Handbuches verwiesen (s.a. Galtung 1975; Neidhardt 1986; Geib 1987; Schäfer & Frey 1998, 12 f.; Wagner 1998).

Gesetz (Straf- und Zivilrecht), indem er private Gewaltausübung unter Strafe stellt. Ausnahmen dieses Gewaltverbots sind nicht nur Akte staatlicher Gewalt (Polizei, Militär etc.), sondern auch in der Familie ist Gewalt als maßvolles Mittel der Zurechtweisung, als Züchtigungsmittel, erlaubt („elterliche Gewalt")[4].

Das Statistische Bundesamt wies bei der letzten Veröffentlichung der Strafverfolgungsstatistik eine erhöhte Zahl jugendlicher Straftäter aus (Frankfurter Rundschau vom 17.11.98). Demnach ist die Zahl der Verurteilungen in Jugendstrafverfahren im Jahr 1997 um 11,3% auf 45 600 gestiegen. Dabei sei ein überdurchschnittlicher Anstieg der Fälle von Raub und Körperverletzung festzustellen (plus 26,5% und 23,8%). In der Gesamtstatisik ist die Zahl aller rechtskräftig verurteilten Menschen um 2,2% auf 780 500 gestiegen (früheres Bundesgebiet einschließlich Ost-Berlin). Besonders Gewaltdelikte haben insgesamt zugenommen. Mit einem Plus von 11,0% erhöhte sich die Zahl der Fälle von Raub und Erpressung. Fälle von Körperverletzungen stiegen im Vorjahresvergleich um 9,7% (siehe zum Vergleich mit anderen europäischen Ländern: Smith 1998, 20).

Statistiken wie diese - auch im Zusammenhang mit medial umfassend diskutierten Jugendstraftaten wie z.B. im Fall des 14jährigen „Mehmet"[5] - werden in der Öffentlichkeit zum Anlaß genommen, eine Verschärfung des Jugendstrafrechts einzufordern. So werden z.B. Forderungen laut, die Strafmündigkeit von derzeit 14 Jahren auf 12 Jahre herabzusetzen. Begehen strafunmündige Kinder Straftaten ist die Justiz nach geltender Gesetzeslage machtlos, zuständig sind dann die Jugendämter. Ferner wird vorgeschlagen, das Jugendstrafrecht grundsätzlich ab 18 Jahren anzuwenden. Die gegenwärtige Praxis erlaubt auch die Verurteilung erwachsener Straftäter nach dem Jugendstrafrecht, wenn Verhalten und Persönlichkeit des Delinquenten dem eines Jugendlichen entsprechen. Dies sollte nach aktuellen Verschärfungsvorschlägen nur in ganz besonderen Ausnahmefällen möglich sein. Auch wird gefordert, die Höchstjugendstrafe von zehn auf 15 Jahre anzuheben. Eine härtere Gangart der Strafverfolgungs- und Ermittlungsbehörden wird ebenso proklamiert wie ein konsequenteres Durchgreifen und vermehrte Präsenz der Polizei. Hin und wieder ist auch der Ruf nach Arbeitslagern für Jugendliche und nach Ausgangssperren zu hören[6]. Die sich schnell mit wertkonservativen Einstellungen, Vorurteilen und Halbwahrheiten aufheizende Diskussion um

---

[4] Mit der Familie ist der bedeutenste Lebensbereich von Menschen benannt, der aber auch als Ort von Gewalt beschrieben werden muß (Frehsee 1992; Honig 1987, 1992; Wimmer-Puchinger 1995; Gröll 1998; Körner & Sitzler 1998).

[5] Der Fall „Mehmet" ging durch alle Medien und erregte viel Aufsehen. Der Jugendliche hatte bereits mit 14 Jahren eine Vielzahl von z.T. schweren Straftaten begangen. Er wurde November 1998 in die Türkei abgeschoben.

[6] Siehe dazu auch die aktuelle kriminalpolitische Auseinandersetzung um Polizeistrategien in den USA und in Deutschland, insbesondere die Diskussion um das kriminlapräventive New Yorker Modell der „Zero Tolerance" (Dreher & Feltes 1998; vgl. auch zu den Empfehlungen der deutschen Anti-Gewalt-Kommission, Schwind 1995; Schwind, Baumann, Schneider & Winter 1995 aus kriminologischer Sicht).

Jugendgewalt suggeriert einen Stellenwert, den sie nach Umfrageergebnissen in der Bevölkerung gar nicht besitzt. Auf die Frage nach dem wichtigsten Problem in unserer Gesellschaft wird die Kriminalität hinter Arbeitslosigkeit, Anstieg der Lebenshaltungslosten, der Sorge um die eigene Gesundheit und der Zerstörung der Umwelt erst an zwölfter Stelle genannt (Umfrage der R+V Versicherungen vom Oktober 1997: „Ängste der Deutschen"). Zudem gaben die Befragten an, sich vor Umweltkriminalität weit mehr zu fürchten als vor Raub und Diebstahl. Nichtsdestoweniger finden sich schnell Mehrheiten für ein „harte Linie" in punkto Gesetzgebung und Polizeihandeln (vgl. Feltes 1998, 14f).

Demgegenüber scheint man sich in der jugendpolitischen Fachöffentlichkeit mehr oder weniger einig, daß die Bekämpfung der Jugendkriminalität über den Weg einer Verschärfung des Jugendstrafrechts wenig erfolgversprechend ist. Fachleute des Jugendrechts und der Jugendhilfe setzen nach wie vor auf das Konzept: Besserung statt Strafe. Das Jugendstrafrecht, das Jugendgerichtsgesetz (JGG), selbst wird als Erziehungsrecht verstanden. Hier geht es dem Gesetzgeber weniger um die Bestrafung, sondern um die erziehungsmäßige Beeinflussung straffälliggewordener Jugendlicher. Ein abgestufter Maßnahmenkatalog soll die jungen Täter zu Besinnung und Einsicht verhelfen, vor Stigmatisierung und Isolation schützen, Kriminalitätskarrieren vermeiden und die (Re-)Integration in ein soziales Umfeld fördern.

Die erste Stufe von JGG-Maßnahmen stellen „Erziehungsmaßregeln" dar. Nach richterlichem Beschluß werden Weisungen erteilt (z.B. Ableistung von „Sozialstunden") oder auch Hilfe zur Erziehung (nach § 27 KJHG) angeordnet. Dies kann neben sozialpädagogischen Leistungen (z.B. Familienhilfe, betreutes Wohnen, intensive Einzelbetreuung) auch Erziehungsberatung nach § 28 KJHG bedeuten.

Sogenannte Zuchtmittel umfassen als zweite Stufe richterliche Verwarnungen und Auflagen (z.B. Wiedergutmachungsleistungen) bis hin zum Jugendarrest, der als Freizeitarrest ein Wochenende oder als Dauerarrest eine bis vier Wochen dauern kann.

Letzte und schärfste JGG-Maßnahme ist die Jugendstrafe in der Jugendhaftanstalt. Die Höchststrafe von 10 Jahren betrifft alle Delikte. Auch bei Mord darf nach dem JGG nicht höher bestraft werden. Bei schwerer Schuld oder bei wiederholter Straffälligkeit und wenn die Möglichkeiten von Erziehungsmaßregeln und Zuchtmitteln bereits ausgeschöpft wurden oder als nicht ausreichend empfunden werden, wird Jugendstrafe verhängt, die auch zur Bewährung ausgesetzt werden kann.

Eine Änderung, sprich: Verschärfung dieser Rechtspraxis ist mit steigenden Zahlen von Gewaltdelikten im Jugendalter nach Ansicht von Jugend- und Sozialforschern nicht zu rechtfertigen. Auch wenn das Statistische Bundesamt anmerkt, die reinen Verurteilungszahlen könnten die Kriminalitätsentwicklung nur ungenau wiedergeben, da nicht alle Straftaten bekannt würden, nicht jedes Ermittlungsverfahren auch zur Verurteilung führe und das Anzeigeverhalten der Bevölkerung wie auch die Intensität der Ermittlungsarbeit und Strafverfolgung variiere, und damit eine möglicherweise noch höhere Steigerung von Straf- bzw. Gewalttaten suggeriert, ist eine Steigerung des Ausmaßes von Jugendgewalt durch empirische Untersuchungen der Sozialwissenschaft nicht eindeutig zu bestätigen (vgl. Schäfer & Frey 1998, Oswald 1998).

Möglichkeiten erziehungsberaterischen Handelns in Schule und Freizeit

Die Erziehungsberatung hat sich bislang in der öffentlichen Diskussion seltener zum Thema geäußert. Zuweilen wird ihr der Vorwurf gemacht, verhältnismäßig wenige Fälle von Beratungen gewalttätiger Jugendlicher vorweisen zu können.

Eine Argumentation deutet auf die vermeintliche Mittelschichtsorientierung der EB hin. Obwohl dieser pauschale Vorwurf den Entwicklungen der letzten 20 Jahre sowie neuesten Ansätzen nicht gerecht wird, kann nicht jede Erziehungsberatungsstelle diesen Einwand von sich weisen. Wie die viktimologische Forschung zeigt, sind die Opfer- und Täterrolle hinsichtlich ihrer sozialen Schichtzugehörigkeit austauschbar (Feltes 1998, 14). Sozial Benachteiligte werden häufiger sowohl Täter wie Opfer als Angehörige priviligierterer Schichten. Gerade Jugendgewalt gilt (anders als Gewalt gegen Kinder) als Unterschichtsproblem. Desweiteren wird das Thema Jugendgewalt eher in der Zuständigkeit der Jugendarbeit gesehen und entzieht sich somit als sozialpädagogisches Handlungsfeld immer noch häufig der üblichen Vorgehensweise der EB, die gemeinhin auf das traditionelle, therapieähnliche Beratungssetting (Einzel- und/oder Familiengespräch) beschränkt bleibt.

Dererlei Einwänden begegnet man am besten mit professioneller Praxis. Gewaltpräventive Angebote bieten eine gute Gelegenheit, auch für den Problembereich der Jugendgewalt ein erziehungsberatungsspezifisches Leistungsprofil zu generieren. Der Bedarf an konkreter Hilfe für Jugendliche, die durch Gewalttaten aufgefallen sind, ist enorm. Neben Jugendämtern, stationären Jugendhilfeeinrichtungen wie Jugendgerichten sind es vor allem die Schulen, die nach gezielten Gruppenangeboten und individuellen Beratungsleistungen, nach Supervision, Fortbildung und Fachberatung fragen. Es gibt bereits eine ganze Reihe von Präventionskonzepten[7], die zum Teil auch in der Praxis überzeugen konnten (vgl. neuerlich Kreft 1997; Segel 1997; Cierpka 1998; Wegricht 1998). Doch sei hier vor einer eilfertigen Übernahme bestehender Ansätze gewarnt. Die jeweiligen Präventionsprogramme sind aufgrund personeller, situativer und institutioneller Bedingungen nicht 1:1 übertragbar. Außerdem vergäbe man sich die Chance, durch eigene konzeptionelle und handlungspraktische Auseinandersetzung mit dem Thema Jugendgewalt eine z.B. stadtteilorientierte Präventionsarbeit auf die Spezifika der jeweiligen Erziehungsberatungsstelle, ihrer Klientel und weiterer sozialen und institutionellen Rahmenbedingungen (Abel 1998) aufzubauen.

---

[7] In diesem Zusammenhang kann wohl nur von sekundärer Prävention ausgegangen werden. In der Regel sind Gewalttaten bereits in erheblichem Umfang vorgefallen bevor professionelle Hilfe eingeschaltet wird. So haben Präventionsangebote in Schulen (und auch anderswo) immer auch interventive Züge. Nicht selten sogar haben sie Sanktionscharakter, wenn sie etwa als Strafe den Schülern zur Auflage gemacht werden. Angesichts der möglichen Steigerungen und Eskaltionen von Jugendgewalt, zur Abwehr weiterer Schäden bei Opfern und zur Vermeidung von Kriminalisierung der Täter steht die Vorbeugeabsicht im Vordergrund.

Gerade die Schule wird oft als Ort zunehmender Jugendgewalt diskutiert (Greuer-Werner et al. 1995; Holtappels et al. 1997; Bründel & Hurrelmann 1997). Lehrer und Lehrerinnen klagen über die Zunahme der Gewalt und besonders über das gewalttätige und sexistische Verhalten ihrer Schüler. Die geschilderten Vorfälle reichen von Übergriffen wie sexueller Belästigung, Voyeurismus, Exhibitionismus bis hin zu Delikten wie sexueller Mißbrauch und versuchter oder begangener Vergewaltigung.

„Bullying[8]" - wie die „Aggression unter Schülern" jetzt häufiger benannt wird - gehört zum Schulalltag (Schäfer 1998). Bei der Debatte, ob nun dieses Bullying in den Schulen zunimmt (Schuster 1998), gerät das der Institution Schule eigene Gewaltverhältnis, die im Behördendeutsch auch so genannte „Schulgewalt" leicht aus dem Blick. Sozialwissenschaftler stellen sich die Frage, ob nicht die Bedingungen und Zwecke des Schulehaltens selbst die von Schülern ausgehende Gewalt produziert (Huisken 1992; Hermsen 1993; Bründel 1995).

Schüler haben sich diesen Bedingen und Zwecken unterzuordnen. Sie müssen in die Schule gehen (Schulpflicht) und unterstehen dort schuleigenen Regeln und Verboten (Schulordnung). Wie Zurek (1985) so trefflich formulierte „Wenn Schüler zu 'Dingen' werden, gehen 'Sachen' kaputt", dürfte man sich eigentlich nicht wundern (vgl. auch Zurek 1986). Die Probleme, die Schüler mit der Schulgewalt oft haben, und die Probleme, die die Schulgewalt mit diesen Schülern hat, sind häufig Gegenstand von Klassen- und Schulkonferenzen. Daß im pädagogisch motivierten Bemühen um die Befriedung der Konflikte an den zugrundliegenden Faktoren vorbei gehandelt wird, zeigt folgendes Beispiel aus dem Schulalltag:

Eine Schule verbietet ihren Schülern, gemäß Schulordnung, das Schulgelände während der Pausenzeiten zu verlassen. Ungeachtet dieses Verbots verlassen zahlreiche Schüler in der Pause den Schulhof, um im nahegelegenen Supermarkt einzukaufen. Ein Zaun, der sie daran hindern soll, wird von den Jugendlichen konsequent zerstört. Vandalismus? Jugendgewalt? Nach mehrmaliger Reperatur des Zaunes und erneuter Zaunzerstörung wird der Zaun Thema einer Schulkonferenz. Das Kollegium berät, wie der Zerstörungswut der Schüler beizukommen ist. Daß sie am Verlassen des Schulhofes gehindert werden müssen, steht dabei außer Frage (Ordnungs- und Aufsichtspflicht der Schule sind Sachzwänge). Jedoch verstehen progressive Lehrer auch die Motive der Jugendlichen und suchen nach einem Kompromiß. Ein Kiosk auf dem Schulgelände als Alternative zum Supermarkt wird vorgeschlagen. Diesen Vorschlag lassen andere Sachzwänge aber nicht zu, und die Pädagogen einigen sich, nach Kalkulation der Kosten, zu der Errichtung einer für Jugendliche unzerstörbaren und nicht leicht zu überwindenden Mauer. Gleichzeitig soll bei den Schülern für Akzeptanz der Mauer gewor-

---

[8] „Eine Person wird 'gebulliet' oder viktimisiert, wenn sie wiederholt und über eine längere Zeit hinweg negativen Handlungen durch eine oder mehrere Personen ausgesetzt ist. (...) Eine negative Handlung findet statt, wenn jemand absichtlich einer anderen Person Verletzungen oder Unannehmlichkeiten beifügt oder beizufügen versucht. (...) Die Begriffe 'Bullying' oder Viktimisierung betreffen nicht den Fall, wenn zwei Personen vergleichbarer Stärke streiten oder kämpfen." (Olweus 1992, 280; zitiert nach Schuster 1998, 92)

ben werden. Die Klassenlehrer werden beauftragt, die Notwendigkeit dieser Maßnahme zu vermitteln. Außerdem soll im Kunstunterricht die Möglichkeit geboten werden, die Mauer nach den Vorstellungen der Jugendlichen zu bemalen. Die Vandalismus-Diskussion bricht wieder auf, als Schüler der oberen Klassen in einer Nacht-und-Nebel-Aktion die bunten Blumen und exotischen Tiere der fünften Klassen auf der Mauer mit Gitterstäben und Stacheldraht übermalen.

Dem Versuch der Schulpädagogen den jugendlichen Willen dahingehend zu beinflussen, die Schulordnung zu befolgen und das Schuleigentum unversehrt zu lassen, war mit einem Zaun nicht viel Nachdruck zu verleihen. Erst die Mauer setzte die Schulordnung durch. Für verantwortungsvolle Erzieher ist das aber nicht genug. Nachträgliche Einsicht, Zustimmung und Akzeptanz soll bei den Schülern erreicht werden. Ob nun eine Mauer gezogen oder in zeitgemäßer Ökomanier eine Dornenhecke gepflanzt (möglichst mit Schüler-Beteiligung) dürfte unbedeutend sein. Selbst wenn eine Reformschule mit „antiautoritärer Grundhaltung" ein weiträumiges Schulareal ohne Zäune und Mauern zur Verfügung stellt (und damit nur oberflächlich eine Alternative zur traditionellen Schule ist), ist stets der Willen der Jugendlichen zur Unterordnung und Anpassung im Sinne der Schulzwecke zu „bilden".

Die Gewalt von Jugendlichen in der Schule, gegen Sachen oder untereinander, werden mit soziologischen und psychologischen Theorien zu erklären versucht. Das Problem wird dabei oft individualisiert und äußere Bedingungen bleiben unberücksichtigt oder erscheinen als „Faktoren" der äußeren Realität, die irgendwie Jugendgewalt bedingen und den Schluß nahelegen, auch jugendliche Gewalttäter seien Opfer; Opfer ihrer familialen Gewalterfahrung (z.B. Miller 1983), Opfer der Gewalt in den Medien, Opfer des Werteverlustes in der Gesellschaft, Opfer von „Desintegrations- und Desorientierungsprozessen" (vgl Heitmeyer 1994). Der Opferblick (auf die Täter) auf das Thema Jugendgewalt liegt durchaus im Interesse der Pädagogik. Opfer brauchen Hilfe, die Pädagogik will helfen, aber sie hat dabei auch Recht und Ordnung zu stützen und nicht zuletzt dafür um Zustimmung und Einsicht bei den Jugendlichen zu werben.

Wird die Erziehungsberatungsstelle in Fällen von Jugendgewalt zu Rate gezogen, begibt auch sie sich in dieses Spannungsfeld, das durch pädagogisches Engagement (zuweilen in Form von wenig pragmatischen, idealistischen Reformabsichten) und Ausübung der Schulgewalt geprägt ist. Zu ihrem eigenen Auftrag als Institution der Jugendlhilfe haben sich die Erziehungsberater und Erziehungsberaterinnen nun auch mit den Zielen und Absichten des Schulehaltens auseinanderzusetzen, wollen sie effektive Schadensbegrenzung für die Opfer, tatsächliche Hilfe für die Täter und kollegiale - zumindest aber konstruktive - Beratung (auch Kritik) der Lehrer und Lehrerinnen umsetzen.

Geschlechtsspezifische Bedingungen von Jugendgewalt

Jugendgewalt ist nicht gleich Jungengewalt und doch ist offensichtlich, daß Gewalt unter Jugendlichen meistens Jungen betrifft (vgl. Oelemann 1998). Wir können sicher sein, daß jeder Junge zwischen 12 und 16 Jahren in irgendeiner Form Gewalt erfahren, erlitten oder ausgeübt hat (vgl. Scheiring 1998). Ebenso können wir davon ausgehen, daß sich kaum eine Schule oder Einrichtung finden läßt, an der nicht Gewalttaten oder sexuelle Übergriffe bekannt geworden sind.

Gewalt als Konfliktlösungsstrategie gehört zum Verhaltensrepertoire vieler Jungen. Sie lernen, daß Stärke zeigen, Macht ausüben und Zuschlagenkönnen männliche Fähigkeiten sind, mit denen man sich behaupten kann. Vorbilder für dieses Verhalten finden sie in den Männern ihrer nächsten Umgebung, in der Familie, in der Schule, in der Ausbildung wie auch in den Medien. Gewalt unter Jungen (Schlägereien und Erpressung) ist an der Tagesordnung.

Die geschlechtsspezifische Sozialisation von Jungen in der Familie, auf der Straße, durch Medien und natürlich in der Schule läßt Erfahrungen von sozialer Inkompetenz und Kompetenz entstehen, die sich von Erfahrungen, die Mädchen machen, deutlich unterscheiden (Schnack & Neutzling 1991; vgl. Ottemeier-Glücks 1994, 77-92).

In den letzten Jahren sind auch in der Schule Versuche unternommen worden, der Benachteiligung von Mädchen im koedukativen Unterricht zu begegnen. Es war jedoch weitgehend der Initiative engagierter LehrerInnen überlassen, die Interessen der Mädchen gegen die Dominanz der Jungen zu behaupten. Begrenzt auf Projektwochen und andere isolierte Angebote wurde (meist von Frauen) versucht, in Mädchengruppen die Defizite der Mädchen auszugleichen. Im Zuge der Diskussion um Konzepte einer geschlechtsspezifischen Pädagogik waren es vor allem die feministischen Ansätze einer „parteilichen Mädchenarbeit", die nicht an einer reinen Defizit-Orientierung festhalten wollten, sondern eine Neubewertung weiblicher Eigenschaften und Kompetenzen zum Ziel hatten.

Immer häufiger war die Forderung an Männer zu hören, sich den Jungen zuzuwenden und Konzepte einer Jungenarbeit zu entwickeln, die geschlechtsspezifisches Verhalten (männliche Sozialisation, Identität, Sexualität) auch in reinen Jungengruppen zum Thema macht. Mittlerweile sind theoretische und methodische Ansätze der Arbeit mit Jungen entstanden. Jungenarbeit in der Schule geschieht noch immer selten.

Ein Begreifen und Erkennen von Ursachen und Bedingungen männlicher Gewaltbereitschaft - und damit auch das Aufzeigen von gewaltfreien Wegen - erfordert eine Auseinandersetzung mit der männlichen Geschlechtsrolle, ihren Anforderungen und Verunsicherungen.

Ebenso muß bedacht werden, daß Jungen nicht selten auch Opfer von Gewalt sind. Sie werden geprügelt, mißhandelt und sexuell mißbraucht. Dabei erleben sich Jungen oft gar nicht unbedingt als Opfer. Es gehört zur männlichen Sozialisation, leidvolle, demütigende Erfahrungen zu verdrängen, umzudeuten oder gar nicht erst als solche wahrzunehmen. Mehr noch als die „Täter" fallen die „Opfer" durch die Maschen des psychosozialen Versorgungsnetzes. Es gibt wenig Angebote für Jungen, die Gewalt erfahren/erlitten haben. Um die Gewalt in der Schule oder Einrichtung zu verhindern, werden die Täter bestraft, bestenfalls wird ihnen ein Gespräch oder eine Beratung angeboten. Jungen aber, die Opfer von Gewalt geworden sind, stehen mit ihrer Angst und ihrem Leid allzu oft allein da.

Die Situation der Jungen als Opfer gerät besonders dann leicht in den Hintergrund, wenn ausgehend von dem Wunsch nach „Ruhe und Ordnung" lediglich versucht werden soll, gewalttätiges Handeln der Jungen zu sanktionieren, um sie wieder „schul- und erziehungsfähig" zu machen. Jungen auf ihre soziale Unverträglichkeit zu reduzieren, ist nicht das Ziel einer geschlechtsbewußten Jungenarbeit. Vielmehr geht es darum, mit einem empathischen Konzept, Jungen in die Lage zu versetzen, ihre Geschlechtsrolle kritisch zu hinterfragen und ein Selbstbewußtsein zu entwickeln, das nicht auf Unterdrückung und Herabsetzung anderer basiert.

Jungen als geschlechtliche Wesen wahrzunehmen und sie in ihren geschlechtstypischen Stärken und Schwächen zu verstehen, bedeutet Jungen mit ihren Problemen und mit den Problemen, die sie anderen machen, anzunehmen. Dabei kann es nicht darum gehen, ihre Vormachtstellung auszubauen, sie lediglich sozialkompetenter, selbstsicherer oder zufriedener zu machen.

Das nun folgend dargestellte Trainingsmodell will einen Beitrag leisten, Jungen zur Reflexion ihrer gesellschaftlichen Rolle als werdende Männer zu ermuntern und ihnen Verhaltensweisen des sozialen Umgangs an die Hand zu geben, die eine Alternative zur herrschenden Männlichkeitsnorm darstellt.

Das Gruppentraining sozialer Kompetenzen für Jungen

Dem Gruppentraining liegt ein geschlechtsspezifisches, verhaltens- und körperorientiertes Konzept zugrunde, dessen Ziel es ist, über die Thematisierung des sozialen Verhaltens und über die körperbezogenen Erlebniserfahrungen die psychosozialen Fähigkeiten der Jungen zu stärken und Gewalthandeln zu reflektieren.

Die konzeptionelle Arbeit leisteten Mitarbeiter der man-o-mann Männerberatung in Bielefeld[9]. Anfragen von Jugendämtern, Erziehungsberatungsstellen, Ärzten und anderen sozialen Einrichtungen machten deutlich, daß es eine gravierende therapeutische Versorgungslücke bei männlichen Jugendlichen gibt (insbesondere, wenn sie „Sexualstraftäter" geworden sind). Diesem Bedarf begegnete die Männerberatungsstelle mit

---

[9] Die man-o-mann Männerberatung im Verein für Sozialtherapie, Gruppenarbeit und Beratung (VSGB) e.V. berät und therapiert seit 1990 Männer mit einem geschlechtsspezifischen Ansatz. Ablösungs-, Partnerschafts- oder Arbeitskonflikte, aber auch psychosomatische Beschwerden werden auf die Rolle als Mann, auf Erwartungen, Normen und Selbstverständnis ihrer männlichen Identität bezogen. Es werden sowohl Einzelberatungen bzw. -therapien als auch Gruppen zu bestimmten Themen angeboten. Ein Schwerpunkt der Arbeit ist die Beratung und Therapie mit gewalttätigen Männern (z.T. Sexualstraftäter) und mit männlichen Opfern von (sexueller) Gewalt.

Supervision für Fachkollegen und mit Therapie für Jugendliche. Ferner bot man-o-mann Jungenarbeit in Schulen, Jugendeinrichtungen und im Rahmen der eigenen Beratungsstellenarbeit an. Insbesondere wurden spezifische Angebote, die speziell bestimmte Altersgruppen oder Problembereiche ansprechen entwickelt.

So entstanden Gruppentrainings u.a. mit den Schwerpunkten „Gewalt" oder „Sexualität" (Abel & Lohse 1996). Das Angebot richtet sich in der Regel an Jungen im Alter von 12 bis 16 Jahren in Gruppen bis zu zehn Teilnehmern. Dabei wurde darauf geachtet, Täter- und Opferarbeit voneinander zu trennen. Gruppen für Jungen, die Mißbrauch oder Gewalt erfahren haben, als auch Gruppen für Jungen, die durch eigene Gewalttaten oder sexuelle Übergriffe aufgefallen sind, liegen unterschiedliche konzeptionelle und praktische Vorgehensweisen zugrunde.

Im Anschluß an ein Training machte das Beraterteam die Erfahrung, daß die Jungen - war die Schwellenangst erst einmal abgebaut - auch individuelle Beratungsangebote in Anspruch nahmen. So kam es zu begleitenden und/oder ergänzenden Interventionsmaßnahmen. In Kombination von Gruppentraining und Einzelberatung konnten Fälle von Sozialängsten, Kontaktschwierigkeiten, Durchsetzungsschwierigkeiten im privaten und schulischen Bereich, psychosomatischen Störungen, Hyperaktivität, Aggressivität, depressiven Verstimmungen und Selbstwertproblematiken bearbeitet werden.

Das Kompetenztraining wird als Gruppenangebot in der Mehrzahl von Schulen angenommen[10]. Dabei ist zu bedenken, daß die Trainings meist als Unterrichtsprojekt - also als Schulveranstaltung mit Pflichtcharakter - in den Schulablauf integriert werden. Die Teilnahme der Schüler ist hier zwar gewährleistet (freiwillige Angebote in der Freizeit werden von den Jungen als erster Kontakt kaum wahrgenommen), jedoch besteht zunächst oft nur eine geringfügige Motivation. Es ergibt sich die Notwendigkeit, die Jungen von dem Konzept zu überzeugen. Dies kann nur gelingen, wenn die Jungen den Nutzen des Programms für ihren Alltag und Ihre Probleme entdecken können. Nur in der Auseinandersetzung mit den Reaktionen der Jungen, ist das Konzept weiterzuentwickeln.

Sozialkompetenz im Rollenspiel trainieren

Im Training werden mit den Jungen Verhaltensalternativen im sozialen Kontakt und insbesondere bei der Lösung von Konflikten entwickelt, die geeignet sein können, gewalttätiges Verhalten in Zukunft durch sozial kompetentere Strategien zu ersetzen.

Als Ursache für mangelnde soziale Kompetenz können schlechte Sozialisationsbedingungen, eingeschränkte oder gar schädliche Sozialbeziehungen im Kindesalter benannt werden. Psychische Störungen, Verhaltensauffälligkeiten und soziale Anpassungsprobleme sind nicht selten die Folge. Verhaltenstrainings zur Steigerung oder Verbesserung der sozialen Kompetenz von Kindern und Jugendlichen zielen neben der

---

[10] In Bereichen der Jugendhilfe konnten leider aus finanziellen Gründen kaum Projekte durchgeführt werden, obwohl auch hier Bedarf und Nachfrage groß sind.

aktuell notwendigen Verhaltensmodifikation daher auch auf das Vermeiden späterer Schädigungen ab. Nicht zuletzt diese präventive Orientierung hat in den letzten Jahren zu einer vermehrten Entwicklung neuer Kompetenztrainings geführt.[11]

Insbesondere sind es die Fähigkeiten, eigene Rechte durchsetzen, eigene und fremde Gefühle wahrnehmen und äußern zu können, Bedürfnisse verwirklichen und soziale Beziehungen aktiv gestalten zu können, die soziale Kompetenz ausmachen. Eine Kompetenz, über die die Jungen allzu oft nicht verfügen und welche es deshalb zu stärken gilt.

Was bedeutet es, als Junge sozial unsicher zu sein? Wie gehen Jungen mit Gefühlen wie Zuneigung, Sympathie, Liebe oder Wut, Ohnmacht, Hilflosigkeit um? Die Trainer sprechen diese Fragen an und geben den teilnehmenden Jungen Hilfestellung, aus ihren Antworten sozial-kompetente Verhaltensweisen zu erarbeiten.

Die Übungen und Gruppenaktivitäten sollen Jungen unterstützen, personale und soziale Ressourcen zu entdecken und aus ihnen psychosoziale Kompetenzen zu entwickeln. Zu den Themen und Zielen des Programms gehören:

- Gefühle wahrnehmen und äußern,
- Bedürfnisse verwirklichen,
- soziale Beziehungen aktiv gestalten,
- eigene Rechte durchsetzen,
- Grenzen erkennen, setzen und respektieren lernen,
- eine Identität als Junge bzw. zukünftiger Mann entwickeln,
- Auseinandersetzung mit der eigenen Sexualität,
- mit Macht und Gewalt umgehen lernen.

Dieses Training ist nicht an Defiziten der Jungen orientiert, sondern will vorhandene Fähigkeiten ausbauen und unterstützen. Dadurch und auch durch altersgerechte und übungsorientierte Vermittlungsformen (z.B. „Kampfspiel", Rollenspiel mit Video-Einsatz) wird eine niedrige Zugangsschwelle gewährleistet.

Im Training werden die Jungen instruiert, bestimmte Situationen in Rollenspielen darzustellen. Die Attraktivität des Spielens (evtl. auch Nachspielens selbst erfahrener Situationen) von alltäglichen Situationen und Verhaltensweisen liegt darin, daß über die freigelegten Emotionen und die bewußtgemachte Körperlichkeit die Zugangsschwellen zu den Jugendlichen deutlich gesenkt werden. Über das Erfahren am eigenen Körper kommt man den Jungen am nähesten. Die Betonung der Körperlichkeit hat sich als sehr hilfreich erwiesen, um so die Wahrnehmung von Gefühlen und das Diskriminationslernen (zur Unterscheidung eines bestimmten Verhalten in spezifischen Situationen) zu fördern.

---

[11] Das hier vorgelegte Präventionsangebot orientiert sich an dem von Lübben (1993) vorgelegten Gruppentraining sozialer Kompetenzen zur Förderung sozial unsicherer Kinder, das eine kindgerechte Überarbeitung und Erweiterung des Gruppentrainings sozialer Kompetenzen (GSK) von Pfingsten und Hinsch (1991) darstellt (siehe auch Lübben & Pfingsten 1995, vgl. Abel & Hörmann 1998).

Die Spielsequenzen werden auf Video aufgezeichnet und nach jedem Spiel von der ganzen Gruppe ausgewertet. Die Situationen sind nach „Typen" geordnet und beziehen sich so konkret wie möglich auf den Erfahrungsbereich der Jungen: Situationen, in denen es darum geht, sein „Recht" bzw. eine legitimierte Forderung durchzusetzen; Situationen, in denen es darum geht, sich in Beziehungen zu anderen Personen richtig zu verhalten; hier geht es meist um Interaktionspartner, die man gut kennt; das Bemühen um Einigung steht im Vordergrund; Situationen, in denen es darum geht, durch das eigene Verhalten Sympathie bei anderen auszulösen (z.B. bei der Kontaktaufnahme).

In der Praxis sieht das so aus: Ein Junge wählt aus einer ganzen Reihe von Beispielsituationen eine aus, in der er sich im Rollenspiel erproben will. Beispielsweise entscheidet er sich für eine Familienszene die dem Situationstyp „Recht durchsetzen" zuzuordnen ist. Der Junge erhält folgende Instruktion:

Stell Dir vor, Du sitzt mit Deiner Familie am Tisch. Ihr seid beim Essen; Deine Eltern, Dein älterer Bruder und Deine kleine Schwester. Deine Mutter fordert Dich auf, heute für das Abräumen und Abwaschen zu sorgen. Das findest Du ungerecht, weil Du das in letzter Zeit schon so oft getan hast. Dein Bruder drückt sich immer erfolgreich davor und von Deiner Schwester wird gesagt, sie sei noch zu klein. Das willst Du so nicht hinnehmen.

Der Junge sucht sich Spielpartner aus und spielt die Situation. Auf dem Video anlysiert er mit der Unterstützung des Trainers sein Verhalten und holt von Mitschülern, bzw. Zuschauern, Rückmeldungen ein. Dann spielt er die Situation nochmal und versucht besser zu machen, was ihm nicht gefallen hat. In der Regel klappt das Durchsetzen eigener Rechte dann viele besser. Der Junge reagiert nun sozial kompetenter, was ihm auch wieder durch Trainer, Video und Gruppenmitglieder rückgemeldet wird.

In klar strukturierten Trainingseinheiten lernen die Jungen, ihre sozialen Fertigkeiten im Umgang mit den Situationstypen zu entwickeln. Dennoch wird durch die Einplanung weniger strukturierter Einheiten, die die Jungen relativ frei gestalten können, ein mittleres Maß an Strukturierung geboten.

In Rollenspielen werden die Situationen konkret erfahrbar. Dabei werden die Jungen auf die möglichen Konsequenzen ihres Verhaltens vorbereitet. Vor allem die Wirkung der als ungerecht empfundenen Bewertung des eigenen Verhaltens seitens der anderen soll dadurch entschärft werden, daß in der ersten Phase des Videofeedbacks zunächst der Junge selbst die Gelegenheit bekommt, das Positive am eigene Verhalten zu benennen. Verbesserungswürdige Verhaltensweisen werden in konkreten Vorsätzen vom Jungen selbst für das zweite Rollenspiel formuliert, auf das die zweite Feedbackphase folgt, in der wieder zuerst er selbst das Verhalten reflektiert. Durch die Betonung der eigenständigen Bewertung des Verhaltens erlangen die Jungen allmählich ein steigendes Maß an Unabhängigkeit vom externen Erfolg ihres Verhaltens.

„Kampfspiele" als Beispiel einer körperorientierten Jungenarbeit

In letzter Zeit konnten gute Erfahrungen mit der Integration von körperbetonten Übungen in den Bielefelder Gruppenprogrammen gemacht werden. Ein körperorientiertes Vorgehen bietet Jungen die Möglichkeit, ein Gefühl für den eigenen Körper und damit auch für sich selbst zu entwickeln. Ein neuer Umgang mit Kraft, Stärke, Mut und Grenzen kann erprobt werden. Körperarbeit (z.B. Wahrnehmungs- und Entspannungsübungen) ist ein wesentlicher Bestandteil des Trainingskonzeptes, das im Folgenden beispielhaft vorgestellt werden soll.

Die Jungen sind in ihrem körperlichen Ausdruck und im direkten motorischen Kontakt mit anderen Jungen wesentlich klarer und eindeutiger als in der rein kognitiven Reflexion. Sie zeigen Gefühle und Befindlichkeiten mit dem ganzen Körper (Mimik, Gestik, Haltung) und nehmen auch den Körperausdruck des anderen recht genau wahr. Nur wenn sie darüber reden sollen, finden sie keine Worte. Daher wird das motorische Verhalten in seinem Ausdrucksgehalt bewußt gemacht und die Sensibilität für eigene und fremde Körpersignale trainiert.

Gerade zum Thema Gewalt unter Jungen scheint es angezeigt, körperbezogen zu arbeiten. Hilfreich ist es, sich mit einer realen und relativ häufigen Gewalterfahrung von Jungen näher auseinanderzusetzen: der Prügelei unter Jungen z.B. auf dem Schulhof. Beobachtet man Schulhofszenen und befragt Jungen nach ihren Erfahrungen mit Schlägereien, ist festzustellen: die meisten Jungen haben diese Situationen als sehr bedrohlich empfunden. Es wurde meist unkontrolliert und rücksichtslos geschlagen und getreten. Verletzungen des anderen wurden in Kauf genommen. Kräftemessen, Ausübung von Macht und Unterdrückung standen im Vordergrund. Sieg und Niederlage wirken sich bei diesen körperlichen Auseinandersetzungen auch stark auf die Stellung in der Gruppe aus.

Erkenntnisse wie diese haben sich in der Präventionsarbeit ausgewirkt. Das Trainer-Team beschloß, die Auseinandersetzung mit dem Thema Gewalt unter Jungen auf dem direkten Weg anzugehen. In Schulprojekten und Gruppenangeboten ließ man die Jungen sich prügeln. In ritualisierten Zweikämpfen nach festen Regeln mit Schaumstoffschlägern oder Boxhandschuhen - dem „Kampfspiel", wie diese Übungssequenz im Training genannt wird - werden Körpererfahrungen mit Gefühlszuständen wie Aggression, Wut, Ohnmacht in einen sinnhaften Zusammenhang gebracht. Was es für den Jungen selbst bedeutet, gesiegt oder verloren zu haben, über- oder unterlegen zu sein, zu triumphieren oder zu versagen, kann so unmittelbar erfahren und thematisiert werden.

Es handelt sich hierbei um eine aktionsbezogene Körpererfahrung, in welcher zwei Jungen die Akteure sind. Beiden wird die Rolle des „Gewaltausführenden" zugeschrieben. Die Jugendlichen sollen innerhalb des Stuhlkreises 3 Minuten lang mit Schaumstoffschlägern definierte Schlagflächen (Oberkörper ohne Kopf) des „Gegners" treffen. Ziel ist es zunächst so viele Treffer zu landen wie es Kraft, Geschicklichkeit und Ausdauer ermöglichen und wie es das Abwehrverhalten des „Gegners" zuläßt. Die Jugendlichen können beim Schlagen mit den Schaumstoffschlägern mit voller Intensität

("Vollkontakt") die Treffer erzielen. Ernsthafte körperliche Schäden sind dabei ausgeschlossen. Selbst bei äußerster Schlaghärte ist das Verletzungsrisiko nicht größer als bei einer Kissenschlacht. Beim Kampf mit Boxhandschuhen muß die Verletzungsgefahr durch feste Regeln und konsequente Schiedsrichter reduziert werden.

Es kämpfen immer nur zwei Jungen, die anderen sind Beobachter. Je nach Verlauf des Kampfes feuern sie die miteinander Kämpfenden mehr oder weniger lautstark an. Nach und nach erhalten sie konkrete Beobachtungsaufgaben: Sie sollen die Trefferzahl notieren, Regelübertretungen festhalten, den Kampfverlauf bewerten, die Befindlichkeit der kämpfenden Jungen wahrnehmen und einordnen (aggressiv, fair, zurückhaltend etc.) und im gemeinsamen Gespräch diskutieren.

Durch das „Kampfspiel" - ergänzt durch Zieh- und Schiebespiele, Reiterkampf, Transportstaffeln und ähnlichen Partner- und Gruppenübungen[12] - werden elementare körperliche Erfahrungen wie Standfestigkeit/Nachgiebigkeit, Nähe/Distanz, Angriff/Verteidigung zunächst spielerisch etabliert. In einem zweiten Schritt können die körperlichen Erfahrungen in Rollenspielen auf soziale Situationen übertragen werden (Transfer-Phase). Ein solches Rollenspiel beinhaltet z.B. das Nachstellen einer Gewaltszene auf dem Schulhof. Die Szene wird von den Jungen in allen Einzelheiten gespielt, angefangen vom Ausgangspunkt und Entstehen des Konfliktes über gegenseitiges Beschimpfen bis zur unkontrollierten, aggressiven, körperlichen Auseinandersetzung. Zur besseren Selbstkontrolle können, wenn die Bedingungen den Aufwand zulassen, die Übungen mit Video aufgenommen werden (video-feedback). Der Zusammenhang von Körperausdruck (Gefühlsausdruck durch Mimik und Gestik) und sozialem Verhalten erlangt zunehmende Bedeutung und veranlaßt die Jungen, ihre eingefahrenen und oft wenig effektiven Aktions- und Reaktionsweisen zu überdenken. In immer wieder neuen Varianten entwickeln und erproben sie alternative Verhaltensweisen zur Durchsetzung ihrer Ziele und Interessen.

Auch „Schwächere" profitieren

Es stellte sich heraus, daß bei diesen Aktionen auch die körperlich schwächeren Klassenkameraden und die „Sportängstlichen" profitieren können. Diese haben sich in der reglementierten Prügelei durch ihre hohe Schlagaktivität, auch gegenüber den „Stärkeren", einen bemerkenswerten Achtungserfolg geschaffen. Hier bieten sich vielerlei Anknüpfungspunkte, um auch diesen sonst eher introvertierten und defensiven Jungen Erfolgserlebnisse zu ermöglichen und ihre Positionierung im Klassenverband oder der Gruppe zu flexibilisieren.

Selbstunsichere Jungen werden durch solch eine Maßnahme besonders gefördert. Selbstunsicherheit von Jungen geht oft einher mit körperlichen bzw. sportlichen Insuffizienz- oder Minderwertigkeitsgefühlen. Was ein richtiger Junge ist und sein soll, zeigt

---

[12] z.B. Gordischer Knoten, Statuenbau, Roboterspiel bis hin zu judoähnlichen Wurf- und Haltekämpfen.

sich eben auch im Sportunterricht oder auf dem Fußballplatz. Jungen müssen sich durchsetzen können, vor allem auch körperlich - so das Klischee. Jungen, die dies nicht können, leiden nicht selten darunter.

Unsicherheiten im Bewegungs- und Koordinationsvermögen, mangelnde Körperwahrnehmung, eingeschränkter körperlicher Ausdruck bis hin zu psychomotorischen Störungen oder Defiziten werden durch solch eine gezielte altersgerechte Übung abgebaut. Abseits von sportlichem Ehrgeiz, Konkurrenz und männerbündischem Verhalten werden so psychomotorische Fertigkeiten gefördert und eine Stärkung des Selbstbewußtseins erreicht. Die Jungen lernen, ihre Fähigkeiten und Grenzen realistisch einzuschätzen und damit auch in der Gruppe zu bestehen.

„Einfrieren" der Bewegung

Eine Variation des Kampfspiels besteht im „Einfrieren" der Bewegung. Während der Schlagaktion werden die Jungen angehalten, in der augenblicklichen Bewegung innezuhalten (die Akteure erstarren auf Zuruf zu Statuen). Es werden dann vom Trainer bestimmte Körperhaltungen und auch das emotionale Befinden mit dem betreffenden Jungen und mit den anderen Schülern besprochen, antizipiert und reflektiert. Das Einfrieren einer Kampfszene läßt eine eingehende Analyse der Bewegungsabläufe und der Verhaltensalternativen zu. Die Antizipation der nächsten Aktion, durch die Akteure selbst wie durch die Gruppe, hilft, eingefahrene, manifestierte Verhaltensmuster zu erkennen und in ihrer Wirkung einzuschätzen. So stellen die Jungen fest, daß ineffiziente Schlagaktivität wie blindes Drauf-los-schlagen zur Erschöpfung führt oder aber in Brutalität kulminiert.

Das Erleben des aktuellen Körpergefühls bzw. die körperintensiven Erlebnisse, ausgelöst durch das individuelle Verhalten in einer realen Gewaltsituation, setzten Gefühle frei, welche durch das Einfrieren auch direkt geäußert und benannt werden können. Die emotionale Ebene wird so nicht wie sonst ausgeblendet oder abgespalten, sondern als Emotion, als Gefühl erfahrbar und benennbar gemacht.

Erkenntnisse und Probleme in der Praxis

Es ist nicht einfach, Jungen zu einer ernsthaften Auseinandersetzung mit ihrer Gewaltbereitschaft zu bewegen. Der Ansatz über Kampfspiele in Verbindung mit Rollenspielen und eingebettet in ein präventives Gesamtkonzept der Förderung der Sozialkompetenz hat sich als pädagogisch brauchbar erwiesen. Auch wenn nicht erwartet werden kann, mit einem solchen Angebot grundlegende Verhaltensänderungen bei den Jungen zu bewirken, gelingt es doch, sie dazu zu bewegen, sich mehr mit sich selbst zu beschäftigen und andere ansatzweise in ihr Denken und Fühlen einzubeziehen.

Die Gewaltproblematik wird diskutiert, und die Jungen beginnen, nach Gründen für gewalttätiges Handeln bei sich aber auch in ihrem sozialen Umfeld zu suchen. Sie erfahren durch die regelgeleiteten Kämpfe und durch die Rollenspiele, daß es möglich ist, Wut und Aggressionen loszuwerden, ohne andere zu verletzen, und sozialverträglichere Formen der Konfliktbewältigung zu erproben.

Als problematisch erweist sich die Situation von Kampfspielen und Gewalthandlungen nachstellenden Rollenspielen dann, wenn der „Schiedsrichter" die entstehende Eigendynamik des Schlagabtausches nicht mehr in den Griff bekommt. Dies konnte teilweise bei längeren „Kämpfen" (> 5 min) beobachtet werden. Dann brach eine Euphorie bei den Schülern aus, so daß die Jungen außer Stande waren, am weiteren Verlauf der Übung konzentriert teilzunehmen. Es ist unbedingt notwendig, die Dynamik des Übungsverlaufs im Blick zu behalten und sie gegebenenfalls zu unterbrechen, um die Integration pädagogischer Absichten und Inhalte zu gewährleisten. Ist die Dynamik nicht mehr zu moderieren, geht auch die psychosoziale Relevanz der Aktion verloren. Außerdem sind die Jungen nach ungebändigtem „Prügeln" schnell erschöpft, so daß sie nicht mehr aufnahmefähig sind.

Ein grundsätzliches Praxisproblem von konzeptioneller Bedeutung ist die Annahme des Angebots durch die Jungen selbst. Die Annahme des Trainings durch die Jungen ist Voraussetzung für die Umsetzbarkeit. Das Angebot muß die Schwellenängste der Jungen vor solchen „Psychoveranstaltungen" berücksichtigen und die Jungen gemäß ihren Interessen und Bedürfnissen ansprechen. Gleichzeitig muß darauf geachtet werden, mit den Ankündigungen solcher Programme keine falschen Erwartungen zu wecken. Körperübungen, vor allem die „Kampfspiele", kommen bei den Jungen gut an, werden allerdings schon mal mit einer Kampfsportausbildung oder einem Selbstverteidigungskurs verwechselt. Gerade dies kann und will das Training nicht leisten.

Die für die Jungen so attraktiven Kampfspiele sollen kein Köder sein, mit dem die Jungen ins Trainings gelockt werden können. Und doch verdankt das Angebot die positive Annahme in erster Linie diesem Trainingselement. Die Praxis jedes Trainings muß immer wieder neu zeigen, inwieweit sich das Interesse der Jungen für die Auseinandersetzung mit eigenem Verhalten, Fühlen und Denken im Sinne einer gewaltpräventiven Selbsterfahrung über die „action" hinaus etablieren läßt.

Literatur

Abel, A. H.: Rahmenbedingungen der Erziehungsberatung. In: Körner, W., & Hörmann, G. (Hrsg.): Handbuch der Erziehungsberatung. Anwendungsbereiche und Methoden der Erziehungsberatung. Göttingen/Bern/Toronto/Seattle 1998, 87-112

Abel, A. H. & Hörmann, G.: Verhaltensmodifikation in der Erziehungsberatung. In: Körner, W. & Hörmann, G: (Hrsg.): Handbuch der Erziehungsberatung. Anwendungsbereiche und Methoden der Erziehungsberatung. Göttingen / Bern / Toronto / Seattle 1998, 395-410

Abel, A. H. & Lohse, U.: Das man-o-mann Gruppentraining sozialer Kompetenzen für Jungen (unveröffentl. Konzeptionspapier). Bielefeld 1996. Kontakt: VSGB e. V. Teutoburger Str. 106, 33607 Bielefeld

Ammon, G.: Gruppendynamik der Aggression. Beiträge zur psychoanalytischen Theorie. 1998

Breakwell, G. M.: Aggression bewältigen. Umgang mit Gewalttätigkeit in Klinik, Schule und Sozialarbeit. Bern/Göttingen/Toronto/Seattle 1998

Bründel, H.: Produziert die Schule Gewalt? In: Hurrelmann, K., Palentien, Ch. & Wilken, W. (Hrsg.): Anti-Gewalt-Report. Handeln gegen Aggressionen in Familie, Schule und Freizeit. Weinheim/Basel 1995, 41-62

Bründel, H. & Hurrelmann, K.: Gewalt macht Schule. Wie gehen wir mit aggressiven Kindern um? München 1997

Büttner, Ch. & Finger-Trescher, U.: Pädagogik und Gewalt. In: Hurrelmann, K., Palentien, Ch. & Wilken, W. (Hrsg.): Anti-Gewalt-Report: Handeln gegen Aggressionen in Familie, Schule und Freizeit. Weinheim; Basel 1995, 230-244

Cierpka, M. (Hrsg.): Kinder und Gewalt. Trainingsprogramme für Elternseminare, Familientherapeuten, Lehrer und Erzieher. Göttingen/Bern/Toronto/Seattle 1998

Dreher, G. & Feltes, Th. (Hrsg.): Das Modell New York: Kriminalprävention durch 'Zero Tolerance'? Beiträge zur aktuellen kriminalpolitischen Diskussion. Holzkirchen/Obb.: 2. unverändert. Aufl. 1998

Feldmann-Bange, G. & Krüger K. J. (Hrsg.): Gewalt und Erziehung. Bonn 1986

Feltes, Th.: Zur Einführung: New York als Modell für eine moderne und effektive Polizeipolitik?. In: Dreher, G. & Feltes, Th. (Hrsg.): Das Modell New York: Kriminalprävention durch 'Zero Tolerance'? Holzkirchen/Obb.: 2. unverändert. Aufl. 1998, 3-16.

Finger-Trescher, U.: Aggression und Wachstum. Theorie Konzepte und Erfahrungen aus der Arbeit mit Kindern, Jugendlichen und jungen Erwachsenen. Mainz 1992

Franke, U.: Therapie aggressiver und hyperaktiver Kinder. 1998

Frehsee, D.: Die staatliche Förderung familiarer Gewalt an Kindern. Kriminologisches Journal, 24 (1) 1992, 37-49

Galtung, J.: Strukturelle Gewalt. Beiträge zur Friedens- und Konfliktforschung. Reinbek 1975

Geib, N.: Gewalt und Erziehung. Exposé zur XX. wissenschaftlichen Jahrestagung der Bundeskonferenz für Erziehungsberatung. Berlin 1985

Geib, N. W. H.: Gewalt. In: Grubitzsch, S. & Rexilius, G. (Hrsg.): Psychologische Grundbegriffe. Reinbek 1987, 410-421

Greuer-Werner, M., Hanckel, Ch. & Heyse, H.: Psychologie - ein Beitrag zur Schulkultur: Berichte aus der Schulpsychologie, Kongreßbericht der 11. Bundeskonferenz 1994 der Sektion Schulpsychologie im Berufsverband Deutscher Psychologen e.V. Bonn 1995

Gröll, J.: Bürgerliche Erziehung - ein Gewaltverhältnis. In: Körner, W. & Hörmann, G. (Hrsg.): Handbuch der Erziehungsberatung. Anwendungsbereiche und Methoden der Erziehungsberatung. Göttingen/Bern/Toronto/Seattle 1998, 53-71

Heinemann, E., Rauchfleisch, U. & Grüttner, T.: Gewalttätige Kinder: Psychoanalyse und Pädagogik in Schule, Heim und Therapie. Frankfurt/M 1992

Heinrich, J.: Aggression und Streß. Entlastung und Entspannung durch Abbau massiver Aggressionsformen. 1998

Heitmeyer, W. (Hrsg.): Das Gewalt-Dilemma. Gesellschaftliche Reaktionen auf fremdenfeindliche Gewalt und Rechtsextremismus. Frankfurt/M. 1994

Hermsen, H.: Unterrichtsstörungen. In: Zygowski, H. (Hrsg.): Kritik der Mainstream-Psychologie. Münster 1993, 158-175

Holtappels, H.G., Heitmeyer, W., Melzer, W. & Tilmann, K.-J. (Hrsg.): Forschung über Gewalt an Schulen. Erscheinungsformen und Ursachen, Konzepte und Prävention. Weinheim/München 1997

Honig, M.S.: Verhäuslichte Gewalt. Sozialer Konflikt, wissenschaftliche Konstrukte, Alltagswissen, Handlungssituationen. Eine Explorationsstudie über Gewalthandeln von Familien. Frankfurt a.M. 1992.

Honig, M.S.: Das Dunkelfeld der Gewalt und der zivilisatorische Auftrag der Professionellen - Folgerungen aus einer Studie über Gewalthandeln von Familien. In: Karsten, M.-E. & Otto, H.-U. (Hrsg.): Die sozialpädagogische Ordnung der Familie. Weinheim/München 1987, 87-101

Hopf, P.: Aggression in der analytischen Therapie mit Kindern und Jugendlichen. Göttingen 1998.

Huisken, F.: Weder für die Schule noch fürs Leben. Vom unbestreitbaren Nutzen unserer Lehranstalten. Kritik der Erziehung, Teil 2. Hamburg 1992

Huisken, F.: Jugendgewalt. Der Kult des Sebstbewußtseins und seine unerwünschten Früchtchen. Hamburg 1996

Hurrelmann, K. & Palentien, Ch.: Gewalt als „soziale Krankheit" der Gesellschaft. In: Hurrelmann, K., Palentien, Ch. & Wilken, W. (Hrsg.): Anti-Gewalt-Report. Handeln gegen Aggressionen in Familie, Schule und Freizeit. Weinheim/Basel 1995, 15-37

Jansen, B., Jung, Ch., Schrapper, Ch. & Thiesmeier, M. (Hrsg.): Krisen und Gewalt. Ursachen, Konzepte und Handlungsstrategien in der Jugendhilfe. Münster 1993

Kirschner, J.: So siegt man, ohne zu kämpfen. Alle 13 Strategien gegen die Aggression im Alltag. 1998

Körner, W. & Sitzler, F.: Elterliche Gewalt gegen Kinder. In: Körner, W. & Hörmann, G. (Hrsg.): Handbuch der Erziehungsberatung. Anwendungsbereiche und Methoden der Erziehungsberatung. Göttingen/Bern/Toronto/Seattle 1998, 281-310

Kraus, L.: Jugenddelinquenz: empirische Untersuchung der Wirkung von erfolgten und nichterfolgten strafrechtlichen Sanktionen auf die Delinquenz Jugendlicher. Regensburg 1992

Kreft, D.: Gewalt im Griff. Neue Formen des Anti-Aggressionstrainings. Weinheim/Basel 1997

Lübben, K.: Gruppentraining sozialer Kompetenzen mit sozial unsicheren Kindern (GSK-UK) - Theoetische Grundlagen und praktisches Vorgehen. Universität Bielefeld 1993

Lübben, K. & Pfingsten, U.: Soziale Kompetenztrainings als Intervention für sozial unsichere Kinder. In: Markgraf, J. & Rudolf, K. (Hrsg.): Training sozialer Kompetenzen. Baltmannsweiler 1995, 127-154

Miller, A.: Am Anfang war Erziehung. Frankfurt/M. 1983

Neidhardt, F.: Gewalt - soziale Bedeutungen und sozialwissenschaftliche Bestimmungen des Begriffes. In: Krey, V. & Neidhardt, F. (Hrsg.): Was ist Gewalt? Wiesbaden 1986, 111-141

Nolting, H.-P.: Lernfall Aggression: Wie sie entsteht - Wie sie zu verhindern ist. Ein Überblick mit Praxisschwerpunkt Alltag und Erziehung. Reinbek 1991

Oelemann, B.: Gewaltpädagogik mit männlichen Jugendlichen. Plädoyer für die Abschaffung von „Kindern" und „Jugendlichen". SOS-Dialog (Fachmagazin des SOS-Kinderdorfes e.V.), 1998, 12-16.

Oswald, H.: Steigt die Gewalt unter Jugendlichen? In: Schäfer, M. & Frey, D. (Hrsg.): Aggression und Gewalt unter Kindern und Jugendlichen. Göttingen/Bern/Toronto/Seattle 1999, 43-51

Ottomeier-Glücks, F.G.: Wie ein Mann gemacht wird. Grundzüge männlicher Sozialisation. In: Glücks, E. & Ottomeier-Glücks, F.G. (Hrsg.): Geschlechtsbezogene Pädagogik: Ein Bildungskonzept zur Qualifizierung koedukativer Praxis durch parteiliche Mädchenarbeit und antisexistische Jungenarbeit. Münster 1994, 77-92

Petermann, F. & Petermann, U.: Training mit aggressiven Kindern: Einzeltraining, Kindergruppe, Elternberatung. Weinheim 1997

Pfingsten, U. & Hinsch, R.: Gruppentraining sozialer Kompetenzen (GSK). Grundlagen, Durchführung, Materialien. Weinheim 1991

Pilz, G.A.: Jugendgewalt. In: Körner, W. & Hörmann, G. (Hrsg.): Handbuch der Erziehungsberatung. Anwendungsbereiche und Methoden der Erziehungsberatung. Göttingen/Bern/Toronto/Seattle 1998, 259-279

Rauchfleisch, U.: Allgegenwart von Gewalt. Göttingen 1992

Schäfer, M.: Gruppenzwang als Ursache für Bullying? Report Psychologie 11-12/98, 1998, 914-927

Schäfer, M. & Frey, D. (Hrsg.): Aggression und Gewalt unter Kindern und Jugendlichen. Göttingen/Bern/Toronto/Seattle 1998

Scheiring, H.: Subjektive Theorien von Schülern über aggressives Handeln. Anwendung eines Dialog-Konsens-Verfahrens bei Hauptschülern. 1998

Schwind, H.-D.: Handlungsstrategien aus kriminologischer Sicht. In: Hurrelmann, K., Palentien, Ch. & Wilken, W. (Hrsg.): Anti-Gewalt-Report. Handeln gegen Aggressionen in Familie, Schule und Freizeit. Weinheim/Basel 1995, 211-229

Schwind, H.-D., Baumann, J., Scheider, U. & Winter, M.: Kurzfassung des Endgutachtens der Unabhängigen Regierungskommission zur Verhinderung und Bekämpfung von Gewalt (Gewaltkommission) - Auszug. In: Otto, H.-U. & Merten, R.: Rechtsradikale Gewalt im vereinigten Deutschland. Opladen 1993, 417-431

Segel, G.: Das Aggressionsprogramm gegen Aggression und Gewalt AgAG5. Kommunale Gewaltprävention. Eine Handreichung für die Praxis. Münster 1997

Sommerfeld, V.: Trotz, Wut, Aggression. Reinbek 1999

Treichel, J.: Aggression im Alltag. Was inspiriert und was zerstört. Göttingen 1998

Umfrage der R+V Versicherungen: Ängste der Deutschen. 1997

Wagner, U.: Aggression und Gewalt. Phänomene, Ursachen und Interventionen. 1998

Wegricht, R.: Regionale Gewaltprävention. Strategien und Erfahrungen. (Beiträge zur Schulentwicklung). 1998

Wimmer-Puchinger, B.: Erziehungsgewalt - Die Schlüsselrolle der Familie. In: Hurrelmann, K., Palentien, Ch. & Wilken, W. (Hrsg.): Anti-Gewalt-Report. Handeln gegen Aggressionen in Familie, Schule und Freizeit. Weinheim/Basel 1995, 79-94

Zurek, A.: Wenn Schüler zu „Dingen" werden, gehen „Sachen" kaputt. Psychologie Heute, 12 (1) 1985, 56-62

Zurek, A.: Strukturelle Gewalt im Schulalltag - was tun Schüler, Lehrer, Berater? In: Feldmann-Bange, G. & Krüger, K.-J. (Hrsg.): Gewalt und Erziehung. Bonn 1986, 106-120

„Eltern in Not" - Ein Gruppenangebot zur Verringerung von Gewalt in der Erziehung

Franziska Sitzler & Wilhelm Körner

1 Einleitung

Bei der Beschäftigung mit dem Thema „Gewalt in der Familie" wurde uns deutlich, daß körperliche und psychische Gewaltanwendung in der Erziehung zu selten Gegenstand von Erziehungsberatung ist. In unseren Beratungsgesprächen machten wir die Erfahrung, daß viele der Eltern, die auf behutsames Nachfragen über ihre Gewaltausübung berichten, das Gespräch über dieses heikle Thema als Entlastung empfinden. Da wir eine Zusammenarbeit mit den Eltern für die beste Möglichkeit halten, Kinder vor deren Gewaltanwendung zu schützen (vgl. Körner & Sitzler 1998), entstand die Idee, Eltern, welche die von ihnen ausgeübte Gewalt selbst als problematisch erleben, ein Hilfsangebot zu machen.

Als Hintergrund elterlicher Gewaltausübung kann zum einen gelten, daß die Anwendung schmerzender und demütigender Züchtigungen in der Erziehung in unserer Gesellschaft normal ist und entsprechend für die Mütter und Väter einen Teil ihrer eigenen Sozialisation darstellt (vgl. Körner & Sitzler 1998; Honig 1986). Zum anderen ist sie bei den meisten Eltern eine Reaktion auf Überlastung und Überforderung durch schwierige Lebensbedingungen wie eingeschränkte finanzielle, soziale und persönliche Ressourcen. Unser Anspruch an die Arbeit mit den betroffenen Eltern war, sie zu entlasten und dabei zu unterstützen, die überfordernde Lebenssituation soweit wie möglich zu verbessern sowie persönliche Kompetenzen und Bewältigungsfähigkeiten aufzubauen.

Aus der Literatur waren uns die beiden deutschen Selbsthilfegruppen für Eltern mit Gewaltproblemen („anonyme eltern") und deren Vorbild, die amerikanische Selbsthilfeinitiative „Parents Anonymous", bekannt. In diesen Gruppen werden die Eltern von einer nicht betroffenen Person ehrenamtlich unterstützt (Grollmann-Westphal & Kaul-Hecker 1989; Parents Anonymous 1985). Die erste amerikanische Selbsthilfegruppe für gewalttätige Eltern wurde in den siebziger Jahren von einer betroffenen Mutter und ihrem Psychotherapeuten angeregt. Der später gegründete Dachverband betreut mittlerweile eine Vielzahl von Gruppen im ganzen Bundesgebiet der USA und bildet Bewerber für die Aufgabe der ehrenamtlichen Gruppenleitung aus. In Deutschland besteht die erste „anonyme eltern"-Gruppe mittlerweile seit über zehn Jahren.

2 Gruppengründung

Angeregt von den Konzepten der „anonymen eltern" und der „Parents Anonymous" beschlossen wir, eine ähnliche Gruppe zu gründen, die im Rahmen einer Honorarstelle von der Autorin betreut werden sollte. Ein Gruppenangebot erschien uns angemessen, da viele gewalttätige Eltern sozial isoliert leben. Als Vorteil einer Selbsthilfegruppe sahen wir die Niederschwelligkeit dieses Angebotes an.

Das Jugendamt bewilligte auf Antrag des Autors Honorarstunden für Aufbau und Leitung der Gruppe. Um betroffene Eltern für eine Teilnahme zu gewinnen, erstellten wir in Anlehnung an die Materialien der „anonymen eltern" ein Flugblatt mit Informationen zur geplanten Gruppe, das wir im Wartebereich von Beratungsstellen und Arztpraxen auslegten und an den Allgemeinen Sozialen Dienst sowie den Kinderschutzbund weiterleiteten. Außerdem erschienen in der örtlichen Presse Artikel über die geplante Selbsthilfegruppe. Als Anlaufstelle wurden dabei wir als Mitarbeiter der Erziehungsberatungsstelle angegeben, außerdem richteten wir über den Zeitraum von zwei Wochen einen abendlichen Telefondienst ein, bei dem sich interessierte Eltern anonym zum Thema und zur geplanten Gruppe informieren konnten. Nach etwa zweimonatigen Bemühungen fand die Gründung der Gruppe mit vier Müttern und zwei Vätern statt. Um den Eltern eine anonyme Teilnahme zu ermöglichen, beschlossen die Gruppenmitglieder, sich mit dem Vornamen anzureden.

Von dieser Elterngruppe wurden sowohl der Gruppenname als auch das Flugblatt verändert. Den von uns übernommenen Namen „anonyme eltern" hatten einige als indirektes Verbot verstanden, genaueres über den eigenen Lebenshintergrund mitzuteilen. Die neue Bezeichnung „Eltern in Not" empfanden die Gruppenmitglieder als weniger abschreckend und gleichzeitig als gute Bezeichnung dafür, daß Eltern mit massiven Problemen angesprochen sind. Das Flugblatt wurde auf wenige markante Sätze gekürzt; den ausführlicheren Text empfanden vor allem diejenigen Eltern, die wenig lesen, als zu anstrengend. In dem Flugblatt wird als Inhalt der Treffen angegeben, „Sorgen, Nöte und Erfahrungen" auszutauschen und gemeinsam zu lernen, „auf Probleme in der Familie nicht mehr mit Gewalt zu reagieren". Diese Formulierung orientiert sich am Verständnis der angesprochenen Eltern, die viele Erziehungsmaßnahmen, die wir als gewalttätig ansehen, als normal und angemessen werten. Unser Ziel ist es, das gewalttätige Erziehungsverhalten zu reduzieren. Was unter Gewalt zu verstehen ist, wird am Einzelfall gemeinsam in den Gruppensitzungen erarbeitet. Dabei ist den Eltern in manchen Situationen klar, wann sie ihren Kindern Gewalt antun, in anderen wird ihnen die mögliche Wirkung ihres Verhaltens auf das Kind erst über entsprechende Rückmeldungen von außen deutlich. Die Eltern setzen die Gewalt auf unterschiedliche Weise ein: Sie nutzen sie bewußt als Erziehungsmaßnahme oder sie reagieren ihre innere Spannung mit Schlägen oder verbalen Attacken an dem Kind ab.

Mit den Teilnehmern der Gründungsgruppe wurde ein wöchentliches Treffen von zweieinhalb Stunden vereinbart. Häufigkeit und Dauer haben sich bewährt. Im Rahmen einer Sitzung können so die Anliegen mehrerer Eltern ohne Zeitdruck bearbeitet werden. Die Treffen finden in einem Gruppenraum der Erziehungsberatungsstelle statt.

Dieser Ort wurde von den Mitgliedern aufgrund organisatorischer Vorteile und der zentralen Lage anderen möglichen Treffpunkten (wie z.B. einem Gemeindesaal) vorgezogen. Um auch Eltern, die keine Unterbringungsmöglichkeiten für ihre Kleinkinder haben, die Teilnahme zu ermöglichen, organisierten wir eine Kinderbetreuung, die zunächst von einer Praktikantin übernommen wurde und mittlerweile (um eine kontinuierlichere Betreuung zu gewährleisten) von den Eltern selbst finanziert wird. Diese Kindergruppe findet in einem Spielzimmer der Beratungsstelle statt, das neben dem Gruppenraum liegt. Neben der Entlastung der Eltern hat sich die Kinderbetreuung auch für die Gruppenarbeit als positiv erwiesen: Die Eltern können sich gegenseitig im Kontakt mit den Kindern beobachten, Rückmeldungen über das eigene Verhalten bekommen und einen veränderten Umgang mit den Kindern direkt einüben. Für einzelne Kinder organisierten wir im Laufe des Gruppenbestehens eine Spieltherapie bei einer Mitarbeiterin der Erziehungsberatungsstelle, die zeitgleich zu den Gruppentreffen stattfindet.

Ursprünglich richtete sich das Angebot der „Eltern in Not" an Mütter und Väter. Insgesamt haben sich jedoch nur sehr wenige Väter für eine Teilnahme interessiert. Die Teilnahme von Paaren wurde von uns zunächst ausdrücklich begrüßt. Grund dafür war der Umstand, daß die Partner fast aller teilnehmenden Frauen ebenfalls einen sehr destruktiven, gewaltvollen Erziehungsstil hatten. Eine gemeinsame Teilnahme sollte vermeiden, daß die Frauen neben der Verantwortung für die Veränderung ihres eigenen Erziehungsverhaltens auch die für eine Verhaltensänderung ihrer Partner übernehmen. Die anfängliche Zusammensetzung der Gruppe aus vier Einzelpersonen und einem Paar stellte sich jedoch als zu konfliktträchtig heraus. Es wurde daher als Regel festgesetzt, daß nur eine Person pro Familie teilnehmen kann (siehe 3.1.3). Mittlerweile besteht die Gruppe ausschließlich aus Frauen, die sich darin einig sind, daß das Angebot als reine Müttergruppe für sie hilfreicher ist als eine gemischte Gruppe. Ihnen fällt es in einer Frauengruppe leichter, über aktuelle Beziehungsprobleme mit dem Partner oder eigene (zumeist von Männern zugefügte) Gewalterfahrungen zu reden. Zur Bearbeitung ihrer Beziehungsprobleme haben sich einige der Frauen im Laufe ihrer Gruppenteilnahme dazu entschieden, zusätzlich eine Paarberatung wahrzunehmen (siehe 5.2.8).

3 Gruppenregeln

In Anlehnung an eine Broschüre der „Parents Anonymous" (Parents Anonymous 1981) bekommt jede Teilnehmerin einen Text zum Thema Gewalt in der Erziehung, der das Erleben der Eltern, ihre Überforderung und ihre Bedürfnisse beleuchtet. Am Ende dieses Textes befinden sich die Gruppenregeln, die mit der Gründungsgruppe entwickelt wurden und seither mit jeder neuen Teilnehmerin besprochen werden. Diese Regeln haben sich als wichtige Stütze für den Ablauf der Treffen herausgestellt, auf die sich die Frauen während der Stunden immer wieder beziehen.

Die wichtigste Regel der amerikanischen „Parents Anonymous" lautet, sich gegenseitig anzurufen, bevor eine Situation endgültig eskaliert. Diese Vereinbarung wird von den Müttern der „Eltern in Not" nicht als Unterstützung, sondern als Pflicht und zusätzlicher Streß erlebt. Sie berichten, daß sie sich bei Einhaltung der Regel weder auf das Telefongespräch noch auf die Kinder konzentrieren können. Ihnen sind daher andere Mechanismen zur Unterbrechung der Gewaltsituation wichtiger und sie besprechen die Situation lieber in der nächsten Gruppensitzung. Persönlicher Kontakt zwischen den Treffen findet im Rahmen abendlicher Telefongespräche oder allgemeiner Hilfestellungen wie einer gemeinsamen Fahrt zum Arzt statt.

3.1 Regeln zum Rahmen der Treffen

- *Schweigeverpflichtung: Namen und persönliche Informationen der Gruppenmitglieder werden vertraulich behandelt und dürfen nicht an Dritte weitergegeben werden.*

Hierzu verpflichten sich die Eltern schriftlich und unterschreiben zusätzlich folgenden Passus: „Sollte eine Weiterleitung von Informationen zum Schutz eines Gruppenmitglieds oder seiner Kinder nötig sein, so wird dies in der Gruppe besprochen und nicht hinter dem Rücken der betreffenden Person veranlaßt." Diese schriftliche Verpflichtung dient zum einen dem Schutz der Teilnehmerinnen vor Indiskretionen und senkt zum anderen die Angst neuer Teilnehmerinnen vor einem unerwarteten Eingreifen des Jugendamtes.

- *Es können nur feste Gruppenmitglieder an den Treffen teilnehmen.*

Zwar werden fortlaufend neue Eltern in die Gruppe aufgenommen, diese führen jedoch zunächst ein Erstgespräch mit der Gruppenleiterin, in dem über eine Teilnahme entschieden wird (siehe 4.).

- *Es kann nur ein Mitglied pro Familie teilnehmen. (s.o.)*

3.2 Regeln zum gegenseitigen Verständnis

- *Es gibt eine Anfangs- und Endrunde, in der jede Teilnehmerin erzählen kann, wie es ihr geht. In der Anfangsrunde werden die Anliegen für die betreffende Sitzung formuliert.*

Bei einer Gruppengröße von vier bis acht Frauen ist es unerläßlich, Anliegen zu sammeln und die vorhandene Zeit aufzuteilen. Für viele der Frauen ist es ein wichtiges Lernziel, die Aufmerksamkeit und Hilfe der Gruppe offen einzufordern. Die Teilnehmerinnen entscheiden gemeinsam, welche Anliegen in welcher Reihenfolge behandelt werden. Dabei wird darauf geachtet, daß möglichst alle Frauen über ihre aktuellen Themen reden können; bei besonders akuten Problemen einer Teilnehmerin stellen andere Gruppenmitglieder ihre Anliegen zurück. Ausdrücklich ist auch der Bericht von positiven Veränderungen erwünscht, deren Nachbereitung einen wichtigen Teil der Gruppenarbeit darstellt.

- *Freiwilligkeit: Erzähle so viel oder wenig über dich, wie du es möchtest und wie es dir gut tut. Jede kann sagen: Stopp, ich möchte nicht mehr darüber reden.*

Die meisten der Frauen sind zu Beginn ihrer Gruppenteilnahme ungeübt darin, ihre eigene Befindlichkeit wahrzunehmen und mitzuteilen. Die genannte Regel ermöglicht es ihnen, sich schrittweise zu öffnen und reduziert ihre Angst vor Kontrollverlust. Mittlerweile registrieren die Frauen sehr genau, auf welche verbale oder nonverbale Art die anderen signalisieren, wann ein Gespräch für sie belastend wird oder wann sie sich mit der Gruppensituation überfordert fühlen.

- *Sei dein eigener „Boß": Sprich oder sprich nicht, wie du es für richtig hältst. Du brauchst dir keine Sorgen darüber zu machen, ob jemand anderes das, was du sagst, auch richtig findet.*

Den Frauen wird vermittelt, daß sie die Wahrnehmung und das Erleben der anderen akzeptieren sollten und selbst entscheiden können, was für sie hilfreich ist und was nicht.

- *Alle Probleme werden ernst genommen, und die Gruppenmitglieder achten gemeinsam darauf, daß sich niemand verletzt fühlt.*

Damit ist die Gruppe offen für alle Themen, die die Frauen persönlich berühren, d.h. auch für Themen, die über das konkrete Erziehungsverhalten hinausgehen. Da die Frauen aus ihrer Familie oft sehr destruktive Interaktionsstile gewohnt sind, ist es für den Gruppenprozeß wichtig, in Ergänzung der vorherigen Regel darauf zu achten, wie das Gesagte bei den anderen ankommt. Außerdem sollten sich die Teilnehmerinnen nicht gegenseitig mit Ratschlägen bedrängen.

- *„Störungen" haben Vorrang. Teile den anderen mit, wenn du z.B. gelangweilt, ärgerlich oder verletzt bist. Wenn die „Störungen" behoben sind, wird das Gespräch fortgesetzt.*

Die Einhaltung dieser Regel fällt den Teilnehmerinnen schwer, weil es Mut erfordert, das Gruppengeschehen aufgrund des eigenen Unwohlseins zu unterbrechen. Deshalb spricht die Psychologin die nonverbale Kommunikation der Teilnehmerinnen an.

- *Es kann immer nur eine reden.*

- *Alle verpflichten sich, regelmäßig teilzunehmen und offen zu sagen, wenn sie nicht kommen können oder möchten.*

4 Entwicklung der Gruppe

Die Gruppe „Eltern in Not" ist als zeitlich unbegrenztes Angebot konzipiert, in das jederzeit neue Mitglieder aufgenommen werden können. Das Zusammenkommen von neueren und erfahreneren Gruppenmitgliedern hat sich als förderlich für den Veränderungsprozeß der Einzelnen herausgestellt. Neue Teilnehmerinnen können sich in den Erzählungen der anderen Mütter wiederfinden und sich, bevor sie von sich selbst erzählen möchten, an deren Gesprächen beteiligen. Berichte über positive Veränderungen stärken das Selbstbewußtsein der erfahreneren Teilnehmerinnen und wirken auf neue Mitglieder motivierend.

Als besonders gute Möglichkeit, neue Mitglieder anzusprechen, haben sich öffentliche, in Zusammenarbeit mit der Volkshochschule organisierte Informationsveranstaltungen erwiesen, bei denen sich die Gruppe vorstellt. Interessentinnen können so in einem unverbindlichen Rahmen einen ersten Eindruck von der Arbeit der „Eltern in Not" gewinnen. Auch für die Mitglieder haben diese öffentlichen Termine eine positive Funktion: Es stärkt ihr Selbstbewußtsein, wenn sie anderen hilfesuchenden Eltern ein Angebot präsentieren und ihre Fortschritte und Erfolge darstellen können. Außerdem hat es sich bewährt, immer wieder in der Presse über die Gruppe zu informieren und Flugblätter in Arztpraxen und Kindergärten auszuhängen. Einige Mütter sammeln diese Informationen über längere Zeit und machen sich so langsam mit dem Gedanken vertraut, selbst Mitglied der „Eltern in Not" zu werden. Nach wie vor werden Eltern in der Erziehungsberatungsstelle über die Gruppe informiert, außerdem wurden vom Deutschen Kinderschutzbund Mütter an uns verwiesen. Nach zweijährigem Bestehen häuft sich außerdem die Zahl der Personen, die durch Mundpropaganda auf das Angebot aufmerksam werden. Die Hemmschwelle, sich bei der Gruppe zu melden, ist deutlich gesunken, seit eine der Teilnehmerinnen mit ihrem Vornamen und der privaten Telefonnummer als Kontaktperson fungiert.

Interessentinnen wenden sich zunächst telefonisch an die Kontaktperson. Diese informiert kurz über die Arbeit der Gruppe, und die Frauen tauschen sich oft bereits über die bestehenden Schwierigkeiten aus. Mit Einwilligung der Interessentinnen gibt die Kontaktfrau deren Telefonnummer an die Leiterin weiter, die sich mit ihnen in Verbindung setzt und ein Informationsgespräch vereinbart. Mit diesem Vorgehen waren bisher alle Interessentinnen einverstanden. In dem Aufnahmegespräch haben die Frauen dann die Möglichkeit, sich genauer über die Gruppe zu informieren, bereits erste Anregungen zu bekommen und zu entscheiden, ob das Angebot zu ihren Bedürfnissen paßt. Die Psychologin verschafft sich einen Überblick über die Anliegen der Frauen und den Hintergrund ihrer Schwierigkeiten und entscheidet, ob eine Aufnahme in die Gruppe in Frage kommt. Mit den Frauen, die an der Gruppe teilnehmen werden, kann die Leiterin im Einzelgespräch einen Kontakt aufbauen, der ihnen den Besuch der Gruppenstunden erleichtert. Sie knüpft mit den Müttern ein erstes Arbeitsbündnis und definiert mit ihnen bereits erste Ziele (siehe 5.1 und 5.2). Gleichzeitig bekommt die Psychologin einen persönlichen Eindruck von den Müttern und Informationen, die für die spätere Gruppenarbeit hilfreich sind. Ort und Zeitpunkt der Treffen werden erst in diesem Gespräch mitgeteilt, um die Gruppe vor neugierigen Zaungästen zu schützen. In der Gruppe stellen sich die neuen Mitglieder zunächst nur mit Vornamen vor; die Nachnamen und Telefonnummern werden freiwillig ausgetauscht. Manche Interessentinnen nehmen nach dem Informationsgespräch statt der Gruppenteilnahme Einzeltermine zur Krisenintervention bei der Psychologin wahr, andere werden an andere Stellen weitervermittelt.

Gemäß dem Konzept der „anonymen eltern" (Grollmann-Westphal & Kaul-Hecker 1989) sollte die Gruppe ursprünglich nur in einer ein- bis zweijährigen Gründungs- und Stabilisierungsphase professionell angeleitet werden, um dann alleine weiter zu arbeiten. Dieses Konzept hat sich als nicht realisierbar erwiesen und wurde nach unserer Kenntnis von den bestehenden „anonyme eltern"-Gruppen auch nicht umgesetzt. Nach unserer Erfahrung ist ein intensives Arbeiten in einer Gruppe zu Gewaltproblemen, in die immer wieder neue Mütter integriert werden, nur mit der kontinuierlichen Begleitung durch eine Fachkraft möglich. Die Mütter selbst beschreiben die konkreten Anregungen, die Strukturierung und Moderation des Austausches in der Gruppe und die psychologische Unterstützung bei akuten Krisen als unverzichtbar. Zudem erleben sie es als sehr wichtig, daß eine Fachkraft beim Austausch über Belastungen, Wut, Ohnmacht und Überforderung immer wieder auf die Position der Kinder eingeht und darauf achtet, wann Kinder vor ihren Eltern geschützt werden müssen (vor demütigenden Strafen, eskalierender Gewalt, Vernachlässigung, negativen Zuschreibungen).

Die Gruppe „Eltern in Not" erfreut sich mittlerweile einer so großen Nachfrage, daß die Teilnehmerinnenzahl auf maximal acht festgesetzt wurde, eine Warteliste angelegt werden mußte und die Gründung einer zweiten Gruppe überlegt wird. In zwei Jahren nahmen bisher fünfzehn Mütter und zwei Väter mit insgesamt 36 Kindern an der Gruppe teil. Die Familien leben überwiegend mit sehr begrenzten finanziellen Mitteln, einige von der Sozialhilfe. Entsprechend beengt sind zumeist die Wohnbedingungen. Etwa die Hälfte der Frauen arbeitet neben Hausarbeit und Kinderversorgung zum Gelderwerb in Aushilfsstellen. Etwa ein Drittel der Mütter lebt von dem Vater der Kinder getrennt. Die meisten Frauen mit Partner bezeichnen ihre Beziehung als sehr konfliktträchtig und belastend. Der Großteil hat in der Vergangenheit selbst z.T. massive Gewalt erfahren. Das Alter der Teilnehmerinnen liegt zwischen Ende zwanzig bis Mitte dreißig. Die Kinder sind zwischen eineinhalb und vierzehn Jahren alt, meistens jedoch im Kindergarten- und Grundschulalter.

5 Inhaltliche Schwerpunkte der Gruppenarbeit

Wichtigstes Ziel der Gruppenarbeit ist es, ein Erziehungsverhalten zu erreichen, das Kinder weniger schädigt und mehr unterstützt. Die expertengeleitete Selbsthilfegruppe ist ein Angebot zum Austausch, zur Entlastung und zur Unterstützung der Mütter. Es geht um emotionale Entlastung durch die Beschäftigung mit aktuellen Gefühlen und früheren Erfahrungen, um die Organisation äußerer Entlastungen (z.B. durch Wohn-

oder Kleidergeld, andere Wohnungen, Kindergarten- oder Hortplätze), um die Klärung der persönlichen Beziehungen (zu den Kindern und z.B. zum Partner oder zu anderen Familienangehörigen), um die Entwicklung, Planung und Nachbereitung von neuem Erziehungsverhalten, von Gesprächen (z.B. mit dem Partner, anderen nahestehenden Personen, dem Expartner und Vater der Kinder) oder von Unternehmungen sowie um die Organisation zusätzlicher psychosozialer Hilfen (z.B. Kindertherapie, Paartherapie, Mediation, Einzeltherapie, Kuraufenthalte). Die Gruppe arbeitet in Form von angeleiteten Gruppengesprächen und von Einzelgesprächen der Gruppenleiterin mit einer Mutter vor der Gruppe.

In dem Artikel zum Thema „Elterliche Gewalt gegen Kinder" im ersten Band des vorliegenden Handbuches (Körner & Sitzler 1998) haben wir unterschiedliche Aspekte der Arbeit mit Gewaltproblemen beschrieben. Im folgenden soll erläutert werden, inwieweit diese Aspekte in der Gruppenarbeit Anwendung finden.

5.1 Analyse der familialen Situation

Bereits im Erstgespräch redet die Psychologin mit den Müttern über deren persönliche Lebensumstände und familiäre Hintergründe. Die Frauen berichten über ihre aktuellen Probleme mit den Kindern, ihre Beziehung zum Partner und zu anderen Bezugspersonen, über zusätzliche Schwierigkeiten und z.T. auch bereits über eigene Gewalterfahrungen. Die Gruppenleiterin schätzt in diesen Erstgesprächen zusammen mit den Frauen ab, ob zusätzliche Maßnahmen zum Schutz der Kinder oder zur Unterstützung der Mutter nötig sind. Dies gibt ihr selbst in den späteren Gruppensitzungen die Ruhe, den Frauen ihr eigenes Tempo zu lassen. Gleichzeitig ermöglichen ihr diese Informationen, in den Gruppenstunden individuell auf die neuen Teilnehmerinnen einzugehen, auch wenn diese dort noch wenig von sich preisgeben. Sie kann die Frauen so dabei unterstützen, sich im Gruppengespräch an ihre Themen heranzutasten und sie schützen, wenn sie merkt, daß von anderen Teilnehmerinnen eine wunde Stelle getroffen wurde. Eine Analyse ihrer familialen Situation ist für die Mütter klärend und hilft ihnen dabei, Ziele zu formulieren und Veränderungen einzuleiten. In den Gruppensitzungen erleben es die Frauen als Erleichterung, wenn sie sich in den Schilderungen der anderen wiederfinden. Aufgabe der Leiterin ist es dann, dafür zu sorgen, daß über die spezifischen Umstände in den einzelnen Familien geredet wird. Für die Analyse der familialen Situation ist die Beachtung folgender Punkte notwendig (vgl. Körner & Sitzler 1998).

5.1.1 Anliegen und Problemsicht

In den Erstgesprächen berichten die Mütter, wie sie von der Gruppe erfahren haben, was sie über die Arbeit bereits wissen (z.B. auch aus dem Telefonat mit der Kontaktfrau) und was sie sich von einer Teilnahme versprechen. Die Gruppenleiterin achtet darauf, was als Hauptproblem vorgestellt wird (z.B. das eigene Verhalten oder das des Kindes). Sie spricht mit der Frau darüber, wie diese selbst und wie andere relevante

Personen (z.B. der Partner) sich die bestehenden Probleme erklären. Über die Schilderung der Gruppenarbeit und eine exemplarische Beschreibung der dort behandelten Themen ist es der Psychologin möglich, Überforderung, Ohnmacht und Hilflosigkeit der Mütter sowie das Ausüben körperlicher Gewalt in der Erziehung direkt anzusprechen. Viele der Frauen erzählen dann bereits im ersten Gespräch offen über die von ihnen ausgeübte Gewalt.

5.1.2 Aktuelle Lebenssituation und Lebensgeschichte des Kindes

Die Gruppenleiterin versucht, sich im Aufnahmegespräch einen ersten Eindruck von der Situation des Kindes, seinem aktuellen Entwicklungsstand, seinem Verhalten in Kindergarten oder Schule, seinen Beziehungen zu den Familienmitgliedern und zu anderen Kindern sowie von aktuellen oder früheren Schwierigkeiten wie z.B. Bettnässen zu verschaffen. Dabei klärt sie möglichst ab, ob Maßnahmen zum Schutz des Kindes oder Angebote zu seiner Unterstützung nötig sind. In den Gruppenstunden achtet sie darauf, daß bei den Gesprächen über die Situation der Mütter immer wieder auch die Sicht des Kindes, seine Bedürfnisse und seine Situation thematisiert werden.

5.1.3 Aktuelle Lebenssituation und Lebensgeschichte der Eltern

Dazu gehören sozioökonomische Lebensumstände, die Arbeits- und Wohnsituation, aktuelle Belastungen, Sozialkontakte, die Beziehung der Mütter zum Vater der Kinder und evtl. zum aktuellen Partner sowie Erfahrungen aus der eigenen Erziehung. Für die Teilnehmerinnen ist es immer wieder entlastend, über ihre Situation und ihre Geschichte reden zu können und den Zusammenhang von eigenen Erlebnissen bzw. belastenden Lebensumständen mit den Erziehungsproblemen zu verstehen. Die Gruppe dient als Möglichkeit, konkret zu planen, wie sich die sozioökonomische Situation, die oft sehr beengte Wohnsituation und andere belastende Lebensbedingungen verbessern lassen.

5.1.4 Familienbeziehungen

Im Laufe ihrer Teilnahme werden vielen Frauen ihre Beziehungen zu den Familienangehörigen deutlicher. Zunächst überdeckt oft die ständige Beschäftigung mit den Kindern die Wahrnehmung dafür, wie belastend der Kontakt zu anderen Angehörigen ist. Die Mütter machen sich in der Gruppe klar, welche Koalitionen, Ausschlüsse und Konfrontationen es zwischen den Familienmitgliedern gibt und wie das Verhältnis der Eltern bzw. Partner zueinander, zu den einzelnen Kindern und der Kinder untereinander ist. Wer wird in der Familie von wem als Problem gesehen, wer wird von wem wobei unterstützt? Einen wichtigen Anteil der Gruppenstunden macht die Beschäftigung mit den bestehenden Partnerschaftskonflikten aus (siehe 5.2.8). Dabei zeigt sich immer wieder, daß viele vermeintliche Erziehungsschwierigkeiten Ausdruck von Partnerschaftsproblemen sind.

5.1.5 Umgang mit Problemen

In der Gruppe wird besprochen, welche Erziehungsregeln die Mütter verfolgen, welche Strafen sie anwenden, ob sie ihre Kinder auch belohnen, welche Regeln für den Ablauf des Familienalltags bestehen u.s.w. Die meisten Mütter halten sich zu Beginn ihrer Gruppenteilnahme an Erziehungsregeln wie die Annahme, daß stärkere Strafen auch mehr bewirken oder daß Loben und Belohnen die eigene Autorität untergräbt. In vielen Familien wird die eigene Befindlichkeit, werden Wünsche und Bedürfnisse nicht ausgesprochen, sondern nur über Handlungen, Forderungen und Drohungen gezeigt. Oft schätzen die Mütter die entwicklungsmäßigen Fähigkeiten ihres Kindes nicht adäquat ein; so z.B., wenn sie berichten, ihr dreijähriger Sohn habe sich geweigert, den Grund für sein Verhalten zu erläutern. Ihnen sind die schädlichen Folgen ihrer Erziehungsmethoden oft nicht bewußt und sie haben nur geringe Erfahrung mit weniger schädigenden Maßnahmen. Allen Müttern gelingt jedoch in bestimmten Situationen die Lösung von Konflikten ohne körperliche Züchtigungen oder sonstige Demütigungen. Auch diese Kompetenzen werden analysiert, um sie zu festigen und für Veränderungen nutzen zu können.

Daneben beschäftigen sich die Frauen mit den Problemlösestrategien der verschiedenen Familienmitglieder. Wer verhält sich wann aggressiv, wer zieht sich wann zurück, wer trifft Entscheidungen oder gibt sie weiter, wer klagt worüber? Was stellt den Zweck der ausgeübten Gewalt dar? Welche Folgen hat dieser Umgang mit Problemen für Kinder und Eltern?

5.1.6 Verständnis der Gewaltsituationen

Bei der Analyse von Gewaltsituationen berichten die Mütter zunächst nur über das Verhalten des Kindes, das sie zur Gewaltausübung veranlaßt hat, über ihre Wut und ihr Verhalten sowie über die Reaktion des Kindes. Für viele Frauen ist es eine wichtige Erkenntnis, daß die Ereignisse im Vorfeld dieser Situation Einfluß auf die Eskalation hatten. Warum waren sie zu diesem Zeitpunkt bereits überlastet und welchem Streß waren die Kinder vor ihrem provozierenden Verhalten ausgesetzt? Zu Beginn ihrer Teilnahme an der Gruppe können die Mütter oft nicht benennen, ab welchem Zeitpunkt ihre Kräfte endgültig überstrapaziert waren und eine Deeskalation der Situation nicht mehr möglich war. Ein frühes Wahrnehmen und Berücksichtigen der eigenen Bedürfnisse und Kraftreserven kann eine spätere Eskalation vermeiden. Auch das Verhalten der Kinder kann von den Müttern durch eine Analyse der Gewaltsituationen neu bewertet werden.

5.2 Ansatzpunkte für Veränderungen

Die Teilnehmerinnen haben sich dazu entschieden, in den Gruppenstunden an den aktuellen Anliegen der Einzelnen zu arbeiten, statt sich für die Dauer mehrerer Treffen mit einem Thema zu beschäftigen. Der Vorteil dieser Regelung ist, daß die Mütter in jeder Stunde die Unterstützung bekommen, die sie aktuell brauchen. Aufgabe der Leiterin ist es dabei, die nachfolgend ausgeführten Punkte zu berücksichtigen und in den Gruppenprozeß einzubringen. So kann bei der Bearbeitung der einzelnen Anliegen eine Verbindung zu bereits behandelten Inhalten und zu den Themen der übrigen Frauen hergestellt werden. Neben den präsentierten Anliegen der Mütter wird die Dynamik und Interaktion zwischen den Frauen zur Bearbeitung der relevanten Themen genutzt.

Im folgenden sollen die unterschiedlichen Ansatzpunkte erläutert und durch Fallbeispiele aus der Gruppe veranschaulicht werden.

5.2.1 Aufbau eines Arbeitsbündnisses, das die Infragestellung gewaltsamer Erziehungsmethoden ermöglicht

Das Erstgespräch mit der Psychologin erleichtert es den Müttern, zu einer bereits bestehenden Gruppe mit fremden Frauen zu stoßen. Die Belastungen der Frauen sind Ansatz der Arbeit, und eine Verbesserung der Lebenssituation der Mütter wird von uns als der beste Schutz für ihre Kinder angesehen. Dies wird den Müttern bereits im Erstgespräch vermittelt und bestimmt das Vorgehen in den Gruppensitzungen. Die neuen Teilnehmerinnen erfahren Verständnis für ihre Gefühle der Überforderung und werden für die von ihnen ausgeübte Gewalt nicht moralisch abgewertet. Gleichzeitig wird deutlich gemacht, daß die Gewalt die Kinder schädigt, daß sie reduziert werden sollte, und daß dies mit der entsprechenden Hilfe auch möglich ist.

Die meisten Mütter empfinden die von ihnen ausgeübte Gewalt selbst als belastend, weil ihnen die Kinder nach der Züchtigung leid tun, weil sie sich schämen, wenn sie ihr Verhalten mit ihren Vorstellungen von einer „guten Mutter" abgleichen oder weil sie Angst vor den Reaktionen der Nachbarn haben. Gleichzeitig leiden die Mütter unter ihrer Hilflosigkeit, unter ihrem Gefühl, dem Kind ausgeliefert zu sein und unter ihrer Ohnmacht, nicht zu wissen, wie sie sich verhalten sollen. Diese persönliche Betroffenheit der Mütter ist Anknüpfungspunkt der Arbeit in der Gruppe, und ein Austausch darüber ermöglicht es neuen Müttern, sich zu öffnen. Wichtig ist uns dabei, daß die bestehenden Normen über „gute Mütter" nicht unkritisch reproduziert werden. Schließlich stellt der Anspruch, eine stets gütige, ausgeglichene, selbstlose und fürsorgliche Mutter zu sein auch eine der Belastungen dar, die zu dem Gefühl der Hilflosigkeit und Überforderung beitragen.

Im folgenden werden zwei Beispiele dafür gegeben, wie zu Beginn der Teilnahme ein vertrauensvoller Kontakt zu dem neuen Mitglied aufgebaut und zugleich deutlich gemacht wird, daß Gewalt Kinder schädigt.

Eva beschreibt im Erstgespräch als Anlaß für ihre Kontaktaufnahme zur Gruppe, daß sie ihre dreijährige Tochter nach einem konfliktreichen Tag in ihrem Zimmer aufgesucht hat und ohne jede Gefühlsregung auf sie eingeschlagen hat. Sie berichtet über ihre Belastung durch monatelange berufliche Abwesenheit des Mannes, eigene Arbeitslosigkeit und Gewalterfahrungen in der Kindheit. Ihr Verhalten gegenüber der Tochter ist für sie ein Alarmzeichen und hat ihr, wie sie sagt, Angst vor sich selbst gemacht. Die Psychologin beurteilt es als Zeichen von Verantwortung gegenüber dem Kind und ge-

genüber sich selbst, sich die Probleme einzugestehen. Sie wertet die belastende Lebenssituation von Eva als Hintergrund der Gewalt und vermittelt ihr, daß sie in der Gruppe sowohl Verständnis als auch Unterstützung zur Verbesserung ihrer Situation finden kann. In ihrer ersten Gruppenstunde wiederholt Eva ihre Beschreibung aus dem Erstgespräch. Die Gruppenleiterin hat den Eindruck, daß für Eva diese Schilderung auch ein Test dafür ist, wie die übrigen Frauen auf sie reagieren. Diese sind betroffen und fragen weiter nach, in welcher Lebenssituation und Gefühlslage sich Eva befindet und verstärken sie dafür, daß sie so offen über ihre Probleme redet. Als Eva sagt, sie sei am Ende ihrer Kräfte, reagieren die bereits erfahreneren Gruppenmitglieder mit Verständnis und beschreiben ihrerseits, wie die Teilnahme an der Gruppe ihnen geholfen hat, sich zu stabilisieren und neuen Mut für Veränderungen zu fassen. Eva erlebt, daß sie für ihr Verhalten nicht abgewertet wird und daß ihre eigene Kritik an der von ihr ausgeübten Gewalt von den anderen Frauen nicht als Anlaß zu Vorwürfen und schnellen Ratschlägen genommen wird. Sie sagt zum Ende der Stunde, sie fühle sich erleichtert und freue sich auf den weiteren Austausch mit den anderen Müttern.

Während einige der Mütter wie im obigen Beispiel bereits zu Beginn ihrer Teilnahme über die von ihnen ausgeübte Gewalt berichten, halten sich andere zunächst mit Schilderungen über ihr Erziehungsverhalten zurück, bis sie genug Vertrauen gefaßt haben.

Melanie redet im Erstgespräch eher allgemein über Streß, Beziehungsprobleme und Schwierigkeiten mit ihrem agilen vierjährigen Sohn. Die Psychologin beschreibt exemplarisch die Arbeit in der Gruppe und berichtet über das Gefühl der Überforderung von Frauen in einer ähnlichen Lage. Melanie findet sich in diesen Beschreibungen wieder. In den ersten Stunden ihrer Teilnahme an der Gruppe ist sie zurückhaltend und beteiligt sich nur an Gesprächen über das Anliegen anderer Mütter, in denen es auch immer wieder um Überforderung geht. Später schildert sie dann eine Situation, in der ihr vierjähriger Sohn auf einem Familienspaziergang in einen tiefen Bach gefallen ist und sie selbst sich vor lauter Wut über das Kind nicht an der Rettung beteiligt hat. Sie erzählt, daß sie vor dem weinenden Sohn gesagt hat, von ihr aus könne das Kind ruhig ertrinken. Die anderen Mütter reagieren erschreckt über diese Aussage und eine Mutter fragt spontan, was los sei, daß Melanie so hart reagieren muß. Zunächst spricht Melanie über ihre Wut auf das Kind, das sie immer wieder in unmögliche Situationen bringe. Auf weitere Nachfragen berichtet sie, wie sehr sie sich mit ihrer familialen Situation und der Erziehung des Kindes überfordert fühlt. Der Sohn sei ein lang ersehntes Wunschkind, sie stehe ihrer Herkunftsfamilie und ihrem Mann gegenüber unter großem Druck, ein perfektes Mutter-Sohn-Verhältnis zu realisieren, und sie reagiere daher sehr enttäuscht auf nicht wunschgerechtes Verhalten des Kindes. Ihr Verhalten wird von den anderen Gruppenteilnehmerinnen als schädlich für das Kind gewertet, aber nicht als Ausdruck ihrer Unfähigkeit, sondern ihrer Überforderung bezeichnet. Während ihr das eigene gewaltvolle Verhalten zuvor als beschämend und oft unerklärlich erschien, kann sie es jetzt als Indiz für ihre Überlastung werten. Sie beginnt, mit Hilfe der Gruppe entsprechende Situationen zu analysieren und sich damit zu beschäftigen, was sie braucht, um ausgeglichener und unabhängiger zu werden.

5.2.2 Entwicklung einer Zieldefinition

Erstes Ziel ist immer der Schutz der Kinder vor der akuten Gewalt. So können zunächst Strategien zur Vermeidung von Gewaltausbrüchen wie der bewußte Rückzug der Mutter bei beginnenden Eskalationen nötig sein. Vielen Frauen hilft bereits das Öffentlichmachen ihrer Probleme in der Gruppe dabei, die ausgeübte Gewalt zumindest zu mildern. Eine positive Zieldefinition wird jewels mit den Müttern erarbeitet. Sie berücksichtigt die Verbesserung der Lebensbedingungen (finanzielle Situation, Wohnsituation, zeitliche Entlastung u.ä.), die Verbesserung der Partnerbeziehung und sonstiger belastender Familienbeziehungen, die Verbesserung der eigenen Befindlichkeit, die Veränderung des Erziehungsverhaltens der Mütter sowie die Änderung des Verhaltens der Kinder.

Die Mutter im folgenden Beispiel entwickelt das Ziel, über Veränderungen im Erziehungsalltag den Einsatz von Gewalt als Erziehungsmethode zu reduzieren und konstruktivere Erziehungsmethoden zu entwickeln.

Kathrin beschwert sich darüber, ihre Töchter würden im Familienalltag ihre Anweisungen boykottieren. Sie sehe oft keine andere Möglichkeit, als ihren Willen mit Schlägen durchzusetzen. Als Beispiel erwähnt sie eine Szene, in der es um die Koordination von Mittagessen, Mittagsschlaf und Schulaufgaben ging. Auf Nachfragen dazu, wer was getan habe, beschreibt sie, wie sie der älteren Tochter zunächst gesagt hat, sie solle das Zimmer aufräumen, dann aber gefordert hat, sie solle leise sein, damit die jüngere Schwester schon mal schlafen könne. Sie habe von der Tochter verlangt, mit dem Erledigen der Hausaufgaben bis nach dem Essen zu warten, sich dann aber über diese Entscheidung geärgert, weil sie noch Zeit zum Kochen brauchte. Da die Kinder sich beide nicht so verhalten hätten, wie von ihnen gefordert, habe sie sie wiederholt geschlagen. Während des Erzählens schwankt Kathrin zwischen Anklagen gegenüber ihren Kindern, Selbstanklagen und Klagen über den immer wieder entstehenden Zeitstreß. Sie wirkt ratlos und überfordert. Die anderen Mütter empfinden ihre Schilderung als verwirrend. Einige der Frauen berichten über alltägliche Rituale, die ihnen den Tagesablauf erleichtern. So legt Katja ihren Sohn jewels nach dem Essen im Kinderzimmer auf ein großes Kissen, auf dem er eine halbe Stunde lang ein Buch anschauen oder schlafen kann. Kathrin fällt bei den Schilderungen auf, daß sie ihren Kindern jeden Tag andere Anweisungen dazu gibt, was sie tun sollen und diese Anweisungen auch an dem betreffenden Tag immer wieder ändert. Sie stellt einen Plan auf, in dem die Abfolge von Kochen, Essen, Mittagsschlaf der kleinen Tochter und Hausaufgaben der großen Tochter klar geregelt ist. Diese Regeln können ihr ebenso wie den Kindern Sicherheit geben.

Im zweiten Beispiel wird die Gewalt nicht willentlich als Erziehungsmaßnahme, sondern spontan zum Abbau innerer Spannung eingesetzt. Entsprechend entwickelt die Mutter das Ziel, für Entlastung zu sorgen und ihre eigene psychische Befindlichkeit zu verbessern.

Sabine berichtet in der Gruppe über ihr schlechtes Gewissen gegenüber ihrem sechsjährigen Sohn. Sie hat ihn aus Wut über sein Verhalten geschlagen und währenddessen selbst den Eindruck gehabt, daß ihre Reaktion in keinem Verhältnis zum Anlaß steht, und daß sie ihre Anspannung an dem Kind abreagiert. Sabine erzählt, wie sie sich bei ihrem Sohn entschuldigt hat, und daß sie sich vorgenommen hat, die Wut beim nächsten Mal unbedingt zu unterdrücken. Einige der Mütter unterhalten sich darüber, sie hätten sich auch bei ihren Kindern entschuldigt und fänden das auch wichtig. Die Leiterin fragt, wann Sabine schon mal gelassener auf den Sohn reagiert hat. Sabine berichtet über einen Tag, an dem sie sich ausgeruht und ausgeglichen gefühlt hat, und es entsteht ein Gespräch der Frauen darüber, daß es in einem ausgeglichenen Zustand leichter ist, ruhig auf die Kinder zu reagieren. Damit ist nicht mehr die Unterdrückung der Wut das Ziel. Sabine beschäftigt sich nun zum einen damit, auf welche andere Weise sie ihre Wut loswerden kann und beginnt zu diesem Zweck Tagebuch zu schreiben. Zum anderen setzt sie sich mit den Gründen für ihre Anspannung auseinander: Die beengte Wohnsituation, in der kein angemessenes Kinderzimmer vorhanden ist, unausgesprochene Konflikte mit dem Partner und der eigene Anspruch, sich immer unter Kontrolle zu haben. Sabine bereitet in der Gruppe ein Gespräch mit ihrem Mann über die bestehenden Schwierigkeiten vor. In der Folgezeit tauschen die beiden sich regelmäßig abends aus und planen den Umzug in eine andere Wohnung.

5.2.3 Schärfung der Wahrnehmung für die Gewalt und ihre Auswirkungen auf das Kind

Den Müttern, die mit Gewalt auf ihre Gefühle von Wut, Ohnmacht und Überforderung reagieren, erscheinen die harten Strafen in Anbetracht der eigenen krassen Gefühle oft als angemessen. Geht es den Frauen in der Kindererziehung um moralische Kategorien wie Schuld und Sühne, erscheint ihnen eine gezielte Demütigung der Kinder als Reaktion auf ungewünschtes Verhalten oft als gerechtfertigt. Dagegen kann den Müttern in der Gruppe klar werden, daß sie sich (trotz ihrer Ohnmachtsgefühle) in einer sehr viel mächtigeren Position als ihre Kinder befinden und diese mitunter stärker verletzen als sie es selbst registrieren. Ein gefühlsmäßiger Zugang zum Erleben der Kinder und damit zu den Auswirkungen der Gewalt auf die Kinder ist am besten über die Erinnerung an eigene Kindheitserfahrungen möglich. Dabei profitieren die Teilnehmerinnen im Austausch miteinander von den unterschiedlichen Hintergründen der einzelnen Gruppenmitglieder. Auch die Vermittlung konstruktiver Erziehungsmethoden (wie z.B. gezieltem Lob) sensibilisiert für die ausgeübte Gewalt. Schließlich nehmen die Mütter bestimmte Maßnahmen oft erst dann als unnötig hart wahr, wenn sie weniger schädigende Alternativen kennen. Im folgenden ein Beispiel aus den Gruppensitzungen dafür, wie sich die Bewertung einer eskalierenden Situation für die Mütter ändern kann. Die Mutter verfolgt zunächst einen sehr moralisierenden Umgang mit dem ungewünschten Verhalten des Kindes. Die Härte ihres eigenen Verhaltens wird ihr erst durch die Klärung ihrer Gefühle bewußt.

Julia berichtet darüber, daß sie oft auch nach kleineren Streitereien mit ihrer Tochter so lange wütend ist, daß sie erst wieder mit ihr sprechen kann, nachdem sich das Kind mehrfach entschuldigt hat. Julia beschreibt einen Streit aus der letzten Woche, der mit einer widerwilligen Entschuldigung der Tochter endete. Sie ist noch immer darüber empört, daß diese Entschuldigung offensichtlich nicht „von Herzen" kam. Sie fühlt sich persönlich gekränkt, nicht geachtet und wertet ihre eigenen Wutausbrüche als ehrlichen Ausdruck dieser Gefühle. Julia äußert Unverständnis darüber, daß die Tochter sich nicht freiwillig so verhält, wie gewünscht, um Ärger zu vermeiden. Wenn die Tochter so stur sei, schimpfe und schreie sie so lange auf das Kind ein, bis es sich regelrecht ergebe. Die Gruppenleiterin vermittelt Julia, wie viel Druck sie auf das Kind ausübt, wenn sie eine so weitgehende Anpassung an die eigenen Forderungen erwartet und zusätzlich die Echtheit des eingeforderten Verhaltens moralisch bewertet. Als Grund für das Verhalten der Tochter sieht Julia den Wunsch nach Eigenständigkeit, den sie selbst als Jugendliche auch sehr ausgeprägt gehabt habe. Über die Beschäftigung damit, warum sie so heftig auf die Tochter reagiert, wird ihr klar, daß sie sich dem Kind gegenüber oft ebenso schwach und manipuliert fühlt wie früher gegenüber ihrem eigenen Vater. Mit diesen Gefühlen wird die Auseinandersetzung mit der Tochter für sie zum Überlebenskampf. Julia erinnert sich an eine Situation, in der sie anders reagieren konnte. Dabei hatte das heftige Schluchzen der Tochter sie an ihre eigenen Gefühle des Verlassenseins als Kind erinnert. Betroffen hatte sie daraufhin ihre Beschimpfungen abgebrochen und die Tochter beruhigt. Diese Deeskalation war ihr möglich, weil sie sich selbst als erwachsen und stärker als die Tochter wahrgenommen hat. Für Julia ist es neu, wie sehr ihre Selbstwahrnehmung ihre Reaktion auf die Tochter beeinflussen kann. Sie beginnt, sich selbst im Kontakt mit ihrer Tochter genauer zu beobachten und beschäftigt sich in der Folgezeit intensiv mit ihrer Herkunftsfamilie.

5.2.4 Problematisierung der Gewaltlegitimation

Viele der Eltern sind (auch bei schlechtem Gewissen über die ausgeübte Gewalt) immer wieder der Ansicht, das Kind trage durch sein Verhalten die Verantwortung für die elterlichen Züchtigungen und sei Ursache für die meisten familialen (auch ehelichen) Schwierigkeiten. Dazu kommt die Auffassung, es läge an dem schlechten Charakter des Kindes, wenn die gewählten Erziehungsmethoden nicht zu einer Verhaltensänderung führen und die Eltern hätten ein Anrecht auf wunschgemäßes Verhalten ihrer Kinder. Im Rahmen eines vertrauensvollen Kontaktes kann diesen Theorien entgegengestellt werden, daß das auffällige Verhalten des Kindes oft Folge der Gewalt ist und daß gewalttätige Erziehungsmaßnahmen schädigend sind. Auch wenn nicht alle geschlagenen Kinder nachhaltige Folgen davontragen (bzw. die Folgen oft nicht auszumachen sind), verletzt die Gewalt das Kind. Der Anspruch, Kinder möglichst genau auf die Wünsche der Eltern abzurichten, wird in der Gruppe problematisiert. Statt dessen wird als Ziel formuliert, den Willen des Kindes soweit möglich (d.h. solange er keine gefährlichen Folgen birgt oder die Bedürfnisse anderer mißachtet) zu respektieren. Darüber hinaus wird den Müttern vermittelt, inwiefern die Gewalt die Probleme verschlimmert, die sie eigentlich lösen soll. In der Gruppe ist es den Frauen möglich, die Verantwortung für die ausgeübte Gewalt zu übernehmen und sie als schädlich anzusehen, ohne sich für ihr Verhalten als Person abzuwerten. Sie erfahren Verständnis für ihre Schwierigkeiten und können sich über eigene Schuld- und Schamgefühle austauschen, die mit der Übernahme der Verantwortung für die Gewalt einher gehen. Die Psychologin bestärkt die Mütter darin, sich weniger mit dem Thema Schuld zu beschäftigen als mit einer Verbesserung ihrer eigenen Situation und der des Kindes.

Im folgenden Beispiel wird das Verhalten des Kindes gegenüber der Mutter anders als von ihr selbst erklärt und so ihre Gewaltlegitimation in Frage gestellt.

Julia hat ihrer siebenjährigen Tochter vier Wochen Stubenarrest mit dem Verbot, Kassetten zu hören und Besuch zu empfangen, auferlegt. Sie hat sich in einem Streit mit dem Kind nach dem Motto „Mehr hilft mehr" in diese extreme Strafe hineingesteigert und sieht das als Zeichen ihrer eigenen Hilflosigkeit an. Nun beschwert sie sich darüber, das Kind sei so abgebrüht, daß ihm die Strafe ganz offensichtlich völlig egal ist: Die Tochter habe keine Miene verzogen und sei wohl nur über noch härtere Strafen zu erreichen. Die Leiterin fragt die anderen Gruppenmitglieder, wie sie selbst als Kind auf harte Strafen reagiert haben, und einige Frauen berichten, sie hätten sich abgeschottet und zurückgezogen, um sich nicht so sehr verletzt zu fühlen. Sabine erzählt, sie habe ihren Vater sogar dazu aufgefordert, weiter zu schlagen, um sich ihm nicht ausgeliefert zu fühlen. Auch Julia selbst hat sich als Kind innerlich gegen die Gewalt ihrer Eltern abgeschottet. Sie beginnt, das scheinbar gleichgültige Verhalten der Tochter als Schutzmechanismus zu werten. Damit verliert die Idee, mit härteren Strafen mehr erreichen zu können, ihre Legitimation.

Das nächste Beispiel illustriert, wie die elterliche Gewaltlegitimation mit dem Anspruch aufgegeben werden kann, das Kind unter allen Bedingungen an die eigenen Vorstellungen anzupassen.

Doris hat eine Aushilfsstelle an einem Kiosk gefunden und die Betreuung ihrer zweijährigen Tochter durch eine Nachbarin und ihre Schwester organisiert. Nun berichtet sie in der Gruppe darüber, daß die Tochter sich weigert, bei der Schwester zu bleiben. Sie schreie fast jedes Mal, wenn sie zu ihrer Tante gebracht werde und beruhige sich auch in der Zeit bis zur Rückkehr der Mutter kaum. Doris zeigt sich besorgt darüber, dieser Nerventerror gehe über die Kräfte der Schwester. Diese fühle sich völlig überfordert und durch die Ablehnung des Kindes verletzt. Die Mütter beginnen, sich damit zu beschäftigen, mit welchen Mitteln außer körperlicher Gewalt das Kind zum Bleiben gebracht werden kann. Die Psychologin fragt nach, wie es wohl für die Tochter sei, mehrere Stunden lang zu weinen. Doris wertet das Weinen zunächst als Boshaftigkeit und Tyrannei, beginnt dann aber zu überlegen, was wohl ansonsten der Grund sein könne. Sie beschreibt, daß ihre Schwester nicht in der Lage ist, auf das schreiende Kind einzugehen und hilflos reagiert, indem sie selber weint. Sie beginnt, das Schreien der Tochter als ernstzunehmendes Signal für Unwohlsein oder Angst anzusehen. Die Gruppenleiterin vermittelt ihr, daß entsprechende Reaktionen eines Kindes in aller Regel einen Grund in dessen Erleben haben, auch wenn das Kind diesen

Grund nicht benennen kann. Angesprochen auf mögliche andere Lösungen für die Beaufsichtigung der Tochter beschließt Doris, deren Weigerung, bei der Tante zu bleiben zu akzeptieren und nicht als Niederlage zu bewerten. Sie verlegt ihre Arbeit auf die Zeit einer Spielgruppe, die das Kind gerne besucht und bei der die Mütter nicht anwesend sein müssen.

5.2.5 Aufbau geeigneter Erziehungsmaßnahmen und neuer Umgangsformen in Konfliktsituationen

Da körperliche Gewalt und demütigende Erziehungsmethoden von den meisten Teilnehmerinnen selbst in der Kindheit erfahren wurden, fehlt vielen von ihnen ein Modell für einen anderen Umgang mit Kindern (siehe 5.1.5). So müssen viele Mütter überhaupt erst lernen, wann und wie Kinder gelobt werden können und daß der Ärger über ein Verhalten nicht das Lob über ein anderes ausschließt. Für viele Mütter ist es neu, mit den Kindern über gewünschtes statt über verbotenes Verhalten zu sprechen und ihre Gefühle von Ärger oder Enttäuschung mit Worten statt über Strafen und Prügel zu äußern. Sie lernen, transparente Regeln aufzustellen, Sanktionen anzukündigen, und Reaktionen zu wählen, aus denen das Kind neues Verhalten lernen kann statt Strafen zu verhängen, die das Kind möglichst nachhaltig verletzen und kränken. Für viele Mütter ist es außerdem neu, den Kindern so viel Kompetenz wie möglich zu überlassen (z.B. bei Geschwisterkonflikten) statt sie zu bevormunden. Als wichtige Veränderung ihres Verhaltens geben die Mütter immer wieder an, daß sie mehr mit den Kindern (und auch mit dem Partner) reden, mehr von sich mitteilen und sich gleichzeitig bei klaren Regeln weniger rechtfertigen.

Um bereits begonnene Eskalationen abbrechen zu können, entwickeln die Mütter jeweils passende Strategien: Sie schicken die Kinder in ihr Zimmer oder schließen sich, wenn das nicht klappt, selbst ein. Sie hören über Kopfhörer laut Musik, gehen kurz spazieren, zählen oder rechnen innerlich, um sich in kritischen Situationen abzulenken. Sie schlagen auf ein Kissen ein, erledigen körperlich anstrengende Arbeiten, weinen oder schreiben ihre Wut auf, um sich abzureagieren.

Das folgende Beispiel zeigt, wie schnell ein verändertes Erziehungsverhalten zur Entspannung einer konfliktträchtigen Situation beitragen kann. Gleichzeitig illustriert es, daß ein Verständnis der Konfliktsituation oft Voraussetzung für eine Verhaltensänderung ist.

Stefanie kann ihre zweieinhalb- und vierjährigen Söhne nicht im Spielzimmer lassen, um sich im Gruppenraum an dem Gespräch zu beteiligen, ohne daß die beiden laut anfangen zu schreien und zu weinen. Sie versucht immer wieder, das Spielzimmer zu verlassen, kehrt jedes Mal zurück und nimmt die beiden schließlich mit in den Gruppenraum. Gegenüber den anderen Müttern sagt sie, sie sei kurz davor zu explodieren und am Ende ihrer Kräfte. Auch zu Hause müsse sie ständig in der Nähe der Kinder sein und dort schlage sie die beiden dann, wenn ihr die Belastung zu viel werde. Vera bietet Stefanie an, sich um die Kinder zu kümmern. Sie nimmt die beiden verdutzten Jungen auf den Arm, redet beruhigend mit ihnen und geht mit ihnen zu der Kinderbe-

treuerin ins Spielzimmer. Die beiden schreien wieder, Stefanie entscheidet sich jedoch, unterstützt durch die anderen Mütter, den Kindern nicht nachzugehen und zunächst etwas zur Ruhe zu kommen. Vera redet im Spielzimmer weiterhin ruhig mit den beiden Jungen. Diese beruhigen sich nach einiger Zeit und fangen an zu spielen; Vera kommt etwas später alleine in den Gruppenraum zurück. Für sie war diese Situation eine Bestätigung dafür, daß sie die Kompetenz hat, schreiende Kinder ohne eigenen Wutanfall zu beruhigen. Stefanie erfährt, daß ihre Kinder nicht völlig von ihr abhängig sind und sie ihnen anscheinend mehr zutrauen kann, als sie es bislang tut. Sie hat nun den Raum, sich genauer damit zu beschäftigen, daß sie sich durch das Schreien der Kinder erpreßt fühlt. Von der Gruppe bekommt sie die Rückmeldung, sie signalisiere den beiden durch ihr Verhalten auch, daß sie erpreßbar ist. Stefanie entwickelt anhand konkreter Situationen der letzten Zeit neue Ideen für den Umgang mit den beiden. In den nächsten Wochen sammelt sie Erfahrung damit, Regeln für den Tagesablauf ruhig zu vermitteln und diese Regeln auf das Schreien der beiden hin nicht wieder zurückzunehmen. Um andauerndes Weinen der Kinder nicht zu ignorieren, gewöhnt sie sich an, die beiden (wenn sie selbst sich beruhigt hat) zu fragen, ob sie sich nun auch beruhigen könnten, sie evtl. zu trösten, dabei die von ihr aufgestellte Regel jedoch nicht in Frage zu stellen. Stefanie lernt, daß sie den Kindern die nötigen Regeln auf diese Weise sogar leichter vermitteln kann als über Fordern, Bitten, Nörgeln und Schlagen.

5.2.6 Initiierung von Selbstsorge

Ein Grundkonflikt vieler Mütter ist es, daß die Bedürfnisse anderer in ihrem Leben ein sehr viel größeres Gewicht haben als die eigenen. So berichten die meisten Frauen, die neu zu der Gruppe stoßen, sich von ihren Kindern ausgenutzt oder ausgesaugt zu fühlen. Dem klassischen Stereotyp einer guten Mutter entspricht es noch am ehesten, die eigenen Kraftreserven zu pflegen, um dann den Bedürfnissen der Kinder wieder besser gerecht zu werden. Für sich selbst zu sorgen ist vielen Frauen fremd. Im Austausch mit den anderen Müttern werden die Gruppenteilnehmerinnen selbstbewußter. Sie lernen, ihre Ansprüche auf Selbstsorge aktiver zu vertreten. Sie planen Aktivitäten, die ihnen selbst und nicht vorrangig den Kindern gut tun und organisieren Entlastungen von ihren Aufgaben. Sie binden ihre Männer mehr in die Kinderbetreuung und -erziehung ein, fordern die Hilfe anderer Familienangehöriger und organisieren Kindergarten- oder Hortplätze. Die Frauen nehmen sich häufiger Auszeiten für angenehme (wenn auch recht bescheidene) Aktivitäten, wie einen Spaziergang ohne die Kinder, ein ausgiebiges Bad in der Wanne, Zeit für einen ungestörten Kaffee, den Besuch von Bekannten, abendliche Unternehmungen oder den Besuch von Volkshochschulkursen. Da den meisten Frauen wenig Handlungsspielraum für Aktivitäten ohne die Kinder bleibt, haben die Gruppenteilnehmerinnen die Möglichkeit für sich entdeckt, zu einer Kur zu fahren, bei der die Kinder betreut werden. Mittlerweile hat fast jede der Frauen eine entsprechende Erholungspause in Anspruch genommen. Für die Teilnehmerinnen der Gruppe ist alleine schon der Besuch der wöchentlichen Treffen eine wichtige Möglichkeit, sich etwas Gutes zu tun. Hier können sie sich ohne schlechtes Gewissen mit sich selbst beschäftigen. Das Wissen, einmal pro Woche die Gruppe besuchen zu können und dort ungefiltert zeigen zu können, wie es ihnen geht, bedeutet für die Frauen bereits eine deutliche Entlastung. Entsprechend offensiv vertreten sie z.T. ihre Gruppenteilnahme gegenüber ihren Männern. Das folgende Beispiel zeigt, wie wenig manche Mütter daran gewöhnt sind, für sich zu sorgen.

Katja beschreibt ausführlich ihre zeitliche und kräftemäßige Überlastung mit dem Haushalt und zwei kleinen Kindern. Eva fragt nach, wann sie das letzte Mal etwas nur für sich selbst getan habe. Nach einigem Überlegen schildert Katja eine Situation, in der sie ihrem Mann am Wochenende die Kinder übertragen hat, um ganz in Ruhe die Wäsche aufhängen zu können. Diese Situation ist für sie eine positive Ausnahme; gleichzeitig macht sie natürlich deutlich, wie wenig Raum Katja für ihre eigenen Bedürfnisse hat. Evas Kommentar, die Wäsche habe sie doch nicht aus Spaß aufgehängt, irritiert Katja zunächst. Die Mütter tauschen sich über kleine Annehmlichkeiten im Alltag aus, z.B. Musik zu hören oder in Ruhe zu lesen. Dabei wird auch darüber geredet, wie sie es schaffen können, in diesen Situationen kein schlechtes Gewissen zu haben und sich keine Sorgen um die Kinder zu machen. Katja ist nach wie vor stolz auf ihre Ausnahme. Sie möchte den dort geäußerten Anspruch an den Mann, ihr Freiräume zu ermöglichen, ausbauen und diese Freiräume auch für schöne Dinge nutzen. Sie beginnt darauf zu achten, was ihr selbst gut tun könnte und wendet sich z.B. wieder einem alten Hobby zu.

Das zweite Beispiel illustriert, wie das Nichtbeachten eigener Bedürfnisse zur Erschöpfung der Frauen beitragen kann. So ist ein wichtiges Ziel vieler Mütter, Belastungen nicht erst zu vermeiden, wenn es ihnen zu viel wird, sondern noch dann, wenn es ihnen ganz gut geht.

Melanie beschreibt eine Szene, in der sie ihren Sohn, der sich auf der Straße geweigert hatte weiterzulaufen, geschlagen und über den Boden gezogen hat. Wie meist redet sie zunächst hauptsächlich über das Verhalten des Kindes. Dann beschreibt sie, wie sie zuvor unterschiedliche Dinge erledigt hat, die sie eigentlich nicht machen wollte: Sie hat trotz knappem Zeitplan ihrem Mann den Koffer für eine Dienstreise gepackt, auf das Kind einer Nachbarin aufgepaßt, neben dem Kinderwagen auch das sperrige Dreirad des Sohnes zum Einkaufen mitgenommen, u.s.w. Sie erkennt, daß in dem beschriebenen Moment die Belastungen des Tages endgültig über ihre Kräfte gingen. Für sie ist die Idee neu, daß sie die Eskalation möglicherweise hätte vermeiden können, wenn sie bereits vor Erreichen ihrer Belastungsgrenze dafür gesorgt hätte, daß der Tag möglichst wenig belastend für sie verläuft. Sie setzt sich in den folgenden Wochen damit auseinander, eigene Wünsche zu formulieren und deren Umsetzung den anderen Familienangehörigen gegenüber zu vertreten. Mit den anderen Frauen ist sie sich darüber einig, daß es leichter ist, Forderungen mit der eigenen schlechten Befindlichkeit zu begründen als mit dem Wunsch, etwas für sich zu tun. Sie organisiert mit Hilfe der anderen Mütter einen Hortplatz für ihren Sohn und bereitet sich darauf vor, dies dem Schwiegervater gegenüber offen damit zu begründen, daß sie mehr Zeit für sich selbst haben will.

5.2.7 Klärung der gemeinsamen Elternschaft bzw. des Selbstverständnisses als Elternteil

Für die Mütter ist es wichtig, neben ihrem eigenen Erziehungsverhalten zu berücksichtigen, wie sich der Partner den Kindern gegenüber verhält und wie die Erziehungsaufgaben aufgeteilt sind. Welche Absprachen gibt es zwischen den Eltern? Welcher Elternteil stellt wem gegenüber welche Regeln auf? Welche Vorstellungen gibt es darüber, wie die Erziehung ablaufen sollte? Für alleinerziehende Mütter ist es wichtig zu klären, wie der Kontakt zu dem Vater des Kindes aussehen sollte und wie sich ihre Mutterpflichten nach der Trennung verändert haben.

Im folgenden ein Beispiel dafür, wie sich mangelnde Absprachen der Eltern an Schwierigkeiten mit den Kindern festmachen können.

Erika berichtet sehr aufgebracht darüber, ihre elfjährige Tochter halte sich nicht an bestimmte Absprachen im Haushalt. Sie selbst sehe es bereits kommen, daß sie sich in den nächsten Tagen derart über die Tochter ärgern würde, daß sie sich nicht mehr beherrschen könne und die Tochter schlagen würde. Bei der Erläuterung der Absprachen (dreckige Wäsche vorzusortieren, Schuhe nicht im engen Flur liegenzulassen, gebrauchtes Geschirr abzudecken) erwähnt Erika nebenbei, ihr Mann halte sich ja eh nicht daran. Die Leiterin greift das auf und macht zum Thema, welche Regeln der Tochter von ihr und welche von dem Mann vermittelt werden. Sie fragt Erika, ob sie nicht vielleicht neben der ganzen Wut auf die Tochter auch wütend auf ihren Mann sei. Die Mutter reagiert zunächst abwehrend, das habe ja eh keinen Sinn. Sie beschreibt dann, daß sie wütend auf ihren Mann ist, wenn er, der den ganzen Tag außer Haus ist, abends Regelungen aufhebt, die sie aufgestellt hat, um sich den Alltag mit den Kindern zu erleichtern. Sie fühlt sich von ihm mißachtet und nicht ernst genommen. Erika beschreibt, daß es leichter ist, die Wut auf die Tochter auszuhalten und zu äußern als die auf den Ehemann. So reagiert sie mit Aggressionen auf ihre Tochter, wenn der Vater ihr etwas erlaubt, das Erika zuvor verboten hat. In der Folgezeit beschäftigt sich Erika vor allem mit ihren Ehekonflikten und sie bewegt ihren Mann dazu, eine Paarberatung mit ihr aufzusuchen.

5.2.8 Bearbeitung von Partnerschaftskonflikten

Hinter den Gewalttätigkeiten der Mütter steht oft ein massiver Partnerschaftskonflikt, und häufig ist eine belastende Paarbeziehung einer der Gründe für die Überforderungs- und Ohnmachtsgefühle der Frauen. Daher entscheidet letztlich auch die Qualität der Partnerschaft darüber, ob die Frauen ihr Erziehungsverhalten dauerhaft verändern können. Für die Mütter ist es eine Entlastung, ihre Partnerschaftsprobleme zu erzählen und sie im Austausch mit den anderen neu zu verstehen. Zum Teil bekommen die Teilnehmerinnen in der Gruppe Anregungen zur Klärung bestimmter Konflikte mit dem Partner; einige der Frauen haben sich darüber hinaus dazu entschlossen, eine Paarberatung durch eine Mitarbeiterin der Erziehungsberatungsstelle in Anspruch zu nehmen.

Das folgende Beispiel zeigt, wie ähnlich konfliktträchtige Muster zwischen Mutter und Kindern einerseits sowie zwischen den Partnern andererseits sein können.

Iris ist seit einiger Zeit darüber verärgert, daß ihr Mann Absprachen über nötige Erledigungen nicht einhält. Sie berichtet, daß sie ihn immer wieder ermahnt, mit ihm schimpft und daß es zwischen den beiden lautstarke Streitereien bei geringen Anlässen gibt. Im Gruppengespräch wird Iris deutlich, daß sie ihrem Mann gegenüber ein Verhalten zeigt, das sie sich bei ihren Kindern gerade abgewöhnt. In der Erziehung achtet sie mittlerweile darauf, ihre eigenen Bedürfnisse klar zu formulieren. Außerdem achtet sie auf die Einhaltung von Vereinbarungen, indem sie weniger drängelt, schimpft oder spontan zuschlägt, sondern indem sie den Kindern frühzeitig erklärt, welche Konsequenzen welches Verhalten haben wird. Iris wird bewußt, daß es nicht ihre Aufgabe sein sollte, ihren Mann an gemeinsam getroffene Absprachen zu erinnern. Sie bereitet in der Gruppe ein Gespräch mit dem Ehemann vor, in dem sie ihm sagt, wie belastend die Streitereien für sie sind, daß sie ihn nicht erziehen wolle, sondern daß sie sich mit ihm auf Absprachen einigen wolle, die von beiden eingehalten werden könnten. Die beiden planen gemeinsam die anstehenden Aufgaben der nächsten Wochen und Iris macht ihrem Mann deutlich, daß sie sich für die Einhaltung seines Teils nicht mehr verantwortlich fühlen möchte. Sie selbst fühlt sich mit dieser Haltung entlastet und sie beobachtet, daß ihr Mann zunehmend eigene Vorschläge zur Organisation der anfallenden Arbeiten macht.

5.2.9 Verarbeitung der eigenen Gewaltgeschichte

Die Mütter erleben es als hilfreich, sich über ihre Gewalterfahrungen als Kinder auszutauschen. Das Erzählen von Kindheitserlebnissen und das Verständnis und Mitgefühl der anderen Mütter kann den Frauen bei einer Verarbeitung ihrer Erinnerungen helfen. Oft fällt es den Müttern schwer, ihr Verhältnis zu den Kindern zu verbessern, wenn sie die eigenen Verletzungen nicht überwunden haben.

Das folgende Beispiel illustriert, wie die Erinnerung an die Kindheit den Blick auf die eigenen Kinder verändern kann.

Stefanie erwähnt im Gespräch, sie habe früher nicht gewagt, so frech wie ihre eigenen Kinder zu sein und sie habe stramm gestanden, wenn ihre Eltern etwas von ihr gefordert hätten. Sie erzählt das zunächst in einem Zusammenhang, in dem sie mehr Gehorsam von den Kindern fordert. Über Nachfragen dazu, wie sie selbst erzogen wurde erzählt sie, wie massiv sie von ihrem Vater verprügelt wurde und wie sie stundenlang in dunkle Räume eingesperrt wurde. Sie wird beim Erzählen sehr viel weicher, ist über die Erinnerung bewegt und beginnt darüber zu reden, daß sie sich fest vorgenommen hat, ihren Kindern solche Erlebnisse zu ersparen. Damit ist sie bei ihren positiven Gefühlen zu ihren Kindern und nicht mehr nur bei ihrer Wut über deren unfolgsames Verhalten. Sie erzählt stolz, ihre Kinder seien heute sehr viel selbstbewußter als sie damals.

5.2.10 Unterstützung von positiven Ausnahmen und Erfolgen

Die Arbeit mit positiven Ausnahmen und mit Erfolgen trägt sehr zur Stärkung des Selbstbewußtseins der Mütter bei und hilft ihnen dabei, ihren eigenen Stil bei der Lösung von Konflikten zu entwickeln. Die Frauen berichten zunächst hauptsächlich über Schwierigkeiten; positive Veränderungen werden oft nur in Nebensätzen erwähnt. Eine Analyse dieser Veränderungen gibt den Frauen das Gefühl von Kompetenz und kann ihnen dabei helfen, das Erreichte zu festigen und auszubauen. Positive Ausnahmen zeigen den Müttern, daß sie ein größeres Verhaltensrepertoire haben, als sie zunächst selbst annehmen. Die Beschreibung von Stärken und Veränderungen auf Seiten der Kinder ermöglicht es ihnen, diese nicht nur als defizitär zu sehen.

Es folgt ein Beispiel dazu, daß auch problematische Situationen positive Aspekte beinhalten können, die es lohnt, genauer zu betrachten.

Heike spricht davon, die siebenjährige Tochter werde immer komplizierter. Sie nehme dem neunjährigen Bruder Sachen weg und provoziere immer wieder lautstarke Wortgefechte. In den letzten Wochen habe es sogar zunehmend Prügeleien zwischen den Geschwistern gegeben, für die sie die Tochter ein paarmal bestraft habe. Die Psychologin bezieht diese Erzählung darauf, daß Heike früher als Problem beschrieben hatte, die Tochter lasse sich von dem Bruder zu viel gefallen und könne sich nicht gut wehren. Sie bietet als Erklärung für die „Kompliziertheit" an, daß sich das Mädchen darin übt, selbständig und selbstbewußt aufzutreten. Heike berichtet, daß ihre Tochter tatsächlich viel direkter als früher sagen kann, was sie will und was nicht. Nun ist das Thema nicht mehr der schwierige Charakter der Tochter, sondern die Schwierigkeit, sich als Kind Selbständigkeit zu erarbeiten. Heike überlegt, wie sie die Tochter in ihrer Entwicklung weiter unterstützen kann, ohne andauernden Streit in Kauf zu nehmen.

Literatur

Grollmann-Westphal, S. & Kaul-Hecker, U.: „anonyme eltern". Ein Selbsthilfeangebot für mißhandelnde Eltern. In: Olbing, H.; Bachmann, K.-D. & Gross, R. (Hrsg.): Kindesmißhandlung. Eine Orientierung für Ärzte, Juristen, Sozial- und Erzieherberufe. Köln 1989, 221-228

Honig, M.-S.: Familiale Gewalt als soziales Handeln. In: Feldmann-Bange, G. (Hrsg.): Gewalt und Erziehung. Bonn 1986, 55-70

Körner, W. & Sitzler, F.: Elterliche Gewalt gegen Kinder. In: Körner, W. & Hörmann, G. (Hrsg.): Handbuch der Erziehungsberatung. Band 1, Göttingen 1998, 281-304

Parents Anonymous: I Am A Parents Anonymous Parent. Torrance 1981

Parents Anonymous: Parents Anonymous Program Development Manual. Torrance 1982

Sexueller Mißbrauch:
Die personzentrierte Klärung in der Praxis[1]

Heidrun Graf & Wilhelm Körner

Einleitung

Im Rahmen dieses Artikels interessiert uns, wie eine kindgerechte Klärung von sexuellem Mißbrauch aussehen sollte. Die Auseinandersetzung mit weiteren Ansätzen zur Klärung oder Aufdeckung von sexuellen Übergriffen erfolgt an anderer Stelle (vgl. Körner & Graf i.V.), eine Übersicht über alle zum Verständnis der Mißbrauchsproblematik wesentlichen Begriffe findet sich in Körner, Graf & Sitzler (i.V.).

Im vorliegenden Fall nimmt eine Mutter, die wir Frau Paul nennen, zu unserer Beratungsstelle Kontakt auf, weil ihre achtjährige Tochter Ute in der Schule plötzlich sehr auffällig sei. Sie bettele um Süßigkeiten, nehme anderen Kindern das Pausenbrot weg und behaupte, zu Hause nichts zu essen zu bekommen. Im Unterricht könne sie sich nicht konzentrieren.

Um unseren praktischen Umgang mit Kindern möglichst verständlich darzustellen, haben wir häufig Zitate aus den Kindertherapiesitzungen angeführt. Zur besseren Veranschaulichung des Vorgehens in diesen Therapiesitzungen werden die verbalen und non-verbalen Teile der *Spielebene kursiv* und die Anteile der Realebene unverändert gedruckt[2]. Diese drucktechnische Differenzierung ermöglicht es zu prüfen, wieweit die Verfasser ihre eigenen Ansprüche an eine behutsame Klärung (vgl. Graf & Körner 1998) einlösen können.

Beschreibung des auffälligen Verhaltens

Frau Paul kommt alleine in die Beratungsstelle. Sie habe beobachtet, daß Ute ihr Pausenbrot unterwegs wegwerfe. Ute sei als Kleinkind sehr ruhig und ausgeglichen gewesen. Nach einer Ferienfreizeit vor zwei Jahren habe sie sich sehr verändert: in Konfliktsituationen reagiere sie plötzlich sehr aggressiv. Sie zerstöre die Puppen und andere Spielgegenstände ihrer Schwester und wolle häufig nicht mehr mit ihr spielen.

---

[1] Wir danken unserer Kollegin Frau Dipl.Psychologin Franziska Sitzler für ihre unendliche Geduld bei der Korrektur unserer Manuskripte.
[2] Die Äußerungen der Kinder und der Therapeutin wurden nur vorsichtig korrigiert.

Die ein Jahr ältere Schwester sei ein sehr schüchternes und ängstliches Kind. Sie habe große Probleme in der Schule, den Stoff schnell genug zu begreifen. Daher habe Anette die erste Klasse wiederholt. Beide Mädchen besuchten seit Herbst die gleiche Klasse. Obwohl Ute das Lernen leichter falle, weigere sie sich, Anette bei schulischen Arbeiten zu helfen und sei auch sonst zu keinen Aktivitäten mit der Schwester bereit. Ute komme an manchen Tagen sehr spät aus der Schule zurück und müsse von ihrer Mutter gesucht werden.

Der fünfjährige Sohn Alexander sei sehr lebhaft und werde von Ute häufig dazu angestiftet, die Schwester zu ängstigen. Die drei Kinder hatten bis vor zwei Jahren ein gemeinsames Schlafzimmer. Da Ute ihre Geschwister immer dazu angestiftet habe, nachts im Haus herumzulaufen, hätten Herr Paul und sie den beiden Mädchen ein Zimmer im Keller eingerichtet. Ute stehe nach wie vor häufig nachts auf und gehe durch das Haus.

Frau Paul vermutet, daß Ute sehr eifersüchtig auf Alexander und auf Anette sei, weil beide in ihren Augen mehr Zuwendung von ihr bekommen. Während der Halbtagstätigkeit der Mutter müsse Ute häufiger die Geschwister beaufsichtigen. Anette erwarte, daß Ute sie am Nachmittag mit zu ihren Freunden nehme. Sie wehre sich jedoch häufig dagegen. Ute habe schon mehrfach den Wunsch geäußert, ihre Schwester Anette solle eine Parallelklasse besuchen. Sie fühle sich oft von Anette in der Schule unter Druck gesetzt, wenn diese Aufgaben nicht bewältigen kann. Frau Paul hat den Eindruck, daß die Lehrerin beide Kinder ablehne und die Verhaltensauffälligkeiten von Ute auf schulischen Streß zurückzuführen seien. Sie ist damit einverstanden, daß die Beraterin Kontakt zu der Klassenlehrerin der Mädchen aufnimmt und erwartet zunächst Hilfe bei der Reduzierung des schulischen Drucks auf Ute. Sie hofft, daß in der Beratungsstelle herausgefunden werden kann, weshalb Ute in der Schule nach Süßigkeiten bettele und erzähle, daß sie zu Hause nichts zu essen bekomme.

Frau Paul erklärt, ihr Mann könne nicht an den Gesprächen teilnehmen. Er übernehme häufig mit einem Partner sog. „Schwarzarbeiten", um den Lebensunterhalt für die Familie zu sichern.

Lebensgeschichte und aktuelle Lebenssituation der Eltern

Die Eheleute wohnen in einem kleinen Einfamilienhaus. Der Mann arbeite bei einer Automobilfirma als Hilfsarbeiter, und die Frau sei stundenweise in einem Supermarkt tätig, damit die Raten für das Haus abbezahlt werden könnten. Das verbleibende Geld erlaube es der Familie nicht, in Urlaub zu fahren.

Der Mann stamme aus einer Arbeiterfamilie. Seine Mutter sei vor zwei Jahren gestorben. Sein Vater, zu dem er regelmäßig Kontakt habe, lebe alleine. Er helfe der Familie, indem er an manchen Tagen stundenweise die Enkelkinder beaufsichtige.
Die Frau komme aus einer Beamtenfamilie. Ihre Eltern lebten noch und unterstützten das Ehepaar in finanziellen Angelegenheiten. Sie hätten einen guten Kontakt zu den Kindern und beaufsichtigten sie bei Abwesenheit der Mutter.

Ute und Anette seien unehelich geboren. Frau Paul sei mit dem leiblichen Vater der beiden Mädchen nicht verheiratet gewesen. Sie habe sich von ihm getrennt, als Anette zwei Jahre alt war. Einige Monate nach dieser Trennung habe sie ihren jetzigen Mann geheiratet. Alexander sei das gemeinsame Kind. Die beiden Mädchen wüßten nicht, daß Herr Paul nicht ihr Vater sei.

Familienbeziehungen

Wichtige Bezugspersonen für Ute seien die Großeltern mütterlicherseits. Sie würden Ute helfen, wenn sie Probleme bei den Hausaufgaben habe. Manchmal dürfe sie einige Tage bei den Großeltern leben, wenn es zu Hause Streit gebe. Bei den Großeltern sei Ute sehr ausgeglichen und hilfsbereit und streite kaum mit ihrer Schwester.

Die Eltern der Mutter lehnten nach eigenen Angaben den Schwiegersohn ab. Sie litten sehr darunter, daß ihre Tochter den Haushalt vernachlässige und nicht in der Lage sei, sich von ihrem Mann zu trennen. Außerdem seien sie darüber verärgert, daß ihre Tochter den Sohn Alexander bevorzuge. Aus diesem Grunde kümmerten sie sich mehr um die beiden Mädchen.

Hausbesuche bei Familie Paul

Grundsätzlich sind Kenntnisse über die Lebens- und Arbeitsbedingungen der Klienten zum Verständnis ihrer Problematik von großem Nutzen. In der Familienwohnung ist es allerdings, wie auch dieser Hausbesuch belegt, nicht immer einfach, vertrauliche Gespräche zu führen. Hier kommt der Therapeutin die aus Bequemlichkeit erfolgte Einladung der Mutter zum Hausbesuch sehr gelegen, um neben den notwendigen und üblichen psychologischen Informationen auch eine genaue Kenntnis des Hauses zu erhalten, die sie in einer Skizze abbildet.

Die Beraterin lernt Ute bei ihrem ersten Hausbesuch kennen. Ute und die Therapeutin können sich im Wohnzimmer alleine unterhalten. Der Vorschlag, die Therapeutin alleine zu sprechen, geht von Ute aus, und die Mutter akzeptiert ihn. Zunächst zeigt Ute ihre Spielsachen. Immer wieder geht sie zur Türe und schaut nach, ob die Mutter oder ein Geschwisterkind lauschen.
Ute: „Die wollen immer alles hören, aber dann red' ich nicht!"
Die Beraterin hat einige Puppen mitgebracht. Ute zeigt ihr ihre Puppen und fragt sie, ob sie mit den Puppen spielen könnten. Obwohl Ute die Therapeutin zum Mitspielen aufgefordert hat, spielt sie allein Familie und bittet sie, nur zuzusehen.
Sie spielt, daß eine Frau und ein Mann drei Kinder haben, jemand zwei Mädchen aus dem Haus holt und an einen Ort bringt, wo sich andere Kinder aufhalten. Alle Kinder werden gefesselt, mißhandelt und müssen etwas trinken, was ekelig ist. Alle Kinder weinen. Mutter und Vater unternehmen nichts, um ihre Kinder zu suchen. Die Kinder sind in ein Gefängnis gesperrt und werden mit einem Messer bedroht. Eine

Person sagt ihnen, sie dürften nichts erzählen, sonst würden sie getötet. Sie droht den Mädchen, daß ihr Bruder getötet wird, wenn sie sagen, wo sie gewesen sind und was mit ihnen passiert ist. Die Mädchen entkommen, laufen nach Hause und legen sich wieder in ihr Bett.

Erneut sieht Ute nach, ob jemand an der Tür lauscht. Die Beraterin fragt sie, wer das nicht hören dürfe. Ute: „Meine Schwester kann das hören, die hat ja auch solche Angst, die möchte auch gerne mit dir sprechen!"

Als die Therapeutin sich dazu bereit erklärt, wirkt sie erleichtert und begleitet sie zur Mutter, die in der Küche sitzt. Ute fragt ihre Mutter, ob Anette beim nächsten Besuch auch mit der Beraterin sprechen könne. Die Mutter ist einverstanden. In diesem Augenblick kommt der Ehemann von der Arbeit. Als die Beraterin ihn bittet, sich am Gespräch zu beteiligen, lehnt er das mit dem Hinweis ab, daß er noch Gartenarbeiten zu erledigen habe. Der Beraterin fällt auf, daß Ute sehr angespannt wirkt, solange sich der Stiefvater im Raum aufhält.

Erst jetzt berichtet die Mutter der Therapeutin, daß Anette ebenfalls sehr auffällig sei. Sie weine oft wegen Kleinigkeiten und versage völlig in der Schule, obwohl sie schon die erste Klasse wiederholt habe. Sie könne Anette nicht alleine lassen, weil sie sehr ängstlich sei. Sie sorge immer dafür, daß Ute sie begleite. Anette klage oft über Bauchschmerzen. Die Mutter vermutet, daß ihre ältere Tochter sehr unter ihren massiven Schwierigkeiten beim Schreiben und Rechnen zu leiden habe. Sie unterstellt der Lehrerin, ihren Kindern keine ausreichende Unterstützung zu geben. Zudem habe sie den Eindruck, daß sie von der Lehrerin abgelehnt werde, weil sie nicht über die finanziellen Mittel verfüge, den Kindern bestimmte Dinge zu kaufen, die andere Kinder haben. Sie begleitet die Beraterin zur Türe und fragt sie, ob sie glaube, daß ihr Mann etwas mit Utes Schwierigkeiten zu tun habe. Die Beraterin ist erstaunt und fragt, wie Frau Paul zu dieser Frage komme. Daraufhin sagt sie, ihr Mann sei oft zu den Kindern sehr streng, besonders wenn es um die Schulaufgaben gehe.

Beim zweiten Hausbesuch lernt die Beraterin Anette kennen. Ute sorgt dafür, daß sie sich zu dritt ungestört im Wohnzimmer unterhalten können. Wieder sieht Ute mehrfach nach, ob jemand hinter der Türe steht und lauscht. Ute übernimmt es, der Therapeutin zu erzählen, daß ihre Schwester auch so große Angst wie sie habe. Anette sitzt angespannt und ängstlich auf dem Sofa. Als Ute sie dazu überreden will, doch zu sagen, wovor sie Angst habe, sagt Anette: „Ich sag nichts, ich sag im Leben nichts!" Ute versucht weiter, ihre Schwester zum Reden zu bringen: „Aber du hast mir auch gesagt, daß dich nachts einer aus dem Bett zieht!" Anette antwortet darauf nicht und beobachtet, wie die Beraterin ihre Tasche mit den Puppen auspackt.

Ute hat einige Puppen mitgebracht. Sie teilt der Beraterin mit, daß sie zu ihrem Spiel noch mehr Puppen brauche. Anette holt daraufhin zwei weitere Puppen und kommt mit ihnen ins Wohnzimmer zurück. Ute hat sich noch zwei Schnüre besorgt, die sie für ihr Spiel braucht: „Damit werden die gefesselt!" Beide Mädchen spielen gemeinsam, daß eine Frau und ein Mann drei Kinder haben. Die beiden Mädchenpuppen werden nachts aus dem Bett geholt und an einen anderen Ort getragen. Sie werden eingesperrt und müssen etwas anfassen, was naß und klebrig ist und wovor sich die beiden ekeln. Ein Mann droht mit dem Messer und sagt den Mädchen, daß sie sterben werden, wenn sie etwas erzählen. Die Kinder werden von jemandem aus dem Raum gestoßen, laufen alleine wieder nach Hause und legen sich in ihr Bett.

Anette beobachtet, daß die Beraterin einige Notizen macht. Sie will plötzlich von ihr einen Zettel und einen Stift und schreibt auf, daß sie nachts aus dem Bett gezogen werde, sich nachts jemand in ihrem Zimmer aufhalte, sie etwas Ekeliges trinken müsse und sie getötet werde, wenn sie das erzähle. Sie faltet den Zettel ganz klein und äußert den Wunsch, daß ihre Mutter liest, was sie geschrieben hat. Sie geht zur Mutter in die Küche, läßt sie alles lesen und bittet sie, das Geschriebene für sie zu verstecken und niemandem zu zeigen. Die Mutter verspricht das und steckt den Zettel in ihre Hosentasche.

Beide Mädchen gehen mit der Beraterin wieder ins Wohnzimmer zurück, und Ute erzählt ihr, daß hinter der Wand das Gefängnis sei. Sie drängt sie, ihr Kinderzimmer anzusehen. Die Beraterin hat zwar nicht verstanden, was ihr Ute damit sagen will, geht aber mit ihnen in den Keller, wo sich das Kinderzimmer befindet. Sie ist erschrocken über die lieblose Ausstaffierung des Kinderzimmers. Anette zeigt auf die Kellertür und sagt ihr, sie hätte immer Angst, es käme jemand durch diese Türe. Sie achtet darauf, daß Alexander nicht mit ins Kinderzimmer kommt. Er betritt es trotzdem, und die Mädchen hören auf zu reden.

Anette: „Mann, du sollst nicht kommen!"

Dann gehen beide Kinder ins Wohnzimmer und zeigen auf die Bilder an der Wand. Ute: „Und alle Kinder haben geweint!" Tatsächlich hängen fünf Bilder mit weinenden Mädchen an der Wand.

Die Mädchen bitten die Beraterin, wieder zu ihnen nach Hause zu kommen und mit ihrem Bruder zu sprechen. Alexander hat an der Türe gelauscht. Ute holt ihn ins Wohnzimmer, und er ist sofort damit einverstanden, sich am nächsten Gespräch zu beteiligen. Abermals übernimmt Ute die Initiative und fragt die Mutter, ob Alexander an dem nächsten Treffen teilnehmen darf. Die Mutter stimmt zu. Sie berichtet, daß beide Mädchen mit dem Bruder heftige Auseinandersetzungen hätten und sie keine eigenen Lösungen finden, einen Streit zu beenden.

Wieder begleitet die Mutter die Beraterin vor die Tür und fragt sie, ob sie vermute, daß ihr Mann die Kinder mißbrauche. Auf die Frage, wie sie zu dieser Vermutung komme, meint sie, ihr sei aufgefallen, daß beide Mädchen Angst vor ihrem Mann haben und sie sich völlig anders verhalten, wenn er im Haus sei. Ute sei dann sehr aggressiv, und Anette verhalte sich sehr ängstlich. Beim nächsten Hausbesuch lernt die Therapeutin Alexander kennen. Er hat schon in der Haustür auf sie gewartet.

Plötzlich holt Ute zwei Bierflaschen. Alle drei Kinder gehen zur Toilette. Ute sagt, sie zeige der Beraterin, was „der" gemacht habe. Sie uriniert in die Bierflasche, gibt Rasierschaum in die Flasche und meint:

„Das ist das Weiße von dem Pillemann und das mußten ich, meine Schwester und Alexander austrinken, und dann hab ich gekotzt! Und Alexander wurde mit dem Kopf ins Klo gesteckt, weil der das nicht trinken wollte!"³ Alexander hört zu, was die Schwester erzählt und sagt: „Ich glaub' immer, ich hab das nur geträumt, das war aber nicht wirklich!" Plötzlich erschrecken sich beide Mädchen furchtbar, als der Stiefvater ins Haus gekommen ist, weil sie glauben, er habe ihre Aktivitäten beobachtet. Alexander läuft zu seinem Vater, und beide Mädchen unterbrechen sofort das Spiel. Die Beraterin teilt ihnen mit, sie habe beobachtet, daß sie ständig Angst davor hätten, belauscht zu werden und sagt ihnen, daß die weiteren Treffen in der Beratungsstelle stattfinden werden.

Die Therapeutin bespricht mit Frau Paul, daß sie zunächst mit der Schule Kontakt aufnehmen wolle, um von der Lehrerin Informationen zu bekommen. Die Mutter ist damit einverstanden. In einem kurzen Gespräch erzählt sie der Beraterin von ihren Partnerschaftsproblemen und der Sorge, daß diese zu den schulischen Schwierigkeiten der Kinder beigetragen haben könnten. Die Beraterin nimmt die Äußerung zum Anlaß, der Mutter vorzuschlagen, mit einem Kollegen über ihre Partnerkonflikte zu reden, während sie mit beiden Mädchen einzeln in der Beratungsstelle weiter daran arbeite, die Ursache für die Verhaltensauffälligkeiten der Mädchen zu finden. Die Mutter nimmt dieses Angebot an.

Kontaktaufnahme mit der Schule

Die Beraterin nimmt Kontakt zur Lehrerin der Mädchen auf, die berichtet, daß Ute am Anfang der ersten Klasse sehr gute Leistungen gezeigt habe. Sie habe die ersten Verhaltensänderungen beobachtet, als Anette in die erste Klasse zurückversetzt wurde. Die Mutter habe darauf bestanden, daß Anette und Ute die gleiche Klasse besuchen. Sie habe ihre Forderung damit begründet, daß sie arbeiten müsse und daß dann beide Kinder gleichzeitig gemeinsam nach Hause gehen könnten. Zudem sei Anette sehr ängstlich, und durch den Beistand der Schwester könne sie sich vielleicht am ehesten stabilisieren. Auch Anettes damalige Lehrerin habe diese Lösung favorisiert. Auffälliger sei nach ihrem Eindruck die ältere Schwester Anette. Sie klage häufig über Unterleib- und Magenschmerzen, sei oft im Unterricht sehr abwesend und erwarte von ihrer Schwester in vielen Situationen Unterstützung. Ihr sei schon aufgefallen, daß Ute unter Anettes Erwartungsdruck leide. Daher habe sie die Mutter um ein Gespräch gebeten. Als diese nicht reagiert habe, habe sie bei der Familie einen Hausbesuch gemacht. Ihre Vermutung, daß die Kinder von den Eheleuten Paul vernachlässigt werden, habe sich bestä-

---

[3] Hier könnte eingewandt werden, daß diese Äußerung von Ute eindeutig und ausreichend klar sei, um mit ihr, wie oft gefordert, direkt ein offenes Gespräch über einen möglichen sexuellen Mißbrauch zu führen. Wir gehen davon aus, daß das betroffene Kind am besten weiß, wann es so stabil ist, daß es zu einer Aussage über die erlittene Verletzung bereit ist. Oft kann ein Kind im Anfangsstadium des Klärungsprozesses nicht alle tatsächlich geschehenen Taten oder alle beteiligten Täter oder Täterinnen nennen, da z.B. ein Täter seine Übergriffe beendet hat.

tigt. Die Mutter habe am späten Nachmittag noch nicht gekocht, und beide Mädchen seien draußen zum Spielen gewesen. Mehrfach habe sie der Mutter schriftlich mitgeteilt, daß Anette in der Schule über Bauchschmerzen und Magenschmerzen klage. Aber sie habe nach wie vor mit dem Kind keinen Arzt konsultiert. Die Lehrerin hat den Eindruck, daß die Mutter mit der Betreuung der drei Kindern, der Halbtagstätigkeit und dem Haushalt überfordert sei. Ute habe häufig geäußert, daß ihr Vater sehr streng sei und sie vor ihm Angst habe. Bei dem Hausbesuch habe sie auch die Mutter sehr aggressiv gegenüber den Kindern erlebt. Sie habe schon mehrfach überlegt, das Jugendamt einzuschalten, Kollegen hätten aber von diesem Schritt abgeraten. Sie habe beim letzten Kontakt der Mutter geraten, sich an eine Beratungsstelle zu wenden und sei froh, daß die Mutter diesen Rat befolgt habe.

Umstellung der Beratung auf das Zwei-Therapeuten-Modell

Die Besprechung der bisher vorliegenden Informationen bringt die beiden Verfasser zu dem Entschluß, daß die Therapeutin weiterhin mit den Kindern arbeitet, der Berater aber den Eltern ein Beratungsangebot macht. Auf diese Arbeitsaufteilung sind wir aus Erfahrung gekommen, daß wir so einerseits am besten unsere Neugier und die der Eltern befriedigen können und andererseits auf diese Weise am besten die Kinder schützen können, wie wir bereits beschrieben haben (Graf & Körner 1998). Diesem Zweck dient auch das von uns häufig praktizierte gemeinsame Abschlußgespräch aller an den Beratungskontakten Beteiligten am Ende der jeweiligen Termine. Dabei ist eine Vorabverständigung zwischen den Beratern erforderlich, da es sonst passiert, daß der eine Therapeut den Prozeß beim anderen stört, wenn er oder sie, wie vorher vereinbart, in den Therapieraum (mit dem Kind) kommt.

Beim nächsten Kontakt stellt die Therapeutin Frau Paul ihren neuen Ansprechpartner vor und zeigt beiden Kindern das Therapiezimmer. An diesem Termin spielen die Kinder gemeinsam mit der Beraterin im Therapiezimmer und vereinbaren, daß jedes Mädchen künftig eine Einzelstunde hat. Beide Kinder nehmen das Angebot sehr erfreut auf. Die Einzeltherapie ist in dieser Phase unbedingt nötig, damit sich die Kinder nicht gegenseitig beeinflussen. Außerdem entspricht der Vorschlag auch ihren Wünschen. Zur Aufarbeitung der entstandenen Schäden können auch gemeinsame Kinder-Therapiesitzungen (Therapiegruppe) durchgeführt werden, wie am Ende dieser Falldarstellung zu sehen ist.

Ute fragt die Therapeutin, ob sie ihrer Schwester sage, was sie gespielt oder erzählt habe. Als die Beraterin das verneint, sagt sie, daß ihre Schwester oft etwas erzähle, was sie nicht wolle und dann bekomme sie mit den Eltern Schwierigkeiten. Anette behauptet das gleiche und ist ebenfalls froh, daß Ute nicht erfährt, was sie erzählt. Alexander wird auf Wunsch der Mutter zunächst nicht in die Betreuung eingeschlossen. Auch die Mutter hat ihren neuen Gesprächspartner angenommen und scheint es als wohltuend zu empfinden, daß auch sie eine Person für sich alleine hat, mit der sie über ihre Sorgen sprechen kann.

Klärungsbarrieren

Selbst wenn, wie im vorliegenden Fall, die Kinder bereits beim ersten Termin den erlebten Mißbrauch auf unterschiedliche Weise andeuten, ist mit Klärungsbarrieren für eine weitere Aufarbeitung zu rechnen. In der Regel bestehen für die Kinder vielfältige Gründe, nicht Klartext über die erlebten Übergriffe zu reden. Ein von mancher Seite gefordertes direktes Thematisieren des Mißbrauchs durch die Therapeuten kommt daher (zumindest bei innerfamilialem Mißbrauch) eher einer Klärungssabotage gleich. Nach unserer Erfahrung sind die in einer (Inzest)familie etc. existierenden Klärungsbarrieren zumindest am Anfang nicht von am Mißbrauch Unbeteiligten zu erkennen. Schon aus diesem Grunde halten wir die strikte Einhaltung einer kindzentrierten Linie zwecks Klärung für unabdingbar.

Daher haben wir auch in diesem Fall abgewartet und auf die Kompetenz der Kinder vertraut, der Therapeutin zum richtigen Zeitpunkt[4] das Notwendige zu sagen. Bei anfänglichen Hinweisen auf mögliche sexuelle Übergriffe tappen wir zunächst in der Frage der potentiellen Täterschaft im Dunkeln: es können alle möglichen Personen aus dem Umfeld der Kinder sein. Niemand kann a priori aus dem eventuellen Täterkreis ausgeschlossen werden. Nur die betroffenen Kinder sind mit Sicherheit keine „Täter", was auch immer sie getan haben oder tun mußten.

So können wir uns nur an ihnen orientieren und uns von ihnen in der personzentrierten Therapie den Weg weisen lassen. Oft nehmen sie uns auch nur ein Stück des Weges mit, indem sie nur einen Teil der Übergriffe aufdecken und den Rest für sich behalten, um Personen zu schützen, von denen sie inzwischen Unterstützung bekommen, obwohl diese anfangs auch zum Täterkreis gehörten.

Diese Differenziertheit der Kinder zwingt eine forensisch-psychologische Perspektive dazu, eine solche - eben unvollständige - Aussage als insgesamt unglaubwürdig abzulehnen, da sie nicht den dieser Disziplin geforderten Kriterien genügen kann. Uns fiel dieser Umstand vor ein paar Jahren bei der Begutachtung eines zehnjährigen Jungen durch einen Gutachter auf, der bestimmte Aussagen des Zeugen als falsch einschätzen mußte, da ihm der spezifische Hintergrund für die vom kindlichen Zeugen geschilderten Taten nicht bekannt war: Es handelte sich in diesem Fall nicht um die übliche Form sexueller Übergriffe, sondern um einen bisher unbekannten besonders ritualisierten Modus. Da dieser Umstand dem Gutachter verborgen blieb, konnte er nicht anders, als die Aussagen, die sich erst im Nachhinein als richtig erwiesen, als unglaubwürdig zurückzuweisen.

---

[4] Unseres Erachtens wird häufig nicht genug beachtet, daß alles zur rechten Zeit geschehen sollte. Die alten Griechen hatten dagegen für dieses Phänomen sogar noch ein eigenes Wort: kairos.

Ähnliche Erfahrungen müssen auch viele Kinder machen, die in einen Strafprozeß hineingezogen werden, in welchem sie als Zeugen unglaubwürdige Aussagen tätigen, indem sie das Tatgeschehen so frisieren, daß der Anteil des von ihnen gedeckten Mittäters (z.B. der Mutter) verborgen bleibt: Der Tatanteil des anderen Täters (z.B. des Vaters) wird korrekt geschildert und von der Mittäterin (uns gegenüber) bestätigt. In der Gerichtsverhandlung schweigt die Mutter, und die Kinder erzählen eine verkürzte Tatversion, mit dem möglicherweise auch von ihnen durchaus gewünschten Effekt, daß auch der Vater (aus Mangel an Beweisen) freigesprochen wird.

Klärungsbarrieren bei Ute und Anette

Zu Beginn des Beratungsprozesses (bei den Hausbesuchen der Beraterin) konnten die Kinder darauf vertrauen, daß ihre Mutter zu ihnen hält. Sie versteckt z.B. Anettes Zettel, verschweigt ihrem Mann wichtige Aussagen der Kinder und akzeptiert, daß er kein Interesse an den Gesprächen mit der Beraterin hat. Außerdem deutet die Mutter an, ihr Ehemann mache den Kindern Angst.

Wir vermuten, daß diese günstige Ausgangslage Ute und Anette ermutigten, sofort Mißbrauchsszenen spielerisch darzustellen und damit das Interesse der Therapeutin zu wecken, die daraufhin die Therapie in die Beratungsstelle verlagert und ihren Kollegen um die Betreuung der Eltern bittet. Diese zunächst sehr positive Ausgangslage verändert sich beim ersten Besuch in der Beratungsstelle, als die Mutter entgegen ihrer ursprünglichen Absicht ihren Ehemann mitbringt. Dieser Umstand verunsichert die Kinder. Folgende Punkte stehen nach unserer Einschätzung zu diesem Zeitpunkt einer schnellen Klärung im Wege:

Die Mutter bemüht sich, mit Hilfe einer Beratung die Beziehung zu ihrem Ehemann zu verbessern. Auch wenn der Beratungsprozeß nicht den von Frau Paul gewünschten Effekt hat, kommt es doch zu einer, auch äußerlich sichtbaren, Annäherung zwischen den Eheleuten, welche die Kinder verunsichert, die sich die Mutter als Vertrauensperson ausgewählt haben. Die vom Stiefvater angedrohten Strafen und den Kindern aufgebürdeten Übungsstunden schüchtern sie ein.

Die Mädchen bemerken, daß die Eltern die beiden Berater und sie selbst ständig nach den Ergebnissen der Kindertherapiesitzungen fragen. Auch die von uns angebotene nach jeder Spielsitzung stattfindenden Kurzinformationen aller Beteiligten kann die Neugier der Eltern nicht völlig befriedigen. Für die Kinder bringt dieses Element des Beratungsprozesses dennoch eine Entlastung, da sie zumindest die Therapeutin als loyal erleben, die mit ihnen vorher den Inhalt der weiterzugebenden Information abspricht[5]. In diesen gemeinsamen Kurzgesprächen organisieren wir auch konkrete Maß-

---

[5] Da Eltern verständlicherweise daran interessiert sind, was ihre Kinder in der Spieltherapie tun, ist es wichtig, ihnen Informationen über jede Sitzung zu geben. Dabei sollte vermieden werden, den Eltern zu bedeuten, daß die Therapeutin einen besseren Kontakt als-

nahmen zum Schutz der Kinder. Als z.B. einmal Anette massiv bettelt, um die Notizen der Therapeutin zu erhalten, da sie sie dem „Bösen" mitbringen solle, steckt die Beraterin demonstrativ alle Aufzeichnungen der Spieltherapiesitzung in den Reißwolf, damit jedes anwesende Familienmitglied erfährt, daß keine Notizen mehr existieren; und damit vermutlich auch der „Böse".

Die mehr oder weniger deutlich geäußerten Zweifel der Eltern, auch der Mutter, an der Echtheit der Kinderängste, läßt die Kinder innerhalb der Familie verstummen, da sie zu diesem Zeitpunkt zurecht annehmen müssen, daß kein Familienmitglied sie vor dem „Bösen" zuverlässig schützt. Die außerdem bestehende Angst der Mädchen vor dem Auseinanderfallen der Familie fördert ebenfalls nicht gerade die Offenheit der Kinder.

Die Kinder trauen den Großeltern (mütterlicherseits) nicht zu, daß diese sie wirksam schützen können. Die wichtigste Rolle in diesem Klärungsprozeß hat die Mutter. Ihr Verhalten beeinflußt das Verhalten der Kinder wesentlich: verhält sie sich den Kindern gegenüber loyal, können sie ihre Ängste artikulieren und brauchen ihre Mißbrauchserfahrungen nicht in der Uneindeutigkeit des Spiels zu verstecken, sondern können Klartext reden. Sind die Kinder sich des Schutzes der Mutter nicht sicher, gibt ihnen das Spiel die Sicherheit, ihre Gefühle und Erlebnisse ausdrücken zu können, ohne daß sie für die Spielhandlungen belangt werden können. Die Mutter wird von den Mädchen immer wieder geprüft, wie sie zu ihnen steht, ob sie Geheimnisse (z.B. Anettes Zettel) für sich behält und ob sie bereit ist, sich ganz auf die Seite ihrer Kinder zu schlagen.

Frau Paul schwankt gefühlsmäßig stark zwischen dem Wunsch nach einer besseren Ehe und dem Versuch, sich zu trennen. Diese Ambivalenz bleibt den Kindern nicht verborgen und hat die genannten Einflüsse auf sie.

Phasen des Klärungsprozesses

In unserer Praxis bei der Klärung von sexuellen Übergriffen an Kindern haben wir versucht, sieben, nach unserer Beobachtung bei Kindern gut unterscheidbare Klärungsphasen zu skizzieren (vgl. Graf & Körner 1998), die im jeweiligen Klärungsprozeß dazu dienen, uns zu vergegenwärtigen, wo das Kind gerade steht.

In diesem Beitrag haben wir unsere Gespräche mit den Bezugspersonen der Kinder zeitlich den jeweiligen Phasen der kindlichen Klärungsprozesse zugeordnet. Eine wünschenswerte Feinanalyse der wechselseitigen Beeinflussungsprozesse sprengt den vorgegebenen Rahmen und muß genau wie eine ausführliche kritische Reflexion einem anderen Kontext vorbehalten bleiben (Körner & Graf i.V.).

---

sie zu dem Kind hat oder gar ein Geheimnis mit ihm teilt. Konkrete Hinweise zu schwierigen Spiel- und Gesprächsphasen finden sich in Körner & Graf (i.V.).

Die Orientierungsphase (1. Phase)

In dieser Phase versucht das Kind, mit der Therapeutin Kontakt aufzunehmen und sich mit dem Raum und den vorhandenen Spielsachen anzufreunden.

Gespräche mit den Eheleuten Paul

Frau Paul bringt zum Termin ohne Absprache mit dem Berater ihren Ehepartner mit. Sie halte es für sehr wichtig, daß ihr Mann an den Gesprächen teilnimmt. Beide vermeiden es zunächst, Partnerkonflikte anzusprechen, und Herr Paul berichtet, wie er die Kinder erlebt. Nach seinen Beobachtungen traten die Schwierigkeiten auf, als die Kinder eingeschult wurden. Er habe den Eindruck, daß die Lehrerin und der Rektor Kinder aus begüterten Familien bevorzugten und ihre Kinder nicht ausreichend unterstützten. In Gesprächen mit der Lehrerin fühle er sich ständig kritisiert und abgelehnt, daher habe er keine Lust, weitere Gespräche mit der Schule zu führen. Auf Nachfrage des Therapeuten stellt sich heraus, daß Herr Paul nur einmal Kontakt zur Lehrerin hatte. Herr Paul ist verärgert über Ute, weil sie Anette im Unterricht zu wenig helfe. Er übe mit Anette, aber sie wehre sich dagegen. Der Berater teilt den Eheleuten mit, daß er beobachtet habe, wie Herr Paul Anette im Wartezimmer Rechenaufgaben gegeben habe, die sie noch nicht bewältigen könne.

Frau Paul teilt die Meinung ihres Mannes über die Lehrerin und den Rektor. Sie ist ärgerlich, weil die Lehrerin sie mehrfach dazu aufgefordert habe, Anette ärztlich untersuchen zu lassen. Die Eltern haben sich mit der medizinischen Untersuchung nach eigenen Angaben Zeit gelassen, da sie beide berufstätig sein müßten, weil sie sich mit dem Hauskauf finanziell etwas übernommen hätten. Außerdem vermuten sie, daß Anette Bauchschmerzen nur vortäusche, weil sie nicht zur Schule gehen wolle. Die Großeltern sollten nichts über die Familienprobleme der Familie Paul erfahren, da sie ohnehin schon Vorbehalte gegen ihren Schwiegersohn hätten. Daher sollten sie nicht mit Anette zum Arzt gehen. Konflikte hätten die Eltern mit den Nachbarn, weil ihre Kinder so lebhaft seien. Ein Nachbar habe sie schon zweimal beim Jugendamt angeschwärzt und ihnen unterstellt, daß sie ihre Kinder mißhandelten. Herr Paul habe aber die „Frau vom Jugendamt" aus dem Haus gewiesen.

Der Therapeut überlegt mit den Eheleuten, wie die Situation in der Schule verändert werden könne. Sie besprechen, ob es beiden Mädchen helfen könnte, wenn sie im Unterricht nicht mehr nebeneinander sitzen. Eine weitere Hilfe könnte es sein, Anette den Förderunterricht besuchen zu lassen. Herr Paul soll in dieser Zeit zuhause nicht mehr weiter mit Anette üben. Auf diese Vereinbarung können sich beide Elternteile einlassen.

Gespräch mit der Lehrerin

Der Therapeut bespricht mit der Lehrerin die mit den Eltern erarbeiteten Vorschläge. Sie ist damit einverstanden, daß Ute und Anette im Unterricht nicht mehr nebeneinander sitzen, und Anette kann an drei Tagen in der Woche den Förderunterricht besuchen. Sie glaubt, daß Herr Paul die Mädchen stark unter Druck setze und hart bestrafe. Beide Kinder hätten mehrfach Angst davor geäußert, nach dem Unterricht nach Hause gehen zu müssen. Sie habe deshalb mit dem Rektor überlegt, ob eine Umschulung Anettes in eine Sonderschule für Lernbehinderte den Druck auf das Kind mindern könnte. Der Berater berichtet von der Überlegung, Anette in eine Kinderklinik einzuweisen, um die körperlichen Symptome abklären zu lassen. Zusätzlich würden die Gespräche mit Anette in der Klinik weitergeführt werden. Die Lehrerin ist darüber erleichtert, daß eine Untersuchung in einer Klinik vorgenommen werden soll und will den Antrag auf Umschulung des Mädchens in eine Sonderschule für Lernbehinderte zunächst zurückstellen.

Gespräch mit den Eheleuten Paul

Der Berater informiert die Eltern über sein Gespräch mit der Lehrerin. Die Eltern erzählen: Anette habe schon einige Stunden Förderunterricht gehabt und fühle sich in der Kleingruppe wohl. Neu sei, daß beide Kinder plötzlich Angst hätten, alleine von der Schule nach Hause zu gehen. Ute habe Angst vor einem schwarz gekleideten Mann mit einem Hund. Sie äußere die Befürchtung, daß dieser Mann sie mitnehmen und irgendwo einsperren wolle. Mit den Eltern wird besprochen, daß die Eltern von Frau Paul über die Probleme der Kinder informiert werden und daß die Erwachsenen bis zum nächsten Gespräch die Kinder in die Schule begleiten und sie wieder abholen. Anette soll in eine Kinderklinik aufgenommen werden, um ihre körperlichen Beschwerden abklären zu lassen. Gegen diese Anregung wehrt sich Herr Paul zunächst heftig. Der Therapeut gibt zu bedenken, daß die Schule an eine Umschulung Anettes in eine Sonderschule für Lernbehinderte denke, den Antrag für die Dauer des Klinikaufenthaltes aber zurückstellen wolle. Die Abklärung in der Klinik könne weitere Hinweise über Anettes Probleme geben. Herr Paul will dagegen, daß Anette weiter ambulant ärztlich betreut wird und abgewartet wird, ob sich die schulische Situation durch den Förderunterricht entspanne. Frau Paul schließt sich der Meinung ihres Mannes an, ist aber nicht so strikt gegen eine Abklärung in der Klinik.

Zwei Tage später ruft Frau Paul die Therapeutin an und berichtet, Anette klage über heftige Unterleibsschmerzen und wolle nur mit der Beraterin darüber sprechen. Die Beraterin macht einen Hausbesuch am späten Abend. Anette äußert, sie habe große Angst vor etwas, wolle ins Krankenhaus und könne erst dann darüber sprechen. Beide Eheleute wehren sich dagegen, einen Notarzt zu rufen. Frau Paul verspricht, sofort am nächsten Tag mit Anette den Hausarzt aufzusuchen und ihn um eine Einweisung in eine Klinik zu bitten. Als Anette hört, daß die Mutter und etwas später auch Herr Paul mit einem Klinikaufenthalt einverstanden sind, beruhigt sie sich wieder. Frau Paul akzeptiert, daß die Therapeutin mit ihrem Kollegen über die Aufnahme des Kindes in eine Klinik spricht und er mit dem Arzt Kontakt aufnimmt.

Telefonate mit dem Hausarzt und dem Klinikpsychologen

Der Berater ruft den behandelnden Arzt an und erfährt, daß die Mutter mit Anette bereits bei ihm gewesen sei und Anette schon in drei Tagen in der Klinik aufgenommen werden könne. Er habe bei Anette eine Harnwegsinfektion festgestellt. Frau Paul habe den Verdacht geäußert, daß Anette sexuell mißbraucht werden könnte. Er habe eine gynäkologische Abklärung in der Klinik als Einweisungsgrund angegeben und wolle dem Berater den Klinikbericht nach Anettes Entlassung zuschicken. Der Therapeut nimmt Kontakt mit dem Psychologen der Kinderklinik auf. Er spricht mit ihm über die vorliegenden Informationen, die den Verdacht einer Mißhandlung bzw. eines sexuellen Mißbrauchs als möglich erscheinen lassen. Der Psychologe ist bereit, der Therapeutin ein Zimmer für weitere Gespräche mit Anette zur Verfügung zu stellen.

Gespräch mit den Eheleuten Paul

Der Berater bespricht mit den Eltern, daß seine Kollegin mit Anette während des Klinikaufenthaltes die Gespräche weiterführen wolle. Beide sind damit einverstanden. Herr Paul spricht zum ersten Mal einen Konflikt mit seiner Frau an. Sie sei nicht in der Lage, den Haushalt ordentlich zu versorgen, kümmere sich nicht ausreichend um die Kinder und könne sich in Konfliktsituationen nicht durchsetzen. Das sei der Grund, weshalb er häufig eingreife. Seine Frau würde sich noch ein weiteres Kind wünschen. Dies habe er verhindert, indem er sich sterilisieren lassen habe. Frau Paul gibt den beiden Mädchen die Schuld an den Partnerkonflikten. Sie kümmere sich mehr um Alexander. Deshalb werde sie auch verstärkt von den Mädchen kritisiert. Das Ehepaar ist sich einig, wenn es um die Bestrafung der Mädchen geht.

Der Therapeut hat inzwischen zu beiden Ehepartnern eine tragfähige Beziehung aufbauen können. Daher wird sein Vorschlag akzeptiert, daß jeweils ein Partner den die gemeinsamen Gespräche oft störenden Alexander in unserem Spielzimmer betreut. So erreicht er es, mit dem anderen Ehepartner alleine reden zu können. In den Einzelgesprächen bekommt der Therapeut weitere Informationen über die Reaktionen der Kinder und die eigentlichen Konflikte zwischen den Partnern.

Bei dem Mann wird deutlich, daß er sich hauptsächlich mit seiner Arbeit beschäftigt und sich nur dann mit der Situation der Kinder befaßt, wenn andere Personen außerhalb der Familie ihn auf deren Schwierigkeiten ansprechen. Es wird klar, daß die Passivität seiner Frau, ihre Ungepflegtheit und der Wunsch nach weiteren Kindern eine abweisende Haltung bei ihm auslösen. Seine rigorosen Strafmaßnahmen rechtfertigt er mit der laschen Erziehungshaltung seiner Frau.

Die Haltung der Frau erscheint zunächst als diffus. Einerseits will sie den Kindern helfen, andererseits geht sie z.B. mit Anette nicht zum Arzt, um die Ursache der Unterleibsschmerzen herauszufinden. Dann stellt sie sich und uns die Frage, ob ihr Mann die

Kinder mißbrauche, möchte aber trotzdem, daß ihr Mann sich mehr auf die Partnerschaft einlasse.

Spieltherapie mit den Kindern

Ute

Ute genießt die Einzelkontakte. Mehrere Stunden lang kontrolliert sie häufig, ob ihre Schwester oder der Bruder an der Tür lauschen. Als sie immer wieder erlebt, daß die Therapeutin Anette aus dem Zimmer weist, wenn diese ins Spielzimmer kommen will, gibt sie ihre Kontrollen auf. Ute vermeidet es zu reden, beginnt aber alleine zu spielen.

Sie sucht nach einer Mutter- und einer Vaterpuppe sowie nach zwei Mädchenpuppen und einer Jungenpuppe. Diese Puppen werden in den nächsten Stunden immer wieder gewählt. Sie baut ein Zuhause für ihre Familie. Die Familie fährt in den ersten Stunden immer wieder in Urlaub. Immer werden beide Mädchenpuppen aus dem Bett gezogen und an einen anderen Ort gebracht, wo sie gefesselt und nackt photographiert werden. Beide Mädchenpuppen entkommen immer wieder, laufen alleine nach Hause und suchen sofort nach dem kleinen Bruder. Die Mädchenpuppen verstecken den Bruder. Ute: „Dann findet den keiner!" *Ute ist ständig auf der Suche nach Spielutensilien, die ihr anscheinend noch für ihr Spiel fehlen.*
Therapeutin: „Was suchst du?"
Ute: „Kann ich deinen Schirm haben?"
Therapeutin: „Wozu brauchst du den?"
Ute: „Im Urlaub wohnen die ja im Zelt!"
Die Therapeutin gibt ihr den Schirm.
Ute baut ein Zelt, indem sie über den Schirm noch eine Decke legt. Dann baut sie in einem anderen Teil des Zimmers den Puppen eine Wohnung.
Ute fragt die Therapeutin:" Kann ich den Schirm immer zum Spielen haben?" In jeder weiteren Stunde sieht sie nach, ob der Schirm im Spielzimmer ist. Nach einigen Stunden interessiert sie sich für den abgeschlossenen Nebenraum des Spielzimmers. Sie will nachsehen, wie der Raum aussieht, und die Therapeutin schließt ihn auf.
Ute: „Kann ich da auch spielen?"
Therapeutin: „Was willst du da spielen?"
Ute: „Da können die Kinder schlafen, das soll das Kinderzimmer sein!"
Die Therapeutin ist damit einverstanden, wenn Ute akzeptiert, daß sie die Videokamera und andere elektrische Geräte in dem Raum nicht benutzen darf.
Ute verändert ihre Wohnung. Die Mutter- und die Vaterpuppe haben ein eigenes Zimmer, die Jungenpuppe hat ein kleines Zimmer in der Nähe des Elternschlafzimmers, und die beiden Mädchenpuppen schlafen im Nebenraum.
Für Ute wird nun der Schlüssel zum Nebenraum wichtig. Schon zu Beginn der Therapiestunde fragt sie die Therapeutin, ob sie den Schlüssel für den Nebenraum haben kann. Der Schirm verliert an Bedeutung.

Ute: „Die sind jetzt nicht mehr in Urlaub!"
Ihr Spiel verändert sich. Sie fragt die Therapeutin, ob sie die Vorhänge im Zimmer zuziehen kann.
Therapeutin: „Ist das für dein Spiel wichtig?"
Ute: „Ja, weil es Nacht is'!"
Sie hat auf dem Schreibtisch der Therapeutin eine Paketschnur gesehen und erklärt ihr, daß sie diese für ihr Spiel braucht.

Es ist Abend, und die beiden Mädchen und der Junge müssen ins Bett. Die beiden Elternpuppen sind sehr passiv, und die Puppenkinder müssen sich selbst versorgen. Nach einiger Zeit stehen die beiden Mädchenpuppen auf und sehen nach, ob alle im Haus schlafen. Diese Handlung wiederholt sie mehrfach. Plötzlich sperrt jemand die Türe ab, und die Mädchenpuppen können nicht mehr aus dem Zimmer. Dann setzt sie sich an den Tisch, trinkt Tee und malt.

Als sie am Tisch sitzt, erzählt sie der Therapeutin, daß sie nicht möchte, daß ihre Schwester die gleiche Klasse besuche, sie sei oft wütend, daß sie Anette mit zu ihren Freundinnen nehmen müsse. Sie passe auch nicht gerne auf ihren Bruder auf. Es habe ihr schon geholfen, daß die Lehrerin Anette zu einer anderen Mitschülerin gesetzt habe. Anette habe ihr oft Druck gemacht: Sie solle ihr immer bei Aufgaben helfen, die Anette nicht lösen könne. Anette gehe jetzt zum Förderunterricht, und sie habe an den Tagen Angst, alleine nach Hause zu gehen. Ute verschweigt, wovor sie Angst hat. Es würde ihr aber helfen, wenn sie jemand von der Schule abholt.

Anette

Anette sucht sich sofort ein Puppenhaus zum Spielen aus. Als sie entdeckt, daß drei Puppenhäuser im Zimmer stehen, sieht sie sich in den einzelnen Puppenhäusern die Möbelstücke an, kramt lange in der Kiste mit den Figuren und sucht sich ein Elternpaar, zwei Mädchenpuppen und eine Jungenpuppe aus. Ein Puppenhaus, das aus vier quadratischen Blöcken besteht, interessiert sie besonders. Die Therapeutin sagt ihr, sie könne ihr Puppenhaus nach ihren Vorstellungen zusammenbauen. Anette stellt auf die vier quadratischen Blöcke ein weiteres Puppenhaus. In der ersten Stunde ist sie nur damit beschäftigt, die richtigen Möbel für ihre Wohnung zu suchen. Decken, Kissen und Felle nimmt sie zur Dekoration der einzelnen Räume. In allen Räumen gibt es Teppiche und Bilder. Nur das Kinderzimmer ist sehr dürftig ausstaffiert. Anette will wissen, ob das Puppenhaus so bleiben könne, bis sie wieder komme. Die Therapeutin sagt ihr, daß viele Kinder in diesem Zimmer spielen und es sein könne, daß sie ihr Haus in der nächsten Stunde wieder neu bauen müsse.

Anette hat die Therapeutin das Spielzimmer aufschließen sehen. In der nächsten Stunde fragt sie, ob die Therapeutin das Spielzimmer abschließen könne.
Therapeutin: „Weshalb soll das Spielzimmer abgeschlossen werden?"
Anette: „Keiner soll sehen, was ich spiele!"
Die Beraterin schließt daraufhin das Spielzimmer ab. Anette ist es in jeder weiteren Stunde wichtig, daß kein Familienmitglied am Ende der Stunde das Spielzimmer betritt

und sieht, womit oder was sie gespielt hat. Sie sucht in den nächsten Stunden in den Kisten nach Bausteinen und will ihr Puppenhaus darauf stellen. Die Therapeutin fragt sie, was sie bauen möchte.
Anette: „Die haben ja kein Keller!"
Beide überlegen, was als Keller geeignet sein könnte. Anette entdeckt einen großen Karton: „Das ist unser Keller!" Sie scheint noch nicht zufrieden zu sein und sucht weiter in den Spielzeugkisten.
Therapeutin: „Was suchst du denn?"
Anette: „Was, wo man den Keller abschließen kann! Eine Kette oder ein Schloß!"
Die Therapeutin verspricht, eine Kette und ein Schloß für ihren Keller zu kaufen. In der nachfolgenden Therapiestunde ist Anettes erste Frage, ob die Kette und das Schloß da seien. Gemeinsam mit der Beraterin macht Anette zwei Löcher in den Karton, zieht die Kette durch und verschließt anschließend den Karton mit dem Vorhängeschloß.
Anette: „Wir haben auch so ein Schloß!"
Sie hat sich einige Stunden mit der richtigen Auswahl der Puppen beschäftigt und ist noch unzufrieden, weil die Mutterpuppe so dünn ist. Gemeinsam mit der Therapeutin stopft sie Watte unter das Kleid der Mutterpuppe.
Anette: „Die is ein bißchen dicker!"
Als Vaterpuppe hat sie sich eine männliche Figur mit blauem Hemd und Hose ausgesucht.
Anette: „Weil wenn der arbeitet, dann hat der auch sowas an!"
Sie wählt eine Mädchenpuppe mit dunklen und eine Jungenpuppe mit blonden langen Haaren aus. Der Junge ist schon größer, eher schon ein Jugendlicher.
Anette: „Die haben einen großen Bruder!"
Anette fragt die Therapeutin, ob sie die Vorhänge schließen kann, weil es Nacht sei.

Sie spielt, daß die Mutter den Jungen liebevoll ins Bett bringt. Sie entfernt das Schloß im Keller, legt Kissen hinein, und dann gehen beide Mädchen alleine in den Keller schlafen.

Bei dieser Spielhandlung beobachtet sie aufmerksam, wie die Beraterin reagiert. Als sie nichts sagt, meint Anette: „Wir schlafen auch im Keller!"
Therapeutin: „Wie findest du das?"
Anette: „Da hab ich immer Angst, aber da sprech ich nicht drüber!"
Anette will wissen, ob die beiden Mädchenpuppen im Keller bleiben, bis sie wieder kommt. Die Therapeutin sagt ihr, daß in diesem Zimmer viele Kinder spielen und sie ihr Spiel wieder selbst aufbauen müsse.

In den weiteren Stunden spielt Anette, daß die Mädchen nachts aufstehen und im Haus herumlaufen. Der Bruder steht auch auf und kommt zu den Mädchen ins Zimmer, geht aber auch wie die Mädchen nach einiger Zeit wieder ins Bett. Die Mädchen werden von jemandem aus dem Bett gezogen, gehauen und danach im Zimmer eingesperrt. Obwohl die Therapeutin nichts sagt, meint Anette: „Reden ist verboten!"
Während ihres Spiels macht Anette immer wieder eine Pause, trinkt Tee oder ißt Plätzchen. In diesen Pausen erzählt sie, daß sie nicht gerne zur Schule gehe, daß sie zuhause und auch in der Schule immer Unterleibsschmerzen habe und deshalb in der

Schule nicht aufpassen könne. Sie sei mit Mama bei einem Arzt gewesen, aber die Unterleibsschmerzen würden nie aufhören.
Die Beraterin fragt sie: „Würde es dir helfen, wenn du einige Zeit in ein Krankenhaus kommst, wo man herausfinden kann, was dir fehlt?"
Anette: „Ja, weil ich hab Angst, alleine nach der Schule nach Hause zu gehen und mit dem Papa für die Schule zu üben!"
Sie erzählt, daß sie dreimal in der Woche den Förderunterricht in der Schule besuche, aber der Vater trotzdem weiter mit ihr übe.
Therapeutin: „Würde es dir helfen, wenn wir mit Papa darüber sprechen, daß er nicht mehr mit dir übt, bis du wieder gesund bist?"
Anette: „Ja, aber lieber sollst du das Mama sagen!"

Anschließend an dieses Gespräch sucht sie sich einen Arzt und eine Krankenschwester und spielt, daß das blonde Mädchen in ein Krankenhaus kommt. Sie staffiert liebevoll das Krankenzimmer des Mädchens aus und singt dabei. In der nächsten Stunde spielt sie nicht mehr mit dem Puppenhaus, sondern malt mehrere Bilder, in denen zwei Kinder in einem Bett liegen und jemand diese aus dem Bett zieht.

Die Testphase (2. Phase)

Diesen Abschnitt der Kindertherapie haben wir „Testphase" genannt, da wir die Erfahrung gemacht haben, daß Kinder die Spieltherapeutin als Person auf die Probe stellen, bevor sie ihre Gefühle auszudrücken wagen.

Gespräche mit den Eheleuten Paul

Beide Eltern suchen das Einzelgespräch mit dem Therapeuten. Frau Paul erinnert sich, daß Ute schon vor einem Jahr mehrfach sehr spät nach Hause gekommen sei. An einem Abend sei sie zur Polizei gegangen, weil Ute um 23 Uhr noch nicht daheim gewesen sei. Ute sei dann doch alleine nach Hause gekommen und habe einen sehr verstörten Eindruck gemacht. Sie habe sich geweigert zu sagen, wo sie gewesen sei. Sie habe behauptet, sie hätte sich verirrt. Beide Mädchen waren vor einem Jahr mit einem anderen Mädchen aus der Nachbarschaft befreundet, das in den Geschäften gestohlen habe. Dieses Mädchen sei auch damals dabei gewesen, als Ute so spät nach Hause gekommen sei. Frau Paul habe daraufhin ihren Kindern den Umgang mit diesem Kind verboten. Sie wisse nicht mehr, wie die Familie heiße, die inzwischen auch weggezogen sei.

Utes Aggressivität habe sich völlig gelegt, seit ihre Schwester im Krankenhaus liege. Sie habe auch ihr Herumlaufen im Haus aufgegeben. Sie nehme ihren Bruder jetzt ständig mit, wenn sie mit Freunden draußen spiele, und Alexander schlafe seitdem jede Nacht bei seiner Schwester. Die gynäkologische Untersuchung bei Anette habe keinerlei Auffälligkeiten ergeben. Frau Paul glaube, daß eher Ute als Anette mißbraucht worden sei. Der Therapeut fragt die Mutter, wie sie zu dieser Vermutung komme. Sie berichtet, daß Ute schon mehrfach Pornohefte mit nach Hause gebracht habe und sich oft sehr aufreizend verhalte.

Herr Paul spricht über seine Arbeit und die Schulden, die ihm große Sorgen machten. Er besuche Anette regelmäßig im Krankenhaus und sei erstaunt, daß sie dort Diktate mit nur wenigen Fehlern schreibe und Rechenaufgaben löse, die sie zu Hause nicht lösen könne. Er glaube den Kindern nicht, daß sie sich auf dem Schulweg bedroht fühlten, weil er nie eine verdächtige Person gesehen habe. Er gibt den Mädchen die Schuld für Streitigkeiten mit dem Sohn und klagt über die Unfähigkeit seiner Frau, sich bei den Mädchen durchzusetzen. Er kann sich nicht erinnern, daß die Mädchen häufig spät abends nach Hause gekommen seien. Der Therapeut fragt ihn, ob er sich vorstellen könne, daß die Mädchen manchmal vor ihm Angst hätten. Herr Paul erklärt, daß er konsequenter sei als seine Frau. Er räumt ein, daß er den Mädchen schon mal einen Klaps gebe, aber nur dann, wenn ihre Mutter nicht durchgreife.

Herr Paul weiß nicht, daß Anette gynäkologisch untersucht worden ist und zeigt sich nach Informationen der Klinik wenig an den sonstigen Untersuchungsergebnissen interessiert. Dem Berater fällt wieder auf, daß Herr Paul sich nur dann auf Gespräche über die Kinder einläßt, wenn er direkt von außenstehenden Personen darauf angesprochen wird. Herr Paul bestätigt diese Einschätzung und meint, daß er keine Beratungsstelle aufgesucht hätte, sondern der Meinung sei, daß die Kinder härter angefaßt werden müßten, dann gebe es keine so gravierenden Schwierigkeiten.

Ute

Ute baut in jeder Stunde alles so auf wie in den vorhergehenden Stunden. Sie richtet das Elternschlafzimmer und das Zimmer des Bruders ein. Die Mädchenpuppen werden ins Nebenzimmer gelegt, und dann werden die Vorhänge zugezogen. Sie tauscht die Mutterpuppe gegen die Omapuppe mit dem Argument aus:" Die Mama is nämlich dikker!". Sie will nicht, daß die Vaterpuppe einen Schnurrbart hat und klebt dieser Figur daher ein Pflaster über den Bart. Ute: „Der hat nämlich keinen Bart!". Sie klebt ein weiteres Pflaster einer Mädchenpuppe auf die Brust und malt mit einem Filzstift rote Pünktchen darauf.

Dann fragt sie die Therapeutin, ob sie eine Zigarette haben kann. Sie vereinbaren, daß sie die Zigarette nicht raucht und auch nicht anzündet.

Ute spielt, daß jemand nachts in das Zimmer der Mädchen geht, ein Mädchen aus dem Bett holt und es außerhalb des Hauses bringt. Dort wird das Mädchen mit einem Seil an einen Gegenstand gebunden und mit der Zigarette an der Brust verbrannt. Dann geht die Person weg und läßt das Mädchen alleine. Das zweite Mädchen steht auf und sucht die Schwester. Es findet sie, befreit sie und kehrt mit ihr ins Schlafzimmer zurück. Ute sucht einen Geist und stellt diesen selbst her, indem sie Schlitze in ein schwarzes Tuch schneidet und es über eine Kasperfigur stülpt. Es ist nachts und alle schlafen. Die schwarze Figur öffnet das Zimmer der Mädchen und geht hinein. In einer anderen Stunde legt sich die schwarze Figur zu einem Mädchen ins Bett und sagt:" Ich liebe dich!". Kurz vor Morgengrauen geht die schwarze Figur aus dem Zimmer und sperrt es ab. Bevor die Figur das Haus verläßt, schließt sie die Tür der Mädchenpuppen wieder auf.

In einer anderen Stunde will Ute mit einer Flasche zur Toilette gehen, aber nicht sagen, was sie dort macht. Die Therapeutin einigt sich mit ihr, daß sie nicht in ein anderes Therapiezimmer geht. Ute kommt ins Therapiezimmer zurück. In der Flasche ist gelbe schaumige Flüssigkeit.
Therapeutin: „Das schaut aus wie Pipi!"
Ute: „Ich hab auch da reingepinkelt!"
Therapeutin: „Und was ist der Schaum?"
Ute: „Der hat ja auch Seife reingemacht, daß es eklig schmeckt!"

Dabei beobachtet sie ständig die Therapeutin, die sich von dieser Aussage nicht beunruhigen läßt. In einer weiteren Stunde fragt sie die Therapeutin, ob sie zerbrochene Tonklümpchen für ihr Spiel nehmen darf.
Sie gibt diese in einen Becher, gießt Wasser darauf und rührt noch Seife ins Wasser. Ein Mädchen ist ins Krankenhaus gekommen, und das andere Mädchen schläft alleine in dem Zimmer. Irgend jemand stellt den Becher mit Ton und Seife ins Zimmer des Mädchens und sperrt dann die Türe ab. Ute: „Die muß das trinken!". Einige Zeit später wird die Türe wieder aufgeschlossen, und jemand sieht nach, ob der Becher ausgetrunken ist. Der Becher ist leer.
Ute: „Sonst passiert dem Bruder was!"

In den Pause erzählt Ute, daß sich ihre Noten in der Schule gebessert hätten. Oma und Opa würden sie häufig von der Schule abholen, und sie dürfe sie wieder öfter besuchen. Daher habe sie weniger Angst. Sie erzählt, sie habe sich schon einmal verlaufen, weil sie vor jemandem Angst gehabt habe, und die Mama habe sie gesucht. Sie wollte damals zur Oma gehen, sei auch schon kurz vor ihrem Haus gewesen, habe aber dann doch Angst gehabt, daß die Oma ihr nicht glauben würde. Wenn sie zur Schule gehe, habe sie Angst, an einem bestimmten Haus vorbeizugehen. Sie wisse aber nicht, wer da wohnt und wolle auch nicht sagen, was ihr solche Angst mache. Sie erzählt, daß alle aufpassen, und die Person jetzt sehe, daß sie begleitet werde und daher nichts tue. Sie werde zur Zeit nicht aus dem Bett gezogen. Sie habe auch zu Hause keine Angst mehr, seit ihre Schwester im Krankenhaus sei. Sie habe den Eindruck, daß ihr Bruder jetzt Angst habe.

Anette

Seit Anette im Krankenhaus ist, macht sie einen fröhlichen und ausgeglichenen Eindruck. Die Beraterin und sie spielen in einem Raum, den ihnen der Psychologe der Klinik zur Verfügung gestellt hat.

Anette spielt mit den Figuren des Scenotestes. Wieder wählt sie ein Ehepaar und drei Kinder. Dieses Mal sucht sie noch ein weiteres Ehepaar aus und spielt, daß dieses in einer anderen Wohnung lebt. Die Eltern gehen aus dem Haus, und jemand mit einem Auto kommt. Er geht in die Wohnung, holt ein Kind nach dem anderen, fesselt die Kinder und sperrt sie in das Auto. Dann fährt das Auto einen weiten Weg, wo sie alleine

sind. Der kleine Junge wird aus dem Auto geholt. Jemand fesselt ihn an den Beinen und hängt ihn an einem Baum auf. Die Mädchen werden aus dem Auto geworfen. Sie versuchen wegzulaufen, und das Auto versucht sie zu überfahren. Die Kinder werden von jemand anderem im Auto aufgenommen und fahren zu dem Jungen, um ihn zu befreien. Die Eltern zeigen keinerlei Reaktion, als sie sehen, daß kein Kind im Haus ist. Jemand bringt die Kinder zurück, und die Eltern zeigen wieder keine Reaktion. Wieder werden alle Kinder aus dem Haus geholt und in ein Auto gesteckt. Der Junge wird erneut an den Beinen aufgehängt. Jemand schneidet das Seil durch, und der Junge fällt mit dem Kopf auf den Boden. Dann fährt das Auto über den gefesselten Jungen.
Anette: „Zu spät, jetzt ist er tot!"

Die Mädchen laufen weg und wieder holt sie jemand mit dem Auto und bringt sie nach Hause. Der Junge ist doch nicht tot und wird später von einer Person mit dem Auto nach Hause gebracht. Die Eltern sind daheim und zeigen wiederum keinerlei Reaktion.

Anette fragt die Beraterin, ob sie zu der nächsten Stunde einen Photoapparat mitbringen könne.

Sie spielt, daß zwei Mädchen mit dem Auto abgeholt werden. Sie werden gefesselt und in einen Raum gebracht, in dem ein Fell liegt. Beide Mädchen werden völlig ausgezogen, und jedes Kind wird nackt photographiert. Sie holt sich aus der Kiste eine männliche Figur und einige Jungenpuppen und entkleidet sie. Dann sagt sie: „Mit Jungs schlafen, pfui Teufel! Und wenn die aufstehn, dann stinkt das immer so!"
Sie beobachtet dabei die Therapeutin und meint: „Da red' ich nie drüber, im Leben nicht!"

Zwischendurch erzählt sie über ihren Klinikaufenthalt. Sie habe hier in der Klinik keine Angst mehr, habe auch Schule, und hier fielen ihr das Rechnen und Schreiben nicht so schwer.

Wutphase (3. Phase)

Auf dieser Stufe der Therapie wird es Kindern möglich, ihre aggressiven Gefühle und Impulse zu äußern.

Gespräche mit den Eheleuten Paul

Beide Eheleute berichten, daß sich die Situation mit den Mädchen etwas gebessert habe. Plötzlich sei Alexander auffälliger. Er sei mitten in der Nacht mehrmals zu ihnen ins Schlafzimmer gekommen. Nach einiger Zeit würde er wieder in sein Zimmer zurückkehren. Alexander sage, er habe nachts Angst und glaube, Geräusche im Haus zu hören. Frau Paul verständigt sich mit Alexander darauf, daß die Türen vom Kinderzimmer und von ihrem Schlafzimmer offen bleiben. Daraufhin hätten Alexanders nächtliche Besuche zunächst nachgelassen. Frau Paul kontrolliere jetzt jeden Tag im Beisein der Kinder, ob die Kellertür abgeschlossen sei und hänge den Schlüssel an einem für alle sichtbaren Ort auf. Sie hoffe, daß mit dieser Handlung auch die Angst der Mädchen nachlasse, es könne sich nachts jemand im Haus aufhalten.

Frau Paul hat wieder mehr Hoffnung, daß eine Verhaltensänderung der beiden Mädchen eine Reduzierung der Partnerkonflikte ermögliche. Im Einzelgespräch berichtet sie, daß Ute mehrfach zu dem Haus gegangen sei, an dem sie angeblich aus Angst nicht vorbeigehen könne. Dies habe ihr Mann gesehen. Ute würde jetzt viel mit ihrem Bruder spielen, und Anette zeige häufig auch Angst vor ihrem Bruder. Sie gehe kaum nach draußen, sondern spiele oft alleine. Frau Paul berichtet, ihr Mann habe mehrfach den Kindern gedroht, sie in den Keller zu sperren, als sie seine Wünsche ignoriert hätten. Frau Paul möchte herausfinden, wer in dem Haus wohnt, an dem die Kinder nicht vorbeigehen wollen. Die Begleitung der Kinder zur Schule durch die Großeltern und die Eltern habe die Angst der Kinder zwar gemindert, die Begleitpersonen hätten aber auch nichts Auffälliges bemerkt.

Herr Paul will, daß die Begleitung der Kinder zur Schule eingestellt wird und die Schwiegereltern weniger Einfluß auf ihr Familienleben haben. Er befürchte, daß sie seine Frau und auch die Kinder gegen ihn „aufhetzen" und ein Interesse haben, daß es zu einer Trennung komme. Seit die Kinder wieder ruhiger geworden seien, hätten er und seine Frau weniger Streit. Anette würde besser lernen und somit sei kein Grund mehr dafür vorhanden, daß seine Schwiegereltern die beiden Mädchen häufiger zu sich nähmen.

Ute

Ute will jetzt immer häufiger, daß die Therapeutin mitspielt.

Ute diktiert der Therapeutin die Mutterpuppe zu und sagt ihr, sie solle Essen für die Kinder kochen. Sie fragt Ute, wie das Essenkochen ablaufen solle. Während die Beraterin (als Mutter) zu kochen beginnt, spielt Ute, daß ein Mädchen der Mutter Essen wegißt.
Therapeutin: „Wie wird die Mutter reagieren?"
Ute:" Die is' sauer!"
Sie lacht dabei und spielt, daß sie mit dem Essen auch eine Katze füttert.
In einer anderen Stunde spielt sie eine ähnliche Situation und meint dann zu der Mutterpuppe: „Die ißt uns auch immer alles auf!"
In einer nachfolgenden Stunde soll die Therapeutin eine Mädchenpuppe spielen. Die beiden Mädchen schlafen im Nebenzimmer, und Ute sperrt die Tür ab.
Therapeutin: „Werde ich jetzt als Mädchen schreien?"
Ute: „Nein, dann passiert was, die haben Angst!"
Nach einiger Zeit wird die Türe aufgeschlossen, und die schwarze Figur kommt ins Zimmer. Therapeutin: „Was wird das Mädchen wohl machen?"
Ute: (böse) „Die sagt nix, die haben Angst!"
Es ist dunkel in dem Zimmer, und die Therapeutin sieht nicht, was Ute macht. Nach einiger Zeit geht sie mit der schwarzen Figur aus dem Zimmer. Sie kommt ohne die Figur ins Zimmer und sagt: „Und jetzt machst du Licht an!" Die Beraterin versucht

mit ihrer Puppe das Licht anzuknipsen, wird aber plötzlich wütend von der anderen Mädchenpuppe verhauen, die das Licht wieder löscht.
Therapeutin: „Sollte ich das nicht?"
Ute: „Die macht das immer, und dann hab ich Angst!"
In der darauffolgenden Stunde soll die Therapeutin das Elternpaar spielen.
Ute: „ Und jetzt schmust die Mutter!"
Plötzlich holt sie eine Holzkeule aus dem Schrank und haut beiden Figuren auf den Kopf. Sie lacht und beobachtet die Therapeutin. Als diese das zuläßt, rührt sie einen Brei mit Ton und Seife und schüttet ihn anschließend der Mutter- und der Vaterpuppe über den Kopf. Therapeutin: „Ih!"
Ute lacht und bricht das Spiel ab.
In einer anderen Stunde soll die Beraterin spielen, daß die Vaterpuppe zur Toilette geht. Ute holt sich eine Schnur und bindet der Vaterpuppe den Penis ab. Sie entreißt der Therapeutin die Puppe und hängt die Figur an der Türklinke auf. Dann reißt sie die Türe vom Spielzimmer auf und wirft die Figur aus dem Zimmer, und anschließend knallt sie laut die Türe zu.

Anette

Anette, die mittlerweile aus der Klinik entlassen ist, spielt jetzt in manchen Stunden mit den anatomisch korrekten Puppen, mit anderen Puppen und Kasperfiguren. Sie baut mitten im Zimmer ein Bett, in dem zwei Mädchenpuppen liegen. Die Therapeutin soll eine Mädchenpuppe spielen. Anette spielt eine Jungenpuppe, die nachts ins Zimmer kommt, sich nackt auszieht und sich in das Bett zur Mädchenpuppe der Therapeutin legt.
Therapeutin: „ Wie findet die das?"
Anette: „Die sagt nix, die tut, wie wenn die schläft!"
Sie spielt, daß die andere Mädchenpuppe aufsteht und aus dem Zimmer geht.
Therapeutin: „ Wie fühlt sich die?"
Anette: „Die is'' sauer auf die!"
In einer anderen Spielsituation soll die Therapeutin eine Mädchenpuppe spielen, die den Kellerschlüssel wegnimmt und unter ihrem Kopfkissen versteckt.
Anette: „ Und jetzt klopft der, und du machst die Türe auf!"
Therapeutin: „ Womit?"
Anette (böse) „Mit dem Schlüssel!"
Sie spielt eine Jungenpuppe, die in das Zimmer kommt, sich auszieht und sich auf ihre Puppe legt. Sie sagt der Therapeutin, daß ihre Mädchenpuppe aufstehen und spielen soll. Plötzlich springt sie auf und wirft aggressiv das Spielzeug der Puppe der Beraterin vom Tisch.
In einer anderen Stunde soll die Therapeutin die Jungenpuppe spielen, die ins Zimmer der Mädchen kommt. Aggressiv packt Anette den Jungen an den Haaren und wirft ihn aus dem Zimmer.
Anette: „ Weil der macht auch so was!"

Therapeutin: „Was macht der Junge?"
Anette: „Sag' ich nicht!"
Sie bringt eine weitere Frauenfigur ins Spiel, die Zettel hat und etwas aufschreibt. Sie spielt diese Puppe. Die Mädchenpuppe der Therapeutin soll die Zettel der Frau holen. Ihre Puppe verweigert jedoch der Mädchenpuppe die Zettel.
Therapeutin: „Wie fühlt sich die?"
Anette: „Die is' sauer und die hat Angst!"
Sie bricht das Spiel ab und fragt die Therapeutin, ob sie die Zettel haben kann, auf denen diese Notizen gemacht hat.
Therapeutin: „Wofür brauchst du sie?"
Anette: „Ich will die aufheben, verstecken, der Mama geben!"
Therapeutin: „Ich kann dir die nicht geben!"
Anette wird böse und meint: „Die muß ich mitbringen!"
Therapeutin: „Was passiert, wenn du die nicht mitbringst?"
Anette starrt plötzlich vor sich hin und ist völlig abwesend.
Therapeutin: „Was ist, wenn ich die Zettel im Reißwolf kleinmache?"
Anette: „Weiß ich nicht!"
Therapeutin: „Und wenn ich die Zettel vor Mama und Papa klein mache?"
  Anette ist sofort begeistert. Die Beraterin ruft den Therapeuten der Eltern an und bittet ihn, zu ihr zu kommen. Beide Therapeuten besprechen, daß es Anette helfen würde, wenn die Aufzeichnungen vor Augen der Eltern vernichtet würden.

Die Trauerphase (4. Phase)

Jetzt wird es Kindern möglich, auch traurige Gefühle zu äußern.

Gespräche mit den Eheleuten Paul

Frau Paul berichtet, daß beide Mädchen in der letzten Zeit wieder öfter Angst haben. Ute und Anette würden häufig nachts aufstehen und zur Toilette gehen oder in das Elternschlafzimmer kommen. Anette äußere den Wunsch, mit ihrer Schwester in einem Bett schlafen zu dürfen. Ute lehne das ab. Anette habe den Eindruck, daß jemand nachts in ihrem Zimmer herumlaufe. Frau Paul ist wieder eingefallen, daß sie selbst mitunter Geräusche im Keller gehört habe. Sie habe auch Angst gehabt und sei deshalb nicht zu den Mädchen gegangen. Der Therapeut berichtet über die Klagen der Mädchen über fehlende Nachttischlampen. Frau Paul sagt, daß sich im Zimmer der Mädchen keine Anschlüsse für Lampen befänden und sie glaube, Herr Paul sei mit deren Installierung nicht einverstanden. Ihr Mann habe die Befürchtung, daß die Mädchen die ganze Nacht das Licht brennen ließen. Als Ersatz wolle sie den Mädchen Taschenlampen kaufen.
  Einige Gesprächstermine vergehen, bis die Mutter den Mädchen kleine Taschenlampen gekauft hat. Sie erzählt aber bald darauf, daß Ute beide Taschenlampen ka-

puttgemacht habe. Auch Alexander äußere in der letzten Zeit Angst davor, alleine in seinem Zimmer zu schlafen. Er behaupte, es komme jemand nachts in sein Zimmer. Sie habe Alexander schon mehrfach aus dem Zimmer der Mädchen geholt. Anette habe plötzlich Angst vor ihrem Bruder, weine bei kleinsten Streitigkeiten und sage oft, sie wolle wieder ins Krankenhaus. Ute beschütze im Gegensatz zu früher ihre Schwester häufiger vor Angriffen des Bruders. Der Berater spricht an, ob es Ute und Anette helfen könnte, wenn sie wieder mit dem Bruder in einem Zimmer schlafen würden. Diesen Vorschlag lehnt Frau Paul ab. Sie vermute, ihr Mann sei damit nicht einverstanden. Sie bezweifelt die Angst der Mädchen. Sie kämen wieder häufig sehr spät abends nach Hause, obwohl sie angeblich Angst in der Dunkelheit hätten.

Der Therapeut spricht Herrn Paul auf den Entschluß der Eheleute an, die Mädchen in den Keller zu verlegen. Herr Paul reagiert überrascht. Ihm sei noch nie aufgefallen, daß die Kinder in der Nacht herumlaufen. Die Idee, den Mädchen ein Zimmer im Keller einzurichten, sei ihm gekommen, weil Ute und Anette bis spät in die Nacht mit Alexander Unsinn gemacht hätten. Der Berater wundert sich, daß Herr Paul anscheinend nicht weiß, daß die beiden Mädchen sich im Keller ängstigen. Er wisse nur, daß die Kinder außerhalb der Wohnung vor einer Person Angst haben. Er zweifele an der Furcht der Kinder, denn er habe beide Mädchen in dem Haus des Mädchens gesehen, vor dem sie angeblich Angst haben. Der Autor spricht Herrn Paul darauf an, daß ein Kind erzählt habe, er sei mit dem Vater dieses Mädchens befreundet und habe noch oft Kontakt zu dieser Familie. Er entgegnet, daß er mit dem Vater dieses Mädchens häufig Nebenjobs ausführe. Herr Paul glaubt, daß die Mädchen sich eher mit ihrer Angst wichtig machen wollten.

Der Therapeut bemerkt, daß Frau Paul nicht weiß, wie die Familie des Mädchens heißt, vor dem beide Mädchen Angst haben und offensichtlich auch nicht darüber informiert ist, daß ihr Mann weiter zu dem Vater des Mädchens Kontakt hat.

Vor dem anschließenden gemeinsamen Gespräch mit den Kindern besprechen sich die beiden Berater. Die Beraterin berichtet, daß Ute und Anette ihre Angst deutlich äußern und nicht mehr im Keller schlafen wollen. Ute bedränge die Therapeutin mit ihrem Wunsch, zur Oma ziehen zu wollen. Anette dagegen weine und wolle wieder ins Krankenhaus gelegt werden. Beide Kinder weigerten sich weiter hartnäckig zu sagen, wovor sie Angst haben und meinten, es würde ihnen helfen, wenn sie wieder bei ihrem Bruder in einem Zimmer schlafen könnten. Dieser Vorschlag wird im gemeinsamen Gespräch thematisiert. Frau Paul glaubt, ihr Mann werde damit nicht einverstanden sein. Herr Paul ist aber sofort bereit, die Mädchen zu Alexander ins Zimmer zu legen. Beide Mädchen sind beruhigt. Sowohl die Eheleute Paul als auch die Kinder berichten, daß es zu einer Entspannung der Konfliktsituation gekommen sei.

Im Einzelgespräch berichtet die Mutter dem Berater, daß die beiden Kinder noch am gleichen Tag ins Zimmer von Alexander gezogen seien. Ihr Mann habe aber den Mädchen schon oft bei Problemen gedroht, sie wieder in den Keller zu verlegen. Anette habe der Lehrerin öfter erzählt, sie habe immer noch Angst auf dem Heimweg. Seit einigen Tagen würde ständig eine Polizeistreife vor der Schule stehen, und Frau Paul vermutet, der Rektor habe die Polizei informiert. Dies habe auch Utes Angst verstärkt.

Aus diesem Grunde habe sich ihr Vater bereit erklärt, beide Kinder regelmäßig von der Schule abzuholen.

Der Therapeut möchte mit den Eltern von Frau Paul Kontakt aufnehmen, um von ihnen Informationen zu bekommen und zu überlegen, inwieweit sie in weitere Maßnahmen einbezogen werden können.

Herr Paul gibt zu, den Mädchen schon mal „im Scherz" gedroht zu haben, sie wieder in den Keller zu legen. Eigentlich habe er nachprüfen wollen, ob die Kinder wirklich so große Angst im Keller hätten. Er räumt ein, daß er früher häufig in den Keller gegangen sei, wenn er Frühschicht gehabt habe, aber dann hätten beide Mädchen fest geschlafen. Er habe sich vorgenommen, nachts häufiger nachzusehen, ob die Kinder aufstehen. Herr Paul möchte nicht, daß die Eltern seiner Frau Informationen über die häusliche Situation bekommen, da er glaubt, die Schwiegereltern wollen, daß seine Frau sich von ihm trennt.

Kontakt zu den Großeltern mütterlicherseits

Der Therapeut nimmt Kontakt zu den Eltern von Frau Paul auf. Diese sind sehr enttäuscht über ihre Tochter. Sie sei nicht in der Lage, den Haushalt und die Kinder richtig zu versorgen. Sie glauben, daß Herr Paul seine Frau und die Kinder schlägt. Die Großeltern haben schon daran gedacht, das Jugendamt einzuschalten und die Mädchen zu sich zu nehmen. Sie haben aber Angst, Schritte gegen ihre eigene Tochter einzuleiten. Frau und Herr Paul weigerten sich, Kontakte zum Jugendamt zuzulassen. Die Großeltern sind in Krisensituationen bereit, die Kinder aufzunehmen. Die Großmutter berichtet, daß Alexander von beiden Eheleuten bevorzugt werde. Der Junge greife vor allem Anette an, und sie werde von den Eltern nicht geschützt. Die Großeltern holten seit kurzem beide Mädchen regelmäßig von der Schule ab und würden ihnen bei den Hausaufgaben helfen. Besorgt sind die Großeltern vor allem um Anette, die sehr ängstlich sei und in der Schule große Konzentrationsprobleme habe. Ihr Schwiegersohn würde besonders in der letzten Zeit intensivere Kontakte zu den Mädchen zu verhindern suchen. Sie nehmen an, er habe die Befürchtung, daß sie ihre Tochter zur Trennung von ihm drängen würden.

Dem Berater fällt auf, daß die Großeltern in erster Linie daran interessiert sind, die beiden Mädchen zu sich zu nehmen. Sie scheinen es ihrer Tochter überlassen zu wollen, ob sie ihre Ehe aufrecht erhält.

Telefonat mit der Lehrerin

In einem weiteren Telefonat mit der Lehrerin erfährt der Therapeut, daß die Großeltern sehr bemüht um die beiden Mädchen seien. Sie erkundigten sich häufig in der Schule nach dem Befinden der Kinder und seien sehr zuverlässig. Ute zeige wieder gute Leistungen in der Schule, und Anettes Leistungen hätten sich auch gebessert. Sie äußere noch oft, daß sie zu Hause Angst habe. Wenn sie bei den Großeltern sei, wirke Anette ausgeglichen und könne sich in der Schule gut konzentrieren.

Ute

In den nächsten Stunden spielt die Spieltoilette eine große Rolle. Ute holt drei Becher, füllt Ton und Wasser ein und rührt die Mixtur intensiv um. Sie holt Seife, mischt sie ins Wasser und rührt wieder um. Sie nimmt die beiden Mädchenpuppen und sagt zur Therapeutin: „Die (blonde Mädchenpuppe) spielst du! Und jetzt setzt du dich da hin!". Sie stellt die Becher auf den Tisch, und die Puppe soll sich an den Tisch setzen.
Therapeutin: „Wird die sich an den Tisch setzen?"
Ute: „Die weint!"
Die Therapeutin spielt, daß ihr Puppenmädchen weint. Ute fragt die Therapeutin, ob sie Süßstoff für ihr Spiel verwenden darf. Sie gibt zwei Süßstofftabletten in ihre angerührte Flüssigkeit und wartet, bis sich die Tabletten aufgelöst haben.
Ute zur Puppe der Therapeutin: „Trink das!"
Therapeutin: „Wird die das austrinken?"
Ute: „Nein, die weint!"
Die Therapeutin spielt erneut ein weinendes Puppenmädchen. Ute packt jetzt die blonde Puppe bei den Haaren, sperrt sie mit dem angerührten Getränk ins Nebenzimmer ein und setzt die zweite Mädchenpuppe an den Tisch.
Ute: „Die darf nich in Bett gehn!"
Therapeutin: „Was ist denn der Grund, weshalb die nicht ins Bett gehen kann?"
Ute: „Weil die (meint eingesperrte Puppe) das nich ausgetrunken hat!"
Therapeutin: „Wie fühlt sich das Mädchen, wenn es weiß, daß die das trinken muß?"
Ute: „Die weint, die denkt, dann stirbt die!"
Theraputin: „Wie fühlt sich das andere Mädchen, was tut die?"
Ute: „Die hat Angst, die trinkt das aus!"
Diese Spielsituation wiederholt sie in mehreren Stunden. *In den nachfolgenden Stunden spielt Ute, daß beide Mädchen im Nebenzimmer liegen. Sie spielt eine Männerpuppe, die sich zu einem Mädchen ins Bett legt.*
Ute (Puppe, die alleine liegt): „Und die weint jetzt!"
Die Therapeutin spielt, daß die Puppe weint. Ute packt daraufhin die weinende Puppe und steckt sie mit dem Kopf in die Spieltoilette.
Therapeutin (für die Puppe): „Ih! Eklig!"
Ute: „Die weint nicht, die kotzt!"
Auffallend ist, daß das zweite Puppenmädchen dem anderen nicht hilft. Die Therapeutin spricht diese Beobachtung an.
Ute: „Das kann die nicht, die hat selber Angst!"
Therapeutin: „Das kann ich verstehen! Was könnte da helfen?"
Ute: „Ich weiß ja nicht, ob die den noch will!"
Therapeutin: „Wen meinst du denn?"
Ute: „Den da (zeigt auf die Männerpuppe)!"
Die Therapeutin beobachtet, daß Ute angespannt ist und befürchtet, auf den Namen der Person angesprochen zu werden.
Therapeutin: „Wollen die Kinder den?"

Ute: „Ne, die haben vor dem Angst!"
Ute beendet ihr Spiel, trinkt Orangensaft und erzählt, daß sie mit ihrer Schwester jetzt bei Alexander im Zimmer schlafe und nicht mehr so große Angst habe. In einer anderen Stunde berichtet sie, sie sei wieder nachts aus dem Bett gezogen worden, habe aber niemanden gesehen. Sie sei aufgestanden, habe ins Schlafzimmer der Eltern gesehen, aber beide seien im Bett gewesen. Morgens habe sie die Mutter gefragt, ob sie sie aus dem Bett gezogen habe. Die Mama habe „nein" gesagt und sei danach sehr böse auf sie gewesen. Sie glaube manchmal, sie habe das nur geträumt, aber ihre Schwester Anette sage auch, sie sei aus dem Bett gezogen worden, und ihr Bruder würde das auch erzählen.
Ute: „Aber die Mama, die is das nicht, die tut sowas nich, die hat ja selber Angst!"
Ute spricht in den Spielpausen immer offener über ihre Angst.
Ute: „Bei der Oma, da hab ich keine Angst!"
Therapeutin: „Weiß die Oma, daß du zu Hause Angst hast?"
Ute: „Nein! Das sag ich der nicht!"
Sie kehrt wieder zu ihrem Spiel zurück und signalisiert der Therapeutin, daß sie nicht weiter darüber sprechen will. Als die Mutter sie vom Therapiezimmer abholen will, sagt sie zu ihr: „Ich will zur Oma ziehn!" Frau Paul lehnt diesen Wunsch heftig ab und meint, Ute wolle so bequem den Streitigkeiten mit den Geschwistern aus dem Weg gehen. Die Beraterin rät Frau Paul, diese Äußerung von Ute mit dem Therapeuten zu besprechen.

Anette

Anette spielt wieder fast ausschließlich mit den Mädchenpuppen. Wie in den vorangegangenen Stunden legt sie mitten in den Raum ein Kissen. Beide Mädchenpuppen liegen gemeinsam in einem Bett.
Anette: „Und jetzt nimmst du die und legst die in ihr Bett!"
Therapeutin: „Wie findet die das?"
Anette: „Die hat Angst und die weint!"
Die Therapeutin spielt, daß die Puppe weint.
Anette: „Und jetzt ist die (andere Mädchenpuppe) sauer auf die!"
Therapeutin: „Worüber ist die denn sauer?"
Anette: „Weil die dann was trinken muß!"
Sie geht zum Tisch, schüttet sich Tee ein, gibt zwei Süßstofftabletten in den Tee und versucht ihn der Puppe einzuflößen. Die Therapeutin vereinbart mit Anette, daß sie für ihr Spiel Wasser mit Süßstoff nimmt, weil Flecke des Früchtetees schlecht von der Puppe zu entfernen seien. Anette ist einverstanden und flößt der Puppe die angerührte Flüssigkeit ein.
Therapeutin: „Wie fühlt sich die?"
Anette: „Die weint nicht mehr (meint die Puppe, die in ihr Bett gelegt wurde), aber die is' trotzdem traurig!"
Therapeutin: „Das kann ich verstehn!"

Anette sitzt vor den Puppen und hat Tränen in den Augen.
Anette: „Aber, als ich im Krankenhaus war, das hat geholfen!"
Therapeutin: „Was hat dir denn geholfen?"
Anette: „Da hatte ich keine Angst, da hab ich auch nicht geweint!"
Therapeutin: „Gibt es Situationen, wo du zu Hause weinst?"
Anette: „Ja, aber die Mama sagt immer, das ist nur, weil der Alexander zu uns ins Zimmer kommt!"
Therapeutin: „Hast du eine Idee, was da helfen könnte?"
Anette: „Ja, wenn die Mama bei uns schläft! Aber die macht das ja nicht, die muß ja bei Papa schlafen!"
Therapeutin: „Soll ich mal die Mama fragen, ob die das macht?"
Anette: „Nein!"

In der nächsten Stunde tauscht sie die Jungenpuppe gegen die Männerpuppe aus. Die Therapeutin soll die Mutter- und die Vaterpuppe spielen. Es ist Abend, und Anettes Mädchenpuppen spielen draußen.
Anette: „ Und du sagst jetzt, die sollen nach Hause kommen!"
Therapeutin: „ Wer wird das den Kindern sagen?"
Anette: „Die Mutter!"
Die Beraterin spielt, daß die Mutter die Mädchen ruft und ihnen sagt, sie sollen nach Hause kommen. Anette spielt, daß die beiden Mädchen weglaufen und nicht mehr zu sehen sind.
Anette: „Und jetzt sucht die die!"
Therapeutin: „ Wird die Mutter die wohl finden?"
Anette: „ Der Vater sagt der (Mutter), wo die sind!"
Therapeutin: „ Wieso weiß der Vater, wo die Mädchen sind?"
Anette antwortet nicht. Die Therapeutin spielt die Mutterpuppe, die die Mädchen sucht.
Therapeutin: „ Was wird die sagen?"
Anette: „ Die meckert die aus! Und der Vater steckt die in Bett!"
Die Therapeutin spielt, daß der Vater beide Mädchen ins Bett schickt.
Therapeutin: „Werden die beiden Mädchen ins Bett gehen?"
Anette: „Ja!"
Therapeutin: „Haben die Mädchen denn schon etwas gegessen?"
Anette: „ Ne, die (meint die Mutter) gibt denen nix mehr!"
Therapeutin: „ Wie fühlen sich die beiden Mädchen?"
Anette: „Die sagen nix, die haben Angst!" Nach einer Pause: „Die stehen nachts auf und dann essen die was!"
Therapeutin: „Die beiden wissen sich zu helfen!"
Anette: „Ja, aber wenn die das merken, dann sperren die die in ihr Zimmer ein!"
Therapeutin: „Gibt es Möglichkeiten, daß die das nicht merken?"
Anette: „Die haben noch Brot in der Schultasche, das essen die dann auf!"
Therapeutin: „Das ist ja eine gute Idee von den beiden Mädchen!"
Anette: „Ja, die sagen, die haben das gegessen, aber haben die nicht!"

Ambivalenzphase (5. Phase)

In dieser Phase werden zwiespältige Gefühle zu tatbeteiligten wie auch unbeteiligten Personen geäußert.

Gespräche mit den Eheleuten Paul

In diesem Abschnitt kommt es zu häufigeren gemeinsamen Gesprächen mit den Eheleuten Paul. Die Streitigkeiten unter den Kindern nehmen teilweise heftige Formen an. Alexander ist plötzlich sehr aggressiv, äußert ebenfalls Ängste und ist nicht mehr bereit, allein zu spielen. Er geht nur noch in Begleitung seiner beiden Schwestern nach draußen zum Spielen. Zu Hause wolle er nur mit Ute spielen, schließe Anette völlig aus oder greife sie ständig an. Die Eltern von Frau Paul nehmen Anette oft für einige Tage zu sich. Das helfe Ute und Alexander, die dann miteinander weniger Streit haben. Herr Paul ist sehr dagegen, daß seine Schwiegereltern immer mehr Einfluß in der Familie haben. Ute und Anette hätten den Großeltern erzählt, daß sie zu Hause immer Angst haben. Sie würden daher häufiger die Kinder befragen. Frau Paul ist es peinlich, daß ihre Eltern immer öfter zu ihnen kommen, daß sie sich intensiv um die schulischen Angelegenheiten kümmerten und daß die beiden Mädchen oft bei den Großeltern bleiben wollten. Andererseits würden die Geschwisterkonflikte entschärft werden, wenn Anette einige Tage bei ihren Eltern lebe. Ute habe sie schockiert: sie wolle, daß ihre Mutter mit ihr zur Polizei gehe und der Polizist herausfinde, wer sich nachts in ihrem Haus aufhalte. Herr Paul ist darüber besonders verärgert. Die Eheleute haben Utes Vorschlag abgelehnt. Da Anettes Schulleistungen sich gebessert hätten, seit sie bei den Großeltern wohne, ist auch Herr Paul mit dieser Zwischenlösung einverstanden.

Frau Paul kommt zu den nächsten Stunden alleine. Die Situation zu Hause habe sich stabilisiert. Ute gehe manchmal herzlich auf ihren Stiefvater zu, seit Anette öfter bei der Oma wohnt. Frau Paul ist enttäuscht, daß es in ihrer Partnerschaft keine Verbesserungen gebe. Ihr Mann beschäftige sich jetzt intensiv allein mit den Kindern. Er übernehme häufiger Nachtdienste, da er dann mehr Zeit für die Kinder habe. Frau Paul berichtet, daß ihre Eltern ihr Vorwürfe machten, weil sie ihnen so lange nichts von den bestehenden Problemen erzählt habe. Ihre Mutter werfe ihr vor, sie bevorzuge Alexander und benachteilige die beiden Mädchen. Der Therapeut teilt Frau Paul mit, daß der Therapeutin und ihm aufgefallen sei, daß sie fast ausschließlich auf die Wünsche des Jungen eingehe und ständig erwarte, daß die Mädchen ihre Bedürfnisse zurückstellten. Frau Paul räumt ein, daß sie Alexander bevorzuge, um Konflikte mit ihrem Mann zu vermeiden. Alexander erzähle alles dem Vater. Er beklage sich oft bei ihm über die Mädchen, und dann würden Ute und Anette bestraft. Alexander berichte dem Vater auch über ihre Aktivitäten. Sie besuche oft heimlich gegen den Willen ihres Mannes ihre Eltern. Ihr Mann wolle aber nicht, daß sie so häufig ihre Eltern besuche. Er habe ihr verboten, mit ihnen über Konflikte in ihrer Familie zu sprechen. Erste Trennungsabsichten werden von Frau Paul geäußert.

Ute

Ute spielt wieder mit den beiden Mädchenpuppen, baut aber jetzt ihr Kinderzimmer im Therapieraum. Sie schließt die Vorhänge, und es ist Nacht. Die Kinder schlafen. Ute holt sich eine Männer und eine Jungenpuppe und fragt die Therapeutin, ob sie beiden Figuren das Gesicht schwarz malen darf.

Ute und die Beraterin einigen sich darauf, daß sie ein schwarzes Gesicht auf Papier malt, es ausschneidet und den beiden Puppen ins Gesicht klebt.
Ute: „Die haben nämlich eine schwarze Farbe im Gesicht, wie Neger!"
Therapeutin: „Sind das Neger?"
Ute antwortet nicht. *Sie spielt, daß eine Männerpuppe mit schwarzem Gesicht in das Zimmer der Kinder kommt. Die Therapeutin soll mit den Mädchenpuppen spielen.*
Therapeutin: „Wie werden die Mädchen reagieren, wenn der mit dem schwarzen Gesicht ins Zimmer kommt?"
Ute: „Die sehen nicht, die hören nur was!"
Therapeutin: „Was hören die denn?"
Ute: „Na, daß da einer im Zimmer rumgeht!"
Therapeutin: „Was werden die tun?"
Ute: „Die tun so, wie wenn die schlafen!"
Therapeutin: „Hilft das?"
Ute: „Manchmal!"
Therapeutin: „Was macht der in dem Zimmer?"
Ute: „Weiß ich doch nicht!"
Therapeutin: „Was vermuten die Mädchen denn?"
Ute: „Daß der die aus dem Bett zieht und nach draußen bringt und fesselt!"
Therapeutin: „Was ist denn der Grund, warum der die nach draußen bringt?"
Ute: „Damit Ma..., damit die Frau das nicht hört!"
Therapeutin: „Was könnte die denn hören?"
Ute: „Die hört ja nix, die schläft ja immer so feste!"
Therapeutin: „Bist du enttäuscht?"
Ute: „Ja, weil die immer sagt, die paßt jetzt nachts auf! Und trotzdem ist da einer im Zimmer! Und außerdem hilft die der Anette nicht, wenn der Alexander die haut, obwohl die immer sagt, die hilft der!"
Therapeutin: „Fühlst du dich von der Mama alleine gelassen?"
Ute: „Ja, aber oft ist die auch lieb!"
Therapeutin: „Was findest du denn lieb an deiner Mama?"
Ute: „Die hat gesagt, die hilft mir, wenn der Papa mich wieder haut! Aber jetzt macht der Papa das mit mir nicht mehr!"
Therapeutin: „Was meinst du damit?"
Ute wirkt plötzlich sehr verschlossen und sagt: „Na, du weißt schon!"
Therapeutin: „Ich weiß jetzt nicht, was du meinst!"
Ute: „Was ich dir vom Keller erzählt hab!"
Therapeutin: „Meinst du das, wo auch eine Frau dabei war?"

Ute: „Ja, die mußte das ja machen, weil der das gesagt hat, aber jetzt macht die das nicht mehr!"
Immer wieder spielt sie die Szene, in der sich zwei männliche Figuren das Gesicht schwärzen.
Therapeutin: „Du sagtest mal, das seien keine Neger, ist das so?"
Ute: „Manchmal denk ich, es is Papa!"
Therapeutin: „Hast du Zweifel, ob es Papa ist?"
Ute: „Ja, weil der spricht immer so ne andere Sprache! Und dann denk ich, das is der Papa nicht!"
Therapeutin: „Was hörst du, wo du denkst, Papa ist das?"
Ute: „Der spricht wie Papa, aber ich versteh nicht, was der sagt! Und dann kann es ja der Papa nicht sein!"
Sie trinkt Tee und sagt nach einiger Zeit: „Der Papa hat gesagt, er hätte eine neue Freundin! Dann kommt der nicht mehr zu uns!"
Therapeutin: „Wie findest du das?"
Ute: „Gut!"
Therapeutin: „Wie meinst du das, er kommt nicht mehr zu euch?"
Ute: „Na, dann geht der!"
Therapeutin: „Wie findest du das?"
Ute: „Aber der weiß nicht, ob er wirklich geht. Wenn der aufhört, dann is' mir das egal!"
Therapeutin: „Womit soll er aufhören?"
Ute: „Ich will nicht, daß der mich aus dem Bett zieht und wegbringt!"
Therapeutin: „Das verstehe ich! Du denkst, wenn er eine Freundin hat, dann hört das auf!"
Ute: „Ja!"
Therapeutin: „Was denkst du, was würde Mama tun, wenn die das weiß!"
Ute: „Weiß nicht, vielleicht bleibt die dann trotzdem!"
Therapeutin: „Du bist dir nicht sicher, ob Mama dann von Papa weggeht!"
Ute: „Die sagt ja immer, die liebt den!"
In mehreren Stunden beschäftigt sie sich wieder mit ihren Bechern, in die sie Wasser, Ton, Seife und Süßstofftabletten mischt. Jetzt bekommen nicht nur die Puppenkinder das Getränk sondern auch die Mutterpuppe.
Therapeutin: *„Was passiert denn, wenn die das getrunken haben?"*
Ute: *„Dann werden die müde,* und die Mama is ja auch immer so müde, die schläft ja oft schon ein, wenn die gegessen hat!"
Therapeutin: *„Weiß die Mama, daß jemand etwas in ihr Getränk gibt?"*
Ute: „Ne, das macht der, wenn der bei uns is'!"
Therapeutin: „Wieso weißt du das?"
Ute: „Hab' ich gesehen! Aber das sag ich nicht, weil der mir sonst was tut!"
Therapeutin: „Wieso ist es denn wichtig, daß die alle schlafen?"
Ute: „Nicht alle! Einer kriegt das nicht!"
Therapeutin: „Was passiert denn mit dem einen, der das nicht kriegt?"

Ute: „Das weiß ich ja nicht, weil ich dann ja schlaf!"
Sie sitzt nachdenklich am Tisch und ißt ihr Brot.
Ute: „Und wenn die Mama auch so fest schläft, dann kann die ja uns nicht helfen!"

Anette

Anette setzt sich jetzt in ihrem Spiel mit dem Kellerschlüssel auseinander. Sie braucht zwei Schlüssel für ihr Spiel. Ein Puppenmädchen hat den Kellerschlüssel genommen und ihn unter ihrem Kopfkissen versteckt, und trotzdem kommt jemand ins Haus und macht den beiden Puppenmädchen Angst. Anette spielt, daß die Puppenmädchen den Opa beobachten, ob er auch einen Kellerschlüssel oder einen Wohnungsschlüssel hat.
Therapeutin: "Die Mädchen sind sich nicht sicher, ob der Opa noch einen Schlüssel hat!"
Anette: „Die Mama hat gesagt, der hat keinen mehr!"
Ein anderes Mal spielt sie, daß der Kellerschlüssel nicht mehr unter dem Kopfkissen des einen Mädchens liegt.
Therapeutin (als Puppenmädchen): „Wo hast du den Schlüssel?"
Anette (als zweites Puppenmädchen): „Ich hab nie einen Schlüssel gehabt!"
Therapeutin zu Anette:" Stimmt das?"
Anette. „Nein, ich hab den doch selbst gesehen! Vielleicht hat die Mama den genommen! Die sagt immer, die paßt auf, aber macht die doch nicht!"
Therapeutin: „Worauf paßt die Mama auf?"
Anette: „Die hängt immer den Schlüssel auf, daß Alexander den nicht haben kann, aber wenn ich guck', dann is' der weg!"
Therapeutin: „Machst du dir Gedanken, wer den Schlüssel hat?"
Anette: „Ich denk immer, Papa hat den, aber kann ja nicht, weil der ja arbeitet!"
Sie spielt, daß beide Mädchen schlafen. Die Therapeutin soll die Mädchen aus dem Bett ziehen.
Anette: „Manchmal denk ich, der Alexander is das! Und dann kommt der Papa in der Nacht und sagt, was is' da los! Da kann das ja nich der Papa sein!"
Therapeutin: „Du bist dir unsicher, wer dich aus dem Bett zieht!"
Anette: „Und dann legt sich einer in mein Bett und ich weiß nicht, wer das is! Und manchmal is' das der Alexander, der macht ja auch sowas!"
Therapeutin: „Was macht der denn?"
Anette: „Ich weiß ja nich', was der da unter der Decke macht!"
Therapeutin: „Mit wem macht der denn was?"
Anette: „Der macht das selber und dann macht der immer mein Bett naß! Und wenn der aufsteht, dann stinkt das immer so! Das stinkt ja immer bei Jungs!"
Therapeutin: „Was machst du, wenn einer in dein Bett kommt?"
Anette: „Einmal hab ich geschrei, dann is' der schnell weggegangen, weil die Mama gekommen is', und hat gesagt, was is los!"
Therapeutin: „Hast du gesagt, was los war?"

Anette: „Ja, aber die hat das nicht geglaubt, weil da war ja keiner mehr! Die glaubt das immer nicht!"
Therapeutin: „Was hast du ihr denn erzählt?"
Anette: „Daß da einer im Zimmer war! Und oft hab ich dann Bauchschmerzen, und das glaubt die mir auch nicht!"
Therapeutin: „Wie kommt es denn zu den Bauchschmerzen?"
Anette: „Das weiß ich nicht!"
Sie spielt, daß sich eine Männerpuppe zu einer Mädchenpuppe ins Bett legt.
Anette: *„ Und jetzt sagst du zu der: ich liebe dich!"*
Therapeutin: *„Zu welchem Mädchen soll ich das sagen?"*
Anette: „Der hat das zur Ute gesagt, das hab ich nämlich gehört!"
Therapeutin: „Was hast du dir denn dabei gedacht?"
Anette: „Ich fand' das komisch!"
Therapeutin: „Was ist denn daran komisch!"
Anette: „Weil das nich' die Mama is!"
Therapeutin: „Was hat die Ute denn gesagt?"
Anette: „Die hat nix gesagt. Der hat das immer wieder gesagt! Dann bin ich aufgestanden, und dann is' der schnell hinterher gekommen und is' in sein Bett gegangen!"
Therapeutin: „Was war denn der Grund, warum du aufgestanden bist?"
Anette: „Ich wollte gucken, ob der Papa im Bett ist!"
Therapeutin: „Und war der Papa im Bett?"
Anette: „Ich hab gehört, da is einer und da bin ich schnell wieder in Bett gegangen!"
Therapeutin: „Hast du einmal versucht, mit Mama darüber zu reden?"
Anette: „Nein, die erzählt das dann dem Papa, und dann krieg ich Ärger!"
Therapeutin: „Dann verstehe ich, daß du nichts erzählt hast!"
Anette: „Aber die Mama, die is jetzt lieber geworden, die sagt das dem jetzt vielleicht nicht mehr!"
  In einer Stunde geht Anette zur Toilette. Sie kommt völlig verstört zurück ins Spielzimmer und weint.
Anette: „Ich geh nicht zur Toilette!"
  Sie kann nicht erklären, wovor sie Angst hat, läßt sich aber darauf ein, von der Therapeutin begleitet zu werden. Im Warteflur sitzt ein dunkelhäutiger Mann. Anette erstarrt und will nicht an ihm vorbeigehen. Auf der Toilette sagt sie dann: „Der war in mein Zimmer!"
Therapeutin: „Der Mann?"
Anette: „Nein, so ein Mann, der war auch so schwarz!"
Therapeutin: „Du meinst, der hatte eine dunkle Hautfarbe?"
Anette: „Nein, so braun! Wenn Papa arbeitet, is der auch so schwarz!"
Therapeutin: „Du hast Angst, wenn jemand so braun ist im Gesicht!"
Anette: „Dann seh ich den immer nicht, wenn das so dunkel ist!"
  In einer anderen Stunde soll die Therapeutin eine Männerpuppe spielen, die sich auf den Körper eines Mädchens legt. Anette überlegt sich das wieder anders und sagt: „Du spielst die (Mädchenpuppe)!" Sie legt die Männerpuppe auf das schlafende Mädchen.

Therapeutin: „Was macht die?"
Anette antwortet nicht.
Therapeutin: „Ich will das nicht!
Anette: „Ich mag das auch nicht, ich denk' dann immer ich geh' tot!"
Therapeutin: „Ich würde mich auch so fühlen!"
Anette sitzt einige Zeit nachdenklich neben den Puppen und sagt: „Aber jetzt macht der das nicht mehr, der geht jetzt zur Ute! Dann hab ich nicht mehr so viel Angst!"
Therapeutin: „Du bist froh, daß er nicht mehr zu dir kommt!"
Anette: „Ja!"

Differenzierungsphase (6. Phase)

Jetzt findet eine genaue Auseinandersetzung mit den Handlungen des Täters statt.

Gespräche mit der Mutter und dem Stiefvater

Frau Paul kommt zu mehreren Terminen alleine. Sie berichtet, daß ihr Ute erzählt habe, ihr Mann habe eine Freundin und ziehe vielleicht aus. Sie möchte gerne mit ihren Eltern über die Situation in der Familie reden, hat aber vor deren Reaktion Angst. Mit Hilfe des Therapeuten findet dieses Gespräch statt. Frau Paul deckt auf, daß die Kinder im Haus Angst haben. Sie vermutet, daß ihr Mann nachts zu den Kindern gehe. Sie wisse aber nicht genau, was dort vorfalle. Ihre Eltern wollen sofort Herrn Paul darauf ansprechen. Gleichzeitig sagen sie, daß sie nicht in der Lage sind, die Tochter mit allen drei Kindern aufzunehmen. Frau Paul ist noch nicht zum Auszug bereit. Sie will von ihrem Mann wissen, ob er an Trennung denke.

Frau Paul spricht ihren Mann darauf an, daß er eine Freundin habe. Herr Paul streitet das ab, gibt aber zu, daß er sich mit einer Kollegin über die Familiensituation unterhalte. Er wolle keine Trennung, betont aber, daß die Kinder die Konflikte zwischen den Eheleuten auslösten. Er sei damit einverstanden, daß Anette vorübergehend bei den Großeltern lebe. Er habe die Erfahrung gemacht, daß es mit Ute und Alexander weniger Probleme gebe. Er hoffe, so könne es zu einer Entspannung des Familienklimas kommen. Diese Aussage weckt bei Frau Paul die Hoffnung auf eine Verbesserung ihrer ehelichen Beziehung.

Aber in einem weiteren Gespräch berichtet Frau Paul, daß ihr Mann doch mit dieser Frau näher befreundet sei. Anette sei wieder in die Familie zurückgekehrt. Frau Pauls Eltern seien enttäuscht, daß sich ihre Tochter nicht von ihrem Mann trenne. Sie seien nur zur Aufnahme beider Mädchen bereit, wenn Frau Paul ihren Ehemann verlasse. Ute und Anette seien mehrmals später von der Schule nach Hause gekommen. Anette habe an drei Tagen nachts eingenäßt. Ute verstecke Butterbrote unter ihrem Bett. Beide Mädchen würden nur noch zusammen in einem Bett schlafen. Anette stehe sehr häufig nachts auf und gehe zur Toilette. Sie klage wieder über Unterleibsschmerzen. Ute komme nachts oft in ihr Schlafzimmer, gehe dann aber sofort wieder ins Bett. Ihr Mann habe mehrfach den Mädchen gedroht, sie wieder in den Keller zu verlegen, wenn sie das Herumlaufen im Haus nicht unterließen. Ute habe Frau Pauls Freundin gefragt, ob sie bei ihr wohnen könne. Beide Mädchen hätten im Moment große Konflikte mit Alexander. Die Mutter vermutet, daß die Mädchen dem Streit mit Alexander ausweichen wollten.

Herr Paul berichtet, daß er jetzt häufig nachts ins Zimmer der Kinder gehe, um ihnen das Gefühl zu geben, daß sich kein Fremder in ihrem Zimmer aufhalte. Seitdem würden die Kinder nachts nicht mehr aufstehen.

Der Therapeut spricht Frau Paul darauf an, daß sie die nächtlichen Kontrollen ihrem Mann überlasse, obwohl sie schon mehrfach die Vermutung geäußert habe, ihr Mann mißbrauche die Kinder. Sie erklärt, daß sie ständig müde sei und nachts nicht aufwache. Der Berater bespricht mit den Eheleuten, daß ein Urlaub von einer Woche bei einer Freundin von Frau Paul Entspannung für alle Beteiligten bringen könne. Herr Paul ist zunächst dagegen. Es wird ein Gespräch mit den Eheleuten, den Mädchen und den Therapeuten geführt, in dem ein einwöchiger Urlaub der Kinder mit der Mutter bei einer Freundin nochmals vorgeschlagen wird. Die Berater begründen ihren Vorschlag damit, daß beobachtet werden solle, ob die Mädchen in einer anderen Umgebung ausgeglichener seien. Die Therapeuten sprechen die Möglichkeit an, das Jugendamt einzuschalten, um eine vorübergehende Unterbringung der Mädchen in einer Wohngruppe zu erreichen, was eine Klärung der Situation erleichtern könnte. Die Berater halten es in dieser Situation für nötig, das Jugendamt einzuschalten, um Herrn Paul zum Einlenken und Frau Paul zu einer eindeutigen Haltung zu bewegen[6]. Zudem vereinbart der Therapeut mit Frau Paul drei Gesprächstermine, um die häusliche Konfliktsituation zu bearbeiten.

Ute

Ute will, daß die Therapeutin ein Kind spielt. Sie funktioniert das Kasperhaus zum Wohnhaus um. Die Therapeutin soll (als Kind) im Haus schlafen. Es ist Nacht, und Ute zieht die Vorhänge zu. Sie holt die Handschellen und stellt einen Stuhl in der Nähe des Hauses auf.
Ute: „Du brauchst noch eine Schwester! Die (Puppe) soll die Schwester sein, und die liegt bei dir im Bett!"
Sie kommt mit den Handschellen ins Haus und sagt: „Jetzt hol' ich dich raus!"
Sie bringt die Therapeutin (als Kind) zum Stuhl und fesselt sie an beiden Händen.
Ute: „Jetzt spielen wir Hochzeit!"

---

[6] Wir schalten andere Institutionen erst dann ein, wenn wir deren Unterstützung wirklich für die Lösung einer Frage benötigen. Den in Mode gekommenen sog. „Helferkonferenzen" können wir im allgemeinen nicht viel abgewinnen, da nach unserer Erfahrung es bei keinem Problem so viele kompetente Leute gibt wie Konferenzteilnehmer (vgl. Körner & Graf i.V.; Körner u.a. i.V.).

Sie geht an der Beraterin und der Schwesterpuppe vorbei und meint: „ Wen werde ich wohl heute heiraten?" Sie entfernt die Fesseln der Beraterin und fordert sie auf zu tanzen. Als die Therapeutin zu tanzen aufhört, haut ihr Ute mit einem Stock auf den Kopf.
Ute: „ Tanzen! Oder willst du wieder gefesselt werden?"
Therapeutin: „Ich kann nicht mehr tanzen!"
   Ute packt die Therapeutin (als Kind) und fesselt sie dieses Mal am Hals und bindet sie an dem Stuhl fest. Sie entfernt die Fesseln der Schwester (Puppe) und fordert sie ebenfalls auf zu tanzen. Ute hat gleichzeitig die Rolle der Schwester übernommen. Sie spielt, daß die Schwester tanzt. Als sie nicht mehr tanzen will, nimmt sie eine Zigarette und spielt, daß das Mädchen an der Brust verbrannt wird.
Therapeutin: „ Was macht das Mädchen, wenn es mit der Zigarette verbrannt wird?"
Ute: „Die weint nicht, sonst wird die wieder verbrannt!"
   Sie packt die Schwesterpuppe und fesselt sie ebenfalls am Hals und bindet sie an einem Stuhl fest. Ute geht ins Haus und legt sich schlafen. Sie spielt, daß eine Jungenpuppe aus dem Haus kommt, die Mädchen sucht, ihnen aber nicht hilft.
Therapeutin: „ Binde uns los, hilf uns bitte!"
Ute (als Junge): „ Der kann nicht helfen, sonst wird der auch gefesselt!"
   Der Junge kehrt ins Haus zurück, und lange Zeit vergeht, bis Ute wieder aus dem Haus kommt. Sie entfernt die Fesseln und holt die Mädchen wieder ins Haus.
Therapeutin: „Ist es noch Nacht, wenn die Mädchen wieder ins Haus gebracht werden?"
Ute: „Ja, damit die Ma...., die das nicht merkt!"
Therapeutin: „Denkst du, die Mama merkt das?"
Ute: „Ne, die schläft ja immer so feste, weil der der was in Tee gibt!"
Therapeutin: „Was ist das, was der der in Tee gibt!"
Ute: „Das ist so was Weißes, die Mama sagt ja auch immer, daß die so müde is!"
   Ute antwortet jetzt nicht mehr. Sie setzt sich an den Tisch und zeichnet ein Bild mit einer Treppe und einem Mann, der auf dem Boden liegt.
Ute: „Der is da runtergeschmissen worden. Der hat uns ... die Kinder ja auch da runtergeworfen!"
Therapeutin: „Wie war das für die Kinder?"
Ute: „Die haben sich verletzt!
Therapeutin: „Haben die jemandem gezeigt, daß die verletzt wurden?"
Ute: „Ne, dann kriegen die Ärger!"
Therapeutin: „Mit wem kriegen die Ärger?"
Ute (böse): „Na, du weißt schon wer!"
   Ute spielt in den nächsten Stunden dieselbe Handlung. Die Therapeutin ist das Kind und muß nachts solange tanzen, bis „er" sie erlöst.
Ute: „ Der heiratet die jetzt!"
Sie führt die Therapeutin ins Haus.
Ute: „Ne, das geht so nicht!"

Sie nimmt die Schwesterpuppe und entkleidet sie. Dann zieht sie eine Männerpuppe nackt aus. Sie legt die beiden nackten Puppen zusammen in ein Bett. Sie fesselt die Therapeutin an einen Stuhl.
Therapeutin: „Was machen die in dem Haus?"
Ute: „Die bumsen, weil die ja geheiratet haben!"
Sie zieht plötzlich die Vorhänge auf, entfernt die Fesseln der Therapeutin und will nicht mehr weiter spielen. In einer anderen Stunde spielt sie die beiden Mädchen, und die Therapeutin soll die Kinder fesseln. Die Therapeutin läßt sich darauf ein.
Ute: „Und jetzt machst du mir die Fesseln ab und sagst, ich soll tanzen!"
Therapeutin: „Tanze!"
Ute tanzt und sagt: „Du mußt sagen schneller!"
Therapeutin: „Schneller!"
Ute spielt, daß sie umfällt.
Ute: „Und jetzt mußt du mir damit (Stock) auf den Kopf hauen!"
Therapeutin: „Das werde ich nicht, das tut doch weh!"
Ute sitzt gedankenverloren auf dem Boden und weint.
Therapeutin: „Was würde dir helfen?"
Ute: „Ich möchte zur Oma, aber ich will auch bei Mama bleiben!"
Die Therapeutin bespricht mit Ute, daß die Mädchen eine Woche mit der Mutter bei einer Freundin wohnen werden und dann ein Weg gesucht werden soll, damit sie keine Angst mehr haben muß. Ute ist mit diesem Vorschlag einverstanden und malt den Rest der Stunde mit Wasserfarben und singt dabei.

Anette

Anette legt ein großes Kissen auf den Boden und legt eine Mädchenpuppe darauf. Es ist Nacht, und eine große Männerpuppe legt sich auf die Mädchenpuppe.
Anette: „Du bist die (Mädchenpuppe)!"
Therapeutin: „Was werde ich sagen?"
Anette: „Weiß ich nicht!"
Therapeutin als Mädchen: „Ich hab Angst, ich bekomme keine Luft!"
Anette: „Ne, die weint und dann hält der der den Mund zu!"
Sie holt ein Glas Wasser. Die Männerpuppe steht auf und geht weg. Sie befeuchtet das Kleid der Puppe mit Wasser und sagt: „Dann hat der die angepinkelt!"
In einer anderen Stunde legt sie zwei Mädchenpuppen ins Bett. Sie spielt eine Männerpuppe, die eine Mädchenpuppe auszieht.
Anette: „Die zieht der nackelig aus und jetzt zieht der sich selber aus!" *(zieht auch die Männerpuppe aus) Sie nimmt den Penis der Puppe und steckt diesen in die Scheide der nackten Mädchenpuppe.*
Anette: „Dann ficken die!"
Therapeutin: „Wie fühlt sich das Mädchen?"
Anette: „Die hat Angst, und dann hat die Bauchschmerzen, wenn der aufsteht! Ich hab auch wieder Bauchschmerzen und wenn ich zur Toilette geh, dann tut das immer weh!"

Therapeutin: „Wer ist der Mann, der sich auf das Mädchen legt?"
Anette: „Der Vater von dem Mädchen.....nein, das is' nich der Vater...!"
Therapeutin: „Was würde dem Mädchen helfen?"
Anette: „Wenn der weggeht und der sagt, der geht weg!"
Therapeutin: „Wer soll weggehn?"
Anette: „Das sag ich nicht, weil der mich dann haut!"
Sie unterbricht ihr Spiel und ißt.
Therapeutin: „Wir haben ausgemacht, daß du und Ute eine Woche bei Mamas Freundin wohnen. Die Mama kommt auch mit. Würde dir das helfen?"
Anette: „Ja!"

Lösungsphase (7. Phase)

In dieser Endphase des Klärungsprozesses entwickelt jedes betroffene Kind eigene Methoden, die Übergriffe zu offenbaren und zu beenden.

Gespräche mit Frau Paul

Frau Paul setzt sich mit ihren Schuldgefühlen auseinander. Sie könne sich jetzt eingestehen, die Mädchen immer benachteiligt zu haben und aus Angst vor ihrem Mann Alexander bevorzugt zu haben. Sie spricht über ihre Beziehung zu ihren Eltern, die sie immer für unfähig gehalten haben, eine gute Mutter zu sein. Sie wisse, daß sich die Beziehung zu ihrem Mann nicht verändern werde. Vor einigen Tagen habe sie ihren Mann mit einer Frau in einer eindeutigen Situation beobachtet. Die Entscheidung, sich von Herrn Paul zu trennen falle ihr auch deshalb schwer, weil sie damit wieder auf die Hilfe ihrer Eltern angewiesen sei. Andererseits helfe es ihr, daß ihr Mann eine Freundin habe, denn dadurch seien ihre Eltern eher auf ihn als auf sie böse. Sie irritiere, daß ihr Mann verhindern wolle, daß sie eine Woche Urlaub bei ihrer Freundin mache. Er bedränge sie, die Therapie mit den Kindern in der Beratungsstelle abzubrechen.

Frau Paul bemerkt, daß sie nicht mehr ständig müde und inaktiv sei, daß ihre Kinder gemeinsam spielten und deren Streitigkeiten in einem erträglichen Rahmen blieben, seit sie bei ihrer Freundin wohnen. Sie sei einige Male im Haus gewesen und habe versucht, einige Kleidungsstücke für ihre Kinder zu holen. Ihr Mann habe sie aufgefordert, wieder nach Hause zu kommen und den Urlaub abzubrechen. Ihr sei nicht klar, weshalb er sie zur Rückkehr bewegen wolle, obwohl er offensichtlich die Kontakte zu der neuen Freundin beibehalte.

Deutlich wird in den Gesprächen, daß Frau Paul allein keine Entscheidung für sich treffen kann. Sie erwartet, daß Ute und Anette Klarheit schaffen, indem sie ihr sagen, was genau vorgefallen ist. Sie kann Herrn Pauls Entscheidung akzeptieren, mit seiner neuen Partnerin zusammenzuleben.

Gespräch mit Herrn Paul

Herr Paul möchte nicht mehr, daß ein Familienmitglied in der Beratungsstelle Gespräche führt. Er ist damit einverstanden, daß Anette für ein Jahr bei den Großeltern mütterlicherseits lebe. Ute und Alexander seien dann weniger problematisch, und seine Frau komme auch mit den beiden Kindern besser zurecht. Er leugnet, eine Beziehung zu einer anderen Frau eingegangen zu sein. Herr Paul meint, daß sich seine Einstellung zu den Kindern verändert habe. Seitdem Anette wieder bei den Großeltern lebe, brauche er bei den Kindern nicht mehr hart durchzugreifen.

Gespräch mit den Großeltern mütterlicherseits

Die Eltern von Frau Paul wollen, daß sich ihre Tochter von ihrem Ehemann trennt. Sie zeigen sich darüber verärgert, daß sie immer wieder überlege, zu ihrem Mann zurückzukehren. Sie deuten an, daß sie sich bei Bedarf an das Jugendamt wenden werden. Als der Therapeut ein Gespräch mit Frau Paul, den Großeltern und der Mitarbeiterin des Jugendamtes vorschlägt, wehren sie zunächst ab. Sie wollen die Entscheidung ihrer Tochter abwarten. Der Berater erkundet, ob die Mädchen bei einer Trennung der Eltern vorübergehend bei den Großeltern wohnen können. Sie erklären sich damit einverstanden, wollen aber nicht Frau Paul und Alexander aufnehmen. Der Berater teilt ihnen mit, daß Frau Paul mit Alexander vorübergehend bei ihrer Freundin wohnen könne, bis sie eine neue Wohnung gefunden habe. Mit dieser Regelung sind sie einverstanden. Der Therapeut muß immer wieder die Großeltern eindringlich bitten, Befragungen der Kinder zu unterlassen.

Ute

Ute beschäftigt sich mit den widersprüchlichen Handlungen der Erwachsenen. Sie zeichnet oder spielt und unterhält sich dabei mit der Therapeutin. Sie weiß, daß sie in einigen Tagen eine Woche mit der Mutter bei deren Freundin verbringen wird.
Ute: „Der Papa will das nicht. Der will, daß Alexander dann bei ihm bleibt!"
Therapeutin: „Wenn du das entscheiden könntest, was würdest du gut finden?"
Ute: „Die Mama hat gesagt, der Alexander kommt doch mit!"
Therapeutin: „Wie findest du das?"
Ute: „Ich möchte immer weggehen, aber die Mama kann ja bei der Oma nicht wohnen!"
Therapeutin: „Und wenn wir ihr dabei helfen, eine Wohnung zu finden, wie findest du das?"
Ute: „Gut, ich möchte dann bei Mama wohnen. Die ist lieber geworden! Ich hab Angst vor dem Papa! Letztes Mal hat der uns ins Bett gesteckt und als die Mama kam, sagte die: Wie, die sind schon im Bett? Und Papa hat gesagt, die wollten ins Bett und das stimmt ja gar nicht, das war nämlich gelogen! Aber die Mama hat mich gefragt, ob das stimmt!"

Therapeutin: „Die Mama hat dem auch nicht geglaubt!"
Ute: „Jetzt glaubt die dem nicht mehr, und die hat gesagt, die zieht weg von dem!"
Während sie erzählt, spielt sie mit der Eisenbahn. Nach einer Pause sagt sie:" Ich bin sauer, weil die (Mama) nicht mit Oma redet!"
Therapeutin: „Worüber sollte sie mit Oma reden?"
Ute: „Daß wir zur Oma ziehen können!"
Therapeutin: „Würde es dir helfen, wenn ich mit Mama und Oma darüber rede?"
Ute: „Ja! Die Oma kommt mich heute abholen, kannst du dann mit der Oma reden?"
Therapeutin: „Ja, wir haben das schon besprochen!"

Ute setzt sich plötzlich an den Tisch und beginnt, ein Bild zu malen. Sie erzählt dabei, was sie malt und fordert die Therapeutin auf, alles aufzuschreiben. Sie malt zwei Betten in einem Zimmer. Treppen führen in das Zimmer. Es ist dunkel, und die Kinder haben Angst in ihrem Bett. Jemand sperrt die Kellertüre zu. Eine dunkle Gestalt sperrt spät in der Nacht die andere Türe auf und kommt ins Zimmer der Kinder. Die Figur holt ein Mädchen und danach das zweite Mädchen aus dem Zimmer und bringt sie ins Gartenhäuschen. Dort werden beide Mädchen gefesselt, nackt ausgezogen, auf ein Bett gelegt und photographiert.

Therapeutin: „Wer hat die Türe abgeschlossen?"
Ute: „Die Mama, weil wir immer aufstehn! Aber jetzt macht die das nicht mehr! Die ist jetzt lieber geworden!"
Therapeutin: „Warst du einmal böse auf Mama?"
Ute: „Ja, aber jetzt nicht mehr!"
Therapeutin: „Hat die jetzt verstanden, warum du immer nachts aufgestanden bist?"
Ute: „Ja, ich hab geguckt, ob der Papa in Bett liegt!"
Therapeutin: „Und lag er im Bett?"
Ute: „Ne, der war arbeiten! Der kam in Keller und hat gesagt, ich bin der Papa und ich hol was!"
Therapeutin: „Und ist der dann wieder gegangen?"
Ute: „Der hat sich dann zu uns in Bett gelegt und hat noch ein bißchen geschlafen!"
Therapeutin: „Was meinst du damit, er hat bei euch geschlafen?"
Ute: „Na, nur geschlafen!"
Therapeutin: „Wer hat denn die Kinder ins Gartenhäuschen gebracht?"
Ute: „Ein böser Mann!"

Am Ende der Therapiestunde drängt sie die Therapeutin, das Bild der Oma zu zeigen. In der nächsten Stunde wird Ute von der Großmutter in die Beratungsstelle gebracht. *Sie zeichnet ein weiteres Bild. An einem Baum sind zwei Kinder gefesselt. Unter dem Baum ist ein Feuer.* Sie erzählt dabei: „Die Frau und der Mann haben die Kinder in Wald gebracht, weil die böse waren!"
Therapeutin: „Stimmt das, daß die Kinder böse waren?"
Ute: „Die hatten Angst und sind nachts im Haus rumgelaufen!"
Therapeutin: „Die Erwachsenen haben die Kinder bestraft, anstatt ihnen zu helfen!"
Ute: „Die Oma glaubt das, aber trotzdem können wir nicht bei der wohnen! Kann ich bei dir wohnen?"

Therapeutin: „Diesen Wunsch kann ich dir nicht erfüllen. Ich könnte dir dabei helfen, daß du vorübergehend in einer Kindergruppe wohnst, bis wir für euch und Mama eine Wohnung gefunden haben!"
Ute: „Nein, ich will bei Mama wohnen!"
Therapeutin: „Heute wollen wir nochmals mit Oma reden!"
Ute: „Die Oma sagt, die kann uns nicht nehmen!"
Therapeutin: „Und wenn du und Anette zu Oma gehen, bis wir eine Wohnung gefunden haben?"
Ute: „Aber der Papa haut die Mama dann!"
Therapeutin: „Und wenn Mama bei ihrer Freundin bleibt?"
Ute: „Ja, aber der Alexander soll dann auch da bleiben!"
Therapeutin: „Bist du sauer auf den?"
Ute: „Ja, der ärgert immer meine Schwester und erzählt Papa alles! Aber trotzdem hat der auch Angst vor dem Papa!"
Therapeutin: „Wovor hast du eigentlich solche Angst?"
Ute: „Daß Papa dem Alexander was tut!"
Therapeutin: „Was befürchtest du, was er tut?"
Ute: „Na, du weißt schon, hab' ich doch schon erzählt!"

Klärungsphase

Telefonanruf von Frau Paul

Frau Paul ruft einen Tag nach der letzten Therapiestunde aufgeregt in der Beratungsstelle an. Anette und Ute seien zunächst im Urlaub sehr entspannt gewesen und hätten keinerlei Angst gezeigt. Als sie von Frau Pauls Freundin gehört hätten, daß sie wieder nach Hause zurückkehren müßten, hätten die Mädchen hohes Fieber bekommen. Anette habe nachts eingenäßt, und Ute habe mehrfach gebrochen. Ute habe ihrer Freundin erzählt, daß sie Angst vor dem Vater habe, und Anette habe das bestätigt. Als die Freundin gefragt habe, wovor sie Angst hat, habe Ute gesagt, daß ihr Vater der Böse sei und alles wahr sei, was sie in der Beratungsstelle gespielt und erzählt habe. Auf Anraten des Therapeuten habe Frau Paul den Mädchen gesagt, daß Herr Paul nicht ihr leiblicher Vater ist. Beide Therapeuten vereinbaren ein Gespräch mit der Mutter, den Kindern und den Großeltern mütterlicherseits.

Gespräche mit Ute und Anette

Ute

Ute sitzt tränenüberströmt am Tisch. Ute: „Ich hab Angst, ich geh nicht mehr nach Hause. Mama hat gesagt, die geht auch nicht mehr zurück. Weil das ja gar nicht mein richtiger Papa ist!"

Sie erzählt, daß alles, was sie früher gespielt habe, wahr sei und der Papa derjenige ist, der alles gemacht habe. Die Therapeutin teilt Ute mit, daß eine Frau vom Jugendamt in die Beratungsstelle komme, mit der die nächsten Schritte besprochen werden müssen.
Ute: „Warum kommt die?"
Therapeutin: „Wenn Eltern sich trennen, entscheidet die mit, wo die Kinder wohnen werden, ob sie den Vater besuchen können und wie häufig sie zu ihm gehen."
Ute: „Ich will den Papa nicht besuchen, ich hab Angst vor dem!"
Therapeutin: „Da es nicht dein leiblicher Vater ist, brauchst du den nicht besuchen!"
Ute: „Und wenn ich das doch muß?"
Therapeutin: „Du kannst bei dem Gespräch mit der Frau vom Jugendamt dabei sein. Dann kann die dir das auch noch einmal sagen, daß du ihn nicht besuchen mußt!"
Ute: „Erzählst du der, was ich gesagt hab?"
Therapeutin: „Ja, damit die weiß, daß du in keinem Fall den Papa besuchen kannst!"
Ute: „Aber nicht, daß der in mein Bett war!"
Therapeutin: „Was kann ich dann erzählen?"
Ute: „Kann ich das selber sagen?"
Therapeutin: „Ja!"
Ute: „Erzählst du das auch der Oma?"
Therapeutin: „Vielleicht kannst du ihr das auch erzählen!"
Ute: „Bist du dann dabei?"
Therapeutin: „Ja, wenn du das möchtest!"
Ute: „Ich will, daß du das der Oma sagst!"
Therapeutin: „Die Mama muß auch zu einem Anwalt gehen, damit du Papa auf keinen Fall besuchen mußt!"
Ute: „Muß ich dem auch alles erzählen?"
Therapeutin: „Nein, ich kann dem das aufschreiben!"
Ute: „Aber nicht, daß der in mein Bett war!"
Therapeutin: „Wovor hast du Angst?"
Ute: „Mama sagt, Alexander muß den Papa besuchen und der will, daß mein Bruder bei dem wohnt! Und wenn ich das sag, dann tut der dem was!"
Therapeutin: „Du beschützt deinen Bruder, indem du einiges nicht erzählst!"
Ute: „Ja, ich lieb den ja!"

Anette

Anette spielt und malt abwechselnd. Sie beschäftigt sich mit der Rolle des Bruders. Sie legt die Mädchenpuppen ins Bett, und dieses Mal kommen ein Mann und ein Junge zu ihnen ins Zimmer.
Anette: „Der Mann zieht den Jungen nackelig aus! Du spielst die (blondes Mädchen)!"
Therapeutin: „Was macht die?"
Anette: „Die hat Angst, die tut so, wie wenn die schläft!"
Therapeutin: „Was passiert, wenn der denkt, die schläft?"
Anette: „Vielleicht geht der dann zu der da (andere Mädchenpuppe)!"

Therapeutin: „Wie fühlt sich das andere Mädchen?"
Anette: „Das weiß ich nicht, die sagt ja nichts! Und jetzt legt sich der Junge auf die drauf!"
Therapeutin: „Was werde ich machen?"
Anette: „Die findet das komisch, daß der das auch so macht!"
Therapeutin: „Ich hätte das auch nicht gerne!"
Anette sitzt einige Zeit und denkt nach.
Anette: „Ich hab jetzt immer Angst vor Alexander, weil der auch immer zu mir kommt!"
Therapeutin: „Kommt Alexander alleine?"
Anette: „Ne, der Papa (ist erschrocken, weil sie den Namen genannt hat) ... ich mein der Böse kommt auch hinterher!"
Therapeutin: „Kannst du dich wehren gegen Alexander?"
Anette: „Ne, weil der Böse ja auch bei is!"
Therapeutin: „Das versteh ich, ich hätte auch nicht den Mut dazu! Was macht denn der Böse?"
Anette: „Der schaut zu und lacht!"
Therapeutin: „Was soll ich als Mädchen machen, wenn der mich auslacht?"
Anette: „Ich weiß nicht!"
Sie steht auf und trinkt Tee. Nach einiger Zeit sagt sie: „Gestern hab ich mich versteckt, da haben die mich nicht gefunden!"
Therapeutin: „Das war ganz schön schlau!"
Anette: „Aber dann war der bei Ute in Bett und die hat geschrien, weil die hat sich erschreckt! Weil früher war der immer bei Ute!"
Therapeutin: „Und jetzt?"
Anette antwortet erst nach einiger Zeit: „Der war ja nicht bei mir, der war bei Ute!"
Therapeutin: „Wie geht es dir, wenn du dich versteckst, und er geht zu Ute?"
Anette: „Dann bleib ich im Zimmer, weil Ute immer weint!"
Therapeutin: „Ich mache mir Sorgen um euch beide. Würde es euch helfen, wenn ihr beide erst einmal in eine Kindergruppe zieht?"
Anette: „Ne, ich will zur Oma, aber der Alexander soll bei Papa bleiben, aber die Mama will das nicht!"
Therapeutin: „Was will die Mama nicht?"
Anette: „Die sagt, der Alexander kommt mit!"
Therapeutin: „Wovor hast du Angst, wenn Alexander mit euch kommt?"
Anette: „Daß der das auch macht, auch wenn Papa nich bei is!"
Therapeutin: „Sollten wir darüber nicht mit Mama reden?"
Anette: „Ne, erst wenn die von Papa weggeht! Die sagt immer, die geht weg, aber dann geht die doch nicht!"
Therapeutin: „Bist du enttäuscht von Mama?"
Anette: „Früher war ich sauer, weil die auch böse war, aber jetzt macht die das nicht mehr!"
Therapeutin: „Was hat die denn früher gemacht?"

Anette: „Das sag ich nicht, weil die das ja jetzt nicht mehr macht. Der hat gesagt, ich komm in Heim, wenn ich das verrat!"
Therapeutin: „Davor hast du Angst?"
Anette: „Ja, ich will bei Mama oder bei Oma bleiben!"
Therapeutin: „Würde es dir helfen, wenn wir darüber mit Mama oder mit Oma reden?"
Anette: „Aber erst, wenn wir in Urlaub sind!"
Therapeutin: „Du meinst, wenn Papa nicht dabei ist!"
Anette gibt keine Antwort.

In der nächsten Stunde zeichnet sie ein Bild. Zwei Mädchen sind in einer Baumkrone gefesselt. Unterhalb des Baumes ist eine Feuerstelle. Ein Mann geht weg.
Anette: „Der hat uns dann allein gelassen!" Sie fordert die Therapeutin auf, alles aufzuschreiben, was sie erzählt.
Anette: „Und Mama wollte uns helfen, aber zu spät, war schon in Feuer gefallen!"
Sie zieht ihr Kleid hoch und sagt: „Da hab ich mich verbrannt!"

Sie hat tatsächlich am Po einen großen weißen Fleck. Plötzlich will sie das Bild der Oma zeigen, und die Therapeutin soll vorlesen, was sie dazu erzählt hat. Sie kehrt wieder mit der Beraterin in den Raum zurück und sagt ihr, sie solle alles erzählen, nur nicht, daß die Mama dabei war.
Anette: „Die hat uns gesucht und dann wollte die uns nur helfen!"
Therapeutin: „Du bist dir nicht sicher, wie Oma reagieren könnte!"
Anette: „Vielleicht will die dann nicht mehr, daß Mama kommt und wenn ich da wohn, dann will ich ja auch mal die Mama sehn!"
Therapeutin: „Du meinst, Oma würde dich aufnehmen, aber Mama dürfte dann nicht mehr kommen!"
Anette: „Ja!"

Anette kommt fröhlich zur nächsten Therapiestunde. Sie fühlt sich bei der Freundin der Mutter offensichtlich wohl. *Sie spielt mit den Puppen Auszug. Der Vater der Puppenkinder bleibt alleine. Die Therapeutin soll die Vater und die Bruderpuppe spielen.*
Anette: „Du sagst jetzt, daß du den Bruder haben willst!"
Die Therapeutin spielt, daß die Vaterpuppe zu der Mutter und den Mädchenpuppen kommt und fordert, daß der Junge bei ihm bleibt. Anette nimmt die Jungenpuppe und wirft sie der Vaterpuppe an den Kopf.
Anette: „Da hast du den Blöden, den brauchen wir eh nicht!"
Therapeutin: *„Was wird die Mutter sagen?"*
Anette sitzt nachdenklich und sagt nach einiger Zeit: „Mama will den mitnehmen, aber ich will das nicht, ich hab Angst vor dem!"
Therapeutin: „Wie könnte man das lösen?"
Anette: „Weiß ich nicht, die Oma will den auch nicht haben!"
Therapeutin: „Würdest du gerne bei Oma wohnen?"
Anette. „Ja, aber Ute will, daß Alexander auch da wohnt!"
Sie blockt ab und ißt.
Anette: „Aber vielleicht haut der Papa die (Mutter), wenn die weggeht!"

Plötzlich soll die Therapeutin der Vater sein. Anette fesselt die Therapeutin an einen Stuhl und sagt: „So, jetzt ziehn wir aus!" (lacht die Therapeutin als Vater aus)
Therapeutin: „Bleib hier und binde mich los!"
Anette: „Ne, ich hol die Oma und den Opa und dann sag ich alles!"
Therapeutin als Vater: „Bitte nicht!"
Anette(lacht): „Doch, ich sag das!"
Therapeutin als Vater: „Dann darf ich Ute und Anette nicht sehen!"
Anette: „Darfst du gar nicht, weil du nicht unser Vater bist!"
Therapeutin als Vater: „Aber den Jungen will ich besuchen!"
Anette (laut und böse): „Den kannst du haben, den nehmen wir sowieso nicht!"
Therapeutin als Vater: „Ich möchte mit euch ziehn!"
Anette (böse): „Ne und jetzt bind ich dich noch am Hals feste!"
Die Therapeutin vereinbart mit Anette, daß sie sie nicht zu fest am Hals fesselt.
Anette: „Und die Oma holt die Polizei!"
Therapeutin als Vater: „ Was geschieht dann mit mir, wenn die Polizei kommt?"
Anette: „Da wirst du ins Gefängnis gesperrt, ha ha!"
Therapeutin als Vater: „Ich hab ja gar nichts gemacht!"
Anette: „Doch hast du, das sag ich!"
Anette zur Therapeutin: „Wird der eingesperrt?"
Therapeutin: „Das hängt davon ab, was ihr der Polizei erzählen werdet!"
Anette: „Und wenn ich nichts sagen werde?"
Therapeutin: „Dann wird er nicht eingesperrt! Oder ich müßte erzählen, was passiert ist!"
Anette: „Muß ich dann wieder nach Hause?"
Therapeutin: „Wir können eine Frau vom Jugendamt einschalten und gemeinsam überlegen, wo du wohnen kannst."

Konfrontationsphase

Gespräch mit Ute und Anette

Ute berichtet, daß sie nie mehr nach Hause zurückkehren wolle. Ihr Vater habe sie oft geschlagen, gefesselt und sei zu ihr ins Bett gekommen. Er habe sie häufig aus dem Bett gezogen, und sie habe sich oft am Kopf verletzt. Sie wolle nicht mehr über diese Punkte reden. Alles, was sie gespielt und erzählt habe, sei wahr und Papa der Böse gewesen. Sie habe Angst bekommen, als Mama mit ihnen wieder nach Hause gehen wollte. Sie habe sich gewünscht, daß sie - wie damals Anette - ins Krankenhaus komme. Sie wisse jetzt, daß Papa nicht ihr richtiger Vater sei und er sie auch nicht besuchen dürfe, wenn sie woanders wohne. Das habe ihr die Freundin der Mutter erzählt. Sie habe Angst, daß ihre Mutter aber doch nach einiger Zeit wieder zu ihrem Mann zurückkehre. Sie wolle auch bei der Oma leben. Ihr Bruder solle aber bei ihnen bleiben. Die Therapeutin sagt zu Ute, daß sie und ihr Kollege ihnen dabei helfen, eine Wohnung zu finden und sie dann alle (außer dem Vater) vielleicht wieder zusammen leben können. Ute ist damit einverstanden, kurzfristig alleine bei den Großeltern zu leben. Anette wirkt völlig verstört. Sie hat nicht nur Angst, zum Vater zurückzukehren, sondern auch, daß Alexander mit ihnen zieht.

Anette: „Die Mama beschützt mich nicht, der wird das dann auch machen, wenn der Papa nicht da ist!"

Die Therapeutin verspricht Anette, mit der Mutter und den Großeltern nach einer Lösung zu suchen, damit auch sie keine Angst mehr haben müsse. Sie informiert sie, daß am nächsten Tag noch ein weiteres Gespräch mit der Sozialarbeiterin des Jugendamtes stattfinden werde. Anette will genau wissen, weshalb sie noch „mit dieser Frau" reden müsse. Die Therapeutin gibt ihr Informationen über die Sozialarbeiterin des Jugendamtes und teilt ihr mit, wie das Gespräch am nächsten Tag ablaufen wird. Anette wünscht sich, daß die Therapeutin anwesend ist, wenn sie mit der Mitarbeiterin des Jugendamtes spricht.

Gespräch mit der Mutter

Frau Paul hat ihren Mann angerufen und ihm in ihrer Wut mitgeteilt, was beide Mädchen der Freundin erzählt haben. Herr Paul habe die Vorwürfe der Kinder bestritten und ihr mit gerichtlichen Schritten gedroht. Er werde das Sorgerecht für seinen Sohn beantragen und weigere sich, zu einem Gespräch in die Beratungsstelle zu kommen. Sie habe auch ihre Eltern über die Vorfälle mit den Kindern informiert. Diese hätten ihr massive Vorwürfe gemacht, weil sie solange geschwiegen habe. Sie seien aber bereit, ihr bei der Trennung zu helfen. Frau Paul berichtet, daß sie nicht mit allen Kindern bei ihren Eltern wohnen könne. Ihre Freundin sei bereit, sie und Alexander für einige Zeit bei sich aufzunehmen. Die Mädchen könnten vorübergehend bei ihren Eltern wohnen. Frau Paul ist von Anette enttäuscht, die nicht möchte, daß Alexander weiter bei ihnen lebe. Frau Paul wird gebeten, noch am gleichen Tag einen Anwalt einzuschalten, um zu verhindern, daß Herr Paul Besuchskontakt zu den Mädchen bekommt.

Gespräch mit Frau Paul und ihren Eltern

Die Eltern von Frau Paul haben auch jetzt noch Zweifel, ob ihre Tochter bei ihrer Entscheidung bleibt, sich von ihrem Mann zu trennen. Sie werfen ihr vor, daß sie Alexander bevorzuge und vor allem Anette nicht ausreichend unterstütze, wenn sie von ihm angegriffen werde. Man verständigt sich darauf, daß Ute und Anette zunächst bei den Großeltern wohnen. Frau Paul wohnt, bis sie eine eigene Wohnung gefunden hat, mit Alexander weiterhin bei ihrer Freundin. Die Großeltern bringen beide Mädchen zur Schule und holen sie auch wieder ab, um zu vermeiden, daß sie von Herrn Paul abgefangen werden. Der Großvater berichtet, daß Herr Paul mehrfach in der Nähe seiner Wohnung gewesen sei und versucht habe, die Mädchen zu sprechen. Er will mit ihm reden und ihm verbieten, Kontakt zu den Mädchen aufzunehmen. Alle drei Kinder sollen jetzt gemeinsam zur Therapie kommen, um die Geschwisterprobleme zu bearbeiten. In diesem Zusammenhang greift die Therapeutin die Vorwürfe von Frau Pauls Mutter auf, daß Alexander die Bedürfnisse der Mädchen mißachte. Frau Paul erklärt, sie sei oft nicht eingeschritten, weil ihr Sohn sonst die Mädchen bei ihrem Mann angeschwärzt hätte und sie dann von Herrn Paul bestraft worden wären. Die Therapeutin spricht an, daß Alexander nach Aussagen der Mädchen das Verhalten des Vaters mit dessen Billigung imitiert habe. Beide Mädchen hätten von mehreren Situationen berichtet, in denen sich Alexander nackt ausgezogen und auf Anette gelegt habe. Diese Handlung habe bei Anette Angst ausgelöst. Sowohl die Mutter als auch die Großeltern können die geschilderte Tat zunächst nicht glauben. Im nachfolgenden Gespräch mit den Mädchen soll diese Situation daher nochmals thematisiert werden. Unter diesem Gesichtspunkt ist zunächst eine räumliche Trennung der Kinder notwendig. Alexander sollte, auch wenn er die Großeltern besucht, nicht bei den Mädchen im Zimmer schlafen. An den geplanten fünf Therapiesitzungen mit allen drei Kindern sollen die Mutter, die Großeltern und der Therapeut hinter der Einwegscheibe beobachten, in welcher Form Alexander die Bedürfnisse der Mädchen mißachtet und wie sein Verhalten durch die Therapie verändert werden kann. Die Übergriffe des Vaters sollen zunächst nicht dem Familiengericht mitgeteilt werden, da Ute und Anette geäußert haben, sie würden aus Angst nichts erzählen. Da Alexander selbst den Wunsch hat, den Vater zu besuchen, sollten Besuchskontakte unter Aufsicht für einen bestimmten Zeitraum vorgeschlagen werden. Die Großeltern wollen, daß dem Vater keine Besuche gestattet werden, auch nicht zu Alexander. Sie möchten, daß der Anwalt über die Übergriffe von Herrn Paul informiert wird. Die Therapeuten äußern Bedenken, weil beide Mädchen zur Zeit noch große Angst davor haben, daß Herr Paul seine Drohungen wahr macht, wenn er erfährt, daß Ute und Anette geredet haben. Die Berater empfehlen den Großeltern eindringlich, weitere Befragungen der Mädchen zu unterlassen, um die Angst von Ute und Anette nicht weiter zu verstärken und erklären Frau Paul und ihren Eltern, daß Recherchen in der Trennungssituation vor Gericht als Manipulation ausgelegt werden könnten. Die Befragungen sollten ebenfalls im nachfolgenden Gespräch mit den Kindern nochmals thematisiert werden. In dieser konkreten Situation sollen die Großeltern den Schutz der Kinder vor Herrn Paul übernehmen. Frau Paul erhält die Aufgabe, über den Anwalt kontrollierte Besuchskontakte des Vaters zu Alexander zu beantragen. Gleichzeitig bemüht sie sich um eine eigene Wohnung. Alexander wird in der nächsten Zeit von der Mutter zum Kindergarten gebracht und von ihr auch wieder abgeholt. Bei gemeinsamen Treffen mit allen Kindern soll nicht über Herrn Paul gesprochen werden. Der Therapeut versucht mit Einverständnis von Frau Paul, Kontakt zu ihrem Anwalt zu bekommen.

Gespräch mit Frau Paul, den Großeltern, Ute und Anette

Die Berater teilen den beiden Mädchen mit, was bisher besprochen wurde. Ute und Anette sind damit einverstanden, zunächst bei den Großeltern zu wohnen. Anette fordert abermals, Alexander beim Vater zu lassen. Sie habe Angst vor ihm und wolle nicht mehr mit ihm in einer Wohnung leben. Frau Paul ist nicht damit einverstanden, weil auch Alexander ihr Kind sei. Daraufhin beginnt Anette zu weinen. Es kommt zu folgender einvernehmlicher Lösung: Sollte sich Anettes Angst vor Alexander nicht legen, kann sie weiter bei den Großeltern wohnen. Ute ist dagegen, daß Alexander beim Vater bleibt. Sie kann eher damit leben, daß Anette weiter bei den Großeltern wohnt.

Im letzten Abschnitt des Gespräches wird Alexander dazu geholt. Ihm wird mitgeteilt, daß sich die Eltern trennen werden. Alexander möchte bei der Mutter wohnen. Er habe auch Angst vor dem Vater, wolle ihn nur besuchen, wenn seine Mutter anwesend sei. Anette wird auf ihre Behauptung angesprochen, Alexander komme nackt in ihr Zimmer und lege sich auf sie. Alexander streitet das ab, Anette hingegen steht zu ihrer Beschuldigung. Es wird vereinbart, daß Alexander nicht bei den Mädchen schläft.

Der Therapeut nimmt mit dem Einverständnis von Frau Paul Kontakt zu der zuständigen Mitarbeiterin des Jugendamtes auf und vereinbart ein Gespräch für den nächsten Tag. Er teilt den Kindern mit, daß die Sozialarbeiterin des Jugendamtes mit ihnen im Therapieraum alleine sprechen möchte. Alexander wehrt sich sehr heftig dagegen. Ihm wird daher zugesichert, daß die Beraterin mit im Zimmer sein werde. Ute und Anette wird mitgeteilt, daß die Großeltern sie zur Schule bringen und sie auch dort wieder abholen werden und daß Herr Paul keine Erlaubnis erhalten habe, die beiden Mädchen zu besuchen. Die Besuchskontakte des Vaters zu Alexander müssen noch geklärt werden.

Gespräch mit der Sozialarbeiterin des Jugendamtes

Zunächst wird der Sozialarbeiterin im Beisein von Frau Paul und den Großeltern die Situation in der Familie geschildert. Die Therapeutin gibt die Bitte von Ute und Anette weiter, daß sie nicht über Details der Ereignisse im Keller berichten wollen. Ihre Angst, Herr Paul könnte Alexander töten, wenn er von ihren Erzählungen hört, sei noch sehr groß. Frau Paul berichtet, daß beide Mädchen bei den Großeltern leben werden, die bereitwillig ihr Einverständnis bekunden. Frau Paul lebt mit Alexander bei ihrer Freundin und hat bereits mit Hilfe des Beraters eine Wohnung gefunden, die sie in Kürze beziehen könne. Sie habe den Anwalt ihrer Eltern sofort nach dem gestrigen Gespräch aufgesucht. Er habe auf Anraten der Großmutter schon ein Schreiben ans Gericht geschickt, in dem er die Übergriffe von Herrn Paul auf die Mädchen erwähnt habe.

Daraufhin wird Herr Paul telefonisch zu einem Gespräch gebeten, an dem Frau Paul, die Sozialarbeiterin des Jugendamtes und die beiden Therapeuten teilnehmen wollen. Herr Paul sagt zunächst zu, ruft jedoch am Nachmittag an und teilt mit, daß er eine gerichtliche Klärung vorziehe. Die Sozialarbeiterin vereinbart einen Hausbesuch bei den Eltern von Frau Paul und bei der Freundin.

Ute und Anette sind bereit, mit der Mitarbeiterin des Jugendamtes im Therapiezimmer jeweils alleine zu reden. Alexander wehrt sich massiv gegen eine Befragung ohne die Anwesenheit einer ihm vertrauten Person. Die Therapeutin bleibt daraufhin bei Alexander im Spielzimmer. Alexander ist dennoch zu keiner Aussage bereit, sondern äußert lediglich den Wunsch, von der Mutter begleitet zu werden, wenn er den Vater besuche. Die Sozialarbeiterin erklärt den beiden Mädchen, sie sei damit einverstanden, daß sie bei den Großeltern wohnen. Ute und Anette fragen sie, ob sie auch dagegen sei, daß sie Herr Paul bei den Großeltern besuche. Die Sozialarbeiterin bestätigt ihnen, daß sie jegliche Besuche von Herrn Paul bei den Großeltern ablehne und ihre Haltung dem Stiefvater mitteilen werde.

Beide Therapeuten versuchen nochmals, Herrn Paul in die Beratungsstelle einzuladen. Er ist lediglich mit einem Hausbesuch bei seinem Vater einverstanden.

Gespräch mit Herrn Paul, seinem Vater und der Sozialarbeiterin des Jugendamtes
Herr Paul kennt bereits einen Teil der gegen ihn erhobenen Vorwürfe von seinem Schwiegervater. Er bestreitet energisch, sexuelle Absichten gehabt zu haben. Er schildert seine Frau als sehr faul und schlampig. Deswegen habe er des öfteren durchgreifen müssen und dabei sei ihm auch schon mal die Hand ausgerutscht. Er erklärt sich die Angst der Mädchen damit, daß seine Frau sie gegen ihn aufgehetzt habe. Herr Paul möchte das Sorgerecht für seinen Sohn beantragen. Die Therapeuten weisen darauf hin, daß in der aktuellen Situation wenig Chancen für ihn bestehen, das Sorgerecht für Alexander zu erhalten. Herr Paul senior schlägt vor, daß er bei den Treffen von Alexander und seinem Vater anwesend sein werde. Die Berater wollen darüber mit Alexander reden. Die Entscheidung über Besuchs- und Sorgerecht soll das Familiengericht fällen. Die Berater teilen Herrn Paul mit, daß die Vorfälle mit Ute und Anette gerichtlich geklärt werden müssen, da sie bereits vom Anwalt seiner Frau dem Gericht gemeldet worden seien. Herr Paul will dies abwenden, indem er sich mit Besuchskontakten zufrieden gibt und ein Gespräch mit den Mädchen fordert. Die Berater lehnen das ab. Sie teilen ihm mit, daß mit der Mutter, den Großeltern und den Mädchen eine Kontaktsperre zu ihm besprochen worden sei.

Therapiestunden mit Ute, Anette und Alexander
Nach unserer Konzeption (vgl. Graf & Körner 1998; Körner & Graf i.V.) haben wir zwei Ziele erreicht: zum einen wurde geklärt, daß Anette und Ute, aber letztlich auch Alexander, in unterschiedlichen Formen Opfer sexueller Übergriffe geworden sind; zum anderen haben wir dafür gesorgt, daß die sexuelle Benutzung in diesem Kontext beendet wird. Die außerdem u.E. nötige Verhinderung weiterer Übergriffe, und die Linderung bereits erlittener Schädigungen werden in einem anderen Rahmen vorgestellt (Körner & Graf i.V.).

Die nun folgende kurze Therapiephase hat vor allem den Zweck, den Kindern ihr Zusammenleben unter den neuen Bedingungen zu erleichtern. Beide Mädchen lehnen die Spielbeobachtung durch Mutter und Großeltern hinter der Einwegscheibe ab, und die Therapeuten gehen auf die Wünsche der Mädchen ein. Der Therapeut führt Einzelgespräche mit der Mutter und den Großeltern. Nach jeder Therapiestunde kommt es zu einem kurzen gemeinsamen Gespräch mit den Erwachsenen und den Kindern.

In den ersten beiden Stunden spielen Ute und Anette im Kasperhaus. *Sie legen es mit Kissen aus. Die Therapeutin und Alexander sollen Kinder spielen.* Ute spielt einen Mann und Anette eine Frau. *Die Vorhänge werden zugezogen, weil es Nacht ist. Alle schlafen.* Nach einiger Zeit stehen Ute und Anette auf und holen Alexander und die Therapeutin als Kinder aus dem Haus. *Beide sollen gefesselt werden.*

Alexander wehrt sich. Er greift die Mädchen, besonders Anette, an, will mit ihr kämpfen und kann sich nicht auf ein gemeinsames Rollenspiel einlassen. Die Therapeutin hilft bei einer neuen Rolleneinteilung. Alexander behauptet, daß bestimmte Spielhandlungen falsch sind. Ute und Anette protestieren. Die Therapeutin bemerkt, daß Alexander von den Fesselungen der Mädchen nichts wußte. Beide Mädchen behaupten, außerhalb des Hauses gefesselt worden zu sein. Alexander ist empört und meint, daß nachts immer alle Personen im Haus gewesen seien.

Der Junge verhält sich auch in anderen Spielsituationen ähnlich destruktiv: Er lehnt gemeinsame Spiele ab, mischt sich aber ständig in das Spiel der Mädchen ein. Die Therapeutin spricht diese Beobachtung an.

Alexander: „Der Papa hat gesagt, ich soll die ärgern!"
Therapeutin: „Wie findest du das?"
Alexander: „Schön!" (lacht)
Ute und Anette: „Der verpetzt uns immer bei Papa!"
Therapeutin: „Was passiert, wenn er euch verpetzt?"
Ute: „Dann kriegen wir Ärger!"
Anette: „Dann müssen wir in Bett gehn!"
Therapeutin: „Und Alexander, was passiert dir?"
Alexander: „Nix!"
Anette: „Manchmal erzählt der das auch Mama, dann kriegen wir auch Ärger!"
Ute: „Aber jetzt nicht mehr!"
Therapeutin: „Darüber sollten wir aber mit Mama reden, damit sich das ändert, seid ihr einverstanden?"
Ute: „Wann denn?"
Therapeutin: „Jetzt nach der Stunde!"

Nachdem diese Situation mit der Mutter und den Großeltern besprochen wird, läßt Alexanders Störverhalten sehr stark nach. In der dritten Stunde spielen Alexander und Ute intensiv miteinander, und Anette spielt häufig alleine. Der Therapeutin fällt auf, daß sich Anette ständig in ihrer Nähe aufhält, wenn Alexander zu ihr kommt. Beide Mädchen berichten, daß sie in der kommenden Woche in die neue Wohnung einziehen werden.

Ute: „Und Anette will nicht mitkommen, weil die immer noch Angst vor Alexander hat!"
Therapeutin: „Anette, wovor hast du Angst?"
Anette: „Mein Bruder besucht bald den Papa, und wenn der dann wieder kommt, dann haut der mich!"
Therapeutin: „Alexander, stimmt das?"

Alexander: „Ich bin sauer, weil die alles erzählt haben und ich allein zum Papa muß!"
Therapeutin: „Was könnte dir helfen?"
Alexander: „Daß Mama bei mir bleibt, wenn ich bei Papa bin!"
Therapeutin: „Wir können gleich mit Mama darüber reden und überlegen, wie wir das machen!"
  Alexander ist einverstanden, und Anettes Anspannung legt sich. Im anschließenden Gespräch mit der Mutter wird geklärt, daß Anette bei den Großeltern bleibt. Frau Paul erklärt sich damit einverstanden, im Haus des Schwiegervaters zu bleiben, wenn Alexander den Vater besucht.
  In der vierten Stunde zeigt Anette eine starke Abwehrhaltung ihrem Bruder gegenüber. Sie möchte mit ihrer Schwester spielen, die sie jetzt sehr selten sieht. Alexander stört massiv das Spiel der beiden Mädchen. Ute setzt sich häufig für ihre Schwester ein und beschäftigt Alexander, um ihn von Anette abzulenken.
Anette: „Wenn Alexander bei Papa war, dann träum ich immer schlecht.
Therapeutin: „Was träumst du denn?"
Anette: „Daß Papa dem was tut!"
Alexander: „Stimmt gar nicht!"
Therapeutin: „Du hast Angst, daß deinem Bruder etwas passiert!"
Ute: „Die Oma fragt die (Anette) immer aus und dann hat die Angst, daß die das der Mama erzählt und dem Papa das sagt!"
Therapeutin: „Bist du damit einverstanden, daß wir das gleich nach unserer Stunde mit Mama und Oma besprechen?"
Anette: „Ja!"
  Im Beisein der Mädchen werden Mutter und Oma nochmals darauf hingewiesen, daß ihre Befragungen bei Ute und Anette Angst auslösen und zu befürchten ist, daß beide Kinder nicht mehr reden.
  In der fünften Therapiestunde spielen alle drei Kinder ein gemeinsames Rollenspiel. *Drei Kinder wohnen in zwei Familien. Sie sind Geschwister und treffen sich regelmäßig. Die Kinder haben beschlossen, bei ihren Treffen nur noch zu spielen und über bestimmte Ereignisse aus der Zeit, als sie noch mit ihren Eltern zusammenlebten, nicht mehr zu reden.*
Ute: „Wir haben das alles nur erfunden!"
Alexander: „Ich sag das auch, wenn der Papa und der Opa fragt!"
Therapeutin: „Wie fühlst du dich, wenn du befragt wirst?"
Alexander: „Dann hab ich Angst, weil die Mama mich dann auch ausfragt!"
Anette: „Und der Opa und die Oma, die fragen mich auch immer aus! Und jetzt sag ich nichts mehr, weil dann träum ich schlecht!"
Therapeutin: „Ich würde gerne nach der Stunde mit Mama und den Großeltern darüber reden, daß ihr nicht ausgefragt werden wollt!"
Anette: „Ich sag einfach nie mehr was, weil die ja sowieso immer alles erzählen!"
Therapeutin: „Du bist von den Erwachsenen enttäuscht!"
Ute: „Ich auch! Wenn die uns immer ausfragt, kommt Anette nie mehr zu uns!"
Therapeutin: „Vermißt du sie?"

Ute: „Ja!"
Alexander: „Ich sag nix mehr, nie mehr!"
Therapeutin: „Was würde passieren, wenn alle nichts mehr sagen?"
Anette: „Dann träum ich nicht mehr schlecht! Aber ich will trotzdem noch bei Oma bleiben!"
Ute: „Die Mama hat gesagt, wir müssen bei der Polizei alles sagen!"
Therapeutin: „Eine Polizistin wird euch fragen, was bei euch zu Hause passiert ist!"
Ute: „Warum?"
Therapeutin: „Weil das Gericht weiß, daß euch etwas Schlimmes passiert ist und sie entscheiden müssen, wie das mit den Besuchen von Alexander weiter gehen soll!"
Anette: „Wird der (Vater) eingesperrt?"
Therapeutin: „Das weiß ich nicht, das entscheidet das Gericht!"
Ute: „Ich sag', ich hab' gelogen und die Mama ist deswegen böse auf mich!"
Therapeutin: „Hast du denn gelogen?"
Ute: „Ne, aber ich sag' das einfach, weil ich Angst hab' und nix sagen will!"
Therapeutin: „Du kannst der Polizistin auch sagen, daß du Angst hast und nicht reden willst!"
Ute: „Ja?"
Anette: „Schimpft die dann mit uns?"
Therapeutin: „Nein, die versteht das, wenn Kinder Angst haben! Mich wird die Polizistin auch fragen, was ihr gesagt habt!"
Ute: „Wirst du das sagen?"
Therapeutin: „Ich muß das sagen!"
Ute: „Aber nicht, was im Keller war, du kannst ihr die Bilder zeigen!"
Therapeutin: „Ich kann das der Polizistin sagen!"
Anette: „Wirst du das nicht sagen?"
Therapeutin: „Ja, ich werde ihr von eurer Angst erzählen. Wenn ich mit der Polizistin geredet habe, werde ich euch davon erzählen!"
Ute und Anette wollen wissen, wie die Polizistin aussieht, ob sie verheiratet ist und Kinder hat. Alexander sitzt still am Tisch.
Therapeutin: „Worüber bist du so traurig?"
Alexander: „Ich möchte, daß Mama und Papa wieder bei uns sind!"
Therapeutin: „Das verstehe ich, das ist schon traurig, wenn sich die Eltern trennen!"

Im anschließenden Gespräch mit der Mutter und den Großeltern wird das Befragen der Kinder mit seinen seelischen Auswirkungen erneut thematisiert. Die Erwachsenen sind von Ute und Anette enttäuscht, weil sie nicht bei der Polizei aussagen wollen. Die Therapeutin weist daraufhin, daß die Kinder noch Zeit brauchen, ihre Ängste zu überwinden. Außerdem seien die Kinder nicht gefragt worden, ob sie zu einer Aussage bereit seien.
Alexander habe ebenfalls Angst, etwas zu verraten. Die Ungewißheit über die Folgen belaste ihn extrem. Die Therapeuten vereinbaren ein weiteres Gespräch mit Frau Paul und den Kindern. Ziel dieses Gespräches ist es, die Angst von Ute und Anette vor der Befragung bei der Polizei zu mindern.

Gespräch mit Frau Paul, Ute und Anette

Frau Paul bestätigt, daß beide Mädchen nicht mehr über vergangene Ereignisse reden. Etwas Ärger ist noch bei ihr zu spüren, weil somit Alexander den Vater weiter besuchen muß. Andererseits beobachte sie, daß die Kinder wieder konfliktfreier miteinander spielen können. Den Therapeuten fällt auf, daß Alexander im Spielzimmer Anette heftig körperlich angreift und Frau Paul dem Mädchen keine Hilfestellung gibt. Sie wird darauf angesprochen. Frau Paul erklärt, daß sie mit Anette noch Probleme habe. Sie sei ihr gegenüber noch sehr mißtrauisch, und das verletze sie. Aus diesem Grunde sei sie damit einverstanden, daß Anette weiter bei ihren Eltern lebt. Frau Paul berichtet, daß sie eine Therapie begonnen habe, um ihre Verletzungen aufzuarbeiten. Sie erkenne heute selbst, daß sie ihren Sohn bevorzuge und wolle daran arbeiten, das zu verändern.

Ute habe für sich eine Entscheidung getroffen. Sie werde mit der Polizistin reden, aber nicht über die Ereignisse im Kinderzimmer. Anette hat entschieden, nichts auszusagen. Sie werde nie mehr über das reden, was passiert sei. Sie begründet ihre Entscheidung damit, daß ihre Angst dann geringer sei. Sie sei glücklich, daß sie weiter bei den Großeltern wohnen könne. Sie wolle die Mutter und die Geschwister an den Wochenenden besuchen, wenn ihr Bruder nicht beim Vater sei. Beide Mädchen haben sich schulisch stabilisiert. Anettes Leistungen hätten sich so weit gebessert, daß sie zu den Besten der Klasse zähle.

In einem anschließenden Gespräch mit den Großeltern bestätigen sie den Erfolg von Anette. Sie rede nicht mehr über die Vergangenheit, und seitdem hätten ihre Alpträume aufgehört. Auch die Großeltern sind etwas darüber enttäuscht, daß beide Mädchen nicht bei der Polizei aussagen wollen.

Zusammenarbeit mit Polizei und Staatsanwaltschaft

Auf Grund der Entscheidung der Kinder fertigt die Beraterin einen Bericht über ihre Aussagen an und fügt ihre Zeichnungen bei. Im persönlichen Gespräch mit einer Polizistin teilt sie die Angst und eindringliche Bitte der Kinder mit, über bestimmte Vorfälle nicht zu sprechen. Sie berichtet, daß beide Kinder nicht aussagen wollen.

Einige Monate nach der Befragung bei der Polizei nimmt eine Staatsanwältin zur Therapeutin Kontakt auf. Die beiden Mädchen hätten jegliche Aussage verweigert. Daher überlege sie, ob eine Gutachterin das Schweigen der Kinder durchbrechen könne. Die Beraterin ist skeptisch, weil ihrer Meinung nach die Mädchen daran glauben, daß Alexander den Vater trotzdem besuchen müsse. Und sie hätten weiterhin Angst, daß dem Bruder oder der Mutter etwas passieren werde, wenn sie redeten.

Abschließendes Gespräch mit der Mutter, den Großeltern und den Kindern

Alle Beteiligten wollen eine Beratungspause. Die beiden Mädchen haben nicht bei der Polizei ausgesagt. Alexander besucht regelmäßig alle vierzehn Tage seinen Vater im Beisein von Frau Paul und dem Großvater väterlicherseits.

Die Regelung, daß Anette weiter bei den Großeltern lebt und die Geschwister alle vierzehn Tage am Wochenende besucht, wird beibehalten. Außerdem schlafe Alexander, wenn Anette zu Besuch komme, nicht im Kinderzimmer. Nach wie vor müsse Frau Paul, wenn Anette zu Besuch komme, Alexander stärker beaufsichtigen, weil er Anettes Grenzen häufig noch überschreite. Alexander wirke weniger angespannt nach den Besuchen beim Vater, seit die Mädchen nicht mehr über die Vorfälle reden. Frau Paul falle es noch schwer, darüber hinwegzukommen, daß Ute und Anette immer noch schweigen.

Die Großeltern berichten, daß sich ihre Enttäuschung über ihre Tochter gelegt habe. Sie bemühe sich jetzt sehr um ihre Kinder und sei wesentlich aktiver als früher. Sie haben den Eindruck, daß sie die Trennung von ihrem Mann weitestgehend überwunden habe und auch nicht mehr zu befürchten sei, daß sie zu ihrem Mann zurückkehre.

Ausblick

Ergänzend zu unserer „Skizze einer personzentrierten Klärung" (Graf & Körner 1998) haben wir hier ein Beispiel aus der praktischen Klärungsarbeit vorgestellt, das den üblichen Rahmen eines Sammelbandes ohnehin eigentlich sprengt. Daher mußten wir leider weitgehend auf eine erläuternde Kommentierung verzichten, die damit einer umfangreicheren Veröffentlichung zum Thema vorbehalten bleiben muß (vgl. Körner & Graf i.V.).

Literatur

Graf, H. & Körner, W.: Sexueller Mißbrauch: Skizze einer personzentrierten Klärung. In: Körner, W. & Hörmann, G. (Hrsg.): Handbuch der Erziehungsberatung. Band I, Göttingen 1998, 311-333.
Körner, W. & Graf, H.: Sexueller Mißbrauch. Ein kritisches Handbuch. Göttingen i.V.
Körner, W., Graf, H. & Sitzler, F: Handwörterbuch Sexueller Mißbrauch. Göttingen i.V.

Müttergruppen in einer Erziehungs-Beratungsstelle

Angelika Nehlsen & Helga Rühling

„So viele Mütter ich als Psychologin auch behandelt habe, ich kann mich an keine einzige erinnern, die nicht insgeheim glaubte, ihre Kinder auf irgendeine Weise geschädigt zu haben, sei es durch Worte und Taten oder auch durch Gefühle. Der Preis für den Mutterstolz ist hoch ... Ein sentimental verklärtes Idealbild der perfekten Mutter wirft einen langen, Schuldgefühle schürenden Schatten über das Dasein der realen Mutter" (Thurer 1995, 11).

Als Pädagogin und Psychologin können wir uns nach über 20jähriger Berufserfahrung dieser Feststellung ohne Einschränkungen anschließen. Es hat uns gereizt, in einem ersten Punkt (in z.T. polemischer Form) auf die große Kluft einzugehen, die sich zwischen dem überlasteten Alltag der realen Mütter und jenem sentimental verklärten Mutter-Ideal auftut. Unter Punkt 2 - 9 stellen wir dann ausführlich unsere Arbeit mit Müttergruppen vor, wie wir sie in einer Erziehungsberatungsstelle in den letzten 14 Jahren entwickelt haben.

1 Muttersein: „Die höchste Vollendung der weiblichen Natur" oder „Der unsichtbare Alltag"

In ihrem Buch über den „Mythos Mutterschaft" gibt Shari Thurer einen amüsanten Überblick, wie der Zeitgeist in 30.000 Jahren das Bild der guten Mutter immer wieder neu erfindet: „Jahrtausende lang ist die Mutter als Ursprung des Lebens gefürchtet und verehrt worden. Sie wurde mit Tabus belegt und als Hexe verfolgt ... Sie hat die Menschheit zu wundervollen Gemälden inspiriert, zu Ritterlichkeit und Idealisierung. Nach ihrer Meinung gefragt hat sie bei alledem kaum jemand. Sie ist Objekt, nicht Subjekt. Die Arbeit mit den Kindern hatte fast immer sie, aber die Regeln bestimmten andere" (1995, 436). Inzwischen ist ausreichend belegt, daß die überhöhte Form der Mutterliebe ein relativ spätes Produkt unserer Kulturentwicklung ist (a.a.O., 419) und daß Mutterschaft erst seit relativ kurzer Zeit (genauer: seit dem 2. Weltkrieg bzw. in Deutschland seit der Wiederaufbauphase in den 60er Jahren) in einen spürbaren Konflikt zur Entwicklung der eigenen Individualität und Autonomie einer Frau geraten ist (Schenk 1996, 13, 174 f). Eine wesentliche Ursache sei die ständig wachsende Berufstätigkeit der Mütter, die alle „Neuerfindungen des Mythos" (Thurer 1995, 419) nicht aufhalten können. Berufstätigkeit ist einerseits als Chance, andererseits als zusätzliche Belastung in das Leben der Frauen getreten, ohne daß sich an der geschlechtlichen Arbeitsteilung etwas Wesentliches geändert hat. Trotz aller Gleichstellungsdiskussionen etc. sind noch immer die Frauen hauptverantwortlich für Haushalt und Kinder. Monika Jonas (1994) schätzt die Situation von Müttern behinderter Kinder noch zugespitzter ein. Ihres Erachtens ist der Konflikt zwischen der Mutterschaft für ein behindertes Kind und der persönlichen Entwicklung einer Frau in ihrer Individualität und Autonomie dramatisch. Sie spricht in diesem Zusammenhang von der „Unzumutbarkeit einer sozial arrangierten Abhängigkeit" (a.a.O. 146 f.). Die Folgen wirken sich nach Jonas auf alle Beteiligten schädlich aus und vergiften nicht nur die Beziehungen zwischen den gegenseitig viel zu sehr voneinander abhängigen Müttern und Kindern, sondern auch die Beziehungen auf der Elternebene und nehmen selbst den Vätern die Chance, eine befriedigende Beziehung zu ihren Kindern aufzubauen. All das steht in krassem Gegensatz zu den sentimentalen Verklärungen des Mutterschaftsmythos (Jonas a.a.O., 40 f.).

In der Arbeit mit Müttern ist es uns wichtig, daß der ideologische Charakter des verklärten Idealbildes der perfekten Mutter mit ihren grandiosen Fähigkeiten und unerschöpflichen Energiereserven erkannt und wegen seiner Unerfüllbarkeit zurückgewiesen wird. Der Mythos von der *guten Mutter* hat für Mütter fatale Folgen, weil er ihre alltägliche Lebensrealität von der Wahrnehmung ausschließt und leugnet und somit einer Auseinandersetzung entzieht. Im Rahmen des Mutter-Mythos sind Mütter keine realen Menschen in einer konkreten Überforderungssituation, mit der sie lernen können umzugehen und für die sie - in der Auseinandersetzung mit anderen - Lösungen entwickeln können. Im Kontext der Ideologie von der besonderen weiblichen Natur und der Mutterschaft als ihrer höchsten Vollendung sind Mütter reduziert auf eine quasi „von Natur aus" vorhandene Ressource, auf deren zuverlässige Existenz und Verfügbarkeit alle ein selbstverständliches, „natürliches" Recht haben; nicht nur abstrakt die Gesellschaft als Ganzes, sondern konkret die Personen im sozialen Umfeld: Kinder, Ehemänner, alte und kranke Familienmitglieder. Auch LehrerInnen, ÄrztInnen und andere psychosoziale Fachleute, die ebenfalls mit der Aufzucht des gesellschaftlichen Nachwuchses befaßt sind, erheben den Anspruch, Müttern Vorschriften darüber zu machen, wie sie die Kinder am besten versorgen, fördern und erziehen sollten. Das dahinterstehende, in unserer Kultur noch immer weitgehend ungebrochene androzentrische Menschenbild unterstellt implizit, daß die Ressource Frau „dem Menschen" zur Verfügung steht wie etwas, das für ihn (!) von Natur aus oder gottgegeben einfach da ist wie die Luft zum Atmen und das Wasser zum Trinken. Am eindrucksvollsten drückt das die Schöpfungsgeschichte der Bibel aus: „Und Gott der Herr sprach: es ist nicht gut, daß der Mensch allein sei; ich will ihm eine Gehilfin machen, die um ihn sei" (1. Mose 2, 18; Dt. Bibelgesellschaft 1978, 20).

In ihrer alltäglichen Realität als Mütter sehen sich Frauen also mit Anforderungen konfrontiert, die ihnen eine Art Quadratur des Kreises abverlangen und sie befinden sich häufig in einer Position, in der sie es entweder schaffen, das Unmögliche möglich zu machen - „irgendwie" - oder sie riskieren, daß das ganze Kartenhaus der unerfüllbaren Anforderungen zusammenbricht; und damit häufig auch das labile Gleichgewicht einer ganzen Familie.

In dem folgenden polemisch überzogenen Rollenbild (überarbeitete Fassung aus: Nehlsen & Rühling 1990a, 43 f; 1990b, 19 f.) versuchen wir, unsere Beobachtungen über den Druck, unter dem heutige Mütter stehen, zu veranschaulichen:

Das weibliche Irgendwie. Polemischer Exkurs über die Kluft zwischen den überhöhten Rollenerwartungen an gute Mütter und ihrer alltäglichen Realität

- Eine Frau muß heute attraktiv und selbstbewußt, eigenständig und aktiv sein. Trotz dieser Qualitäten vermeidet sie es selbstverständlich, eine dieser unangenehmen Emanzen zu werden, die nie zufrieden sind, ALLES wollen und ihre Familie vernachlässigen, weil sie sich selbst zu wichtig nehmen. Die heutige Frau und Mutter bewältigt souverän, mit großem Organisationstalent, unerschöpflichen Energiereserven und einer geschlechtsspezifischen Methode, die wir nur als „das weibliche Irgendwie" bezeichnen können, eine breite Palette anspruchsvoller Aufgaben:
- In ausgeklügelten Zeitplänen bringt sie Erwerbstätigkeit und Familienaufgaben „irgendwie" unter einen Hut. Als Alleinerziehende erwirtschaftet sie häufig das gesamte Familieneinkommen oder lebt von Sozialhilfe. Auch als „Hausfrau" trägt sie fast immer zum Familieneinkommen bei. Dabei liegen die Unterschiede zwischen erwerbstätigen und nichterwerbstätigen Müttern nicht darin, daß die einen „arbeiten" und die anderen „zuhause sind". Die sogenannte Berufstätige verzichtet fast immer auf berufliches Weiterkommen, sobald sie Mutter wird. Sie kombiniert (mit viel schlechtem Gewissen) Berufstätigkeit und Mutterschaft mit Hilfe unterschiedlichster Teilzeitkonstruktionen und bezahlt oft mit ihrem Verdienst Putzfrau, Tagesmutter, Krabbelgruppe oder sonstige Kosten dafür, daß sie zuhause nicht uneingeschränkt zur Verfügung steht.
- Auch die sogenannte Hausfrau „geht arbeiten", jedenfalls in den allermeisten Fällen; allerdings hat sie in der Regel verschiedene Stundenjobs laufen, die „eigentlich nicht zählen". Sie schätzt das gute Gefühl, daß die Familie nicht zu kurz kommt sowie die Spielräume, die ihr oder der Familie das zusätzliche Geld ermöglichen und nimmt dafür gern in Kauf, daß ihre Arbeit schlecht bezahlt, sozial nicht abgesichert und jederzeit kündbar ist. Die Arbeiten reichen vom einfachen Putzjob bis zu den vielfältigen Formen von Heimarbeit für unterschiedlichste Ausbildungsniveaus (z.B. Jobs, für die frau nur einen Computer und ein Telefon braucht und die sie „geradezu ideal" mit Haushalt und Kinderversorgung kombinieren kann).
- Laut Mutter-Mythos sollen Frauen sich darauf verlassen können, daß der Ehemann und Vater qua Rolle dazu verpflichtet ist, Frau und Kinder ökonomisch zu versorgen. Die heutige Mutter hat sich von dieser Erwartung emanzipiert, freiwillig oder notgedrungen, und weiß es gewiß zu schätzen, daß sie heute die Scheidung einreichen kann und überhaupt besser davon ausgeht, sich und ihre Kinder notfalls auch allein durchbringen zu können.

- Die heutige Frau ist - qua Rolle - begehrenswerter als je zuvor. Sie weiß, worauf es bei einer attraktiven Sexualpartnerin ankommt und erhält aus vielfältigen Quellen Tips für anregende und aufregende Inszenierungen in Schlafzimmer und Eheleben. Darüber hinaus ist sie eine Meisterin der sozialen Sensibilität und weiß nicht nur ihre weiblichen Reize, sondern ihre weibliche Arbeit, Kompetenz und Unterstützung insgesamt wohldosiert und unaufdringlich einzusetzen in dem oft eher unbewußten Wissen, daß sie sonst in jene negativen Rollen-Klischees gerät, die auf ungeschicktere Frauen warten. Die heutige Mutter ist weder ein Putzteufel noch ein Heimchen am Herd, sorgt aber auf angenehm selbstverständliche Weise dafür, daß die Wohnung gepflegt und gemütlich ist und daß der Haushalt läuft.

- In ihrer Rolle als Hausfrau verfügt sie über einen Park technischer Geräte, „die ihr die Arbeit ja im Grunde genommen abnehmen". Die Erleichterungen in der Hausarbeit sind ein unerläßlicher Segen, weil viele Frauen nicht nur ihren eigenen Haushalt organisieren, sondern mehrere parallel, wenn die Zeit kommt, alte und/oder verwitwete Eltern, Schwiegereltern oder alleinlebende ältere Verwandte mitzuversorgen. Wird die doppelte Haushaltsführung zu zeitaufwendig oder zu kostspielig oder die alten (Schwieger-)Eltern zu pflegebedürftig, integriert frau selbstverständlich deren Pflege liebevoll und sachkundig in den eigenen Haushalt.

- Als Mutter ist frau die Organisatorin ihrer Kinder. Sie sorgt dafür, daß sich kein Kind elternlos und allein fühlt, wenn im Kindergarten ein Bastelnachmittag angesetzt ist oder bei den Mini-Kickern ein wichtiges Fußballspiel. Die Familienmutter hat in jeder Hinsicht das Wohl ihrer Kinder im Auge und übernimmt die volle Verantwortung für deren OPTIMALE (!) Entwicklung. Ruhig und gelassen gleicht sie eine gefährliche Umwelt und zu kleine Wohnungen aus, sorgt für das passende pädagogische Angebot zuhause bzw. begleitet ihre Kinder zu den verschiedenen pädagogischen Angeboten vor Ort. Oder sie bringt sie zur Oma, wenn sie zu ihrem Stundenjob geht. Gibt es keine Oma, bleibt frau zuhause und setzt ihre Kinder vor den Fernseher. Heimlich, wenn sie ein pädagogisches Gewissen hat.

- Die Mutter ist die verantwortungsbewußte Gesundheitsexpertin der Familie. Entweder ist sie dies freiwillig, weil sie aufgeklärt und gut informiert ist. Oder sie ist es notgedrungen, weil ihre Kinder unter ständigen Infekten, Krupp-Husten, Neurodermitis, Hyperaktivität oder verschiedensten Allergien leiden. Angeregt von Freundinnen arbeitet sie sich in die Geheimnisse der Homöopathie ein und weiß, wann sie den Empfehlungen ihres Kinderarztes trauen darf und wann sie ihm mutig widersprechen muß, weil es sinnvollere Alternativen gibt.

- Hat frau ein Sorgenkind, mit dessen Entwicklung es nicht so recht klappt oder gar ein behindertes Kind, weiß sie, daß jetzt SIE der Schlüssel ist für alle Chancen, die dieses Kind trotz seiner Probleme in seinem Leben haben wird. Sie zieht daraus die einzig mögliche Konsequenz und setzt es bereitwillig an die erste Stelle in ihrem Leben. Sie verzichtet für lange Jahre auf eigene Ziele in ihrer persönlichen Entwicklung (von beruflichen Zielen ganz zu schweigen) und weiß, daß sie jede Chance wahrnehmen muß, ihrem Sorgenkind Unterstützung zukommen zu lassen. Und läßt sich von den Experten darüber aufklären, daß es jetzt vor allem auf zwei Dinge ankommt: Erstens muß sie das Kind mit seiner Behinderung unbedingt so annehmen, wie es ist, es in seiner Einmaligkeit wertschätzen und lieben und sich bitteschön schnellstmöglich von dem Bild des gesunden Kindes verabschieden, das sie sich vermutlich eigentlich gewünscht hatte. Das Zweite, worauf es jetzt ankommt, ist, daß die Mutter ihr behindertes Kind in jeder nur denklichen Weise fördert, fördert, fördert, damit sich auch dieses Kind im Rahmen seiner Behinderung OPTIMAL entwickelt. Vielleicht lassen sich ja durch den selbstlosen mütterlichen Einsatz auch Einschränkungen und Behinderungen in ihren Folgen abmildern, da es ja nicht ganz auszuschließen ist, daß frau vielleicht ja doch selbst Schuld ist an der Behinderung. So scheinen es ihr jedenfalls die bei jeder Anamnese erneut gestellten besorgten Fragen der Fachleute zu suggerieren, Fragen wie: Haben Sie in der Schwangerschaft geraucht? Getrunken? Medikamente eingenommen? Wenn ja, wieviel? Gab es Umstände, die Embryo und Fötus geschädigt haben könnten? Haben Sie sich verantwortungsvoll ernährt, ging es Ihnen psychisch gut?

Soweit unsere polemische Beschreibung. Wir sind uns durchaus bewußt, daß wir ebenfalls lange Überforderungslisten aufsetzen könnten hinsichtlich der Erwartungen an heutige Kinder, Väter, LehrerInnen, SozialarbeiterInnen usw. Trotzdem ist die Überforderungsliste für Mütter eine besondere, da das verklärte Idealbild der guten Mutter einerseits die noch immer weitgehend ungebrochene Basis der meisten Erwartungen an Mütter ist und es andererseits die Erkenntnis ausschließt, daß jede reale Frau an dieser Meßlatte scheitern MUSS.

Die Mutterschaftsideologie entzieht die alltägliche Lebensrealität von Müttern nicht nur der gesellschaftlichen Wahrnehmung, sondern meist auch der persönlichen Wahrnehmung der Mütter selbst. Jede Frau weiß, daß Hausarbeit nur dann auffällt, wenn sie NICHT gemacht ist; dasselbe gilt für die tägliche Erziehungs- und Beziehungsarbeit. Nestmann und Schmerl (1991, 9 f.) weisen darauf hin, daß es Teil der gesellschaftlichen Entwertung „weiblicher" Tätigkeiten ist, daß sie unsichtbar zu bleiben haben. Das funktioniert nicht nur äußerlich, sondern auch innerlich. Auch in der eigenen Wahrnehmung erbringen Frauen einen Großteil ihrer Arbeit anscheinend nebenbei, ohne daß es zählt. Sie bringen z.B. „mal eben" die Kinder dahin und dorthin, kümmern sich „nebenbei" um die kranke Nachbarin oder nehmen ihr die Kinder ab, erledigen „noch eben" Einkäufe und Behördengänge, haben „zwischendurch" ein Auge auf alte Eltern und Schwiegereltern, stoßen dabei ständig eigene Pläne um zugunsten der Bedürfnisse anderer. Viele Frauen sind abends müde und zerschlagen und haben trotzdem das Gefühl, „eigentlich den ganzen Tag nichts Richtiges getan zu haben".

Wird sichtbar, daß soziales Zusammenleben nicht einfach irgendwie von allein und ohne Arbeit geschieht, sondern „hergestellt" werden muß (und zwar überwiegend von Frauen), wird diese unangenehme Erkenntnis häufig mit einer langen Reihe negativer Klischees abgewehrt, mit denen die gesellschaftlich notwendigen Leistungen von Frauen und Müttern karikiert werden. Da gibt es die überbehütende, überängstliche Mutter, die häusliche Hygiene-Fanatikerin, die ehrgeizige Schularbeiten-Antreiberin, die unbarmherzige Enährungsspezialistin für cholesterinbedrohte Ehemänner und magersüchtige Töchter, die neugierige Schnüfflerin im Haushalt der Nachbarin usw. (Nestmann & Schmerl 1991, 25 f.).

Nette, gesunde Kinder, die in Familie, Schule, Alltag gut zurechtkommen und gedeihen, gelten als die eigentlich erwartbare Norm oder eine Aufforderung, „dem Schicksal" dankbar zu sein. Schwierige Kinder gelten als schlecht erzogen und haben Mütter, die alles mögliche falsch machen.

2 Müttergruppen-Arbeit in einer Beratungsstelle - Zielvorstellungen und Grundhaltungen

Wir haben uns vor ca. 14 Jahren entschlossen, äußerlich stark belastete, innerlich oft vereinsamte Mütter, die wir im Rahmen der Erziehungsberatungsarbeit kennengelernt haben, in eine Gruppe einzuladen und haben mit inzwischen 16 durchgeführten Gruppenprozessen viel Erfahrung gesammelt.

Ein wesentliches Ziel war und ist, daß in diesen Gruppen dem Mutter-Mythos und dem damit verbundenen Wahrnehmungs-Tabu gegenüber der alltäglichen Realität von Müttern entgegengearbeitet werden soll. Aus unserem therapeutischen Kontext wissen wir, daß eine Auseinandersetzung mit der sozialen Realität nur gelingen kann, wenn sie auch sozial wahrgenommen und als existent zurückgespiegelt wird. Durch Sehen und Gesehen-werden, durch gegenseitige Spiegelung wird - so hofften wir - für viele Mütter ihre eigene Situation spürbarer, wahrnehmbarer, realer und dadurch handhabbarer. Das gilt für Positives (z.B. das Ausmaß geleisteter Arbeit, eigene Kompetenzen, Stärken) ebenso wie für Negatives (z.B. unrealistische Erwartungen, verstrickte Beziehungen, Schwächen). In den Müttergruppen zeigen sich die Frauen gegenseitig in ihrem schwierigen Alltag, erleben, wie andere Frauen mit Belastungen umgehen, manchmal völlig mutlos sind und manchmal überraschende Lösungen finden. Im Spiegel der anderen Mütter ist es leichter, Unerreichbares als unerreichbar zu erkennen, Erwartungen und Normen zu hinterfragen, ein Gefühl für machbare Lösungen und realisierbare Ziele zu entwickeln, Ansprüche „abzutakeln" und die Meßlatte tiefer zu hängen.

Einer weiteren Zielvorstellung entsprechend wollten bzw. wollen wir mit den Beziehungsangeboten im Rahmen der Müttergruppe der inneren und äußeren Isolation der eingeladenen Mütter entgegenwirken. Nach Fürstenau (1992, 197) ist schon die Bereitstellung einer therapeutischen Gruppe eine wesentliche und wirksame Intervention. Von uns als Leiterinnen war und ist dieses Angebot verbunden mit einer Grundhaltung, in der es um „Einlassen" und Verständnis, um Kontinuität und Verläßlichkeit geht sowie um das gemeinsame Aushalten und Mittragen von Problemlagen und Lebenssituationen, die sich nicht durch Maßnahmen lösen lassen, sondern zunächst angenommen werden müssen (Nehlsen & Rühling 1998, 335 ff.).

In der Müttergruppenarbeit ging es uns also um einen psychotherapeutischen Zugang; damit verbunden war eine klare Leitungsstruktur und die Hierarchie zwischen Teilnehmerinnen und Therapeutinnen. Vor 14 Jahren waren noch zwei andere Ansätze in der Diskussion: die feministischen Frauengruppen und die Eltern-Selbsthilfegruppen. Für die verschiedenen Gesprächs- und Selbsterfahrungsgruppen im Rahmen der Frauenbewegung war das Experimentieren mit nicht-hierarchischen Strukturen konstituierendes Merkmal (vgl. Wagner 1977, 135). Wir entschieden uns für eine psychotherapeutische Leitung, da wir die Mütter, für die uns ein Gruppenangebot sinnvoll erschien, für psychisch zu instabil, oft zu ängstlich und isoliert einschätzten, um von einem offenen Treffen zu profitieren. Es entsprach auch unserer Erfahrung, daß Frauen, die sich mit ihrer Rolle als Mutter und Frau auseinandersetzen wollten, von weiblichen Therapeutinnen besonders profitieren können. Die gemeinsame Erfahrung einer weiblichen Sozialisation erleichtert die Einfühlung bzw. das Gefühl, verstanden zu werden. Andererseits können kritische Bemerkungen, z.B. wenn eine Frau sich allzu gern auf eine Opferrolle zurückzieht, von weiblichen Leiterinnen unvorbelasteter vorgetragen und von den Frauen besser angenommen werden.

In Eltern-Selbsthilfegruppen organisier(t)en sich Eltern, deren Kinder an der gleichen Krankheit, dem gleichen Syndrom, dem (anscheinend) gleichen Problem leiden (z.B. Kinder mit Diabetes, Epilepsie, Neurodermitis, Down-Syndrom, „Legasthenie", „Hyperaktivität" bzw. „ADS-Syndrom"). In unserer Beobachtung führte das Engagement in einer solchen Selbsthilfegruppe für viele Eltern (in der Regel Mütter) mit chronisch kranken, behinderten bzw. unruhigen Kindern leicht zu einer weiteren Überforderung. Wenn die Mütter überhaupt dabei blieben, machten sie sich durch Fachliteratur und Referate zu „Expertinnen" für ihre und weitere Sorgenkinder und erhöhten ihre Ansprüche hinsichtlich einer adäquaten Fürsorge für ihre Kinder teilweise ins Unermeßliche. Die defizit-orientierten Krankheitsauffassungen verschiedener Fachleute und die daraus resultierenden Maßnahmen- und Forderungskataloge zur Kompensation (die sich nicht selten mit inneren Abwehrmechanismen der Eltern gegenüber einer schwer erträglichen chronischen Krankheit oder Behinderung mischten) spielten dabei eine unheilvolle Rolle. Es besteht u.E. die Gefahr, daß Gruppen, deren zentrale Gemeinsamkeit sich aus einem bestimmten Krankheitsbild speist, oft fremdbestimmt und in ihren Handlungsorientierungen defizit-fixiert bleiben. Mit diesen Bedenken wollen wir den Ansatz dieser Eltern-Selbsthilfegruppen nicht generell in Frage stellen; auch hier gelingt es vielen Müttern (und Vätern), Verzweiflung und Isolation zu überwinden, Solidarität zu erfahren und einen Weg zu finden, um Probleme anzunehmen und mit ihnen leben zu lernen.

Wir wählten bewußt einen anderen Ausgangspunkt. Gerade als Mitarbeiterinnen einer Beratungsstelle mit dem Schwerpunkt „Epilepsie, Hirnfunktionsstörung und Behinderung" kannten wir die Dynamik von Konzepten, die sich am „Medizinischen Modell" orientieren und die Kosten, die sie den Müttern aufbürden. Bei der Bewältigung von Schwierigkeiten und Problemen in einer Familie und für die Entwicklung von Lösungsmöglichkeiten, mit denen diese Familie leben kann, kommt in der Regel den Müttern eine Schlüsselposition zu, unabhängig davon, ob wir das positiv oder negativ bewerten. Wenn uns von einer Familie ein Kind mit Problemen vorgestellt wird, laufen wir stets Gefahr, mit unseren Untersuchungen und Therapie-Empfehlungen die ohnehin sehr hohen Ansprüche und Erwartungen an die Mütter noch zu erhöhen. In die Müttergruppen luden wir Frauen ein, die zusätzliche Belastungen am allerwenigsten gebrauchen konnten. Das bedeutete auf unserer Seite die klare Stellungnahme, daß wir nicht ein einziges Problem „wegmachen" können, daß die Schwierigkeiten im Alltag, die Probleme der Kinder, die Lebenssituation der Familie erst einmal als Tatsache hingenommen werden müssen. Die Verantwortung blieb bei der einzelnen Mutter bzw. den Eltern.

Das Konzept der Müttergruppen setzt(e) in erster Linie auf die Stärkung der Mütter. Indem wir ihre eigene Lebensrealität ernst nehmen und in den Mittelpunkt stellen, ist diese Arbeit im feministischen Sinn „parteilich". Auf dieser Grundlage kann vielleicht die persönliche Situation der Mütter, d.h. auch: ihre psychische und körperliche Gesundheit (an der oft das labile Gleichgewicht einer ganzen Familie hängt) verbessert werden. Wir hoff(t)en darüber hinaus, durch einen therapeutischen Zugang die Kompetenz zur Erziehungs- und Entscheidungsfähigkeit der Mütter zu erweitern, sie in der Entwicklung ihrer eigenen Individualität und Autonomie zu unterstützen; mit psychotherapeutischen Worten: die Ich-Struktur zu verbessern (vgl. Fürstenau 1990, 197). Dies kann u.a. dadurch gelingen, indem wir die Frauen jenseits der verengenden Perspektive der Mütterrolle als erwachsene Menschen mit einer individuellen Biographie ansprechen. Sie waren/sind nicht nur Mütter, sondern haben eine spezifische Kindheit (mit entsprechenden Prägungen) hinter sich gelassen, waren meist schon berufstätig und attraktive Lebenspartnerinnen.

Durch unser Mitgefühl mit den Sorgenkindern, die mit ihren Müttern in jener „unzumutbaren sozialen Abhängigkeit" (Jonas, 1994) in hochverstrickten, psychisch oft sehr belastenden Beziehungen leben, waren bzw. sind wir natürlich auch an einer Lockerung der symbiotischen Mutter-Kind-Beziehungen interessiert. Indem wir die Frauen selbst in den Mittelpunkt stellten, sie im Rahmen der Gruppe anzuregen suchten, eigene Bedürfnisse und Interessen wahr- und ernstzunehmen, zu formulieren, kleine Schritte zu ihrer Verwirklichung zu wagen, hofften wir auch, indirekt die Situation der Kinder zu verbessern.

Mit der konkreten Erfahrung differenzierten sich diese Zielvorstellungen natürlich erheblich. Wir erlebten, daß die z.T. schwer verstörten Frauen (vgl. 3) im Laufe eines anfangs mehrfach verlängerten Gruppentherapie-Prozesses von ein bis zwei Jahren teilweise nur geringfügige Änderungen etablieren konnten; das betraf ihre persönlichen und gesundheitlichen Voraussetzungen ebenso wie ihre sozialen Beziehungen in Familie und Umfeld. Wir erkannten, daß wir in den Müttergruppen in Bezug auf Zielvorstellungen nur Anstöße ermöglichen können. Außerdem begriffen wir mit der Zeit das Ausmaß der Not, in der sich diese Frauen, vor allem Mütter von behinderten Kindern, befanden. Das bedeutete, sie in ihrem Kampf um die Kinder, so verstrickt er auch war, anzunehmen und anzuerkennen. Und wir haben gelernt: jede noch so kleine Entlastung zählt.

Respekt und Achtung gegenüber den Frauen in den Gruppen, eine prinzipiell wertschätzende Grundhaltung gegenüber ihren bisherigen Versuchen, eine schwierige Lebenssituation zu bewältigen, ein eher optimistisches Vertrauen in die Fähigkeit und Bereitschaft von Menschen, ihre Probleme in einer für sie passenden Weise zu lösen und das Anknüpfen an bereits vorhandenen Fähigkeiten und Bewältigungsstrategien halten wir für wichtige Grundhaltungen in der Mütterarbeit. Sie sind uns aus verschiedenen Kontexten (humanistische Psychologie, Psychotherapie, Frauenbewegung) seit langem vertraut. Derzeit werden sie in der psychosozialen Arbeit unter Begriffen wie „Ressourcen- und Kompetenzorientierung" und „Empowerment" eingefordert. So geht Keupp (1993) in seinem Plädoyer zur „(Wieder-)Gewinnung von Handlungskompetenz" davon aus, daß die Wirksamkeit professioneller Hilfe davon abhängt, ob es gelingt, den Erfahrungskomplex der „gelernten Hilflosigkeit" bzw. „Demoralisierung" zu überwinden und stattdessen eine Art „gelernter Hoffnungsfreudigkeit" zu vermitteln, verbunden mit der Zuversicht, mehr Kontrolle über die eigenen Lebensbedingungen zu erhalten. Von Dauer könnten nur Veränderungen sein, die den Grundsatz „Hilfe zur Selbsthilfe" realisieren (a.a.O., 368). Für uns bedeutet das neben dem Ernstnehmen des Selbsthilfe-Gedankens eine Rückbesinnung auf einen vielleicht wichtigsten gruppentherapeutischen Wirkmechanismen: In seinem Lehrbuch der Gruppenpsychotherapie nennt ihn Yalom „Hoffnung einflößen" (1992, 22). Dieses kann nur gelingen, wenn die Frauen lernen, gegenüber ihrer aktuellen Misere einen neuen Standpunkt zu erlangen.

Daß wir die Müttergruppen inzwischen wesentlich als angeleiteten Vorbereitungsprozeß in Richtung Selbsthilfe konzipieren, ist Folge eines doppelten Lernprozesses in den ersten Jahren. Von der Problemseite her sind Müttergruppen nie „fertig". Anfänglich haben wir die Gruppen auf eineinhalb oder zwei Jahre verlängert in der Annahme, daß in solchen Zeiträumen für die Teilnehmerinnen mehr Prozesse abschließbar sind. Aber ob ein, eineinhalb oder zwei Jahre: immer wieder wurden selbstgesetzte wie Gruppenziele durch neue Ereignisse, Verunsicherungen und Krisen „gestört"; jedes Ende hinterließ offene Prozesse, die die Frauen selbständig bewältigen mußten. Außerdem beobachteten wir mit Faszination, daß die Mütter, die sich ein oder zwei Jahre regelmäßig getroffen hatten, damit nicht aufhören wollten und sich unabhängig von uns weiterverabredeten - meist nicht mehr so häufig, aber doch relativ regelmäßig. Wir haben unser Konzept dieser Situation angepaßt (vgl. 6). Wir verfolgen jetzt als ein zentrales Ziel, den Gruppenteilnehmerinnen während des angeleiteten Gruppenprozesses von etwa einem Jahr Erfahrungen in Arbeits- und Kommunikationsformen zu ermöglichen, die ihnen bei einem späteren Weitermachen in eigener Regie nützlich sein können. Für Gruppentreffen ohne Therapeutinnen haben wir in der Beratungsstelle räumliche und zeitliche Möglichkeiten geschaffen.

Wir streben an, daß die Teilnehmerinnen sich in der Gruppe öffnen und es wagen können, sich jenseits der (vom Mutter-Mythos genährten) Idealvorstellungen von einer Guten Mutter mit ihrer tatsächlichen, oft bedrückenden Realität sichtbar zu machen. Vorhandene Kompetenzen, Fähigkeiten und Bewältigungsstrategien werden von uns (wert-)geschätzt und in ihrer Weiterentwicklung unterstützt, indem wir Fortschritte benennen und verstärken bzw. auch eine Distanzierung von ineffektiven oder destruktiven Verhaltensmustern zu ermöglichen suchen. Im Hinblick auf das Ziel der Ressourcen- und Kompetenzorientierung fanden wir viele Anregungen in neueren systemischen Ansätzen (vgl. 6.3.). So überträgt Angermaier (1994) in einem viel beachteten Lehrbuch für Gruppentherapie die von de Shazer (1989), Kim Berg (1992) u.a. entwikkelte lösungsorientierte Kurztherapie auf einen gruppentherapeutischen Kontext. Angermaier vermeidet jedoch ausdrücklich eine Auseinandersetzung mit „Problemen" und konzentriert sich ausschließlich auf „Lösungen" (a.a.O. 13). Neben der pragmatischen Suche nach ganz konkreten, machbaren Verbesserungen in einem schwierigen Alltag und der Verstärkung „lösungsorientierter" Verhaltensweisen halten wir jedoch den Versuch einer gedanklichen und gefühlsbezogenen Verarbeitung von gelungenen und mißlungenen Aktivitäten und dahinterstehenden inneren Überzeugungen und Glaubenssystemen für nötig. Auch die therapeutische Beziehung sehen wir in vielen Punkten anders (vgl. 7), z.B. im Hinblick auf Übertragungs-, Gegenübertragungsprozesse und Abwehrmechanismen, von denen Angermaier behauptet, daß man derartige Strukturen nur deshalb findet, weil ihre Existenz vorher postuliert wurde (a.a.O., 139).

Bezüglich der Rolle von TherapeutInnen und Reflexionen des Beziehungsgeschehens in der Gruppe bedienen wir uns immer wieder auch der Erfahrungen psychoanalytischer Autoren, ohne ihrem gesamten widersprüchlichen und oft unverständlichen Theorie-Gebäude folgen zu wollen. Sie reflektieren die Beziehungsgestaltung von KlientInnen und TherapeutInnen und bieten dafür auch in der Regel handhabbare Begrifflichkeiten. So betont Fürstenau (1990; 1992), der sich um eine Integration lösungsorientierter, systemischer und psychoanalytischer Konzepte bemüht, die Bedeutung der von den TherapeutInnen verantworteten „Wahrnehmungsverarbeitung" sowie die Bedeutung der damit verbundenen Umdeutungen und der inneren Auseinandersetzungen der KlientInnen mit ihrer Lebensrealität. Für uns bedeutet das, die allgemeine und persönliche Lebenssituation der Mütter möglichst genau zu erfassen und ihnen das, was wir (vor dem Hintergrund unseres professionellen Wissens) von ihrer Situation zu verstehen glauben, angemessen zurückzuspiegeln. Damit wollen wir ihnen helfen, ihre eigenen Gefühle, Überlegungen und Werthaltungen genauer wahrzunehmen und zu überdenken. Die Betonung liegt dabei auf der Wahrnehmung des Hier und Jetzt, der aktuellen, konkreten Realität und den Widersprüchen zu Wunsch- und Sollvorstellungen. Wir möchten die Frauen ermutigen, sich zumindest ansatzweise von den (unterschwellig wirksamen und von vielen Medien suggestiv verstärkten) Idealbildern der perfekten Mutter, des perfekten Kindes, des perfekten Traumpartners, der perfekten Förderung usw. zu verabschieden, d.h. die eigene Grandiosität aufzugeben, ebenso den (von Abwehrmechanismen genährten) magischen Glauben, daß von Experten jedes Problem zum Verschwinden gebracht werden kann. Stattdessen möchten wir ihnen Anstöße geben, sich realitätsangemessener mit vorhandenen Grenzen auseinanderzusetzen - den eigenen wie den Grenzen von anderen (Kindern und Sorgenkindern, Partnern und Vätern, Eltern, LehrerInnen usw.). Das Ziel analytischer Gruppentherapie, eine Persönlichkeitsveränderung durch Erkennen und Verarbeiten festgefahrener Gefühlswelten und Handlungsweisen zu erreichen (vgl. Kutter 1989), kann mit dem vorgestellten Müttergruppenkonzept sicher nicht erreicht werden. Trotzdem wollen wir auf Anstöße in diese Richtung nicht ganz verzichten und halten die von Kutter formulierten allgemeinen Ziele analytischer Gruppentherapie auch im Kontext von Müttergruppen für relevant, z.B.: lernen, befriedigende Beziehungen einzugehen; einen Weg finden, sich sinnvoll in die Gesellschaft zu integrieren, Versagungen ohne regressive Abwehr zu ertragen, Krisen zu meistern und Schwierigkeiten erfolgreich zu bewältigen (Kutter 1989, 8). Das klingt vielleicht nach unreflektierter Anpassung an vorgegebene, nicht in Frage gestellte gesellschaftliche Strukturen. Gemeint ist hier das Maß an (positiver) Anpassungsfähigkeit, das die Erschließung neuer Handlungsmöglichkeiten erst möglich macht (vgl. Nehlsen & Rühling 1997, 335-355).

3 Zielgruppe: Welche Mütter laden wir in die Gruppe ein?

In der Regel kannten wir oder KollegInnen die späteren Gruppenteilnehmerinnen bereits aus einem Diagnostik- und Beratungsprozeß, in dem es zunächst um ein vorgestelltes Sorgenkind ging (vgl. Nehlsen & Rühling 1998, 335 ff.). Soweit sinnvoll und möglich wurden bereits therapeutische Interventionen durchgeführt wie: Beratung von Eltern und Lehrern, Einzel- oder Gruppentherapie für Kinder mit Elternbegleitung u.ä. Der Vorschlag „Müttergruppe" wurde dann gemacht, wenn eine Mutter von den BeraterInnen als besonders belastet, verunsichert, im Alltag auf sich allein gestellt erlebt wurde und wenn die Belastungen, mit denen sie zurechtkommen mußte, „chronischer" Art waren. Das war beispielsweise der Fall, wenn das Sorgenkind an einer chronischen Krankheit und/oder Behinderung litt, wenn das Familieneinkommen sehr niedrig war, wenn Kompensationsmöglichkeiten fehlten.

Nach mehrjährigen guten Erfahrungen mit dem Medium Müttergruppe stellten wir diese bereits im Erstkontakt als ein mögliches Beratungsangebot vor. Manchmal wählte eine Mutter gleich diese Möglichkeit, ohne weitere diagnostische Abklärungen und Beratungen. Dies galt insbesondere für Mütter von behinderten Kindern, wenn eine Behinderung bereits diagnostiziert wurde und schon zahlreiche Interventionen (auch von anderen Institutionen) stattgefunden hatten. Auf dieser Basis überwiesen auch KollegInnen von anderen Beratungsstellen und vom Sozialpädiatrischen Zentrum Frauen direkt in eine Müttergruppe.

Die Frauen unterschieden sich in ihrem sozialen Hintergrund wie Bildungsniveau, Lebensstandard der Familie usw. Auch die Art der Probleme in der Familie waren unterschiedlich, ebenso Probleme und Alter der Kinder und Sorgenkinder. Es bestätigte sich, daß die gemeinsame Erfahrung des überlasteten mütterlichen Alltags mit einem Sorgenkind eine ausreichende Gemeinsamkeit war und die verschiedenen Lebenshintergründe in ihrer Vielfalt eher eine Bereicherung darstellten. Unter den Teilnehmerinnen überwogen jedoch Frauen aus sozial schwächeren Schichten und Mütter von behinderten Kindern, d.h.: Frauen, die nicht genug Kraft, Zeit und/oder Geld für Kompensationsmöglichkeiten hatten; Frauen, die sich keine Entlastungen durch Fremdbetreuung organisieren und den Alltagsbelastungen nicht die partielle Verwirklichung eigener Interessen entgegensetzen konnten (z.B. durch Berufstätigkeit mit geregelten Arbeitszeiten, Fortbildung, Wochenend-Unternehmungen, Urlaube usw.). Die eingeladenen Frauen, darunter auch Pflegemütter, waren sozial oft sehr isoliert und innerlich vereinsamt. Das war insbesondere der Fall, wenn die Kinder noch klein oder sehr behindert waren, die Mütter überwiegend mit ihnen allein zuhause blieben und kaum Gelegenheiten ergriffen, mit erwachsenen Menschen zu sprechen. Oder wenn Frauen ihr Problemkind für andere als unzumutbar oder unerwünscht empfanden, als zu unruhig, zu anstrengend, zu behindert.

Zweimal boten wir Nachmittagsgruppen für berufstätige Mütter an. Dies stieß jedoch an unsere eigenen Kapazitätsgrenzen, da Nachmittagstermine in der Erziehungsberatung immer knapp sind. Außerdem meldeten sich im Laufe der Jahre so viele Frauen zu Vormittagsterminen, daß wir begannen, vormittags zwei parallel laufende Gruppen anzubieten. Damit waren wir neben unserer übrigen Arbeit in der Beratungsstelle innerlich und äußerlich voll ausgelastet. Obwohl viele berufstätige Frauen vormittags nicht teilnehmen können, halten wir diese Priorität für richtig. Wir glauben, daß sich Mütter mit geregelter Berufstätigkeit bereits eine günstigere Lebenssituation schaffen konnten als die sogenannten Hausfrauen mit und ohne Stundenjobs.

Die gesundheitliche Situation der eingeladenen Mütter, die körperliche wie die psychische, war oft erschreckend (vgl. Sieverding, 1995). Erst im Laufe der Gruppengespräche (in der Regel nicht während der vorangegangenen Untersuchung des Kindes) erfuhren wir von Krebsverdacht und -behandlungen vor allem an den Geschlechtsorganen, von Diabetes und Bandscheibenvorfällen, schweren Allergien u.a. Erst nach längerer Vertrauensarbeit stellte sich heraus, wieviele Frauen zeitweilig oder auch als Dauermedikation Psychopharmaka einnahmen (Antidepressiva, sogenannte Aufbauspritzen oder „nur rein pflanzliche" Johannniskraut-Präparate). Wir erlebten manche Frauen als schwer depressiv, mit einer unterschwelligen massiven Abwehr gegen jegliche Änderungs-Ideen. Es ging zunächst einfach nichts. Manche Frauen waren zeitweilig suizidal - latent oder akut. Einige Frauen wären in anderen Kontexten sicher als Borderline-Persönlichkeit diagnostiziert worden; andere waren Psychose-Erfahrene. Solche Frauen zeigten heftige Gemütsschwankungen, mit denen sie in der Einzelberatung schwer erreichbar waren und auch Gruppensituationen ganz schön „aufmischen" konnten. Jonas (1994, 105 f.) schätzt die psychische Verfassung von Müttern behinderter Kinder als nicht prinzipiell verschieden von anderen Müttern ein. Durch die Verarbeitung der Behinderung eines Kindes würde die eigene Verletzlichkeit nur aktualisiert und dadurch deutlicher hervortreten. Wir sind unsicher, ob die aktuelle, meist sehr verzweifelte Lebenssituation und Isolation von Müttern behinderter Kinder nicht zusätzliche schwere psychische Symptome, Beeinträchtigungen oder Schädigungen verursachen kann.

4 Gruppenbildung und Größe

In der Regel ergab sich im Laufe eines Beratungsjahres eine Warteliste von 12 - 20 Frauen, von denen wir oder KollegInnen dachten, daß sie von einer Müttergruppe profitieren könnten. Trotz der Vielfalt der verschiedenen Lebenshintergründe achteten wir bei der Zusammenstellung der Gruppen darauf, daß es für jede Frau immer einige Anknüpfungspunkte mit anderen Frauen gab (wie: auch ein unruhiges Kind in der Grundschule, auch eine/n geistigbehinderte/n Jugendliche/n usw.). Ebenso achteten wir - seit wir eine vorwiegend „depressiv eingefärbte" Gruppe hatten - auf eine verträgliche Mischung von zurückhaltenden und vorpreschenden, traurigen und zornigen, eher gelähmten und eher kämpferischen Frauen.

Aus dem Pool der potentiellen Interessentinnen baten wir jede Frau um eine aktuelle Rückmeldung, ob sie an einer neu beginnenden Gruppe teilnehmen wollte. Den durch KollegInnen überwiesenen Frauen, die wir noch nicht persönlich kannten, boten wir zum Abbau der Schwellenangst vor Beginn der Gruppe ein Einzelgespräch an. Neuerdings versuchen wir uns mit einer Kennenlern-Sprechstunde für mehrere Mütter gleichzeitig. Unser Ziel war es, mit einer Gruppe von 7 - 9 Frauen zu beginnen. In den letzten Jahren gab es so viele ernsthafte Interessentinnen, daß wir mit zwei Gruppen parallel anfingen. Es hat sich herausgestellt, daß wir besser den Überblick über die verschiedenen Gruppenprozesse behalten konnten, wenn wir Parallelgruppen um ein halbes Jahr versetzt begannen.

Meist schrumpfte die anfängliche Gruppengröße in der Anfangszeit zu einem stabilen Kern von 5 - 7 Frauen zusammen, die hochmotiviert waren und sich nach dem offiziellen Ende der durch uns begleiteten Gruppenphase in eigener Regie und eigenem Rhythmus weitertreffen wollten. Es gab immer einige Frauen, die von Anfang an sehr regelmäßig kamen; einige waren unentschiedener und nutzten die ersten Treffen, um sich für oder gegen eine weitere Teilnahme zu entscheiden. Manche waren zu keiner klaren Entscheidung fähig, kamen nur ein- oder zweimal, wollten aber auch nicht absagen. Manchmal tolerierten wir eine derartig ambivalente Teilnehmerin, meistens verabredeten wir mit ihr, daß sie zu einem späteren Zeitpunkt einen erneuten Versuch machen kann. Manche Mütter brauchten ein oder zwei Jahre, um sich innere und äußere Bedingungen für eine regelmäßige Teilnahme zu schaffen.

Wenn sich nach mehreren Wochen ein stabiler Kern konsolidiert hatte, wurde die Gruppe für weitere Teilnehmerinnen geschlossen, um schnell eine Vertrauensbasis zu sichern und die geplante, letztlich doch recht kurze Zeit von einem Jahr zu nutzen. Gelegentlich schieden im Laufe des Gruppenprozesses noch ein oder zwei Frauen durch Veränderungen in ihrer Lebenssituation aus, wie: Umzug in eine andere Stadt, Veränderungen in der Erwerbsarbeit, andere Prioritäten. Einmal entschied sich eine sehr junge Mutter nach Reflexion in der Gruppe, daß sie sich lieber eine kinderfreie Zeit am Abend erkämpfen wollte, „um mal wieder in die Disco zu gehen".

5 Räumliche und zeitliche Bedingungen

Für die Müttergruppen steht in unserer Beratungsstelle ein (Vielzweck-) Gruppenraum zur Verfügung. Vor Beginn jeder Gruppensitzung stand dort ein offener Stuhlkreis mit abgezählten Stühlen bereit; in der Mitte lud ein Teewagen mit Kaffee und Tee zur Selbstbedienung ein. Die ankommenden Frauen gingen ohne Zwischenaufenthalt im Wartezimmer direkt in diesen Raum, wir Therapeutinnen kamen zur verabredeten Anfangszeit dazu.

Von Anfang an haben wir auf eine lockere, informelle Ankommzeit von ca. einer Viertelstunde mit Tee und Kaffee Wert gelegt, um damit an Kommunikationsformen anzuknüpfen, die den Frauen aus ihrem Alltag und aus weiblichen Kontexten vertraut sind und ihnen Sicherheit geben. Auf unsere Bitte hin wurde ab und zu ein Päckchen Kaffee, Tee oder Kekse mitgebracht. War die Sitzung abgeschlossen, stand es den Frauen frei, den Teewagen wieder in die Mitte zu rollen und noch eine Weile zusammenzubleiben. Der Raum stand für die Gestaltung eines informellen Abschlusses noch eine Weile bereit. Dies hatte sich daraus ergeben, daß viele Mütter noch lange vor dem Haus am Parkplatz standen und sich nicht trennen mochten. Je mehr wir im Laufe der Jahre gelernt haben, daß es ein großes Interesse gab, sich nach offiziellem Ablauf in eigener Regie weiterzutreffen, um so mehr haben wir solche Elemente gefördert. In der Anfangsphase eines Gruppenprozesses ermutigten wir das Dableiben zunächst nicht, um die miteinander noch fremden Frauen zu schützen. Es kam vor, daß eine Frau, die sich den anderen gegenüber zu früh und zu weit geöffnet hatte, nicht mehr wiedergekommen ist. Auch nach bestimmten schwierigen Stimmungen empfahlen wir, daß die Frauen sofort gehen.

Nur für die allererste Müttergruppe organisierten wir parallel eine Kinderbetreuung. Wir lernten schnell, daß Frauen, deren Kinder zur gleichen Zeit im Spielzimmer waren, nicht „frei" hatten. Es passierte öfter, daß ein weinendes Kind vor der Tür stand, wenn seine Mutter sich einem heiklen Thema zuwandte. Seitdem gab es als wichtiges Lernziel für eine Mutter bereits vor der Gruppenteilnahme: einen freien Vormittag für sich zu organisieren, d.h. Betreuungsmöglichkeiten für kleinere oder häufig kranke Kinder zu finden, auch schwierige Kinder abgeben zu lernen, kinderfreie Zeit als Ziel ernstzunehmen. Für diesen Lernprozeß brauchten manche Frauen ein Vorbereitungsjahr in lockerer Einzelbetreuung durch eine der Beraterinnen.

Die Müttergruppen fanden am Vormittag statt, wenn die meisten Kinder in Schule oder Kindergarten untergebracht waren. Kleinere Kinder wurden häufig von einer Großmutter oder einer Nachbarin betreut. In den Schulferien wurde pausiert. Bewährt hat sich ein 2-wöchiger Rhythmus, ebenso die Zeit von 9 bis 11 Uhr (bei großen Gruppen von 8.45 bis 11.15 Uhr) plus ein gewisser Spielraum am Ende. Von den Frauen mit Schichtarbeit und festen Job-Zeiten lernten wir, daß es wichtig ist, einen langfristig verläßlichen, starren 14-Tage-Rhythmus einzuhalten und diesen Rhythmus auch nicht wegen Feiertagen und Schulferien zu verändern. So konnten alle Frauen langfristig ihre Termine planen. Es fiel in diesem Rhythmus keine Sitzung aus.

Die Gruppen wurden in der Regel für etwa ein Jahr als therapeutische Gruppe mit klarer Leitungsstruktur geplant. Offen benannt war danach ein Weitertreffen in eigener Regie möglich bzw. angestrebt. Dafür wurde im Haus der Beratungsstelle ein getrennt zugänglicher Kellerraum mit Toilette und Teeküche ausgebaut und zur Verfügung gestellt.

Zum Ende der offiziellen Phase wurde jeweils ein Abschiedsprozeß gestaltet und Bilanz gezogen: In welcher Situation stand jetzt jede Frau? Waren weitere Angebote durch uns nötig? Manchmal etablierten wir eine weitere Begleitung durch die Beratungsstelle, machten z.B. ein Angebot für ein Problemkind oder für eine Elternberatung. Prinzipiell galt: jede Frau kann sich wieder an uns wenden, wenn sie das für nötig hält. Viele Familien, die mit chronischen Problemen zu leben lernten, benutzten die Beratungsstelle ähnlich wie einen vertrauten Hausarzt und wandten sich an uns, wenn wieder eine wichtige Entscheidung gefällt oder eine Krise bewältigt werden mußte.

6 Wandel der gruppentherapeutischen Methoden

6.1 Abschied von gruppendynamischen Übungen aus der „Handwerkskiste"

Wir fühlen uns prinzipiell keiner bestimmten Gruppenpsychotherapie-Methode verpflichtet. Unsere psychotherapeutische Grundausbildung einschließlich diverser Fortbildungen haben wir im Rahmen der Humanistischen Psychologie erhalten, interessieren uns aber auch für andere Ansätze, z.B. Weiterentwicklungen im Rahmen der Psychoanalyse oder der systemischen Therapie, zwischen denen es inzwischen interessante Verbindungen gibt (u.a. Fürstenau 1992).

Als wir vor 14 Jahren mit den Müttergruppen anfingen, haben wir uns aus verschiedenen Kontexten Anregungen geholt. Besonders anregend fanden wir Methoden aus dem Psychodrama und dem pädagogischen Rollenspiel (in denen wir jeweils einschlägige Erfahrungen hatten) und bisherige Erfahrungen von Frauen-Selbsterfahrungsgruppen. So haben Carmen Thomas u.a. (1983) damals unter dem Stichwort „Die Hausfrauengruppe" einen interessanten Ansatz dokumentiert, in dem nicht-intellektuelle Frauen für sich das Medium des Rollenspiels nutzten.

Während wir heute fast ausschließlich mit dem Medium Sprache arbeiten und die Inhalte aufgreifen, die die Frauen aktuell thematisieren, experimentierten wir in den ersten Jahren mit einer Vielzahl von Übungen aus Gruppendynamik, Psychodrama, Rollenspiel, TZI, Focusing, Bioenergetik usw. Wir bereiteten uns auf jede Gruppensitzung auch methodisch vor und erhielten viel Sicherheit dadurch, daß unsere methodische „Handwerkskiste" wohlgefüllt bereitstand (vgl. Büttner 1995, 104).

Aus unterschiedlichen Gründen und mit einem lachenden und einem weinenden Auge haben wir nach und nach von den meisten dieser Übungen Abstand genommen. Der zentrale Grund war, daß sich das Gruppenkonzept immer mehr in Richtung „Vorbereitung auf Selbsthilfe" veränderte. Bei dieser Perspektive entfielen alle Methoden, die nicht geeignet schienen, von Laien später in Eigenregie angewandt zu werden. Ein anderer Grund war, daß wir es mit zunehmender Sicherheit und Erfahrung besser aushielten, all die wunderbaren Übungen und Methoden, die wir im Rahmen vielfältiger Fortbildungen kennengelernt hatten, auch NICHT anzuwenden. Im Hinblick auf die methodische Handwerkskiste konnten wir uns immer mehr bescheiden. Unsere Fragestellung wandelte sich zunehmend von: Was haben wir zu bieten? in Richtung: Was haben die Frauen in der Gruppe zu bieten? Über welche Ressourcen verfügen sie bereits? In welchen Kommunikationsformen sind sie schon sicher und kompetent? Was macht ihnen Spaß? Was brauchen sie noch zusätzlich zum Selbstweitermachen?

Mit anderen Worten: wir knüpften mehr an Vorhandenes an und mußten weniger „herumzaubern". In diesem Zusammenhang ist uns ein Novembertag unvergeßlich, an dem ein heftiger Sturm tobte und die Frauen bereits emotional aufgewühlt erschienen. Wir beschlossen, sie im bioenergetischen Sinne erstmal zu „erden" und ließen sie zu afrikanischer Trommelmusik heftig mit den Füssen stampfen. Anschließend kochte die Luft; wir öffneten die Fenster weit zum Lüften. Mit einem Riesenkrach zerschlug der Sturm ein Fenster in tausend Stücke. Danach waren alle sehr geerdet und „auf dem Teppich", wir auch. Das Ziel, zu erden haben wir nicht aufgegeben; aber heute würden wir an einem solchen Tag vermutlich eher die Ankommrunde ausdehnen, getreu der traditionellen mütterlichen („Erdungs"-)Methode: „Setz dich erst mal hin und iß was".

Im Kontext der Müttergruppen lernten wir, auch äußere und jahreszeitliche Rhythmen, von denen Frauen und Mütter offensichtlich stark beeinflußt werden, zu beachten. So lagen vor und nach Zeugnissen und nach langen ferienlosen Zeiten bei vielen Frauen die Nerven bloß. Die letzten Wochen vor den Sommerferien und die Vorweihnachtszeit mit ihrem speziellen inneren und äußeren Stress waren ungeeignete Zeitpunkte, schwelende Konflikte und ungelöste Probleme hervorzuheben und zu bearbeiten. Da ging es eher pragmatisch um Durchhalten; schwierige Themen wurden besser vertagt auf das neue (Schul-)Jahr.

Mit dem meisten Bedauern haben wir uns von den verschiedenen Formen des Rollenspiels und Psychodramas verabschiedet. Wir halten diese psychotherapeutischen Methoden nach wie vor für sehr effektiv zur Bearbeitung von festgefahrenen Gefühlen, sie beteiligen alle Gruppenmitglieder und machen Spaß. Sie sind außerdem gut geeignet, um zwischen Frauen, die sich nach Sozialschicht und Bildungsniveau unterscheiden, Brücken zu schlagen. Trotzdem haben wir auf die Anwendung immer mehr verzichtet, da die Durchführung wie bei allen stark gefühlsintensivierenden Methoden von einer ausgebildeten Therapeutin streng geleitet und kontrolliert werden sollte und somit nicht geeignet erscheint für die Selbstanwendung. Die Vorbereitung der Gruppe auf ein Weitermachen in eigener Regie wurde zum Leitmotiv unserer Methodenauswahl. In dieser Hinsicht haben sich eine Reihe von Kommunikationsformen und -regeln für die Gesprächsrunde bewährt.

6.2 Kommunikationsregeln und Arbeitsformen

Aus einer Weiterbildung in Psychodrama (im Moreno-Institut) übernahmen wir die Idee vom *Bohnensäckchen* (einem mit Bohnen gefüllten Lederbeutel) als eine dezente Form, mit sich selbst über den taktilen Reiz in Kontakt zu kommen. Es diente gleichzeitig als *„Redebeutel"* und war damit geeignet, zentrale Kommunikationsregeln aus der T(hemen-) Z(entrierten) I(nteraktion) nach Ruth Cohn (1980) einzuführen. Das Bohnensäckchen bekam oder nahm die Frau in die Hand, die von sich sprechen wollte. Es signalisierte: diese Frau ist jetzt „dran" (ist Protagonistin); die anderen sollten sich jetzt ihr aufmerksam zuwenden. Konnte eine andere Teilnehmerin der Versuchung nicht widerstehen, Aufmerksamkeit und Thema auf sich selbst zu lenken (z.B. mit der beliebten „Ich-auch"-Methode), machten wir das mit Hilfe des Säckchens bewußt. Wir fragten dann, ob das, wovon sie sprechen möchte, so dringend ist, daß sie den Redebeutel sofort bei sich braucht oder ob sie noch warten kann, bis die Protagonistin fertig ist. Wenn die Dringlichkeit offensichtlich war, fragten wir die Protagonistin, ob sie damit einverstanden ist, den Redebeutel vorübergehend abzugeben. Mit Hilfe des Bohnensäckchens konnten wir derartige Kommunikationsstrukturen auf eine anscheinend beiläufige Weise sichtbar und bewußt machen. Manchmal gaben wir Frauen, die zu ständigem Reden und Unterbrechen neigten, „mit einem liebevollen Augenzwinkern" einen kleinen Ersatzbeutel in die Hand (aus Stoff, mit Reis gefüllt); damit wurden diese Frauen dann merklich ruhiger. Wir glauben, daß der taktile Reiz des Beutels dabei half, die dezente Art der Sanktion sicher auch.

Weitere TZI - Gesprächsregeln suchten wir nach und nach im Laufe des Gruppenprozesses zu etablieren: Wenn eine Frau von sich spricht und sich öffnet, soll sie Achtung und Wertschätzung erfahren. Das erfordert von den anderen aktives Zuhören, Aufmerksamkeit, Interesse sowie Verzicht auf abwertende Kritik, auf Erteilung von Ratschlägen („... sind auch Schläge"), auf ungeduldiges Verordnen von Lösungen. Verständnisfragen sind immer erlaubt. Rückmeldung persönlicher Assoziationen und Eindrücke (möglichst in Form von Ich-Botschaften) sind erwünscht; allerdings wird die Protagonistin gefragt, ob sie die Gedanken und Ideen der anderen hören will. Mit den Gesprächsregeln wollten wir die Frauen für die Erfahrung sensibilisieren, daß es leichter ist, sich zu öffnen, wenn sie Zeit und Aufmerksamkeit bekommen, ausreden können, durch interessiertes Zuhören ernstgenommen werden, wenn Reaktionen in Ich-Botschaften ausgedrückt werden usw. Ungeduldige Reaktionen, kritische und bevormundende Einmischungen, Unterbrechungen und Verbesserungen erschweren dies dagegen. Gab es von Seiten der Zuhörerinnen doch Rat- und Lösungsvorschläge, achteten wir darauf, daß das in der Rückmeldungsrunde geschah und fragten anschließend die Protagonistin, ob sie etwas davon für sich nützlich fand (was nicht selten vorkam) oder eher nicht. Es bewährte sich dabei, Lösungsideen in Bezug auf ihre Durchführbarkeit zu überprüfen und durch Nachfragen auf konkrete Handlungsmöglichkeiten zu beziehen.

Wir geben diesen Kommunikationsregeln viel Gewicht und folgen damit den Forschungsergebnissen von Yalom (1992), der unter seinen elf Primärfaktoren für einen gruppenpsychotherapeutischen Gewinn allein vier in den Zusammenhang mit Kommunikation stellt: Mitteilung von Information, Entwicklungen von Techniken des mitmenschlichen Umgangs, Nachahmendes Verhalten und Interpersonales Lernen (a.a.O. 23, 31 f., 33 f.).

Hinsichtlich der Arbeitsformen arbeiten wir heute vorwiegend in der gemeinsamen Gesprächsrunde. Sie beginnt, nachdem der Teewagen der Ankommphase weggerollt ist. Wir legen den Redebeutel in die Mitte des Stuhlkreises und bitten alle Frauen um einen aktuellen „Wetterbericht" (diesen Begriff haben wir aus Fortbildungsgruppen des Weinheimer Instituts für Familientherapie übernommen). Leitfragen sind: Wie geht es mir heute morgen (hier und jetzt)? Möchte ich etwas aus den vergangenen zwei Wochen mitteilen? Gibt es ein Thema, an dem ich heute intensiver arbeiten möchte?

In den ersten Gruppenprozessen haben wir die Eingangsrunde im Sinne eines „Blitzlichts" sehr kurz gehalten und von der eigentlichen Arbeitsphase, in der auf das Thema einer oder mehrerer Frauen intensiv eingegangen wurde, relativ strikt getrennt. Der Abschied von den Rollenspiel- bzw. psychodramatischen Methoden und die stärkere Orientierung an der Selbsthilfe-Perspektive hatten zur Folge, daß wir diese Trennung aufgegeben haben. Zur Zeit umfaßt die Gesprächsrunde mit Redebeutel die gesamte Gruppenzeit. D.h., jede Frau steht für eine längere Zeit mit einem ausführlichen Bericht über ihre aktuelle Situation im Mittelpunkt; es wird dabei auf zugehörige Gefühle und Fragen eingegangen sowie Rückmeldung von den anderen gegeben. Wir sind uns noch nicht im Klaren darüber, ob der Verzicht auf die Abgrenzung von „Blitzlicht" und „Intensivphase" richtig ist. Anscheinend wirkt die derzeitige Arbeitsform auf die betroffenen Frauen entlastend, weil sie sich nicht so stark exponieren müssen und ist darüber hinaus den Formen näher, wie sie in einer Frauengesprächsrunde spontan entstehen können.

Wichtig bei allen Gesprächsrunden war und ist uns, daß die Mitteilungen freiwillig sind und es ausdrücklich akzeptiert wird, wenn eine Frau nichts mitteilen möchte. Wenn mehrere Frauen ein Thema zur intensiveren Bearbeitung anmeldeten, strukturierten und begleiteten wir die notwendigen Klärungsprozesse. Manchmal ermutigten wir eine Auseinandersetzung mit dem Thema „bewußt konkurrieren" (einem Tabu weiblicher Sozialisation) und verstärkten, wenn sich Frauen an Experimente mit so „unmütterlichen" Verhaltensweisen wagten wie: eigene Bedürfnisse wichtig nehmen und sich dafür einsetzen. Wir unterstützten Lösungen, bei denen es weder Siegerinnen noch besiegte Frauen gab.

6.3 Alltagsnähe in Inhalt und Sprache; Ressourcen- und Kompetenzorientierung

In der Arbeit mit überlasteten Müttern richten wir den Blickwinkel auf bereits vorhandene Kompetenzen, Bewältigungsstrategien und „Kraftquellen", um diese zu unterstützen und zu stärken. Wir beziehen uns im Hinblick auf Lösungsmöglichkeiten sehr konkret auf den individuellen Alltag einer Mutter und suchen mit ihr zusammen nach dem kleinsten, aber machbaren nächsten Schritt.

In neueren Ansätzen systemischer Therapie wird es für besonders wirkungsvoll gehalten, bisherige Problemlösungsversuche zu würdigen, in Bezug auf Veränderungen die Selbstorganisation von Menschen und Systemen zu fördern sowie vorhandene Ressourcen und Kompetenzen zu nutzen (vgl. Schlippe & Schweitzer 1996). Angermaier schlägt im Rahmen seiner lösungsorientierten Gruppentherapie eine Reihe pragmatischer Grundregeln vor. Mit dem Leitsatz „Weniger ist mehr" plädiert er für Sparsamkeit und Zurückhaltung im therapeutischen Vorgehen zugunsten des Vertrauens in die Fähigkeit und Bereitwilligkeit von Menschen, ihre Probleme selbständig zu lösen (1994, 14). Hinter der Regel „Wenn Du weißt, was funktioniert, mach' mehr davon" (vgl. Kim Berg 1992, 25) steht die Überzeugung, daß es weitaus effektiver ist, an bereits vorhandene Ressourcen und Bewältigungsstrategien anzuknüpfen, diese zu nutzen und zu stärken, statt mühsam neues Verhalten anbahnen und aufbauen zu wollen.

In Bezug auf die sprachliche Kommunikation in der Therapie formuliert Angermaier als Regel „Die Worte der Patienten benutzen" (a.a.O., 40 f.) und behauptet, es sei heute schon fast ein Kunstfehler in der therapeutischen Kommunikation, die Aussagen von Patienten anders zu verbalisieren als diese selbst es tun (a.a.O., 39). Wenn die individuelle Wortwahl vom Therapeuten aufgegriffen werde, löse das beim Patienten ein tiefes Gefühl völligen Verstandenwerdens aus, unabhängig davon, was der Therapeut tatsächlich verstanden habe. Mit dem charakteristischen Pragmatismus lösungsorientierter Therapie wird hier ein wichtiger Aspekt aufgegriffen, dann aber rezepthaft verkürzt. In einer derartigen Trennung zwischen Sprache und Inhalt sehen wir keinen Gewinn, eher die Gefahr einer zynischen therapeutischen Haltung. In der „eigenen" Sprache sprechen können und gehört werden, in den persönlichen Ausdrucksmöglichkeiten wahr-, ernst- und angenommenwerden ist ein zentrales Ziel vieler Emanzipationsbewegungen, insbesondere auch der Frauenbewegung. Die Sprache und Ausdrucksmöglichkeiten von Menschen zu unterdrücken, zu ignorieren, abzuwerten ist ein bewährtes Unterdrückungs- und Herrschaftsinstrument.

Viele Frauen in den Müttergruppen hatten Mühe, sich auszudrücken; immer wieder gab es welche, die es nicht schafften, angefangene Sätze zu beenden. Die wenigsten waren es gewöhnt, daß dem, was sie mitzuteilen hatten, Bedeutung und Wert beigemessen wurde. Diese Erfahrung drückte sich auch in der Art aus, wie eine Frau sprach und sich mitzuteilen suchte. Wir beobachteten oft, daß das, was eine Mutter mitteilen wollte, von anderen nicht ernstgenommen wurde, weil die Art, wie sie es tat, offensichtlich Abwehr erzeugte. Das Gegenüber (z.B. ÄrztInnen, LehrerInnen) hörte ihr nicht zu, weil sie vielleicht zu schrill, zu viel, zu schnell, zu wenig bezogen redete usw. Die therapeutische Arbeit sahen wir darin, den Versuch zu unternehmen, die Frauen zu verstehen, ihre Kompetenzen zu erkennen, zu versprachlichen und so den Frauen zugänglich zu machen. Wir griffen die von Gruppenteilnehmerinnen verwendeten Worte, Redewendungen und Erzählungen auf, gingen aber immer auch darüber hinaus. Wenn es uns sinnvoll erschien, stellten wir nicht nur unser Wissen über gesellschaftliche Hilfsmöglichkeiten (Ressourcen) zur Verfügung, sondern boten auch Metaphern, Deutungen und Umdeutungen an. Damit verfolgten wir über die pragmatische Lösungssuche hinausgehende therapeutische Ziele, z.B. das der Ich-Stärkung.

Unter dem Stichwort der Ressourcenorientierung bewährte sich der Respekt vor Kommunikationsformen, die den Müttern aus ihrer weiblichen Sozialisation vertraut waren. Das galt besonders für Formen, die in irgendeiner Weise mit Essen und Trinken, mit „Nähren" zu tun haben. Solche Formen berühren eine der traditionellen Domänen von Müttern; außerdem ist zusammen essen und trinken eine archaische Form, wie fremde Menschen sich miteinander vertraut machen. Die informellen Zeiten mit Kaffee und Tee am Anfang und nach Schluß der Gruppensitzung waren wichtige Anknüpfungspunkte für die spätere Selbsthilfeform. Da viele Gruppen uns nach Ablauf der offiziellen Phase noch einmal einluden, bekamen wir Einblicke, wie sie spätere Treffen gestalteten. Essen und Trinken, sich gegenseitig nähren bzw. eine „nährende" Atmosphäre zu schaffen, spielte fast immer eine zentrale Rolle. Manche Gruppen nutzten den von uns eingerichteten Gruppenraum im Keller der Beratungsstelle und „jede brachte was mit". Andere ließen sich trotz unserer Warnung, daß die Gastgeberinnenrolle anstrengend ist, nicht davon abhalten, sich gegenseitig einzuladen, z.B. zum Mütter-Frühstück morgens. Eine Gruppe (mit Frauen, die über ausgesprochen wenig Geld verfügen) traf sich in einem griechischen Restaurant und gönnte sich den Luxus, zusammen essen zu gehen.

7 Rolle der Leiterinnen

Die Leitung der Müttergruppen übernahmen wir prinzipiell zu zweit und legten besonders in den ersten Gruppenmonaten Wert darauf, daß wir beide anwesend waren. Wenn später eine nicht kommen konnte (Fortbildung, Urlaub, Krankheit), fand die Sitzung zuverlässig mit einer Leiterin statt. Im Laufe der Jahre kam es kaum vor, daß wir beide verhindert waren. In diesen seltenen Fällen kannte sich die Gruppe schon so gut, daß wir vorschlugen, daß sich die Mütter ohne uns treffen.

Für die gemeinsame Leitung bildete sich zwischen uns relativ schnell ein partnerschaftlicher Stil heraus, ohne eine Hierarchie zwischen Leitung und Co-Leitung. Im gemeinsamen Stuhlkreis sitzen wir uns gegenüber, um uns jederzeit über gruppenrelevante Fragen verständigen und nächste Schritte abstimmen zu können. Dieses tun wir prinzipiell ganz offen. Bewährt hat sich auch, Interpretationen und Deutungen u.a. auf diesem Wege anzubieten, d.h. wir tauschen in Anwesenheit der Gruppe Überlegungen aus, ergänzen oder kommentieren uns gegenseitig; wenn es sinnvoll erscheint, widersprechen wir uns auch oder vertreten komplementäre Aspekte (siehe unten).

Wie bereits beschrieben, waren die Gruppensitzungen mit Ausnahme der informellen Phasen am Anfang und Schluß stark leitungsorientiert. Die Protagonistinnen wurden individuell angesprochen, bekamen direkte Rückmeldungen und geforderte Auskünfte etc. Die Kommunikation in der Gruppe wurde von uns im Laufe des Gruppenprozesses zunächst stärker, später weniger stark strukturiert. Mit eigenen Vorschlägen und Interpretationen waren wir besonders zu Beginn eines Gruppenprozesses sehr zurückhaltend, von Anfang an war aber unser Fachwissen über örtliche Strukturen, Möglichkeiten und Ressourcen wichtig. Bei der klaren Hierarchie zwischen Gruppe und Leitung und der Verantwortung der Therapeutinnen für die Struktur ging es uns vor allem um Angstreduktion (sowohl für die Gruppenmitglieder als auch für uns) und darum, Gefühle der gegenseitigen Sicherheit zu stärken (vgl. Büttner 1995, 104 f.). In den ersten Gruppensitzungen wurden eher beiläufig die Kommunikationsregeln eingeführt. Direkte Zwischenbemerkungen wurden zwar zugelassen, aber kontrolliert bzw. korrigiert, notfalls auch abgebrochen. Wir Leiterinnen behielten bis zum Schluß die Aufgabe, über die Regeln zu wachen, was aber immer weniger nötig war. Die Frauen wurden zunehmend zu Rückmeldungen aufgefordert, auch Erfahrungen wurden abgefragt. Eine lebendige Gesprächsatmosphäre wurde zunehmend vereinbar mit der Grundstruktur: Wer den Bohnenbeutel hat, ist „dran" und hat das Recht auf Aufmerksamkeit.

Wir Leiterinnen fühlten uns verantwortlich für die Zeitstrukturierung. Jede Frau muß drankommen können, muß aber nicht reden, wenn sie nicht will. Gerade von Frauen (die häufig unter schweigenden Partnern leiden) wird Nichts-Sagen leicht als aggressiver Akt gedeutet, als Verweigerung, auf der Beziehungsebene in Kontakt zu treten. Zudem ist es im Rahmen weiblicher Sozialisation ein zentrales Gebot, freundlich zu sein und die Erwartungen anderer zu erfüllen. Nicht-Reden und andere Abgrenzungen sind dagegen schwierig, auch weil solche Verhaltensweisen zu den wenigen weiblichen Machtmitteln gehören und als potentielle Kriegserklärung auf der Beziehungsebene einsetzbar sind. Die Auseinandersetzung mit ihrer eigenen Beziehungsmacht ist für Frauen äußerst heikel, obwohl oder gerade weil diese die klassische Frauenmacht repräsentiert. Ruth Großmaß weist in diesem Zusammenhang daraufhin, daß es im Kontext von Frauentherapie für Klientinnen wie für Therapeutinnen nötig ist, sich „mit dem erdrückenden Bild der allmächtigen Mutter: ohnmächtig nach außen, übermächtig nach innen" auseinanderzusetzen (1994, 284). In den Gruppen suchten wir immer wieder nach Möglichkeiten, mütterliche Beziehungsmacht bewußter wahrzunehmen und eine Auseinandersetzung mit ihr anzuregen.

Die Meta-Kommunikation wurde von uns im Laufe eines Gruppenprozesses inhaltlicher gestaltet, indem wir (in alltagsnaher Sprache) stärker interpretierten, Spannungsverhältnisse und Übertragungsprozesse sichtbar machten u.ä. Als Therapeutinnen fühlten wir uns verpflichtet, unsere gesamten Qualifikationen über Persönlichkeitspsychologie, Psychopathologie, Entwicklungs- und Sozialpsychologie, Soziologie, Beziehungstheorien etc. für die „Wahrnehmungsverarbeitung" (Fürstenau 1992, 198 f.) zur Verfügung zu stellen und diese weiterzuentwickeln. Gegenüber den Gruppenteilnehmerinnen strebten wir eine echte, hilfreiche Beziehung an (vgl. Kutter 1988; Bräutigam 1988). Insofern gab es ein klares Gefälle zwischen Leiterinnen und Teilnehmerinnen.

Wir halten die Annahme von Übertragungs- und Gegenübertragungsprozessen, Widerstandsformen und Abwehrmechanismen für hilfreiche Konstrukte aus der psychoanalytischen Gruppentherapie. Demnach regen wir allein durch die Leitungsstruktur elterliche Übertragungen an, aktivieren in der Gruppensituation Erinnerungen an fehlende, herabsetzende oder stützende elterliche Funktionen. Auch wenn wir mit dem Konzept der Stärkung von Müttern primär eine aktivierende, stützende, strukturierende und Orientierung gebende Interventionsweise anstreben und Übertragungen und Regressionen eher entgegenarbeiten, ist ein gewisses Maß an Regression in der Gruppe unvermeidbar (vgl. auch Porsch 1990, 69, 79). Aus unserer diagnostischen und therapeutischen Arbeit mit Kindern war uns z.B. das Gefühl der Konkurrenz mit einem Elternteil bzw. die Identifikation mit einem verstörten Kind sehr vertraut. Wenn eine Mutter über eine emotional aufgeladene Mutter-Kind-Interaktion berichtete, war die Gruppe einschließlich der Therapeutinnen emotional schnell mit unterschiedlichen Identifikationen aufgespalten. Solche Spaltungsprozesse konnten wir, weil wir zwei Therapeutinnen waren, bewußter machen: indem z.B. die eine in gezielter Rollenübernahme Anteile repräsentierte, die für mehr Distanz in der verstrickten Beziehung zwischen Mutter und Kind sorgen sollten, die andere einfühlend die Positionen des Kindes oder der Mutter verdeutlichte. Wir hielten es für ignorant, wenn wir Abwehrmechanismen einzelner Mütter oder der Gruppe übersehen wollten. In der Mütterarbeit beobachteten wir häufig die Widerstandsform der „projektiven Identifikation" (vgl. Finger-Trescher 1990, 316 f.). Eine Mutter berichtete z.B. mit frischer Stimme und strahlender Mimik über Probleme mit ihrem schwer behinderten Kind; andere Frauen und wir Therapeutinnen spürten einen wachsenden Trauerkloß im Hals. Die Trauergefühle wurden vielleicht unbewußt projiziert, weil diese Mutter ihre ganze Kraft aus ihrem Selbstbild als tüchtige Co-Therapeutin zog. Starke Trauergefühle hätten in ihr Ängste vor einem Zusammenbruch auslösen können. Wir hielten es für sinnvoll, auf derart widersprüchliche Gefühle zu achten, sie (auch in der Übertragung) zu erkennen, sie zu einem geeigneten Zeitpunkt vielleicht auch anzusprechen. Übertragungs-, Gegenübertragungs- und Widerstandsprozesse, die zu Spaltungen oder auch besonderer Nähe in der Gruppe führen, können in Gruppentherapie-Prozessen immer vorkommen (vgl. Kutter 1991, 67; Büttner 1995, 93 f.). Darüber ist bzw. war eine Verständigung während und/oder nach der Gruppe sehr hilfreich. Die gemeinsame Reflexion nach einer Gruppensitzung war wichtiger Bestandteil unserer gemeinsamen Arbeit als Therapeutinnen.

Zwischen den Sitzungen und während des ganzen Gruppenprozesses waren wir Leiterinnen die Ansprechpartnerinnen für alle Frauen der Müttergruppe. Es gab nie Probleme mit einer unangemessenen Inanspruchnahme.

8 Rechte und Pflichten der Teilnehmerinnen

Wenn Teilnehmerinnen zu einem Gruppentermin nicht kommen konnten oder wollten, erwarteten wir, daß sie das mitteilten; andernfalls telefonierten wir hinterher. Zuspätkommen war erlaubt, wurde aber kommentiert. Wenn Frauen aus irgendwelchen Gründen (Umzug, Aufnahme einer Berufstätigkeit, andere Arbeitszeiten usw.) ihre Teilnahme beenden wollten, baten wir sie, sich in einer Sitzung zu verabschieden. Die übliche selbstgewählte Form war, die anderen zum Abschied mit einem selbstgebackenen Kuchen o.ä. zu bewirten. In der Abschiedsitzung konnte geklärt werden, ob die ausscheidene Frau an einer späteren Selbsthilfegruppe Interesse hat.

Die teilnehmenden Frauen wurden durch die Struktur der Gesprächsrunden angeregt, die obengenannten Kommunikationsregeln einzuhalten. Eher nebenbei wurde in den ersten Sitzungen geklärt, daß die Schweigepflicht gegenüber Außenstehenden für alle galt, nicht nur für Therapeutinnen. Eine in den ersten Jahren übernommene Gruppentherapie-Regel, nach der die Teilnehmerinnen untereinander zwischen den Sitzungen keinen Kontakt haben sollten, wurde mit der Zeit bewußt aufgegeben. Allein die offene Situation am Anfang und Ende der Sitzung relativierten die Regel. Das Ziel, die Isolation der Frauen zu überwinden, aber vor allem das Ziel der Selbsthilfe erschien uns damit unvereinbar. Einzelne entstehende Freundschaften wurden in der Gruppe sichtbar und von uns als selbstverständlich zur Kenntnis genommen, um über Offenheit in der Gruppe die Eifersuchtsgefühle gering zu halten (vgl. Angermaier 1994, 141). In Einzelfällen haben wir sogar Frauen aufgefordert, mit einer anderen Teilehmerin ein bestimmtes Problem probeweise allein zu besprechen, wenn ihr das in der Gruppe nicht möglich erschien.

Ebenfalls in Einzelfällen und jedesmal in der Gruppe erarbeitet gab es neben der Müttergruppe andere therapeutische Settings, z.B. eine Krisenintervention wegen eines Kindes oder eine akute Scheidungsberatung.

9 (Aus-)Wirkungen der Müttergruppen-Arbeit

Aus der Literatur ist uns nur eine einzige Darstellung eines Gruppentherapie-Prozesses mit Müttern bekannt, mit der wir unsere Erfahrungen vergleichen können. Hildegard Linge und Rita Porsch berichten über eine „Sozialtherapeutische Gruppenarbeit mit Müttern behinderter Kinder" (Linge & Porsch 1988; Porsch 1990).

Die sieben teilnehmenden Frauen waren psychisch stark belastet, chronisch überfordert und verfügten meist nur über geringe finanzielle, soziale und personelle Ressourcen; die beobachteten Lebenswelten waren überwiegend durch belastende Beziehungsstrukturen geprägt. Nach einem 4-jährigen Gruppenprozess (109 Sitzungen in meist wöchentlichem Abstand) zieht Porsch folgende Bilanz (1990, 67 f.): Alle Teilnehmerinnen setzten sich mit ihrer konkreten Lebenssituation, ihren Beziehungen zu Partnern, Kindern, Eltern usw. und mit für sie persönlich realisierbaren Verbesserungen auseinander. Fünf Mütter blieben bis zum Schluß. Eine schied nach zwei Jahren aus, eine andere nach dreieinhalb Jahren. Die Frauen sahen sich insgesamt weniger als Opfer, wurden kontaktfreudiger und kämpferischer, somatische Beschwerden gingen zurück. Fast alle Frauen forderten mehr Einsatz von Ehemann und Eltern, wurden auch in anderen Kontexten (z.B. gegenüber Behörden) selbstbewußter. Häufig verbesserten sich die Beziehung zum behinderten Kind. Hinsichtlich der (oft wenig unterstützenden) Partnerschaften schienen die Frauen mehr Verantwortung für sich zu übernehmen. Einige trennten sich; eine fand einen neuen Partner; einige entschieden sich dafür, mit realistischeren Sichtweisen zu bleiben. Fast alle entwickelten mehr Kompensationsmöglichkeiten im Freizeit- und/oder beruflichen Bereich. Mehrere wurden stundenweise berufstätig, andere suchten nach Möglichkeiten für einen beruflichen Wiedereinstieg mit Hilfe von Ausbildung, Umschulung u.ä. Bei einer Frau blieben Gefühle von Wertlosigkeit weiterhin bestimmend, sie wurde trotzdem konfliktfähiger und ihre Suchtproblematik ging zurück. Insgesamt haben „mehrere Gruppenteilnehmerinnen durch berufliche und/oder Veränderungen ihrer Beziehungsstrukturen und körperliche bzw. gesundheitliche Veränderungen ihre personalen und/oder sozialen Ressourcen und damit ihre Gesundheitssicherung wesentlich verbessert" (a.a.0., 69).

Wir kommen mit unseren wesentlich kürzeren Gruppenprozessen von ca. 20 - 25 Sitzungen plus nachfolgenden Selbsthilfe-Treffen zu ganz ähnlichen Ergebnissen. Das bestätigt unseren Eindruck, daß es uns im Rahmen unseres Settings gelang, Anstöße in die Richtung der angestrebten Zielvorstellungen zu geben: Frauen darin zu stärken, mit einer belastenden Lebenssituation bewußter und aktiver umzugehen und die eigene (körperliche, psychische, soziale) Situation zu verbessern. Einigen gelang es auch, in Abgrenzung zum Mütter-Ideal an die Entwicklung der eigenen Individualität und Autonomie anzuknüpfen, sich wieder als erwachsene Frauen zu sehen mit persönlichen Interessen und Bedürfnissen, die über die Mütterrolle hinausgehen, die dadurch entstehenden Konflikte auszuhalten, kleine aber wesentliche Fortschritte in diese Richtung zu etablieren.

Unsere Kenntnisse über die Weiterentwicklung der Frauen sind bisher nicht systematisiert. Wir hoffen, daß eine Nachbefragung (vielleicht im Rahmen einer Examensarbeit) möglich wird. Zur Zeit sind wir in der Einschätzung der Auswirkungen der Müttergruppen auf eigene Eindrücke und eher zufällige, spätere Einzelberichte angewiesen. Es gab immer Frauen, die sich in neuen schwierigen Entscheidungssituationen wieder an die Beratungsstelle wandten. Über sie erfuhren wir auch von anderen Gruppenteilnehmerinnen. Dasselbe galt, wenn uns „Ehemalige" zufällig trafen und ansprachen. Wir waren immer wieder erstaunt, wieviel relativ frische Kenntnisse voneinander vorhanden waren. Darüber hinaus wurden wir von vielen Gruppen in den ersten Jahren nach offizieller Beendigung noch einmal eingeladen, meist zu einem Abendtermin in einem Lokal.

Bei der nachfolgenden Beschreibung und Einschätzung der Auswirkungen der Müttergruppen auf die Teilnehmerinnen folgen wir zwei verschiedenen Aspekten. Zum einen orientieren wir uns an unseren wichtigsten selbstgesetzten Zielvorstellungen (vgl. 2); das waren: die Überwindung der inneren und äußeren Isolation der Frauen; eine angemessenere Wahrnehmung der eigenen Lebensrealität; ein Zugewinn an Stärke und Handlungskompetenz, verbunden mit einer wachsenden Bereitschaft, für sich selbst als erwachsene Frau Verantwortung zu übernehmen. Zum anderen beziehen wir uns auf die von Yalom (1992, 19) definierten Wirkfaktoren, die nach seiner Analyse von wissenschaftlicher Literatur und eigenen Untersuchungen für den Erfolg eines gruppentherapeutischen Prozesses bestimmend sind. Er unterscheidet elf Faktoren, die in der Gruppentherapie unabhängig vom jeweiligen gruppentherapeutischen Ansatz wirksam sein sollen: Hoffnung-Einflößen; Universalität des Leidens; Mitteilen von Informationen; Altruismus; korrigierende Rekapitulation der primären Familiengruppe; Entwicklung von Techniken des mitmenschlichen Umgangs; nachahmendes Verhalten; interpersonales Lernen; Gruppenkohäsion; Katharsis; existentielle Faktoren.

9.1 Die innere und äußere Isolation überwinden

Bei den Frauen, die sich für eine regelmäßige Teilnahme an einer Müttergruppe entschieden hatten, war das Interesse am Kontakt mit den anderen Müttern groß. Unser wichtigstes Ziel, die große Isolation belasteter Frauen mit Sorgenkindern zu mildern oder zu überwinden, war offenbar eingelöst. Viele (nicht alle) Frauen trafen sich nach Ablauf der Gruppenzeit in der Beratungsstelle in eigener Regie weiter, in der Regel mindestens ein Jahr, oft aber auch länger. Von einer Gruppe wissen wir, daß sie sich nach drei Jahren noch immer einmal im Monat trifft, von einer anderen wissen wir von drei bis vier jährlichen Treffen pro Jahr, sechs Jahre nach offiziellem Ende. In fast jeder Gruppe entstanden zwischen einzelnen Frauen längerfristige und von den Gruppentreffen unabhängige Freundschaften; fast immer gab es telefonische Kontakte. Die Kontaktformen, die die einzelnen Gruppen entwickelten, waren sehr unterschiedlich im Hinblick auf Häufigkeit, Regelmäßigkeit und Rahmenbedingungen. Fast immer aber gab es auch nach vielen Jahren noch soviel Kontakt, daß sie uns erzählen konnten, was sich in der Zwischenzeit bei anderen Frauen dieser Gruppe und auch bei ihren Kindern und Sorgenkindern entwickelt hatte. Es gab auch einzelne Mütter, die erneut „den Kampf gegen ..." (die Behinderung, Krankheit oder auch „nur" gegen die große Unruhe ihres Kindes) wieder aufgenommen hatten und persönliche Ziele zurückstellten. Auch von diesen Frauen blieben einige im Kontakt mit anderen Gruppenteilnehmerinnen.

Daß sie im Kontakt blieben, spricht für das Gelingen des Wirkfaktors der Gruppenkohäsion. Nach Yalom ist das affektive Teilen der eigenen inneren Welt mit anderen und das anschließende Angenommen-Werden von zentraler Bedeutung (1992, 63). Bei manchen psychisch schwer verstörten Frauen, die nur geringe Einsicht in ihr Verhalten entwickeln konnten, war die Teilnahme an einer Gruppe mit der anschließenden Möglichkeit von Selbsthilfe-Treffen vielleicht alles, was sie und wir sichtbar erreichen konnten. Auch das betrachten wir als einen wichtigen Fortschritt.

9.2 Wahrnehmungsänderung: Abgrenzung vom Mutter-Ideal

Sich von den nichtrealen, grandiosen Idealbildern zu lösen und ein bescheideneres, „menschliches Maß" zu akzeptieren, führt zu einer sehr schwierigen Wahrnehmungsänderung. Solange sich die Frauen ungebrochen an der Meßlatte der Guten Mutter messen und sich selbst bezüglich der Diskrepanz zwischen idealisierter Fassade und alltäglicher Realität als Hochstaplerinnen erleben (vgl. Yalom 1992, 24), haben sie uneingestandene, vor sich und anderen verborgene Gefühle von Inkompetenz und Schuld. Nach außen hin wird das Idealbild der perfekten Mutter jedoch aufrecht erhalten und andere Mütter damit noch unter Druck gesetzt. Genau diese Beschwörungen mütterlicher Ideale nahmen in den Therapie-Sitzungen (nicht zuletzt durch unsere Interventionen) beständig ab - und damit hoffentlich auch die Schuld- und Versagensgefühle.

Um die eigenen Grenzen zur Kenntnis zu nehmen und zu akzeptieren, müssen parallel auch die Grenzen von Kindern, Partnern und helfenden Instanzen erkannt und akzeptiert werden. Yalom nennt diesen Aspekt, die „existenziellen Faktoren" (a.a.O. 97) zu realisieren. Für die einzelne Mutter bedeutet das, z.B. das Ausmaß von Fremdbestimmung im Frauen- und Mutterdasein wahrzunehmen, ebenso die eigene (meist bedrückende) psychische und körperliche Verfassung, manchmal auch das Ausmaß der Armut. Es bedeutet, die Behinderung und andere Grenzen der Kinder zu akzeptieren. Jonas (1994, 84 f.) spricht in diesem Zusammenhang von der notwendiger „Trauerarbeit" bei Müttern behinderter Kinder. Sie fand in der Gruppenarbeit ansatzweise statt, braucht aber sicher mehr Zeit als die von uns begleitete. Dabei intendieren wir nicht, daß sich eine Frau mit der ihr zugeschriebenen Mutterrolle und mit dem Schicksal eines Sorgenkindes resignierend abfinden sollte. Erst in der konkreten Auseinandersetzung mit der eigenen Lebensrealität, in der Reibung an fremdbestimmten Abhängigkeiten und Rollenzuschreibungen (Mutter-Mythos) und der Überprüfung realer eigener und gesellschaftlicher Möglichkeiten eröffnen sich u.E. für die Frauen neue, erweiternde Perspektiven, die ihnen helfen können, die innere Opferrolle aufzugeben. Das Entwickeln neuer Perspektiven kann sowohl innerlich zu einer „Erweiterung" führen (z.B. in einem bewußteren Annehmen von Problemen) wie auch äußerlich (z.B. in der Entwicklung neuer Handlungsmöglichkeiten).

Sehr wichtig für die Mütter behinderter Kinder erscheint uns, sich mit der Kränkung, der gesellschaftlichen Stigmatisierung und den Folgen für die Zukunftsplanung einer Familie auseinanderzusetzen, wenn das Kind einen Sonderkindergarten, eine Sonderschule oder eine Regelinstitution als „Sonderkind" besucht. Für einige der Sorgenkinder ist realistischerweise nur eine Zukunft in den Institutionen des Behindertenbereichs denkbar. Die Frage, ob und wann für ein Kind z.B. eine beschützte Wohngruppe oder ein Heim gesucht werden soll, führt fast unvermeidlich zu einer schweren persönlichen und familiären Krise. Für viele Frauen in den Gruppen war es sehr hilfreich, von den konkreten Erfahrungen anderer Mütter zu hören, deren Kinder bereits Sondereinrichtungen besuchten. Das begünstigte eine realere Auseinandersetzung und Perspektiv-Planung.

Zur Überwindung der inneren und äußeren Isolation und zu den wichtigsten angestrebten Wahrnehmungsveränderungen gehört unseres Erachtens das Erleben, daß das eigene Leiden nicht einzigartig ist, sondern daß Leid in der einen oder anderen Weise zur menschliche Existenz dazugehört. Die Erfahrung, daß andere Mütter ebenfalls großes Leid trugen, zum Teil sogar ähnliches, wurde von den Frauen oft als die wichtigste Erfahrung in der Gruppe bezeichnet. Sie betonten, daß sie sich - bevor sie wagten, sich in der Gruppe mit ihrem authentischen Erleben zu zeigen - als Mütter von auffälligen, behinderten oder schwierigen Kindern in der Verwandtschaft und Bekanntschaft wie Fremdkörper fühlten und das Gefühl hatten, niemand sonst würde ihre Erlebnisse, Gefühle und Gedanken verstehen können. Sie hätten sich stattdessen neben offensichtlichem Desinteresse („Du bist immer so negativ") noch völlig abstruse Ratschläge mit vielen verdeckt aggressiven Ablehnungen anhören müssen. So berichtete die Mutter eines schwer körperbehinderten Kindes, daß sie als Maßnahme gegen die (geleugnete) Körperbehinderung wiederholt aufgefordert wurde, ihren Sohn mit einer bestimmten Creme zu behandeln. Andere Frauen berichteten, daß selbst in ihrer Gegenwart in Zweifel gezogen wurde, ob es angemessen sei, „so ein Kind" anspruchsvoll zu kleiden. Manchmal wurde einer Mutter gegenüber noch direkter die Existenzberechtigung eines behinderten Kindes bzw. sein Anspruch auf ihre Fürsorge in Frage gestellt. Entmutigt über viele subtile Entwertungen hatten sich diese Frauen innerlich und äußerlich immer mehr zurückgezogen, fühlten sich von der „normalen" Gesellschaft ausgeschlossen, hatten zu Beginn der Gruppe das grundlegende Gefühl, „in ihrem Elend einzigartig zu sein" (Yalom a.a.O., 23). Wir beobachteten, wie erleichternd es die Frauen erlebten, sich von anderen Müttern verstanden zu fühlen, die ebenfalls „ein Schicksal zu bewältigen hatten" und in ihrem Prozess des Leidens, Haderns, Trauerns Ähnliches kennengelernt hatten. Yalom (a.a.O., 23) beschreibt dies als eine Art „Wiederaufnahme in die menschliche Gesellschaft" und nennt die Erfahrung der „Universalität des Leidens" einen der zentralen Wirkfaktoren von Gruppentherapie.

Mit Befriedigung beobachteten wir im Verlauf der Gruppenprozesse Veränderungen in der sprachlichen Selbstdarstellung. Bezogen auf die angestrebten „kleinen Schritte" zur Verbesserung der individuellen Situation fanden wir bemerkenswert, wie sich die Berichte der Frauen im Laufe der Gruppentherapie differenzierten. Fragten wir in den ersten Monaten eines Gruppenprozesses, wie es geht, antworteten die meisten Frauen ausschließlich mit Berichten über ihre Kinder. Später war es ihnen häufiger möglich, über sich selbst und ihr eigenes Befinden zu sprechen, was wir als Perspektiverweiterung und Fortschritt beim Überwinden der verengenden Mutter- und/ oder Opferperspektive betrachteten. Wurde bei depressiven Frauen anfangs jeder „Wetterbericht" zu einer Anklage gegen andere oder sich selbst, gelang es auch ihnen später, spontan von positiven Erfahrungen zu erzählen. Spätestens beim Nachfragen erfuhren wir vom erfolgreichen Ausprobieren kleiner Veränderungsideen. Sie sprachen vom bewußteren Genießen und Nutzen bewährter Kraftquellen (und sei es eine ungestörte Tasse Kaffee). Sie berichteten mit Zufriedenheit von bewußten Entscheidungen, auch wenn es NUR um die Erlaubnis ging, JETZT nichts ändern zu müssen. Veränderungen fallen leichter, wenn sie zum selbstgewählten Zeitpunkt selbst initiiert werden. Die Voraussetzung dafür ist oft, daß bestehende Problemlösungen in der Gruppe anerkannt, zumindest nicht entwertet werden.

Eine Folge der beobachtbaren Wahrnehmungsveränderungen war auch ein verändertes Interaktionsverhalten. Viele Frauen lernten, sich in den Gesprächsrunden zurückzunehmen, wenn eine andere Frau im Mittelpunkt stand, konnten gelassener zuhören, lernten zu überprüfen, wann Platz für eigene Probleme oder Erfahrungen war. Sie wurden viel offener dafür, auch die anderen Frauen wahrzunehmen und konnten deren Erfahrungen respektieren oder sogar konstruktiv für sich nutzen.

9.3 Stärke und Handlungskompetenz gewinnen

Aus der Depressions-Forschung wissen wir, daß neben dem gemeinsamen Erleben auch die Wahrnehmung der eigenen Kompetenz, Aktivität und Ablenkung wirksam ist (vgl. McGrath u.a. 1993, 99, 139). Als eine besonders effektive Methode erscheint uns in der Mütterarbeit das genaue Nachfragen bereits vorhandener Kraftquellen. Es waren oft ganz kleine Handlungsschritte, deren bewußte Wiederholung zu erfolgreichen Entspannungs- und Aktivierungsmethoden im Alltag wurden. Für eine Frau war das die Tasse Kaffee, wenn morgens alle aus dem Haus waren, für eine andere ein Saunabesuch. Andere hörten bewußter eine Lieblings-Musik oder gingen endlich einmal wieder mit dem Partner aus. Entsprechend verordneten wir genau diese bewährten Erfahrungen und überprüften den Erfolg in den nachfolgenden Sitzungen. Auch Neuvorschläge gestalteten wir möglichst einfach. Bewährt haben sich zur Stressreduktion sehr einfache Körperwahrnehmungsübungen (z.B.: „den eigenen Po spüren"). Bei größerem Stress probierten einige Frauen erfolgreich Möglichkeiten aus, sich innerlich oder äußerlich vorübergehend von dem Problembereich abzuwenden, um sich damit im wahrsten Sinne des Wortes Abstand zu verschaffen. Die Frauen experimentierten mit diesen Vorschlägen und bezogen sich bei guten Erfahrungen in späteren Gesprächen gern darauf.

Am schwierigsten lassen sich die Veränderungen in der persönlichen Entwicklung der Frauen beschreiben. Im Gruppenprozeß konnten wir nur Anstöße geben und auch nur ungenaue Vorstellungen davon entwickeln, was wirklich passierte. In den Berichten über psychoanalytisch orientierte Gruppenpsychotherapien kommt der „korrigierenden Rekapitulation der primären Familiengruppe" (Yalom a.a.O., 31) eine zentrale Bedeutung zu, d.h. neue Verhaltensmöglichkeiten werden bewußt und/oder unbewußt mit bisherigen Verhaltensmustern verglichen. Bei den Ausführungen über die Rolle der Therapeutinnen haben wir darauf hingewiesen, daß wir von Übertragungsphänomenen familiärer Strukturen in der Gruppe ausgehen und sie thematisieren. Der Psychoanalytiker Kutter weist in der Auseinandersetzung mit dem systemisch-psychoanalytischen Gruppentherapie-Konzept von Fürstenau (1992) darauf hin, daß auch ohne bewußtes Durcharbeiten ein therapeutisch wirkender Vergleich zwischen überkommenen Verhaltensmustern aus der Herkunftsfamilie und neuen Beziehungserfahrungen stattfindet (Kutter 1990, 303). In den Gruppensitzungen wurde häufig auf Erfahrungen mit Geschwistern und Eltern Bezug genommen. Z.B. ging es bei der Auseinandersetzung mit Mutterschafts-Idealen fast immer auch um die bewußte Abgrenzung von der eigenen leiblichen Mutter und die von ihr gesetzten verbalen und realen Vorstellungen über Mutterschaft. Viele Frauen, die Mütter wurden, gerieten - aufgrund äußerer Umstände und innerer Prägungen - bei der Übernahme einer eigenen Mutter-Rolle wieder in eine kindliche Abhängigkeit zur eigenen Mutter, z.T. durch einen Wiedereinzug ins Elternhaus noch verstärkt. Einigen Frauen gelang es, diese Abhängigkeiten zu überwinden. In den Gesprächen ging es wiederholt darum, wie die Frauen neue Wege finden können, sich gegenüber ihrer Herkunftfamilie einerseits abzugrenzen und andererseits („trotzdem") familiäre Unterstützung annehmen zu können. Nicht immer gelang es, rigide „entweder-oder"-Regeln (die aus früheren Familienprägungen stammen können) durch die Suche nach flexibleren „sowohl-als-auch"-Möglichkeiten abzulösen. Viele Frauen berichteten im Umgang mit ihrer Herkunftsfamilie über Beziehungsveränderungen. Einige führten einen radikalen Bruch durch, indem sie z.B. aus dem Elternhaus auszogen oder den Kontakt zwischen Großeltern und Enkeln stark kontrollierten, manchmal sogar ganz unterbanden. Die meisten fanden Wege, die an Versöhnung denken lassen. Das kann ein Indiz dafür sein, daß eine Frau ihren Eltern gegenüber eine „erwachsenere" Haltung einnimmt. Gerade alleinerziehende Frauen und Mütter behinderter Kinder sind auf die Unterstützung eines tragfähigen sozialen Netzes angewiesen, um selbst kleine Freiräume zu erlangen. Die Mithilfe der Elterngeneration und der Geschwister spielt für sie dabei eine wichtige Rolle.

Das Stichwort „Katharsis" (Wirkmechanismus nach Yalom 1992, 19) wird in der psychoanalytischen Literatur kontrovers diskutiert. Wir reduzieren hier die Diskussion auf die Frage, inwieweit es gelingt, den Wiederholungszwang (vgl. Kutter 1990, 293 f.), durch den frühere traumatisierende Beziehungsmuster immer wieder hergestellt werden müssen, zu durchbrechen. Mit anderen Worten: wir interessieren uns für den Aspekt, ob sichtbare Veränderungen in Verhaltens- und Empfindungs-Mustern der Frauen feststellbar sind. Eine tiefergehende Persönlichkeitsentwicklung bzw. eine Veränderung zu einem konstruktiveren Verhalten vermuten wir z.B bei jenen Frauen, die uns von ständigem Ärger mit LehrerInnen, ÄrztInnen und anderen Fachleuten berichteten bzw. davon, daß alles, was sie diesen gegenüber vorbrachten, mehr oder weniger ignoriert wurde. Ihre Kommunikationsmuster führten dazu, daß sie nicht gehört und/oder abgewehrt wurden. Beispielsweise griffen manche Frauen ihre KommunikationspartnerInnen (auch in der Gruppe) immer erst einmal an, bevor sie auf ihr eigentliches Problem zu sprechen kamen. Im Laufe des Gruppenprozesses gelang es einigen Frauen, besser gehört, verstanden und ernstgenommen zu werden. So wurde z.B. den jahrelang ignorierten Klagen einer abwehrauslösenden Mutter endlich nachgegangen, die sich mit den Auffälligkeiten ihrer beiden „verhaltensgestörten" und „retardierten" Kinder nicht abfinden wollte und penetrant darauf bestand, daß nach organischen Ursachen gesucht wurde. Als es ihr gelang, sich endlich Gehör zu verschaffen, stellte sich überraschenderweise heraus, daß beide Kinder schwerhörig waren.

Besonders deprimierte Frauen (mit teilweise akuten Selbstmord-Gedanken) führten im Laufe der Jahre weitreichende Veränderungen in ihrem Leben durch: Trennung vom Partner, vom schwerbehinderten Kind, Aufbau neuer Lebensräume in Beruf, Wohnung und Partnerschaft. Für einige dieser Frauen und auch für einige Frauen, die unseres Erachtens in anderer Weise psychisch schwer verstört waren (vermutlich oder berichtet mit Gewalterfahrungen, oft auch sexueller Art), konnten wir eine längerfristige Psychotherapie vermitteln.

9.4 Mehr Verantwortung für sich selbst übernehmen

Wie Porsch (1990) haben auch wir den Eindruck, daß die Teilnehmerinnen durch die Müttergruppen angeregt wurden, mehr Verantwortung für sich und ihre Lebenssituation zu übernehmen. Wie Porsch beobachteten wir bei vielen Frauen eine vorsichtige und schrittweise Erschließung von Entlastungsmöglichkeiten einschließlich der dazugehörenden Forderungen an Partner, (Schwieger-)Eltern und andere Familienangehörige; eine Überprüfung anderer Ressourcen (Tagesmütter, Ganztagsschulen, Hort- und Tagesheimplätze, familienentlastende Dienste, Heimaufnahme u.a.); oft auch die Entwicklung mittel- und langfristiger Perspektiven im Hinblick auf das Sorgenkind. Als Indiz dafür, daß eine Frau mehr Verantwortung für sich selbst übernimmt, sehen wir es an, wenn sie den eigenen körperlichen und psychischen Gesundheitszustand sowie persönliche Bedürfnisse und Interessen, berufliche Interessen und Ziele ernster zu nehmen begannen. Mit all diesen Bereichen setzten sich die Teilnehmerinnen im Laufe eines Gruppenprozesses auseinander.

Ob die Frauen letztlich gesünder wurden, wissen wir nicht; wir vermuten aber bei vielen Verbesserungen. Während die Frauen in den ersten Gruppensitzungen vorwiegend über ihre Sorgenkinder und zugehörige Entscheidungen und Konflikte (z.B. mit LehrerInnen, ÄrztInnen, Institutionen) sprachen, erweiterte sich das Themenspektrum im Laufe des Gruppenjahres erheblich, auch hinsichtlich der Selbstwahrnehmung. Das Nachdenken über Behandlungs- und Entlastungsmöglichkeiten reichte vom Erfahrungsaustausch über ÄrztInnen bis zur Überlegung, wann und unter welchen Umständen eine Kur realisierbar wäre. Es reichte von der Lust, mal wieder ins Kino zu gehen oder einen freien Vor- oder Nachmittag zum „Bummeln" zu haben bis zum verlegen-lustvollen Eingeständnis verborgener Träume. In einer Gruppe gestanden sich zwei Mütter ihre heimliche Lust auf ein Konzert der Kelly-Family, obwohl sie doch „längst aus dem Alter raus waren" und machten eine entsprechende Verabredung. In einer anderen Gruppe verabredeten sich zwei Frauen regelmäßig für Disco-Ausflüge samstagnachts. Schon der Austausch über persönliche Träume, Bedürfnisse und Interessen (jenseits der Rolle der gebenden, sich selbst zurücknehmenden Mutter) wirkte belebend und stärkend auf die Frauen. Meist stellte sich heraus, daß die Realisierungen gerade der „kleinen" Träume möglich waren, ohne daß Kinder oder Partnerschaften unmittelbar darunter leiden mußten. Im Gegenteil, Ehemänner und Väter gewannen mehr Kompetenz und Verantwortung. Die Frauen, die - trotz innerer Widerstände und Ängste - damit anfingen, sich ihre kleinen, „eigentlich unwichtigen" oder „unvernünftigen" Bedürfnisse zu erfüllen, machten damit wichtige innere Schritte, profitierten deutlich und wirkten auf andere Frauen als Modell.

In jeder Gruppe gab es mindestens eine Frau, die ernsthaft über Möglichkeiten eines beruflichen Wiedereinstiegs nachdachte, im Gefolge beschäftigen sich meist auch weitere Mütter mit dem Thema „Beruf und Job". Mehrere Frauen haben inzwischen, soweit wir es später erfahren haben, eine weitere Ausbildung gemacht oder sind noch dabei. Vom Arbeitsamt wurde in den letzten Jahren fast ausschließlich eine Unterstützung bei der Ausbildung zur Altenpflegerin vorgeschlagen; durch ihre Familienarbeit hatten sich die Mütter für diesen Bereich wertvolle Kompetenzen erworben. Wir bedauerten oft, daß berufliche Förderungs- und Wiedereinstiegsmöglichkeiten für Frauen nach der Familienphase extrem eingeschränkt waren und sie weiterhin auf die klassischen mütterlichen Tätigkeiten festgelegt wurden. Viele Frauen stellten im Laufe des Gruppenprozesses ein ungesichertes Beschäftigungsverhältnis auf solidere Füße (geregelte Arbeitszeiten, Sozialversicherung).

In den Müttergruppen lernten die Frauen, sich gegenseitig zu unterstützen. „Altruismus" als eine befriedigende Form menschlicher Erfahrung rechnet Yalom zu den wichtigen Bewältigungsstrategien von Menschen und den wesentlichen gruppentherapeutischen Wirkmechanismen (a.a.O., 19). Wichtiger ist u.E. jedoch für viele Mütter, sich nicht automatisch verantwortlich zu machen. Das Lernziel sehen wir - in Erweiterung der traditionellen Mutterrolle - eher in einem Zuwachs von „konstruktivem Egoismus", mit dessen Hilfe u.a. die symbiotischen Beziehungen zu den Sorgenkindern gelockert werden können und eine Frau die Voraussetzungen für eine gleichberechtigtere Partnerschaft gewinnen kann.

Zu den wichtigen Perspektiverweiterungen zählen wir, daß bereits in dem angeleiteten Gruppenteil die Aufmerksamkeit der Frauen nicht mehr ausschließlich auf die Problemkinder fixiert war, sondern zunehmend auch die Geschwisterkinder einbezog. Diese waren häufig auf die Rolle des (viel zu) früh selbständigen, gut funktionierenden Kindes festgelegt, mußten oft mit extrem wenig elterlicher Aufmerksamkeit und Zuwendung zurechtkommen und waren, besonders wenn die Mutter sehr einsam und isoliert war, leicht in Gefahr, parentifiziert zu werden, d.h. unter Verletzung der Generationsgrenzen von einem oder beiden Elternteilen auf der Erwachsenenebene als Freund/in, Bündnispartner/in oder Partnerersatz mißbraucht zu werden. Als Voraussetzung für die Lockerung der sozial arrangierten Abhängigkeit des behinderten Kindes von der Fürsorge durch seine Mutter war es oft nötig, in Form konkreter Handlungsmöglichkeiten Zukunftsperspektiven für das behinderte Kind zu entwickeln; d.h. Vorstellungen davon zu bekommen, daß auch ein behinderter Mensch auf seine Weise erwachsen werden und das Elternhaus verlassen kann und sollte. Manche Familien, Ehen und Partnerschaften gewannen durch die Entwicklungen, die die Frauen begannen und die Perspektiverweiterungen, die sie vollzogen. Für manche Ehen war es zu spät; die Partner hatten sich schon zu weit auseinandergelebt. Wir wissen von einigen Frauen, daß sie sich später von ihrem Ehemann getrennt haben. Aber es gab auch viele Berichte von einer Belebung der Partnerschaft.

9.5 Resümee

Wie wir in unseren Ausführungen deutlich machen wollten, haben wir insgesamt ein großes Vertrauen in den beschriebenen Ansatz der Müttergruppenarbeit und sind davon überzeugt, daß die große Mehrzahl der Frauen, die an den Gruppen teilnahmen, davon profitiert haben. Nach Yalom ist das Vertrauen von TherapeutInnen in die eigene Arbeit, ihre Überzeugungen, daß diese Arbeit sinnvoll und hilfreich ist, von großer Bedeutung für den therapeutischen Erfolg und entscheidend für seinen ersten und wichtigsten gruppentherapeutischen Wirkfaktor: „Hoffnung einflößen und erhalten" (a.a.O., 22). Das Angebot einer stabilen, zuverlässigen Beziehung durch die Leiterinnen (vgl. 7) halten wir dabei für wesentlich. Nicht zuletzt haben wir selbst von der Arbeit mit den Müttergruppen viel profitiert und fühlen uns immer wieder neu bereichert durch das Interesse der Frauen und ihre Bereitschaft, sich in der Gruppe zu öffnen. Dadurch haben wir viel Wissen und Achtung erworben.

Die Sicherheit und Selbstverständlichkeit, mit der wir heute über die Arbeit mit Müttern berichten, darf natürlich nicht darüber hinweg täuschen, daß wir in den ersten Jahren oft recht unsicher waren, ob das Angebot angemessen war und eine echte Hilfe darstellte. Wir lernten erst im Laufe der Jahre, daß es „normal" war, daß viele der angesprochenen Frauen das Angebot trotz des bekundeten Interesses nicht annahmen oder nach ein- bis zweimaliger Teilnahme wieder wegblieben. Heute sammeln wir einen Pool von 15 bis 20 potentiellen Interessentinnen, um mit einer Gruppe von 6 bis 9 Frauen zu beginnen. Wir haben gelernt, daß wir nicht voraussehen können, wieviel Frauen davon dann wirklich in einer Gruppe „ankommen" und daß dies von Jahr zu Jahr unterschiedlich ist. Manchmal wollen 17 von 20 Frauen teilnehmen und wir sehen uns genötigt, Parallelgruppen zu eröffnen; manchmal bleiben aus einem großen Pool nur wenige wirklich motivierte Frauen übrig. Es kommt vor, daß sich in äußerst kurzer Zeit ein „fester Kern" konsolidiert; es gibt aber auch Gruppen mit zähen Anlaufzeiten und viel Fluktuation und Ambivalenz bei den Teilnehmerinnen. Anfangs hat uns das mehr verunsichert; inzwischen sind wir nicht mehr so irritiert, wenn es vorkommt, daß „der feste Kern" im Laufe eines Jahres auf nur vier Frauen zusammenschrumpft oder wenn es mal eine Gruppe gibt, in der die Frauen kein Interesse haben, sich in eigener Regie weiterzutreffen u.ä. Im Laufe der Jahre haben wir konkret erfahren, daß - trotz vieler Parallelen - jede Müttergruppe aus der Mischung und dem Zusammenspiel der jeweils unterschiedlichen Frauen ihren eigenen, unverwechselbaren Charakter entwickelt und daß jeder Gruppenprozess anders verläuft. Diese Erfahrung hat uns ermöglicht, zunehmend sicherer und gelassener zu arbeiten.

Zudem ist heute ein frauenspezifisches Therapie-Angebot fast eine Selbstverständlichkeit; das war vor 14 Jahren noch anders. Als wir damals anfingen, Müttergruppen zu planen, stießen wir z.B. bei einem männlichen Kollegen und einem höheren Vorgesetzten auf Unverständnis und Mißtrauen gegenüber dem (feministischen) Prinzip, daß Frauengruppen von Frauen geleitet werden sollten; der Vorgesetzte machte einen Versuch, eine gemischtgeschlechtliche Leitung durchzusetzen; der Leiter der Beratungsstelle unterstützte unser Modell. In den Anfangsjahren gab es auch unter den eingeladenen Frauen Ängste, daß sie in den Gruppen gegen ihre Männer „aufgehetzt" und dadurch in ihren Familien in schwere Konflikte geraten würden. Komplementäre Ängste gab es bei vielen Ehemännern; einige versuchten, ihren Frauen die Teilnahme zu verbieten. Diese Schwierigkeiten tauchen heute praktisch nicht mehr auf. Das ist sicher nicht nur Folge eines gut vorbereiteten Konzepts sondern auch einer veränderten Situation insgesamt. Im Hinblick auf die vielfältigen frauenspezifischen Ansätze und Angebote hat in den letzten 14 Jahren eine weitreichende Professionalisierung stattgefunden (bzw. findet noch statt); sie werden heute (aus unterschiedlichen Gründen) nicht mehr als so bedrohlich wahrgenommen und eher als selbstverständlicher Teil psychosozialer Arbeit betrachtet.

Zum Schluß möchten wir noch einmal betonen, daß wir die vorgestellte Form der Müttergruppenarbeit für außerordentlich effektiv halten. Unseres Erachtens lohnt sich der Einsatz von zwei Therapeutinnen, die mit wöchentlich etwa vier Stunden (einschließlich Vor- und Nachbereitung für zwei Gruppen) zwischen 12 und 15 Familien mit chronischen Problemen ein Jahr lang intensiv betreuen. Das hier aufgebaute Vertrauen wirkt bei vielen Frauen (und den dazugehörenden Familien) darüber hinaus langfristig stabilisierend. Die Frauen erfahren, daß sie sowohl auf andere Teilnehmerinnen der Müttergruppe als auch auf uns bzw. die Beratungsstelle als Ressource zurückgreifen können, wenn sie in einer späteren Krisen-, Entscheidungs- oder Umbruchs-Situation Unterstützung und Hilfe brauchen.

Literatur

Angermaier, M.: Gruppenpsychotherapie. Lösungsorientiert statt problemhypnotisiert. Weinheim 1994
Bertoluzza, E. (Hrsg.): Pathos - Psychose - Pathologie. Der weibliche Wahnsinn zwischen Ästhetisierung und Verleugnung. Wien 1994
Bräutigam, W.: Realistische Beziehung und Übertragung. In: Kutter u.a. 1988, 165-186
Büttner, Ch.: Gruppenarbeit. Eine psychoanalytisch-pädagogische Einführung. Mainz 1995
Cohn, R. C.: Zur Grundlage des themenzentrierten interaktionellen Systems: Axiome, Postulate, Hilfsregeln. Stuttgart 1980
Deutsche Bibelgesellschaft: Die Bibel nach der Übersetzung Martin Luthers. Revidierter Text 1975. Stuttgart 1978
Finger-Trescher, U.: Wirkfaktoren der Gruppenanalyse. In: Gruppenpsychotherapie und Gruppendynamik 26 (1990) 307-328
Fürstenau, P.: Entwicklungsförderung durch Therapie. Grundlagen psychoanalytisch-systemischer Psychotherapie. München 1992
Fürstenau, P..: Die Anwendung psychoanalytisch-systemischer Orientierung auf die Gruppentherapie. In: Gruppenpsychotherapie und Gruppendynamik 26 (1990) 197-204
Großmaß, R.: Das Politische wird persönlich. Zum Verhältnis von Frauenbewegung und Therapie. In: Bertoluzza 1994, 271-291
Jonas, M.: Behinderte Kinder - behinderte Mütter? Die Unzumutbarkeit einer sozial arrangierten Abhängigkeit. Frankfurt/M. 1994
Keupp, H.: Die (Wieder-)Gewinnung von Handlungskompetenz: Empowerment in der psychosozialen Praxis. In: Verhaltenstherapie & psychosoziale Praxis 25 (1993); 365-381
Kim Berg, I.: Familien-Zusammenhalt(en). Ein kurz-therapeutisches und lösungsorientiertes Arbeitsbuch. Dortmund 1992
Körner, W. & Hörmann, G. (Hrsg.): Handbuch der Erziehungsberatung. Bd. 1. Göttingen 1998

Kutter, P., Páramo-Ortega, R. & Zagermann, P. (Hrsg.): Die psychoanalytische Haltung. Auf der Suche nach dem Selbstbild der Psychoanalyse. München; Wien 1988

Kutter, P.: Grundhaltung, professionelle Einstellungen und psychoanalytische Methode. In: Kutter u.a. 1988, 17-28

Kutter, P.: Indikation und Ziele der analytischen Gruppenpsychotherapie. In: Gruppenpsychotherapie und Gruppendynamik 25 (1989) 28-34

Kutter, P.: Wiederholung überkommener Beziehungsmuster und deren Durcharbeitung oder neue soziale Erfahrungen als Voraussetzung für Veränderung in der analytischen Gruppenpsychotherapie. In: Gruppenpsychotherapie und Gruppendynamik 26 (1990) 293-306

Kutter, P.: Die Arbeit mit der Gegenübertragung in der Gruppenpsychotherapie. Gruppenanalyse 2 (1991) 61-71

Linge, H. & Porsch, R.: Sozialtherapeutische Gruppenarbeit mit Müttern behinderter Kinder - Konzeptionelle Überlegungen und erste Erfahrungen. In: Schriften zur Sozialen Therapie, Bd. I: Aktuelle Beiträge (1988), 164-178

McGrath, E., Puryear Keita, G., Strickland, B. R. & Felipe Russo, N.: Frauen und Depression. Risikofaktoren und Behandlungsfragen. Bergheim 1993

Nehlsen, A. & Rühling, H.: Thesen zur Müttergruppenarbeit. In: Jugendamt der Stadt Bielefeld: Ambulante Dienste und Familie. Fachkonferenz des Arbeitskreises Jugendamt, Amt für Soziale Dienste, Gesundheitsamt, Erziehungsberatungsstellen. Bielefeld 1990a, 43-48

Nehlsen, A. & Rühling, H.: Thesen zur Müttergruppenarbeit. In: Landesarbeitsgemeinschaft für Erziehungsberatung NRW e.V.: lag-aktuell. Duisburg 1990b, 19-24

Nehlsen, A. & Rühling, H.: Diagnostik und Erziehungsberatung. In: Hörmann & Körner 1998, 335-355

Nestmann, F. & Schmerl, Ch. (Hrsg.): Frauen - das hilfreiche Geschlecht. Dienst am Nächsten oder soziales Expertentum. Reinbek 1991a

Nestmann, F. & Schmerl, Ch.: Frauen und Helfen: Wie weit trägt die „weibliche Natur"?. In Nestmann & Schmerl 1991b, 9-41

Porsch, R.: Sozialtherapeutische Gruppenarbeit mit Müttern behinderter Kinder - Therapeutische Strategien und Wirkfaktoren. In: Schriften zur Sozialen Therapie 3 (1990) 65-85

Schenk, H.: Wieviel Mutter braucht der Mensch? Der Mythos von der guten Mutter. Köln 1996

Schlippe, A. von & Schweitzer, J.: Lehrbuch der systemischen Therapie und Beratung. Göttingen, Zürich 1996

Sieverding, M.: Die Gesundheit von Müttern - Ein Forschungsüberblick. In: Zeitschrift für medizinische Psychologie 4 (1995) 6-16

Shazer, S. de: Wege der erfolgreichen Kurztherapie. Stuttgart 1990

Thomas, C. (Hrsg): Die Hausfrauengruppe oder Wie elf Frauen sich selbst helfen. Reinbek 1983

Thurer, S.: Mythos Mutterschaft. Wie der Zeitgeist das Bild der guten Mutter immer wieder neu erfindet. München 1995

Vesel Mander, A. & Kent Rush, A.: Frauentherapie. Frauenbewegung als heilende Energie. München 1976; 1977[2]

Wagner, A.: Frauengesprächsgruppen - Beschreibung, Regeln, Themen. In: Vesel & Mander 1977, 128-139

Yalom, I. D.: Theorie und Praxis der Gruppenpsychotherapie. Ein Lehrbuch. München 1989

Familienmediation
in der Ehe-, Familien- und Lebensberatung

Hans Dusolt, Angelika Lutz & Barbara Alt

1 Zur Begriffsklärung

Trennungs- und Scheidungsberatung umfaßt das gesamte Spektrum von Beratung im Zusammenhang mit Trennung und Scheidung. Die Bearbeitung ambivalenter Gefühle und die Reflexion der Ursachen für die Trennung sind ebenso Inhalt der Beratung wie die Entwicklung von Perspektiven im Hinblick auf ein zukünftiges Leben und die Planung konkreter Absprachen und Vereinbarungen. Trennungs- und Scheidungsberatung kann, muß aber nicht zwangsweise mit beiden Partnern gemeinsam stattfinden. Auch Einzelberatung ist möglich und sinnvoll. Im Mittelpunkt steht vorwiegend die psychische Situation der einzelnen Partner und die sich hieraus ergebende Paardynamik.

Bei der *Mediation* im Zusammenhang mit Trennung und Scheidung handelt es sich um einen in Deutschland erst in den letzten Jahren eingeführten Ansatz mit dem Ziel einer einvernehmlichen Klärung aller mit der Trennung/Scheidung verbundenen Veränderungen. Hierbei handelt es sich grundsätzlich um eine Form der *Familienmediation*. Diese ist abzugrenzen gegenüber anderen Formen der Mediation, wie zum Beispiel der Wirtschafts- oder der Schulmediation. Außer im Zusammenhang mit Trennung/Scheidung findet Familienmediation mittlerweile auch beispielsweise bei der Lösung von Mehrgenerationen-Konflikten Anwendung.

Im Gegensatz zur allgemeinen Trennungs- und Scheidungsberatung setzt Mediation voraus, daß für beide Partner Klarheit bzgl. der bevorstehenden Trennung besteht. Mediation findet grundsätzlich mit beiden Partnern zusammen statt und bezieht neben den psychologischen auch die juristischen Aspekte mit ein.

Am Ende einer erfolgreichen Mediation steht häufig eine schriftliche, von beiden Partnern gemeinsam erarbeitete und unterzeichnete Vereinbarung, die durch juristische Akte (notarielle Beurkundung, Bestandteil des Scheidungsurteils) Rechtskraft erhalten kann.

Die *Vollmediation* umfaßt alle der Klärung bedürftigen Themengebiete (z.B. Lebensmittelpunkt des Kindes, Umgangs-/Sorgerechtsregelung, Kindes-/Ehegattenunterhalt, Vermögensaufteilung etc.). Die Grundidee der Mediation beruht auf der Vollmediation und erwächst aus der Erkenntnis, daß in einem Trennungs-/Scheidungsverfahren die meisten Konfliktbereiche miteinander verzahnt und damit gegenseitig voneinander abhängig sind. So wird zum Beispiel durch den Lebensmittelpunkt des Kindes definiert, welcher Elternteil dem Kind gegenüber barunterhaltspflichtig ist und welcher Elternteil seiner Unterhaltspflicht in Form von Betreuung nachkommt. Der Elternteil, bei dem das Kind lebt, hat darüber hinaus häufig Anspruch auf Ehegattenunterhalt und behält in der Regel auch die eheliche Wohnung.

Eine befriedigende Lösung der mit Trennung/Scheidung verbundenen Konflikte kann häufig nur erreicht werden, wenn es gelingt, im Rahmen einer Vollmediation auf allen Konfliktfeldern eine von beiden Partnern als fair und gerecht erachtete Vereinbarung zu erzielen.

Eine *Teilmediation* beschränkt sich im Gegensatz zur Vollmediation in der Regel auf die nicht unmittelbaren finanziellen Aspekte von Trennung/Scheidung, d.h. vor allen Dingen auf Umgangs- und Sorgerechtsregelungen für Kinder.

Sie ist dann angezeigt, wenn ausschließlich *ein* Konfliktfeld berührt ist (z.B. Durchführung der Umgangsregelung bei abgeschlossener Klärung aller anderer Fragen). Werden dagegen konflikthafte Themeninhalte (z.B. aus fachlichen oder Kapazitätsgründen der Beratungsstelle) bewußt ausgespart, so besteht die Gefahr, daß die destruktive Konfliktdynamik aufrechterhalten bleibt und die erarbeitete Regelung sich auf Dauer als nicht tragfähig erweist.

2 Familienmediation im Evangelischen Beratungszentrum

Die Abteilung Ehe-, Familien- und Lebensberatung des Evangelischen Beratungszentrums München blickt neben der Einzel-, Paar- und Familienberatung auf eine langjährige Praxis im Schwerpunkt Trennungs- und Scheidungsberatung zurück. Seit 1991 wird im Rahmen der Trennungs- und Scheidungsberatung auch Familienmediation angeboten.

Die Abteilung ist (einschl. der Außenstellen Pasing und Neuperlach) mit insgesamt 15 DiplompsychologInnen, SozialpädagogInnen, EheberaterInnen und einem Pfarrer besetzt, die mit Ausnahme der Stellenleitung in Teilzeit (bzw. auf Honorarbasis) arbeiten. Eine halbe Stelle ist mit einer juristischen Fachkraft besetzt. Das Beratungszentrum hat die Rechtsberatungserlaubnis nach dem Rechtsberatungsgesetz (Schwerpunkt: Familienrecht).

Derzeit wird (Familien-)Mediation von einem Diplompsychologen mit Zusatzausbildung (Anerkennung durch die Bundesarbeitsgemeinschaft für Familienmediation - BAFM) und von der in Mediations - Ausbildung stehenden Juristin angeboten.

2.1 Unser Angebot

Die Ehe-, Familien- und Lebensberatung bietet Familienmediation als Voll- und als Teilmediation an. Wir legen dabei Wert auf klar vereinbarte Rahmenbedingungen, die in einem schriftlichen Beratungskontrakt ihren Ausdruck finden. Wir klären ebenfalls sorgfältig die Indikation und die Voraussetzungen zur Mediation.

Bei einer Veränderung des Kontrakts während einer laufenden Beratung bzw. Mediation (z.B. eine allgemeine Trennungs- und Scheidungsberatung mündet in eine Mediation oder während einer bereits begonnenen Mediation zeigt sich, daß das Paar schwerpunktmäßig die Beziehungsgeschichte reflektieren will) wird diese Veränderung der Perspektive benannt und ein Wechsel des Beraters in Erwägung gezogen. Ein zwangsweiser Wechsel ist dann nicht angebracht, wenn das Paar sich der unterschiedlichen Perspektive der Beratung bewußt ist, es sich den Verbleib beim bisherigen Berater/Mediator wünscht und auch von dessen Seite keine Hindernisse (z.B. fachliche Grenzen) bestehen. Der Beratungskontrakt wird dann entsprechend verändert.

Das Angebot der allgemeinen *Trennungs- und Scheidungsberatung* und auch jenes der *Teilmediation* im Hinblick auf Aspekte, die minderjährige Kinder betreffen (Umgangs-, Sorgerechtsfragen), besteht grundsätzlich für alle Ratsuchenden. Innerhalb der Lebensberatung steht die Trennungs- und Scheidungsberatung auch für Ratsuchende ohne oder mit erwachsenen Kindern offen. Beratung und Mediation sind grundsätzlich kostenfrei; die KlientInnen werden jedoch um freiwillige Spenden in angemessener Höhe gebeten.

Hinsichtlich der *Vollmediation*, die auch finanzielle Angelegenheiten mit einschließt, sind wir im Laufe unserer Praxis und im Hinblick auf unsere Beratungskapazität zu der Regelung gekommen, diese derzeit nur mit folgenden Einschränkungen anzubieten:

1) Das Angebot gilt in der Regel vorrangig für Eltern mit finanziell von ihnen abhängigen Kindern.
2) Das Familien-Nettoeinkommen darf monatlich DM 4000.-, zzgl. DM 1000.- pro finanziell abhängigem Kind (bei zwei Kindern also DM 6000.-) nicht übersteigen.
3) Bei überdurchschnittlich hohen Vermögenswerten behält sich der Mediator vor, die diesbezügliche Durchführung der Mediation abzulehnen.

Folgende Überlegungen haben uns zu diesem Schritt veranlaßt:

- Insbesondere bei hohen Einkünften und Vermögenswerten kann sich die Mediation sehr aufwendig gestalten, was eine unangemessene Blockierung unserer Beratungskapazitäten zur Folge haben kann. Für vermögende Klienten erscheint es uns zumutbar, sie bzgl. der Vollmediation auf freiberufliche Mediatoren zu verweisen.
- Die manchem Leser womöglich als hoch erscheinende Einkommensgrenze ergibt sich aus den hohen Lebenshaltungskosten, hier insbesondere den hohen Wohnungskosten im Raum München.
- Bei den Vermögenswerten war es nicht möglich, eine bestimmte Obergrenze zu fixieren. Eigengenutzte Immobilien - besonders wenn es um den Lebensmittelpunkt des Kindes geht - können z.B. Inhalt der Mediation sein, nicht jedoch darüber hinaus vorhandene Immobilien.

Für Klienten, die diese Kriterien nicht erfüllen, besteht die Möglichkeit einer Verweisung an freiberufliche Mediatoren.

2.2 Zugang

Die Möglichkeit der Mediation wird durch verschiedene Formen der Öffentlichkeitsarbeit bekannt gemacht:

1. Jeden zweiten Monat findet ein offener Informationsabend zum Thema *Trennung und Scheidung* statt, bei dem den Ratsuchenden sowohl juristische als auch psychologische Informationen vermittelt werden. Dabei wird auch das Verfahren der Mediation vorgestellt.
2. In unserem regelmäßig erscheinenden Halbjahresprogramm wird Mediation als eines unserer Beratungsangebote aufgeführt.
3. Durch die Mitarbeit an verschiedenen regionalen, zum Teil interprofessionellen Arbeitskreisen und Fachgremien ist unser Mediations-Angebot mittlerweile in Fachkreisen weitgehend bekannt.

Die weitaus meisten mediationswilligen Paare kommen auf eigenen Wunsch aus dem gemeinsamen Interesse heraus, insbesondere negative Folgen der Trennung für die betroffenen Kinder so gering wie möglich zu halten.

In einigen Fällen kamen Paare auf (zum Teil sehr dringliche) Empfehlung des Jugendamts oder des Gerichts. Mit Ausnahme eines Falles gelang es, auch bei diesen, ursprünglich fremdmotivierten Paaren, die Eigenmotivation zu wecken und damit die Voraussetzung für eine erfolgreiche Mediation zu schaffen.

2.3 Inanspruchnahme, Dauer und Abschluß der Mediation

Durchschnittlich wurden an unserer Stelle in den letzten Jahren insgesamt sieben Mediationen pro Jahr durchgeführt. Die Zahl der Stunden pro Mediation liegt zwischen zwei und 16 Stunden, der Mittelwert beträgt ca. acht Stunden. In der Regel wurde die Mediation von einem Mediator alleine durchgeführt, einzelne Mediationen wurden in Co-Arbeit geleistet. Es handelte sich jeweils zur Hälfte um Teil- und um Vollmediationen.

Ca. 40 % der Mediationen wurden mit einer schriftlichen, von beiden Elternteilen unterzeichneten Vereinbarung abgeschlossen. Bei weiteren ca. 40 % der Mediationen wurde eine einvernehmliche Regelung erzielt, eine „offizielle" schriftliche Fixierung jedoch nicht für nötig erachtet. In diesen Fällen beauftragten die Klienten entweder ihre Anwälte, die Mediationsergebnisse in das juristische Verfahren einzubringen, oder es wurde für ausreichend erachtet, die Ergebnisse auf der Flip-chart schriftlich zu fixieren. In letzterem Fall handelte es sich meistens um Umgangsregelungen, die noch während der laufenden Mediation in die Praxis umgesetzt wurden. Bei den restlichen ca. 20 % der Mediationen stand am Ende kein greifbares Ergebnis. Bei einem Teil hiervon handelt es sich um definitiv ergebnislose Abbrüche, bei einem anderen Teil konnte zwar zumindest eine partielle gemeinsame Gesprächsebene geschaffen werden, ohne daß dies jedoch in einem konkreten Ergebnis seinen Ausdruck fand.

2.4 Mediation und Rechtsberatung

Der juristische Mediator ist zur Rechtsberatung befugt, der psychosoziale Mediator dagegen nicht. Unabhängig von der Grundprofession des Mediators kann und darf die Mediation eine parteiliche Rechtsberatung jedoch nicht ersetzen.

Die KlientInnen müssen sich daher mit der Unterzeichnung des Mediationskontrakts zu Beginn der Mediation verpflichten, bereits im Lauf der Mediation, spätestens jedoch vor Unterzeichnung einer schriftlichen Vereinbarung, sich eingehend von einem Anwalt ihrer Wahl parteilich beraten zu lassen.

Da die anwaltliche Beratung bei einer Mediation unter anderen Prämissen stattfindet als z.B. in einem hochstreitigen Verfahren und viele Anwälte noch nicht ausreichend über das Verfahren der Mediation unterrichtet sind, bekommen die KlientInnen von uns eine Information zur Vorlage bei ihrem Anwalt mit. In diesem Schreiben werden kurz die Grundlagen der Mediation skizziert und auf die Möglichkeit hingewiesen, bei offenen Fragen mit dem Mediator Rücksprache zu nehmen.

Die Ergebnisse der externen juristischen Beratung werden von den KlientInnen in die Mediation eingebracht. Aufgabe des Mediators ist es dann, auf der Grundlage der rechtlichen Situation mit den beiden Partnern Regelungen zu erarbeiten, die den Bedürfnissen beider Seiten gerecht werden. Vor Unterzeichnung der in schriftliche Form gebrachten Vereinbarung wird diese von den KlientInnen noch einmal zur Überprüfung dem jeweiligen beratenden Anwalt vorgelegt.

Die bei uns erarbeiteten Vereinbarungen dienten zum Teil als Grundlage für eine juristische (notarielle oder gerichtliche) Fixierung. In einem anderen Teil der abgeschlossenen Mediationen reichte den KlientInnen die schriftliche Unterzeichnung aus. Dies war insbesondere dann der Fall, wenn es sich nicht um endgültige Vereinbarungen handelte, sondern um solche, die für die Zeit des Getrenntlebens bis zu einer juristischen Scheidung Gültigkeit besitzen sollten.

2.5 Kinder in der Mediation

Bei der Erarbeitung einer Mediationsvereinbarung handelt es sich um eine Vereinbarung zwischen den beiden (Ex-) Partnern. Als Eltern tragen sie aber auch die psychologische Verantwortung für das, was sie im Hinblick auf ihre Kinder beschließen. Insbesondere kleinere Kinder dürfen nicht in eine Situation gebracht werden, daß die Entscheidung für ihren weiteren Verbleib bei ihnen selbst liegt und sie daher in Gefahr kommen, sich einem Elternteil gegenüber illoyal zu verhalten. Aus diesem Grund müssen es in allererster Linie die Eltern sein, die die grundsätzlichen Entscheidungen über den weiteren Verbleib der Kinder treffen. Die Mediationssitzungen, in denen die grundsätzlichen Fragen hinsichtlich der Kinder besprochen wurden, fanden deshalb in der Regel ohne die Kinder statt.

Kinder haben jedoch auch das Recht, zu den Belangen, die sie unmittelbar betreffen, gehört zu werden. Kinder (auch schon im Vorschulalter) wurden deshalb dann punktuell in die Mediation einbezogen, nachdem die Eltern die grundsätzlichen Fragen geklärt hatten. Sie hatten z.B. die Möglichkeit, zu Umgangsregelungen Stellung zu nehmen. Insbesondere in der konkreten Ausgestaltung der Regelung konnten die Kinder wiederholt Aspekte einbringen, die ihnen selbst sehr wichtig, von den Erwachsenen jedoch übersehen worden waren (z.B. wie lange bei wem abends fernsehen?).

2.6 Qualitätssicherung und Vernetzung

Mediation ist eine Tätigkeit, die profunde Kenntnisse und Fähigkeiten voraussetzt. Für eine professionelle Ausübung der Tätigkeit muß die Möglichkeit zur Supervision gegeben sein.

In der Abteilung Ehe-, Familien- und Lebensberatung des Evangelischen Beratungszentrums München besteht ein kleiner Arbeitskreis *Trennung/Scheidung*, der derzeit aus den zwei MediatorInnen besteht und sich 14-tägig trifft. Neben dem fachlichen Austausch über Trennungs- und Scheidungsberatung und Mediation besteht hier die Möglichkeit zur kollegialen Fallsupervision. Auch in die wöchentlich stattfindende allgemeine kollegiale Supervision für die gesamte Abteilung können Mediations-Fälle eingebracht werden.

Auf regionaler Ebene besteht ein *Münchner Arbeitskreis Mediation*, der sich in ca. zwei-monatigem Abstand trifft und dem regionalen Austausch dient.

Auf der Ebene des Diakonischen Werkes in Bayern besteht auf dem einmal im Jahr in Nürnberg stattfindenden *Info-Tag Trennung/Scheidung* die Möglichkeit zu kollegialem Austausch mit den anderen evangelischen und ökumenischen Ehe-, Familien- und Erziehungsberatungsstellen.

2.7 Resumee und Ausblick

Das Angebot von Mediation im Evangelischen Beratungszentrum München, das seit nunmehr sechs Jahren besteht, hat sich in vollem Umfang bewährt. Die Tatsache, daß innerhalb der Abteilung auch eine Juristin tätig ist, hat die Einführung der Vollmediation wesentlich erleichtert, sollte aber keinesfalls als unabdingbare Voraussetzung für das Angebot von Vollmediation gesehen werden.

Auch für den psychosozialen Mediator sind allerdings Grundkenntnisse im Familienrecht, wie sie in den Ausbildungen vermittelt werden, die den Richtlinien der Bundesarbeitsgemeinschaft für Familienmediation (BAFM, veröffentlicht in: Duss v. Werdt, Mähler, Mähler, Mediation: Die andere Scheidung, Stuttgart 1995, 118 ff.) entsprechen, unverzichtbar.

Das vor kurzem verabschiedete neue Kindschaftsrecht, das zum 01.07.1998 in Kraft treten wird, fordert trennungswilligen Eltern wesentlich größere Kompetenz und Fähigkeit zur eigenverantwortlichen Konfliktklärung ab als das bisherige Kindschaftsrecht. Es ist deshalb zu erwarten, daß sich der Beratungsbedarf im Zusammenhang mit Trennung und Scheidung wesentlich erhöhen wird. Die Methode der Mediation wird hierbei zunehmend eine Schlüsselfunktion einnehmen.

Aufgrund der im Kinder- und Jugendhilfe-Gesetz (KJHG, § 5 SGB VIII) festgeschriebenen Wunsch- und Wahlfreiheit müssen Eltern die Möglichkeit haben, sich auch außerhalb von staatlichen Einrichtungen wie z.B. Jugendämtern, professionell beraten zu lassen. Hier kommt den freien Trägern von Beratungsstellen eine wesentliche Funktion zu. Mediation sollte deshalb auch von den Beratungsstellen kirchlicher Träger angeboten werden.

Zur Sicherstellung fachlicher Standards (z.B. kollegiale Supervision, Co-Arbeit bei schwierigen Fällen) sollten pro anbietender größerer Beratungsstelle zwei KollegInnen eine qualifizierte Zusatzausbildung in Mediation haben, die den Richtlinien der Bundesarbeitsgemeinschaft für Familienmediation (BAFM) entspricht. Bei kleineren Beratungsstellen könnte ein beratungsstellen-übergreifender Austausch die kollegiale Supervision sichern.

Aufgrund unserer mittlerweile sechsjährigen Erfahrungen in der Durchführung von Familienmediation können wir die zusammenfassende Stellungnahme der Diskussion auf der Mitgliederversammmlung der EKFuL am 28.05.1997 in Ahlhorn voll unterstützen. Sie besagt, „daß Familienmediation ein zukünftiger wichtiger Arbeitszweig für die institutionelle Beratungsarbeit sein wird", auf die sich die „Beratungsstellen ... frühzeitig mit ihren Kompetenzen vorbereiten sollten" (Protokollauszug (unveröffentlicht) aus der Mitgliederversammlung der EKFuL am 28.05.1997 in Ahlhorn).

3 Was ist Mediation?

Mediation ist ein Weg, Konflikte durch Verhandeln zu lösen; das Ziel ist eine einvernehmliche und verbindliche Regelung der zu klärenden Fragen. Diese gemeinsam erarbeitete Vereinbarung ist je nach Inhalt Grundlage für einen privaten oder notariellen Vertrag und kann im Rahmen des Scheidungsverfahrens über einen Rechtsanwalt bei Gericht vorgelegt werden.

Der unparteiische und neutrale Mediator unterstützt die Partner bei einer kooperativen und eigenverantwortlichen Konfliktlösung, ohne daß er eine eigene Entscheidungsbefugnis hat. Er achtet darauf, daß beide Partner ihre Interessen in gleichem Maß vertreten können und insbesondere auch darauf, daß die Bedürfnisse der Kinder ausreichend Berücksichtigung finden.

Mediation als Methode der Konfliktlösung findet vornehmlich bei familiären Konflikten (Familienmediation, bei Trennung/Scheidung oder auch bei Mehrgenerationenkonflikten) Anwendung, hat sich aber auch z.B. im Bereich der Wirtschaft oder der Pädagogik (Schulmediation) als erfolgreich erwiesen.

Besonderer Stellenwert kommt der Mediation im Rahmen des Kinder- und Jugendhilfegesetzes (SGB VIII), §17 (Beratung in Fragen der Partnerschaft, Trennung und Scheidung) und §28 (Erziehungsberatung), und hier wiederum bei Trennung und Scheidung, zu:

§ 17 (1) 3.: *Die Beratung soll helfen, ... im Falle der Trennung oder Scheidung die Bedingungen für eine dem Wohl des Kindes oder des Jugendlichen förderliche Wahrnehmung der Elternverantwortung zu schaffen.*

§ 17 (2): *Im Falle der Trennung oder Scheidung sollen Eltern bei der Entwicklung eines einvernehmlichen Konzepts für die Wahrnehmung der elterlichen Sorge unterstützt werden, das als Grundlage für die richterliche Entscheidung über das Sorgerecht nach der Trennung oder Scheidung dienen kann.*

§ 28: *Erziehungsberatungsstellen und andere Beratungsdienste und -einrichtungen sollen Kinder, Jugendliche, Eltern und andere Erziehungsberechtigte bei der Klärung und Bewältigung individueller und familienbezogener Probleme und der zugrundeliegenden Faktoren, bei der Lösung von Erziehungsfragen sowie bei Trennung und Scheidung unterstützen. Dabei sollen Fachkräfte verschiedener Fachrichtungen zusammenwirken, die mit unterschiedlichen methodischen Ansätzen vertraut sind.*

Mediation kann nach entsprechender Zusatzausbildung sowohl von Juristen als auch von Angehörigen psychosozialer Berufe durchgeführt werden. Durch die Verzahnung juristischer Inhalte und psychologischer Konfliktlösungsstrategien ist ein enger Austausch zwischen Juristen und Angehörigen psychosozialer Berufsgruppen von besonderem Vorteil.

Motopädie -
ein Behandlungsansatz in der Erziehungsberatung

Kollegium des Berufskollegs Dortmunder Fachschule für Motopädie (FSM)

1 Vorwort

Als das Curriculum des Berufskollegs Dortmunder Fachschule für Motopädie (FSM) in einem intensiven kollegialen Diskussionsprozeß entwickelt und 1996 verabschiedet wurde, konnten wir uns auf vielfältige theoretische Annahmen und empirische Studien über Sensomotorik und psychomotorische Prozesse sowie auf zahlreiche Handlungsentwürfe für die motopädische Praxis mit Kindern, Jugendlichen und Erwachsenen stützen.

Wir entschieden uns, die Grundlagen motopädischen Handelns zu beschreiben als „das Erfahren und Begreifen der Einheit von Wahrnehmen, Bewegen und Erleben in konkreten raum-zeitlichen Bezügen (psychomotorische Einheit)". Und führten dann weiter aus: „Im Laufe der persönlichen Entwicklung gestaltet sich das Zusammenspiel dieser Funktionen in der Auseinandersetzung mit der dinglichen und sozialen Umwelt. So verläuft die Entwicklung der psychomotorischen Fähigkeiten in enger Verbindung mit der Persönlichkeitsentwicklung. Eine Förderung verzögerter oder beeinträchtigter psychomotorischer Funktionen sollte darum als einfühlsamer Beziehungsprozeß gestaltet werden, dessen Grundlage die Annahme des Menschen mit seinen Stärken und Beeinträchtigungen, seinen Entwicklungs- und Kompensationsmöglichkeiten ist" (Curr. FSM 1996, 4).

In diesem Artikel skizzieren wir den gegenwärtigen Diskussionsstand über unterschiedliche motopädische Arbeitsansätze. Dargestellt werden grundlegende theoretische Annahmen und Handlungskonzepte, die an der FSM gelehrt werden, Ziele der Motodiagnostik und Indikationskriterien für Motopädie. Einen Einblick in die motopädische Praxis gibt ein Bericht über die Förderung eines 10-jährigen Jungen. Abschließend stellen wir die Ausbildung an der FSM dar und entwickeln Überlegungen zur Qualifizierung motopädisch Tätiger.

2 Geschichte - Erklärungsansätze der Motologie/Motopädie

2.1 Entstehung der Fachrichtung

Mitte der 50er Jahre nahmen Dr. H. Hünnekens und der damalige Diplomsportlehrer E.J. Kiphard in der Westfälischen Klinik für Jugendpsychiatrie in Gütersloh ihre Zusammenarbeit auf. Sie entwickelten die „psychomotorische Übungsbehandlung", deren Ziel es war, bewegungs-, verhaltens- und lerngestörte Kinder in ihrer Gesamtpersönlichkeitsentwicklung zu unterstützen. Irmischer bezeichnet es als Kiphards Verdienst, für diese Aufgabe Konzepte der Leibeserziehung, Gymnastik (Diem), Sinnesschulung (Montessori), Rhythmik (Pfeffer, Scheiblauer) sowie Heil- und Sonderpädagogik (Lownau) „zusammengeführt, integriert und neu systematisiert zu haben" (Irmischer 1989, 17).

In den 60er Jahren wurde das Institut für Heilpädagogik und Jugendpsychiatrie in Hamm zum Zentrum der psychomotorischen Bewegung in Deutschland. Pioniere wie Kiphard, Schilling, Kesselmann, Schäfer u.a. erarbeiteten diagnostische und motopädagogische/mototherapeutische Vorgehensweisen.

Ein Jahr nach der Gründung des „Aktionskreises Psychomotorik e.V." (AKP) im Jahre 1976, begann eine interdisziplinär zusammengesetzte Expertenrunde mit der wissenschaftstheoretischen Fundierung der neuen Disziplin. Die Psychomotorik, bis dahin praxeologisch vorangetrieben, wurde nun konzeptionell ausgearbeitet und lehrbar gemacht.

Seit 1977 bildet die Fachschule für Motopädie in Dortmund „staatlich geprüfte Motopädinnen/Motopäden" aus. „Motologie" als Aufbaustudiengang existiert seit 1983 in Marburg und seit 1993 in Erfurt.

2.2 Terminologie

Die *Motologie*, ein Forschungszweig, der auf Erkenntnisse der Medizin, Psychologie und Pädagogik zurückgreift, umfasst die „Lehre von der menschlichen Bewegung, ihrer Entwicklung, ihren Störungen sowie deren Erfassung und Behandlung" (Kiphard 1980, 22).

Der *Motopädie* geht es speziell um die praktische Entwicklungsförderung von Menschen aller Altersstufen, „die in ihren Wahrnehmungs- und Bewegungsfunktionen eingeschränkt oder behindert sind und in Folge davon Beeinträchtigungen im sozialen Leben und emotionalen Erleben erfahren" (Fachschule für Motopädie 1997, 3).

Die Bezeichnungen *psychomotorische Erziehung* und *psychomotorische Übungsbehandlung* wurden inzwischen ersetzt durch die Begriffe *Motopädagogik* bzw. *Mototherapie*. Diese beiden Ausrichtungen unterscheiden sich durch die jeweilige Institution, Adressatengruppe und Zielsetzung.

Kiphard grenzt die Mototherapie von der Motopädagogik generell dadurch ab, „daß hierbei eine klare Indikation vorliegen muß und daß die mototherapeutische Interventionen zeitlich begrenzt in das gestörte Entwicklungsgeschehen eingreifen" (Kiphard 1989, 17).

Motopädisches Handeln trägt oftmals die Züge beider Handlungsfelder, ist zugleich Pädagogik und Therapie, je nachdem, wer die Indikation für die jeweilige Adressatengruppe stellt und welche Maßnahmen in Fördersituationen gerade erforderlich sind. Nach Altherr ist im Kindesalter „die Trennung hier Therapie und dort Pädagogik in der Regel sowieso eine Fiktion" (Altherr 1990, 170).

2.3 Theoretische Erklärungsansätze

Die Motopädie zielt als mehrperspektivischer persönlichkeits- und entwicklungsorientierter Föderansatz auf eine Verbesserung der adaptiven Umweltbewältigung und Erlangung von Handlungskompetenz im sozialen und ökologischen Kontext hin. Das Medium, über welches die menschliche Entwicklung unterstützt werden soll, ist die Bewegung. Dabei stehen nicht die individuellen Schwächen und Defizite, sondern die jeweiligen Stärken und Ressourcen im Mittelpunkt der handlungsorientierten Fördersituationen. Wahrnehmung, Bewegung, sozial-emotionales Erleben und Kognition in Raum und Zeit bilden die Konstituenten dieser *psychomotorischen Funktionseinheit*.

Palmowski formuliert aus systemischer Sicht die Überzeugung, „daß aus einer ganzheitlichen Betrachtungsweise des Menschen eine gezielte Einflußnahme in einem bestimmten Abschnitt sich auswirken muß auf alle anderen Bereiche der ‚ganzen' Person" (Palmowski 1995, 194).

Das Gestaltkreismodell von V.v. Weizsäcker bot sich als Grundlage dafür an, die Bedeutung der biologischen Einheit von Wahrnehmung und Bewegung für den Entwicklungsprozess darzustellen (Weizsäcker 1940). Unter Berücksichtigung dieser Grundannahmen entwickelte Schilling (1977) ein Adaptationsmodell, wonach der kindliche Organismus versucht, „sich motorisch in die räumlichen und zeitlichen Gegebenheiten seiner näheren Umgebung einzuordnen und sich an sie anzupassen" (Kiphard 1980, 14).

Piaget (1976) weist der sensomotorischen Entwicklung auf dem Weg zur Intelligenz eine Schlüsselrolle zu und versteht Denkprozesse als internalisierte Handlungen. In motopädischen Förderstunden können entsprechend individueller Bedürfnisse die von Piaget beschriebenen Anpassungsmechanismen der Assimilation und Akkommodation plan- und absichtsvoll herbeigeführt werden.

Da Affektivität einen beschleunigenden, modulierenden oder störenden Einfluß auf die Operationen der Intelligenz haben kann (Resch 1996, 81), kennzeichnen motopädische Aktivitäten demzufolge eine freundlich-vertrauensvolle Atmosphäre, ein hoher Aufforderungs- und Erlebnischarakter der Inhalte, wie auch die Arbeit an der Körperspannung, der Expressivität, an sozialen Regeln und Copingstrategien.

Die Kenntnis der in den letzten 15 Jahren empirisch gewonnenen Daten (Stern 1992, u.a.) lässt kindliche Entwicklung in einem neuen Licht erscheinen. Für den motopädischen Arbeitsbereich, der es sich zum Ziel macht, Persönlichkeitsentwicklung zu unterstützen, hat dies in der Weise Relevanz, als z.B. deutlich wird

- wie stark sozial beeinflusst Ich- und Körpererfahrung sind
- wie früh sich Persönlichkeitsmerkmale ausprägen
- wie sich das Selbstempfinden entwickelt und als organisierendes Prinzip wirkt
- wie bereits ein neuer Blick auf und Zutrauen in vorhandene Fähigkeiten neues Verhalten hervorbringen kann.

2.4 Praxiskonzepte

Neben den genannten Referenztheorien berücksichtigen in der Motopädie Tätige auch Methoden und Vorgehensweisen aus motorisch-perzeptuellen, kinderpsychiatrischen und spieltherapeutischen Praxiskonzepten.

Kiphard (1980) formulierte ein Konzept, das mit Hilfe variabel gestalteter, handlungs- und erlebnisorientierter Lernsituationen zur Entwicklung von Ich-, Sach- und Sozialkompetenz beitragen will. Die dabei verwendeten Einflüsse sport- und sonderpädagogischer Arbeitsrichtungen formten die Motopädie zu einer ganzheitlich-humanistischen, entwicklungs- und kindgemäßen Art der Bewegungserziehung (vgl. Kiphard 1989, 12).

Die Sensorische Integrationsbehandlung nach Ayres, „welche die Stimulation von Sinnesorganen und die Auslösung von Anpassungsreaktionen entsprechend den neurologischen Bedürfnissen des betroffenen Kindes vermittelt" (Ayres 1984, 260), beleuchtet Handlungskompetenz aus neurophysiologischer Sicht. Durch aktives und selbstbestimmtes Vorgehen sollen Kinder Verarbeitungsprozesse, die ihr Gleichgewicht sowie ihre Tiefen- und Oberflächensensibilität betreffen, verbessern. Hirnfunktion sowie Lern- und Leistungsverhalten sollen dadurch positiv beeinflusst werden.

Autoren wie Brand, Breitenbach & Maisel (1988) oder Kesper & Hottinger (1992) haben die neurophysiologischen Grundlagen von Ayres mit eigenen Konzepten zur Förderung lern- und entwicklungsgestörter Kinder verbunden.

Frostigs Konzept der Bewegungserziehung (1973) birgt eine Reihe wertvoller Anregungen für die Förderung lernbeeinträchtigter Kinder. Es umfasst u.a. diagnostisches Inventar, funktionale Übungen und kreative Wege, um die motorische, perzeptive, soziale und emotionale Entwicklung zu unterstützen.

Der Ansatz von Kesselmann (1993) beinhaltet ein teamorientiertes Förderprogramm zur Verbesserung der psychomotorischen Adaptionsfähigkeit und versteht sich in seiner Klienten- und Situationsorientiertheit grundsätzlich als pädagogische Einflussnahme (vgl. Kesselmann 1984, 74).

Hinsichtlich der therapeutischen Grundhaltung orientiert sich die Motopädie an der nichtdirektiven Spieltherapie (Axline 1980). Volkamer & Zimmer haben Besonderheiten des Mediums Bewegung mit den Prinzipien der nichtdirektiven Spieltherapie gekoppelt und ein Konzept für bewegungstherapeutische Gruppen vorgelegt. Sie begründen die Vorteile, die gerade Bewegungsarbeit bei Kindern bietet, mit einer unmittelbaren Erlebnis- und Selbsterlebnismöglichkeit, dem Einfluss auf die Selbstwahrnehmung und das Selbstkonzept des Kindes (vgl. Volkamer & Zimmer 1986, 58).

Konzeptionen, die verstärkt nach kindlichen Lebensthemen, effektiven Grundhaltungen, Rollenzuschreibungen und nach dem symbolischen Körper- und Bewegungsausdruck fragen, rücken in jüngster Zeit immer mehr in den Blickpunkt des motopädischen Interesses (vgl. Esser 1992; Seewald 1992). Bei diesen Vorgehensweisen, die nach tiefenpsychologischen Gründen für gestörte Entwicklung suchen, benötigen motopädisch Tätige entsprechende Fort- und Weiterbildung in Entwicklungs- und Tiefenpsychologie.

2.5 Heutige Ausrichtungen motopädischer Förderung

Nach den praktischen Anfängen der Motopädie in den 50er und 60er Jahren sowie der darauffolgenden wissenschaftlichen Ausarbeitung in den 70er und 80er Jahren, hat im vergangenen Jahrzehnt v.a. eine Spezialisierung und Paradigmenerweiterung stattgefunden.

Seewald blickt mit verschiedenen „Theoriebrillen" auf die heutige Psychomotoriklandschaft und charakterisiert drei Perspektiven, die nach unterschiedlichen Bewegungsmodellen arbeiten (Seewald 1993, 188):

- Bewegung als Funktionsgeschehen meint dabei zielorientiertes Vorgehen bei festgestellten Wahrnehmungs- und Bewegungsdefiziten.
- Bewegung als Strukturierungsleistung impliziert die Hinführung zur Handlungskompetenz durch selbsttätigen und flexiblen Erwerb von Wahrnehmungs- und Bewegungsmustern.
- Bewegung als Bedeutungsphänomen versteht Bewegungsverhalten als symbolischen Ausdruck innerpsychischen Erlebens (vgl. Seewald 1993, 193 ff.).

Hölter (vgl. 1998, 48) ergänzt einen vierten Akzent mit der Bewegung als sozialem Phänomen. Dieses Verständnis von Motopädie trägt mit dem Focus auf das Eingebunden-sein des Kindes in eine bestimmte Lebenswelt interaktionistischen und pro- zessorientierten Sichtweisen Rechnung.

Die Praxis zeigt, daß v.a. persönliche Neigung, der Grad der beruflichen Aus- und Weiterbildung und das jeweilige Arbeitsfeld mit darüber entscheiden, welcher der Akzente zur persönlichen Leitlinie von MotopädInnen wird.

3 Ziele der Motodiagnostik

In der Arbeit von Motopädinnen und Motopäden dient die Motodiagnostik im wesentlichen drei Zielen. Zum einen hat die Motopädin in der Regel mit Kindern, Jugendlichen oder Erwachsenen zu tun, die in ihrem sozialen Umfeld zunächst „irgendwie" auffallen, z.B. Kinder, die dadurch auffallen, daß sie sich scheinbar rücksichtslos gegenüber anderen verhalten, ständig anstoßen, viel „kaspern", sich schlecht konzentrieren, beim Spielen häufig verunglücken, emotional verunsichert wirken, die vom Toben nicht genug bekommen können und zudem noch Lese-Rechtschreib-Schwierigkeiten zeigen.

Die motodiagnostische Aufgabe besteht dann zunächst darin, durch geeignete Methoden und Verfahren mögliche Zusammenhänge der offensichtlichen sozial-emotionalen und kognitiven Auffälligkeiten mit den grundlegenden, im Alltag aber weniger offensichtlichen Bereichen der Bewegungs- und Wahrnehmungsentwicklung zu klären. Konzeptionelle Grundlage der Suche nach ätiologischen Zusammenhängen mit spezifischen Aspekten sensomotorischer Entwicklung ist ein Verständnis von menschlicher Entwicklung, das die Integration sensomotorischer Funktionen als ein wesentliches Fundament für die sozial-emotionale und die kognitive Entwicklung versteht (vgl. Piaget 1976; Affolter 1987; Ayres 1984). Damit werden Verhaltensauffälligkeiten gegebenenfalls auch als kompensatorische Verhaltensweisen interpretierbar, die auf der Grundlage von oftmals nur minimalen Wahrnehmungs- und Bewegungsauffälligkeiten entstehen.

Eine klare und aussagekräftige Diagnose, die Interdependenzen zwischen funktionaler und sozial-emotionaler Entwicklung aufdeckt, kann oft schon ein größeres Verständnis der sozialen Bezugspersonen für das als auffällig oder störend empfundene Verhalten des Kindes schaffen und so unter Umständen bereits wesentlich zur Entlastung der Problemsituation beitragen. Vor diesem Hintergrund bietet die Motodiagnostik eine Perspektive, die gerade in der Erziehungsberatung familienstabilisierend wirken und bei fachlicher Anwendung die betroffenen Kinder vor zu hohen Anforderungen ihrer Bezugspersonen behüten kann.

Eine zweite ganz wesentliche Zielsetzung von Motodiagnostik besteht in der Bestimmung des jeweiligen Förderbedarfs. Die diagnostische Ermittlung von Retardierungsschwerpunkten, aber auch von persönlichen Vorlieben und relativen sensomotorischen Stärken zeigt sinnvolle Ansatzmöglichkeiten motopädischer Arbeit auf und kann verhindern, daß globale Förderprogramme und Behandlungsmethoden den Adressaten unspezifisch „übergestülpt" werden. Eine differenzierte Förderdiagnostik schafft so die Voraussetzungen für die Umsetzung des methodischen Prinzips der Individualisierung motopädischer Arbeit. Und nicht zuletzt dient eine prozeßhaft angelegte Motodiagnostik auch der selbstkritischen Kontrolle und Reflexion der Arbeit von Motopädinnen.

Die geschilderten motodiagnostischen Zielsetzungen, Aufdeckung von Zusammenhängen der Störungsgenese, Förderungsbegleitung und Legitimation motopädischer Arbeit lassen erkennen, daß zu ihrer Umsetzung ein mehrdimensionales Vorgehen notwendig ist.

Gegenstand von Motodiagnostik ist darum das komplexe Netzwerk der Wechselbeziehungen zwischen *funktionaler Ebene* (Entwicklungsneurologische Aspekte), *Leistungsebene* (Könnensstruktur vor dem Hintergrund sozialer Anforderungen), *Verhaltensebene* (Ausdruck von Emotionalität, sozialer Kompetenz) und *intentionaler Ebene* (individuelle Interessen, Bedürfnisse, Werthaltungen) persönlicher Entwicklung in deren Verflechtung mit dem sozialen Umfeld und deren individueller Gewordenheit (vgl. Schilling 1993). Erst die Zusammenschau der Befunde in allen diesen Dimensionen schafft die Voraussetzung für eine adäquate Interpretation und eine spezifische Förderplanung. Im Anschluß ist dadurch die Möglichkeit gegeben, in der Förderung nicht bloß symptomorientiert auf der Leistungs- oder Verhaltensebene direkt übend oder verhaltensregulierend „gegen" das offensichtliche Symptom zu intervenieren, was beim Kind nur weitere Mißerfolgserlebnisse, emotionale Verunsicherung und noch mehr Kompensationsanstrengungen auslösen könnte. Die Motopädin wird also zwar symptominduziert tätig, strebt mit ihrer Arbeit jedoch die adäquate Besserung basaler Voraussetzungen der Entwicklung von Leistungs- und Verhaltensstörungen an.

Den methodischen Ansatzpunkt für motopädisches Arbeiten stellen in erster Linie die ebenfalls motodiagnostisch erschlossenen individuellen Leistungs- und Verhaltens-Ressourcen und die subjektiven Bedürfnisse und Intentionen dar und weniger die attestierten Defizite.

Im fachlichen Rahmen von Erziehungsberatung kann die motodiagnostische Abklärung durch Motodiagnostik also wichtige differentialdiagnostische Hinweise auf die Störungsgenese einer ganz bestimmten Klientel geben. Deren Problemlage könnte ansonsten leicht mißverstanden und die Entwicklung der aufgebauten Familiendynamik unter Umständen einseitig als elterninduziert interpretiert werden und damit elterliche Schuldgefühle und Hilflosigkeit weiter verstärkt werden.

Seit den 70er Jahren wurde in Deutschland in der Folge von Prof. E.J.Kiphard eine Anzahl motodiagnostischer Verfahren und Methoden entwickelt. Man unterscheidet fachlich drei Arten der Motodiagnostik:

1. Die Motoskopie umfasst beschreibende Methoden, wie spezifische freie Beobachtungshilfen oder strukturierte Merkmals- und Checklisten (vgl. Kiphard 1998, 25 ff.).
2. Die Motometrie stellt messende, also standardisierte und normierte Verfahren zur Verfügung, die in der Tradition der Bewegungsdiagnostik von Osertzky stehen (vgl. Eggert 1998, 94 ff.).
3. Die Motographie beinhaltet bewegungsaufzeichnende Verfahren, die der Dokumentation und gezielten Auswertung dienen.

In den letzten Jahren gibt es neuere motodiagnostische Entwicklungen, die aktuelle fachwissenschaftliche Diskussionen aufgreifen. So betont Eggert (1998) besonders die Bedeutung der Motodiagnostik als Förderdiagnostik und stellt methodisch die Erstellung umfassender motorischer und sensorischer Inventare in den Mittelpunkt, um damit eine noch engere Verzahnung zwischen Motodiagnostik und motopädischer Intervention zu ermöglichen. Cardenas (1998) greift testkritische Argumente auf und bietet ein strukturiertes Beobachtungsverfahren an, das die Überprüfungssituationen in eine kindgemäße Märchenlogik einbindet und somit auch für Kinder als subjektiv sinnvoll erlebt werden kann, was nicht zuletzt die Bereitschaft zur Mitarbeit und die Motivation der Kinder unterstützen soll.

Der Einsatz von motodiagnostischen Methoden und Verfahren kann in der Praxis von Erziehungsberatung das Vorliegen der Indikation für den Einsatz motopädischer Förderung klären. Typische Indikationen sind psychomotorische Störungen wie Hemmung, Enthemmung, Ungeschicklichkeit, taktil-kinästhetische, vestibuläre, visuelle oder akustische Wahrnehmungsstörungen, grob- bzw. feinmotorische Koordinationsstörungen und sensomotorische Entwicklungsverzögerungen in Verbindung mit Verhaltensauffälligkeiten wie Aggressivität, Verweigerung, Clownerie, regressivem Verhalten, Affektlabilität, Impulsivität oder autistischen Verhaltensweisen. Die genannten Diagnosen treten häufig zusammen mit Teilleistungs-, Sprachentwicklungs-, Aufmerksamkeits- und Sensorischen Integrationsstörungen auf. Bei Kindern ab dem Grundschulalter treten dabei meist noch die emotionalen Folgen zahlreicher motorischer Frustrationserfahrungen, Mißerfolgsorientierung und ein entsprechendes Selbstbild hinzu.

4 Fallbeispiel zur motopädischen Arbeit in Beratungsstellen

Anhand eines Fallbeispiels soll nun ein Einblick in die Praxis der motopädischen Förderung in Beratungsstellen gegeben werden. Die Schilderung des Falles veranschaulicht, wie die oben dargestellten konzeptionellen Überlegungen die Entwicklung der Persönlichkeit konkret beeinflussen können. Dargestellt wird die Förderung eines 10-jährigen Jungen mit massiven Schulproblemen.

4.1 Grund der Vorstellung und Erstgespräch mit der Psychologin

Bei der betreffenden Person handelt es sich um den 10-jährigen Jungen Max, der die 4. Klasse einer Grundschule besucht. Grund der Vorstellung ist die Empfehlung des Schuldirektors an die Mutter des Jungen, die örtliche Psychologische Beratungsstelle aufgrund der aufgetretenen Schulprobleme aufzusuchen. Das Erstgespräch mit der Mutter und dem Jungen führt die Psychologin der Beratungsstelle.

Nach Aussagen der Mutter beklagen sich einige Lehrer in regelmäßigen Abständen über das Verhalten von Max. Max scheint mit einigen Mitschülern massive Probleme zu haben, die sich in Schlägereien entladen. Er zettelt Streitereien an und fügt seinen Mitschülern z.T. erhebliche Verletzungen zu, ist sich jedoch keiner Schuld bewußt. In einigen Unterrichtsfächern scheint es ihm schwer zu fallen, den Inhalten konzentriert zu folgen. Er „kaspert" häufig und stört durch „Dazwischenreden" den Unterricht. Häufig bekommt Max Wutanfälle und zerstört Gegenstände von Mitschülern. Diese sich in jüngster Zeit häufenden Vorfälle haben bewirkt, daß sich die Mitschüler von ihm abwenden. Seine schulischen Leistungen haben stark nachgelassen, der Notendurchschnitt bewegt sich im Bereich „ausreichend". Immer häufiger verweigert Max schulische Anforderungen wie das Erledigen von Unterrichts- und Hausaufgaben.

Desweiteren berichtet die Mutter, daß Max im Sportunterricht vom Fachlehrer als auffällig bezeichnet wird. In den Sportspielen achtet er wenig auf die Regeln und hat große Schwierigkeiten, sich den Bewegungsaufgaben zu widmen. Er besitzt einen unbändigen Bewegungsantrieb und tobt sich durch teilweise rastloses Herumlaufen in der Sporthalle aus.

Die Mutter macht in diesem Erstgespräch einen sehr besorgten und hilflosen Eindruck. Sie hat die Befürchtung, daß ihr Sohn die Schule evtl. verlassen muß, zumal die Einberufung einer Klassenkonferenz bevorsteht.

Beide Eltern sind zum Zeitpunkt der Vorstellung berufstätig. Die Mutter arbeitet halbtags als Verkäuferin in einem Kaufhaus und der Vater als Monteur in einer Installationsfirma. In seiner Freizeit ist der Vater lt. Aussagen der Mutter hauptsächlich damit beschäftigt, das gemeinsame Haus zu renovieren und auszubauen. Max hat einen Bruder namens Hans, der zwei Jahre alt ist.

4.2 Entscheidung für die motopädische Förderung

Im wöchentlich stattfindenden Teamgespräch der Beratungsstelle wird der Fall von der Psychologin vorgestellt. Bei der Frage, welche Form der Förderung bei Max nach Abwägung der bisher vorhandenen Informationen und dem Kenntnisstand zur Problemlage sinnvoll erscheint, wird vom Team das Augenmerk auf folgende Gesichtspunkte gelegt:

- Max sieht mit seinem scheinbar starken Bewegungsantrieb und der intensiven Nutzung seines Körpers in Konfliktsituationen die Möglichkeit, sich Geltung zu verschaffen.
- Sein Verhalten kann als allgemeine psychomotorische Unruhe charakterisiert werden, die sich in Wutausbrüchen und aggressiven Handlungen äußert, verbunden mit Leistungsflucht.
- Max besitzt eine geringe Körperwahrnehmungs- und soziale Wahrnehmungsfähigkeit.

Das Team der Beratungsstelle entscheidet, zunächst eine wöchentlich stattfindende motopädische Förderung mit einer flankierenden Elternberatung zu empfehlen, die von der Motopädin durchgeführt werden soll.

Unter Berücksichtigung der bisherigen Informationen stellen sich für die Motopädin bzgl. ihres Erstkontaktes mit Max und der Mutter die folgenden, vorbereitenden Fragen:

1. Wie kann sich die Form der Kontaktaufnahme gestalten?
2. Wie äußert sich die angenommene aggressive Bewegungsunruhe von Max im Umgang mit bestimmten Materialien?
3. Mit welcher Achtsamkeit begegnet sich der Junge selbst bzw. welche Vorstellungen besitzt er von sich und seinem Körper?

In einem parallel mit der Mutter geführten Gespräch sollen die Probleme und Sorgen der Mutter näher erfragt sowie die sozial-emotionale Versorgung beleuchtet werden. Die folgenden, dargestellten Einblicke stehen exemplarisch für das gesamte Szenario der Erstbegegnung.

4.3 Erstbegegnung im Bewegungsraum

Die Motopädin plant für die Erstbegegnung eine freie Beobachtungssituation, in der die Bereitstellung eines bestimmten Materials als Signalwirkung dienen soll. Ein großer, roter Pezziball soll Max im Bewegungsraum zur Verfügung stehen und die Funktion haben, die evtl. auftauchenden großräumigen Bewegungsimpulse im Umgang mit dem Ball näher zu beobachten und über dieses Medium einen Kontakt anzubahnen. Weiteres Material steht in den Regalen zur Auswahl bereit und kann von Max genutzt werden.

Eine gezielte Beobachtung soll sich dem Gesichtspunkt der Körperwahrnehmung widmen und darüber hinaus klären, wie Max auf externe Leistungsanforderungen in Form von Aufgabenstellungen eingeht.

Der Körperbau von Max erscheint für sein Alter als sehr kräftig und gedrungen. Seine Statomotorik ist von einer leichten Hüftbeugung gekennzeichnet, er zeigt eine Tonuserhöhung im Rumpf und in den Extremitäten, seine Schultern sind relativ breit gebaut und die Arme leicht abduziert. Sein Gang scheint recht schwerfällig zu sein und läßt das Bild eines Schwerarbeiters entstehen.

Max holt sich den Ball und beginnt nach kurzer Zeit, diesen heftig, scheinbar ziellos gegen Wand und Decke zu schießen. Begleitet werden diese Aktionen von einem lauten Schreien und Stöhnen. Die Bewegungen des Jungen wirken sehr kraftvoll und dynamisch, das Aufsetzen der Füße ein wenig stampfend und platschend. Sein Laufen ist etwas schwerfällig und unkoordiniert. Max erscheint wie aufgedreht. Der Gesichtsausdruck ist phasenweise angespannt und seine Mimik leicht verzerrt. Weder seine Mutter noch die Motopädin scheinen für ihn anwesend zu sein. Er ist ausschließlich mit sich beschäftigt und auf den Ball fixiert. Die Mutter verfolgt sein Vorhaben mit sorgenvollen Blicken.

Ein weiterer Teil der Erstbegegnung beinhaltet die Aufgabenstellung, mit Hilfe von Schaumstoffteilen den Umriß seines Körpers auf den Boden zu legen und sich anschließend in die begrenzte Fläche hineinzulegen. Die Auseinandersetzung mit der Aufgabe kann Hinweise auf die Körperwahrnehmung, insbesondere die Vorstellung von Max über die Größe seines Körpers geben.

Max muß von der Motopädin häufig ermuntert und aufgefordert werden, die Aufgabe anzugehen. Sehr hastig und scheinbar ziellos legt bzw. wirft er die Schaumstoffteile auf den Boden. Sie schließen nur z.T. aneinander an. Die gelegte Fläche ist im Vergleich zu seiner Körperausdehnung viel zu groß. Als Max sich hineinlegt, bemerkt er, er sei so groß wie die von den Schaumstoffteilen begrenzte Fläche.

In dem Gespräch, das die Motopädin parallel zur freien Beobachtungssituation mit der Mutter führt, klagt diese insbesondere über ihre Belastungen im Alltag und ihre Verantwortung für die Familie, die in ihren Augen hauptsächlich auf ihren Schultern ruht. Zum einen ist sie in ihre berufliche Halbtagsarbeit eingespannt, zum anderen benötigt der 2-jährige Sohn, den sie als Nachkömmling bezeichnet, viel Aufmerksamkeit. Sie fühlt sich sehr zu ihm hingezogen und nimmt ihn im Gegensatz zu Max als sehr liebevoll, pflegeleicht und nicht anstrengend wahr. Während sie Max fortwährend ermahnen muß, ist Hans in ihren Augen wie „eine Erholung von Max". Insbesondere ärgert es sie, daß Max während des Einschlafens noch seine Schmusedecke benutzt und mit seinem Speichel verschmutzt. Sie versucht, dieses Verhalten von Max zu unterbinden und wäscht fortwährend die Decke.

4.4 Zusammenfassende Einschätzung nach dem Erstkontakt

Aufgrund der gesamten Eindrücke und erhaltenen Informationen können von der Motopädin erste Vermutungen über Max formuliert werden, die sich auf die Art seines Bewegens, die Welt und sich selbst wahrzunehmen und das Erleben seiner Handlungen beziehen. Entsprechend zeigt Max in Bezug auf die Funktionseinheit von Individuum und Umwelt eine bestimmte Qualität, Beziehung zu gestalten, d.h. in den Kontakt zu gehen bzw. Kontakt zu erleben.

Bewegen

- Max zeigt ein lebendiges, impulsives und extrovertiertes Bewegungsverhalten mit einer Menge an Bewegungsenergien, die er nach außen richtet.
- Die Handlungen von Max erscheinen insgesamt als sehr ziel- und planlos und haben den Charakter des Ausprobierens. Sie besitzen sehr frühkindliche, wenig altersgemäße Strukturen.
- Seine Haltung weist eine Tonuserhöhung auf und die Fortbewegung, die ausschließlich in der Aufrechten erfolgt, ist sehr dynamisch und leicht unkoordiniert, wenig fließend, unökonomisch und mit hohem Krafteinsatz versehen.

Wahrnehmen

- Max besitzt ein geringes, instabiles Selbstkonzept und ein entsprechend dazu korrespondierendes Umweltkonzept. Dies scheint zum einen bedingt zu sein durch eine wenig angemessene sensorische Verarbeitung der körpernahen Wahrnehmungsbe-

reiche. Zum anderen prägen die wenig positiven und eher abwertenden Rückmeldungen in Familie und Schule, deren Anforderungen Max als Bedrohung erlebt, die Qualität seiner sozialen Wahrnehmung. Die Vorstellungen von sich sind bestimmt von dem Wunsch nach Ansehen.
- Die geringe Körpersensibilität spiegelt sich in seinen Handlungen wider, die wenig von einer differenzierten Intentionalität gekennzeichnet sind.
- Max scheint in seiner Aufmerksamkeit sehr auf sich bezogen.
- Ein Kontaktaufbau der Motopädin ist zu diesem Zeitpunkt begrenzt möglich.

Erleben

- Max ist von einer inneren Unruhe gekennzeichnet. Seine Schreie und Laute deuten auf den Ausdruck von Wut und Verletzung hin, die sich in einem hohen Potential an Aggressivität äußern.
- Die psychomotorische Enthemmung scheint geprägt zu sein von der sozial-emotionalen Unterversorgung, die er erleben muß, verstärkt durch die Zuwendung der Mutter zu seinem Bruder.
- Max scheint auf der anderen Seite eine tiefe Sehnsucht nach Geborgenheit zu besitzen (siehe „Schmusedecke").

4.5 Weiterführende Fragestellungen

Aus diesen ersten Vermutungen leitet die Motopädin Fragen ab, die handlungsleitend den Beginn einer motopädischen Förderung stützen und implizit die Förderziele enthalten.

1. Wie kann das Lernfeld gestaltet werden, das Max die Möglichkeiten eröffnet, seiner psychomotorischen Unruhe und seiner Wut Ausdruck zu verleihen?
2. Wie kann sich der Aufbau einer Beziehung zwischen Motopädin und Max entwickeln, um dem Jungen soziale Erfahrungen zu ermöglichen?
3. Wie kann der Förderprozess inhaltlich gestaltet werden, um Max einen Nährboden anzubieten, auf dem die Anbahnung von strukturierten Handlungen reifen und sich eine Sensibilität für seine Körperlichkeit entwickeln kann?
4. Wie kann Max ein Gefühl von mehr Eigenverantwortung für sein Handeln entwickeln?
5. Wie kann die Haltung und Sichtweise der Mutter und des Vaters gegenüber ihrem Sohn verändert werden, daß die Zuwendung bzw. sozial-emotionale Versorgung mehr Raum einnehmen kann?

Die motopädische Förderung wird zunächst über einen Zeitraum von vier Monaten als Einzelförderung durchgeführt. Danach ist Max in der Lage, in einer Kleingruppe von vier Kindern sein kooperatives Verhalten weiterzuentwickeln. Die Förderung in der Kleingruppe dauert acht Monate, so daß Max sich insgesamt über einen Zeitraum von einem Jahr in motopädischer Förderung befindet. Im folgenden sollen nun Phasen der Förderung dargestellt werden, die exemplarisch aufzeigen, welche Entwicklung Max in seiner Beziehungsgestaltung mit sich und im Umgang mit seiner Umwelt vollzieht.

4.6 Phase der Aktion

Zunächst ist es von großer Bedeutung, daß Max seinen Drang nach großräumigen und dynamischen Bewegungsformen ausleben kann. Dies ist für ihn eine Chance, seine Umgangsformen als für ihn sinnvolle und stimmige Handlungen zu begreifen, die keine Abwertungen erfahren und ihm die Möglichkeit bieten, mit seiner Wut in Kontakt zu kommen. Der Motopädin fällt die Aufgabe zu, die sehr archaischen Handlungen von Max zu stützen und zu begleiten. Der Ball eignet sich als günstiges Medium, die Bewegungsimpulse auszuagieren.

Im Laufe der Zeit und mit viel Behutsamkeit seitens der Motopädin bahnt sich eine Entwicklung an, in der die Handlungen stärker und über längere Phasen intentionalen Charakter bekommen. Max findet Interesse daran, die Motopädin mehr wahrzunehmen und während des experimentellen Spiels mit dem Ball mit ihr Kontakt aufzunehmen. Aus dem chaotisch anmutenden wilden Umherschießen können z.B. kleine Ziele des Treffens, Umschießen etc. formuliert und umgesetzt werden. Die Aufmerksamkeit und Wahrnehmung von Max erhält über das Medium Ball eine räumliche Zentrierung.

Durch langsame Strukturierung von gemeinsamen Handlungen kann Max weitere Kontakterfahrungen machen. So kann der Ball beispielsweise genutzt werden, um sich gegenseitig wegzudrücken bzw. abzuwerfen und der Aggressivität von Max eine Richtung zu geben. Diese Handlungen ermöglichen es dem Jungen, sich in seiner Kraft und damit Körperlichkeit zu spüren und die Achtsamkeit auf den körpernahen Wahrnehmungsbereich zu lenken.

Es ist interessant zu beobachten, wie Max mehr und mehr die starken kinästhetischen und vestibulären Reize sucht und einfordert. In dieser Phase ist es von großer Bedeutung, daß die Motopädin Max mit starken somato-sensorischen Stimulationen „versorgt", z.B. ihn mit dem Rollbrett zu schleudern und mit Schwung gegen eine senkrecht gestellte Weichbodenmatte fahren zu lassen, ihn mit Matten zu bedecken und ihm die Möglichkeit zu bieten, sich wieder „zu befreien". Darüber hinaus lernt er, sich selbst gezielt anzuregen, indem er sich z.B. sehr bewußt auf die Weichbodenmatte wirft. Die Handlungen sind geprägt von sehr einfachen, basalen, sich wiederholenden Bewegungsmustern. Die permanenten Wiederholungen dieser Aktionen ermöglichen Max, sich zu spüren und ein tiefes Erleben von sich selbst aufzubauen.

Ein wichtiger Schritt ist, Max erleben zu lassen, daß er in seinen Handlungen ernst genommen wird, daß ihm die Zeit und der Raum zur Verfügung stehen, seiner Wut Ausdruck zu verleihen. So ist es ihm möglich, Vertrauen zu der Motopädin aufzubauen und positiv besetzte soziale Erfahrungen zu sammeln, die in seinem Alltag wenig gegeben sind.

Aus dieser ersten Phase heraus stellt sich für die Motopädin die Frage, wie Max allmählich lernen kann, seinen eigenen Raum zu gestalten, seine eigenen Intentionen zu formulieren und umzusetzen und sich als aktiv Handelnder in seinen Ressourcen zu entdecken.

4.7 Phase der Gestaltung eines „Max"-Raumes

Max beginnt, seine eigene Welt zu gestalten und in eine sehr erlebnisorientierte Auseinandersetzung mit sich und der Welt einzutauchen. Über einen längeren Zeitraum erstellt er einen Geräteaufbau, bestehend aus einem Längskasten, vor dem eine Weichbodenmatte liegt. Der Aufbau wird zu einem immer wiederkehrenden Ritual. Es ist sein Raum, mit dem er sich identifizieren kann und in dem er sich als konstruktiv und produktiv Handelnder erlebt. Die Auseinandersetzungen sind hauptsächlich von Niedersprüngen geprägt, deren Variationen sich in der Flug- und Landephase im Laufe der Zeit immer vielfältiger entfalten.

Die Motopädin unterstützt Max in seiner Orientierung und meldet ihm insbesondere verbal zurück, wie er seinen Raum konstruiert, wie er sich motorisch organisiert, d.h. springt bzw. landet und daß ihm sein Handeln scheinbar Spaß und Freude bereitet. Max ist sehr daran interessiert, immer wieder von der Motopädin Rückmeldungen zu bekommen.

Die selbstgewählten Handlungen und die Rückmeldungen sind bedeutende Bausteine für Max, ein differenziertes Konzept über sich selbst und ein Bild, das die Umwelt, im konkreten Fall die Motopädin, von ihm hat, wahrzunehmen und zu entwickeln.

Die Handlungen machen ihm sichtlich Spaß und er kann scheinbar ein wenig Frieden mit sich schließen. Der Sprung (die Lust am Fliegen und Fallen) und die Landung (den Körper in dem Aufprall zu spüren) sind zwei Wahrnehmungs- und Bewegungsbereiche, in denen sich Max häuslich einrichtet und ein für sich sinnvolles Stück Leben zelebriert. Sein Verlangen nach räumlicher Stabilität und seine Wahl für Handlungen, die sich wiederholen, ermöglichen Max ein tiefes Erleben und Wahrnehmen seines Daseins. Leichte Variationen, die Max mit Unterstützung der Motopädin entwickelt, lassen seine Handlungen im Laufe der Zeit immer komplexer werden.

4.8 Arbeit am Körperbewußtsein

Das Vertrauen, das Max zur Motopädin aufbauen kann, ermöglicht es dieser, weitergehende Fragen zu formulieren und Überlegungen zu deren Umsetzung anzustellen: Wie ist es möglich, Max zu einer Erweiterung seines Körperschemas und Körper-imagos zu verhelfen? Das differenzierte Spüren seiner Körperlichkeit soll ihm helfen, seine Selbstsicherheit zu fördern, seine Identität zu steigern und das Fundament der persönlichen Orientierung zu festigen.

Die Motopädin bietet Max neben seiner selbstgewählten, erlebnisorientierten Bewegungsgestaltung Wahrnehmungs- und Bewegungsmuster an, die gezielt auf die Entwicklung des Körperkonzeptes einwirken und eine funktionale Bewegungsarbeit beinhalten. Sie ist eingebettet in die Handlungen des Springens und Landens, die für Max sinngebend sind.

Die Motopädin geht in den Körperkontakt zu Max und gibt seinen Körperteilen während des Fallens und Landens eine bestimmte Richtung. Beispielsweise liegt Max in der Rückenlage längs auf dem Kasten. Die Motopädin schiebt ihre Hand unter seinen Rücken und dreht ihn Richtung Matte in verschiedener Art und Weise. Nach der Landung drückt sie die sich im Kontakt mit der Matte befindenden Körperteile verstärkt in die Matte.

Die Handlungen haben einen Anfang, ein Ende und wiederum einen Neubeginn mit klarer Intention. So ist es Max möglich, langsam eine sehr realistische Vorstellung von seinem Körper und eine stabile Orientierung zu sich und seiner Umgebung zu gewinnen.

4.9 Phase der Gestaltung einer neuen, veränderten Raumlandschaft und Entwicklung eines sozialen Miteinanders

Für die Motopädin kommt der Zeitpunkt, in ihrer Förderarbeit mit Max neue Ziele zu formulieren. Die Entwicklung eines differenzierten Körperbewußtseins eröffnet die Möglichkeit, den Fokus auf das soziale Verhalten des Jungen zu lenken.

Er beginnt, seinem Raum durch Veränderungen in der Gestaltung neue Bedeutungen beizumessen. Der Sprungraum wird von ihm stärker abgegrenzt und die Motopädin muß sehr bewußt anfragen, ob er ihr erlaubt, den Raum zu betreten. Es entsteht eine Raumstruktur, die es Max darüber hinaus ermöglicht, sich zurückzuziehen und zu verstecken.

Für die Motopädin eröffnet sich somit in der Beziehungsgestaltung zu Max eine neue didaktisch-methodische Perspektive. Sie möchte Lernerfahrungen anbahnen, die dem Gedanken folgen, daß die Entwicklung von gemeinsamen Handlungen über die Wahrnehmung und Respektierung der Grenzen des Gegenübers erfolgt.

Max fängt an, eine Hütte mit Grundstück zu gestalten, die dazu dient, sich gegenüber der weiteren Umgebung klar und bewußt abzugrenzen. Die Unterkunft dient ihm als Schutz und Sicherheit. Er kann seiner tiefliegenden Sehnsucht nach Geborgenheit nachgehen, die ihm in seiner Entwicklungsgeschichte gefehlt hat. Die Motopädin respektiert bewußt das Nichteintreten in den Schutzraum und regt ein einfaches Spiel des Fangens an, in der sie sich Max gegenüber als gleichwertige Spielpartnerin mit ähnlicher Raumgestaltung anbietet. Gefangen werden kann nur außerhalb des Schutzraumes. Der didaktische Stellenwert des Spiels besteht darin, diametral zueinander stehende Lebensqualitäten zu erfahren:

- die Geborgenheit, den Schutz und das Risiko, das Wagnis, die Neuentdeckung,
- das Miteinander und die gegenseitige Abgrenzung
- das sich Zeigen und das sich Verstecken.

Max entwickelt sehr viel Spaß im Spiel mit der Motopädin und entdeckt allmählich diese beiden Seiten der gleichen Lebensmedaille durch die Qualität seiner Handlungen.

4.10 Weiterführung in die Kleingruppe

Es reift langsam die Entscheidung heran, Max einer Kleingruppe zuzuführen. Die gemeinsam mit der Motopädin entwickelten sozialen Lernerfahrungen soll Max nun auf den Umgang mit Gleichaltrigen übertragen, um den Lernprozeß des fürsorglichen miteinander Umgehens weiter voranzutreiben. Max kann in eine Kleingruppe von drei Jungen vermittelt werden. Diese Gruppe befindet sich noch im Aufbau und somit in der Phase des gegenseitigem Kennenlernens. Die Beziehungsgestaltung zwischen den Jungen entwickelt sich über sehr dynamische, jungenspezifische Themen, in denen das Raufen und Ringen und damit verbunden der Körperkontakt mehr und mehr in den Vordergrund rückt.

Für die Motopädin stellt sich die Frage, wie die Jungen ihre Kräfte, ohne sich zu verletzen, gegenseitig messen und sich in ihren Grenzen akzeptieren können. Wie ist es Max möglich, seinen Aggressionen in spielerischer Form Geltung zu verschaffen und seiner inneren Lebendigkeit eine äußere Gestalt zu verleihen? Es wird von der Gruppe die Idee geboren, Schaukämpfe im Stile von „Wrestling" zu veranstalten, mit entsprechendem Aufbau eines Rings.

„So tun als ob" ist das Motto, und Max kann seinen Kräften in einem spielerischen Miteinander eine sozial akzeptable Richtung geben. Max erlebt, wie er von seiner Umwelt, den Gruppenteilnehmern, über das Medium „Wrestling" akzeptiert und respektiert wird, was ihm hilft, ein stabiles und positives Umweltkonzept weiterzuentwickeln.

4.11 Fazit

Die Lernentwicklung von Max von den ungerichteten, mit Wut und Verachtung geprägten Aktionen zu einer Haltung, in der die körperorientierten Auseinandersetzungen von einer Verantwortung für sich und das Gegenüber bestimmt sind, haben zur Folge, daß sich in der Übertragung auf das schulische Feld positive Veränderungen einstellen. Die Vorfälle an Streitereien und Schlägereien zwischen Max und seinen Mitschülern werden weniger und es eröffnen sich für Max produktive Begegnungen mit einigen Schülern. Die Lehrer, die Kenntnis haben von der motopädischen Förderung von Max, erkennen sein Bemühen und entwickeln mehr wohlwollende Akzeptanz zu seinem schulischen Verhalten.

Die regelmäßig stattfindenden Gespräche der Motopädin mit der Mutter dienen dieser als Entlastungssituation. Sie geben ihr die Möglichkeit des vertraulichen Austausches, der Annahme und Verständnis ihrer Nöte und Sorgen beinhaltet. Der Mutter wird so die Möglichkeit eröffnet, ihre eigene Situation klarer zu erkennen. Dies fördert auch ihre Fürsorge und wohlmeinende Aufmerksamkeit gegenüber ihrem Kind.

5 Qualifizierung zur Motopädin, zum Motopäden

Die Arbeitsweise motopädisch Tätiger ist personenzentriert. Sie orientiert sich an dem Entwicklungsstand psychomotorischer Funktionen, den Copingstrategien für beeinträchtigte sensomotorische Verarbeitung ebenso wie an Erfahrungsmöglichkeiten, die Familie, Wohnumfeld, Kindergarten oder Schule bieten. In der Gruppenbehandlung erfordert die Beobachtung hemmender oder fördernder Effekte auf Wahrnehmungsorganisation und Bewegungsgestaltung im Zusammenwirken verschiedener Persönlichkeiten zusätzliche Aufmerksamkeit.

Die Verstärkung von Entwicklungsprozessen durch verbesserte Eigenwahrnehmung wird durch achtsame Begleitung unterstützt. Sie muß auf die Persönlichkeit der handelnden und behandelten Person, auf ihre persönliche Thematik und den Verlauf des Förderprozesses abgestimmt sein und kann von der Motivierung durch das dingliche und soziale Umfeld bis hin zur verbalen Begleitung eines selbstregulativen Lernprozeß unterschiedliches methodisches Verhalten umfassen.

Im Alltagshandeln erhalten motopädische Erfahrungen Bedeutung. Zur Unterstützung dieser Einbettung und übenden Vertiefung finden Beratungsgespräche und Erfahrungsaustausch mit Eltern und Angehörigen statt. Es werden Vereinbarungen mit Mitarbeiterinnen und Mitarbeitern von Kindergärten, Schulen und Vereinen getroffen.

Die Gestaltung dieses vielfältigen Arbeitsfeldes ist Gegenstand einer intensiven Ausbildung auf der Grundlage eines pädagogischen Erstberufs und Arbeitstätigkeit in diesem Beruf. Das heutige Berufskolleg Dortmunder Fachschule für Motopädie (FSM) wurde 1977 gegründet. Bis zum Inkrafttreten der Rahmenrechtsverordnung für Nordrhein-Westfalen (NRW) 1994 hieß es Fachschule für Gymnastik-Bewegungstherapie. Diese bis 1996 einzige Fachschule dieser Art bildet Schülerinnen und Schüler in der einjährigen Vollzeitform und in der zweijährigen berufsbegleitenden Form zur staatlich geprüften Motopädin / zum staatlich geprüften Motopäden aus. Das vom Kollegium der FSM erarbeitete Curriculum bildet die Grundlage der Ausbildung und ist darüber hinaus bindend für alle Motopädiefachschulen in NRW.

Der Bildungsgang ist als Entwicklungsprozeß konzipiert, der in vier Ausbildungsphasen untergliedert ist. Diesen Phasen sind die folgenden Entwicklungsaufgaben, die aufeinander aufbauen, zugeordnet:

1. Entwicklung eines Konzepts der zukünftigen Berufsrolle
2. Aufbau eines Konzepts der pädagogischen Fremdwahrnehmung
3. Erarbeitung eines Konzepts motopädischen Handelns
4. Entwurf eines eigenen Modells der Professionalisierung

Motopädische Handlungskompetenz wird schrittweise erworben, in der Auseinandersetzung mit theoretischen Konzepten, als praktische Erfahrung mit Materialien und Übungssituationen, einzeln und in Gruppen, in Hospitationen, Berufsfelderkundungen und bei der angeleiteten motopädischen Arbeit während der Ausbildung. Im Curriculum der FSM heißt es dazu:

„Die Fachschülerinnen und Fachschüler stehen damit selbst im Mittelpunkt didaktischer Entscheidungen und Handlungen. Wahrnehmung, Bewegung und Erleben sind als gegenwartsbezogene, individuelle Prozesse selbst-handelnd zu vollziehen. In der Gruppe können über gegenseitige Beobachtung, Anregung und Mitteilung Variationen entdeckt und vielfältige Kombinationen von Bewegungsverhalten entwickelt werden. Die Reflexion in der Gruppe legt die Differenzen im Erscheinungsbild und Verständnis (Bedeutung, Sinn und Zweck) der Handlungen offen und macht Hintergründe für Planung und Ausgestaltung deutlich. In dieser Weise gestaltete und intersubjektiv ausgewertete Lernprozesse führen zu differenziertem Verstehen motopädischer Praxis und bilden die Grundlage der Professionalisierung" (Curr. FSM, 7).

Die Lehrenden an der FSM haben vorrangig die Rolle einer Lernbegleitung, sind vermittelnd, beratend, organisierend und anleitend tätig. Hilfreich sind dabei zusätzliche Qualifikationen, die Lehrerinnen und Lehrer erworben haben (Motopädin, Motopäde, Kinder- und Jugendlichen-Therapeutin, Tanztherapeutin, Paar- und Familientherapeutin, Supervisorin, Feldenkraislehrerin u.v.m.).

Kollegiale Beratung, die Weiterentwicklung curricularer Vorgaben, Arbeit an Projekten ermöglichen ein flexibles Reagieren auf Veränderungen und Entwicklungen im Berufsfeld und gewährleisten den notwendigen Theorie-Praxis-Bezug im Unterricht. Die Schülerinnen und Schüler werden praxisnah auf ihre Aufgaben als Motopädinnen und Motopäden vorbereitet.

Autorinnen und Autoren der einzelnen Kapitel

Kap. 1 und 5: *Christa Borgmeier* und *Angelika Meier*
Kap. 2: *Ruth Schenke*
Kap. 3: *Harald Luckert*
Kap. 4: *Manfred Bechstein*

Literatur

Affolter, F.: Wahrnehmung, Wirklichkeit und Sprache. Villingen-Schwenningen 1987
Altherr, P.: Kinder- und Jugendpsychiatrie und Psychomotorik.1990. In: Huber, G., Rieder, H. & Neuhäuser, G. (Hrsg.): Psychomotorik in Therapie und Pädagogik. Dortmund 1990, 159-172
Axline, V.M.: Kinder-Spieltherapie. München. 1980
Ayres, J.: Bausteine der kindlichen Entwicklung. Berlin u.a. 1984
Brand, I., Breitenbach, E. & Maisel, V.: Integrationsstörungen. Würzburg 1988
Cardenas, B.: Mit Pfiffigunde arbeiten. Dortmund 1998
Eggert, D.: Theorie und Praxis der psychomotorischen Förderung. Dortmund 1998^3
Esser, M.: Beweg-Gründe. Psychomotorik nach Bernard Aucouturier. München/Basel 1992
Fachschule für Motopädie: Handreichung zur Erprobung vorläufiger curricularer Vorgaben für die Fachschule für Motopädie. Dortmund 1996
Fachschule für Motopädie: Fachschulausbildung zur staatlich geprüften MotopädIn auf Fachschulebene. Dortmund 1997
Fachschule für Motopädie: Motopädie lehren. In: Praxis der Psychomotorik. 22 (1997) H. 2, 108-114
Frostig, M.: Bewegungserziehung - neue Wege der Heilpädagogik. München 1973
Hölter, G.: Entwicklungslinien der Psychomotorik im deutschsprachigen Raum. In: Motorik. 21 (1998) H. 2, 43-49
Irmischer, T.: Ursprünge. In: Irmischer, T. & Fischer, K. (Red.): Psychomotorik in der Entwicklung. Schorndorf 1989, 9-18
Kesper, G. & Hottinger, C.: Motherapie bei Sensorischen Integrationsstörungen. München/Basel 1992
Kesselmann, G.: Therapeutisch-orientierte Bewegungserziehung im Rahmen einer kinder- und jugendpsychiatrischen Betreuung. In: Motorik 7 (1984) H. 2, 74-85
Kesselmann, G.: Konzeption und Wirksamkeit in der Motherapie. Psychomotorik in Forschung und Praxis. Band 14. Kassel 1993
Kiphard, E.J.: Motopädagogik. Dortmund 1980; 1998^8
Kiphard, E.J.: Psychomotorik in Praxis und Theorie. Gütersloh 1989
Palmowski, W.: Psychomotorik und systemisches Denken. In: Praxis der Psychomotorik 20 (1995) H. 4, 194-198
Piaget, J.: Das Erwachen der Intelligenz beim Kinde. Stuttgart 1976
Remschmidt, H.: Kinder- und Jugendpsychiatrie. Stuttgart 1987
Resch, F.: Entwicklungspsychopathologie des Kindes- und Jugendalters. Weinheim 1996
Schilling, F.: Motodiagnostik und Motherapie. In: Irmischer, T. & Fischer, K. (Red.): Psychomotorik in der Entwicklung. Schorndorf 1989; 1993^2
Seewald, J.: Vorläufiges zu einer „Verstehenden Motologie". In: Motorik 15 (1992) H. 4, 204-221
Seewald, J.: Entwicklungen in der Psychomotorik. In: Praxis der Psychomotorik 18 (1993) H. 4, 188-193
Stern, D.N.: Die Lebenserfahrung des Säuglings. Stuttgart 1992
Volkamer, M. & Zimmer, R.: Kindzentrierte Motherapie. In: Motorik 9 (1986) H. 2, 49-58
Weizsäcker, V.v.: Der Gestaltkreis. Leipzig 1940

Lehrerberatung -
aus einer Schulentwicklungsperspektive

Hildegard Liermann & Ulrich Zingeler

Einleitung

Schule wird gegenwärtig verstärkt unter einer „Schulentwicklungsperspektive" gesehen, als „Trias von personaler Entwicklung, Unterrichtsentwicklung und Organisationsentwicklung" (Rolff u.a. 1998, 14). So sind z.B. alle Schulen in Nordrhein-Westfalen aufgefordert, ihr Schulprogramm zu formulieren (Ministerium für Schule und Weiterbildung.) und im neuen Erlaß zur „Beratungstätigkeit von Lehrerinnen und Lehrern in der Schule" heißt es:
   „Wirksame Beratung ist auf die Zusammenarbeit aller Beteiligten angewiesen. Den Schulen wird empfohlen, zur Organisation, Koordination und inhaltlichen Schwerpunktsetzung ihrer Beratungstätigkeiten ein schuleigenes Beratungskonzept als Teil ihres Schulprogrammes zu entwickeln." (Rd.Erl. vom 8.12.97)
   Schulentwicklungsideen und -konzepte sind ohne gegenseitige Beratung und Diskussion im ganzen Kollegium über Ziele, Wege und Schwerpunkte der Veränderung gar nicht nachhaltig umsetzbar. Dennoch spielen Austausch und gegenseitige Beratung in der Praxis von Lehrerinnen und Lehrern bisher noch eine vergleichsweise geringe Rolle. Die „Berufskultur" ist vielmehr durch ein „Nebeneinanderarbeiten" und eine „Nichteinmischung" in die Arbeit der Kolleginnen und Kollegen gekennzeichnet (Terhart 1996). Als Ursachen werden der Lehrerindividualismus und Arbeitsplatzstrukturen (vgl. Engelhardt 1987) genannt, die die Beratung von, mit und unter Lehrerinnen und Lehrer erschweren. Wir möchten in unserem Artikel an einem Fallbeispiel aufzeigen, welche besondere Rolle Schulpsychologen und -psychologinnen in dem Prozeß der Entwicklung von Beratungsbereitschaft und -kompetenz, und damit in einem Schulentwicklungsprozeß, spielen können.

Schulpsychologen als Lehrerberater?

Die Arbeitsbeziehungen zwischen Schulpsychologen und Lehrern[1] sind vielfältig: Sie tauschen Informationen z.B. über einzelne Schüler im Rahmen der Einzelhilfe aus

---

[1] Wir benutzen prinzipiell die männliche und die weibliche Form, an einigen Stellen aus stilistischen Gründen nur die männliche, dann ist die weibliche mitgemeint. Wenn wir von der Initiativgruppe als „Lehrergruppe" sprechen, handelt es sich wirklich nur um Lehrer.

(soweit ihre Schweigepflicht dies zuläßt); Schulpsychologen und -psychologinnen gehen mit in den Unterricht und besprechen ihre Beobachtungen mit den Lehrerinnen und Lehrern; sie moderieren Gespräche zwischen Elternhaus und Schule, tragen ihre eigenen diagnostischen Ergebnisse zu einem Gesamtbild bei und erarbeiten Entscheidungs- und Veränderungsansätze mit den Beteiligten; häufig arbeiten sie mit Lehrern und Lehrerinnen in Krisensituationen zusammen - etwa bei Schuleschwänzen oder in Notlagen von Schülern; sie sind „Lehrer von Lehrern" in der Fortbildung - z.B. zu Themen wie „Gesprächsführung" oder „Umgang mit Lernstörungen"; sie bieten Supervision und Praxisberatung für einzelne Lehrerinnen und Lehrer und für Lehrergruppen an, und sie werden von Kollegien als Referenten oder Moderatoren zur schulinternen Lehrerfortbildung eingeladen.

In vielen dieser Arbeitsbeziehungen sind Lehrerinnen und Lehrer weder Ratsuchende oder gar „Klienten" der Schulpsychologen und -psychologinnen, sondern „Informanden", „Lernende", „Mitberatende" oder „Agenten ihrer Schule" - etwa, wenn es um Planung einer Schulveranstaltung geht. Lehrerberatung hat damit häufig den Charakter der „Konsultation", des „Sichmiteinander-Beratens", in die beide Seiten ihre jeweilige Fachlichkeit einbringen. Insofern ist es eher typisch, daß die Rollenverteilung zwischen diesen beiden Berufsgruppen, ihre gegenseitigen Erwartungen und „Aufträge", - vor allem in Schulentwicklungsprozessen - anfangs diffus sind und in einem längeren Prozeß des Aushandelns noch geklärt werden müssen.

Auf der oben genannten breiten Arbeitsbasis können Schulpsychologen und -psychologinnen langfristige Kontakte zu den Schulen ihres jeweiligen Zuständigkeitsbereichs aufbauen. Dabei werden sie mit unterschiedlichen Perspektiven von Lehrerinnen und Lehrern, Schulleitern und Schulleiterinnen, Eltern und Schülern und Schülerinnen auf die Schule konfrontiert. Diese Kenntnis des „Feldes" - die für externe Schulberater oft nur mit viel Aufwand zu erreichen ist (Rolff 1998) - stellt eine wesentliche Ressource dar, die sie in gruppenübergreifende Maßnahmen einbringen können. Am Beispiel einer gemeinsam gestalteten schulinternen Lehrerfortbildung möchten wir zeigen, welche inhaltlichen und organisatorischen Beiträge Schulpsychologen und -psychologinnen als „präventive Lehrerberatung" leisten können und an welche Grenzen - eigene und die der Auftraggeber - „Lehrerberater" dabei stoßen.

Klar ist, daß wir den Ablauf der Ereignisse aus *unserer* Sicht darstellen, die sich möglicherweise von der Wahrnehmung der beteiligten Lehrerinnen und Lehrer in Details unterscheidet.

Die Schule, das Kollegium und seine Erwartungen

Das Gymnasium, das uns um Unterstützung bei der Gestaltung eines „Studientages" bittet, liegt im kleinstädtisch-ländlichen Raum. Unsere Beziehungen zu dieser Schule beschränkten sich in der Vergangenheit auf nur gelegentliche Kontakte, meist im Rahmen der Einzelhilfe für Schüler und Eltern. Das Kollegium besteht aus etwa 60 Lehrerinnen und Lehrern, letztere sind in der Überzahl, viele von ihnen schon etwas angegraut (wie Verf. U.Z. auch). Bei der ersten Begegnung mit einem Lehrer der Schule teilt dieser mit, daß diese schon mehrfach Studientage in Eigenregie durchgeführt habe - mit Vortrag und Diskussion am Vormittag und Arbeitsgruppen nachmittags. Organisiert wurde dies von 5 Lehrern einer „Initiativgruppe", die in Absprache mit dem Schulleiter Themenvorstellungen entwickelten und diese dem Kollegium vorlegten. Ebenso sorgten die fünf Lehrer für die Gewinnung von Referenten und die Anmeldung in einer auswärtigen Tagungsstätte. In dieser Tradition solle auch die Veranstaltung mit uns ablaufen. Ein dreiviertel Jahr vor dem Studientag kommt es zu einem ersten Treffen mit der Initiativgruppe in der Schule. Die von den Lehrern benannten Themenwünsche sind breit gestreut: von der pädagogischen Grundausrichtung der Schule, über neue Unterrichtskonzepte, Bildung von Klassenlehrer-Teams, Umgang mit schwierigen Kindern, Drogenprävention, bis zu Erwartungen des Kollegiums an die Beratungslehrer der Schule. Die konkreten Erwartungen an die beteiligten Schulpsychologen wurden hier noch nicht angesprochen.

Die Schulberater, ihre Vorerfahrungen und ihre Vorstellungen

Beide, H.L. und U.Z., arbeiten in einer vom Kreis getragenen Schulberatungsstelle. Neben der Einzelhilfe für Schülerinnen und Schüler und deren Eltern gehört die Beratung von Schule und Lehrerinnen und Lehrern zu ihren Aufgaben. Während H.L. durch eine Forschungsarbeit mit den Schwierigkeiten der Zusammenarbeit in Kollegien vertraut ist und erst vor dem zweiten Treffen mit der Lehrergruppe ihren Dienst in der Schulberatung aufnahm, ist U.Z. seit 18 Jahren Schulpsychologe, hat Kurse zur Ausbildung von Beratungslehrern geleitet und war schon mehrfach an kollegiumsinterner Fortbildung an verschiedenen Schultypen beteiligt. Dabei machte er die Erfahrung, daß Schulen anfangs eher unverfängliche Themen vorschlagen, wünschen, daß die Tagung harmonisch verlaufe, trotzdem „alle etwas davon haben", und daß es danach an der Schule etwas besser laufe. Dazu A. Strittmatter, seit 1970 in der Schulentwicklung tätig:

„Meiner Erfahrung nach sind zweidrittel bis dreiviertel der von Schulen genannten Einstiegsthemen vorgeschobener Art, haben die meisten Schulen andere Probleme, an denen sie dringlicher arbeiten sollten, die im Moment aber noch nicht 'reif' sind."
(1997, 39).

Schulen in Bedrängnis - etwa bei „Konflikten" in Erziehungsfragen" oder „Gewalt in der Schule" - möchten diese umfassenden Themen am liebsten an einem Tag, lösungsorientiert und in gutem Einvernehmen bearbeiten. Öfter verliefen solche Tagungen weder besonders harmonisch noch ertragreich und hinterließen bei den Schulpsychologen das Gefühl, sehr viel Arbeit und auch eigene Aufregung in eine „Verlegenheitslösung" investiert zu haben. Wie also „nachhaltig wirtschaften" - d.h. für Lehrerinnen und Lehrer und Schulberater und -beraterin die Belastungen an psychischen

Energien und Ressourcen (Zeit, good-will, Ideen) nicht größer werden zu lassen als den Gewinn an persönlicher und fachlicher Weiterentwicklung für Lehrerinnen und Lehrer in einer etwas kindgerechteren Schule? Die Zauberformel scheint zu sein: „Einen langen Atem haben!" (Pieper & Schley 1983; Pieper 1986), d.h. Lehrerfortbildung als Möglichkeit zu Schulentwicklung zu sehen - so z.B. einen Studientag als Chance für den Einstieg in einen längerfristigen Arbeitszusammenhang.

Blick aufs Ganze?

Nach Rolff und Schley (1997, 12) ist die erfolgversprechendste Strategie diejenige, „am Anfang bereits aufs Ganze" zu gehen. Auch wenn Aktivitäten von Schulpsychologen nicht in einen „institutionellen Schulentwicklungsprozeß" münden, ist es für ihre Arbeit sinnvoll, mit einem Teil zu beginnen und das „Ganze dabei in den Blick zu nehmen". In diesem Sinne wurde das Thema „Beratung in der Schule" von uns in die Vorbereitung der Fortbildung eingebracht. Es ist zum einen *unser* Thema, weil wir uns hier selbst besonders kompetent fühlen und darin für diese Schule einen möglichen Einstieg in einen Schulentwicklungsprozeß vermuten. Zum anderen ist es aber auch *deren* Thema, da ein Mitglied der Initiativgruppe gerade zum Beratungslehrer ernannt worden ist, und somit seine Aufgaben von der Schule geklärt werden müssen. Für eine Arbeit am Ganzen sind uns neben den Gesprächen mit der Initiativgruppe auch Abstimmungen mit der Schulleitung sowie ein „Auftrag" vom ganzen Kollegium wichtig, um die „Verbindlichkeit" (Rolff u.a. 1998, 58ff.) zu sichern und auch eine Vertrauensbasis zwischen Beratern und Schule herzustellen. Diese grundsätzlichen Vorstellungen wurden von U.Z. bereits beim ersten Treffen mit der Initiativgruppe vorgetragen, zusammen mit dem Wunsch nach Beteiligung eines weiblichen Kollegiumsmitglieds und eines Vertreters der „Skeptiker" gegenüber dem Studientag, um das Meinungsspektrum in der Vorbereitungsgruppe zu verbreitern.

Irritationen - konstruktive Krise?

Die zweite Begegnung mit dieser Lehrergruppe bringt für die Berater einige nicht vorauszusehende Diskrepanzen zu Tage: Schon vor dem Treffen läßt die Gruppe telefonisch wissen, wir sollten einen Kontakt zum Schulleiter zunächst doch noch nicht aufnehmen, weil es hier noch Unklarheiten gäbe. Außerdem hätten sich drei der fünf Lehrer gegen eine längerfristige Zusammenarbeit ausgesprochen. Dies wird uns gegenüber in der Schule - H.L. ist zum erstenmal dabei - einerseits mit der Rücksichtnahme auf die älteren Kollegen begründet, die man nicht überfordern möchte; andererseits wird die Befürchtung geäußert, „uns dann nicht mehr los zu werden". Außerdem werde das

„Schulprogramm" (s.u.), für das wir eine Erörterung im Kollegium vorgeschlagen hatten, bereits von einem der Gruppenmitglieder verfaßt. Dieser sei zugleich einer der designierten Beratungslehrer und werde sein Konzept in das Programm einarbeiten. Und letztlich wäre man damit zufrieden, wenn wir nur die Gestaltung des Vortragsvormittags der Tagung übernehmen.

Es scheint, als könnten wir die Perspektive aufs Ganze vorerst vergessen. U.Z. ist enttäuscht und fragt sich, ob es auf dieser Basis zu einem gemeinsamen Kontrakt kommen kann bzw. überhaupt kommen sollte, denn: Die Runde ist nicht, wie beim ersten Treffen gewünscht, erweitert worden, - erfüllt also in dieser Hinsicht nicht die Anforderungen einer Steuergruppe (Rolff u.a.. 1998) - und aus der Ablehnung der Zusammenarbeit über den Studientag hinaus spricht für ihn viel Vorsicht, ja sogar Mißtrauen.

Zu der von den Lehrern vorgeschlagenen „Vortrags- mit Diskussions-Veranstaltung" haben wir ein eher reserviertes Verhältnis, und die Eröffnung, daß keiner von uns für längere theoretische Ausführungen zur Verfügung stünde, da wir lieber handlungsbezogen in kleineren Gruppen arbeiten, führt nun bei den Lehrern zu Irritationen. Am Ende der Sitzung gestehen sie noch zu, daß der Vortrag ja nicht den ganzen Vormittag einnehmen müsse, sondern auch als „Einstimmung" denkbar sei - in bestimmten Situationen sicherlich eine sinnvolle Maßnahme -, und unser Thema „Beratung in der Schule" auf jeden Fall Raum in der Veranstaltung haben solle, schlagen dann aber vor, daß beide Seiten vorerst bis zum nächsten vereinbarten Termin eine „Denkpause" einlegen sollten.

Beratung zu zweit

Erneut erweist sich die Arbeit zu zweit als entlastend und korrigierend: In unserem Nachgespräch wird deutlich, daß die Gruppe in der Wahrnehmung von H.L. wichtige Zugeständnisse gemacht hat und man eigentlich nicht sehr weit auseinander liege: Das Thema „Umgang mit schwierigen Erziehungssituationen" wird nun nicht theoretisch, sondern - wie von uns vorgeschlagen - erfahrungsbezogen in Form der „Kollegialen Beratung" behandelt.

Ebenso wird eine Arbeitsgruppe zum „Beratungskonzept der Schule" statt zum „Konzept des Beratungslehrers" akzeptiert und damit eine deutliche Schulentwicklungsperspektive. Und selbst zum Vorschlag „offene Unterrichtsformen" hat es in der Gruppe noch den Kompromiß gegeben, dieses Thema wenigstens für die Erprobungsstufe mit Klasse 5 und 6 anzubieten. Nach dieser Bilanz ist U.Z. wieder wohler zumute.

In der Vorbereitung auf das dritte Treffen erscheint uns die Reaktion der Lehrer auch „verstehbar", denn wir haben sie zwar mit Erwartungen und Ansprüchen konfrontiert, ihnen jedoch keine „Angebote" unterbreitet, z.B. die eigenen Interessen und Vorerfahrungen mit der Beratungslehrerausbildung. Da wir an dieser Schule bisher noch bei keiner Veranstaltung mitgewirkt haben, verbanden die Lehrer möglicherweise mit Schulpsychologen immer noch vor allem „Einzelfallberatung" und „Psycho-Gespräche", bestenfalls noch einen Vortrag über Erziehungsfragen. Bei der Planung des weiteren Vorgehens kommen wir überein, zu Beginn die Lehrergruppe um eine „Nachbesinnung" zu bitten: Wir möchten unsere - unterschiedlichen - Empfindungen und Reaktionen auf einzelne Vorgaben der Gruppe mitteilen und die Lehrer danach fragen, wie sie ihrerseits das letzte Gespräch verbucht haben. Außerdem bereiten wir als Wandzeitungen einen neu formulierten Themenkatalog sowie ein Zeitschema für den Tagungsablauf vor. Dieser Plan enthält schon unsere handlungsbezogenen Vorstellungen: Nach einem Einstiegsvortrag mit Diskussion sind von uns vier Arbeitsgruppen mit jeweils einer Vormittags- und einer Nachmittagssitzung vorgesehen. Bewußt provokant ist unser Versuch, durch eine Verlängerung der Spalten für die geplanten vier Arbeitsgruppen auf der Wandzeitung die von uns erwarteten längerfristigen Arbeitszusammenhänge anzudeuten - vielleicht läßt die Gruppe doch noch mit sich reden? Ein Arbeitsblatt-Entwurf zur Sicherung und Präsentation der Ergebnisse der Gruppenarbeit auf einer nachfolgenden Konferenz zielt in die gleiche Richtung.

Annäherungen - Kontraktbildung

Beim dritten Kontakt treffen wir die Initiativgruppe weiterhin unergänzt an! Als hätten sie Ähnliches vorgehabt, gehen die Lehrer nickend auf unseren Vorschlag zur Nachbesinnung ein. Nach wenigen einleitenden Bemerkungen entsteht ein lebhafter Austausch über die Hürden des letzten Gespräches. Es werden Hintergründe benannt, Abgrenzungen erläutert, Einigungspunkte betont, Informationen zum Selbstverständnis ausgetauscht. Einige Fragen werden auch diesmal nicht berührt, z.B. unser Kontakt zu weiteren Mitgliedern des Kollegiums und zur Schulleitung.

Diese etwa zehn Minuten tragen offenbar soviel zur Klärung und Vertrauensbildung bei, daß die folgenden Verhandlungen zügig vorankommen und selbst unsere Fortsetzungs-Strichelei auf der Wandzeitung mit Schmunzeln zur Kenntnis genommen wird. Aus der anfänglichen Kontroverse wird ein angenehmes, konstruktives Miteinander. Am Ende übernehmen wir es, weitere Moderatoren für die verschiedenen Themengruppen und einen „attraktiven" Vortragsredner zu gewinnen, die dann die Schulleitung offiziell einladen wird. Das letzte Vorbereitungstreffen soll auf Vorschlag der Lehrer mit einem Mittagessen beginnen, zu dem der stellvertretende Schulleiter einlädt!

Zwischenbilanz

Gegenüber den Anfangskontakten haben wir einige deutliche Klärungen herbeiführen können: Es ist uns in der dritten Sitzung mit unserer Eingangs-Intervention gelungen, unsere Kompetenz für Metakommunikation zu verdeutlichen und damit Widerstände auf beiden Seiten verhandelbar zu machen. Außerdem haben wir jetzt den Eindruck, daß uns eine Rolle als Mit-Berater zum „Tagungs-Setting", also zu Inhalten und Verlauf, eingeräumt wird. Die Essenseinladung bestärkt uns in dem Eindruck, daß wenigstens der Studientag eine gemeinsame Sache geworden ist. Unser erster Entwurf für das Tagungsprogramm, der später an alle Kolleginnen und Kollegen - u.a. auch zur Entscheidung für die einzelnen Themengruppen - gegeben werden soll, ermöglicht uns immerhin - wenn auch nur indirekt - einmal das ganze Kollegium anzusprechen und auch den Einstiegscharakter des Studientages für die jeweilige Thematik der Arbeitsgruppen hervorzuheben.

Letzte Vorbereitungen

An der letzten Vorbereitungsrunde nehmen der stellvertr. Schulleiter, die Initiativgruppen-Mitglieder und zwei Moderatoren teil: eine Grundschullehrerin, die in das Thema „Anknüpfen an die Grundschule - Offener Unterricht (Freiarbeit, Wochenplan) in der Erprobungsstufe" einführen wird, sowie ein Beratungslehrer von einem Nachbargymnasium, der mit U.Z. die Gruppe „Beratung an unserer Schule - Aktionsformen, Aufgaben des Beratungslehrers, Beratungskonzept" anleiten soll.

Das gemeinsame Mittagessen verläuft in guter Stimmung und ist von Kollegialität und Entspannung gekennzeichnet und von einem durchaus nicht selbstverständlichen Bemühen um die Berater und Moderatoren. Als sich nach dem Essen die Themengruppenvertreter zur Besprechung unseres Programm-Entwurfes treffen, kommt es jedoch zu einer „Wiederauflage" einer alten Differenz: Der gewählte Beratungslehrer war der Meinung, daß das „Beratungskonzept der Schule" nicht Thema des Studientages sein müsse. Für U.Z. dagegen sollte die Klärung, wer, wann und wie an der Schule beraten wird und wie dies künftig gehandhabt werden solle, ein Kernstück der Arbeit „seiner" Themengruppe sein. Gab es in diesem Punkt weniger Einvernehmen als gedacht? War dies als Rückzieher der Schule zu bewerten? - Weder Zeit noch Umstände (freundliche Bewirtung) erlaubten eine intensive Klärung: in der Ankündigung im Programm wird das Stichwort „Beratungskonzept" mit einem Fragezeichen versehen! - Keine gute Idee, wie sich am Studientag herausstellte.

Der Studientag

Die Lehrerinnen und Lehrer hatten sich vorher auf einer Lehrerkonferenz den Arbeitsgruppen zugeordnet und so verteilt, daß alle Gruppen zustande kamen. Über die ganztägige Veranstaltung können wir nur einige Eindrücke mitteilen, die die Verf. vom Einführungsvortrag, in ihren jeweiligen Arbeitsgruppen und in einer kurzen Besprechung der Moderatoren unmittelbar nach der Tagung gewonnen haben. Der Austausch und die Bewertung im Kollegium stehen noch aus; sie sollen in einer Konferenz erfolgen, zu der die Schule uns einladen will.

Der Eingangs-Vortrag zum Thema „*Belastungen von Schülern und Lehrern - Konsequenzen für Schule und Unterricht*" berührte geschickt alle vier Teilthemen - Optimierung von Unterricht, Drogenprävention, Erziehungsfragen und Beratung in der Schule - und löste viele Nachfragen an den Referenten aus. Wenn die Mehrzahl der Themen auch nur gestreift werden konnte, war doch der „beratende Anteil" des Referenten beträchtlich. - Ein guter Auftakt!

Die „Kollegiale Beratungs-Gruppe", die von H.L. und einer Kollegin geleitet wurde, war an diesem Tag die kleinste Gruppe[2]: fünf Lehrerinnen und zwei Lehrer. Dies Verhältnis ist nicht untypisch, denn immer noch sind eher Lehrerinnen bereit zuzugeben, ein Problem zu haben und auch Rückmeldungen über ihr Tun und ihre Person von Kollegen und Kolleginnen anzunehmen. Angeregt durch eine Eingangsfrage äußern sich die Teilnehmerinnen und Teilnehmer sehr unzufrieden mit dem, was sie an Beratung an ihrer Schule erleben. Sie erscheinen deshalb um so motivierter, sich in die „kollegialen Beratung" - die sie ja nicht kannten - einzulassen. Diese hohe Bereitschaft erweist sich als sehr produktiv, denn sie führt dazu, daß jemand von den teilnehmenden Sportkollegen und Sportkolleginnen, einen Fall schildert, bei dem die Betroffenheit noch für alle zu spüren ist[3]. Beratung ist unter diesen Bedingungen nur unter kompetenter Anleitung von Fachkräften - wie hier von Schulpsychologen - möglich, die das „Feld Schule" kennen und trotzdem genügend Distanz dazu haben. Bei einer Beratung ohne Anleitung bestünde die Gefahr, daß die Lehrer und Lehrerinnen sich hinsichtlich ihrer Erwartungen enttäuscht fühlen könnten und einer Wiederholung mit großer Skepsis begegnen. Insofern ist mit diesem Glücksfall, daß die Lehrer und Lehrerinnen gleich beim ersten Mal das volle Potential einer Kollegialen Beratung erleben, schon der Blick auf eine Fortsetzung und auf's „Ganze" eröffnet.

Auswirkung aufs „Ganze" hatte in diesem Fall sicherlich auch die Erkenntnis der beteiligten Lehrerinnen und Lehrer, daß sie von einem „fremden Fall" etwas lernen und so verhindern können, einer ähnlichen Situation unvorbereitet zu begegnen. Aufgrund des positiven Verlaufs sehen wir außerdem zwei langfristige Perspektiven: Zum einen waren vier Lehrerinnen und Lehrer vom Fach Sport, so daß die Beratung ein Anstoß sein könnte, das Problem mit den anderen Sportkollegen und -kolleginnen auf einer Fachkonferenz zu besprechen und gemeinsam zu überlegen, wie damit umzugehen sei. Zum anderen führte die positive Erfahrung bei allen Teilnehmern spontan zu dem Wunsch, die „Kollegiale Beratung" fortzusetzen, sie vielleicht schon bald auf eine Klassenkonferenz auszuweiten bzw. den Schulleiter darauf anzusprechen, welche Möglichkeiten der Institutionalisierung an der Schule bestehen. Ob tatsächlich etwas daraus folgt, ist noch offen.

---

[2] Optimale Größe für Kollegiale Beratung sind 5 bis 8 Lehrer und Lehrerinnen plus ModeratorIin

[3] Es ging um den Themenkomplex körperliche Berührung im Sportunterricht.

Träger der Schulberatung

In die Arbeitsgruppe „Beratung an unserer Schule" kamen 14 Lehrer, unter ihnen der Schulleiter, sein Stellvertreter und der designierte Beratungslehrer. Die einleitenden Bemerkungen von U.Z. zum Begriff Beratung, ihren „Trägern" und ihren Aktionsformen in der Schule - Beratung als Information, Training (z.B. von Arbeitstechniken), Intervention (z.B. gezielte Hilfe für Einzelne und Gruppen) sowie Konsultation (z.B. gegenseitige Beratung) und Prävention - sollten einer nachfolgenden Bestandsaufnahme dienen, welche dieser Formen in der Schule häufiger, seltener oder gar nicht vorkommen. Schon zu diesen Ausführungen gibt es aus der Gruppe kaum ein Echo. Bei einer Kartenabfrage der praktizierten Beratungsformen rührt sich dann verhaltener Widerstand in der Form, daß das Ergebnis der Abfrage (mit fast vollständigem Fehlen der Beratungsformen „Training", „Konsultation" und „Prävention") in seiner Aussagefähigkeit als nicht repräsentativ bezweifelt wird. Als die Moderatoren dennoch ein vorsichtiges Resümee am Ende der ersten Arbeitseinheit ziehen wollen, wird dies als „unnötig" bezeichnet. Damit ist unser Anliegen, mit der Schule ein Beratungskonzept zu erarbeiten, wieder einmal erneut in Frage gestellt.

Nach der Pause interviewt, wie geplant, der designierte Beratungslehrer den Beratungslehrer des Nachbargymnasiums zu dessen Akzeptanz und Wirkungsmöglichkeiten im Kollegium, zu dessen Arbeitsweise und -bedingungen (z.B. Stundenerlaß), sowie nach den „wirklich wichtigen" Beratungsfähigkeiten. Je mehr nun „menschlich-kollegiale" Züge der Beratungsrolle und die damit einhergehenden Möglichkeiten, aber auch Schwierigkeiten im Interview deutlich werden, desto mehr möchten auch die beiden Schulleiter und andere Teilnehmer nachfragen. Am Ende teilen alle aus der Runde auf unsere Bitte hin ihrem künftigen Beratungslehrer-Kollegen mit, was sie von ihm erwarten und was sie nicht möchten: Mehrere Lehrer würden sich gerne „schon frühzeitig", auch schon „bei kleinen Problemen" an den Beratungslehrer wenden können, um ihn zu „konsultieren" (!). Auch der Schulleiter betont, daß der Beratungslehrer keine „institutionelle Funktion als Reparaturwerkstatt" haben, sondern dem Kollegium zur Seite stehen solle. Mehrere Lehrer spezifizieren dies, indem sie sich vom Beratungslehrer Anregungen für Prävention und Trainingsmöglichkeiten wünschen, ein anderer Beratung und Moderation bei Klassenkonferenzen, bei denen es oft um Erziehungsprobleme ginge. Der Beratungslehrer selber will mit seiner Tätigkeit „dem Schulleben und dem Unterricht dienen", für Informationsfluß sorgen, an Verhaltens- und Lernstrategien für Schülerinnen und Schüler arbeiten, keinesfalls aber zum „Problemsucher" werden. Diesen letzten Aspekt greifen mehrere Lehrer auf, wenn sie wünschen, daß der Beratungslehrer nicht „als verdeckter Ermittler", „hinter dem Rücken der Kollegen arbeitet," „alles für sich behält", sondern seine Erkenntnisse z.B. in Konferenzen weitergibt. Ein Lehrer ist deutlich zwiespältig: „Hilft er oder nimmt er mir was weg?"

In dieser Runde kommt – anders als nach dem verhaltenen Einstieg befürchtet – ein erstaunlich breites Erwartungsspektrum an den Beratungslehrer zum Vorschein: die Lehrer sehen ihn überwiegend als Unterstützer ihrer eigenen Beratungstätigkeit, und dies nicht nur konsultativ bei „Problemfällen", sondern ebenso bei Prävention und

Training – in just den Feldern, die bei der Erhebung der Aktionsformen von Beratung noch wenig besetzt waren. Hat unsere Einführung mehr gefruchtet als wir zunächst dachten?

Die Befürchtungen der Gruppe, der Beratungslehrer könnte sich „Geheimwissen" aneignen, von der die Schule nichts hat, ja im Gegenteil Kollegen noch etwas „wegnehmen", ist ernstzunehmen. Beratung ist immer in Gefahr, sich zu verselbständigen, intransparent zu werden – gelegentlich unter dem Deckmantel „Verschwiegenheitspflicht". Zwar gibt es eine ähnliche Tendenz beim allein agierenden Lehrer; gerade Beratungslehrer könnten aber durch häufige Kooperation mit Kolleginnen und Kollegen ein Modell für Offenlegung der eigenen Arbeitsweise abgeben. In der Abschlußrunde der Moderatoren mit der Initiativgruppe direkt nach der Tagung, geben alle ein kurzes Stimmungsbild aus ihren Gruppen: Während die Arbeit mit der „Kollegialen Beratung zu Erziehungsfragen"und an der „Drogenprävention" die Teilnehmer und Teilnehmerinnen offenbar recht zufriedengestellt hat, werden über die Arbeit zur „Schulberatung" und zum „Offenen Unterricht" eher zwiespältige Eindrücke genannt: so berichtet die Grundschul-Moderatorin, ihre Gruppe sei sehr groß gewesen und man sei nicht - wie von ihr geplant - zur praktischen Arbeit mit Materialien gekommen, sondern im Für und Wider alternativer Unterrichtsformen steckengeblieben. Dieser Eindruck wird von dem Initiativgruppen-Teilnehmer jedoch relativiert, denn für ihn schien sich trotz der durchaus kontroversen Diskussion ein „deutliches Interesse" abzuzeichnen, das nicht mehr durch die „Gegner" im Kollegium aufzuhalten sei.

Resumee und offene Fragen

Wir glauben, daß wir als Schulberater einige wichtige Beiträge zu einem insgesamt gelungenen Studientag geleistet haben. Voraussetzung dafür war die „Beziehungsarbeit" mit der Initiativgruppe in der Vorbereitungsphase. Daß trotz dieser intensiven Vorarbeit Unklarheiten und Ungereimtheiten übrigblieben - z.B. der Abbruch der Arbeit am Beratungskonzept -, läßt uns vermuten, daß die Eingangskontroverse um „Fortbildungstag vs. Schulentwicklung" noch virulent ist. Falls es zu weiterer Zusammenarbeit mit der Schule kommt, werden wir an dieser Stelle genau hinhören.

Wir glauben im Nachhinein, daß die Mehrzahl der Lehrerinnen und Lehrer an Themen gearbeitet hat, die für sie wichtig waren und nicht, wie es häufig vorkommt, an vorgeschobenen Themen (vgl. Strittmatter 1997). Dennoch wäre es zweifelsohne günstiger gewesen, die Themenabstimmung vor der Tagung mit dem ganzen Kollegium - auch der Leitung - zu suchen und dabei Zustimmung, Vorbehalte, Veränderungsbereitschaft und -ängste, Befürchtungen vor neuen Belastungen, aber auch Unzufriedenheiten mit Tagtäglichem, womöglich direkt aufzunehmen. So bleibt offen, ob sich unbearbeitete Skepsis gegenüber der Tagung in Widerstand gegen einzelne Themen, z.B. Offener Unterricht niedergeschlagen hat. Diese Vermutung wird durch unterschiedliche Vorerfahrungen von U.Z. mit Studientagen an anderen Schulen gestützt: zum einen kommen immer Unzufriedenheiten auf, wenn das Kollegium vorher nicht einbezogen wird, und zum andern werden bei Einbeziehung des Kollegiums auf einer Konferenz die Themen- und Arbeitsgruppenangebote durchaus kritisiert und z.T. auch abgewählt.

Ganz offensichtlich waren die Lehrer der Initiativgruppe „handlungsbevollmächtigt" von Leitung und Restkollegium. Warum die Initiativgruppe aber für diese eine „Abschirmfunktion" uns gegenüber wahrnahm, bleibt für uns offen; möglicherweise war dies eines der (noch) nicht verhandelbaren Themen.

Spezifische Chancen der Schulpsychologen in Schulentwicklungsprozessen

Schließlich bleibt auch zu fragen, welche Chancen in der Beteiligung an „nur einer schulinternen Lehrerfortbildung" liegen? Die Antworten liegen auf verschiedenen Ebenen:

Die Beteiligung von Schulpsychologen und -psychologinnen an Schulentwicklungsprozessen verläuft nicht als angefragter und als (solcher) geplanter Prozeß, sondern vielmehr in Form von „Anregung und Begleitung von Selbstentwicklung und Selbstorganisation" (Betscher 1997, 113). Schulen treten auch selten an die für ihren Bezirk zuständigen Schulpsychologen und -psychologinnen mit dem Auftrag heran, eine Schulentwicklungsmaßnahme großen Stils zu begleiten (vgl. Rolff 1998)[4]. Häufiger sind Anfragen nach Mitwirkung an Einzelmaßnahmen (Vorträgen, pädag. Konferenz), mit denen sie dann je nach Arbeitssituation, Kompetenz, Vorerfahrung und freien Ressourcen unterschiedlich umgehen und den Schulen als ein „Unterstützungssystem zur Verfügung stehen" (Mietz 1997, 15).

Die jeweilige Form der Mitwirkung entwickelt sich über Aushandlungsprozesse, in denen Schulpsychologen und -psychologinnen nicht als die unangreifbaren Experten mit dem „Rezeptwissen" daherkommen können, sondern in der sie sich in Situationen begeben, die auch sie überraschen können und die Lernpotentiale bergen, wie z.B. oben beschrieben in der Weise, daß sie ihre Kompetenzen deutlich anbieten müssen[5]. Dabei erweist sich eine Beratung zu zweit als unabdingbar und ist weit davon entfernt zu einer „therapeutischen Veranstaltung" (Rolff 1995, zit. nach Mietz 1997, 15) zu mutieren, sondern macht sie als „Experten für Konfliktsituationen" für die Lehrerinnen und Lehrer konkret erfahrbar. Es wird versucht, die Autonomie und Widerständigkeit der Beteiligten zu akzeptieren (Mietz 1997, 15). Außerdem ist eine „Krise" dem Prozeß nicht abträglich, denn *„Die ersten Schritte werden zumeist in der Absicht gegangen, etwas zu tun, häufig ist es das, was man ohnehin schon getan hat, es bleibt bei den be-*

---

[4] Dies ist ja auch nicht „offizell" ihre Aufgabe; siehe Kontroverse Schulaufsicht-Schulpsychologie, Kurt Betscher, 1997.

[5] Schulpsychologen sind es wenig gewohnt, für ihre Arbeit offensiv Werbung zu machen und Kompetenzen offen darzulegen.

stehenden Parametern. ... Ein Anfang benötigt ein produktives Verständnis von Krise" (Rolff & Schley 1997, 17).

Das bedeutet nicht, daß aus jeder Maßnahme ein „institutionalisierter Schulentwicklungsprozeß" entstehen muß, *„Schulpsychologie kann und will nicht Schulentwicklung organisieren oder sie herbeiberaten"* (Mietz 1997, 15). Es heißt aber schon, daß wir aufgrund unserer prinzipiellen Einstellung zu unserer Arbeit[6], mit dem „Blick aufs Ganze" und mit dem besonderen Zugang zum „Feld" auf langfristige Projekte hinarbeiten und jederzeit in potentielle Schulentwicklungsprozesse involviert werden können. Beispielhaft wurden hier genannt die Institutionalisierung einer „kollegialen Beratungsgruppe", die dazu angetan ist, eine „Beratungskultur" wenigstens in Teilen des Kollegiums sich entwickeln zu lassen (Weigand 1987, 81). Nachdem einmal ein Fortbildungstag in einer Schule stattgefunden und zur Veränderung des Kontaktes zwischen Schulpsychologen und Schule geführt hat, bzw. dieser Kontakt ständig im Zusammenhang mit weiterer Einzelberatung vertieft wird, ist es möglich, „die Schule sich entwickeln zu lassen".

„Schulentwicklung ist ein Prozeß, der nicht irgendwann ein Ende hat, prinzipiell eine Daueraufgabe ist, auch wenn nicht dauernd daran gearbeitet werden kann" (Rolff u.a. 1998, 13).

An einem „passenden" Zeitpunkt, den wir sicherlich mit beeinflussen können, z.B. durch Kontakte zur Initiativgruppe und zum Beratungslehrer, der an einer von uns geleiteten „Beratungslehrerfortbildung" teilnehmen will, können wir wieder einsteigen, um entweder Einzelkontakte zu vertiefen oder an der Vorbereitung eines neuen Schwerpunktes für den nächsten Studientag dieser Schule mitzuarbeiten.

Literatur

Betscher, K.: Schulpsychologie und Schulaufsicht - Kooperationspartner in der Schulberatung?! SchulVerwaltung NRW (1997) 111-115
Engelhardt, M. von.: Kooperation und Beratung im Lehrerberuf. In: Boettcher, W. & Bremmerich-Vos, A. (Hrsg.): Kollegiale Beratung in Schule, Schulaufsicht und Referendarausbildung. Frankfurt a. M. 1987, 37-42
Heyse, H.: Paradigmawechsel in der Schulpsychologie. Report Psychologie (1989)
Mietz, J.: Schulentwicklung light. Schulpsychologische Beiträge zur Schulentwicklung. In: NDS 3 (1997) 14-15
Ministerium für Schule und Weiterbildung NRW.: Schulentwicklung „ ... und sie bewegt sich doch!" Materialien Nr. 9014, 1997

---

[6] Vgl. „Paradigmawechsel in der Schulpsychologie" (Heyse 1989) und Betscher, K. (1997) „Der Wechsel zu einem systemischen Paradigma scheint mir unerläßlich" (113)

Pieper, A. & Schley, W.: Systembezogene Beratung in der Schule. In: Redlich & Schley (Hrsg.): Materialien aus der Beratungsstelle für soziales Lernen am Fachbereich Psychologie Universität Hamburg, Bd.6. Hamburg 1983

Pieper, A.: Verbesserung der Zusammenarbeit im Lehrerkollegium als Aufgabe einer systembezogenen schulpsychologischen Beratung. Frankfurt a.M. 1986

Rolff, H.G. & Schley, W.: Am Anfang muß man bereits auf´s Ganze gehen. Zur Gestaltung der Anfangssituation in Schulentwicklungsprozessen. Schulentwicklung 1 (1997) 12-21

Rolff, H.G., Buhren, C.G., Lindau-Bank, D. & Müller, S.: Manual Schulentwicklung. Handlungskonzept zur pädagogischen Schulentwicklungsberatung (Schub). Weinheim 1998

RdErl. d. Ministeriums für Schule und Weiterbildung

Strittmatter, A.: Getarnte Anfänge. Schulentwicklung 1 (1997) 37-42

Terhart, E.: Berufskultur und professionelles Handeln bei Lehrern. In: Combe, A. & Helsper, W. (Hrsg.): Pädagogische Professionalität, Untersuchungen zum Typus pädagogischen Handelns. Frankfurt 1996, 448-471

Weigand, W.: Kollegiale Beratung - ein erster Schritt zu einer Beratungskultur in der Schule. In: Boettcher, W. & Bremmerich-Vos, A. (Hrsg.). Kollegiale Beratung in Schule, Schulaufsicht und Referendarausbildung. Frankfurt a. M. 1987, 77-82

Praxis der Qualitätssicherung:
Kinder in der Erziehungs- und Familienberatung.
Eine qualitative Evaluationsstudie

Albert Lenz

Die Erziehungs- und Familienberatung ist mit 1063 Haupt- und Nebenstellen mit einem eigenen Team einer der am besten ausgebauten und etablierten Beratungssektoren in der Bundesrepublik. Dieser zentralen Stellung in der ambulanten psychosozialen Versorgung von Kindern und Familien steht ein vergleichsweise geringes empirisch fundiertes Wissen über deren Wirkungen gegenüber. Die wenigen Studien beschränkten sich lange Zeit entweder auf sozialstatistische Beschreibungen des Klientels (vgl. Brandt 1967; Tuchelt-Gallwitz 1970; Brackmann 1977) oder bewegten sich auf einer meßtheoretisch einfachen Ebene und lieferten daher keine aussagekräftigen Ergebnisse (vgl. Keppler 1979). Ekkehard Keppler hat beispielsweise in seiner schriftlichen Erhebung die Eltern nach sozialstatistischen Kriterien wie Alter und Geschlecht der Kinder, Beratungsgrund und -zugang, Art der durchgeführten Maßnahme sowie Nützlichkeit und allgemeiner Einschätzung der Beratung gefragt.

Erst in den letzten Jahren sind einige differenzierte Untersuchungen durchgeführt worden (vgl. Lenz 1994; Naumann & Beck 1994; Jakob 1996). Die katamnestischen Befragungen dokumentieren eine überwiegende Zufriedenheit mit den Ergebnissen der Beratung. Die Befragten entwickeln im Verlaufe des Beratungsprozesses Vertrauen in die Person der Beraterin/des Beraters und erleben sie/ihn als fachlich kompetent. Die Mehrzahl der Eltern bewertet die Arbeit auch dann für sich als nützlich und positiv, wenn sie nicht zu einer sichtbaren oder wesentlichen Besserung der Symptome bzw. vorgestellten Probleme geführt hat. Beratung wird also offensichtlich von einem überwiegenden Teil der Betroffenen unabhängig von „objektiv" beobachtbaren und erfaßbaren Veränderungen als eine sinnvolle Hilfemöglichkeit eingeschätzt (Lenz 1994).

Was bislang noch weitgehend fehlt, ist eine systematische Untersuchung der Wirkung von Erziehungs- und Familienberatung. Erste Ansätze hierfür liefern Florian Straus et al. (1988) in einer qualitativen Studie. Sie gehen darin über die Erhebung der elterlichen Zufriedenheit hinaus und untersuchen grundlegende Aspekte erfolgreicher Beratung, den Beratungsverlauf, Fragen nach dem Setting sowie den Tranfers der Erfahrungen und Ergebnisse in die alltägliche Lebenswelt der KlientInnen.

Entsprechende Ergebnisse aus der Psychotherapieforschung, wie Wirkmechanismen und Effektivität einzelner Interventionsformen oder Qualität und Ausmaß von einzelnen Störungs- und Beeinträchtigungsbereichen, lassen sich kaum auf die Erziehungs- und Familienberatung übertragen. Das liegt nicht nur daran, daß Evaluationsbefunde, sowohl aus dem Bereich der Kindertherapie als auch der systemisch-familientherapeutischen Verfahren, trotz verstärkter Bemühungen nach wie vor ausgesprochene Mangelware sind (vgl. Haid-Loh et al. 1995; Kazdin 1994; Heekerens 1991; 1992), sondern nicht zuletzt im Handlungsfeld Beratung.

Auch wenn klinisch-psychologische Methoden und Vorgehensweisen in der Praxis der Erziehungs- und Familienberatung dominieren, - so verfügen nach einer Erhebung der Bundeskonferenz für Erziehungsberatung (Menne 1996) fast zwei Drittel der in den Beratungsstellen tätigen Fachkräfte über einen Abschluß in einer psychotherapeutischen Weiterbildung - ist die institutionelle Beratungsarbeit nicht deckungsgleich mit Psychotherapie (vgl. dazu auch Schrödter 1992). Familientherapeutisches, gesprächspsychotherapeutisches, verhaltenstherapeutisches oder tiefenpsychologisches Handeln ist in der Erziehungs- und Familienberatung in aller Regel eingebettet in HelferInnen-Konferenzen, Hilfeplangesprächen, in enge Kooperationsprozesse mit sekundären Sozialisationsinstanzen der Kinder und wird ergänzt durch gemeindepsychologische, lebensweltorientierte Aktivitäten, durch Krisenintervention und langfristige oder intervallförmige Betreuungen, beispielsweise von sogenannten Multiproblemfamilien (vgl. Lenz & Straus 1998). Das therapeutische Handeln wird darüber hinaus im multiprofessionellen Team durch den Spiegel der sozialpädagogischen, heilpädagogischen oder medizinischen Sichtweisen gebrochen und reflektiert.

Bereits ein Blick auf die Anmeldegründe und Zugangsmodalitäten zeigt, daß Beratung keine psychotherapeutische Spezialdisziplin ist, wie Notker Klann & Kurt Hahlweg (1994) betonen. Eltern suchen für sich und ihre Kinder keine Psychotherapie, sondern in einer konkreten Problemlage Klärungs- und Bewältigungshilfen, Unterstützung in Krisen und akuten Schwierigkeiten oder in chronischen familiären Konfliktlagen (vgl. auch Kaisen 1996). Sie offerieren dabei immer häufiger diffuse Sinn- und Orientierungsprobleme, die sich nicht mit den klassischen Diagnoseschemata und Klassifikationssystemen der Klinischen Psychologie erfassen lassen. In einer Zeit der Individualisierung der Lebensführung und der Pluralisierung von Normalitätsmustern stellen zunehmend nicht mehr umschriebene Störungsbilder Anlässe dar, professionelle Hilfe aufzusuchen, vielmehr führen diffuse oder allgemeine Lebensschwierigkeiten, Selbstwertprobleme sowie Beziehungs- und Kommunikationsstörungen zur Anmeldung in einer Beratungsstelle.

Die Freiwilligkeit, Gebührenfreiheit und die Niedrigschwelligkeit sind weitere konstitutive Elemente von Beratung. Ihre Inanspruchnahme setzt im Gegensatz zur heilkundlichen Psychotherapie weder eine langwierige Begutachtung und Beurteilung von „krank" und „behandlungsbedürftig" noch eine Antragsstellung zur Kostenübernahme voraus. Wie die kontinuierlich steigenden Zahlen von Ratsuchenden aus allen Schichten der Bevölkerung zeigen, wird psychosoziale Beratung inzwischen selbstverständlicher genutzt und ist auf dem Weg zu einer alltäglichen Dienstleistung. Einer großen Gruppe von Selbstmeldern steht eine Gruppe von KlientInnen gegenüber, die in erster Linie aufgrund eines äußeren Drucks, beispielsweise durch Jugendamt, Schule oder Gericht, in die Beratung kommen. Solche Familien sind in der Anfangsphase oftmals wenig motiviert, sich auf Beratungsspräche einzulassen. Sie rücken die BeraterInnen vielleicht sogar in die Nähe der überweisenden Instanzen der sozialen Kontrolle und befürchten massive Eingriffe in ihre Autonomie.

Beratung ist somit mehr als ein psychologisch-therapeutisches Handeln, in dem, auf der Grundlage der Diagnose und den Indikationsüberlegungen, die Expertin/der Experte ihre/seine Methoden und Interventionsstrategien einsetzt und auf diese Weise Veränderungen anzustoßen versucht. Ausgehend von den subjektiven Bedeutungsgehalten, die Menschen mit ihren Handlungen verbinden, ihrer Welt- und Selbstsicht sowie von den Zugangswegen und -entscheidungen, also ob sie beispielsweise die Hilfe freiwillig oder auf mehr oder weniger starken Druck von außen in Anspruch nehmen, ist es vielmehr notwendig, zunächst zu einer Verständigung und zu einer gemeinsamen Problemdefinition und -bearbeitung zu kommen. Der Verlauf und der Erfolg einer Beratung hängt damit von den Ergebnissen eines vielschichtigen, kontinuierlichen Aushandlungsprozesses zwischen den Beteiligten ab, der immer auch beeinflußt wird durch den institutionell-organisatorischen Rahmen und das Leitbild des Trägers der Beratungsstelle, das Aussagen zu den übergeordneten Zielen der Einrichtung enthält und eine Grundlage für die fachliche Ausgestaltung der Arbeit bildet (Lenz 1998).

Eine angemessene Untersuchung der Wirkungsmechanismen und Effektivität dieses mehrdimensionalen, in einen spezifischen inneren und äußeren Rahmen eingebetteten Handelns in der Beratung erfordert spezielle Evaluationsansätze, die in ihren Methoden und Instrumenten über das Design der Therapieevaluation hinausgehen. Das quantitativ-empirische Paradigma in der Psychotherapieforschung basiert in seinem Kern auf einer hochkomplexen quasiexperimentellen Vorgehensweise, in der durch Wiederholungsmessungen mit standardisierten Testbatterien objektivierbare Veränderungsindices erhoben werden, um Unterschiede zwischen der Behandlungs- und Kontrollgruppe nachweisen zu können.

Die Beratungsevaluation darf sich nicht auf die Untersuchung einzelner Bedingungsfaktoren, wie beispielsweise die Wirksamkeit einer Therapieform oder einer Interventiontechnik bei bestimmten Störungsbildern, unter allgemein-statistischen Kriterien beschränken, sondern muß das psychologisch-beraterische Handeln immer auch in seiner Komplexität und methodischen Vielfalt erfassen und analysieren. Dazu ist der Einsatz differentieller Prozeßanalysen, wie sie in der modernen Psychotherapieforschung bereits üblich geworden sind (vgl. Bastine et al. 1989; Grawe 1989) und insbesondere subjektorientierter Verfahren notwendig.

Die subjektorientierten Verfahren sind darüber hinaus in der Lage, auch praxisrelevante, für die Reflexion und Überprüfung der Arbeit unmittelbar verwertbare Ergebnisse zu liefern. Durch ihre große Affinität mit dem fachlichen Handeln stören sie den Umgang mit den KlientInnen nicht und lassen sich auch im Rahmen interner Evaluationsbemühungen ohne größeren Aufwand in die alltägliche Arbeit integrieren.

Methoden einer subjektorientierten Evaluation

Die Formen subjektorientierter Evaluation sind in der Auseinandersetzung mit dem quantitativ-empirischen Forschungsparadigma entwickelt worden. Allgemeines Ziel dieser Evaluationsstrategien ist es, die handlungsleitenden Konzepte der Individuen zu rekonstruieren und verstehbar zu machen. Die Menschen sind keine passiven Wesen, sondern handelnde Subjekte, die sich aktiv mit ihrer Alltagswelt auseinandersetzen, sie bearbeiten und sie sich in spezifischer Weise aneignen. Im Umgehen mit den alltäglichen Ereignissen und Anforderungen entwickeln sie Erfahrungen, die sie zu persönlichen Verarbeitungs- und Handlungsstilen zusammenfügen und weiterentwickeln. Die Denk- und Reflexionsanstöße in der Beratung und Therapie stellen in diesem kontinuierlichen Fluß der lebensgeschichtlichen und sozialen Erfahrungen nur einen Einflußfaktor dar, der durch Reaktionen und Prozesse im sozialen Netzwerk immer wieder überformt, erweitert, aber auch gehemmt und ins Gegenteil verkehrt werden kann. Die Effektivität von psychologischer Beratung und Therapie ist daher das Produkt eines zirkulären Vorgangs, bei dem die verschiedenen Elemente in einem komplex vernetzten System, unter Einbeziehung weiterer Elemente, aufeinander einwirken. Wobei jede Einwirkung eines Elements auf ein anderes in einem dynamischen Wechselwirkungsprozeß wieder auf ersteres zurückwirkt.

Die Untersuchung dieser vielschichtigen Wechselwirkungsprozesse zwischen Interventionen, sozialen Netzwerken und Lebenswelt, der Aufnahmebereitschaft der Personen und den Aushandlungsprozessen, die den Erfolg oder Mißerfolg psychologisch-beraterischen Handelns wesentlich bestimmen, erfordern ein empirisches Vorgehen, das den Gegenstand nicht in einzelne Variablen und eindeutige Ursache-Wirkungs-Zusammenhänge zerlegt, wie in der quantifizierenden Psychotherapieforschung, sondern ihn in seiner Komplexität und Ganzheit in seinem konkreten Kontext erfassen kann. Ein solcher Weg wird mit dem subjektorientierten Verfahren beschritten. In dieser Forschungsperspektive rücken die Selbstauskünfte und -beschreibungen der KlientInnen, ihre subjektiven Stellungnahmen, Bewertungen und Wahrnehmungen in den Mittelpunkt der Evaluationsbemühungen. Als unmittelbar Betroffene, so lautet die Grundannahme, sind sie in erster Linie in der Lage, Auskünfte über ihre Befindlichkeit und ihr Erleben, über Entwicklungen in ihrer Lebenswelt, über die Stabilität der erworbenen Orientierungen und Bewältigungsstrategien in ihrem Alltag, wie auch über die Wirksamkeit und Verträglichkeit der eingesetzten Interventionen und Arbeitsformen zu geben.

Standardisierte Verfahren

Die schriftliche Befragung ist insgesamt die wohl am weitesten verbreitete Methode der empirischen Sozialforschung (vgl. Schnell et al. 1995). Fragebögen sind praktikable Instrumente, die bei einer relativ kleinen Grundgesamtheit, wie zum Beispiel die in einem Berichtsjahr bearbeiteten Fälle einer Beratungsstelle, eine Vollerhebung oder bei repräsentativen Stichproben, die nach dem Zufallsprinzip zusammengestellt wurden, Schlüsse auf eine große bzw. unendliche Grundgesamtheit ermöglichen.

Ein ganz entscheidender Schritt bei der Entwicklung eines Evaluationsfragebogens stellt die Operationalisierung des Beratungserfolges dar. Da die Wirksamkeit der Beratung allenfalls in kleinen Ausschnitten direkt empirisch beobachtbar ist, müssen Zuordnungen zwischen theoretischen Kriterien oder Begriffen, den latenten Variablen, und empirisch beobachtbaren Phänomenen, den manifesten Variablen, getroffen werden. Dieser Zuordnungsprozeß stellt eine besondere Herausforderung dar, da sich in der Psychologie und in den Sozialwissenschaften die Beziehungen zwischen den theoretischen Variablen, wie der Beratungserfolg, und ihren Operationalisierungen immer nur sehr vage bestimmen lassen. Orientierungslinien für die Entwicklung und inhaltliche Formulierung von Indikatoren können beispielsweise theoretisch begründete Annahmen über Zusammenhänge und die Konsensbildung zwischen ExpertInnen bilden.

Wie läßt sich die Wirksamkeit von Beratung operationalisieren? Welche Indikatoren werden zur Bewertung der Erfolge und erzielten Veränderungen in schriftlichen Befragungen herangezogen? Eine Literaturrecherche zeigt, daß in den standardisierten Untersuchungen der Beratungserfolg meist anhand folgender Kriterien eingeschätzt wird (vgl. Sakofski & Kämmerer 1986; Lenz 1994; Naumann & Beck 1994; Jakob 1996):

- die Veränderung der Symptomatik bzw. der Probleme,
- die Erreichung der persönlichen Zielvorstellungen,
- das Ausmaß der Zufriedenheit mit der Beratung,
- die Zufriedenheit mit der Person der Beraterin/des Beraters und mit der Institution,
- die Wahrscheinlichkeit eines erneuten Kontaktes,
- die Einschätzung von KlientInnen, wie hilfreich, nützlich oder erfolgreich die Beratung war,
- die Verbesserung der familiären Beziehungen,
- die Akzeptanz von Ratschlägen der BeraterInnen durch die Eltern.

Das Kriterium „Veränderung der Symptomatik bzw. der Probleme" beispielsweise umfassen in aller Regel das Veränderungsempfinden der KlientInnen, die Häufigkeit des Auftretens des Problems zu Beginn, am Ende der Beratung und zum Zeitpunkt der Befragung sowie die Stärke der Problembelastung zu diesen drei Zeitpunkten. Konkret wird unter anderem erhoben, inwieweit die KlientInnen das Problem am Ende der Beratung und an den Befragungszeitpunkten als gebessert, unverändert oder verschlechtert betrachten, ob sie die eintretenen Besserungen auf die psychologisch-beraterische Arbeit zurückführen, welche Variablen Einfluß auf das Problem bzw. Symptom haben, ob am Ende der Beratung oder zum Befragungszeitpunkt Probleme bestehen oder neue hinzugekommen sind und wenn ja, wie groß die Belastung dadurch empfunden wird.

Die „Zielerreichung" konzentriert sich um die Fragen, welche Ziele bei den KlientInnen zu Beginn der Beratung bestanden, wie sie sich im Verlaufe der Beratung verändert haben und inwieweit die Ziele am Ende der Beratung erreicht wurden und zum Zeitpunkt der Befragung noch Stabilität aufweisen. Die Überprüfung dieses Erfolgskriterium erweist sich dann als schwierig, wenn keine expliziten Zielvereinbarungen vorgenommen wurden, was speziell in der familienorientierten Beratung häufiger der Fall ist. Die Gründe hierfür liegen sicherlich insbesondere in den unterschiedlichen Zielvorstellungen der einzelnen Mitglieder, die zudem auch noch den gemeinsamen Zielen gegenübergestellt werden müssen. Diese größere Komplexität bei der Entwicklung und Bestimmung der Ziele erfordert schwierige Aushandlungs- und Entscheidungsfindungsprozesse innerhalb der Familie und zwischen dem BeraterIn-Familiensystem, die wegen des nötigen Zeitaufwands oft nicht durchgeführt werden.

Die „Zufriedenheit mit der Beratung" ist ein zentraler Gradmesser für die Qualität der erbrachten Leistung. So bewerten beispielsweise viele Eltern die psychologisch-beraterische Arbeit für sich und ihre Familie als nützlich, erfolgreich und sinnvoll, auch wenn sie nicht zu einer sichtbaren oder wesentlichen Besserung der Symptome geführt hat. Es sollte daher sowohl nach der allgemeinen Zufriedenheit als auch nach den Variablen gefragt werden, die die Zufriedenheit beeinflußt haben. In diese Variablen gehen auch die Persönlichkeit der Beraterin/des Beraters, ihr/sein Interesse und Verständnis, ihre/seine Kompetenz und das Vertrauen in der beraterisch-therapeutischen Beziehung ein. Ergänzen lassen sich diese Aspekte des Beratungserfolges mit der Frage nach der Wahrscheinlichkeit eines erneuten Kontaktes und einer Bewertung der Einrichtung allgemein, beispielsweise bezüglich der Wartezeit und des Anmeldeverfahrens.In den meisten Untersuchungen werden die KlientInnen auch noch gebeten, einzelne Vorgehensweisen, Maßnahmen und Settings zu beurteilen und eine allgemeine Einschätzung abzugeben, sowie Kritik und Wünsche zu formulieren. Damit sind Fragen gemeint, wie zufrieden oder unzufrieden sie insgesamt mit der Beratung waren, was sie als hilfreich und nützlich empfanden, ob es etwas gab, das sie sich anders gewünscht hätten.

Die Validität der Befragungsdaten hängt in erster Linie davon ab, ob und inwieweit die gewählten Fragen als Operationalisierung der Kriterien und theoretischen Variablen geeignet sind. Der Frageformulierung kommt daher bei der Entwicklung des Erhebungsinstruments eine besondere Bedeutung zu. So bieten sich beispielsweise geschlossene Fragen, bei denen alle Antwortalternativen vorgegeben sind, an, wenn das Spektrum möglicher Antworten bekannt ist:

Beispiele

„Bei Ende der Beratung war das ursprüngliche Problem"
gelöst   gebessert   unverändert   verstärkt

„Wir (Ich) habe(n) durch die Beratung wichtige Denkanstöße erhalten"
Trifft voll und ganz zu   überwiegend zu   teilweise zu   überhaupt nicht zu

Die geschlossenen Fragen beinhalten aber immer die Gefahr, daß sie an den kognitiven Strukturen und alltäglichen Erfahrungen der Befragten vorbeizielen, und auf diese Weise die höhere Reliabilität durch eine mangelnde Validität erkauft wird. Wenn über die zu erwartenden Antworten in ihrer Spannweite und Struktur nicht genügend Informationen vorliegen, sollte daher offenen Fragen der Vorzug gegeben werden, die einen Raum für freie Formulierungen bieten und zumindest bis zu einem bestimmten Grad, eine Erfassung breiterer Positionen und Sichtweisen ermöglichen:

Beispiel

„Was hat Ihnen (Dir) an der Beratung besonders gefallen?"
„Was hat Ihnen (Dir) gut getan?"

Denkbar sind auch Mischformen beider Typen, sogenannte Hybridfragen, bei denen eine offene Kategorie „Sonstiges" den Antwortvorgaben hinzugefügt wird:

Beispiel

„Was empfanden Sie als hilfreich?"
- Mir hat jemand zugehört.
- Ich bekam konkrete Ratschläge.
- Ich verstand die Probleme meines Kindes besser.
- Ich verstand mein eigenes Verhalten besser.
- Ich fand heraus, was ich ändern kann.
- Ich lernte mir selbst zu helfen.
- Ich fand nichts hilfreich.
Sonstiges:

Bei der Auswertung der offenen Fragen bzw. Teilfragen ist es erforderlich, aus den komplexen Informationen der Befragten zunächst zugrundeliegende Kategorien abzuleiten, denen die Antworten dann zugeordnet werden. Dieser Zuordnungsprozeß ist bei geschlossenen Fragen bereits bei der Entwicklung der Fragen vorweggenommen, in dem bereits in der Formulierung die Struktur und das Spektrum der zu erwartenden Antworten antizipiert wird, was die gesamte Auswertung erleichtert.

Auch durch ein Einfügen verschiedener Formen bleibt allerdings eine standardisierte Befragung hinsichtlich Frageformulierung und -reihenfolge starr. Sie erlaubt den Befragten keine Abschweifungen, keine Entwicklung eigener Konzepte und Akzentsetzungen außerhalb des mehr oder weniger breiten vorgegebenen Rahmens. Dadurch sind zwar einerseits Vollständigkeit und Vergleichbarkeit der Antworten stärker gesichert. Daß aber andererseits die Einschränkungen in den Antwortmöglichkeiten den Anliegen und Interessen der Befragten vielleicht nicht gerecht werden, deutet die relativ große Verweigerungsrate schriftlicher Befragungen an. So bewegt sich etwa der Rücklauf von Fragebögen bei katamnestischen Untersuchungen in Erziehungs- und Familienberatungsstellen in aller Regel zwischen 23 % und 46 %. Die Höhe der Rücklaufquoten läßt vermuten, daß vermehrt wohl zufriedene KlientInnen mit einem höheren sozialen Status und Selbstmelder und weniger etwa unzufriedene Personen und Multiproblemfamilien, die nicht aus eigener Initiative an die Beratungsstelle kamen, antworten (vgl. dazu Lenz 1994).

Ganz abgesehen von der relativ wenig zeitaufwendigen Datengewinnung und den Möglichkeiten des Einsatzes computergestützter Auswertungsprogramme liefern die Ergebnisse solcher standardisierter Befragung sicherlich eine Reihe von wertvollen Rückmeldungen über die Wahrnehmungen, Beurteilungen und Bewertungen der KlientInnen, die vor allem eine konkrete Darstellung der Wirksamkeit psychologisch-beraterischer Arbeit und eine Dokumentation grundlegender Prozesse gestatten. So lassen sich nach einer statistischen Auswertung die vielfältigen Daten etwa in Form von Tabellen, Häufigkeitsverteilungen und graphischen Darstellungen anschaulich, auf wesentliche Informationskerne reduziert, darstellen. Die Eindeutigkeit mathematischer Symbole und Operationen gestattet Nachvollziehbarkeit des Auswertungsprozesses und erleichtert die Kommunizierbarkeit von Ergebnissen sowie Vergleiche mit anderen Befunden und Daten.

Um einen gezielten Perspektivenvergleich anzustoßen, sollten die BeraterInnen parallel zu der KlientInnen-Befragung zu jedem untersuchten Fall eigene Einschätzungen vornehmen. Damit eröffnen sich zusätzliche Möglichkeiten für eine Reflexion und eigenverantwortliche Weiterentwicklung der fachlichen Qualität der Arbeit. Mit einfachen Instrumenten, die primär offene Fragen enthalten, nehmen sie beispielsweise Stellung:

- zu Art und Form des Beratungsendes,
- zur Problemveränderung aus ihrer Sicht,
- zur eigenen Zufriedenheit mit der Beratung
- über eine Einschätzung der vermuteten Zufriedenheit der KlientInnen.

Eine sinnvolle Ergänzung der schriftliche Befragung der KlientInnen stellt die Methode des „Goal Attainment Scaling" (GAS) dar (vgl. Wittmann 1985). Das GAS ist ein häufig eingesetztes Evaluationsverfahren und wird in einer Vielzahl von Modifikationen angewendet, so daß man kaum von einer einheitlichen Technik sprechen kann.

Grundsätzlich soll aber immer das Erreichen zuvor festgelegter individueller oder familiärer Ziele als Erfolgskriterium überprüft werden. Das Kernstück dieser Methode ist eine sogenannte Zielerreichungsliste. Dazu werden die präsentierten Symptome von KlientInnen gemeinsam mit der Beraterin/dem Berater in bedeutsame Problembereiche umgeformt, in eine hierarchische Abfolge hinsichtlich ihrer Relevanz für die Betroffenen gebracht, und für sie klare, überprüfbare und realistische Zielerreichungsindikatoren festgelegt. In der klassischen Variante wird eine fünffach abgestufte Skalierung des Zielerreichungsniveaus mit den Werten -2, -1, 0, +1, +2 vorgenommen, wobei der Wert 0 für das mit hoher Wahrscheinlichkeit erwartete Ergebnis, die beiden Extremwerte (-2 und +2) für eine Stagnation oder Verschlechterung bzw. für eine unerwartet positive Entwicklung stehen. Die beiden dazwischen liegenden Stufen (-1 und +1) kennzeichnen eine etwas schlechtere bzw. etwas bessere Entwicklung als die erwartete Zielerreichung.

Beispiel: Durchschlafstörungen eines Kindes

-2 jede Nacht aufwachen und ins elterliche Schlafzimmer gehen
-1 jede zweite Nacht aufwachen und nach Beruhigung weiterschlafen
0 einmal pro Woche aufwachen
+1 einmal in 10 Tagen nicht durchschlafen und im Zimmer bleiben
+2 einmal pro Monat nicht durchschlafen und das gelassen hinnehmen

Da die Skala ein intern konsistentes Kontinuum der möglichen Ergebnisdimensionen, mit weitgehend vergleichbaren, sich wenig überlappenden Abständen darstellen sollte, sind detaillierte meßtheoretische Kenntnisse und Erfahrungen in der Durchführung notwendig. Für die Praxis reichen sicherlich auch einfachere Verfahren aus. Der jeweilige Grad der Zielerreichung wird beispielsweise von allen Beteiligten, also sowohl von den Familienmitgliedern zum systematischen Vergleich der Perspektiven als auch von der Beraterin/dem Berater, auf einer einfachen Rating-Skala mit den folgenden Abstufungen eingeschätzt: -1=Verschlechterung, 0=keine Veränderung, +1=minimaler Fortschritt, +2=leichter Fortschritt, +3=deutlicher Fortschritt, +4=ideale Zielvorstellung.

Ein derartiges Instrument läßt sich nicht nur zur Beurteilung der Wirkung, also der Ergebnisqualität, und der Stabilität der Beratung nach Abschluß und nach einem bestimmten Zeitraum in einer Katamnese einsetzen, sondern auch ohne großen Aufwand effektiv in die Verlaufs- und Prozeßdiagnostik einfügen.

Alle Formen des Goal Attainment Scaling rücken die Perspektiven der KlientInnen, ihre Definitionen, Erwartungen und Ziele in den Mittelpunkt. Damit wird zum einen die grundlegende Qualiätsdimension „NutzerInnenorientierung" in den Mittelpunkt aufgegriffen und in den Mittelpunkt gestellt. Zum anderen trägt der Prozeß der Zielsetzung auf Seiten der KlientInnen zu einer Motivationserhöhung und zur Klärung des Anspruchniveaus bei und hat daher auch psychologisch-therapeutische Effekte. „Das heißt, in dem Moment, wo sich eine Person oder eine Familie selbst ein Ziel setzt, richtet sie sich auf dieses aus und erhöht damit die Wahrscheinlichkeit, dieses Ziel zu erreichen" (Balck & Cierpka 1996, 96).

Probleme bei der Skalenkonstruktion verweisen auf die Grenzen dieser Evaluationsmethode. So besteht die Gefahr, daß am Beginn der Beratung zu „leichte" oder zu „schwierige" Zielsetzungen vorgenommen werden. Darüber hinaus erfolgt die Formulierung der Inhalte der Zielbereiche durch die KlientInnen in aller Regel lediglich auf der Verhaltensebene und wesentlich seltener auf der Beziehungs- und Systemebene. Desweiteren sind viele komplexe Zielbereiche nur unzureichend in verschiedenen Einzelzielen zu präzisieren und zu operationalisieren. Ziele können sich nicht zuletzt im Verlaufe der Arbeit verändern. Die mögliche Abwandlung der Methode, in dem auch kurz- und mittelfristige Ziele aufgenommen werden, löst allenfalls einige der in diesem Zusammenhang auftretenden Schwierigkeiten (vgl. ausführlich Balck & Cierpka 1996).

Darüber hinaus kann sich die Ergebnisevaluation bzw. Katamnese nicht auf die Überprüfung der KlientInnen-Zufriedenheit, gemeinsam festgelegter Ziele und der Besserung der Symptome bzw. Probleme allein beschränken. Sie stellen lediglich einen

Ergebnisstrang der beraterisch-psychologischen Interventionen dar, der oft sogar relativ wenig mit den Veränderungen und Entwicklungen verbunden ist, die durch die gemeinsamen Bemühungen angestoßen wurden. So sind vielleicht synergetische Effekte ausgelöst worden, die die Betroffenen ermutigen und stärken, ihre eigenen Angelegenheiten in die Hand zu nehmen, ihre eigenen Kräfte und Kompetenzen zu sehen und ernst zu nehmen bzw. den Wert ihrer selbst erarbeiteten Lösungen zu schätzen (Keupp 1993). Wichtig ist es also, verbesserte Gestaltungsmöglichkeiten und freigelegte Empowermentprozesse in die Bewertung und Beurteilung einzubeziehen.

Wie lassen sich diese komplexen, sogenannten Veränderungen 2. Ordnung oder „ultimate goals" (Olson 1988) angemessen abbilden und beschreiben? Welche Methoden eignen sich zur Erfassung der Veränderungen auf dieser Ebene?

Für die Untersuchung solcher komplexer Veränderungen und Entwicklungen gewinnt der qualitative Forschungsansatz eine besondere Bedeutung. Qualitative Verfahren setzen nicht an einzelnen Variablen und Merkmalen an, sondern berücksichtigen die auf den Gegenstand bezogenen Sicht- und Handlungsweisen und verknüpfen die unterschiedlichen Perspektiven und Hintergründe miteinander.

Auf diese Weise eröffnen sich auch Zugänge für eine intensive fachliche Auseinandersetzung mit den angewandten Methoden und Vorgehensweisen und für die Entwicklung und Reflexion der Praxis. So liefern qualitative Verfahren auch wertvolle Ansatzpunkte für komplexere fachliche Fragestellungen, wie sie im Zusammenhang mit der Planung neuer Aktivitäten und die Fundierung von Entscheidungen über die Weiterführung, Veränderung oder Ausweitung bestimmter Arbeitsformen oder im Rahmen umfassender Überprüfungen bestehender Angebote und Ansätze, auftauchen.

Qualitative Verfahren

Die vielschichtigen Prozesse des Wahrnehmens und Definierens, des Bewertens und Neubewertens sowie die Wechselwirkung zwischen externen und beratungsinternen Bedingungen und Einflüsse, die das komplexe Konstrukt Ergebnisqualität oder Outcome von Beratung begründen, lassen sich mit standardisierten Methoden lediglich in Auschnitten erfassen. Eine differenzierte Überprüfung von Erfolgs und Mißerfolg erfordert eine sensible Rekonstruktion der Alltagswelt der KlientInnen, ihrer subjektiven Einschätzungen und Selbstbeschreibungen sowie der subjektiven Sinnstrukturen und Bedeutungsgehalte, die sie mit ihren Handlungen verbinden.

Grundlegend für einen solchen verstehenden Zugang zu den Befragten und ihrer Selbst- und Weltsicht ist die Offenheit (vgl. dazu Lenz 1990). Dieses Prinzip besagt, daß der Themenbereich nicht wie durch die Konstruktion eines Fragebogens vorstrukturiert wird, sondern die Strukturierung sich durch die Antworten herausbildet. Durch die Anwendung offener Verfahren soll ermöglicht werden, daß die Menschen im Gesprächsprozeß ihre subjektiven Perspektiven und Erfahrungen entfalten können und es soll gerade verhindert werden, daß ForscherInnen ihre eigene Sicht der Dinge für die der Befragten halten.

Anders als bei den quantitativen Verfahren wird im qualitativen die Kommunikation zwischen ForscherIn und Forschungssubjekt zum expliziten Bestandteil der Erkenntnis und nicht als Störvariable betrachtet (Flick 1995). Sie/er versucht die Forschungssituation in Anlehnung an die vertrauten Kontexte und Regelsysteme der alltäglichen Kommunikation zu gestalten und so wenig wie möglich zu kontrollieren, gewissermaßen in die Welt der Befragten einzutauchen.

Die beiden grundlegenden Prinzipien der qualitativen Methodologie Offenheit und Kommunikation weisen eine große Affinität mit der Grundhaltung in der beraterisch-therapeutischen Arbeit auf. Die auf diesen Prinzipien aufbauende qualitative Evaluation (vgl. Patton 1990; Faller & Frommer 1994) knüpft also eng an die Erfahrungen und Kompetenzen der BeraterInnen an und läßt sich daher relativ leicht als eine interne, selbstevaluative Strategie in die Beratungspraxis einführen. Wesentlicher Bestandteil dieser Vorgehensweise ist die Berücksichtigung und Analyse unterschiedlicher Perspektiven der Beteiligten sowie Reflexion des „Forschers" über seine Handlungen und Beobachtungen. Seine Eindrücke, Irritationen und Gefühle werden zu Daten, die kontrolliert in die Interpretationen einfließen und damit ein kontinuierliches Gegenüberstellen der Sichtweisen und Einschätzungen aller Beteiligten gewährleisten.

Das Prinzip der Offenheit darf nicht mit einer theoretischen Voraussetzungslosigkeit gleichgesetzt werden. Auch eine qualitative Evaluation kommt nicht ohne Präzisierung der Fragestellungen und verwendeten Konzepte aus. Ausgehend von Grunddimensionen der Qualität - zum Beispiel NutzerInnen-Orientierung, fachliche Standards, Menschenbild und gesetzliche Vorgaben - müssen Qualitätsziele der Beratungsarbeit definiert und Kriterien entwickelt werden. Zur Erfassung der Wirksamkeit und Stabilität von Beratung können auf der Ebene der Ergebnisqualität beispielsweise folgende mögliche Merkmale herangezogen werden (vgl. Lenz 1998):

- *Kommunikation und Diskursfähigkeit*

Im geschützten Beratungsrahmen wurde die Klientin/der Klient oder die Familie ermutigt, angstfreier, offener über ihre Gefühle, Konflikte und Erfahrungen zu sprechen. Sie haben erlebt, daß es sinnvoll ist, miteinander zu reden und sich auseinander zu setzen, und daß die Suche nach Wegen aus der Sprachlosigkeit zur Verbesserung der familiären Atmosphäre beiträgt.

- *Alltags- und Lebensweltransfer*

Inwieweit lassen sich die erfahrenen Denkanstöße und gemeinsam erarbeiteten Lösungsmöglichkeiten in den Alltag umsetzen und im konkreten lebensweltlichen Kontext anwenden? Besitzen sie auch im Fluß der Alltagsroutine und -zwänge Stabilität? Bestehen die erworbenen Bewältigungsstrategien auch in anderen Lebens- und Rollenbereichen? (vgl. Straus et al. 1988).

- *Ressourcenaktivierung*

In welchem Umfang ist es in der beraterischen Arbeit gelungen, an den positiven Möglichkeiten, Fähigkeiten und Stärken der Kinder, Jugendlichen und Eltern anzuknüpfen? Neben den psychischen Kompetenzen und individuellen Copingstrategien kommt dabei der Förderung und Stärkung der sozialen Unterstützungsressourcen eine große Bedeutung zu. Die Anregung zu einer bewußteren Auseinandersetzung mit dem sozialen Beziehungsnetzwerk und deren Dynamik, sowie die Ermutigung zur Intensivierung bestehender Beziehungen und Reaktivierung früherer Bindungen stehen dabei im Vordergrund.

- *Problembewältigung*

Damit ist in erster Linie die sichtbare und wesentliche Besserung der Symptome, die übergreifenden Verhaltensänderungen, die Erweiterung von Handlungskompetenzen und Bewältigungsmöglichkeiten wie auch die Sensibilisierung in der Problem- und Konfliktwahrnehmung gemeint. Es geht also um die aktive Unterstützung und direkte Anleitung der KlientInnen. Inwieweit bekamen sie beispielsweise Wissen, Erfahrungen und Fähigkeiten vermittelt, um mit den Problemen anders umgehen zu können, mit ihnen besser fertig zu werden?

- *Klärung*

Kindern, Jugendlichen und Eltern soll dabei geholfen werden, sich über die Bedeutungen ihres Erlebens und Verhaltens im Hinblick auf ihre bewußten und unbewußten Ziele und Werte klarer zu werden, und damit sich selber besser annehmen zu können (vgl. Grawe 1995). Darüber hinaus beinhaltet dieses Merkmal die Stärkung und Förderung der Ambiguitätstoleranz, um die verschiedenen, disparaten lebensweltlichen Erfahrungen zu einem befriedigenden Selbsterleben zusammenführen zu können, sowie die des Kohärenzsinns. Aaron Antonovsky (1987) versteht darunter eine affektiv-kognitive Orientierung, die sich auf die persönliche Fähigkeit bzw. auf das Gefühl eines Menschen bezieht, die Welt zu verstehen, in ihr zurechtzukommen und das eigene Handeln als sinnvoll zu begreifen.

- *KlientInnen-Zufriedenheit*

Auf der Ebene der Ergebnisqualität umfaßt die subjektive Zufriedenheit der KlientInnen die Dimensionen „Grad der Zielerreichung und der erzielten Veränderungen", „Beurteilung der Gesamtentwicklung", „Bewertung der Stabilität des Beratungserfolges" und „Einschätzung des Beratungsprozesses, der Person der Beraterin/des Beraters und der Institution". Die Zufriedenheit mit der Beratung hängt nur gering mit dem Grad der Reduktion von Symptomen zusammen. Viele KlientInnen bewerten vielmehr die beraterisch-psychologische Arbeit für sich als nützlich, erfolgreich und sinnvoll, auch wenn sie nicht zu einer sichtbaren oder wesentlichen Besserung der vorgestellten Probleme geführt hat (vgl. Lenz 1994). Solche Befunde verweisen darauf, daß Zufriedenheit im Leben oder Lebensqualität als ein komplexes Phänomen sich nicht ausschließlich auf eine isolierbare Größe, wie beispielsweise Symptomveränderung, reduzieren lassen.

Dieser vorgestellte Katalog von Qualitätsmerkmalen versteht sich ganz generell als Anregung und erste Orientierung für die Definition von Zielen und Inhalten der Beratungsarbeit. Qualitätssicherung wäre ein reines Kontrollinstrument, wenn Wissenschaft, Zuschußgeber oder Träger elaborierte Qualitätsstandards vorgeben würden. Qualitätsstandards und -kriterien speziell auf der Ergebnisebene können, meines Erachtens, im

Rahmen von grundsätzlichen Leitlinien, nur in der Einrichtung von den MitarbeiterInnen gemeinsam präzisiert, kontinuierlich weiterentwickelt und nach außen vertreten werden.

Um solche Qualitätskriterien transparent machen und abbilden zu können, bedarf es der Konstruktion von sogenannten Indikatoren, also von Sachverhalten, die eine präzise intersubjektive Verständigung ermöglichen. Indikatorenbildung und Operationalisierung sind daher auch in den qualitativen Vorgehensweisen ganz entscheidende Schritte. Sie bilden die Grundlage für die methodischen Entscheidungen, das heißt in welcher Form die Datenerhebung durchgeführt werden soll.

Der Komplexität des Gegenstandes angemessen sind sicherlich die verschiedenen Formen des qualitativen Interviews (vgl. Hopf 1995). Insbesondere Leitfaden-Interviews haben größere Aufmerksamkeit erfahren und werden inzwischen in breitem Maße angewendet. Kennzeichnend für diese semistrukturierte Interviewform ist, daß mehr oder minder offen formulierte Fragen in Form eines Gesprächsleitfadens gestellt werden, auf die der Befragte frei antworten soll. Der Weg zur Sicht des Subjekts soll dabei durch keinerlei restriktive Vorgaben, wann und in welcher Reihenfolge die Themen zu behandeln sind, verstellt werden. Klaus Wahl et al. (1982) bezeichnen diese Vorgehensweise als eine „gestaltete Offenheit".

Die inhaltlichen Konkretisierungen des Leitfadens orientieren sich jeweils an Themenbereichen, das heißt an den festgelegten Qualitätskriterien bzw. deren Indikatoren und Operationalisierungen. Es müssen also, ähnlich wie bei den standardisierten Erhebungsmethoden, Fragen entwickelt werden, die in der Lage sind, möglichst klar und eindeutig das Vorliegen der theoretischen Variablen anzuzeigen.

Eine besondere Herausforderung stellt bei allen qualitativen Vorgehensweisen die Auswertung dar. Die vorliegenden Auswertungsverfahren, wie etwa das von Ulrich Oevermann et al. (1983) entwickelte Verfahren der „objektiven Hermeneutik", sind meist entweder sehr zeitaufwendig oder zu stark aber an eine bestimmte Form qualitativer Interviews gebunden.

Für die Auswertung von leitfadenorientierten mündlichen Nachbefragungen und Katamnese-Interviews eignet sich besonders das sogenannte „themenzentriert-komparative Verfahren" (vgl. Lenz 1990).

Dieses Verfahren umfaßt folgende Arbeitsschritte:

- Die auf Band aufgezeichneten Interviews werden zunächst vollständig transkribiert, also in eine verschriftete Form gebracht.

- In der nächsten Stufe der Auswertung geht es darum, die einzelne Qualitätskriterien im Interviewprotokoll zu identifizieren. Dabei ist zu berücksichtigen, daß Aussagen zu bestimmten Themenkomplexen nicht nur dann auftreten, wenn explizit danach gefragt wurde. Das Protokoll muß daher mehrmals sorgfältig durchgelesen werden, wobei man sich bei jedem Durchgang auf die Suche nach Aussagen zu einigen Qualitätskriterien begrenzen sollte. Aufgabe der Kodierung ist es, sicherzustellen, daß alle thematisch relevanten Aussagen bei der Interpretation zum Tragen kommen. Sie sollte also inklusiv sein, das heißt jede Äußerung sollte einem Themenkomplex, sprich Qualitätskriterium, zugeordnet werden. Dabei kann es natürlich vorkommen, daß bestimmte Aussagen unter mehreren Kategorien kodiert werden. Auch ist es denkbar, daß in einem Interviewprotokoll ein neues Thema auftaucht, das dann im weiteren Verlauf der Auswertung genauso behandelt werden sollte wie die vorgegebenen Kategorien.

- Aufgabe des nächsten Schrittes ist es, zu verstehen, was die/der GesprächspartnerIn mit ihren/seinen Äußerungen zu einer bestimmten Kategorie „eigentlich gemeint" hat. Die einzelnen Feststellungen im Text sollen auf dieser Stufe zu einem schriftlichen Substrat verdichtet werden, damit die immanenten Strukturen sichtbar werden. Dieser Verdichtungsprozeß orientiert sich vor allem an zwei Grundfragen:
  – Welche Situationsdefinitionen und Wirklichkeitskonstruktionen lassen sich im Interview auffinden? Wie stellen sich aus der Perspektive der GesprächspartnerInnen) die Ergebnisse der Beratung/Therapie dar?
  – Welche Mittel und Methoden wendet sie/er an, um die Definitionen und Konstruktionen zu „erklären"? Wie konstruiert sie/er methodisch ihre/seine Perspektiven?

- Das Verstehen eines Systems von Feststellungen setzt immer die Einbeziehung des Kontextes voraus. Aus der Orientierung am Gesamtinterview und in Verbindung mit dem interview-übergreifenden Wissen über die Person hat die/der InterpretIn ein Vorverständnis von dem, was die/der Befragte mit seinen Feststellungen wohl gemeint hat (Garfinkel 1973). Dieses Vorverständnis ist ein Wissen, das zunächst durch die Bearbeitung des Textes noch nicht bestätigt ist. Aussagen im Interviewprotokoll werden im Vorgriff als Konkretisierung des erwarteten Musters aufgefaßt, als Beispielfälle gelesen. Die Muster sind gewissermaßen Hypothesen, die an den Text herangetragen werden und haben die Aufgabe, die aktive Suche nach Belegen und negativen Fällen zu steuern. Die so gewonnenen Muster werden als Interpretationsschema für die Feststellungen im Text verwendet. Das heißt, der zu dem Themenkomplex gehörige Text ist nach Äußerungen zu durchsuchen, die dieses Muster belegen oder davon abweichen. Die auf diese Weise gewonnenen Ergebnisse werden dann in das für einen Themenkomplex zu erstellende Substrat übertragen. Ein Substrat wird also immer mehrere Muster umfassen. Die schriftliche Abfassung eines Substrats sollte sich weitgehend am Sprachduktus des jeweiligen Textes orientieren. Es ist genau darauf zu achten, daß die textimmanenten Bedeutungsgehalte nicht durch die Verwendung von fachlich-theoretischen Konzepten überdeckt werden.

- Die bislang durchgängige Orientierung am Einzelfall wird auf dieser Stufe der Auswertung aufgegeben. Die Verknüpfung wird hergestellt, indem die Substrate zu einzelnen Themenkomplexen über alle vorliegenden Interviews hinweg miteinander verglichen werden. Aus der Gegenüberstellung sollen weitergehende Aussagen gewonnen werden. Dadurch, daß Differenzen und Ähnlichkeiten in den einzelnen

Substraten nebeneinandergestellt werden, eröffnen sich Möglichkeiten zu einer emergenten Konzeptualisierung von Kategorien und kategorialen Merkmalen bzw. der Relation zwischen den Kategorien zu gelangen. Benennungen für die Kategorien können sowohl aus der Sprache der Befragten als auch aus theoretischen Konzepten und Zusammenhängen konstruiert werden.

- Die letzte Stufe stellt die Suche nach typischen, häufig vorfindbaren Kombinationen von Kategorien dar, um zu grundlegenden Aussagen über eine bestimmte Gruppe des Klientels zu kommen.

Der hohe Zeitaufwand, der mit der Auswertung und Interpretation der Interviewprotokolle einhergeht, bringt es mit sich, daß in der Praxis nur eine umschriebene Personengruppe untersucht werden kann. Mit qualitativen Verfahren läßt sich beispielsweise nicht die Grundgesamtheit aller abgeschlossenen Fälle, sondern lediglich eine kleine, nicht repräsentative Stichprobe analysieren. Dieser begrenzte Umfang der Stichprobe ermöglicht allerdings eine genaue Betrachtung des jeweiligen „Falls" und darüber hinaus eine Identifizierung von zugrundeliegenden Mustern über den Einzelfall hinaus, die konkrete Schlußfolgerungen über die Wirkung von Arbeitsformen und Methoden gestatten. Es werden also sinnhafte in sich organisierte Erscheinungsformen des offenen und wechselseitigen Geschehens in der Beratung als auch Typen bzw. typische Prozesse rekonstruiert. Damit werden keine Aussagen über die Häufigkeit, der als typisch erscheinenden Phänomene verknüpft, was aber ausgesagt werden kann, ist, ob und inwieweit die formulierten Typen wiederkehrend im erforschten Wirklichkeitsbereich auffindbar sind. Eine solche intensive Analyse ist in der Lage, eine gezielte Reflexion und Bewertung des Handelns anzustoßen und die Weiterentwicklung der Qualität der Dienstleistung Beratung zu sichern.

Eine Zufallsfallauswahl oder Vorab-Festlegung der Untersuchungsgruppe ist bei diesem methodischen Vorgehen keine sinnvolle Strategie. Für Auswahl und Zusammensetzung empfiehlt sich vielmehr das Prinzip des „theoretical sampling" (Glaser & Strauss 1967). „Theoretisches Sampling bezeichnet den Prozeß der Datensammlung zur Generierung von Theorien, wobei der Forscher seine Daten gleichzeitig sammelt, kodiert und analysiert und dabei entscheidet, welche Daten als nächstes gesammelt werden sollten und wo sie zu finden sind, um seine Theorie zu entwickeln, während sie emergiert" (45). Die Auswahl der Personen oder Gruppen orientiert sich an dem zu erwartenden Gehalt an Neuem, die sie für die zu entwickelnde Theorie einbringen könnten. Die Kriterien mit denen sich die prinzipielle Unbegrenztheit der Auswahlmöglichkeiten begründet einschränken läßt, werden theoriebezogen festgelegt, wobei die sich aus den empirischen Analysen entwickelnde Theorie den Bezugspunkt darstellt. Zu Kriterien werden hier, wie vielversprechend der jeweilige Fall ist und wie relevant er für die zu entwickelnde Theorie sein dürfte.

Die Auswahl und Einbeziehung weiteren Materials wird im „theoretical sampling" abgeschlossen, wenn eine „theoretische Sättigung" einer Kategorie oder Untersuchungsgruppe erreicht ist, d.h. keine zusätzlichen Daten mehr gefunden werden können, also sich nichts Neues mehr ergibt (Glaser & Strauss 1967).

Kinder in der Erziehungs- und Familienberatung - Ein Praxisforschungsprojekt [1]

Praxisforschung charakterisiert einen spezifischen Zugang zur psychosozialen Praxis und ein spezifisches Verhältnis zwischen Theorie und Praxis (vgl. Beerlage & Fehre 1989). Sie dient der Entwicklung der psychosozialen Arbeit durch die Analyse von Bedingungen, Zusammenhängen und Wirkungen in der beruflichen Praxis und durch die Herstellung eines Kontextes, in dessen Rahmen die PraktikerInnen mit den Erkenntnissen arbeiten können. Praxisforschung ist somit ein umfassender durch wissenschaftliche Methoden begleiteter Prozeß, in dessen Verlauf Fragestellungen aus der Praxis aufgegriffen werden und die Ergebnisse wieder unmittelbar in die Praxis zurückfließen. Insofern versteht sie sich als eine auf Anwendung hin orientierte Forschung, eine Art der Begleitforschung, in der in einem längeren Prozeß Perspektiven vorsichtig erweitert und modifiziert werden, gegebenfalls aber auch bestehen bleiben. Praxisforschung zielt damit auf ein dialogisch-reflexives Modell ab, in dem sich Theorie und Praxis wechselseitig anregen und weiterentwickeln. Ziele der vorliegenden Studie sind:

- Nachweise zu erbringen, daß die subjektorientierten Methoden der Evaluationsforschung in der Lage sind, praxisrelevante und unmittelbar anwendungsorientierte Befunde zu liefern,
- PraktikerInnen anzuregen, diese Methoden als Bestandteil psychosozialer Praxis zu etablieren und sie im Rahmen von internen Evaluations- und Selbstevaluationsaktivitäten in ihrem beruflichen Alltag einzusetzen und
- den Blick gezielt auf die Stellung und die Rolle der Kinder in Praxis und Theorie der Erziehungs- und Familienberatung zu richten.

Die beraterisch-psychologische Arbeit mit Kindern macht neben einer individuellen, personenbezogenen immer auch eine kontextuelle Perspektive notwendig. So waren bereits in den 50er Jahren nach dem von den angloamerikanischen „Child Guidance Clinics" übernommenen Arbeitsansatz in der Erziehungsberatung zwar das Kind in erster Linie als Problemträger und Objekt der „Behandlung", die Eltern und andere wichtige familiäre Bezugspersonen wurden aber kontinuierlich mit in die Behandlung einbezogen. Sie galten allerdings mehr als „Beziehungspersonen", auf deren Erziehungsverhalten und -einstellungen gezielt Einfluß genommen werde sollte. Diese Vorstellung führte zu der Regelung, in bestimmten zeitlichen Abständen, parallel zu der Betreuung des Kindes eine Beratung der Eltern durchzuführen.

Ab Mitte der 70er Jahre gewannen systemische Ansätze zunehmend Einfluß in der Erziehungsberatung. Heute gehört das familienorientierte Setting zum Standardrepertoire der BeraterInnen (Menne 1992). Florian Straus et al. stellten bereits 1988 in ihrer

---

[1] Das Forschungsprojekt wurde vom Bundesministerium für Familie, Senioren, Frauen und Jugend finanziert und in Kooperation mit dem Deutschen Caritasverband an verschiedenen Erziehungs-und Familienberatungsstellen in kirchlicher und kommunaler Trägerschaft in Nordrhein-Westfalen durchgeführt.

Studie fest, daß in über 65 % der Fälle die ganze Familie mehrmals in das Beratungsgeschehen einbezogen war.

Nicht mehr das Kind mit seinen Auffälligkeiten und psychischen Problemen wird also in erster Linie zum Gegenstand der „Behandlung", sondern das psychologisch-beraterische Handeln richtet sich auf das familiäre Beziehungssystem, auf seine Dynamik, Struktur und Organisation. Alle Phänomene werden im Kontext ihrer Beziehungen untereinander betrachtet - man müßte vielleicht zutreffender sagen, erlebt. Das heißt, die Beraterin/der Berater fragt, welche Bedeutung etwa die kindliche Problematik für die Familie haben könnte und welche gegenläufigen, zumeist unbewußte Tendenzen zu erwarten und zu finden sind, die eine Aufrechterhaltung der Symptomatik des Kindes mit bedingen. Die Familie wird dabei nicht von außen wahrgenommen und „beurteilt", die Beraterin/der Berater leitet vielmehr als Mitglied des Systems ihre/seine diagnostischen Einschätzungen bzw. Konstruktionen aus dem Fühlen, Denken und den Gegenübertragungen auf die familiäre Szene ab. Sie/er arbeitet damit in einem „Klinischen System", das von ihr/ihm mitkonstituiert wurde und das sich in ständiger Veränderung befindet (vgl. Cierpka 1996; Ludewig 1992).

Ob im Zusammenhang mit den systemischen Konzepten von einem „Paradigmawechsel" (Guntern 1980) gesprochen werden kann, sei einmal dahin gestellt. Mit Sicherheit entlastet aber die systemische Perspektive im Vergleich zu den klassischen kindzentrierten Vorgehensweisen, da sie nicht mehr als „krank", „auffällig" oder „gestört", sondern als „identifizierter Patient" im Familiensystem betrachtet werden.

Klaus Menne (1992) weist aber zurecht darauf hin, daß dieses „neue Normalmodell von Beratung" zumindest strukturell dazu verführen kann, die Kinder, also - „die eigentlichen Adressaten der Jugendhilfe" - aus dem Blick zu verlieren (321). In aller Regel verlagern sich in der systemisch orientierten Arbeit die konkreten beraterischen Bemühungen in erster Linie auf die Paarebene und die weiteren familiären Beziehungen. Die Rolle der Kinder und ihrer Beteiligung in dem beraterisch-therapeutischen Prozeß, wie die Form der Bearbeitung ihrer Probleme werden nach wie vor kaum thematisiert, obwohl sie in der Regel die „Symptomträger" und „Indexpatienten" sind. In so einflußreichen familientherapeutischen Schulen wie der Mailänder Gruppe um Mara Selvini Palazzoli und der von Don Jackson, Jules Riskin und Virginia Satir gegründeten „Mental Research Institute" in Palo Alto wird in erster Linie eine indirekte Behandlungsstrategie verfolgt und auf die Präsenz der Kinder entweder ganz verzichtet oder ihnen nur die Rolle des Beschwerdeführers zugewiesen.

Auch in den neueren Konzeptualisierungen und Weiterentwicklungen familientherapeutischer Modelle werden weder theoretische Überlegungen über die Einbeziehung der Kinder angestellt noch Hinweise über das konkrete Vorgehen, Form oder eventuell mögliche Zeitpunkte gegeben und diskutiert (vgl. beispielsweise Cierpka 1996; Bauriedl 1994).

Angesichts der zahlreichen offenen Fragen im Zusammenhang mit der Rolle der Kinder im Familiensetting und der Form ihrer Beteiligung entwickeln BeraterInnen meist individuelle Strategien und Lösungen, die sich dann als mehr oder weniger effektiv und konstruktiv für den beraterischen Prozeß erweisen. Manche begegnen der aufkommenden Langeweile und Unruhe der Kinder in den Familiengesprächen durch eine Rhythmisierung der Stunde, indem das gemeinsame Reden immer wieder durch Spielphasen unterbrochen wird. Andere wiederum bestehen zwar auf der regelmäßigen Anwesenheit der Kinder, „entlassen" sie aber in den Sitzungen, nach einer gemeinsamen Anfangsphase aus dem Familiensetting und bieten ihnen an, sich im Spielzimmer zu beschäftigen. Eine Reihe von BeraterInnen arbeiten nach einigen gemeinsamen Terminen mit den Eltern oder einem Elternteil allein weiter, auch wenn die Probleme der Kinder im Mittelpunkt stehen. Besteht bleibt bei vielen PraktikerInnen eine gewisse Unzufriedenheit darüber, daß in diesem Bereich kaum Befunde vorliegen oder Orientierungen angeboten werden, die etwa als Reflexionsfolie für das praktische Vorgehen dienen könnten.

Einigkeit herrscht in allen familientherapeutischen Schulen über das bedeutsame „diagnostische Potential" der Kinder, auf das in der psychologisch-beraterischen Arbeit nicht verzichtet werden soll. So betrachten beispielsweise Helm Stierlin et al. (1977) in ihrer inzwischen zum „Klassiker" gewordenen Publikation über das „erste Familiengespräch" es „als wünschenswert, daß zum ersten Gespräch tatsächlich alle Familienmitglieder gemeinsam erscheinen" (67). Sie weisen darauf hin, daß die Anwesenheit der Kinder in den Beratungssitzungen den Prozeß sehr fördern kann. Über die Kinder werden die Interaktionen zwischen den einzelnen Mitgliedern der Familie und den Subsystemen oftmals wesentlich klarer und transparenter. Das habituelle Beziehungsverhalten, Kommunikationsprozesse, die Struktur der Rollenzuweisungen und -übernahmen oder auch die Angemessenheit der Rollen in bezug auf Bündnisse, Generations- und Geschlechtergrenzen kommen auf diese Weise klarer zum Vorschein. Neben diesem aktuellen Strukturbild drücken Kinder die Wünsche und Befürchtungen der Familie und die unbewußte Dynamik der „Familie als Ganzes" aus. Sie tragen dazu bei, das vielschichtige Geflecht von bewußten und unbewußten Wünschen, Ängsten und generationsübergreifenden Vermächtnissen und Delegationen aufzudecken und zu rekonstruieren.

Es stellt sich allerdings die Frage, ob und inwieweit im Familiensetting die Bedürfnisse der Kinder genügend Berücksichtigung finden. Werden ihre individuellen Besonderheiten und Unterschiedlichkeiten wie auch ihre Probleme und ihr Leid ausreichend in den Blick genommen oder werden sie nicht oftmals auf die Rolle eines „diagnostischen Helfers" oder gar in die eines „Co-Therapeuten" reduziert? Eine derartige Rollenzuweisung wäre gleichbedeutend mit einer unerlaubten Manipulation und Instrumentalisierung von Menschen, indem ihre Verfügbarkeit vorausgesetzt und in Anspruch genommen wird.

Auch in der Evalutionsforschung fehlen bislang weitgehend die Erlebnis- und Sichtweisen der Kinder. Im Bereich der Erziehungsberatung werden Erfolge primär als Zufriedenheit der auftraggebenden Personen mit den Beratungsergebnis betrachtet und bei Erfolgsmessungen nur die Einschätzungen der Eltern, nicht aber die Eindrücke und Bewertungen der Kinder untersucht. Eine Ausnahme bildet die qualitative Studie „Familie und Beratung" von Florian Straus et al. (1988), in der, eingebettet in das ausführliche Interview mit den Eltern, einige kürzere Gespräche mit Kindern durchgeführt wurden. Die Ergebnisse deuten darauf hin, daß sie insgesamt den Beratungserfolg skeptischer als ihre Eltern einschätzen. So lösen bei ihnen beispielsweise „Einstellungsänderungen oder/und das Gefühl endlich mal die Probleme beredet zu haben" (ebd., 89) oftmals nicht die gleichen Zufriedenheitsgefühle aus wie bei ihren Eltern.

Im Bereich der Kinderpsychotherapie und Familientherapie erfolgt die Messung der Wirkungen und der Effektivität in aller Regel entweder nach dem klassischen Paradigma der Psychotherapieforschung durch Prä- und Posterhebung mit klinischen Tests in einem quasi-experimentellen Design oder in den letzten Jahren vermehrt durch sogenannte Meta-Analysen. Die Meta-Analyse als besondere Form der Sekundäranalyse hat sich inzwischen im Bereich der Psychotherapie-Evaluation als weitere Methode der Dateninterpretation etabliert. Sie ist gekennzeichnet durch statistische Analyse und Integration der Ergebnisse mehrerer Primäranalysen. Gegenüber der traditionellen Form der Zusammenschau, wie sie etwa in Übersichtsartikeln üblich ist, weist die Meta-Analyse nach Ansicht ihrer Befürworter eine Reihe von Vorzügen auf. Sie garantiert für Klaus Grawe et al. (1994) ein höheres Maß an Objektivität, ermöglicht eine Zusammenfassung selbst einer sehr großen Menge an Einzeluntersuchungen und erlaubt quantitative Aussagen über die absolute und relative Effektivität einer bestimmten therapeutischen Maßnahme. Die zentrale Vergleichsgröße wird Effektstärke genannt. Die Berechnung der Effektstärke erfolgt durch die Ermittlung der Mittelwerte der Therapie- und Kontrollgruppe sowie der Standardabweichung der Kontrollgruppe. Aus der Differenz der beiden Mittelwerte dividiert durch die Standardabweichung ergibt sich die Effektstärke für jeden Einzelfall. Legt man nun die Normalverteilungskurven zugrunde, lassen sich die verschiedenen Studien mittels der Effektstärke miteinander vergleichen

Beide Formen der Evaluation gestatten eine saubere Operationalisierung von Zusammenhängen und eine reliable Quantifizierung von Phänomenen, sind aber weder in der Lage, wie bereits oben ausführlich dargestellt, die beraterisch-psychologische Arbeit angemessen zu erfassen noch praxisrelevante, die Perspektiven und Einschätzungen der Kinder abbildende Aussagen, zu entwickeln.

Fritz Mattejat & Helmut Remschmidt (1993) heben hervor, daß sich die Bewertungen der Kinder deutlich unterscheiden von denen der Eltern und TherapeutInnen, und daß diese unterschiedlichen Dimensionen auch nicht ineinander überführbar sind und sich zu einem Ergebnis zusammenfügen lassen. „Die untersuchten Therapiebeurteilungen sind durchaus systematisch, aber sie sind von der Perspektive des jeweiligen Beurteilers abhängig: Ein Prozeß der sich für den einen als erfreulich, positiv und erfolgreich darstellt, kann vom anderen vorwiegend als belastend und frustrierend wahrgenommen werden. Was für den einen ein 'Erfolg' ist, kann für den anderen eine 'Niederlage' sein. So ist es z.B. gar nicht so selten, daß die Entwicklung eines Jugendlichen von klinischen Experten übereinstimmend als positiv wahrgenommen wird, die Eltern aber nur Verschlechterungen (z.B. 'hat schlechte Manieren gelernt') sehen können" (Mattejat & Remschmidt 1993, 229). Die möglichen Differenzen in der Bewertung der Arbeit mit Kindern lassen die besondere Bedeutung multipler Perspektiven und Zielvorstellungen bei der Ermittlung von Wirkungen und Erfolgsmaßen psychologisch-beraterischer Vorgehensweisen sichtbar werden.

An dieser Stelle setzt die vorliegende Studie an. Sie zielt unmittelbar auf die Ebene der KlientInnen an und rückt die bislang vernachlässigte Perspektive der Kinder, den „eigentlichen" Adressaten der Jugendhilfe bzw. der Erziehungsberatung als Leistungsangebot der Jugendhilfe in den Mittelpunkt einer wissenschaftlichen Analyse. Die Untersuchung setzt sich mit folgenden zentralen Fragestellungen auseinander:

- Wie erleben Kinder die psychologische Beratung?
- Wie beurteilen Kinder ihre Rolle und ihre Beteiligung in den verschiedenen beraterisch-psychotherapeutischen Settings?
- Wie bewerten Kinder den Nutzen bzw. den Erfolg von Beratung und Therapie?

Im einzelnen umfaßt die Untersuchung folgende Themenbereiche:

1. Zugang zur Beratung:
– Beteiligung an der Entscheidung
– Art und Form der Informationen
– Vorerfahrungen
– Barrieren/Hemmnisse
– Vorstellungen und Erwartungen
– Bedenken, Vorbehalte und Ängste

2. Bewertung des Beratungsprozeß
– Atmosphäre in den Beratungssitzungen
– Vertrauen und Verständnis
– Gefühl der Akzeptanz und Respektierung
– Eingehen auf Wünsche und Bedürfnisse

3. Bewertung des Beratungssettings/der Beratungsformen
– Kindzentriertes Vorgehen
– Familienzentriertes bzw. systemisches Vorgehen

4. Bewertung der Veränderungen
– auf der individuellen Ebene
– auf der Ebene der Eltern und der Eltern-Kind-Beziehung
– auf der familiären Ebene
– im sozialen Umfeld

5. Allgemeine Einschätzung der Beratung
– Zufriedenheit mit der Person der Beraterin/des Beraters
– Kritik, Wünsche, Anregungen in Bezug auf die Beratungsarbeit
– Frage des Wiederkommens

Methodisches Vorgehen

Die Untersuchung greift auf die qualitativen Verfahren einer subjektorientierten Evaluation zurück. Für eine sensible Rekonstruktion der Perspektiven von Kindern in der Beratung, ihrer Erfahrungen in den verschiedenen Settings, ihrer Eindrücke und Erlebnisse im Beratungsprozeß sind qualitative Verfahren besonders geeignet. Die Ähnlichkeiten mit der alltäglichen Kommunikation und der persönliche Bezug in der Gesprächssituation schafft Sicherheit und gibt den Kindern den nötigen Raum zum Erzählen und zur Darstellung ihrer Einschätzungen und Bewertungen.

Untersuchungsmethoden

Ein möglichst breiter Raum erleichtert es den Kinder, ihre Sichtweisen und Meinungen umfassend in ihren Worten darzustellen und ausführlich über bestimmte Themen Auskunft zu geben. Eine offene Gesprächssituation, wie sie im narrativen Interview vorgesehen ist, setzt eine hohe Gesprächsbereitschaft und -fähigkeit voraus und würde Kinder daher in ihrem kognitiv und sozial-interaktionalen Entwicklungsstand überfordern. Aus diesen Gründen wurde in der Untersuchung die Form des Leitfaden-Interviews gewählt, bei der die Befragten angeregt frei auf weitgehend offen formulierte Fragen antworten, Inhalte aber durch gezieltes Nachfragen vertieft und ergänzt werden können. Die inhaltliche Konkretisierung des Leitfadens orientiert sich an den oben genannten Themenbereichen und vorgeschlagenen Merkmalen zur Erfassung der Wirksamkeit und Stabilität der Ergebnisqualität von Beratung.

Die Interviews wurden ergänzt durch einen Fragebogen, der Angaben zum soziographischen Status der Kinder, zum Beratungsanlaß, zur Dauer der Beratung, zum Beratungssetting und zu den eingesetzten Arbeitsweisen erfaßt. Dieser Fragebogen wurde vor der Durchführung des Interviews von den BeraterInnen ausgefüllt.

Untersuchungsgruppe

Die Auswahl der Kinder orientierte sich an der von Patton (1990) für die qualitative Evaluationsforschung vorgeschlagenen Strategie des „gezielten Sampling". Entscheidend für den Erfolg der Zusammenstellung der Untersuchungsgruppe ist danach die Reichhaltigkeit an relevanten Informationen. Dabei bewegen sich die Entscheidungen immer zwischen den Zielen, ein Feld entweder möglichst breit zu erfassen oder möglichst tiefgründige Analysen durchzuführen. Im ersten Fall geht es darum, das Feld in seiner Vielschichtigkeit und Komplexität zu erfassen. Es sollen daher möglichst unterschiedliche Fälle herangezogen werden, um breite Aussagen über Sicht- und Erfahrungsweisen treffen zu können. Im zweiten Fall geht es eher darum, durch die Konzentration auf einzelne Beispiele tiefer in deren Struktur vorzudringen.

Die vorliegende Studie bemüht sich um eine Ausleuchtung der Komplexität und versucht möglichst unterschiedliche Fälle in die Untersuchung aufzunehmen. Aus diesem Grund wurden den BeraterInnen folgende Kriterien für die Auswahl der Kinder vorgegeben:

- Extremfälle bzw. abweichende Fälle,
- typische Fälle,
- „schwierige" und „leichte" Fälle,
- interessante Fälle bzw. Fälle, an deren Rückmeldung die BeraterInnen besonders interessiert sind und
- Fälle, die unter den gegebenen Bedingungen am einfachsten „zugänglich" sind, und zwar sowohl vom zeitlichen Aufwand als auch von der sprachlich-kognitiven und sozial-emotionalen Kompetenz der Kinder.

Die Rahmenbedingungen beinhalten folgende Kriterien:

Die Auswahl konnte sowohl abgeschlossene als auch noch laufende Fälle umfassen und sollte dem Durchschnittsspektrum an Methoden und Vorgehensweisen entsprechen, mit denen in der Beratungsstelle mit Kindern gearbeitet wird.

- Alter der Kinder: 6-13 Jahre,
- zwischen Beratungs-/Therapieende und dem Interview sollten maximal drei Monate zurückliegen,
- bei nicht abgeschlossenen Fällen sollten mindestens bereits vier Beratungskontakte bestehen.

An der vorliegenden Studie nahmen insgesamt 50 Kinder teil:

Geschlecht:
weiblich   19
männlich   31

Alter:
6 Jahre: 2
7 Jahre: 8
8 Jahre: 8
9 Jahre: 12
10 Jahre: 10
11 Jahre: 4
12 Jahre: 4
13 Jahre: 2

Vorstellungsgründe (Mehrfachnennungen möglich)
- Auffälligkeiten im Sozialverhalten   12
- Hyperaktivität   11
- sexueller Mißbrauch   3
- Leistungsprobleme   10
- emotionale Probleme   6
- psychosomatische Beschwerden   4
- Trennung/Scheidung   6
- abweichendes Verhalten im sexuellen Bereich   1
- Suizidversuch   1

Setting[2]
kindzentriertes Setting (Einzel- und Gruppenarbeit)   24
Familiensetting   6
gemischtes Setting   20

Durchführung der Untersuchung

Den Beratungsstellen wurde ein kurzer Handzettel zur Verfügung gestellt, der die wichtigsten Informationen über die Hintergründe und Ziele des Forschungsvorhaben enthielt. Nach der Einverständniserklärung der Beteiligten wurde ein Interviewtermin vereinbart, der so ausgelegt war, daß genügend Zeit für ein behutsames und sensibles Eingehen auf die Kinder möglich war.

Das Gespräch wurde an der Beratungsstelle, in einem dem Kind bekannten Raum, meist im Spiel- und Therapiezimmer, durchgeführt. Die BeraterInnen stellten zunächst den Kontakt zwischen dem Kind und der InterviewerIn her. In der sich anschließenden individuell abgestimmten „warming-up"-Phase, stellt sich die InterviewerIn vor, erläuterte die Situation und das Anliegen, machte mit dem Mikrofon und dem Aufnahmegerät vertraut und ermutigte das Kind, bei Bedarf noch zusätzliche Informationen über das Interview oder Hintergründe des Forschungsvorhabens einzuholen.

Auswertung der Interviews

Die Interviews wurden auf Tonband aufgezeichnet und vollständig transkribiert. Um die Interviewprotokolle besser lesbar zu machen, wurde die gesprochene Sprache der Standardsprache angenähert. Im Unterschied zu linguistischen Transkriptionen ist es in der sozialwissenschaftlichen Forschung möglich, mit einem Minimum an Transkriptionzeichen auszukommen. So werden Pausen innerhalb eines Redebeitrages mit zwei

---

[2] Von einem kindorientierten oder familienorientierten Setting wird gesprochen, wenn mehr als 60 % der Kontakte in der jeweiligen Konstellation stattgefunden haben.

Gedankenstrichen markiert, unverständliche Teile durch leere Klammern gekennzeichnet und kurze Bemerkungen zu nonverbalem Verhalten, wie Lachen oder Weinen, in Klammern angegeben. Die Auswertung des Untersuchungsmaterials erfolgte nach dem bereits oben dargestellten themenzentriert-komparativen Verfahren (vgl. Lenz 1990).

Darstellung der Ergebnisse

Zugang zur Beratung

Der Entscheidung, professionelle Hilfe wie Erziehungs- und Familienberatung in Anspruch zu nehmen, geht in aller Regel ein vielfältiger Prozeß des Wahrnehmens, des Erklärens und Bewertens, des Selbst- und Fremddefinierens von Problemlagen und Belastungen voraus, an dem Personen bzw. Institutionen aus dem sozialen Umfeld der Familien wesentlich Anteil haben. Untersuchungen weisen darauf hin, daß in der überwiegenden Mehrzahl der Fälle der Zugang zur Beratung erst durch die Anregung von FreundInnen, Verwandten und Bekannten oder durch die Empfehlung von ErzieherInnen, LehrerInnen und ÄrztInnen bzw. Klinik, Jugendamt und Gericht erfolgt (vgl. Presting 1987; Straus et al. 1988; Lenz 1990). Lediglich etwa 20 % der Ratsuchenden kommen aus eigener Initiative in die Beratungsstelle und sind damit im engeren Sinne Selbstmelder.

Welche Rolle spielen die Kinder als die direkten Adressaten und Hauptpersonen in der psychologischen Beratung und Therapie in diesen komplexen und meist zeitintensiven Entscheidungsprozessen? Wie waren die Kinder auf diesen Wegen einbezogen und beteiligt? Dieser erste Themenbereich soll im folgenden unter zwei Aspekten beleuchtet und näher thematisiert werden:

1. Die Information und Aufklärung der Kinder über die Vorstellungsgründe

Die Kinder wurden zunächst gefragt, warum sie in der Beratungsstelle sind bzw. waren und wer sie darüber informiert hat. Dabei zeigte sich, daß nur etwa ein Drittel der befragten Kinder die Anlässe für das Aufsuchen der Beratungsstelle nennen konnten. Überwiegend die 10- bis 12jährigen, aber auch einige 7jährige gaben konkrete Problembeschreibungen, die von gravierenden Problemen im Sozialverhalten, wie Lügen und Stehlen, Einnässen, sexuellen Mißbrauch bis hin zu Schulproblemen und Scheidung der Eltern reichten. Ein 12jähriges Mädchen erzählt: „Ich bin wegen der Scheidung meiner Eltern hier." „Weil ich ein unruhiger Typ bin und immer die ganze Klasse durcheinander bringe", berichtet beispielsweise ein 11jähriger Junge.

Die Mehrzahl der Kinder, verteilt über alle Altersstufen hinweg, waren dagegen nicht in der Lage, Angaben zu dieser Frage zu machen. Insbesondere die Jüngeren, also die Kinder unter 9 Jahren, antworten auf diese Frage meist mit „weiß ich nicht", „kann ich mich nicht erinnern" oder „die Eltern haben mir nix gesagt".

Die Aussagen der älteren Kinder deuten darauf hin, daß sie nur wenig in die Entscheidungen über die Teilnahme an der Beratung bzw. Therapie einbezogen wurden. Ein 10jähriger Junge sagt beispielsweise: „Was soll ich denn hier, habe ich immer nur gedacht." „Sie haben einfach nur gesagt, ich soll da hin", lautete die Antwort eines 11jährigen Mädchens. Einige der älteren Kinder stellen Vermutungen über die Gründe an, warum sie in die Beratungsstelle gehen müssen: „Weißt du was in der Schule ist? Scheiße, weißt du. Da muß man immer schreiben, rechnen, Kunst, Religion ist doof. Ich hab' Streß in der Schule." Ein anderes Kind sieht einen Zusammenhang mit den „ständigen Streitereien, die es mit seiner Stiefmutter hat."

Eine Reihe von 6 bis 9jährigen Kindern schildern in ihrer Antwort auf diese Frage lediglich ihre Erfahrungen mit bestimmten beraterisch-psychologischen Vorgehensweisen, wie „da sitzt man so und redet", „da machen wir Sport und Spiele und das macht Spaß" oder er gehe da „zu einer Spielelehrerin, die gern mit ihm spielt."

Kinder, die keine konkreten Angaben zu den Gründen machen, unterscheiden sich kaum von der ersten Gruppe hinsichtlich der Beratungsanlässe. Lediglich emotionale Auffälligkeiten, wie Schüchternheit, Ängstlichkeit und Kontaktschwierigkeiten, sind in der zweiten Gruppe etwas stärker vertreten. Ansonsten kommen die gleichen Problembereiche vor.

Ein deutlicher Unterschied zwischen den beiden Gruppen ist dagegen bei der Zahl der Beratungskontakte feststellbar. Kinder, die ihre Probleme klar benennen konnten, waren maximal 15 Stunden in der Einrichtung, wobei die meisten bis zu 10 Stunden betreut wurden. In der zweiten Gruppe überwiegen eindeutig langfristige therapeutische Maßnahmen im Einzel- oder Gruppensetting, die 30 und teilweise wesentlich mehr Stunden umfaßte.

Offensichtlich liefen alle Formen der Aufklärung und Informationen über die Vorstellungsgründe ausschließlich über die Eltern und hierbei insbesondere über die Mutter. So überwogen eindeutig Antworten wie „die Mutter hat gesagt, daß die uns dabei helfen" oder die Mutter habe erzählt, daß die Beratungsstelle ein Ort sei, „wo er spielen kann alles Mögliche".

Interessanterweise konnte sich kein Kind an Gespräche mit der Beraterin/dem Berater erinnern, in dem die Gründe des Aufsuchens der Einrichtung näher thematisiert wurde. Dieser Befund deutet darauf hin, daß Kinder in der Anfangsphase offensichtlich weniger, zumindest nicht explizit, an den Entscheidungsfindungsprozessen über Problemanlässe und die Notwendigkeit der Inanspruchnahme professioneller Hilfe beteiligt waren.

2. Vorstellungen und Erwartungen der Kinder in Bezug auf die psychologische Beratung

In einem nächsten Schritt wurden die Kinder nach ihren Erwartungen, Vorstellungen und Gefühlen gefragt, mit denen sie damals in die Beratung gekommen sind. Erstaunlicherweise waren immerhin ca. 40 % der Kinder, selbst wenn sie über einen längeren Zeitraum, das heißt 20 und mehr Stunden, in der Beratungsstelle waren, in der Lage, über ihre Gedanken, ihre ersten Erfahrungen und Eindrücke zu berichten.

Konkret erinnerte sich die Mehrzahl der Kinder aus allen Altersstufen an Ängste und Unsicherheiten beim Zugang zur Beratungsstelle.

„So ein bißchen Angst hierher zu kommen", „Ich war ganz schön aufgeregt", „ein Kribbeln im Bauch wie vor einer Schularbeit" oder „Ein bißchen Schiss, ich wär am liebsten gleich wieder abgehauen" waren typische Antworten der Kinder auf diese Frage.

Die Kinder stellten sich meist vor, daß sie „ein paar Fragen" gestellt bekommen oder sie wie beim Arzt untersucht werden. Diese Assoziationen mit den Erfahrungen in einer ärztlichen Praxis und dem vertrauten Vorgehen eines Arztes sind ihnen wohl im Vorfeld von ihren Eltern vermittelt worden, die in ihrer überwiegenden Mehrzahl sicherlich ebenfalls über keine Beratungsvorerfahrungen verfügten und eher diffuse Vorstellungen über psychologische Formen der Hilfe besaßen. Ähnliches gilt auch für die insbesondere von den jüngeren Kindern häufig geäußerte Vorstellung von der Erziehungsberatung als „Ort des Spielen" oder wie „der Kindergarten früher".

Ältere Kinder kamen teilweise mit der Befürchtung in die Beratungsstelle, daß sie dort auf einen einflußreichen Verbündeten der Eltern stoßen, der in die Konflikte und Probleme eingreift und versucht, diese gewissermaßen als „Überelternfigur" zu regeln. So hat sich beispielsweise ein 12jähriger Junge die Beratung nur als „total öde" vorgestellt. Er dachte nämlich, daß er einfach ausgefragt wird, „was er gemacht hat" und dann bekomme er gesagt, „was er anders machen soll". Ein 10jähriges Mädchen war der Überzeugung, sie werde von der Beraterin „ausgeschimpft", weil sie die Eltern immer beklaue und belüge.

Bei ca 10 % der befragten Kinder standen nach ihren Aussagen bei Zugang zur Beratung, nicht wie bei der überwiegenden Mehrzahl Ängste und Unsicherheiten, sondern im Gegenteil Freude und Neugierde im Vordergrund. „Ich hab mich so richtig darauf gefreut" und „Ich war so richtig gespannt, was da passiert", lauteten die Antworten dieser Kinder.

Vergleicht man die Vorgeschichte und die anamnestischen Daten, so ergibt sich bei den 6 Kindern ein ähnliches Bild. Alle Kinder waren mit gravierenden psychosozialen Belastungen konfrontiert und lebten in mehr oder weniger desorganisierten und von Beziehungsbrüchen gekennzeichneten Familienstrukturen. Sie mußten nicht nur mit der Trennung ihrer Eltern fertig werden, sondern waren zusätzlichen Stressoren ausgesetzt, wie der schmerzlichen Erfahrung des sexuellen Mißbrauchs sowie schwerer Erkankung und Alkoholabhängigkeit eines Elternteils.

Offensichtlich knüpften diese Kinder an die Person der Beraterin/des Beraters Hoffnung nach Sicherheit und Verläßlichkeit, nach Hilfe und Unterstützung in diesem sie überfordernden, konfliktbeladenen Lebenskontext. Es scheint, als ob sie in dieser Belastungssituation nach außerfamiliären Begleitern und Vermittlern suchen, die sie ernstnehmen, Zeit für sie haben und ihnen Wege aufzeigen.

Bewertungen des Beratungsprozesses

Der BeraterIn - KlientIn - Beziehung wird in allen psychologisch-beraterischen Schulrichtungen ein zentraler Stellenwert eingeräumt. Gelingt sie, so lautet übereinstimmend die Annahme, dann ist eine grundlegende Voraussetzung für eine erfolgreiche, effektive therapeutisch-beraterische Arbeit gelegt. Echtheit und Kongruenz, Akzeptanz und Wertschätzung sowie ein sensibles und präzises einfühlendes Verstehen der Klientin/des Klienten gelten dabei als die zentralen Bedingungen für das Erzielen konstruktiver Veränderungen (vgl. Rogers 1981).

Untersuchungen zeigen allerdings, daß die erwachsenen KlientInnen nicht nur Zuwendung, Wärme und ein Akzeptiertwerden als Person erwarten. Sie suchen in der Beraterin/dem Berater aber auch eine ExpertIn, die/der ihnen Anstöße und Anregungen zur Problembewältigung gibt und in der Lage ist, neue Perspektiven und Handlungsmöglichkeiten aufzuzeigen (vgl. Straus et al. 1988; Lenz 1990). Erwachsene KlientInnen schätzen gerade die Verbindung von Wissen, Techniken und Ausbildung mit interaktiv-emotionalen Fähigkeiten, Mitmenschlichkeit und Engagement. Die Kunst der Beraterin/des Beraters besteht aus der Sicht der Hilfesuchenden offensichtlich darin, diesen Prozeß der Personifizierung von Wissen und Kompetenz so zu vollziehen, „daß er leicht und problemlos erscheint, zugleich aber so Ambivalenzen nicht verbirgt" (Straus et al. 1988, 155).

Rosemarie Welter-Enderlin & Bruno Hildenbrand (1996) kennzeichnen diesen Prozeß als ein ständiges und flexibles Wechselspiel zwischen der Begegnungsachse und der Wissensachse. Wie in einem dynamischen Verhältnis von Figur und Grund, kann je nach Situation die Begegnungsachse in den Vordergrund, die Wissensachse in den Hintergrund rücken und umgekehrt.

Beide Achsen gestalten gemeinsam einen beraterisch-therapeutischen Prozeß, der den folgenden drei wesentlichen Momenten gerecht wird: „1. dem Respekt vor der Einzigartigkeit der Klienten unter Berücksichtigung ihrer Sinnstrukturen; 2. dem Erkennen der Veränderungspotentiale hinsichtlich der Sinnstrukturen von Klienten; 3. der Gestaltung eines Begegnungsprozesses in der Weise, daß die Klienten selbständig ihre Sinnstrukturen und entsprechend ihr Handeln verändern können" (Welter-Enderlin & Hildenbrand 1996, 27).

Die befragten Kinder stellten in ihrer Einschätzung und Beschreibung des Beratungsprozesses eindeutig die Begegnungsachse in den Mittelpunkt. Fachliche Kompetenz, Techniken und Handwerksregeln tauchen natürlich indirekt oder implizit in ihren Äußerungen auf, werden aber explizit, wie beispielsweise von ihren Eltern, kaum angesprochen bzw. benannt.

Vertrauen zur Beraterin/zum Berater stellt eine wichtige Grundkonstante auf der Begegnungsachse dar. Das Vorhandensein von Vertrauen ist zum einen entscheidend für den Aufbau einer konstruktiven beraterisch-therapeutischen Beziehung und eines tragfähigen, stabilen Arbeitsbündnisses. Zum anderen entsteht erst durch das Gefühl von Vertrauen eine Atmosphäre der Offenheit und Verläßlichkeit, die es den KlientInnen erleicht, auch intime, angstbeladene Gedanken, Gefühle und Probleme anzusprechen und sich intensiver auf den beraterisch-psychologischen Prozeß und die Denkmuster der Beraterin/des Beraters einzulassen.

Fast die Hälfte der befragten Kinder brachte offensichtlich der Beraterin/dem Berater großes Vertrauen entgegen. Sie fühlten sich von ihr/ihm ernstgenommen und verstanden, sahen in ihr/ihm eine einfühlsame ZuhörerIn, die/der sie akzeptiert und keine Vorwürfe oder Schuldzuweisungen macht. Mit Aussagen, wie „sie hat immer zugehört", „da konnte ich alles erzählen ", „ich wußte ja, daß sie das nicht weiter erzählt", drückten die Kinder ihr Gefühl des Vertrauens aus. Ein 9jähriges Mädchen betonte, daß sie mit der Beraterin über „Dinge diskutieren" konnte, die ihre „Mutter nicht versteht", weiter sagt sie: „Ich habe über alles reden können was mir wichtig war. Über was ich reden wollte, habe ich immer gesagt." Anschaulich erläuterte ein 9jähriger Junge das Respektiertwerden und Akzeptiertwerden durch den Berater: „Ich merke das daran, wie er reagiert. Wenn ich ihn etwas frage, dann sagt er nicht nur eine kurze Antwort, dann erzählt er ein paar Sätze."

Diese Kinder erlebten in den Gesprächen, Gruppensituationen und Spielstunden die Beraterin/den Berater als eine Person, die bereit ist, sich auf sie einzustellen und versucht, auf ihre Worte, Gedanken und Wünsche einzugehen. Gerade die Äußerung des Jungen deutet darauf hin, daß er in der Beratung Erfahrungen gemacht hat, die mit ihm in seiner familiären Lebenswelt scheinbar weniger vertraut sind.

Eine Reihe der Kinder hoben besonders die Einbeziehung in Entscheidungsprozesse über gemeinsame Aktivitäten in den Sitzungen und über die Behandlung bestimmter Themen hervor. Die meisten Aussagen hierzu kreisen um das Aussuchen der Spiele oder um die Mitbestimmung, wann im Verlauf der Stunde gespielt werden soll. Einige Kinder erwähnten, daß sie nie ausgefragt oder gedrängt wurden, über etwas zu reden, was sie nicht wollten: „Hat sie nie gemacht". „Er (der Berater) hat gleich gesagt, wenn mir das Thema nicht paßt, können wir es auch sein lassen."

Interessanterweise sind alle Kinder, die den Beratungsprozeß so uneingeschränkt positiv bewerten, unter 10 Jahre und wurden fast ausschließlich in einem kindzentrierten Setting betreut. Lediglich ein Kind aus dieser Gruppe war überwiegend gemeinsam mit der ganzen Familie in der Beratungsstelle.

Die 10-13jährigen Kinder neigen dagegen wesentlich stärker, die Beratung differenzierter und kritischer zu bewerten. Für sie ist Vertrauen kein so durchgängiges und gleichbleibendes Phänomen, sondern ein Prozeß, der verschiedene Phasen durchläuft und sich im Verlauf der Beratung an bestimmten Stellen und bei einzelnen Themen auch verändert. Vorbehalte und Ängste können die Vertrauensbildung zeitweise beeinflussen, aber auch dauerhaft beeinträchtigen.

Ältere Kinder äußerten teilweise erhebliche Vorbehalte bezüglich des Beratungsgeschehens und Ängste hinsichtlich einer Problemveröffentlichung, die das Entstehen von Offenheit gegenüber der Beraterin/dem Berater und ein Einlassen auf den psychologisch-therapeutischen Prozeß meines Erachtens teilweise verhinderten oder zumindest erschwerten:

1. Vorbehalte bezüglich des Beratungsgeschehens
Eine Gruppe dieser Kinder fühlte sich in den Sitzungen von der Beraterin/dem Berater offensichtlich in ihrer Individualität, mit ihren Vorstellungen, Wünschen und Hoffnungen nicht genügend akzeptiert und respektiert. Etwa „sie hat immer etwas anderes gesagt als mir wichtig war" lauteten Aussagen in dieser Richtung. Andere hatten in den Stunden immer wieder den Eindruck „ausgefragt zu werden". Sie erlebten die Kontakte eher als ungewollte Einmischungen und Grenzüberschreitungen, die bei ihnen Rückzug und Ärger über die Beraterin/den Berater auslöste.

Etwa 10 % der befragten Kinder drückten ihre Unzufriedenheit über den Beratungsprozeß offen aus. Sie sprachen von Themen, die sie nicht ausführlich genug einbringen konnten oder ganz allgemein von zu wenig Zeit und Raum für ihre Anliegen in den Beratungsgesprächen. Ein 10jähriges Mädchen, das in einer Adoptivfamilie lebt, erzählte beispielsweise, daß es sowohl in den Einzelgesprächen mit dem Berater als in den Familiensitzungen eigentlich mehr über ihre „richtige Mama" reden wollte, was der Berater in ihren Augen nicht richtig verstanden hat. Resigniert zieht sie für sich den Schluß, „vielleicht habe ich es nicht richtig gesagt". Ein anderes Kind wollte in den Gruppensitzungen auch von ihrer Oma erzählen, was die Beraterin immer überhört habe.

2. Schwierigkeiten in der Problemveröffentlichung
Die zweite Gruppe wollte bzw. durfte die Probleme und Konflikte zumindest nicht in ihrem ganzen Ausmaß nach außen tragen, das heißt, sie veröffentlichen. Ein Teil der Kinder war von sich aus nicht bereit, über die teilweise sehr gravierenden Probleme im Zusammenhang mit Scheidung der Eltern und sexuellen Mißbrauch offen zu reden bzw. Erfahrungen in der psychiatrischen Klinik zu offenbaren. Beispiele von Antworten der Kinder: „Das soll mein Geheimnis bleiben!" „Geheimnisse soll man nicht weitererzählen!" „Ich würde das eher gar nicht erzählen. Also vielleicht mal meiner Mutter, aber sonst niemanden".

In der Mehrzahl der Fälle ist die reduzierte Veröffentlichung der Kinder weniger auf ihre individuelle Bereitschaft oder Fähigkeit zur Selbstoffenbarung zurückzuführen, sondern rührt im wesentlichen von den mehr oder weniger bewußten und direkten Aufträgen ihrer Eltern her, bestimmte Probleme und Vorfälle aus dem Lebensbereich der Familie möglichst nicht nach außen dringen zu lassen.
Beispiele: „Nein, vor meinem Vater habe ich da Angst!" Die Mutter hat ihr gesagt, "das brauchst du dort nicht zu erzählen." „Und ich hatte Angst, daß die Mama schimpft, wenn ich was darüber erzähle!"

Diese Beispiele zeigen wie Schweigegebote und Drohungen der Eltern die Kinder so unter Druck und Spannung setzen können, daß sie „gefährliche" Themen von sich wegschieben und abspalten oder als solche nicht offen definieren, sondern auf einer unverbindlichen, weniger gefährlichen Ebene ansprechen, um damit der angedrohten Zurückweisung und Ausstoßung der Eltern zu entgehen.

Bewertungen des Beratungssettings bzw. der Beratungsformen

Die Praxis der Erziehungsberatung ist heute geprägt durch eine Vielzahl klinisch-psychologischer Arbeitsformen und Interventionstechniken. Einen besonders hohen Stellenwert nehmen dabei die familientherapeutischen Methoden ein. Üblich geworden ist eine flexible Handhabung der Verfahren und Settings bzw. eine Kombination von Einzel-, Gruppen-, Familien- und Elternarbeit. Dies zeigt sich auch ganz deutlich in der vorliegenden Untersuchungsgruppe, wo kindzentrierte und familienzentrierte Arbeitsweisen häufig in gemischte Formen übergehen.

In den sequentiellen Vorgehensweisen folgen einzelne Methoden aufeinander. So wird zum Beispiel in der ersten Phase ein Familiensetting vereinbart, das dann später in eine Einzeltherapie oder eine Gruppentherapie für das Kind übergeht oder in eine Paarberatung mündet. Manchmal machen Probleme, die erst im Verlaufe der Arbeit zur Sprache kommen, die Wahl eines anderen Vorgehen oder Setting notwendig. In den kombinierten Arbeitsformen kommen verschiedene Methoden parallel zum Einsatz. Die Spieltherapie mit dem Kind wird beispielsweise verknüpft mit begleitenden Elterngesprächen und mit einigen Familiensitzungen in größeren Abständen.

Da bislang noch relativ wenig empirisch gesicherte Kriterien vorliegen, werden in der Praxis kaum systematische Indikationsüberlegungen angestellt. Die Entscheidungen über Methoden und das Setting orientieren sich immer noch weniger an den Problemen des Kindes und der Familie als an der Schulzugehörigkeit und den fachlichen Vorlieben der BeraterInnen.

Barbara Buddeberg-Fischer (1991) hat in einer der wenigen Studien typische Kombinationsmuster verschiedener Interventionsformen in einer jugendpsychiatrischen Praxis analysiert, die sich auch auf die Praxis der Erziehungsberatung übertragen lassen. Sie fand heraus, daß die Form der Kombination von Methoden und Setting mit dem Alter und der Symptomatik des identifizierten Patienten zusammenhängt. Bei den 4- bis 10jährigen Kindern mit typischen jugendpsychiatrischen Symptomen - Störungen im Sozialverhalten, Hyperaktivität, Ängste und psychosomatische Auffälligkeiten - wurde in aller Regel zunächst ein Erstgespräch mit der ganzen Familie und anschließend eine Einzeltherapie mit gelegentlichen Familiengesprächen durchgeführt. Die Gruppe der 8- bis 17jährigen Kinder bzw. Jugendlichen, das Durchschnittsalter lag bei 13 Jahren, wurde dagegen überwiegend in einen sequentiellen Setting behandelt, das heißt einer längeren familientherapeutischen Phase schließt sich eine Einzeltherapie des Kindes an. Nur die 17-19jährigen Jugendlichen bzw. jungen Erwachsenen mit überwiegend adoleszenten Krisen wurden einzeltherapeutisch betreut.

Wie erleben die betroffenen Kinder die verschiedenen Setting und Beratungsformen und wie sehen sie ihre Rolle und Beteiligung dabei? Lediglich zwei der befragten Kinder bewerten das Familiensetting eindeutig positiv. Sie fühlten sich offensichtlich durch die gemeinsamen Gespräche mit ihren Eltern in der Beratungsstelle als Symptomträger emotional erheblich entlastet und sahen darin Anstöße, die zu einer Verbesserung der Atmosphäre in der Familie und zu Veränderungen in familiären Beziehungen führten. Diese positiven Antworten gaben zwei 9jährige Jungen, die beide ganz massiv in familiäre Beziehungskonflikte verstrickt waren, die in der Trennung ihrer Eltern mündeten.

Ein Junge bewertet die Familiengespräche vor allem deshalb als „gut", weil er seit dieser Zeit von seinem Vater mehr Aufmerksamkeit und Zuwendung erhält. „Gut war daran, also er hat jetzt mehr Zeit für mich." Für den anderen Jungen waren die Gespräche wichtig, weil sie das Verständnis zwischen seinen Eltern und das Reden miteinander verbessert haben. Er wünscht sich aber, daß auch die Eltern weiter in die Beratungsstelle kommen: „Ich hätte sehr gerne, wenn die Mama, vielleicht auch der Papa wieder mal mal mit hierhin kommen. Die sollten auch beide hier sprechen, wenn die Frau dabei ist."

Insgesamt überwogen bei den Kindern allerdings eindeutig die negativen oder ambivalenten Bewertungen des Familiensettings. Etwa 60 % der Befragten kamen nicht gerne zu gemeinsamen Gesprächen mit den Eltern, einem Elternteil oder mit der ganzen Familie in die Beratungsstelle.

Die Gruppe der 6-8jährigen Kinder war überwiegend nicht in der Lage, ihre Einschätzungen konkret zu erläutern. Sie kennzeichneten die Familien- bzw. Eltern-Kind-Gespräche lediglich als langweilig und uninteressant. Beispiele: „Die waren langweilig." „Nur eins find ich immer doof - die Gespräche alle zusammen."

Eine Reihe der Kinder aus dieser Altersgruppe wurde in den Sitzungen offensichtlich nach einer gemeinsamen Anfangsphase aus dem Familiensetting entlassen und durften sich in dem Raum oder im Spielzimmer beschäftigen. Die Kinder erzählten häufig, daß sich die Erwachsenen unterhalten haben, während sie malten oder spielten. „Das war gut. Da habe ich nicht mehr zugehört."

Aus dieser Altersgruppe stammt übrigens auch der Großteil jenes Drittel der Kinder, die zu diesem Themenkomplex keine Aussagen gemacht haben, also mit: „Weiß ich nicht" und „Kann ich mich nicht erinnern" auf diese Fragen reagierten.

Die Antworten untermauern meines Erachtens die Annahme, daß die 6-8jährigen Kinder über weite Strecken situativ und emotional mit der komplexen Struktur des praktizierten Familiensettings überfordert sind. Die Kommunikations- und Interaktionsregeln wie auch die meisten Interventionsmuster in der systemischen Familientherapie legen das kognitive Entwicklungsniveau des „operativen Denkens" zugrunde und müssen damit teilweise an jüngeren Kindern vorbeigehen.

Es ist wirklich auffallend, und darauf weisen beispielsweise auch Michael Märtens & Hilarion Petzold (1995) hin, wie wenig sich die familientherapeutische Forschung bislang mit entwicklungspsychologischen Überlegungen zur Fundierung der Arbeit bei Familien mit Kindern unterschiedlichen Alters auseinandergesetzt hat.

Aufgrund ihres kognitiven, emotionalen und sozial-interaktionalen Entwicklungsstandes konnten die älteren Kinder ihre Einschätzungen und Bewertungen des Familiensettings wesentlich konkreter und genauer benennen. Ihre Kritik richtete sich zum einen auf eine zu geringe Berücksichtigung ihre Bedürfnisse, Wünsche und Gefühle. Sie fühlten sich in ihren individuellen Besonderheiten und Unterschiedlichkeiten, wie in ihrer Sichtweise über Problemlagen und Konflikte nicht ausreichend gesehen und verstanden. Ein 11jähriges Mädchen sagte beispielsweise, es sei „ihr peinlich" über alles zu reden, wenn ihre Eltern dabei sind. „Die müssen auch nicht alles hören und wissen", deshalb habe sie auch in den Gesprächen mit ihren Eltern nur zugehört.

Noch wesentlich häufiger stellten die befragten Kinder das mangelnde Einbezogensein, die geringe Partizipation in den Familiengesprächen in den Mittelpunkt ihrer Kritik. Sie gewannen den Eindruck eher draußen zu stehen und fühlten sich teilweise übergangen und nicht ausreichend ernstgenommen. Die Erwachsenen dominierten aus ihrer Sicht die Gespräche und sie sahen sich weder in die Auswahl der Gesprächsinhalte als auch in Entscheidungsprozesse über Abläufe und Frequenz der Sitzungen einbezogen. Beispiele: „Ich wollte ihr (der Beraterin, A.L.) was sagen und die hat mir nicht zugehört. Ja, das passiert schon mal." Ein 12jähriges Mädchen ist der Überzeugung, daß bei den Familiengesprächen in erster Linie Probleme der Eltern gelöst werden. „Ich denke schon, daß hier Probleme gelöst werden können, wenn mit den Eltern geredet wird, aber bei den Kindern denke ich nicht so."

Ein großer Teil der Kinder drückte ihre Unzufriedenheit mit der Beteiligung in der Entwicklung und Ausgestaltung der Familiengespräche mit Bemerkungen, wie die Beraterin/der Berater „hielt mehr zur Mutter bzw. zu den Eltern", aus.

Diese insgesamt äußerst negativen Beurteilungen der Familiengespräche durch die Kinder stehen, wie Florian Straus et al. (1988) in ihrer Studie herausfanden, überwiegend positiven Bewertungen der Eltern gegenüber. In dieser retrospektiven Befragung bejahten die Mehrzahl der Eltern das Familiensetting. Sie sahen darin vor allem eine Möglichkeit, familiäre Kommunikationsmuster zu verbessern, eigene Anteile an den Problemen der Kinder zu erkennen, oder sich von alleinigem Problemdruck zu entlasten und den Partner stärker in die Erziehungsverantwortung zu integrieren.

Mit Ausnahme von zwei Kindern, die offensichtlich überhaupt nicht in die Beratungsstelle kommen wollten und alle Formen beraterisch-psychologischer Hilfen ablehnten, bewerten alle dagegen das Einzelsetting beinahe uneingeschränkt positiv. In diesen Rahmen fühlten sie sich wesentlich stärker als autonomes, selbstbestimmtes Wesen, das in den Sitzungen wesentlich stärker an jeweilgen Entscheidungen beteiligt ist und damit auch Einfluß nehmen kann und in seinen Fähigkeiten und Kompetenzen akzeptiert und respektiert wird. Beispiele: „Besser finde ich es alleine. Ja weil der (Berater, A.L.) sagt das ja nicht weiter aus Datenschutzgründen." Seine Mutter muß das nicht so genau wissen, erzählt der 11jährige Junge weiter. „Ich finde es besser alleine, weil man entscheiden kann, was man machen will", sagt ein 10jähriger Junge.

Insbesondere ältere Kinder sahen in den Einzelgesprächen teilweise einen verläßlichen und sicheren Kontext, der sie ermutigte offen über ihre Probleme und Gefühle zu sprechen. „Da rede ich über alles", sie kommen lieber allein, weil die Beraterin/der Berater Zeit für sie hat und ihnen „mehr zuhört", waren typische Aussagen der Kinder in diesem Zusammenhang.

Die älteren Kinder nahmen teilweise auch sehr differenzierte Einschätzungen vor und hoben die Kombination verschiedener kindzentrierter Settings als besonders positiv hervor. So suchten sie in der Gruppe vor allem Entlastung, Nachahmungs- und Lernmöglichkeiten sowie abwechselreiche Spielgelegenheit und nicht zuletzt Kontakt zu anderen Kindern, in Einzelsitzungen standen für sie dagegen die Besonderheiten in der Beziehung zur Beraterin/zum Berater, also die Vertraulichkeit der Situation und das Interesse für die Person, im Vordergrund.

Ein 10jähriges Mädchen findet beispielsweise die Gruppe mit andern Kindern gut, weil „da ist man nicht so alleine und kann toll spielen." Aber am liebsten würde sie es mischen „eine halbe Stunde" in der Gruppe und „eine halbe Stunde" mit der Beraterin, denn „die Kinder müssen ja nicht alles wissen."

Globale Aussagen in denen eindeutig das Spielesetting in den Vordergrund gerückt wurde, wie „Gespräche waren langweilig", „Toll waren die Spiele hier" oder „Am besten haben mir die Spiele gefallen" kamen relativ selten von den Kinder. Sie wurden nur vereinzelt von jüngeren Kindern, aus der Altersgruppe der 6-8jährigen oder von Älteren geäußert, die über langen Zeitraum in erster Linie spiel- oder funktionstherapeutisch im Einzel- oder Gruppensetting betreut worden waren.

Bewertungen der Veränderungen

Die Fragen nach den erzielten Veränderungen, nach den Wirkungen beraterisch-therapeutischer Arbeit und nach der Effektivität der Maßnahmen, also der eingesetzten Methoden und Interventionsformen stehen in der sozial- und fachpolitischen Debatte in aller Regel im Mittelpunkt des Interesses. Die Beantwortung dieser Fragen gestaltet sich allerdings als schwierig, weil die Ergebnisse von psychologischer Beratung und Therapie, wie bei allen anderen Formen personenbezogener Dienstleistungen, immer das Produkt eines komplexen Wechselwirkungsprozesses zwischen internen und externen Bedingungsfaktoren ist.

Die erreichten Verhaltens- und Erlebensveränderungen lassen sich nicht in einer linearen Kausalkette auf die eingesetzten beraterisch-therapeutischen Methoden und Arbeitsweisen zurückführen. Beratungsarbeit ist ein offenes, interaktiv-dynamisches Geschehen, das in einem spezifischen Setting mit bestimmten Regeln und Handlungsmustern, eingebettet in einen institutionell-organisatorischen Rahmen, abläuft. Die KlientInnen und die BeraterInnen bringen ihre subjektiven Perspektiven ein, die auf der Grundlage der wechselseitigen Übertragungs- und Gegenübertragungsprozessen beider Seiten betrachtet werden müssen. Die Beraterin/der Berater reagiert mit seiner Gegenübertragung auf die Szene der KlientInnen oder der ganzen Familie, mit der er es zu tun hat, und diese reagieren wiederum auf die Beraterin/den Berater.

Der Erfolg der Beratung bzw. Therapie hängt ganz wesentlich davon ab, inwieweit es den Akteuren gelingt, in diesem Gesamtsystem von Übertragungen und Gegenübertragungen über gemeinsame Aushandlungsprozesse zu einer tragfähigen Problemdefinition und -bearbeitung zu kommen.

Insbesondere die systemischen Denkansätze haben darüber hinaus den Blick geschärft für die immer auch gegenläufigen Tendenzen, zumeist unbewußte Tendenzen bei den Eltern, die zu einer Aufrechterhaltung der kindlichen Symptomatik beitragen. Wenn die Symptomatik des Kindes die psychische Stabilität der Familie und damit auch die der Eltern fördert, dann ist nicht zu erwarten, daß sie an deren Auflösung

„eindeutig" interessiert sind. Das Kind seinerseits zieht bei allen psychischen Kosten, die damit verbunden sind, als Symptomträger immer auch einen sekundären Gewinn, ist daher nicht bereit, z.B. seine verführerische Rolle als Partnersubstitut aufzugeben.

Das Ergebnis von psychologischer Beratung ist nur rekonstruierbar und umfassend interpretierbar, wenn es diesen breiten Bedeutungshorizont berücksichtigt. Damit rükken, wie bereits oben ausführlicher begründet, subjektorientierte Evaluationsverfahren und Aussage bzw Beschreibungen der unmittelbar Betroffenen in den Mittelpunkt des Interesses. Die vorliegende Studie setzt umittelbar auf der bislang vernachlässigten Ebene der Kinder an, den „eigentlichen Adressaten der Jugendhilfe" und untersucht die Wirksamkeit von Erziehungsberatung aus ihrer Sicht.

Die Fragen zu den Veränderungen, die aus ihrer Sicht durch die Beratung bzw. Therapie eingetreten bzw. angestoßen worden sind, beantworten lediglich etwas über 50% der Kinder. Sie stammen fast auschließlich aus den Altersgruppen der 9 bis 13jährigen.

In der Gruppe, die dazu keine Angaben machen wollten oder konnten, befinden sich einmal jüngere Kinder, das heißt die Altersstufe der 6 bis 8jährigen; dann Kinder die überwiegend im Familiensetting betreut wurden, vor allem diejenigen, die Eingangs auch nicht in der Lage waren, Gründe für das Aufsuchen der Beratungsstelle zu nennen, also in die grundlegenden Entscheidungsfindungsprozesse in der Anfangsphase nicht explizit einbezogen waren.

Die Analyse der Aussagen der Kinder, die diese Fragen beantworteten, zeigt zunächst ganz generell, daß diese den Beratungserfolg wesentlich skeptischer beurteilen als Eltern. Während Eltern nämlich, wie Untersuchungen übereinstimmend belegen, ihre Zufriedenheit mit der psychologisch-beraterischen Arbeit häufig mit den erhaltenen Denkanstößen, der Erweiterung und Stärkung der Erziehungskompetenz und Bewältigungsressourcen verknüpfen, orientieren sich die Kinder in ihren Einschätzungen primär an den schon eingetretenen konkreten Veränderungen.

Sie betrachten eine Beratung offensichtlich erst dann als erfolgreich, nützlich und sinnvoll, wenn sie zu sichtbaren Verbesserungen der Symptome und greifbaren Veränderungen in der Familie geführt haben. Sie unterscheiden sich also in ihren Zufriedenheitsgefühlen deutlich von ihren Eltern. Dieses erste zentrale Ergebnis ist meines Erachtens bei näherer Betrachtung überhaupt nicht so überraschend. Als „Symptom- oder Problemträger" sind in aller Regel die Kinder die Betroffenen, die unmittelbar unter den Einschränkungen im emotionalen, sozialen oder schulischen Bereich leiden, und sich gerade auf dieser Ebene Veränderungen wünschen.

1. Persönliche Veränderungen:
Die Kinder wurden in einem ersten Schritt zunächst nach Veränderungen bei sich gefragt. Die Hälfte der antwortenden Kinder nannte Veränderungen, und zwar überwiegend in den Problembereichen Schulleistungen/Schulverhalten und allgemeines Sozialverhalten. Beispiele: „Ich schreibe bessere Noten." Der fast 10jährige Junge begründet die Verbesserungen damit: „Ich passe jetzt besser auf!" Sie ist „jetzt schneller mit den Hausaufgaben fertig" und kann sich „besser konzentrieren", erzählt ein 10jähriges

Mädchen. „Mama hat gesagt, ich spreche jetzt mehr", gibt ein 8jähriges Mädchen zur Antwort. Sie sei nicht mehr „so bockig" und ärgert die anderen Kinder auch nicht mehr so. Deshalb bekomme sie in der Schule auch nicht mehr soviel „Ärger", meint ein 9jähriges Mädchen. Ausführlich schildert ein 10jähriger Junge die eingetretenen Veränderungen: Er sei früher nur „auf verrückte Ideen gekommen, da habe ich nur Blödsinn gemacht und so, das habe die „Mama" nie verstanden. „Da hatte ich nur so idiotische Ideen im Kopf. Sachen versteckt oder Geld genommen und so und dann war sie ganz schön sauer."

Ältere Kinder waren teilweise auch in der Lage, Veränderungen im affektiven Bereich zu identifizieren und zu benennen. So berichteten drei Mädchen zwischen 10 und 12 Jahren auch über deutliche Besserungen ihrer gravierenden emotionalen und psychosomatischen Beschwerden: „Mir geht es einfach besser." Sie ist auch in der Schule besser geworden, sagt eines dieser Mädchen. Das andere Mädchen geht jetzt mehr raus, „weil damals bin ich überhaupt nicht rausgegangen, da habe ich nur Fernseh geguckt." Sie „kann jetzt nachts auch besser schlafen" und sei auch nicht so „aufgeregt und in der Schule konzentriert" sie sich mehr. Sie sei „einen Sack Kartoffel losgeworden", so beschreibt das dritte Mädchen die Veränderungen.

Die andere Hälfte der antwortenden Kinder bezeichnete die psychologisch-beraterische Arbeit dagegen als nicht erfolgreich. Sie sprachen entweder von überhaupt keinen oder allenfalls nur geringfügigen Veränderungen. Beispiele: „Es hat sich nichts geändert!" „Als ich klein war, hab ich Angst gehabt. Und das ist jetzt auch so wie früher." „Das kann ich nicht so genau sagen. Also was sich nicht gebessert hat, ist meine große Klappe..." Es habe mehr „Spielideen" bekommen, sonst habe sich nichts geändert, erzählt ein anderes Kind. Interessanterweise waren die Mehrzahl der Kinder, die eine eher negative Beurteilung abgaben, nicht älter als 10 Jahre. Darüber hinaus drehten sich die Hauptprobleme in dieser Gruppe weniger um den vertrauten Bereich Schule und Schulleistungen, sondern betrafen mehr den sozial-emotionalen Bereich, in dem Veränderungen häufig auch nicht so konkret benennbar sind.

2. Veränderungen in der Familie:
In einem zweiten Schritt wurden die Kinder danach befragt, ob aus ihrer Sicht durch die Beratung auch Veränderungen im familiären Bereich eingetreten sind. Bis auf zwei gaben hierzu alle anderen Kinder aus der Gruppe der „Antwortenden" Einschätzungen und Beurteilungen ab. Etwa 40 % von ihnen, fast ausschließlich im Alter zwischen 10 und 12 Jahren, nahmen konkrete Verbesserungen der Beziehungen in den verschiedenen Subsystemen wahr. Im Mittelpunkt stand dabei das Verhältnis zu den Geschwistern und erst dann folgte die Eltern-Kind-Interaktionsebene. Typische Aussagen in diesem Zusammenhang waren z.B.:

„Ich verstehe mich mit meiner älteren Schwester, weil sie mich jetzt mitspielen läßt", berichtet ein 10jähriges Mädchen. Ein ebenfalls 10jähriges Mädchen erzählt, daß sie sich mit ihrem Bruder jetzt besser verstehe, den sie immer geärgert habe, weil er sprachbehindert ist und jetzt verteidigt sie ihn, wenn er auf dem Spielplatz „veräppelt" wird. Sie führt diese Einstellungs- und Verhaltensveränderung ganz eindeutig auf ihre

Erfahrungen in der Gruppentherapie an der Beratungsstelle zurück. „Weil da waren auch verschiedene Kinder, die irgendwie was nicht konnten und da habe ich gelacht und wir haben darüber gesprochen." Ein 12jähriger Junge stellt einen Zusammenhang zwischen der Verbesserungen im Verhältnis zu seiner Schwester und der Atmosphäre in der Familie her. In der Familie würden sie sich jetzt besser verstehen, „weil er sich nicht mehr so oft mit seiner Schwester zofft."

Veränderungen in der Beziehung zu den Eltern oder zu einem Elternteil drücken die meisten Kinder meist ebenfalls sehr konkret aus, wie beispielsweise: „die Eltern lassen mich mehr weggehen" oder der „Papa nimmt sich mehr Zeit" oder er lasse sich jetzt auch von der Stiefmutter bei den Hausaufgaben helfen.

Kinder, die keine Angaben über die Gründe des Aufsuchens der Beratungsstelle machen konnten, beschrieben teilweise Veränderungen sehr allgemein, wie „Mit der Mutter komme ich jetzt besser klar" oder der Vater „motzt" nicht mehr über alles. Aus den Antworten ging darüber hinaus auch nicht weiter hervor, ob für sie diese Veränderungen in irgendeiner Weise in einem Zusammenhang mit der Beratung steht oder eventuell auf andere Einflüsse zurückführen sind.

Einige ältere Kinder richteten in den Bewertungen den Blick auch auf die Elternbeziehung und berichten über Veränderungen auf dieser Ebene, wie beispielsweise ein 11jähriges Mädchen. Sie drückt sich folgendermaßen aus: „Papa und Mama haben sich immer gestritten und jetzt können sie miteinander reden."

60 % der Kinder stuften allerdings die Beratung im familiären Bereich, und zwar insbesondere das Verhältnis der Eltern zueinander, als nicht erfolgreich ein. Sie gründen ihre negativen Bewertungen zum Teil auf sehr prägnante Beobachtungen der Kommunikationsmuster und Konfliktbereiche ihrer Eltern.

Ein 9jähriges Mädchen betont, daß sich ihre Eltern wie immer streiten, und zwar dann, wenn einer von beiden etwas „Falsches" macht oder sagt. Ähnlich äußert sich ein ebenfalls 9jähriges Mädchen: „Die Eltern haben sich vorher gestritten und streiten sich jetzt." Als Grund für die elterlichen Auseinandersetzungen gibt sie an „weil Papa so immer sowenig Zeit hat." Ein 11jähriges Mädchen zog aus den unveränderten elterlichen Probleme eine vollends pessimistische Schlußfolgerung: „Die zanken sich immer nur. Die ändern sich auch nicht, wenn die wieder hierher kommen. Das kann die Frau (die Beraterin, A.L.) auch nicht ändern."

Analysiert man die Bewertungen der Kinder weiter, dann wird eine differenzierte Sichtweise der Erfolgsdimensionen von Beratung deutlich. Wiederum die älteren Kinder über 10 Jahre unterscheiden nämlich zwischen den verschiedenen familiären Beziehungssystemen und nehmen teilweise sehr genau Unterschiede hinsichtlich des Grades und der Qualität der eingetretenen Veränderungen auf den einzelnen Ebenen wahr. So verglichen sie häufig die erreichten Veränderungen bei sich mit den Entwicklungen bei ihren Eltern oder einem Elterteil und kommen zu bemerkenswerten Ergebnissen.

Etwa zwei Drittel derjenigen Kinder, die bei sich Veränderungen wahrgenommen haben, fanden solche auch in der Familie. Dagegen sah das andere Drittel keine Besserungen im familiären Beziehungsfeld. Beispielsweise das oben erwähnte Mädchen, das jegliche Hoffnung auf eine Veränderung der elterlichen Konflikte aufgegeben hat, erzählte gleichzeitig über ihre verbesserten Schulleistungen. „Ich schreibe jetzt viel bessere Noten und paß mehr auf."

Diejenige Hälfte der Kinder, die für sich keine Veränderungen durch die Beratung feststellen konnten, entdecken, mit einer Ausnahme, auch keine positiven Tendenzen in einzelnen familiären Subsystemen. Nur ein 10jähriger Einkoter hob ganz besonders hervor, daß er trotz alledem jetzt mit seinen Eltern „besser klar komme."

3. Veränderungen im sozialen Umfeld:
In einem dritten Schritt wurden die Kinder zu Veränderungen in ihrem sozialen Umfeld befragt. Man weiß aus den Befunden der Netzwerkforschung, daß Kinder gewissermaßen von Geburt an in eine Vielzahl sozialer Beziehungen unterschiedlicher Qualität und nicht nur in der Familie und allenfalls noch in den engeren Verwandtschaftkreis eingebunden sind. Sie sind soziale Wesen, die bereits vor dem Eintritt in den Kindergarten vielfältige Beziehungen zu anderen Kindern und außerfamiliären Erwachsenen, wie Tanten und Onkeln, FreundInnen und Bekannte der Eltern und NachbarInnen besitzen. Gerade Personen aus dem sozialen Nahraum können für Kinder, aufgrund ihrer geringeren räumlichen Mobilität, eine große Bedeutung gewinnen. In den späteren Jahren kommen die Bezüge zu ErzieherInnen, LehrerInnen sowie zu Personen aus Vereinen und anderen Freizeitinitiativen hinzu.

Dieses außerfamiliäre Netzwerk nimmt nicht nur Einfluß auf die Entwicklung der kindlichen Persönlichkeit, ist also ein zusätzliches Sozialisationsmilieu, sondern stellt vor allem auch, wie zahlreiche Studien eindrucksvoll belegen, ein wichtiges Unterstützungspotential bei der Bewältigung von Belastungen und Konflikten dar und besitzt daher eine große präventive Wirkung in der Alltagswelt.

Über Veränderung im sozialen Beziehungsnetz berichten die Kinder vergleichsweise selten. Die überwiegende Mehrzahl der Kinder konnte diese Frage nicht beantworten. Lediglich 10 % der insgesamt befragten Kinder machten dazu Aussagen zu Veränderungen in ihrem Freundeskreis, nicht aber zu anderen Netzwerksegmenten.

„Mit meinen Freunden ist es besser geworden, ich habe mehr Freunde gekriegt", erzählt ein 9jähriges Mädchen. Ein 7jähriges Mädchen führt ihren inzwischen größeren Freundeskreis auf die Gruppentreffen in der Beratungsstelle zurück.

Eine Erklärung für dieses erstaunliche Ergebnis dürfte meines Erachtens in erster Linie in den praktizierten Arbeitsweisen und -formen in den Beratungsstellen liegen. Die Suchrichtung in der psychologisch-beraterischen Arbeit konzentriert sich in aller Regel immer noch fast ausschließlich auf den familiären Kontext, auf das spezifische emotionale und kommunikative Beziehungssystem zwischen Eltern und Kindern sowie auf biographische Verletzungen und Defizite einzelner Familienmitglieder. Einer gezielten Wahrnehmung und Analyse ihrer sozialen Bezüge sowie der alltagsweltlichen Strukturen und Prozesse, in die sie eingebunden sind, wird ein relativ geringer Stellenwert eingeräumt.

Der Blick richtet sich also in der überwiegend klinisch-psychologisch geprägten Beratungsarbeit nicht systematisch auf die weitergehenden Sozialbeziehungen der Betroffenen. Da die Analyse und Förderung sozialer Netzwerke in der Beratung kein zentrales Thema ist und die Kinder nicht immer in der Lage sind, die Beratungserfahrungen auf ihre alltäglichen Beziehungen selbst zu übertragen, lautet meine These, werden in diesem Bereich auch wenig Veränderungen wahrgenommen und auch nicht angestoßen. Eine zweite mögliche, wenn auch meines Erachtens unwahrscheinliche These könnte lauten, da es in allen untersuchten Fällen, keinerlei Probleme im sozialen Beziehungsnetz gab, nahmen die Kinder auf dieser Mesoebene auch keine Bewertungen vor.

Allgemeine Einschätzung der Beratung

Studien zum Hilfesuchverhalten zeigen sehr eindrucksvoll, daß der Inanspruchnahme psychosozialer Dienste in aller Regel ein langwieriger und komplexer Entscheidungsprozeß vorausgeht, der vielfältigen Einflüssen unterworfen ist (vgl. Lenz 1990). Erst wenn die eigenen Bewältigungsressourcen nicht mehr ausreichen und die Betroffenen auf der Suche nach zusätzlichen Hilfemöglichkeiten von Mitgliedern ihres sozialen Netzwerkes oder von anderen Institutionen und Einrichtungen dahin verwiesen werden, führt sie der Weg in die Beratungsstelle.

Vorbehalte gegenüber psychologischen Formen der Hilfe, mangelnde Kenntnis über die Existenz von Beratung oder Beratungsstellen, diffuses Wissen darüber, bei welchen Problemen und in welcher Form sie sich an eine Beratungsstelle wenden können oder längere Anfahrtwege und schlechte Verkehrsverbindungen, bilden gerade für Angehörigen unterer sozialer Schichten und bei Landbewohnern, wie die Studien zeigen, teilweise immer noch beträchtliche Hürden, diesen Schritt zu wagen.

Andererseits gibt jedoch inzwischen auch deutliche Anzeichen dafür, daß sich psychologische Beratung immer stärker als normales Hilfeangebot für weite Kreise der Bevölkerung etabliert und selbstverständlicher in Anspruch genommen wird. So sind in den letzten Jahren die Anmeldungen in den Einrichtungen kontinuierlich angestiegen und Veränderungen in der sozialen Herkunft der Ratsuchenden festzustellen. Das Klientel der Erziehungsberatungsstellen spiegelt heute ein breites Spektrum der sozialen Schichten wieder und umfaßt zunehmend auch Angehörige sozial benachteiligter Subgruppen.

Es spricht einiges für die These, daß psychosoziale Beratung und Psychotherapie sich als alltägliche Dienstleistungen zu etablieren beginnen. Menschen betrachten diese Formen der Hilfe als immer selbstverständlicher und wählen Angebote selbstbewußt, gezielt und auch wiederholt dann aus, wenn sie es für notwendig halten (Straus et al. 1988).

Lassen sich solche Entwicklungen auch bei den Kindern beobachten? Dieser Frage sollte im letzten Themenbereich nachgegangen werden. Erfaßt wurde die allgemeine Zufriedenheit mit der Beraterin/dem Berater und vor allem der Aspekt des Wiederkommen als Ausdruck einer Normalisierung dieser Dienstleistung.

Die Fragen zur allgemeinen Einschätzung der Beratung wurden, bis auf einige wenige Ausnahmen, von allen befragten Kindern beantwortet. Lediglich 3 Kinder waren mit der gesamten Beratung unzufrieden und lehnten auch ausdrücklich ein erneutes Aufsuchen der Einrichtung ab. Die Kinder brachten ihre negativen Bewertungen eindeutig mit der Beraterin/dem Berater in Verbindung. Sie beklagten sich über ein aus ihrer Sicht zu geringes Eingehen auf ihre Person sowie auf ihre Wünsche, Bedürfnisse und Vorstellungen.

Ein 8jähriger Junge fühlte sich von der Beraterin vor der Gruppe bloßgestellt und ungerecht behandelt. „Frau....war nicht nett zu mir ... und wenn ich einmal nicht mitmache, dann packt sie mich so komisch am Arm, daß es weh tut und meckert mit mir vor den andern." Die andern beiden Kinder, 8 und 9 Jahre alt, hoben das mangelnde Einbezogensein in den Familiengesprächen als Gründe für die Unzufriedenheit mit der Beratung hervor. Beide fanden, daß die Beraterin/der Berater die Eltern immer wichtiger genommen habe als sie.

Etwa ein Drittel der Kinder nahmen eine eher ambivalente Einschätzung vor und konnten sich nicht klar entscheiden, ob sie wiederkommen wollten oder nicht. Sie waren mit den Aktivitäten in den Beratungsstunden durchgängig zufrieden und fühlten sich von der Beraterin/dem Berater respektiert und verstanden. Ihre Vorbehalte beruhen einmal auf Rahmenbedingungen, wie einer langen Betreuungsdauer und einer hohen Terminfrequenz, durch die sie ihre Freizeitmöglichkeiten zu sehr begrenzt sahen. „Ich komme gern, aber ich habe keine Lust zu so vielen Terminen", war eine typische Aussage dieser Kinder.

Der andere Teil stammte aus der Gruppe von Kindern, die keine weiteren Gründe angeben konnten, warum sie an der Beratungsstelle waren bzw. noch sind. Auf die Frage, ob er wiederkommen würde, antwortet beispielsweise ein 9jähriger Junge: „Das kann ich eigentlich nicht sagen, weil ich nie Probleme hatte. Also so richtig gab es bei mir in der Familie keine Probleme." Gleichzeitig betont er aber, daß ihm „das Spielen" gut gefallen und „die Frau (die Beraterin, A.L.) auch ganz nett war."

Etwa zwei Drittel der Kinder bewertet die Beratung im allgemeinen als durchweg positiv und kann sich vorstellen, wiederzukommen. Alle Kinder nannten konkrete Aspekte der Beratung, die ihnen besonders gefallen oder gut getan haben.

Die 6-9jährigen stellten überwiegend die Spielaktivitäten und das breite Repertoire an Beschäftigungsmöglichkeiten in den Mittelpunkt ihrer positiven Beurteilungen. Ein 8jähriges Mädchen berichtete, daß sie sofort wieder hingehen würde, „weil ich es hier schön finde und so. Weil hier so viele Spiele sind und so." Leider hätten die Eltern aber keine Lust mehr herzukommen.

Andere Kinder betonten in ihren Bewertungen besonders einzelne Aktivitäten und kreative Tätigkeiten, wie das Malen, Musik oder Kickern. Eng verknüpften die meisten Kinder dabei den „Spaß am Spielen" mit der Person der Beraterin/des Beraters. Ein 9jähriges Mädchen beispielsweise erzählte, daß sie immer gerne hingekommen sei, „weil es hier schön ist, und weil es viele Spiele gibt und weil man gut immer alles reden kann." Ein 7jähriger Junge fand, die Beraterin habe immer gute Ideen, „einfach toll."

Die älteren Kinder hoben noch gezielter die Gespräche mit der Beraterin/dem Berater in ihren allgemeinen Einschätzungen hervor. Sie beurteilten die Beraterin/den Berater insbesondere in den Einzelkontakten als verläßliche und vertrauensvolle AnsprechpartnerInnen, die für sie da waren, mit denen sie ernsthaft reden und sich aussprechen konnten und zu der/dem sie auch wieder hingehen würden. Ein 12jährige Junge sagt zum Beispiel, daß er bei Problemen wieder die Beratungsstelle kommen würde. „Ja, weil ich mit Herrn ... besser sprechen kann als mit meinen Eltern. Er würde aber „lieber alleine" wiederkommen. Es habe ihm einfach gefallen, „daß man mit Herrn ... über alles reden kann." Ein 12jähriges Mädchen fand alles gut, was mit der Beratung zusammenhing. Am besten habe ihr aber gefallen, „daß die hier so gut zuhören können."

Bei einigen Kindern floß in der Antwort auf diese Frage auch die Betonung der fachlichen Kompetenz der BeraterInnen ein. Sie schätzten besonders die Anregungen und Anstößen, die sie in den Gesprächen erhalten haben. Zum Bespiel sagte ein 10jähriger Junge, daß er mit der Beraterin besser reden kann als mit seiner Mutter, da ihm die Beraterin Tips gebe, „was man besser machen kann." Ähnlich äußert sich ein ebenfalls 10jähriger Junge. Er ist "immer gerne" in die Beratungsstelle gekommen und würde auch wiederkommen, da ihm hier bei seinen Problemen geholfen worden ist. „Weil das hier eine Beratungsstelle ist, die dann was dagegen macht, deswegen."

Vergleicht man nun den Anteil der positiven Einschätzungen mit den Anteilen der festgestellten Veränderungen und der Informiertheit, dann zeigt sich, daß eine Reihe von Kindern mit der Beratung insgesamt zufrieden waren und auch wiederkommen würden, obwohl aus ihrer Sicht die Probleme unverändert blieben und sie genau Bescheid wußten, warum sie überhaupt in der Beratungsstelle waren.

Die Zahlen verweisen damit auf eine partielle Unabhängigkeit einer positiven Beratungsbewertung von so zentralen Faktoren wie Grad der Informiertheit und der erzielten Veränderungen Es stellt sich daher an dieser Stelle die Frage, woran orientieren sich die Kinder in ihren allgemeinen Beurteilungen. Vieles deutet darauf hin, daß die Kinder einen Teil ihrer Zufriedenheit aus den unmittelbaren Erfahrungen in der beraterisch-psychologischen Situation, vor allem aus dem dynamisch-interaktiven Geschehen in den kindzentrierten Stunden, und damit in erster Linie aus den emotionalen Qualitäten des BeraterInnen-Verhaltens ableiten.

Wie bereits in den Aussagen zum Beratungsprozeß deutlich wurde, fühlt sich die Mehrzahl der Kinder speziell im Einzelkontakt oder im Gruppensetting, von der Beraterin/dem Berater akzeptiert und angenommen, sie erleben ein Eingehen auf ihr Tempo, auf ihre Anliegen und Fragen. In dieser Atmosphäre der Geborgenheit, aber auch des Gefordertwerdens, so lassen sich die Antworten interpretieren, fanden viele Kinder einen Raum, in dem sie mit einem vertrauensvollen Gegenüber über Probleme sprechen konnten, die sie bewegen. Sie konnten einerseits ihren täglichen Kummer und Sorgen abladen, andererseits erfuhren sie Hilfe und Unterstützung in ihrer Lebenssituation, die gekennzeichnet ist von vielen neuen Formen der Belastungen, von Risiken des Leidens, des Unbehagen und der Unruhe, die teilweise, wie die Ergebnisse der sozialwissenschaftlichen Gesundheitsforschung zeigen, die Bewältigungskapazitäten von Kindern überfordern und zu einer Zunahme der Auffälligkeiten führen.

Die Beratung fungiert für eine Reihe von Kinder offensichtlich als soziale Ressource, die den belastenden Alltag positiv unterbricht und in der Lage ist, Hoffnung in die eigene Handlungsfähigkeit und Gefühl der Bewältigbarkeit und Gestaltbarkeit der externen und internen Lebensbedingungen zu vermitteln.

Ausblick

Kinder sind in der Lage, differenzierte Einschätzungen und Beurteilungen verschiedener Aspekte psychologischer Beratung vorzunehmen, die meines Erachtens von weitreichender Bedeutung für die konkrete Arbeit sind.

Hervorzuheben sind zum einen die durchweg positiven Bewertungen der unmittelbaren Beziehung zur Beraterin/zum Berater, also der Begegnungsachse wie es Rosemarie Welter-Enderlin & Bruno Hildenbrand anschaulich ausdrücken. Zum andern fällt die zwar teilweise sehr genaue, insgesamt aber eher skeptische Beurteilung der erzielten Veränderungen insbesondere auf der Ebene der Familie bzw. Eltern und des sozialen Umfelds auf, die allerdings lediglich von der Hälfte der befragten Kinder abgegeben wurde. Dieser niedrige Anteil hängt sicherlich eng mit dem erstaunlich geringen Grad der Informiertheit der Kinder über die Gründe des Aufsuchens der Beratungsstelle zusammen. Weiter bedenkenswert sind auch die insgesamt negativen Bewertungen des Familiensetting durch die Kinder.

Die beiden letztgenannten Befunde verweisen auf die geringen Möglichkeiten der Kinder zur aktiven Teilnahme und Partizipation im beraterisch-psychologischen Kontext, und zwar speziell in der Phase des Zugangs und der Kontraktbildung am Anfang sowie in den Phasen, in denen, wie im Familiensetting, die Erwachsenen bereits rein „quantitativ" dominieren.

Die empirischen Befunde deuten darauf hin, daß in diesem Setting die Bedürfnisse der Kinder nicht immer genügend Berücksichtigung finden. Kinder fühlen sich in den Familiengesprächen offensichtlich nicht ausreichend in ihrer Individualität wahrgenommen, oftmals sogar an den Rand gedrängt und nicht ernst genug genommen.

Bereits die Entscheidung, professionelle Hilfe aufzusuchen, wird von den Eltern getroffen. Sich dahinter verbergende persönliche Interessen, eigene Probleme, äußere Ereignisse oder ein Druck von sozialen Instanzen und Einrichtungen, können dazu führen, daß der Gang zur Beratungsstelle nicht unbedingt im besten Interesse des Kindes liegt. Im psychosozialen Kontext treten mit Sicherheit Konstellationen auf, in denen die Vorstellungen und Bedürfnisse von Kindern und Eltern sogar sehr weit divergieren.

Die Zustimmung der Eltern wird aber in der Praxis meist als hinreichend betrachtet. Die Kinder werden in diesem Entscheidungsprozeß, zumindest nicht explizit, beteiligt. Es bleibt weitgehend unklar, ob sie freiwillig an den geplanten Maßnahmen teilnehmen „und ob ihnen bewußt ist, welchen Nutzen und welche Risiken eine Therapie mit sich bringen kann" (Reiter-Thiel et al. 1993, 15). Mangel an intellektueller und emotionaler Reife, zu geringe Erfahrung und eine verminderte Fähigkeit, den eigenen Willen zu verwirklichen, werden als Gründe herangezogen, Kinder nicht stärker an den jeweiligen Entscheidungen zu beteiligen (Weithorn & Campell 1983).

Stella Reiter-Theil et al. (1993) sehen darin eine Verletzung eines der zentralen Prinzipien in der Diskussion über ethische Fragen in den „helfenden Berufen", nämlich des „Respekts vor Autonomie" der Klientin/des Klienten und daraus abgeleitet, die Forderung nach „Aufklärung" und „informierter Zustimmung". Sie fordern, diese ethischen Prinzipien auch auf die Kinder anzuwenden, und sie als Entscheidungsträger im Rahmen ihrer kognitiven und emotionalen Möglichkeiten zu akzeptieren. Die Beraterin/der Berater sollte ihnen daher all jene Informationen vermitteln, die notwendig sind, damit sie zu einem eigenen Urteil gelangen können. Der Informationswert für die Kinder ist um so höher, je besser es gelingt, die Darbietung dialogisch zu gestalten, das heißt, indem sie angeregt werden, zu fragen, was ihnen wichtig ist bzw. was sie interessiert.

Kinder stärker an den Entscheidungen über Form, Dauer und Inhalte der Beratung/ Therapie zu beteiligen, damit von einem „informierten" Einverständnis gesprochen werden kann, und sie bei der Entwicklung und Ausgestaltung der Interventionsziele einzubeziehen, stellen wichtige Schritte dar, die Kinder und ihre grundlegenden Rechte ernstzunehmen.

Anmerkungen zur Praxis der subjektorientierten Evaluation

Evaluation und Qualitätssicherung, die nicht nur aus Rechtfertigungsgründen nach außen durchgeführt werden und sich beispielsweise nicht nur auf eine kurze Erhebung der elterlichen Zufriedenheit mit der Beratung beschränken, sondern der Überprüfung und Reflexion der Arbeitsweisen und damit der Weiterentwicklung der Qualität dienen sollen, lassen sich in der Beratungsstelle nicht einfach „nebenbei" einrichten. Auch die vorgestellten subjektorientierten Verfahren bedeuten im Rahmen eines internen Evaluationsansatzes zweifellos einen Mehraufwand an Arbeit und Zeit sowohl für die KlientInnen als auch für die BeraterInnen und die Institution. Wenn die Chancen und Möglichkeiten der Qualitätssicherung für die Praxis in diesem umfassenden Kontext genutzt werden sollen, müssen dafür zunächst strukturelle Rahmenbedingungen, ähnlich wie für Team- bzw. Fallbesprechung und Supervision, geschaffen werden.

Erste Erfahrungen aus der Praxis zeigen, daß die KlientInnen die Evaluationsbemühungen in aller Regel als besondere Sorgfalt der BeraterInnen bzw. TherapeutInnen empfinden und sie starkes Interesse an diesen Ergebnissen entwickeln. Die von vielen PraktikerInnen immer wieder geäußerten Befürchtungen, die Betroffenen würden solche Erhebungen als Zumutung betrachten, erweisen sich also offensichtlich als unbegründet. Die gemeinsame Analyse und Bewertung der erreichten und nicht erreichten Ziele bzw. der erzielten Veränderungen auf den unterschiedlichen Systemebenen nach Abschluß der Beratung, wie auch ein Follow-up-Interview nach einer vereinbarten Zeitspanne, signalisieren darüber hinaus den KlientInnen das Interesse der Beraterin/des Beraters an ihrem Wohlergehen und ihrer weiteren Entwicklung. Dadurch können auch Brücken gebaut werden, die es den KlientInnen erleichtern, in Krisen oder beim erneuten Aufbrechen von Problemen, professionelle Hilfe frühzeitig in Anspruch zu nehmen. Untersuchungen weisen nämlich darauf hin, daß einer Wiederanmeldung nicht selten langwierige, schwierige Entscheidungsprozesse vorausgehen, da für viele KlientInnen ein Wiederkommen gleichbedeutend ist mit einem persönlichen Versagen oder mit der Angst verknüpft wird, als hoffnungsloser Fall eingeschätzt zu werden (Lenz 1990).

Soll die interne Evaluation verwertbare und anwendungsorientierte Ansatzpunkte für einen Prozeß der Qualitätssicherung liefern, müssen die Ergebnisse dokumentiert werden. Das Qualitätshandbuch stellt dabei einen geeigneten Rahmen dar, die einzelnen Evaluationsaktivitäten systematisch zusammenzufassen und darzustellen.

Die Dokumentation versetzt die MitarbeiterInnen in die Lage, ausgehend von den Befunden und Bewertungen, auch langfristig ihre Positionen und Erfahrungen systematisch zu überprüfen, die angewandten Arbeitsformen kritisch zu hinterfragen und die Angebote aufeinander abzustimmen. Auf diese Weise wird eine kontinuierliche Suche nach Schwachstellen, aber auch nach Stärken angestoßen, die einen Weg zur Optimierung der Arbeit einleitet. Qualitätssicherung wird so zu einem reflexiven Prozeß, in dem die unterschiedlichen Erwartungen, Ansprüche und Bedürfnisse der KlientInnen und der BeraterInnen entdeckt, analysiert, Antworten gesucht und innovative Impulse freigesetzt werden.

Die Dokumentation im Qualitätshandbuch erleichtert darüber hinaus auch die Verständigung und Kommunikation nach außen. Die gemeinsam festgelegten übergreifenden Zielsetzungen und Qualitätskriterien sowie die Ergebnisse der internen Evaluation erbringen wertvolle Ansatzpunkte für eine transparente Darstellung der Qualität der Arbeit gegenüber Träger, Zuschußgeber und allgemeiner Öffentlichkeit.

Literatur

Antonovsky, A: Unraveling the Mystery of Health. How People Manage Stress and Stay Well. San Francisco 1987

Balck, F.; Cierpka, M.: Problemdefinition und Behandlungsziele. In: Cierpka, M. (Hrsg.): Handbuch der Familiendiagnostik. Berlin, Heidelberg 1996, 87-108

Bauriedl, T.: Auch ohne Couch. Stuttgart 1994

Beerlage, I. & Fehre, M.: Praxisforschung zwischen Intuition und Institution. Tübingen 1989

Brackmann, S.: Bericht über eine statistische Untersuchung zum Einsatz der Familientherapie und ihrer Auswirkungen im Urteil von Klienten und Therapeuten. In: Gerlicher, K. (Hrsg.): Familientherapie in der Erziehungsberatung. Weinheim 1977, 106-122

Brandt, G.A.: Probleme und Erfolge der Erziehungsberatung. Weinheim 1967

Buddeberg-Fischer, B. (1991): Patient und Familie - typische Kombinationsmuster einzel- und familientherapeutischer Interventionen. System Familie 4 (1991) 97-106

Cierpka, M. (Hrsg.): Handbuch der Familiendiagnostik. Berlin, Heidelberg, New York 1996

Faller, H. & Frommer, J.: Qualitative Psychotherapieforschung. Grundlagen und Methoden. Heidelberg 1994

Flick, U.: Qualitative Forschung. Theorie, Methoden, Anwendung in Psychologie und Sozialwissenschaften. Reinbek 1995

Glaser, B. G. & Strauss, A.L.: The discovery of grounded theory. Strategies for qualitative research. New York 1967

Grawe, K.: Grundriß einer Allgemeinen Psychotherapie. Psychotherapeut 40 (1995) 130-145.

Grawe, K.; Braun, U.: Qualitätskontrolle in der Psychotherapiepraxis. Zeitschrift für Klinische Psychologie 4 (1994) 242-267

Grawe, K., Caspar, F. & Ambühl, H.: Was ist differentiell an der Differentiellen Psychotherapieforschung? Eine Replik auf die Stellungnahme von Reinecker, Schindler und Hand zur Berner Therapievergleichsstudie. Zeitschrift für Klinische Psychologie 20 (1991) 286-297

Guntern, G.: Die kopernikanische Revolution in der Psychotherapie: der Wandel vom psychoanalytischen zum systemischen Paradigma. Familiendynamik 5 (1980) 241

Haid-Loh, A., Lindemann, F.-W. & Märtens, M.: Familienberatung im Spiegel der Forschung. Ergebnisse und Entwicklung beratungsbegleitender Forschung und Selbstevaluation auf dem Feld der Psychologischen Beratung in den alten und neuen Bundesländern. Berlin: Untersuchungen aus dem Evangelischen Zentralinstitut für Familienforschung Nr. 17, 1995

Heekerens, H.-P.: Zur Zukunft der Kinder- und Jugendlichen-Psychotherapie. Report Psychologie 46 (1992) 8-18

Heekerens, H.-P.: Familientherapie auf dem Prüfstand. Was taugt der neue Behandlungsansatz bei Problemen des Kindes- und Jugendalters. Acta Paedopsychiatrie 54 (1991) 56-67

Hopf, C.: Qualitative Interviews in der Sozialforschung: Ein Überblick. In: Flick, U., Kardorff, E.v., Keupp, H., Rosenstiel, L.v. & Wolff, S. (Hrsg.): Handbuch Qualitative Sozialforschung. Grunglagen, Konzepte, Methoden und Anwendungen. Weinheim 1995, 177-182

Jakob, B.: Katmnestische Untersuchung zur Wirksamkeit von Erziehungsberatung. Evaluation der Beratungsarbeit. In: Menne, K., Cremer, H. & Hundsalz, A. (Hrsg.): Jahrbuch für Erziehungsberatung. Band 2. Weinheim, München 1996, 261-273

Kaisen, R.: Erwartungen an die Erziehungsberatung. In: Menne, K., Cremer, H. & Hundsalz, A. (Hrsg.): Jahrbuch für Erziehungsberatung. Band 2. Weinheim, München 1996, 241-259

Kazdin, A.E.: Psychotherapie mit Kindern und Jugendlichen. Aktueller Stand, Fortschritte und zukünftige Entwicklungen. Psychotherapeut 39 (1994) 345-352

Keppler, E.: Die Effizienz der Erziehungsberatung. Würzburg 1977 [Universität Würzburg, Dissertation]

Keupp, H.: Aufrecht gehen lernen in einer Welt riskanter werdender Chancen. Eine Empowermentperspektive für die Arbeit mit Kindern und Jugendlichen. Blätter der Wohlfahrtspflege 140 (1993) 52-55

Klann, N. & Hahlweg, K.: Beratungsbegleitende Forschung - Evaluation von Vorgehensweisen in der Ehe-, Familien- und Lebensberatung. Schriftenreihe des Bundesministeriums für Familie, Senioren, Frauen und Jugend. Band 48.1. Stuttgart, Berlin, Köln 1994

Lenz, A.: Evaluation und Qualitätssicherung in der Erziehungsberatung. In: Menne, K. (Hrsg.): Qualität in Beratung und Therapie. Evaluation und Qualitätssicherung für die Erziehungs- und Familienberatung. Weinheim 1998, 115-146

Lenz, A.: Die Wirksamkeit von Erziehungsberatung aus der Sicht der Eltern. Jugendwohl 7 (1994) 305-312

Lenz, A.: Ländlicher Alltag und familiäre Probleme. Eine qualitative Studie über Bewältigungsstrategien bei Erziehungs- und Familienproblemen auf dem Land. München 1990
Lenz, A. & Straus, F.: Gemeindepsychologische Perspektiven in der Erziehungsberatung. In: Körner, W. & Hörmann, G. (Hrsg.): Handbuch der Erziehungsberatung. Band 1. Göttingen 1998, 435-454
Lenz, K.: Alltag und Biographie im Lichte qualitativer Forschung. Manuskript. 1990
Ludewig, K.: Systemische Therapie. Grundlagen klinischer Therapie und Praxis. Stuttgart 1992
Mattejat, F. & Remschmidt, H.: Evaluation von Therapien mit psychisch kranken Kindern und Jugendlichen: Entwicklung und Überprüfung eines Fragebogens zur Beurteilung der Behandlung. Zeitschrift für Klinische Psychologie 2 (1993) 192- 233
Märtens, M. & Petzold, H.: Psychotherapieforschung und kinderpsychologische Praxis. Praxis der Kinderpsychologie und Kinderpsychiatrie 44 (1995) 302-321
Menne, K.: Neuere Daten zur Erziehungs- und Familienberatung - Anmerkungen zum Achten Jugendbericht. Zentralblatt für Jugendrecht 6 (1992) 311-323
Menne, K.: Erziehungsberatung 1993. Ratsuchende und Einrichtungen. In: Menne, K., Cremer, H. & Hundsalz, A. (Hrsg.): Jahrbuch für Erziehungsberatung. Band 2. Weinheim, München 1996, 223-239
Naumann, K. & Beck, M.: Effekte von Erziehungsberatung: Eine katamnestische Studie. In: Cremer, H., Hundsalz, A. & Menne, K. (Hrsg.): Jahrbuch für Erziehungsberatung. Band 2. Weinheim 1994, 253-270
Oevermann, U.: Hermeneutische Sinnkonstruktion: als Therapie und Pädagogik mißverstanden. Oder: das notorisch strukturtheoretische Defizit pädagogischer Wissenschaft. In: Garz, D. & Kraimer, K. (Hrsg.): Brauchen wir andere Forschungsmethoden? Frankfurt 1983, 113-155
Olson, D.H.: Capturing family changes. Multi-System-Level-Assessment. In: Wynne, L.C. (Ed.): The state of the art in family therapy research. Controversies and recommendations. New York 1988, 75-88
Patton, M.Q.: Qualitative evaluation and research methods. London 1990
Presting, G.: Erziehungs- und Familienberatungsstellen in der Bundesrepublik Deutschland: Zur gegenwärtigen Versorgungslage. Praxis der Kinderpsychologie und Kinderpsychiatrie 6 (1987) 210-214
Reiter-Theil, S., Eich, H. & Reiter, L.: Der ethische Status des Kindes in der Familien- und Kindertherapie. Praxis der Kinderpsychologie und Kinderpsychiatrie 42 (1993) 14-20
Rogers, C.R.: Therapeut und Klient. München 1981
Sakofski, A. & Kämmerer, A.: Evaluation von Erziehungsberatung: Katamnestische Untersuchung zum Therapieerfolg. Zeitschrift für Klinische Psychologie 15 (1986) 321-332
Schnell, R., Hill, P.A. & Esser, E.: Methoden der empirischen Sozialforschung. München, Wien 1993
Schrödter, W.: Gutachten „Regeln des fachlichen Könnens in der psychosozialen Arbeit". Wege zum Menschen 44 (1992) 351-371
Stierlin, H., Rücker-Embden, I., Wetzel, N. & Wirsching, M.: Das erste Familiengespräch. Stuttgart 1977
Straus, F., Höfer, R. & Gmür, W.: Familie und Beratung. Zur Integration professioneller Hilfe in den Familienalltag. Ergebnisse einer qualitativen Befragung von Klienten. München 1988
Tuchelt-Gallwitz, A.: Organisation und Arbeitsweisen der Erziehungsberatungsstellen in der BRD. Weinheim 1970

Wahl, K., Honig, M.-S. & Gravenhorst, L.: Wissenschaftlichkeit und Interessen. Zur Herstellung subjektorientierter Sozialforschung. Frankfurt a.M 1982

Weithorn, L.A. & Campbell, S.B.: The competency of children and adolescents to make informed treatment decisions. Child Development 53 (1982) 1589-1598

Welter-Enderlin, R. & Hildenbrand, B.: Systemische Therapie als Begegnung. Stuttgart 1996

Wittmann W.W.: Evaluationsforschung. Aufgaben, Probleme und Anwendungen. Berlin, Heidelberg 1985

Erziehungsberatung auf dem „Prüfstand" - Die Effektivität der Beratungsarbeit aus der Perspektive der Klienten

Sabine Meyle

Effektivität ist zu einem bedeutsamen Schlagwort im psychosozialen Versorgungsbereich avanciert. Auch die Erziehungsberatung (EB) - eine etablierte und verhältnismäßig gut ausgebaute Institution im Beratungssektor - muß sich seit einiger Zeit mit ihrer Leistungsfähigkeit auseinandersetzen. Dabei scheint der Kostenfaktor eine zentrale Stellung einzunehmen, allerdings schreibt das KJHG auch eine klare Orientierung an den „Kunden" und ihren Bedürfnissen vor. Wird die Diskussion um die Effektivität nicht einseitig und kurzsichtig auf die Minimierung von Kosten verengt, die dann letztendlich auf Kosten der Ratsuchenden vorgenommen wird, sondern geht es allen Beteiligten um die *qualitative* Steigerung der Effektivität, dann können sich dadurch vielfältige Perspektiven für die EB eröffnen. Darüber hinaus kommt eine effektive Arbeitsweise sowohl den Ratsuchenden als auch den öffentlichen Kassen zugute.[1] Erhebt man also die Frage nach der Leistungsfähigkeit der EB zur Qualitäts- und nicht zur Quantitätsfrage, dann sollte Evaluation zu einem neuen Schlagwort neben dem der Effektivität werden. Da EB erst dann als eine effektive Hilfeform anzusehen ist, wenn die Ratsuchenden bei der Bewältigung ihrer Probleme, der Erweiterung ihrer Ressourcen sowie der Entwicklung von Bewältigungsstrategien unterstützt werden, müssen bei sämtlichen Überlegungen zur Effektivität der EB vor allen die Ratsuchenden mit ihren subjektiven Einschätzungen der Beratungsarbeit als wesentlicher Maßstab einbezogen werden. Kaum jemand interessierte sich jedoch bislang für die subjektiven Beratungserfahrungen der Klienten. Es existieren nur wenige, empirisch gesicherte Ergebnisse über die kurz- und langfristige Effektivität der Beratungsarbeit aus der Perspektive der Beratenen und somit auch wenig gesichertes Wissen darüber, welche Aspekte der Beratung die Ratsuchenden als hilfreich erleben.[2]

---

[1] Vgl.: Haid-Loh et al. 1995
[2] Vgl.: Sakofski & Kämmerer 1986; Straus et al. 1988 bzw. Höfer & Straus 1991; Zürn et al. 1990; Lenz 1994 sowie Naumann & Beck 1994.

1 Ziele der Untersuchung

Daher sollte mit dieser Untersuchung, die im November 1996 durchgeführt worden ist, die Effektivität der Beratungsarbeit aus der Perspektive der Ratsuchenden an einer EB-Stelle evaluiert und anhand der Angaben der Befragten die Qualität und Bedeutung der geleisteten Beratungsarbeit eingeschätzt sowie Impulse und Anhaltspunkte für die Verbesserung der Beratungspraxis gewonnen werden. Dies wurde im Rahmen einer Diplomarbeit in Kooperation mit der Psychologischen Beratungsstelle für Eltern, Kinder und Jugendliche des Caritasverbandes in Ludwigsburg realisiert.[3] Sowohl die kurz- als auch die langfristige Wirksamkeit der Beratungsarbeit aus der Sicht der Klienten sollte erfaßt werden.

2 Theoretische und methodische Hinweise

Läßt sich die Effektivität der Beratungsarbeit überhaupt messen? Jedenfalls wird man nie den „reinen" Beratungserfolg, sondern immer auch den Einfluß interferierender, außerhalb der Beratung liegender Faktoren erfassen, die sich ebenfalls auf die Ratsuchenden auswirken. Höfer & Straus zufolge kann man den Beratungserfolg nur auf verschiedenen Ebenen bzw. aus unterschiedlichen Perspektiven einigermaßen adäquat analysieren.[4] Daher wurden sieben Erfolgskriterien definiert und operationalisiert, anhand derer die ehemaligen Ratsuchenden den kurz- und langfristigen Beratungserfolg beurteilen sollten.[5]

Erfolgskriterien für den Beratungserfolg

* *Symptomverbesserung*
* *Verbesserung familialer Interaktionen und der Konfliktfähigkeit der Familienmitglieder*
* *Zielerreichung im Hinblick auf definierte und persönliche Beratungsziele*
* *Zufriedenheit mit der Beratung*
* *vertrauensvolle Beziehung zum Berater*
* *fachliche Kompetenzen des Beraters*
* *Alltagstransfer des in der Beratung Gelernten*

---

[3] Diese Einrichtung war 1995 mit einer Sekretärin und fünf BeraterInnen besetzt, die sich drei Planstellen teilten.
[4] Vgl.: Höfer & Straus 1991, 163 f.
[5] Bei der Definition der Erfolgskriterien habe ich mich an einigen der bislang vorliegenden Studien orientiert, (vgl. hierzu: Sakofski & Kämmerer 1986; Straus et al. 1988; Lenz 1994 sowie Naumann & Beck 1994). Die definierten Kriterien sind objektiv nicht überprüfbar und stellen lediglich eine Auswahl aus einem großen Spektrum dar.

Definition des kurz- und langfristigen Beratungserfolges

In Rahmen dieser Studie beziehen sich Angaben zum kurzfristigen Beratungserfolg auf den Zeitpunkt des Beratungsendes und Ausführungen zum langfristigen Beratungserfolg auf den Erhebungszeitpunkt Ende 1996. Aus unterschiedlichen Gründen bestand die Notwendigkeit, den Beratungserfolg mittels einer einmaligen Befragung an solchen Klienten zu erheben, die die Beratung abgeschlossen hatten. In den bereits erwähnten Studien wurde der Meßzeitpunkt zumeist auf ca. ein Jahr nach dem Ende der Beratung angesetzt. Da damit das Erinnerungsvermögen der ehemaligen Ratsuchenden an die Beratung noch gegeben und bereits eine gewisse Zeitspanne vergangen zu sein scheint, in der sich einigermaßen vertretbar langfristige Effekte von Beratung ermitteln lassen, wurde die Erhebung ebenfalls auf ca. 1 Jahr nach dem Beratungsende angesetzt.

Stichprobe und Erhebungsinstrument

Alle ehemaligen Klientenfamilien[6], die ihre Beratung zwischen Dezember 1994 und November 1995 abgeschlossen hatten, wurden in die Untersuchung einbezogen. Dadurch war gewährleistet, daß die Beratung bei den relevanten Familien mindestens ein Jahr zurücklag - die Untersuchung wurde Ende November 1996 durchgeführt. Insgesamt wurden 126 Adressen von ehemaligen Klientenfamilien ermittelt, die ihre Beratung in diesem Zeitraum beendet hatten. Ihnen wurde jeweils ein selbst konstruierter Fragebogen mit geschlossenen und offenen Antwortmöglichkeiten zugeschickt. Alle 34 zurückgesandten Fragebögen konnten in die Auswertung aufgenommen werden. Die Rücklaufquote beträgt somit 27 %.

3 Ergebnispräsentation

Bevor zentrale Ergebnisse präsentiert werden, weise ich darauf hin, daß kein Anspruch auf Repräsentativität, Validität und Reliabilität erhoben wird. Zunächst werden die wichtigsten Ergebnisse zu den einzelnen Erfolgskriterien dargestellt.[7]

1. Symptomverbesserung

Die Mehrheit der Befragten (53 %) stellte für das jeweils betroffene Kind eine (überwiegende) Symptomverbesserung zum Beratungsende fest, wenngleich „nur" 32 % angaben, daß sich die Symptomatik (überwiegend) zurückgebildet hat. Erstaunlicher-

---

[6] Es wurden keine Jugendlichen bzw. junge Erwachsene in die Untersuchung einbezogen, die die Beratung nicht im Zusammenhang mit ihrer Familie in Anspruch genommen hatten.
[7] Diese und weitere Ergebnisse sind ausführlich dargestellt in: Meyle 1998.

weise äußerten weitere 38 %, daß die Symptome ihrer Kinder seit dem Beratungsende nicht mehr aufgetreten sind, obwohl sie am Beratungsende nicht vollständig zurückgebildet waren.

2. Verbesserung familialer Interaktionen und der Konfliktfähigkeit der Familienmitglieder

Die Fragen, die Rückschlüsse auf diese Dimension ermöglichen, zielen u.a. auf den Austausch der Gefühle und Gedanken innerhalb der Familie sowie auf den Umgang mit Konflikten in der Familie.

- *Austausch von Gefühlen und Gedanken innerhalb der Familie*

Der Austausch von Gefühlen und Gedanken innerhalb der Familie wird von 59 % zum Beratungsende (überwiegend) positiv bewertet - allerdings äußerten 15 % ihre gegenteilige Meinung sehr bestimmt. 41 % der Befragten konnten ihre Fähigkeiten diesbezüglich seit dem Beratungsende sogar noch verbessern.

- *Umgang mit Konflikten und Problemen innerhalb der Familie*

65 % der Befragten konnten am Ende der Beratung besser mit Konflikten umgehen und weitere 53 % konnten ihre Schwierigkeiten am Ende der Beratung besser lösen. 38 % der Befragten konnten ihre Kompetenzen bezüglich der Lösung von Problemen seit dem Beratungsende bis zum Erhebungszeitpunkt sogar noch steigern, während dies 29 % nicht gelang; in diesen Fällen läßt die Qualität der Daten keine Vermutungen über eine langfristige Veränderung zu, da sich die Fähigkeit zur Konfliktbewältigung auch wieder unter das zum Beratungsende erreichte Niveau verschlechtert haben könnte. Allerdings berichten 56 % der ehemaligen Klienten, daß seit der Beendigung der Beratung keine neuen Schwierigkeiten entstanden sind und weitere 65 % sind seit dem Beratungsende (überwiegend) ganz gut alleine zurecht gekommen.

Somit läßt sich sowohl für die Erfolgsdimension „Symptomverbesserung" als auch für das Kriterium „Familiale Interaktionen und die Konfliktfähigkeit der Familienmitglieder" aufzeigen, daß jeweils über die Hälfte der Befragten kurzfristig einen Erfolg verbuchen konnte, während diejenigen Fragen, die langfristige Veränderungen messen, auf einen Teilerfolg hindeuten.[8]

3. Die Zielerreichung im Hinblick auf definierte und persönliche Beratungsziele

65 % der Ratsuchenden konnten ihre persönlichen Zielvorstellungen und 59 % die mit dem Berater festgesetzten Ziele (überwiegend) realisieren. Dementsprechend zeigten

---

[8] Die Bewertung „Teilerfolg" stellt eine vorsichtige Interpretation der Ergebnisse dar. Grundsätzlich ist meines Erachtens jedoch jede positive Veränderung, die eine bessere Lebensqualität als am Beratungsanfang ermöglicht, als Erfolg für die Klientenfamilien zu werten.

sich 74 % der Befragten mit den in der Beratung verfolgten Zielen (überwiegend) zufrieden.

4. Die persönliche Zufriedenheit mit der Beratung

Diese Dimension sollte erstens indirekt über Fragen erfaßt werden, die die Bereitschaft zur Beratung, die Weiterempfehlung und eine erneute Inanspruchnahme von Beratung zum Inhalt haben. Außerdem wurde die persönliche Zufriedenheit direkt erhoben und drittens habe ich auch die Zufriedenheit mit der zeitlichen Organisation der Beratungssitzungen berücksichtigt.

- *Die indirekt erfaßte Zufriedenheit mit der Beratung*

Bis auf eine Familie kamen alle (überwiegend) gerne zur Beratung und nur zwei Befragte würden „ihre" Beratungsstelle nicht weiter empfehlen. Zudem hat sich nach dem Beratungsende nur eine Person eigenständig an eine andere Einrichtung gewandt.

- *Die persönliche Zufriedenheit mit der Situation des Kindes und der eigenen Lage*

53 % der Befragten schätzten die Zufriedenheit ihres Kindes mit der Situation zum Beratungsende und 56 % zum Erhebungszeitpunkt (überwiegend) positiv ein. Bemerkenswert ist die Tatsache, daß sie die Situation für ihre Kinder kritischer einschätzen als ihre eigene, da 65 % der Befragten mit ihrer persönlichen Situation am Erhebungszeitpunkt zufrieden waren.

- *Die Zufriedenheit mit der zeitlichen Organisation der Beratungssitzungen*

Die meisten Ratsuchenden äußerten sich sowohl über die Dauer einer einzelnen Beratungssitzung (77 %) als auch über den Abstand zwischen den einzelnen Sitzungen (71 %) und sogar über die Wartezeit vor dem ersten Gespräch (65 %) (überwiegend) zufrieden.

Somit läßt sich sowohl für die Dimension „Zielerreichung im Hinblick auf definierte und persönliche Beratungsziele" als auch für das Erfolgskriterium „persönliche Zufriedenheit der Befragten und ihrer Familie" jeweils ein Erfolg nachzeichnen.

5. Vertrauensvolle Beziehung zum Berater

Jeweils 85 % der Befragten würden (überwiegend) wieder zu demselben Berater gehen bzw. gaben an, daß der Berater für sie ein vertrauensvoller Ansprechpartner darstellte. Auch der Frage, ob sich die ehemaligen Ratsuchenden vom Berater akzeptiert gefühlt haben, stimmten 91 % (überwiegend) zu.

6. Fachliche Kompetenzen des Beraters

Jeweils 88 % der ehemaligen Ratsuchenden zeigten sich sowohl mit dem Verhalten des Beraters als auch mit den von ihm erhaltenen Hilfestellungen und Anregungen (überwiegend) zufrieden. Ein ähnlich positives Bild ergab sich bezüglich des Einfühlungsvermögens des jeweiligen Beraters, das 82 % der Befragten (überwiegend) positiv beurteilten; zudem äußerten 85 % ihre (überwiegende) Zufriedenheit mit den Themen der Beratung. Dagegen stimmten „nur" 59 % der Befragten dem Item „Wir haben durch die Beratung die Ursachen unserer Schwierigkeiten erkannt" (überwiegend) zu.

Betrachtet man die beiden Erfolgskriterien „vertrauensvolle Beziehung zum Berater" und „fachliche Kompetenzen des Beraters" insgesamt, so lassen die Ergebnisse eindeutig das Fazit zu, daß die meisten Befragten beide Dimensionen außerordentlich positiv einschätzen.

7. Der Alltagstransfer des in der Beratung Gelernten

Eine Frage zielte hierbei die Umsetzung des in der Beratung Erlernten in den Alltag ab. Dabei bildet der Lerneffekt bzw. das Erinnerungsvermögen an das in der Beratung Gelernte eine wichtige Voraussetzung für dessen Anwendung im Alltag - sie ist bei 65 % der ehemaligen Ratsuchenden (überwiegend) gegeben. Allerdings können nicht alle Befragten, bei denen diese Voraussetzung gegeben ist, das in der Beratung Gelernte auch im alltäglichen Leben realisieren, da „nur" 56 % vieles, was sie in der Beratung gelernt haben, auch im Alltag (überwiegend) umsetzen können. Die meisten der Befragten konstatierten somit auch bei der Dimension „Alltagstransfer" des in der Beratung Gelernten einen langfristigen Erfolg.

Das Gesamturteil der Befragten über die Beratung

Die Befragten wurden zudem gebeten, die Qualität und Dauer der Veränderungen insgesamt sowohl bezüglich der Situation ihres Kindes als auch hinsichtlich der Situation ihrer Familie einzuschätzen. Die Antworten bestätigen im großen und ganzen die bisherigen Ergebnisse: Jeweils 74 % der Befragten konstatierten sowohl für die Situation ihres Kindes als auch für die ihrer Familie zum Beratungsende eine Verbesserung. Für jeweils 68 % der Kinder und der Familien ergaben sich zudem seit dem Beratungsende mindestens teilweise lang anhaltende Verbesserungen.

Worauf führen die Befragten ihre veränderte Situation zurück?

Grundsätzlich zeigt sich im Antwortverhalten der Befragten die Tendenz, die Beratung nur im Zusammenhang mit positiven Veränderungen zu nennen. Kaum jemand machte die Beratung für Situationen verantwortlich, in denen sich vermutlich keine oder „nur" eine geringe Verbesserung einstellte. Die Personen, die für die Situation der Kinder mindestens eine teilweise lang anhaltende Verbesserung konstatierten (65 %), führten diese ungefähr zu gleichen Teilen neben der Familie und äußeren Veränderungen auf die Beratung zurück. Diejenigen, die auch bezüglich der Situation der Familien eine mindestens teilweise lang anhaltende Verbesserung feststellten (68 %) - annähernd dieselben, die auch die Situation des Kindes positiv beurteilt haben - führten dies am häufigsten auf die Beratung zurück. Damit wird der Beratung in ihrer Wirkung auf die Familie eine größere Bedeutung zugesprochen als in ihrer Wirkung auf das verhaltensoriginelle Kind.

Durch diese Ergebnisse wird somit empirisch bestätigt, daß die Befragten die Beratung als wesentliche Grundlage für eine kurz- bzw. langfristige Verbesserung der jeweiligen Situation ihrer Kinder und ihrer Familien sehen und ihren Erfolg zu einem erheblichen Teil auf die Beratung zurückführen. Insgesamt kann man somit aus den Resultaten den vorsichtigen, aber überaus positiven Schluß ziehen, daß die EB für die Mehrheit der Befragten und ihre Familien kurzfristig ein erfolgreiches und streckenweise sogar außerordentlich erfolgreiches Hilfsangebot darstellte. Für viele der Ratsuchenden brachte sie zudem in langfristiger Hinsicht einen Gewinn. Zudem entsprechen die Ergebnisse dieser Untersuchung in etwa den Resultaten der bereits erwähnten Studien.[9] Alle bezeugen die Effektivität der Erziehungs- und Familienberatung und bestärken die Berater in ihrer Arbeitsweise.

In dieser Studie wurden zusätzlich zwei Faktorenanalysen durchgeführt, um zu untersuchen, welchen Aspekten der Beratung die ehemaligen Klienten eine besondere Bedeutung beimessen. Dabei wurden fünf Faktoren extrahiert:

bezüglich des kurzfristigen Erfolges:
1. die „Ziel- und Problemorientiertheit" der Beratung;
2. die „Sachorientiertheit" bzw. die fachliche Qualifikation des Beraters sowie
3. die „Personenorientiertheit" bzw. die emotionale Qualität der Beziehung zwischen Ratsuchenden und Berater;

bezüglich des langfristigen Erfolges:
4. die „Qualität der familialen Interaktionen" und
5. der „Alltagstransfer des in der Beratung Gelernten".

Somit bestehen den Ergebnissen zufolge wesentliche Merkmale einer erfolgreichen Beratung in einer ziel- und problemorientierten Vorgehensweise, der fachlichen Qualifikation der Berater sowie einer emotional-qualitativen Beziehung zwischen Ratsuchenden und Beratern. Ein langfristiger Beratungserfolg zeichnet sich durch die Qualität der familialen Interaktionen und der Anwendung des in der Beratung Gelernten im Alltag aus. Die letzten beiden Faktoren sind meines Erachtens von der Beratung und

---

[9] Vgl.: Hundsalz 1995, 236ff.

dem kurzfristigen Beratungserfolg abhängig, was jedoch empirisch aufgrund der Qualität der Daten nicht bestätigt werden kann. Die Ergebnisse verdeutlichen, über welche Qualifikationen Berater verfügen müssen, um professionelle Beratungen erfolgreich durchzuführen. Sie belegen zudem, daß die Berater der EBsstelle diesen Anforderungen gewachsen und fachlich versiert sind sowie eine qualitativ gute Arbeit leisten. Sie konnten den Befragten Wege aufzeigen, wie sie Bewältigungsstrategien aktivieren sowie ihre Kompetenzen und Ressourcen erweitern können.

Allerdings muß man diesen Ergebnissen einige einschränkende Überlegungen gegenüberstellen, da die Gefahr besteht, sie zu überschätzen. 34 von 126 angeschriebenen Familien haben den Fragebogen zurückgeschickt und überwiegend positiv beantwortet. Die Frage, warum die restlichen 92 Familien den Fragebogen nicht ausgefüllt haben, kann nicht beantwortet werden - vermutlich sind die „weniger erfolgreichen" Klienten nicht in die Erhebung eingegangen. Hinzu kommen weitere Verzerrungstendenzen, die in der Art des Erhebungsverfahrens, der Formulierung der Fragen und im Antwortverhalten der Befragten usw. begründet liegen. Es läßt sich nicht einschätzen, in welchem Maße diese und andere Verzerrungen die Ergebnisqualität beeinflussen; gerade aus diesem Grund ist es außerordentlich wichtig, sie zu berücksichtigen.

Auf der Grundlage der Forschungsergebnisse lassen sich sowohl für die Beratungsarbeit als auch für die Erziehungswissenschaft einige Anregungen zur Verbesserung der Beratungspraxis formulieren.

4 Impulse zur Verbesserung der Beratungspraxis

Anregungen für die Beratungsarbeit

Durch die Faktorenanalyse wurden mehrere Aspekte der Beratung ermittelt, denen die Befragten im Hinblick auf eine erfolgreiche Beratung eine besondere Bedeutung beimessen und die sich als Ansatzpunkte zur Verbesserung der Beratungsarbeit eignen, wie beispielsweise:

- Die Formulierung von realisierbaren Beratungszielen, die einen Bezug zum Alltag der Ratsuchenden aufweisen und regelmäßig bewußt aktualisiert und evaluiert werden, unterstützen eine problem- und zielorientierte Vorgehensweise der Berater.

- Um die für die Klienten wichtigen Beraterqualifikationen konstruktiv umsetzen zu können, müssen die Berater die Fähigkeit besitzen und sich die Zeit nehmen, ihr eigenes Beratungshandeln gründlich zu reflektieren und zu evaluieren. Diese Tätigkeit sollte einen fest eingebundenen Platz im Beratungsalltag besitzen.

- Um eine qualitativ-emotionale Beziehung zu den Ratsuchenden zu gewährleisten, sollten Berater auch den Mut und die Ehrlichkeit sich selbst und v.a. den Klienten gegenüber besitzen, eine Beratung abgeben zu können, sofern sie in sich innere, unüberwindbare Hindernisse den Klienten gegenüber spüren.

- Eine (langfristige) Verbesserung der Qualität familialer Interaktionen könnte man damit erreichen, daß in der Beratung unter Einbezug des Alltags der Klienten gezielte methodische Übungen - gegebenenfalls auch außerhalb des üblichen Beratungssettings - eingesetzt werden, die die Ratsuchenden auf ihre Lebenswelt übertragen können.
- Um den Alltagstransfer des in der Beratung Gelernten zu verbessern, bedarf es neben der Entwicklung und Umsetzung gezielter Trainings einer vermehrten Anwendung lebensweltorientierter Methoden, die ohne große Schwierigkeiten auf den Alltag der Klienten übertragbar sind.

Diese Anregungen bedürfen freilich einer detaillierteren Ausarbeitung und bei ihrer Umsetzung wiederum einer Evaluation, weil eine qualitative Verbesserung der Beratungspraxis nur innerhalb eines kontinuierlichen Evaluationsprozesses zu leisten ist. Dies wird der EB jedoch ohne Unterstützung kaum gelingen. Aus diesem Grund werden abschließend Bereiche aufgezeigt, in denen sich die Erziehungswissenschaft konstruktiv beteiligen und Verantwortung übernehmen sollte.

Anregungen für die Erziehungswissenschaft

Durch die Bereitstellung empirisch gesicherten Wissens, fundierter Theoriebildung, adäquater Evaluationsforschung und der wissenschaftlich begleiteten Umsetzung der Erkenntnisse kann die Pädagogik zu einer Verbesserung der Beratungspraxis beitragen. Es gilt, eine konsequente Weiterentwicklung der Theorie und Praxis der EB im Sinne der Ratsuchenden und ihren Bedürfnissen und damit gleichzeitig eine Steigerung der Effektivität der Arbeitsweise zu erreichen. Die Erziehungswissenschaft kann hierbei in Kooperation mit der Beratungspraxis helfen,

- die vielbeklagte Kluft zwischen Theorie und Praxis zu überwinden,
- fachliche Qualitätsstandards festzusetzen und kontinuierlich zu überprüfen sowie ein generelles Qualitätssicherungskonzept für die EB zu entwickeln und
- die EB-Praxis evaluierend zu begleiten und ihre daraus resultierenden Erkenntnisse und Erfahrungen wiederum der Theoriebildung, Forschung und Praxis zugänglich zu machen.

Dazu sind auf beiden Seiten Kooperationsbereitschaft und konstruktive Kritik erforderlich. Nur wenn empirisch gesichertes Wissen Eingang in die Praxis findet, besteht die Möglichkeit einer Umsetzung, die wiederum wissenschaftlich begleitet werden sollte. Dazu bedarf es neben Weiterbildungsmaßnahmen, Fachtagungen etc., auch einer rezipientenfreundlichen, an der Praxis orientierten Aufbereitung der Forschungsergebnisse. Die nachfolgende Abbildung veranschaulicht diesen kontinuierlichen Reflexions- und Evaluationsprozeß:

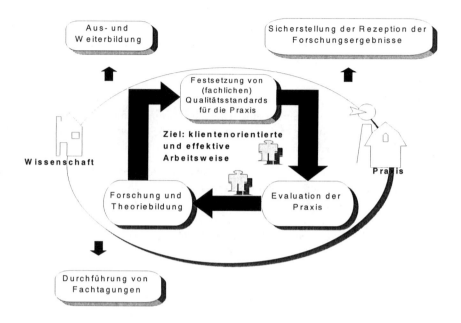

Durch diese Verzahnung von Theorie und Praxis ist gewährleistet, daß die Beratungsarbeit kontinuierlich verbessert werden kann. Realisieren ließe sich dies beispielsweise durch:

- eine engere Kooperation von EB-Stellen und wissenschaftlichen Instituten;
- eine wissenschaftlich begleitete Durchführung und Evaluation von Modellprojekten;
- die Knüpfung von Kontakten zwischen erziehungswissenschaftlichen Fakultäten und sozialen Dienstleistungsanbietern; in diesem Rahmen könnten z.B. Praktika und Diplomarbeitsausschreibungen zu wichtigen Forschungsbereichen angeregt und umgesetzt werden.

Es bleibt zu hoffen, daß diese bislang viel zu selten genutzten Möglichkeiten eine regere Umsetzung finden, da sie zum einen finanziell realisierbar sind und zum anderen für alle Seiten überaus gewinnbringend sein können.

Literatur

Bundeskonferenz für Erziehungsberatung e.V. (Hrsg.): Jahrbuch für Erziehungsberatung. Band 1. Weinheim, München 1994

Haid-Loh, A. et al.: Familienberatung im Spiegel der Forschung. Ergebnisse und Entwicklung beratungsbegleitender Forschung und Selbstevaluation auf dem Feld der Psychologischen Beratung in den alten und neuen Bundesländern. Untersuchungen aus dem Evangelischen Zentralinstitut für Familienberatung Nr. 17; hrsg. vom Evangelischen Zentralinstitut für Familienberatung. Berlin 1995

Höfer, R. & Straus, F.: Familienberatung - aus der Sicht ihrer Klienten. Zur Perspektivität der Erfolgsmessung. In: Presting, G. (Hrsg.): Erziehungs- und Familienberatung. Untersuchungen zu Entwicklung, Inanspruchnahme und Perspektiven. Weinheim, München 1991, 157 - 198

Hundsalz, A.: Die Erziehungsberatung: Grundlagen, Organisation, Konzepte und Methoden. Weinheim, München 1995

Körner, W. & Hörmann, G. (Hrsg.): Handbuch der Erziehungsberatung. Band 1. Göttingen 1998

Lenz, A.: Die Wirksamkeit von Erziehungsberatung aus der Sicht der Eltern. In: Jugendwohl 75 (1994) H. 7, 303 - 312

Meyle, S.: Erziehungsberatung - Ein positiv erlebtes Hilfsangebot? Die Effektivität der Beratungsarbeit aus der Perspektive der Ratsuchenden. Universität Bamberg 1998 (unveröff. Diplomarbeit)

Naumann, K. & Beck, M.: Effekte von Erziehungsberatung: Eine katamnestische Studie. In: Bundeskonferenz für Erziehungsberatung e.V. (Hrsg.): Jahrbuch für Erziehungsberatung. Band 1. Weinheim, München 1994, 253 - 270

Presting, G. (Hrsg.): Erziehungs- und Familienberatung. Untersuchungen zu Entwicklung, Inanspruchnahme und Perspektiven. Weinheim, München 1991

Sakofski, A. & Kämmerer, A.: Evaluation von Erziehungsberatung: Katamnestische Untersuchung zum Therapieerfolg. In: Zeitschrift für Klinische Psychologie XV (1986) H. 4, 321 - 332

Straus, F. et al.: Familie und Beratung. Zur Integration professioneller Hilfe in den Familienalltag. Ergebnisse einer qualitativen Befragung von Klienten. München 1988

Zürn, H. et al.: Wie ging's denn weiter? - Ergebnisse und Erkenntnisse aus der Nachbefragung eines Klientenjahrganges. In: Praxis der Kinderpsychologie und Kinderpsychiatrie 39 (1990) H. 5, 185 - 190

Beratungspraxis und ihre empirische Erforschung

Wolfgang Schrödter

Was bedeutet Qualität in der sozialen Arbeit? Wie, anhand welcher Kriterien und mit welchen empirischen Verfahren wäre sie gegebenenfalls zu „messen"? Und, nicht zuletzt, „für wen" soll dies eigentlich geschehen? Für den Bereich unserer Studie bedeutet das, kritisch nach den Bedingungen der Möglichkeit *institutioneller Erziehungs-, Ehe- und Lebensberatung* zu fragen. Wobei wir von Anfang an den inneren Kontext, nämlich den Träger Kirche, mit einbezogen haben. Von daher erklärt sich der Arbeitstitel unseres Projekts *„Psychotherapeutische Beratung in kirchlichem Auftrag"*. [1]

Unsere ausführlichen Interviews mit BeraterInnen haben dazu geführt, vom *sozialen Fall Beratung* zu sprechen. In einer ersten Annäherung gesagt soll das heißen: Wir interessieren uns fürs Selbst- und Aufgabenverständnis von BeraterInnen, ihre Teamkultur samt impliziten und expliziten Regeln, Umgangs- und Sprachgewohnheiten, Einbindung in die benachbarten Professionen und institutionellen Kontexte, die dabei erlebten Belastungen und Irritationen, die persönlichen und fachlichen Ziele in Gesprächen mit Ratsuchenden. Subtile Teamprozesse, ihre Konflikte, Krisen und Krisenbewältigungsweisen, gehören zum Beispiel zu den bisher eher tabuisierten Seiten der Praxis. Als sozialer „Fall" verkörpert Beratung stets eine Individualform des Allgemeinen. Forschung soll möglichst breit bisher offiziell wenig thematisierte Ideen, Ungereimtheiten, Paradoxien sowie möglicherweise verschüttete Kreativitätspotentiale offenlegen und dabei Handlungs*freiheit* erweitern. Wenn Überraschendes und nachdenklich Machendes zur Sprache kommt, um so besser.

Zunächst noch einmal zum *aktuellen* Rahmen. Inmitten umfassender Qualitäts-(sicherungs)diskussionen finden sich solche Grundsatzfragen nach „Qualität" kaum grundsätzlich erörtert. Grundlagenforschung hat keine Konjunktur. Als wir vor etwa sieben Jahren in unser Projekt einstiegen, hatte sich der Begriff „Qualitätssicherung" noch nicht den Rang eines modischen Zauberwortes verschafft. Auch von Markt, Kunde oder Produktbeschreibung war nur am Rande die Rede. Die Ökonomisierungsmanie

---

[1] Das Projekt wurde von der Alfred Krupp-Stiftung finanziell gefördert. Es umfaßt einen Theorie-/Konsultationsteil und einen empirischen Teil, von dem hier berichtet wird. Im Konsultationsteil stand das Gespräch mit VertreterInnen verschiedener therapeutischen Schulen im Vordergrund. Globale Leitfrage war dabei: wie reflektieren Therapieschulen die universellen hermeneutischen Grundlagen ihres Handelns, etwa den Umgang mit Vorannahmen im Gesprächsprozeß, mit Krankheitslehre als Spezialfall wissenschaftlichen Wissens, wie reflektieren sie das Verhältnis von Erkenntnis und Interesse, Ethik und Praktik etc.

samt ihres neoliberalen Begleitgeistes befand sich noch in den Anfängen. Wir sprachen weniger über Kosten und deren Minimierung via Einführung von Markt-/Konkurrenzmechanismen in die psychosoziale Praxis, als darüber, wie der stets individuelle, überaus konfliktträchtige Beratungsdialog kunstgerecht zu gestalten sein könnte, wie die Fragen, Konflikte und Erwartungen unserer Ratsuchenden aussehen, und was Beraterinnen und Berater an Kompetenzen und institutionellen Rahmenbedingungen für sich brauchen. Fachlichen, im engeren Verständnis klientenbezogenen, professionsinternen Themen galt die Aufmerksamkeit. Rückblickend betrachtet darf man sagen, daß zu ihrer Behandlung noch vergleichsweise offene, zum experimentellen, schöpferischen Nachdenken einladende Möglichkeits- und Freiräume existierten. Solche, vom unmittelbaren Alltagsdruck distanzierte Autonomieräume müssen gegenwärtig offensiv verteidigt werden. Ohne sie wird systematische Reflexion der Praxis unmöglich gemacht, zu der jene von Gadamer (1993, 155) zurecht als Kernerrungenschaft moderner Wissenschaft bezeichnete *„kritische Freiheit"* gehört.

Unsere Untersuchung beschäftigt sich mit dem bisher wenig untersuchten, zumeist sogar systematisch ausgeblendeten Zusammenhang von *Beratung, Kontext, Organisation und Profession* (vergl. Welter-Enderlin & Hildenbrand 1996). Im Anschluß an die gegenwärtig eingespielten Kategorien können wir sagen, sie leistet einen Beitrag zur Diskussion um die *Strukturqualität*. Diese genießt nach unseren Ergebnissen Priorität vor anderen Qualitätsdimensionen. Als ein erstrangiges Merkmal von Strukturqualität möchte ich *Transparenz* bezeichnen. Für Ratsuchende, BeraterInnen selbst, Träger, Geld- und Richtliniengeber, politisch Verantwortliche, Kooperationspartner im psychosozialen Feld usw. soll durchsichtig sein, *was* eine Beratungsstelle *wie* und *für wen* leistet bzw. nicht leistet. Der Wunsch in puncto Klarheit erweist sich bei näherem Hinsehen als ziemlich heikel. Uns sind nämlich in unseren Gesprächen mit BeraterInnen vielfältige, *strukturell bedingte Hindernisse* begegnet, die das offene Gespräch über die soziale Praxis namens Beratung blockieren. Es bedarf anspruchsvoller Voraussetzungen, um die interne und externe Kommunikation über das, was in der Praxis geschieht, lebendig zu halten.[2]

Die Forderung nach Durchsichtigkeit gilt selbstredend auch für unser Projekt. Mittels einer „qualitativen Methode", d.h. Interviews und Interpretation in der Gruppe, sind gewonnene Einsichten geradezu angewiesen darauf, nachvollziehbar und natürlich kritisierbar zu sein. Ihr Anspruch, sich - *in jedem Gespräch unter Interessierten* - als gültig erweisen zu wollen, wäre anders nicht einlösbar. Deshalb will ich, so gut es eben gelingt, unsere Fragen, unser Interesse sowie forschungspraktisches Vorgehen erläutern. Auszüge aus unseren Interviews werden wir später veröffentlichen.

---

[2] Das ist natürlich kein Problem allein von BeraterInnen. In einer Supervision erzählten mir neulich LehrerInnen: Wir machen die Türe zum Klassenraum hinter uns zu und alles, was drinnen passiert ist, bleibt tabu. Der Wunsch nach Supervision hatte im Kollegenkreis dementsprechend etwas „leicht pathologisches" an sich.

Institutionelle Beratung und gesellschaftlicher Auftrag

„Beratung" ist ein vergleichsweise vieldeutiger Sammelbegriff unterschiedlichster Tätigkeiten mit einem allerdings klaren gesellschaftlichen Auftrag. In einer *Aushandlungsgesellschaft*, in der tagtäglich diffizile und folgenreiche Lebensentscheidungen zu treffen sind, welche Verständigung und Austausch erfordern, nimmt der Bedarf an Unterstützung, Orientierung und Vergewisserung zu. „Vom Schicksal zur Wahl" hat vor Jahren Peter L. Berger (1992, 24) den Modernisierungsprozeß überschrieben und mit dem für sein Genre typischen Hang zur Übertreibung anhand einer Vielzahl von Alltagsbeispielen illustriert. Seitdem operiert die auf zeitdiagnostischen Blick spezialisierte Sozialwissenschaft inflationär mit Begriffen wie Individualisierung und Pluralisierung, hören wir Spektakuläres über das Normalchaos in Liebesangelegenheiten, die tagtäglich höchstpersönlich zu bastelnde Biographie oder Risiken jedweder Festlegung und Entscheidung.[3]

Lassen wir die Oberflächlichkeit der sogenannten Modernisierungssoziologie, ihren höchst selektiven, empirisch häufig fragwürdigen und zudem elitären Blick auf soziale Verhältnisse einmal unkritisiert am Rande liegen und konzentrieren uns auf ihren Kerngehalt:

(a) Gesellschaft produziert auf der einen Seite *Kontingenz* im Sinne eines „so und auch anders möglich" und damit Alternativen und Entscheidungsspielräume,

(b) sie erzeugt auf der anderen Seite zunehmend faktische Alternativlosigkeit und Ausschluß für diejenigen, die - aus welchen Gründen auch immer - den Anschluß verlieren,

(c) in einem zum ersten Punkt widersprüchlichen Prozeß, finden sich gleichzeitig neue funktionale Vergemeinschaftungsmuster geschaffen, die den Einzelnen (Paare, Familien) neuartigen kollektiven Verfügungspotentialen unterwerfen.

Zum ersten Gedanken: In einem historisch erweiterten Ausmaß sind Lebensläufe von einer Kette von Festlegungen, besser gesagt, von *Selbstfestlegungen*, durchzogen. Sie betreffen unter anderem Partnerschaft, Ehe- und Familienangelegenheiten sowie die charakteristischen Widersprüche zwischen beruflichen und privaten Anforderungen. Es kann und muß besprochen, entschieden, koordiniert, begründet und fallweise neu überdacht werden. Wenn sich Biographien nicht mehr selbstverständlich über ihre soziokulturellen Milieus herstellen, ist die aktive Gestaltungsleistung der Individuen, Paare und Familien gefordert. Ein zentrales Problem bedeutet die zeittypische *Geschwindigkeit* und *Verflechtung* der Prozesse.

---

[3] Man muß dabei bedenken, daß Sozialwissenschaft heute einen Markt zwischen Talkshows, Nachrichtenmagazinen und Politikberatung zu erreichen trachtet, weshalb sie zu spektakulärer Gestik und Sprache neigt. Man schaue sich etwa das Monumentalwerk von Grawe und Mitstreitern unter dem Titel „Psychotherapie im Wandel" an. Hier herrscht eine schlagkräftige Rhetorik, die sich ihr Publikum von selbst sichert.

Man muß nicht „krank" sein, um den Überblick zu verlieren, Angst zu bekommen, Zweifel zu entwickeln, Überforderungs-, Schuld- oder Versagensgefühle zu empfinden, oder plötzlich in schwer faßbare Sinnkrisen zu geraten. Da Angst beispielsweise nicht bloß nach wie vor, sondern verstärkt zu den „Bindemitteln" moderner Gesellschaft gehört, insbesondere die ökonomisch und politisch erzeugte Angst vor einem jederzeit möglichen Verlust sozialer und wirtschaftlicher Sicherheiten, ist die Wahrscheinlichkeit einer krisenhaften biographischen Entwicklung hoch. Unter den Lebensbedingungen moderner Gesellschaft gerät die eingespielte Routine, die verläßliche Selbstverständlichkeit, die gesicherte Zukunftserwartung gegenüber der Krise zum Ausnahmefall - die meisten Paare, die zu mir zum Gespräch kommen, wissen oder spüren dies genau, weshalb sie nicht selten Beratung zur „Vorbeugung" entgleisender, destruktiver Prozesse suchen; zum Beispiel vor oder in Trennungssituationen, oder, wenn die Lebendigkeit ihrer Beziehung schleichend zu erstarren droht.

Wir sprechen heute von „institutioneller Beratung" und meinen damit ein gegliedertes organisatorisches und institutionelles Gefüge, innerhalb dessen Gespräche mit Ratsuchenden durchgeführt werden. Beratung verfügt über einen spezifischen normativen und rechtlichen Rahmen. Dazu zählen die Landesrichtlinien für Erziehungsberatung, in einigen Bundesländern auch für Ehe- und Lebensberatung und die Leitlinien von beraterischen und therapeutischen Fachverbänden. Sie enthalten Vorschläge und Vorschriften zur personellen und sachlichen Ausstattung einer Beratungsstelle, zur Teamstruktur, sie formulieren inhaltliche Globalziele und dienen nicht zuletzt der materiellen Sicherung der Arbeit. Sämtliche Leit- und Richtlinien stellen unmißverständlich klar: die Funktionsfähigkeit des Beratungswesens basiert konstitutiv auf der Qualität der Aus- und Weiterbildung des Personals sowie der Struktur der Teamkommunikation; zu ihr gehört die Multidisziplinarität der Berufe. Beratung verkörpert keine Leistung eines isolierten Einzel(fach)wesens, sondern eine kommunikative Gemeinschaftsaufgabe, die allerdings je individuell im Dialog mit Ratsuchenden realisiert wird.

Von „institutionell" kann man sinnvollerweise nur sprechen, wenn ein soziales Gebilde eine gewisse, auf Dauer gestellte Daseinsberechtigung hat, über einen gesellschaftlichen Status mitsamt einer wertbezogenen Einbindung verfügt und sich bedarfsweise legitimieren kann. Den gesellschaftlichen Auftrag formuliert unmittelbar z.B. das neue Kinder- und Jugendhilfegesetz, in dem in bisher nicht gekanntem Ausmaß von Vermittlung und Beratung die Rede ist, insbesondere was deren präventive Leistungen anbelangt. An dieser Stelle verknüpfen sich modernes Sozialstaatsverständnis und selbstgesetzte Aufgaben des Beratungswesens. Der Begriff des Kindeswohls mag exemplarisch dafür stehen.

Was die unmittelbare Nachfrage betrifft, so kann anhand des statistischen Materials umstandslos behauptet werden: Erziehungs-, Ehe- und Lebensberatung findet sich in breitem Umfang von einer vielschichtigen Klientel unterschiedlichsten Alters, sozialer und kultureller Herkunft bei verschiedenartigen Problemlagen in Anspruch genommen; jährlich finden einige Millionen von Gesprächen mit Einzelnen, Paaren und Familien, weiterhin Kindertherapie und Gruppenarbeit in Beratungsstellen statt. Tendenz steigend. Soweit *scheint* bisher eigentlich Klarheit, was dem Professionalisierungsstreben von Beraterinnen und Beratern dienlich sein sollte.

Unser forschungspraktisches Vorgehen

Unsere Frage beim Einstieg ins Projekt lautete: Was tun BeraterInnen beruflich und wie denken sie darüber; welche Bilder, Metaphern und Begriffe benutzen sie im Gespräch über ihr berufliches Handeln. Wir wollten das *Selbstverständnis* von BeraterInnen anhand ausführlicher Interviews zur Sprache kommen lassen. Beratungs*praxis* soll, so genau es geht, anhand von Erzählungen rekonstruiert werden. Wobei wir von der Annahme ausgingen, daß gängige Begriffe und Konzepte wie Therapie, Bildung oder Seelsorge unzureichend sind, um das sichtbar zu machen, was BeraterInnen in Beratungsstellen tun. *Eingespielte Gewißheiten und vorhandenes Wissen sollen also so gut es gelingt ausgeklammert sein.*

Wenn ich von „wir" spreche, ist eine Gruppe von BeraterInnen in Evangelischen Einrichtungen gemeint, auf deren Initiative das Projekt in Gang kam und gestaltet wurde.[4] Man könnte auch sagen, daß erfahrene BeraterInnen sich daran machten, Beratung und ihren Kontext zu erkunden, um am Ende vielleicht über ein Mehr an *kritischer Selbstaufklärung und Handlungsfreiheit* zu verfügen. Inzwischen haben wir einen neuen Begriff dafür, nämlich den der *Selbst*evaluation. Aus unserer Sicht soll er mitteilen: Beratungspraxis kann sinnvoll nur professionsintern durch BeraterInnen erforscht, begründet und weiterentwickelt werden und zwar unter Benutzung von Methoden, die der beraterischen Praxis kongruent sind. Ein solches Verständnis könnte uns in spannungsreiche Kontroversen mit dem „System Wissenschaft" bringen, von dem gemeinhin angenommen wird, es sei für Forschungsfragen sowie der Bildung allgemeiner Theorie zuständig. Ich möchte vorweg sagen, daß Kontroversen dazu ausdrücklich gesucht sind.

Wir haben eine Weile nach einem unserer Zielsetzung adäquaten Forschungsverfahren gesucht und uns schließlich für die „strukturale Hermeneutik" (Oevermann 1997) und „groundet theory" (Strauss 1994) entschieden. Die hier vorgefundene Alltagssensibilität, das Interesse an und Engagement für sogenannte Randthemen, das Ansinnen, neue Kategorien der sozialen Praxis zu erfinden, dabei insbesondere auch die „Entstehung des Neuen" zu beobachten, scheint uns von Interesse. Der verstehende, hermeneutische Zugang zur Lebenswelt, verknüpft mit dem Interesse an Entwicklung und Wandel, kommt dem sehr nahe, wie auch BeraterInnen im Alltag arbeiten. Verste-

---

[4] Wir haben uns, wie in der Praxis üblich, kompetente externe Begleitung gesucht. Diese Methodensupervision hat Bruno Hildenbrand von der Universität Jena übernommen. Wir verdanken ihm eine Fülle von Anregungen und Hinweisen. In unserer Gruppe arbeiteten W. Kinzinger, H. Lücke-Jansen, B. Schneider, H. v. Schubert, W. Vogelmann und W. Schrödter zusammen.

hen dient dem Gestaltenkönnen, dem Möglichmachen *in Zukunft*. In diesem Sinne bewegt sich *qualitative* Forschung in exakt dem Raum, den Picht (1993, 420) in seiner Naturphilosophie so unterscheidet: „Alle qualitativen Bestimmungen ... bewegen sich in einem Spielraum prinzipiell unberechenbarer Möglichkeiten" - im Gegensatz zur „Notwendigkeit" im Bereich der Naturphänomene.

Wobei wir, wie gesagt, nicht die immer besonderen Biographien einzelner BeraterInnen oder einzelner Teams, sondern den „allgemeinen sozialen Fall" erkunden wollten. Die stets individuellen Texterzeugnisse unserer Interviews sind eine Art Durchgangsmaterial, um via Verallgemeinerung zu Elementen der „Struktur des Falles" im Allgemeinen vorzudringen. „Struktur" ist u.a. ein gegliedertes Gefüge von Regeln, Routinen und Ressourcen, nach denen wir handeln, ohne daß sie uns stets bewußt sein müssen. Struktur ist „da", *um zu ermöglichen*, ohne uns zu etwas Bestimmtem zu zwingen. Man hat dies auch als *generativ* bezeichnet. Musterbeispiel: die Grammatik der Sprache - ich gebrauche, variiere, gestalte beim Sprechen und Schreiben ihre Regeln soweit, wie ich denke, verstanden zu werden.

Praktisch verantwortlich für die Durchführung aller Schritte bei der Interpretation bleibt die Gruppe der Textinterpreten. *Die* Zentraleinheit im Rahmen qualitativer Forschung verkörpert die Kommunikationsgemeinschaft der Interpreten, so wie in der beraterischen „Fallarbeit" alle Last der Verantwortung fürs Gelingen oder Scheitern auf den kollegialen Gruppengesprächen, z.B. in der Supervision, liegt. Wir wissen, daß es fürs Gelingen keinerlei Garantie gibt, daß es dauerhafter Sorgfalt bedarf, die gemeinschaftliche Kooperation lebendig in Gang zu halten. Es ist bedauerlich, wenn in den Berichten über qualitative Forschung die Gruppe häufig eher am Rande des Interesses liegen bleibt.

Die Interviews und einige ihrer Kategorien

Fürs erste Interview hatten wir eine - vom allgemeinen Eindruck her betrachtet - „konsolidierte Beratungsstelle" ausgewählt. Als staatlich anerkannte und somit in typischer Weise mischfinanzierte, vor Ort etablierte Einrichtung mit qualifiziertem, erfahrenem Personal, ohne aktuelle Bestandsbedrohung oder sonstige Krise arbeitend, erwarteten wir einen „Idealtypus professionellerer Beratung" zu erleben. Sozusagen das, was man in Leitlinien oder Lehrbuchabhandlungen zu lesen bekommt. Der Text überraschte und irritierte uns.

Es fiel uns auf, wie sehr die Interviewperson um Begriffe und Standpunkte ringt, sobald sie beginnt, ihre Arbeit aus dem Blickwinkel „Dritter" zu reflektieren. Dazu zählen das örtliche Jugendamt, der benachbarte Kindergarten, der Kirchenkreis, der therapeutischer Fachverband, und nicht zuletzt das ganz persönliche soziale Gewissen mitsamt der Ideale, mit denen sie vor vielen Jahren einmal in diese Arbeit bei diesem Träger eingestiegen ist. Irgendwie tut sie immer „das Falsche", je nachdem, mit wessen Augen hingeschaut wird. Mal ist die Klientel nicht die richtige -„zu wenig wirklich

Bedürftige"-, mal sind die Settings die falschen -„zu viele Langzeitberatungen mit zu hohem Zeitaufwand"-, dann wiederum werden beraterische Ideale enttäuscht „was für Ergebnisse erziele ich tatsächlich und wie mache ich sie mir sichtbar?"; biographisch gewendet heißt das „für wen oder was bin ich eigentlich einmal angetreten?" Schließlich ist auch noch die räumliche Lage der Stelle nicht „die richtige", weil manche meinen, sie müsse in dem Stadtviertel liegen, wo die mutmaßlich „wirklich Bedürftigen leben". Bei allen diesen richtig/falsch-Konfrontationen kann man weiter ausdifferenzieren, weil in dieser Hinsicht die lokale Kirche und örtliche kommunale Dienste jeweils etwas verschiedene Vorstellungen haben. Teils ausgesprochen, teils eher unter der Hand mitgeteilt; etwa bei klientenbezogener Kooperation. Anders ausgedrückt: Jeder schaut nach Maßgabe *seiner bereichsspezifischen Eigenlogik*[5] auf Beratung, formuliert *seine* Erwartungen, was ein widersprüchliches Konglomerat ergibt. Unsere Interviewperson tut sich schwer, dagegen ein eigenes fachliches Profil zu setzen, sie möchte es irgendwie Allem und Allen recht machen, um den Preis erheblicher Diffusität. Dabei spielen auch Sorgen um die Zukunft der Finanzierung eine Rolle. „Mischfinanzierung" kann eben auch Abhängigkeit von den schwankenden Interessen Vieler bedeuten - in anderen Interviews hörten wir von einem „mindestens zwei Herren Dienenmüssen: Kirche und/oder Staat".

Man sieht, die hochaktuelle fachliche, politische, interinstitutionelle Gemengenlage bestimmt den Text. Zwischen Allzuständigkeitsanspruch und Überforderungsgefühl schwanken viele Äußerungen, nicht nur in diesem Interview. Wir entwickeln eine erste Kategorie: *„Leute erreichen/nicht erreichen"*. Es soll sich hier nicht um eine empirische Kategorie handeln. Daß viele Menschen die Beratungsstelle aufsuchen, ist nicht das Thema. Es ist auch nicht gemeint, daß in der unmittelbaren beraterischen Interaktion Ratsuchende innerlich nicht „erreicht" würden. Vielmehr geht es um eine *Reflexionskategorie*: sobald die Interviewperson anfängt, die Praxis aus möglichen und/ oder mutmaßlichen externen Perspektiven zu reflektieren, kommen massive Zweifel ins Gedankenspiel; und auch, wenn die Variation eigener, innerer Blickwinkel eine kritische Reflexion herausfordern; etwa bei retrospektiven Überlegungen zur Frage „wie bzw. warum bin ich einmal angetreten?". Reflexion ist wie jede Sinn-Interpretation immer etwas Nachträgliches; ob Sekunden oder Jahre zwischen Erlebnis, Handlung usw. und ihrer Reflexion liegen, bleibt dabei gleichgültig; immer ist Reflexion mit Perspektivdezentrierung verbunden und infolge dessen *auch* mit Kränkung, Irritation und Zweifel. Der sich auftuende Zwiespalt bleibt in unserem „Fall" beträchtlich. Es scheint so, als treibe die professionstypische, jedes Fallverstehen begleitende Einstellung in Richtung *Multiperspektivität* in Wahrnehmung und Nachdenken eher in diesen Zwie-

---

[5] Mit „Eigenlogik" soll gemeint sein: Jedes an der Versorgung beteiligte Teilsystem konzeptualisiert nach seinen Regeln und Kriterien einen „Fall". Ein Jugendamt tut dies z.B. im allgemeinen anders als die Schule, Beratungsstelle oder Klinik. Das hat etwa zur Folge, daß die Problemstruktur einer bestimmte Familie von ExpertInnen aus verschiedenen Bereichen völlig unterschiedlich „diagnostiziert" wird. Was nicht selten unfruchtbaren Streit auslöst.

spalt hinein, als daß sich aus ihr Mittel zur Bewältigung ergeben. Frage: warum liefert das allgemeine fachliche Wissen kaum befriedigende Lösungsmöglichkeiten für den Konflikt? Schließlich sollte es seinen Teil dazu leisten, berufliche Konflikte professionell zu formen. Es kommt zwar im Interview hier und da zur Sprache, im Ganzen aber eher zögerlich, diffus und unsystematisch; um sich die eigene Praxis zu klären und zu erklären, d.h. einigermaßen kohärent im Kopf zu ordnen, scheint Fachwissen nicht eben hilfreich. Andere Frage: warum schützt der institutionelle Rahmen nicht? Wie geklärt bewegt sich ein Raum, der unter dem Titel „staatlich anerkannte Erziehungsberatungsstelle" eigentlich eine feste Struktur erwarten läßt?

Wir kommen von diesem und weiteren Interviewtexten angeregt unter anderem zur Frage nach dem Stellenwert der viel zitierten *„Diffusität"* in der sozialen Arbeit. Eingebürgertem sozialwissenschaftlichen Verständnis zufolge, operiert man mit Dualen wie spezifisch/diffus, wobei unter der Hand eine wertende Asymmetrie eingebaut ist: professionelles Handeln gestaltet sich idealiter „spezifisch", d.h. an einer qua Differenzierung herausgebildeten Primäraufgabe orientiert, systematisch gegliedert und sachlich begründbar. Diesem Idealtypus kontrastiert die Praxis. Niklas Luhmann (1981, 31), prominentester Vertreter zeitgenössischer Systemsoziologie, sieht für Bereiche der „Bemühungen um Änderung von Personen" „keine wissenschaftlich bewährte Technologie"; um diesen Sachverhalt anschließend etwas ratlos als „disbalancierte Entwicklung" zu fassen und den steigenden Aufwand „an Person und Interaktionen" zu beklagen, der zur Lösung dieses ihm (bzw. seinem Theoriegebäude) mißliebigen Zustands betrieben wird. Soziale Gebilde finden sich so ähnlich unterschieden. Familie sei ein Ort diffuser, ein Krankenhaus zum Beispiel ein Ort spezifischer Sozialbeziehungen; dort dominierte die Orientierung an der „ganzen Person", hier die an ihren „Teilfunktionen". Mittels solcher und einer Reihe verwandter Schemata bekommt der funktionalistische Denker seine Ordnung in die Welt, obgleich schon beim Klassiker Parsons (1973, 240 ff.) die ins mutmaßlich rein funktional ausdifferenzierte „Berufssystem" eingebauten Schwierigkeiten gesehen werden.[6] Die Leistungsfähigkeit der zitierten Kategorien für bestimmte *Theorie*gebäude sei unbestritten. Für die soziale Praxis bleiben sie problematisch bis irreführend. Sie sind ein *objektiver Bestandteil* des Problems, das uns im Interview eben sehr anschaulich begegnet ist.

Wir schlagen nach unseren Ergebnissen hinsichtlich einer Rekonstruktion der Praxis einen anderen Weg vor. Nämlich zu fragen, inwiefern eine Art *gestaltender Diffusität* zu den *konstitutiven Prozessen* gehört, welche beraterisches Verstehen erst wirklich in Gang und dann schöpferisch zur Geltung kommen lassen, die andererseits genauso in

---

[6] Allerdings *nicht* als objektives Strukturproblem, sondern bloß als persönliches. Beim eben zitierten Parsons (1973, 246 f.) gibt es auf der einen Seite das „reibungslose Funktionieren der Persönlichkeit", auf der anderen die „neurotische Unsicherheit des Individuums" und sodann das „sehr begrenzte Niveau emotionaler Reife" der „meisten Menschen in westlichen Gesellschaften". Man sieht: hinter der gesellschaftlichen Idealperson und dem Idealtypus rationalen Handelns drohen sofort Neurose und Reifungsdefizit. Die damit gesetzten Konnotationen sind unzweideutig.

Sackgassen führen können. Das die *Erkenntnisbildung leitende Dual* heißt *geklärt/ungeklärt*. Man schaue sich unter diesem Gesichtspunkt beispielsweise die Arbeit irgendeiner Supervisionsgruppe an. Die hier ablaufenden experimentellen Gedankenfindungs- und Gesprächsprozesse, die Art, neugierig Fragen zu stellen, lose Einfälle zu sammeln, um in weitgehend umgangssprachlicher Weise grobe Hypothesen zu formulieren, sie vielleicht sofort wieder zu verwerfen, Mann-Frau-Differenzen in Wahrnehmung und Verstehen kontrovers zu verhandeln, diese und viele andere uns gut vertrauten Vorgänge dürften dem Prototyp eines eingefleischten Naturwissenschafters oder Verwaltungsfachmanns geradezu abenteuerlich anmuten. Der scheinbare Mangel an unumstößlichen Regeln, die Abwesenheit festen theoretischen Wissens, die Unabschließbarkeit aller Verstehensbemühungen und anderes mag total verwirren. Und dann behaupten wir auch noch, daß die Fachlichkeit *und* ethische Verantwortbarkeit sozialer Arbeit an solcherart (Dauer-)Gesprächsprozessen hängt. Was bei Luhmann eben als Problem des hohen Zeitaufwandes der Arbeit an „Person und Interaktionen" vermerkt wurde, repräsentiert in Wahrheit eine elementare Rahmenbedingung zur Lösung desselben.

Um die Logik solcher Forschungsprozesse zu begründen, könnten wir zurückgreifen auf die Tradition des Pragmatizismus bei Peirce zu Beginn unseres Jahrhunderts oder den kritischen Rationalismus Poppers, also Traditionen, die sich mit Methodik und Logik jener eigenartigen Such- und Urteilsprozesse beschäftigt haben - namens *Abduktion*. Wir würden ankommen bei einer autonomen Form *kollektiven Begreifens* des Individuellen im Allgemeinen, welche zu voll gültigen Schlüssen zu gelangen fähig ist. Peirce (1976, 404) kennzeichnet diese Form an einer Stelle als „*ein Akt der Einsicht, obwohl extrem fehlbarer Einsich*t". Vielleicht ist es möglich, die ermüdenden Debatten um Subjektivität und Objektivität qualitativer Forschung, beraterischer und sonstiger sozialer Praxis, eines Tages wenigstens einigermaßen zur Ruhe zu bringen.

Zurück zur eben beschriebenen Kategorie. Wir haben sie später anhand weiterer Interviewtexte erweitert durch den Formulierung „*im Gespräch bleiben/das Gespräch vermeiden"*. Uns war aufgefallen, daß BeraterInnen und ihre Teams unterschiedliche, teilweise sehr phantasievolle Vermeidungsstrategien entwickeln, welche das externe Gespräch belasten. Zum Beispiel mit dem Träger, Ämtern oder auch im eigenen Fachverband. Außenstehende entwickeln dabei leicht das Gefühl, Beratung habe mehr zu verbergen als zu sagen. Zu den Vermeidungsformen gehört etwa, den Träger Kirche mit all seinen traditionsmächtigen Ansprüchen zu banalisieren - „*es ist reiner Zufall, daß ich hier arbeite"* -, zu ironisieren, aggressiv abzuwerten - „*wer hört denen noch zu", „humanwissenschaftliche Sichtweisen lösen theologische total ab"* - oder bloß noch als Gehaltsüberweiser wahrzunehmen; eine Art demonstrativer Ungebundenheit äußert sich in Wendungen wie „*hier ist kein Unterschied zur Privatpraxis"*. Auf der anderen Seite erleben wir dessen Idealisierung und Verklärung - „*mein einzig noch sicherer Halt"* - und Verallmächtigung. Letzteres führt, häufig verknüpft mit gleichzeitiger aggressiver Abwertung, zur Angst vor Entlassung selbst bei unkündbaren KollegInnen. Idealisierung und Enttäuschung liegen, wie auch sonst im sozialen Leben, dicht beieinander. Das Gefühl, „*der Träger trägt nicht"* folgt sofort.

Wir bilden dazu eine neue Kategorie: *"institutionelles Verhältnis zum Träger/Verstrickung in Gesinnungsgemeinschaft"*. Zwischen diesen Typen bewegen sich die vorgefundenen Haltungen unserer KollegInnen. Wir berühren damit einen objektiven Strukturkonflikt, der, kurz wiedergegeben, heißt: Eine nüchtern-pragmatische Einstellung zum Anstellungsträger Kirche führt irgendwann zum Konflikt mit „Kirche als mächtige Sinn-/Gesinnungsgemeinschaft", und umgekehrt, eine verstrickende Einbindung in die Sinngemeinschaft legt Konflikte mit ihrer organisatorisch-administrativen Seite nahe. Letzteres hat nicht nur beim speziellen „Fall Kirche" seinen Grund darin, daß Idee oder Utopie und konkrete Praxis immer eine höchst widersprüchliche Einheit bilden. Daraus können Engagement oder Lähmung, Aktivität oder Rückzug resultieren.

Beratung vermag sich durch eine Vielzahl phantasievoller Vermeidungsweisen auf Zeit eine Art Nische im inneren und äußeren Kontext zu verschaffen. Die offene, kritisch-interessierte Kommunikation aber wird häufig blockiert. Das Problem komplettiert sich, weil auch der Träger Kirche *seine* spezifischen Erwartungen, sein inneres Eigeninteresse an Beratungsarbeit unscharf bleiben läßt. Spezifische Konfliktlagen treten hinzu: das heikle Verhältnis von Verkündigungsauftrag (Primäraufgabe bzw. Programm der Kirche) und sozialen, diakonischen Diensten, die man im allgemeinen als funktionale Dienste bezeichnet; oder das konfliktträchtige Mit- oder Nebeneinander des beamteten Gemeindepfarrers als Zentralfigur im kirchlichen Gefüge und den sogenannten sonstigen Mitarbeitern; schließlich kommt auf allgemeinster Ebene die diffizile, hochambivalente Thematik des Verhältnisses der Kirche zum modernen Staat sowie einer sich zunehmend pluralisierenden Gesellschaft hinzu. Man sieht, der äußere innere Kontext ist alles andere als geklärt.

Letztere Thematik fiel uns bei unseren Gesprächen in den neuen Bundesländern besonders auf: eine im Kampf gegen die alte Ordnung nicht unerfahrene Kirche sucht nach ihrem Ort im neuen System, eine seinerzeit eher subversive, ständig überwachte, nur mit erheblichem persönlichen Einsatz zu gestaltende Beratungspraxis sucht sich ihren Ort in Kirche *und* Sozialstaat. Hier ist Beratung ein *vergleichsweise* trivialer Bestandteil psychosozialer Routineversorgung; massive Auseinandersetzungen ums Geld sowie die Konkurrenz der Anbieter am neuen „Markt" bestimmen den beruflichen Alltag. Was wiederum getarnt werden muß. Wenn wir unsere dort durchgeführten Interviews auf einen Begriff bringen wollen, so könnte er heißen: *von der prägenden Person zur institutionellen Normalform.*

Teams und ihre inoffiziellen Themen

Einer der im Verlaufe der Arbeit an den Texten entstandenen Überlegungen geht in die Richtung, *Team- und Organisationsentwicklung als konstitutiven Wirkfaktor beraterischer Prozesse zu bezeichnen*. Damit wenden wir uns kritisch gegen den herrschenden Geist der empirischen Forschung, die beraterische und therapeutische Beziehung zu verdünnen als standardisierbares, nach technischen Regeln auf der Basis errechneten

Wissens sich vollziehendes Geschehen. Musterbeispiel: Die „allgemeine Psychotherapie" als elaboriertes Produkt quantifizierten Wirk- und Wirkungswissens mit geradezu imperialen Ansprüchen hinsichtlich gültigen Handelns. Dabei bleibt der *soziale Rahmen* komplett und systematisch ausgeblendet.

Auch dieses Thema bleibt sehr anspruchsvoll. Teams entwickeln im Verlaufe ihrer Arbeit eine eigene Kultur, deren Kommunizierbarkeit heikel bleibt. Uns sind viele überraschende und bewegende Beispiele begegnet. Vielleicht spielt gerade hier eine Rolle, daß unsere Interviewsituation als eine „Kolleginteraktion" stattfand, was ein hohes Maß an Offenheit, manchmal Intimität des Gesprächs erzeugte. Zum Beispiel hörten wir, wie Teams damit umgehen, wenn eine die Gestaltung der Arbeit besonders prägende Person ausscheidet; durch Pensionierung - darauf kann man sich in Maßen vorbereiten - oder durch unerwarteten Tod; eine lange Krankheit eines Teammitglieds berührt alle, auch das gemeinsame Älterwerden einer Gruppe zeigt Folgen. In einem „Fall" hörten wie ausführlich, wie die 68er-Generation sich zusammenfand mit den seinerzeit typischen Hoffnungen, Erwartungen und Ideen, einschließlich der heftigen theoretischen Debatten, später heiratete, Familien gründete, das Herauswachsen der Kinder gemeinsam erlebte und sich jetzt allmählich mit der Pensionierung befaßt. Zwischendurch wurden die therapeutischen Weiterbildungen absolviert, Fallerfahrung gesammelt, um sich mit zunehmender Berufspraxis ganz eigenständige Konzepte beraterischer Praxis zurechtzulegen; die mit herrschendem „Schulwissen" nur noch wenig zu tun haben, dafür um so mehr mit der eigenen momentanen Lebenssituation.

Vom Rahmen her betrachtet spielt eine Rolle, daß - wie in vielen Schulen - aus bekannten Gründen junge KollegInnen selten sind. Solche inoffiziellen Prozesse in Teams hat man auch als „Familiarisierung" von Arbeitsbeziehungen bezeichnet. Sie sind heute zunehmend Thema in Supervision und Organisationsberatung. Nach den Ergebnissen unserer Studie sollten gerade diese Prozesse besonders beobachtet werden. Wir wissen aus Untersuchungen, daß Berater, Therapeutinnen - Lehrer, Seelsorgerinnen, etc. - nicht über ihr ganzes Berufsleben hinweg „gleich effektiv" sind. Daß spezifische lebensgeschichtliche Ereignisse und Phasen, innere Brüche und Umbrüche zum Erfolg beruflichen Handelns entscheidend beitragen. Wir möchten ausdrücklich anregen, solchen Fragen und Themen weiter nachzugehen. Bliebe bloß wieder das Problem: sie müssen rein in die professionelle Debatte und raus aus ihrer entwertenden Positionierung als „privat-persönlicher Rest".

Theoretisch wäre eine zentrale Denkposition gründlich umzukehren: Zu fragen wäre, was macht eine bestimmte Art beruflichen Handelns in der Zeit „mit uns", den Personen, Teams, ihren internen und externen Kontakten, theoretischen Überzeugungen, etc.; statt immer nur zu fragen, was machen BeraterInnen mit „KlientInnen". Die Referenz konsequent aufs Selbst zu wenden, Wirkungen und Auswirkungen im Selbst zu beobachten, statt auf „Objektebene", würde einen Umbruch im Denken zur Voraussetzung haben. Der Gewinn an Handlungsspielraum könnte beträchtlich sein.

Die Gültigkeitsfrage

Der Streit um die Frage der Gültigkeit von Ergebnissen qualitativer Forschung reproduziert sich uferlos, zudem von einem Dickicht schwer durchsichtig machbarer Interessen durchzogen. Wissenschaft lebt nun einmal von Kontroverse und Streit, so daß viele Dauerdebatten unter dem Gesichtspunkt der Reproduktion des Systems zu verrechnen sind. Wir beziehen einen ebenso einfachen wie kritischen, gut begründeten Standpunkt, der das traditionelle *naturwissenschaftliche* Verständnis von Objektivität einschließt: objektiv heißt intersubjektiv nachvollziehbar und prüfbar. Die Gültigkeit bzw. Validität unserer Ergebnisse steht mit dem Abschluß unserer Arbeit nicht raum-zeitlos fest, sie muß in jedem Gespräch diskutiert werden. Gegebenenfalls sind unsere Hypothesen zu korrigieren, zu erweitern oder zu verwerfen. Die Kategorie *„im Gespräch bleiben"* gilt selbst rückbezüglich auch für unsere Ergebnisse. Wir haben zum Beispiel auf einer Tagung KollegInnen Passagen aus Interviewtexten zur Interpretation vorgelegt, sozusagen den Prozeß, den wir selbst vollzogen haben, noch einmal in Gang gebracht. Am Ende standen weitere Aspekte, die unsere Kategorien anreichern, aber (bisher) nicht verwerfen. Diese *prinzipielle Offenheit* möchten wir ausdrücklich für uns festhalten. Validierung bleibt ein unabschließbarer *zukunftsoffener* Prozeß, an dem sich möglichst viele InteressentInnen lebendig beteiligen sollten.

Eine weitere Möglichkeit der Prüfung liegt im differenzierenden Vergleich. Wir sind nach Abschluß unserer Studie mit dem vorzüglichen Buch „Pädagogische Professionalität" (Combe & Helsper 1996) in Kontakt gekommen. Die Fragen, Themen und Thesen sind unseren sehr nahe, im Jargon formuliert: wechselseitig anschlußfähig.

Literatur

Berger, P. L.: Der Zwang zur Häresie. Religion in der pluralistischen Gesellschaft. Freiburg 1992
Combe, A. & Helsper, W.: Pädagogische Professionalität. Untersuchungen zum Typus pädagogischen Handelns. Frankfurt a.M. 1996
Gadamer, H. G.: Über die Verborgenheit der Gesundheit. Frankfurt a.M. 1993
Luhmann, N.: Soziologische Aufklärung 3. Soziales System, Gesellschaft, Organisation. Opladen 1981
Oevermann, U. et al.: Die Methodologie der „objektiven Hermeneutik" und ihre allgemeine forschungslogische Bedeutung in den Sozialwissenschaften. In: Soeffner, H.-G.: Interpretative Verfahren in den Sozial- und Textwissenschaften. Stuttgart 1979, 352-434
Parsons, T.: Soziologische Theorie. Darmstadt 1973
Peirce, Ch. S.: Schriften zum Pragmatismus und Pragmatizismus. Herausgegeben von K.-O. Apel. Frankfurt a.M. 1976
Strauss, A. L.: Grundlagen qualitativer Sozialforschung. München 1994
Welter-Enderlin, R. & Hildenbrand, B.: Systemische Therapie als Begegnung. Stuttgart 1996

Die Autoren

Andreas H. Abel
geb. 1965, Dipl.-Psychologe, studierte Psychologie und Pädagogik an der Universität Bielefeld, Honorarmitarbeiter in einer psychosozialen Beratungsstelle in Bielefeld, mehrjährige Honorartätigkeit in der Heimerziehung und für das Jugendamt Bielefeld, derzeit freiberuflich tätig in der Weiterbildung im Gesundheits- und Sozialbereich. Arbeitsgebiete: Theorien und Methoden der Beratung, Psychosoziale Versorgung von Kindern und Jugendlichen, Psychosoziale Ansätze in der Gesundheitsvorsorge.

Barbara Alt
Dr. phil., Dipl.-Psych./Psychotherapeutin (BDP) ist Leiterin der Abteilungen Ehe,-Familien- und Lebensberatung (seit 1989) sowie Psychologische Beratung für Eltern, Kinder, Jugendliche und Familien (seit 1997) im Evangelischen Beratungszentrum München e.V. Sie war davor in der klinisch-psychologischen Forschung und in der stationären Suchttherapie tätig. Ausbildung in Mediation bei Garry Friedman (1990). Neben Paar- und Einzelberatung/-therapie ist ihr derzeitiger Schwerpunkt Management und Projektmanagement in Nonprofit-Organisationen.

Hans Dusolt
Dipl.-Psych., ist Paar- und Familientherapeut, Mediator (BAFM) und psychologischer Sachverständiger und arbeitet seit 1994 im Evangelischen Beratungszentrum München e.V. als Berater und Mediator. Langjährige Erfahrung in der Arbeit mit Kindern und deren Familien, insbesondere in Phasen familiärer Veränderungen (Trennung, Scheidung, Stieffamilien).

Heidrun Graf
geb. 1945, therapeutische Fachkraft, stellvertretende EB-Leiterin; seit 1972 Mitarbeiterin in einer Beratungsstelle für Eltern, Kinder und Jugendliche der Stadt Bochum; Ausbildung in Gesprächsführung. Arbeitsschwerpunkte: Klärung und Therapie mit seelisch, körperlich und sexuell mißbrauchten Kindern, Jugendlichen und Erwachsenen.

Georg Hörmann

geb. 1946, 1. Staatsexamen Lehramt an höheren Schulen 1970, Dipl.-Psych. 1975, Dr. phil., Dr. med., Dr. rer. soc. 1976-1981, Habilitation 1985 an der Universität Münster, seit 1990 Professor für Pädagogik an der Universität Bamberg, Fakultät Pädagogik, Philosophie, Psychologie. Mitherausgeber der Zeitschrift „Musik-, Tanz- und Kunsttherapie - Zeitschrift für künstlerische Therapien" (Hogrefe Verlag). Veröffentlichungen: Therapeutische Sozialarbeit (1976) (Hrsg. mit P.A. Fiedler); Aktionsforschung in Psychologie und Pädagogik (1978) (Hrsg. mit P.A. Fiedler); Die zweite Sozialisation - Psychische Behinderung und Rehabilitation in Familie, Schule und Beruf (1985); Familie und Familientherapie (1988) (Hrsg. mit W. Körner & F. Buer); Handbuch der psychosozialen Intervention (1988) (Hrsg. mit F. Nestmann); Musiktherapie aus medizinischer Sicht (1988); Handlungsaktivierende Musiktherapie (1989); Klinische Psychologie (1991, 1998^2) (Hrsg. mit W. Körner); Praxis der Psychotherapie (1992, 1998^2) (Hrsg. mit M.R. Textor); Im System gefangen (1994, 1998^2); Handbuch der Erziehungsberatung. Bd. 1 (1998) (Hrsg. mit W. Körner). Arbeitsschwerpunkte: Gesundheitspädagogik, psychosoziale Beratung, Pädagogik und Therapie.

Karl-Peter Hubbertz

geb. 1952, Dr. phil., Dipl.-Psychologe und Dipl.-Pädagoge, seit 1989 Leiter der Psychologischen Beratungsstelle für Ehe-, Familien- und Lebensfragen in Marburg, praktisch tätig als Familien- und Paarberater sowie als Supervisor, Mitarbeit in der lokalen Jugendhilfepolitik. Veröffentlichungen: Gemeinwesenarbeit in Neubauvierteln (1984); Schuld und Verantwortung. Eine Grenzbeschreitung zwischen Tiefenpsychologie, Ethik und Existenzphilosophie (1992); verschiedene Zeitschriftenaufsätze.

Friedrich Kassebrock

geb. 1950, Studium der ev. Theologie und Psychologie, seit 1983 Leiter der Beratungsstelle für Kinder, Jugendliche und Eltern in Bethel bei Bielefeld. Arbeitsschwerpunkte: Erziehungsberatung bei Kindern und Jugendlichen mit Epilepsie, Hirnfunktionsstörungen, Behinderungen, Psychotherapie bei Erwachsenen. Veröffentlichungen: Psychosoziale Probleme bei Epilepsie. Entwicklungs- und Ablösungskrisen (1990); Bewältigungsprobleme anfallskranker Jugendlicher und Möglichkeiten der Erziehungsberatung.

Wilhelm Körner

geb. 1950, Dr. phil., Dipl.-Psych; seit 1977 Mitarbeit in und Leitung von Erziehungsberatungsstellen. Arbeitsschwerpunkte: Gewalt und sexueller Mißbrauch, bes. in Familien; Schulleistungsförderung. Veröffentlichungen: Psychologische Mobilmachung (1983) (Mitherausgeber); Psychotherapie in der Sackgasse (1985) (Hrsg. mit H. Zygowski); Familie und Familientherapie (1988) (Hrsg. mit G. Hörmann &

F. Buer); Gesundheit als Mythos (1989) (Mitherausgeber); Klinische Psychologie (1991, 1998²) (Hrsg. mit G. Hörmann); Die Familie in der Familientherapie (1992); Handbuch der Erziehungsberatung, Band 1 (1998) (Hrsg. mit G. Hörmann).

Kollegium des Berufskollegs Dortmunder Fachschule für Motopädie (FSM)
- *Christa Borgmeier*, Dipl.-Psychologin, Paar- und Familientherapeutin, Supervisorin
- *Angelika Meier*, Schulleiterin, Studiendirektorin
- *Ruth Schenke*, Sek II Lehrerin, staatl.gepr. Motopädin, Kinder- und Jugendlichentherapeutin
- *Harald Luckert*, Studienrat, Dipl.Pädagoge, staatl.gepr. Motopäde
- *Manfred Bechstein*, Oberstudienrat, Sek II Lehrer (Sport/Physik), staatl.gepr. Motopäde, Feldenkraislehrer

Werner Laschkowski
geb. 1952, Volksschullehrer, Sonderschullehrer, seit 1976 im Schuldienst, Beratungslehrer, Schulpsychologe, Diplompädagoge, Beratungsrektor für Förderschulen, fachliche Leitung von Multiplikatorenmodellen der Akademie für Lehrerfortbildung zu den Themen Rechenschwäche und Lese-Rechtschreibschwäche, Veröffentlichungen zu diesen Themen und zu Diagnostik und Förderung, Fortbildungen für Beratungslehrer, Mobile Sonderpädagogische Dienste (MSD) und mobile sonderpädagogische Hilfen (msH).

Albert Lenz
geb. 1951, Dr. phil., Professor. Studium der Psychologie, Soziologie und Pädagogik an der Universität München. 15 Jahre Leiter einer Erziehungsberatungsstelle. Lehrbeauftragter an der Universität der Bundeswehr in München. Seit 1994 Hochschullehrer an der Kath. Fachhochschule NW Paderborn, FB Sozialwesen. Arbeitsschwerpunkte: Gemeindepsychologie, Netzwerkarbeit, psychosoziale Beratung, Qualitätssicherung und Evaluation. Veröffentlichungen zu ländlichen Beziehungsmustern und familiären Problemen sowie zur Wirksamkeit von Erziehungsberatung aus der Sicht der Eltern.

Renate Lezius-Paulus
geb. 1947, Psychologiestudium in Braunschweig und Göttingen, Forschungspraktikum am MRC, Developmental Psychology Research Unit in London (Schwerpunkt: autistische Kinder); Zusatzausbildung in Gesprächspsychotherapie GwG; Ausbilderin in der GwG für GT seit 1987; 6 Jahre Ausbildung in VT (DGVT); seit 1986 kontinuierliche Weiterbildung in Focusing bei Dr. Agnes Wild-Missong, Schwerpunkt: Focusing und Schamanismus; zweijährige Weiterbildung in Entwicklungsfördernder psychoanalytisch-systemischer Kurztherapie (Prof. Fürstenau), Klin. Psychologin/Psychotherapeutin BDP; seit 1975 Mitarbeiterin einer kommunalen Erziehungsberatungsstelle und seit 1993 Leitung dieser Stelle; von WS 1980/81

bis WS 1984/85 Lehrbeauftragte an der FHS Braunschweig/Wolfenbüttel für Gesprächsführung; 1992-1995 im Vorstand der GwG; seit März 1996 Mitglied der Ethik-Kommission der GwG. Schwerpunkte in der Erziehungsberatung: autoaggressive Verhaltensstörungen aller Art, in der Öffentlichkeitsarbeit/Zusammenarbeit mit anderen Institutionen der Erziehungsberatungsstelle: Prävention von Gewalt in Schulen und sexuelle Übergriffe auf Kinder und Jugendliche.

Hildegard Liermann
geb. 1961, I. Staatsexamen Kunst und Geschichte, Sek-1 in Münster, Psychologie Diplom 1993 in Bielefeld; Stipendiatin des Graduiertenkollegs „Schulentwicklung an Reformschulen im Hinblick auf das allgemeine Schulwesen" bis 1997, Evaluationsstudien als Freie Mitarbeiterin; seit 1997 Schulpsychologin an der „Bildungs- und Schulberatungsstelle des Kreises Gütersloh". Arbeitsschwerpunkte: Ausbildung von BeratungslehrerInnen; Wiss. Mitarbeiterin der Universität Gießen. Veröffentlichungen: Kollegiale Beratung und Team als Methode. In: Wolff, M., Schröer, W. & Möser, S. (Hrsg.): Lebensweltorientierung - konkret. Frankfurt 1997; Zwischen Projekt und Linie. Aushandlungsdramaturgien an Reform- und Regelschulen. In: Helsper, W. (Hrsg.): Forum Qualitative Forschung. Bd. 1, 1999; Schulpsychologische Beratung. In: Hänsel, D. (Hrsg.): Schule und Gesundheit (in Vorbereitung).

Angelika Lutz
Juristin (Assessorexamen II 1986), in Mediationsausbildung beim Eidos Projekt Mediation seit 1995, Rechtsberaterin (Familienrecht) und Mediatorin im Evangelischen Beratungszentrum München e.V. seit 1996. Davor Sachbearbeiterin für Großschäden (Schwerpunkt Arzthaftpflicht) in einem Versicherungsunternehmen.

Thomas Merz
geb. 1958, Studium der Psychologie 1977-1984 an der Universität Marburg, 1984-1986 Tätigkeit am Med. Zentrum für Psychosomatische Medizin der Universität Gießen, seit 1986 an der Psycholog. Beratungsstelle für Ehe-, Familien und Lebensberatung der Ev. Kirche in Marburg. Arbeitsschwerpunkte: Erziehungsberatung, Personenzentrierte Therapie mit Kindern und Jugendlichen, Systemisch-entwicklungsorientierte Familientherapie. Seit 1990 zusätzlich in eigener freier Praxis tätig (Supervision und Psychotherapie).

Sabine Meyle
geb. 1971, Dipl.-Pädagogin, Studium von 1992-1998 an der Universität Bamberg und am Roehampton Institute, London. Seit 1998 in der Aus- und Weiterbildung am Institut für Berufliche Bildung (BDP) in Bamberg tätig.

Angelika Nehlsen
geb. 1949, Grund-, Haupt- und Sonderschullehrerin, Dipl.-Pädagogin, seit 1981 Mitarbeiterin der Beratungsstelle für Kinder, Jugendliche und Eltern in Bethel bei Bielefeld. Arbeitsschwerpunkte: Erziehungsberatung bei Kindern und Jugendlichen mit Epilepsie, Hirnfunktionsstörungen, Behinderungen, gruppentherapeutische Arbeit bei Müttern, sonderpädagogische Diagnostik und Beratung. Veröffentlichungen (Koautorin): „Psychosoziale Probleme bei Epilepsie. Entwicklungs- und Ablösungskrisen" (1990).

Berrin Özlem Otyakmaz
Dipl.-Psychologin, arbeitet und promoviert an der Forschungsstelle für interkulturelle Studien an der Universität zu Köln. Arbeits- und Forschungsschwerpunkte: Selbst- und Identifikationskonzepte von Migrantinnen, interkulturelle Mädchenarbeit, interkulturelle Kompetenzen im Kontext von Beratung und Therapie.

Helga Rühling
geb. 1949, Dipl.-Psychologin, seit 1981 stellvertretende Leiterin der Beratungsstelle für Kinder, Jugendliche und Eltern in Bethel bei Bielefeld. Arbeitsschwerpunkte: Erziehungsberatung bei Kindern und Jugendlichen mit Epilepsie, Hirnfunktionsstörungen, Behinderungen, Psychotherapie bei Kindern, Jugendlichen und Erwachsenen, gruppentherapeutische Arbeit mit Müttern und weiblichen Jugendlichen. Veröffentlichungen (Koautorin): Psychosoziale Probleme bei Epilepsie. Entwicklungs- und Ablösungskrisen (1990).

Wolfgamg Schrödter
geb. 1950, Dr. phil., Studium der Soziologie und Psychologie an der Universität Frankfurt/M. Ausbildung in Gesprächspsychotherapie und psychoanalytischer Beratung. Leiter der Psychologischen Beratungsstelle Frankfurt-Höchst (Familien-, Erziehungs-, Jugend-, Ehe- und Lebensberatung) im Evangelischen Regionalverband. Seit 1980 nebenamtlich Lehrbeauftragter im Fachbereich Gesellschaftswissenschaften, Betriebseinheit Sozialisation/Sozialpsychologie, der Universität Frankfurt. Zuletzt Herausgabe und Autorenschaft des Bandes „Verstehen und Gestalten" - Beratung und Supervision im Gespräch.

Franziska Sitzler
geb. 1968, Dipl.-Psychologin, Studium der Psychologie in Bochum. Seit 1995 tätig in der Erziehungsberatung und als wiss. Mitarbeiterin an der Universität Dortmund. Weiterbildung in kognitiver Verhaltenstherapie und systemischer Therapie. Arbeitsschwerpunkte: Gewalt in der Familie, Suchtmittelkonsum bei Frauen.

Ulrich Zingeler
geb. 1934, Dr. phil., Studium der Psychologie in Münster, Mitarbeit an einem Forschungsprojekt zu den Bedingungen von Schulerfolg und Schulversagen; Planung in der Aufbaukommission „Laborschule" und „Oberstufenkolleg" an der Universität Bielefeld; wiss. Mitarbeiter an der Fak. Pädagogik bis 1979, seitdem Schulpsychologe an der „Bildungs- und Schulberatungsstelle des Kreises Gütersloh". Arbeitsschwerpunkte: Einzelhilfe bei Schulschwierigkeiten, Praxisberatung für LehrerInnen, Ausbildung von BeratungslehrerInnen, schulklassenbezogene Beratung. Veröffentlichungen: Kollegiale Beratung. In: Sucht- und Drogenvorbeugung in der Schule, Materialien des LSW-NRW 1988; Beitrag in Grewe, N. (Hrsg.): Beratungslehrer - Eine neue Rolle im System. 1990; Schulpsychologische Beratung: In: Hänsel, D. (Hrsg.): Schule und Gesundheit (in Vorbereitung).

Buchtips

Gustav Keller
Lern-Methodik-Training
Ein Übungsmanual für die Klassen 5-10
1999, 102 Seiten (Großformat), DM 59,–
sFr. 51,– / öS 431,– • ISBN 3-8017-1315-6

Das Ziel des Trainings ist es, Schülern der Klassen 5 bis 10 grundlegende Lernmethoden zu vermitteln, mit denen sie befähigt werden, sich selbstständig Wissen anzueignen. Dazu werden ihnen Strategien der Selbstmotivierung, des Verstehens, Behaltens und Abrufens von Lernstoff, der Problemlösung, des Konzentrierens, der Lernorganisation und der Bewältigung von Misserfolgsängsten an die Hand gegeben. Das Buch enthält u.a. zahlreiche Anleitungen für lernmethodische Grundübungen sowie zusätzliche Materialien für die Elternarbeit.

Gustav Keller
Annette Binder / Rolf-Dietmar Thiel
Sich besser motivieren - erfolgreicher Lernen
Lern- und Arbeitsverhaltenstraining (LAT)
2., überarb. Auflage 1997, 60 Seiten (Großformat),
DM 34,80 / sFr. 31,30 / öS 245,–
ISBN 3-8017-1077-7

Das Trainingsprogramm bietet Schülern ab 14 Jahren die Möglichkeit, Lern- und Arbeitstechniken einzuüben, um ihre Schulleistungen zu verbessern oder das Lernen durch bessere Techniken zu erleichtern. Das LAT enthält u.a. Trainingseinheiten zu folgenden Fragen: Wie kann ich mich dazu bewegen, regelmäßiger und interessierter zu lernen? Wie kann ich den Lernstoff besser behalten und überlegter verarbeiten? Wie kann ich die für das Lesen und Arbeiten notwendige Aufmerksamkeit erreichen?

Rohnsweg 25, 37085 Göttingen • http://www.hogrefe.de

Kinderpsychologie

Manfred Cierpka (Hrsg.)
Kinder mit aggressivem Verhalten
Ein Praxismanual für Schulen,
Kindergärten und Beratungsstellen
1999, 366 Seiten, DM 59,– / sFr. 51,– / öS 431,–
ISBN 3-8017-1150-1

Psychotherapeutisch und pädagogisch orientierte Berufsgruppen sind immer häufiger mit Kindern konfrontiert, die aggressives Verhalten zeigen. Dieses Buch enthält Leitfäden und Materialien, die für die Durchführung von Elternseminaren und interkollegialen Fallsupervisionen sowie zur Familienberatung und -therapie eingesetzt werden können. Eingebettet sind diese praxisorientierten Kapitel in eine zusammenfassende Darstellung der aktuellen Theorienbildung zur Entstehung der Aggression bzw. Gewaltbereitschaft.

Johannes Klein-Heßling / Arnold Lohaus
Bleib locker
Ein Streßpräventionstraining für Kinder im
Grundschulalter (Therapeutische Praxis)
1998, 102 Seiten, Großformat, DM 49,80
sFr. 44,80 / öS 364,– • ISBN 3-8017-1101-3
Kassette: DM 29,80 / sFr. 26,80 / öS 218,–
ISBN 3-8017-1183-8

Schon im Grundschulalter leiden viele Kinder unter Streßsymptomen wie Nervosität, Unkonzentriertheit, Bauch- und Kopfschmerzen oder Schlafschwierigkeiten. Mit Hilfe des vorliegenden Streßpräventionstrainings können Kinder auf spielerische Weise lernen, akute und zukünftige Belastungen wahrzunehmen und angemessen auf sie zu reagieren. Zu diesem Buch ist außerdem eine Kassette mit Entspannungsübungen erhältlich.

Rohnsweg 25, 37085 Göttingen • http://www.hogrefe.de

Klinische Psychologie

Klaus Sarimski
Entwicklungspsychologie genetischer Syndrome
1997, X/362 Seiten, DM 69,–/sFr. 60,–/öS 504,–
ISBN 3-8017-0970-1

Das Buch stellt sowohl die Gemeinsamkeiten als auch die individuelle Variabilität der Entwicklung von Kindern mit verschiedenen genetischen Syndromen dar, z.B. Prader-Willi-, Williams-Beuren-, Apert-, Cornelia-de-Lange-, Cri-du-Chat-, Lesch-Nyhan-Syndrom und Trisomie 18. Der Leser erhält zu jedem Syndrom Informationen über körperliche Merkmale, kognitive und sprachliche Entwicklung, Selbständigkeit und Sozialentwicklung sowie Verhaltensbesonderheiten. Ein abschließendes Kapitel beschäftigt sich mit Beratungsinhalten, die für die Begleitung von Betroffenen von Bedeutung sind.

Wilhelm Körner / Georg Hörmann (Hrsg.)
Handbuch der Erziehungsberatung
Band 1: Anwendungsbereiche und Methoden
1998, 534 Seiten, geb., DM 79,–/sFr. 69,–/öS 577,–
ISBN 3-8017-0927-2

Das Handbuch bietet eine kritische Bestandsaufnahme der organisatorischen Einbindung, der Anwendungsbereiche und Klientele sowie der Methoden der Erziehungsberatung. Die Darstellung aktueller Anwendungsbereiche der Erziehungsberatung, wie z.B. Gewalt gegen Kinder, Hyperaktivität, Behinderung und Stieffamilien bildet einen Schwerpunkt des Bandes. Darüber hinaus werden die wichtigsten Methoden der Erziehungsberatung wie z.B. Verhaltenstherapie, Kindertherapie und Systemtherapie in ihren Grenzen und Möglichkeiten vorgestellt.

Claudia Boeck-Singelmann u.a. (Hrsg.)
Personzentrierte Psychotherapie mit Kindern und Jugendlichen
Band 2: Anwendung und Praxis
1997, VI/340 Seiten, DM 59,–/sFr. 51,–/öS 431,–
ISBN 3-8017-0790-3

Die Beiträge des Bandes befassen sich sowohl mit unterschiedlichen Anwendungsfeldern personzentrierter Psychotherapie mit Kindern und Jugendlichen als auch mit verschiedenen Settings (Einzel, Gruppe, Familie), in denen personzentrierte Psychotherapie durchgeführt werden kann. Weitere Beiträge beschreiben personzentriertes psychotherapeutisches Vorgehen bei belastenden Ereignissen (sexuelle Mißhandlung, Scheidung der Eltern) im Leben von Kindern und Jugendlichen sowie personzentrierte Psychotherapie unter Einbeziehung ausgewählter Medien (kreative Materialien, körperbezogene Arbeit).

Henri Julius / Ulfert Boehme
Sexuelle Gewalt gegen Jungen
2., überarb. und erw. Auflage 1997, 302 Seiten
DM 49,80/sFr. 44,80/öS 364,–
ISBN 3-8017-1004-1

Das Buch bietet eine aktuelle Darstellung und differenzierte Analyse des Forschungsstandes zum sexuellen Mißbrauch an Jungen. Dem einführenden Kapitel zur Definitionsproblematik folgt eine Bestandsaufnahme bisheriger Untersuchungen zum Ausmaß sexueller Gewalt gegen Jungen. Ein weiteres Kapitel stellt Bedingungen dar, unter denen sexueller Mißbrauch an Jungen geschieht (u.a. Tätercharakteristika, Art, Häufigkeit und Dauer der Mißbrauchshandlung). Ein umfangreiches Kapitel ist schließlich den psychischen Folgen sexueller Gewalt gewidmet.

 Hogrefe - Verlag für Psychologie
Rohnsweg 25, 37085 Göttingen • Tel. 0551/49609-0 • http://www.hogrefe.de